Frank McCourt

EIN RUNDHERUM TOLLES LAND

Frank McCourt

EIN RUNDHERUM TOLLES LAND

Erinnerungen

Deutsch von
Rudolf Hermstein

Luchterhand

Die Originalausgabe erschien 1999 unter dem Titel
Tis. A Memoir bei Scribner, New York.

Für seine Übersetzung wurde Rudolf Hermstein vom
Deutschen Übersetzerfonds e. V. ausgezeichnet.

Satz: Filmsatz Schröter GmbH, München
Druck und Bindung: GGP Media, Pößneck

ISBN 3-630-87121-6

Für meine Tochter Maggie,
weil sie so warmherzig
und offen ist,
und für meine Frau Ellen,
weil sie ihr Leben mit dem
meinen vereint hat.

PROLOG

Da hast du ja jetzt deinen Traum.

Das hat, als wir Kinder in Irland waren, meine Mutter immer gesagt, wenn einer unserer Träume wahr wurde. Einer, den ich immer wieder hatte, war der, in dem ich auf einem Schiff in den New Yorker Hafen einfuhr und ehrfürchtig die riesigen Wolkenkratzer bestaunte. Ich erzählte es jedesmal meinen Brüdern, und dann beneideten sie mich um meine Nacht in Amerika, bis sie anfingen zu behaupten, sie hätten diesen Traum ebenfalls gehabt. Sie wußten, daß sie sich damit interessant machen konnten, obwohl ich mit ihnen stritt, ihnen vorhielt, ich sei der Älteste, es sei mein Traum, und sie sollten gefälligst draußen bleiben, sonst könnten sie was erleben. Sie meinten, ich hätte kein Recht, diesen Traum für mich allein zu beanspruchen, in der Weite der Nacht kann jeder von Amerika träumen, und ich könnte sowieso nichts dagegen tun. Ich sagte ihnen, ich kann euch sehr wohl daran hindern. Ich halte euch die ganze Nacht wach, dann habt ihr überhaupt keine Träume mehr. Michael war erst sechs und mußte lachen bei der Vorstellung, wie ich von einem zum anderen ging, um ihre Träume von den Wolkenkratzern in New York zu verhindern. Malachy meinte, gegen seine Träume kann ich nichts ausrichten, weil er in Brooklyn geboren ist und jederzeit von Amerika träumen kann, die ganze Nacht oder auch noch tief in den Tag hinein. Ich wandte mich an meine Mutter, das ist gemein, daß sich meine Brüder alle in meine Träume drängen, aber sie sagte, *arrah*, um der Liebe Christi willen, trink deinen Tee und geh zur Schule, mußt du uns ständig mit deinen Träumen triezen? Mein Bruder Alphie, der erst zwei war und jeden Tag neue Wörter lernte, schlug mit einem Löffel auf den Tisch und krähte, Täume tiezen, Täume tiezen, bis alle lachten, und da wußte ich, daß ich ihn jederzeit an meinen Träumen beteiligen konnte, also warum nicht auch Michael, warum nicht Malachy?

1

Als die Irish Oak im Oktober 1949 von Cork aus in See ging, dachten wir, in einer Woche wären wir in New York. Statt dessen hieß es nach zwei Tagen auf See, wir fahren nach Montreal in Kanada. Ich sagte dem Ersten Offizier, ich hätte nur vierzig Dollar, und ob mir die Irish Shipping die Eisenbahnfahrt von Montreal nach New York bezahlt. Er sagte, nein, dafür kann die Gesellschaft nichts. Er sagte, Frachter sind die Huren der Weltmeere, die sind jedem zu Willen. Man könnte auch sagen, ein Frachter ist wie Murphys alter Hund, er geht mit jedem Wanderer ein Stück des Wegs mit.

Zwei Tage später überlegte es sich die Irish Shipping anders, und wir vernahmen die frohe Botschaft, wir laufen New York an, aber wieder zwei Tage später bekam der Kapitän die Order, Albany anlaufen.

Der Erste Offizier sagte mir, Albany sei eine Stadt weit oben am Hudson River, die Hauptstadt des Staates New York. Er sagte, Albany hätte den ganzen Charme von Limerick, ha, ha, ha, ein schöner Ort zum Sterben, aber keiner, wo man heiraten oder Kinder großziehen möchte. Er war aus Dublin und wußte, daß ich aus Limerick war, und wenn er sich über Limerick lustig machte, wußte ich nie, was ich tun sollte. Am liebsten wäre ich ihm mal richtig über den Mund gefahren, aber ich brauchte bloß in den Spiegel zu schauen, pickliges Gesicht, entzündete Augen und schlechte Zähne, und wußte, daß ich mich mit keinem anlegen konnte, schon gar nicht mit einem Ersten Offizier in Uniform und mit der Aussicht auf eine rosige Zukunft als Kapitän seines eigenen Schiffes. Dann sagte ich mir immer, kann mir doch egal sein, was irgendwer über Limerick sagt. Mir war es dort nur schlechtgegangen.

Und dann geschah das Seltsame. Ich saß in meinem Liegestuhl in der warmen Oktobersonne, rings um mich der herrliche blaue Atlantik, und versuchte mir New York vorzustellen. Ich sah die Fifth Avenue vor mir, den Central Park oder Greenwich Village, wo alle wie Filmstars aussehen, gesunde Bräune, strahlendweiße

Zähne. Aber jedesmal stieß mich Limerick in die Vergangenheit zurück. Anstatt über die Fifth Avenue zu schlendern, mit der Bräune und den Zähnen, war ich auf einmal wieder in den Gassen von Limerick, Frauen standen schwatzend an der Haustür und zogen ihre Tücher enger um die Schultern, Kinder mit marmeladenbrotverschmierten Gesichtern spielten und lachten und riefen nach ihren Müttern. Ich sah Leute Sonntag morgens in der Messe, wo ein Tuscheln durch die Reihen lief, wenn jemand vom Hunger geschwächt in der Bank zusammensank und hinausgetragen werden mußte von den Männern, die hinten in der Kirche standen und zu allen sagten, zurücktreten, zurücktreten, um Christi willen, ihr seht doch, wie sie nach Luft schnappt, und ich wollte auch so ein Mann sein, der den Leuten sagt, sie sollen zurücktreten, denn dann durfte man draußen bleiben, bis die Messe aus war, und man konnte ins Pub gehen, was überhaupt nur der Grund war, warum man mit all den anderen Männern ganz hinten stand. Die Männer, die nicht tranken, knieten immer direkt vorn am Altar, um zu zeigen, was für gute Menschen sie sind und daß sie nichts dagegen hätten, wenn die Pubs bis zum Jüngsten Gericht geschlossen blieben. Sie kannten die Antwortstrophen besser als jeder andere und bekreuzigten sich und standen auf und knieten nieder und seufzten beim Beten, als ob sie den Schmerz unseres Heilands stärker spürten als die übrige Gemeinde. Manche von ihnen hatten dem Trunk vollends abgeschworen, und das waren die schlimmsten, ständig predigten sie von den Übeln der Trunksucht und schauten auf die anderen herab, die ihr noch verfallen waren, als wüßten nur sie den rechten Weg in den Himmel. Sie taten so, als würde der Herrgott jedem den Rücken kehren, der sich mal ein Bier genehmigte, dabei wußte doch jeder, daß es kaum einen Priester gab, der das Bier oder die, die es tranken, von der Kanzel herab verdammte. Die Männer mit dem Durst blieben hinten, damit sie sofort zur Tür rauswischen konnten, sobald der Priester sagte, ite, missa est, gehet hin in Frieden. Sie blieben hinten, weil sie eine trockene Kehle hatten und zu demütig waren, um da vorn bei den Nüchternen zu sein. Ich stand auch an der Tür, weil ich hören wollte, wie die Männer sich leise über die langsame Messe beklagten. Sie gingen bloß hin, weil es eine Todsünde ist, nicht zur Messe zu gehen, aber man konnte sich fragen, ob es nicht eine schlimmere Sünde ist, mit seinem Nebenmann zu scherzen, wenn der nicht ein bißchen schneller macht, muß ich auf der Stelle jämmerlich verdursten. Wenn Pfarrer White herauskam, um die Predigt zu halten, scharrten sie mit den Füßen und stöhnten über seine Predigten, die langsamsten der Welt, und er verdrehte die Augen himmelwärts und erklärte, wir seien alle verdammt, außer wir änderten unseren Lebenswandel und gäben uns ganz der Jungfrau Maria anheim. Die Männer lachten hinter vorgehaltener Hand, wenn mein Onkel Pa Keating seinen Spruch losließ, ich will mich ja gern der Jungfrau Maria anheimgeben, wenn sie mir ein schönes Glas schaumiges schwarzes Porter bringt. Ich wünschte mir, als Erwachsener in langen Hosen zusammen mit meinem Onkel Pa Keating da hinten bei den Männern mit dem großen Durst zu stehen und hinter vorgehaltener Hand zu lachen.

Ich saß also in dem Liegestuhl und schaute in meinen Kopf hinein, wo ich mich selbst sah, wie ich mit dem Fahrrad in Limerick herum und hinaus aufs Land fuhr, Telegramme zustellen. Ich sah mich frühmorgens über Landstraßen radeln, wo der Nebel aus den Feldern stieg und Kühe mich anmuhten und Hunde auf mich losgingen, bis ich sie mit Steinwürfen verjagte. Ich hörte kleine Kinder in Bauernhäusern nach der Mutter weinen und Bauern ihre Kühe nach dem Melken mit dem Knüttel wieder auf die Weide treiben.

Und manchmal weinte ich ein bißchen vor mich hin in diesem Liegestuhl, rings um mich den herrlichen Atlantik und vor mir New York, die Stadt meiner Träume, wo ich eine goldene Bräune und blendendweiße Zähne haben würde. Ich fragte mich, was um Himmels willen mit mir nicht stimmte, daß ich jetzt schon Heimweh nach Limerick hatte, der Stadt des grauen Elends, dem Ort, wo ich von meiner Flucht nach New York geträumt hatte. Und dann hörte ich die warnenden Worte meiner Mutter, der Teufel, den man kennt, ist besser als der Teufel, den man nicht kennt.

Ursprünglich sollten wir vierzehn Passagiere sein, aber einer hatte storniert, und so mußten wir mit einer Unglückszahl auslaufen. Am ersten Abend stand der Kapitän beim Abendessen auf und hieß uns willkommen. Er lachte und sagte, er sei nicht abergläubisch wegen der Anzahl der Passagiere, aber da wir schon mal einen Priester an Bord hätten, wäre es doch schön, wenn Hochwürden ein Gebet sprechen könnte, um uns vor jeglichem Übel zu bewahren. Der Priester war ein kleiner Dicker, in Irland geboren, aber schon so lange in seiner Pfarrei in Los Angeles, daß er keine Spur mehr von einem irischen Akzent hatte. Als er aufstand, um das Gebet zu sprechen, und sich bekreuzigte, ließen vier Passagiere ihre Hände im Schoß liegen, und da wußte ich, das sind Protestanten. Meine Mutter sagte immer, Protestanten erkennt man schon von weitem an ihrem reservierten Gehabe. Der Priester bat den Allmächtigen, mit Liebe und Barmherzigkeit auf uns herabzuschauen, und was immer auf diesen stürmischen Gewässern geschehen mag, wir sind bereit, uns ganz seiner unendlichen Güte anzubefehlen. Einer der Protestanten, ein älterer Mann, nahm die Hand seiner Frau. Sie lächelte und schüttelte den Kopf, und er lächelte ebenfalls, wie um zu sagen, sei unbesorgt.

Der Priester saß beim Essen neben mir. Er flüsterte mir zu, die beiden alten Protestanten seien sehr reich, weil sie reinrassige Rennpferde in Kentucky züchten, und wenn ich nur einen Funken Verstand hätte, wäre ich nett zu ihnen, man weiß ja nie.

Ich hätte ihn gern gefragt, wie man es anstellt, nett zu reichen Protestanten zu sein, die Rennpferde züchten, traute mich aber nicht, aus Angst, der Priester könnte mich für einen Dummkopf halten. Ich hörte die Protestanten sagen, die Leute in Irland sind so reizend und ihre Kinder so bezaubernd, daß man kaum merkt, wie arm sie sind. Ich wußte, wenn ich jemals mit den reichen Protestanten sprach, würde ich lächeln und meine kaputten Zähne zeigen müssen, und das wäre das Ende vom Lied gewesen. Sobald ich in Amerika ein bißchen Geld verdient hätte, mußte ich gleich zu einem Zahnarzt, mir mein Lächeln richten lassen. In Illustrierten und in Filmen konnte man ja sehen, wie das Lächeln einem Tür und Tor öffnet und die Mädchen in Scharen anlockt, und ohne so ein Lächeln konnte ich genausogut nach Limerick zurückfahren und auf der Post in einem dunklen Hinterzimmer Briefe sortieren, wo sich keiner darum scheren würde, ob ich überhaupt einen Zahn im Mund hatte.

Vor dem Schlafengehen servierte der Steward im Salon Tee und Kekse. Der Priester sagte, für mich einen doppelten Scotch, lassen Sie den Tee, Michael, der Whisky hilft mir einzuschlafen. Er trank seinen Whisky und flüsterte mir wieder zu, hast du mit den reichen Leuten aus Kentucky gesprochen?

Nein.

Verdammt. Was ist eigentlich los mit dir? Willst du denn nicht im Leben vorankommen?

Doch.

Na also, warum sprichst du dann nicht mit den reichen Leuten aus Kentucky? Vielleicht bist du ihnen ja sympathisch, und sie geben dir Arbeit als Stallbursche oder so, und du könntest dich hocharbeiten, statt nach New York zu gehen, das ein einziger großer Anlaß zur Sünde ist, ein Pfuhl der Verderbtheit, wo ein Katholik Tag und Nacht darum kämpfen muß, seinen Glauben zu behalten. Also, warum kannst du nicht mit den netten reichen Leuten aus Kentucky reden und was aus dir machen?

Immer wenn er die reichen Leute aus Kentucky aufs Tapet brachte, flüsterte er, und ich wußte nicht, was ich sagen sollte. Wenn mein Bruder Malachy hier wäre, würde er schnurstracks zu den reichen Leuten hingehen und sie um den Finger wickeln, und sie würden ihn wahrscheinlich adoptieren und ihm ihre Millionen vermachen mitsamt Stallungen, Rennpferden, einem großen Haus und Dienstmädchen, die es sauberhalten. Mein Lebtag habe ich mit keinen reichen Leuten gesprochen, außer um zu sagen, Telegramm, Madam, und dann hat es geheißen, geh ums Haus herum zum

Dienstboteneingang, das hier ist die Vordertür, weißt du denn nicht, was sich gehört?

Das wollte ich dem Priester gern sagen, aber mit dem konnte ich auch nicht sprechen. Von Priestern wußte ich nur, daß sie die Messe und alles andere auf lateinisch sagten, daß sie sich meine Sünden auf englisch anhörten und mir auf lateinisch vergaben, im Namen des Herrn, der sowieso allwissend ist. Es muß seltsam sein, wenn man Priester ist und am Morgen aufwacht, im Bett liegt und weiß, daß man die Macht hat, Leuten zu vergeben oder ihnen nicht zu vergeben, je nach Lust und Laune. Wer Latein kann und Sünden vergibt, ist mächtig und unnahbar, weil er die dunklen Geheimnisse der Welt kennt. Mit einem Priester zu sprechen ist, wie mit Gott selbst zu sprechen, und sagt man was Falsches, ist man verdammt.

Es war keine Menschenseele an Bord, die mir hätte sagen können, wie man mit reichen Protestanten oder fordernden Priestern spricht. Mein angeheirateter Onkel Pa Keating hätte es mir sagen können, aber der war daheim in Limerick, wo er sich keinen Fiedlerfurz um irgendwas scherte. Ich wußte, wenn er hier wäre, hätte er sich rundweg geweigert, mit den reichen Leuten zu reden, und dann hätte er dem Priester gesagt, er kann ihn mal an seinem königlich-irischen Arsch lecken. So wäre ich auch gern gewesen, aber da war gar nicht dran zu denken, so kaputt wie meine Augen und meine Zähne waren.

In der Schiffsbibliothek gab es ein Buch, Schuld und Sühne, und ich dachte, das könnte eine spannende Kriminalgeschichte sein, obwohl es von verwirrenden russischen Namen wimmelte. Ich versuchte, es in einem Liegestuhl zu lesen, aber ich fühlte mich komisch bei der Geschichte, einer Geschichte von einem russischen Studenten, Raskolnikow, der eine alte Frau umbringt, eine Geldverleiherin, und dann redet er sich ein, er hat ein Recht auf das Geld, weil sie nutzlos für die Welt ist und er von ihrem Geld an der Universität studieren kann, um Anwalt zu werden und überall Männer seines Schlags zu verteidigen, die alte Frauen wegen ihres

Geldes umbringen. Ich fühlte mich komisch wegen der Zeit in Limerick, als ich mir ein bißchen was damit verdiente, daß ich Drohbriefe für eine alte Geldverleiherin schrieb, Mrs. Finucane, und als sie in ihrem Sessel starb, hatte ich mir etwas von ihrem Geld genommen, um meine Überfahrt nach Amerika bezahlen zu können. Gut, ich hatte Mrs. Finucane nicht umgebracht, aber ich hatte ihr Geld gestohlen, und damit war ich fast so schlecht wie Raskolnikow, und wäre ich in diesem Augenblick gestorben, er wäre der erste gewesen, dem ich in der Hölle begegnet wäre. Ich könnte es dem Priester beichten und meine Seele retten, aber obwohl er die Sünden angeblich in dem Moment vergißt, wo er die Absolution erteilt, hätte er Macht über mich und würde mir komische Blicke zuwerfen und mir sagen, ich soll hingehen und mich bei den reichen Protestanten aus Kentucky einschmeicheln.

Ich schlief über dem Buch ein, und ein Matrose, ein Decksmann, weckte mich plötzlich auf und sagte, Ihr Buch wird naß in dem Regen, Sir.

Sir. Hier saß ich, ein Junge aus einer Gasse in Limerick, und da steht ein Mann mit grauem Haar und sagt Sir zur mir, obwohl er eigentlich kein Wort mit mir sprechen dürfte wegen der Vorschriften. Der Erste Offizier sagte mir, ein einfacher Matrose darf niemals mit Passagieren sprechen, außer er wünscht ihnen einen guten Tag oder eine gute Nacht. Er erzählte mir, der Matrose mit den grauen Haaren war früher mal Offizier auf der Queen Elizabeth, wurde aber entlassen, weil man ihn mit einer Erste-Klasse-Passagierin in ihrer Kabine erwischte, und was die beiden da machten, sei beichtwürdig gewesen. Der Mann hieß Owen, und das Besondere an ihm war, daß er seine ganze Zeit unter Deck mit Lesen verbrachte, und wenn das Schiff anlegte, nahm er ein Buch mit an Land und las in einem Café, während die anderen von der Besatzung sich sinnlos betranken und in Taxis zum Schiff zurückgekarrt werden mußten. Unser Kapitän hatte solche Achtung vor ihm, daß er ihn manchmal in seine Kabine einlud, und da tranken sie dann Tee und sprachen von der Zeit, als sie zusammen auf einem englischen Zerstörer gedient hatten, der torpediert wurde, worauf die beiden sich an ein Floß im Atlantik geklammert und bibbernd von der Zeit geschwärmt hatten, wo sie wieder daheim in Irland vor einem gepflegten Bier und einem Berg Kohl mit Speck sitzen würden.

Owen sprach mich am nächsten Tag an. Er sagte, ich weiß, daß ich gegen die Vorschrift verstoße, aber wenn jemand an Bord Schuld und Sühne liest, muß ich einfach mit ihm reden. Es gibt zwar auch unter der Besatzung Leseratten, aber die kommen nie über Edgar Wallace oder Zane Gray hinaus, und ich würde alles dafür geben, über Dostojewski plaudern zu können. Er wollte wissen, ob ich Die Dämonen oder Die Brüder Karamasow gelesen hätte, und schaute traurig drein, als ich sagte, ich hätte nie davon gehört. Er sagte, sobald ich in New York bin, soll ich auf der Stelle in eine Buchhandlung gehen und mir Dostojewskis Bücher besorgen, dann würde ich nie wieder einsam sein. Er sagte, egal, welches Buch von Dostojewski du liest, er gibt dir immer etwas, woran du zu kauen hast, besser kann man sein Geld gar nicht anlegen. Das sagte Owen, aber ich hatte keinen blassen Schimmer, was er damit meinte.

Dann kam der Priester an Deck, und Owen entfernte sich. Der Priester sagte, hast du mit diesem Mann gesprochen? Sag nichts, ich hab's gesehen. Also, ich muß dir sagen, das ist kein Umgang für dich. Das siehst du doch ein, nicht wahr? Ich weiß alles über ihn. Mit seinen grauen Haaren schrubbt er Decks, in seinem Alter. Es ist schon merkwürdig, daß du mit einem Decksmann ohne jede Moral reden kannst, aber wenn ich dich bitte, mit den reichen Protestanten aus Kentucky zu sprechen, hast du keine Zeit.

Wir haben nur über Dostojewski gesprochen.

Dostojewski, hat man Worte. Der wird dir viel nützen in New York. Du wirst nicht viele Aushilfe-gesucht-Schilder sehen, wo Kenntnisse über Dostojewski verlangt werden. Ich krieg dich nicht dazu, mit den reichen Leuten aus Kentucky zu reden, aber du sitzt stundenlang hier und quasselst mit Matrosen. Halt dich von alten

Matrosen fern. Du weißt doch, was das für welche sind. Sprich mit Leuten, die dir was nützen können. Lies Das Leben der Heiligen.

Am New Jerseyer Ufer des Hudson River lagen Hunderte von Schiffen dicht bei dicht am Kai. Owen, der Matrose, sagte, das sind die Liberty-Schiffe, die im Krieg und danach Lebensmittel nach Europa gebracht haben, und es ist traurig, daß man sie jetzt bald in Werften schleppen und abwracken wird. Aber so ist die Welt, sagte er, und ein Schiff hält nicht länger als das Stöhnen einer Hure.

2

Der Priester fragt mich, ob mich jemand abholt, und als ich sage, nein, niemand, sagt er, ich kann mit ihm im Zug nach New York fahren. Er wird ein Auge auf mich haben. Als das Schiff angelegt hat, fahren wir mit einem Taxi zu der großen Union Station in Albany, und während wir auf den Zug warten, trinken wir Kaffee aus großen dicken Tassen und essen Torte von dicken Tellern. Es ist das erste Mal in meinem Leben, daß ich Zitronenbaisertorte esse, und ich denke mir, wenn man in Amerika immer so etwas zu essen kriegt, werde ich nie mehr Hunger haben und fein fett werden, wie man in Limerick sagt. Ich werde Dostojewski für die Einsamkeit haben und Torte für den Hunger.

Der Zug ist nicht wie der in Irland, wo man sich ein Abteil mit fünf anderen Leuten teilt. Dieser hat lange Waggons, in denen Dutzende von Menschen sitzen, und er ist so voll, daß manche stehen müssen. Kaum sind wir eingestiegen, stehen Leute auf und bieten dem Priester ihren Platz an. Er sagt, ich danke Ihnen, und zeigt auf den Platz neben sich, und ich denke mir, die Leute, die ihre Plätze geräumt haben, werden nicht erbaut sein, wenn ich mich auf einen davon setze, weil doch jeder sieht, daß ich niemand bin.

Weiter vorne im Waggon singen und lachen welche und rufen

nach dem Kirchenschlüssel. Der Priester sagt, das sind Collegestudenten, die übers Wochenende nach Hause fahren, und der Kirchenschlüssel ist der Öffner für die Bierflaschen. Er sagt, wahrscheinlich sind sie ganz nett, aber sie sollten nicht so viel trinken, und er hofft, ich werde mal nicht so, wenn ich in New York lebe. Er sagt, ich soll mich unter den Schutz der Jungfrau Maria stellen und sie bitten, sich bei ihrem Sohn für mich zu verwenden, damit ich rein und nüchtern bleibe und keinen Schaden nehme. Er wird für mich beten da drüben in Los Angeles und extra für mich eine Messe lesen am achten Dezember, dem Fest der Unbefleckten Empfängnis. Ich würde ihn gern fragen, warum ausgerechnet an diesem Festtag, aber ich lasse es bleiben, weil er sonst womöglich wieder mit den reichen Protestanten aus Kentucky anfängt.

Er redet, aber ich träume davon, wie es wäre, irgendwo in Amerika Student zu sein, an einem College wie die in den Filmen, wo es immer einen weißen Kirchturm ohne Kreuz gibt, damit man weiß, daß es ein protestantischer ist, und die Jungen und Mädchen mit dicken Büchern unterm Arm über den Campus schlendern und einander anlächeln mit Zähnen wie Schneeglöckchen.

*

Als wir an der Grand Central Station ankommen, weiß ich nicht, wohin. Meine Mutter hat gemeint, ich könnte es bei einem alten Freund versuchen, Dan MacAdorey. Der Priester zeigt mir, wie man das Telefon benutzt, aber bei Dan nimmt keiner ab. Tja, sagt der Priester, ich kann dich ja nicht einfach hier an der Grand Central Station stehenlassen. Er sagt dem Taxifahrer, daß wir zum New Yorker Hotel wollen.

Wir tragen unser Gepäck in ein Zimmer, in dem nur ein Bett steht. Der Priester sagt, laß das Gepäck hier. Wir gehen was essen unten im Coffee Shop. Magst du Hamburger?

Ich weiß nicht. Ich hab noch nie einen gegessen.

Er verdreht die Augen und sagt der Kellnerin, sie soll mir einen Hamburger mit Pommes frites bringen und in der Küche Bescheid sagen, daß der Hamburger gut durch sein soll, weil ich Ire bin und wir alles zerkochen. Was die Iren mit Gemüse anstellen, schreit zum Himmel. Er sagt, wenn man in einem irischen Restaurant errät, um welches Gemüse es sich handelt, wird man Saalkönig. Die Kellnerin lacht und sagt, sie weiß schon. Sie ist Halbirin, mütterlicherseits, und ihre Mutter ist die schlechteste Köchin der Welt. Ihr Mann war Italiener, und der hat wirklich kochen können, aber sie hat ihn im Krieg verloren. *In the war*.

Wah, sagt sie. Sie meint eigentlich *war*, aber wie alle Amerikaner hat sie keine Lust, ein r am Wortende zu sprechen. Sie sagen *cah* statt *car*, und man fragt sich, warum sie die Wörter nicht so aussprechen können, wie Gott sie geschaffen hat. Ich mag Zitronenbaisertorte, aber ich mag's nicht, daß die Amerikaner das r am Wortende weglassen.

Wir essen unsere Hamburger, und der Priester sagt, ich werde die Nacht noch bei ihm bleiben müssen, und morgen sehen wir dann weiter. Ich finde es komisch, mich vor einem Priester auszuziehen, und ich überlege, ob ich mich hinknien und so tun soll, als ob ich bete. Er sagt, wenn ich will, kann ich duschen, und es ist das erste Mal in meinem Leben, daß ich dusche, mit jeder Menge warmem Wasser und Seife, soviel ich will, einem Stück für den Körper und einer Flasche für den Kopf.

Als ich fertig bin, trockne ich mich mit dem dicken Handtuch ab, das über dem Badewannenrand liegt, und ziehe meine Unterwäsche wieder an, bevor ich ins Zimmer zurückgehe. Der Priester sitzt mit einem Handtuch um den dicken Bauch auf dem Bett und telefoniert. Er legt auf und starrt mich entgeistert an. Mein Gott, wo hast du denn die langen Unterhosen her?

Aus Roche's Stores in Limerick.

Wenn du diese Dinger aus dem Fenster da hängst, ergeben sich die Leute auf der Straße. Ein guter Rat, zeig dich vor Amerikanern nie in den Dingern. Die denken sonst, du kommst direkt von Ellis Island. Kauf dir Slips. Weißt du, wie Slips aussehen?

Nein.

Kauf dir trotzdem welche. Junge Leute wie du sollten Slips tragen. Du bist jetzt in den USA. Okay, ins Bett mit dir, und das wundert mich, weil er keine Anstalten macht zu beten, und das ist doch das erste, was man von einem Priester erwartet. Er geht ins Bad, aber kaum ist er drin, steckt er den Kopf raus und fragt mich, ob ich mich abgetrocknet habe.

Ja.

Aber dein Handtuch ist ja unbenutzt, womit hast du dich denn abgetrocknet?

Mit dem Handtuch auf dem Badewannenrand.

Was? Das ist kein Handtuch, das ist die Badematte. Da stellt man sich drauf, wenn man aus der Dusche kommt.

Ich sehe mich in einem Spiegel über dem Tischchen, und ich werde rot und frage mich, ob ich dem Priester sagen soll, daß es mir leid tut, oder besser den Mund halte. Woher soll man auch wissen, was man tun soll, wenn man an seinem ersten Abend in New York einen Fehler macht, aber sicher bin ich in kürzester Zeit ein echter Yankee, der alles richtig macht. Ich werde mir meine Hamburger selbst bestellen, mir angewöhnen, Fritten Pommes frites zu nennen, mit den Kellnerinnen scherzen und mich nie wieder mit der Badematte abtrocknen. Eines Tages werde ich *war* und *car* ohne r am Ende aussprechen, aber nicht, falls ich jemals wieder nach Limerick zurückkehre. Sollte ich jemals mit einem amerikanischen Akzent nach Limerick zurückkommen, würden die behaupten, ich will mich nur aufspielen, und mir sagen, ich hätte einen Fettarsch wie alle Yankees.

Der Priester kommt aus dem Badezimmer, mit einem Handtuch um die Hüften, und tätschelt sich mit beiden Händen die Wangen, und es riecht wunderbar nach Parfüm. Er sagt, es ist doch nichts so erfrischend wie ein Aftershave und ich kann auch etwas davon nehmen, wenn ich möchte. Es steht im Bad. Ich weiß nicht, was ich sagen oder tun soll. Soll ich sagen, nein, danke, oder soll ich aus dem Bett steigen und wieder bis ins Badezimmer gehen und mich mit Aftershave einreiben? In Limerick habe ich nie gehört, daß sich jemand nach dem Rasieren irgendwelches Zeug ins Gesicht geschmiert hat, aber in Amerika ist das wohl anders. Ich hätte mir ein Buch besorgen sollen, in dem steht, was man an seinem ersten Abend in New York mit einem Priester in einem Hotel tun soll, wo man sich garantiert auf Schritt und Tritt blamiert. Er sagt, na?, und ich sage, ach, nein, danke. Er sagt, wie du willst, und ich sehe ihm an, daß er ein bißchen verärgert ist, so wie auf dem Schiff, als ich nicht mit den reichen Protestanten aus Kentucky sprechen wollte. Er kann mich jederzeit rauswerfen, und dann stehe ich auf der Straße mit meinem braunen Koffer und habe nichts und niemanden in New York, wo ich hin kann. Das ist mir zu riskant, also sage ich, daß ich doch gern das Aftershave benutzen möchte. Er schüttelt den Kopf und sagt, bedien dich.

Ich seh mich im Badezimmerspiegel, wie ich mir das Aftershave ins Gesicht reibe, und schüttle den Kopf über mich, denn wenn das so weitergeht in Amerika, dann tut's mir leid, daß ich überhaupt aus Irland weg bin. Es war auch so schon schwer genug, hierher zu kommen, auch ohne irgendwelche Priester, die an einem herumkritteln, weil man es nicht schafft, sich mit reichen Protestanten aus Kentucky anzufreunden, keine Ahnung von Badematten hat, unmögliche Unterwäsche trägt und nicht einsieht, wozu ein Aftershave gut ist.

Der Priester liegt im Bett, und als ich aus dem Bad komme, sagt er, okay, ins Bett. Morgen ist ein langer Tag.

Er hebt die Bettdecke an, um mich reinzulassen, und ich sehe entsetzt, daß er nichts anhat. Er sagt gute Nacht, knipst das Licht aus und fängt zu schnarchen an, ohne auch nur ein Ave-Maria oder ein Gebet zu sprechen. Ich dachte immer, Priester verbringen Stunden auf den Knien vor dem Schlafengehen, aber dieser Mann ist wohl in einem besonders hohen Stand der Gnade und hat überhaupt keine Angst vor dem Sterben. Ich frage mich, ob alle Priester sich nackt ins Bett legen. Man schläft nicht leicht ein, wenn neben einem ein nackter Priester schnarcht. Dann frage ich mich, ob der Papst auch in diesem Zustand ins Bett geht oder ob er sich von einer Nonne einen Pyjama in den päpstlichen Farben und mit dem päpstlichen Wappen bringen läßt. Ich frage mich, wie er aus diesem langen weißen Gewand kommt, das er trägt, ob er es über den Kopf zieht oder es auf den Boden fallen läßt und heraussteigt. Ein alter Papst wäre niemals imstande, es sich über den Kopf zu ziehen, und müßte wahrscheinlich einen vorbeikommenden Kardinal bitten, ihm zur Hand zu gehen, außer der Kardinal wäre selbst schon zu alt, und dann müßte der eine Nonne rufen, außer der Papst hätte unter dem weißen Gewand nichts an, was der Kardinal natürlich wüßte, weil es auf der ganzen Welt keinen Kardinal gibt, der nicht weiß, was der Papst anhat, weil sie nämlich alle selbst Papst werden wollen und es kaum erwarten können, daß der jetzige stirbt. Wenn eine Nonne hereingerufen wird, muß sie das weiße Gewand wegbringen, damit es gewaschen wird, drunten in den dampfigen Tiefen der vatikanischen Waschküchen, von anderen Nonnen und Novizinnen, die Kirchenlieder singen und den Herrn preisen für die Gnade, alle Kleider des Papstes und des Kardinalskollegiums waschen zu dürfen, bis auf die Leibwäsche, die in einem anderen Raum von alten Nonnen gewaschen wird, die blind sind und nicht in Versuchung geraten, sündige Gedanken zu denken wegen dem, was sie in der Hand haben, und was ich in der Hand habe, sollte man nicht in der Hand haben in Gegenwart eines Priesters im Bett, und einmal im Leben widerstehe ich der Sünde und drehe mich auf die Seite und schlafe ein.

*

Am nächsten Tag findet der Priester in der Zeitung ein möbliertes Zimmer für sechs Dollar die Woche und will wissen, ob ich mir das leisten kann, bis ich Arbeit finde. Wir fahren in die East 68th Street, und die Vermieterin, Mrs. Austin, geht mit mir die Treppe rauf und zeigt mir das Zimmer. Es ist das Ende eines Flurs, das mit einer Trennwand und einer Tür abgeteilt wurde und ein Fenster hat, das auf die Straße geht. Es ist kaum genug Platz für das Bett und eine kleine Kommode mit einem Spiegel und einen Tisch, und wenn ich die Arme ausstrecke, kann ich auf beiden Seiten die Wand berühren. Mrs. Austin sagt, es ist ein sehr schönes Zimmer und ich kann von Glück sagen, daß es mir nicht schon wer weggeschnappt hat. Sie ist Schwedin, und sie sieht mir an, daß ich aus Irland bin. Sie hofft, ich trinke nicht, und wenn doch, darf ich unter keinen Umständen Mädchen aufs Zimmer bringen, betrunken oder nüchtern. Keine Mädchen, kein Essen, keine Getränke. Kakerlaken riechen Essen meilenweit, und hat man sie einmal im Haus, kriegt man sie nie wieder los. Sie sagt, natürlich hast du in Irland nie einen Kakerlaken gesehen. Dort gibt's ja auch nichts zu essen. Ihr trinkt doch bloß. Kakerlaken würden bei euch verhungern oder im Suff enden. Sag nichts, ich weiß Bescheid. Meine Schwester ist mit einem Iren verheiratet, der größte Fehler, den sie je gemacht hat. Iren sind toll zum Ausgehen, aber nichts zum Heiraten.

Sie nimmt die sechs Dollar und sagt, sie braucht noch sechs als Kaution, gibt mir eine Quittung und sagt, ich kann jederzeit einziehen, und sie vertraut mir, weil ich mit diesem netten Priester gekommen bin, obwohl sie selbst nicht katholisch ist, es reicht schon, daß ihre Schwester mit einem Katholiken verheiratet ist, einem Iren, und bei Gott, sie muß es teuer bezahlen.

Der Priester hält wieder ein Taxi an, das uns zum Biltmore Hotel bringt, gegenüber der Stelle, wo wir aus der Grand Central Station gekommen sind. Er sagt, es ist ein berühmtes Hotel, und wir gehen in die Zentrale der Demokratischen Partei, und wenn die keine Arbeit für einen jungen Iren finden, dann kann das niemand.

Ein Mann geht im Flur an uns vorbei, und der Priester flüstert, weißt du, wer das ist?

Nein.

Natürlich nicht. Wenn du nicht mal den Unterschied zwischen einem Handtuch und einer Badematte kennst, wie kannst du dann wissen, daß das der große Boss Flynn aus der Bronx ist, der mächtigste Mann Amerikas, gleich nach Präsident Truman.

Der große Boss drückt auf einen Knopf, und während er auf den Lift wartet, steckt er sich den Finger in die Nase, sieht nach, was er auf der Fingerkuppe hat, und schnippt es auf den Teppich. Meine Mutter würde das Goldgräberei nennen. So ist das in Amerika. Ich würde dem Priester gern sagen, meiner Meinung nach würde De Valera nie so in der Nase bohren, und man würde es auch nie erleben, daß der Bischof von Limerick im nackten Zustand ins Bett geht. Ich würde dem Priester gern sagen, was ich von der Welt im allgemeinen halte, wo Gott einen mit entzündeten Augen und schlechten Zähnen peinigt, aber ich bringe es nicht fertig, aus Angst, er fängt wieder von den reichen Protestanten aus Kentucky an und daß ich die Chance meines Lebens verpaßt habe.

Der Priester spricht mit einer Frau am Empfang in der Demokratischen Partei, und sie nimmt den Telefonhörer ab. Sie sagt ins Telefon, wir haben hier einen Jungen – frisch vom Schiff runter – hast du ein High-School-Zeugnis? – nein, kein Zeugnis – na ja, kein Wunder – die alte Heimat ist immer noch ein armes Land – ja, ich schicke ihn rauf.

Ich soll mich am Montag morgen bei Mr. Carey im einundzwanzigsten Stock melden, und er wird mir direkt hier im Biltmore Hotel Arbeit geben, und ob ich nicht ein Glückspilz bin, kaum vom Schiff runter und schon in Lohn und Brot. Das sagt sie, und der Priester sagt zu ihr, das ist schon ein tolles Land, und die Iren verdanken der Demokratischen Partei alles, Maureen, und Sie haben gerade wieder einen neuen Wähler für die Partei gewonnen, falls der Junge hier jemals zum Wählen geht, ha, ha, ha.

*

Der Priester sagt, ich soll in unser Hotel zurückgehen, und er holt mich dann zum Abendessen ab. Er meint, ich kann zu Fuß gehen, die Streets verlaufen von Osten nach Westen, die Avenues von Norden nach Süden, und ich finde bestimmt hin. Ich brauche bloß über die 42nd zur Eighth Avenue zu gehen und dann immer geradeaus nach Süden, bis ich zum New Yorker Hotel komme. Ich kann eine Zeitung oder ein Buch lesen oder auch duschen, wenn ich verspreche, die Finger von der Badematte zu lassen, ha, ha. Er sagt, wenn wir Glück haben, sehen wir sogar den großen Jack Dempsey persönlich. Ich sage, ich würde lieber Joe Louis sehen, wenn das möglich ist, aber da raunzt er mich an, lern du lieber, unter deinesgleichen zu bleiben.

Am Abend bei Dempsey's lächelt der Kellner den Priester an. Jack ist nicht da, Hochwürden. Er ist drüben im *Gaaden*, sich einen Mittelgewichtler aus *New Joisey* ansehen.

Gaaden. Joisey. Da bin ich den ersten Tag in New York, und schon reden die Leute wie die Gangster in den Filmen, die ich in Limerick gesehen habe.

Der Priester sagt, mein junger Freund hier ist aus der alten Heimat und würde lieber Joe Louis sehen. Er lacht, und der Kellner lacht ebenfalls und sagt, na ja, so redet eben ein Grünschnabel, Hochwürden. Er wird's schon noch lernen. Lassen Sie ihn erst mal sechs Monate hier sein, dann nimmt er die Beine in die Hand, sobald er einen Neger sieht. Und was darf ich Ihnen bringen, Hochwürden? Vielleicht einen kleinen Aperitif?

Ich nehme einen doppelten Martini dry, und zwar wirklich trocken und mit Zitronenschale.

Und der Grünschnabel?

Der kriegt ein – ja, was möchtest du denn?

Ein Bier, bitte.

Bist du schon achtzehn, Junge?

Neunzehn.

Sieht man dir zwar nicht an, ist aber sowieso egal, solang du mit Hochwürden hier bist. Stimmt's, Hochwürden?

Stimmt. Ich passe schon auf ihn auf. Er kennt keine Menschenseele in New York, und ich sehe noch zu, daß er gut unterkommt, bevor ich die Stadt verlasse.

Der Priester trinkt seinen doppelten Martini und bestellt sich zum Steak noch einen. Er meint, ich sollte mal überlegen, ob ich nicht Priester werden will. Er kann mir eine Stelle in Los Angeles besorgen, und ich werde leben wie die Made im Speck, weil die Witwen sterben und mir alles hinterlassen, einschließlich ihrer

Töchter, ha, ha, der Martini ist verdammt gut, Entschuldigung. Er ißt fast das ganze Steak auf und sagt dem Kellner, er soll zwei Stück Apfelkuchen mit Eiskrem bringen und für ihn noch einen doppelten Hennessy zum Runterspülen. Er ißt nur das Eis, trinkt die Hälfte von dem Hennessy und schläft ein, mit dem Kinn auf der Brust, und die geht immer auf und ab.

Dem Kellner vergeht das Lächeln. Verflucht, der hat noch nicht bezahlt. Wo hat er denn die gottverdammte Brieftasche? In der Gesäßtasche, Junge. Gib sie mir.

Ich kann doch einen Priester nicht beklauen.

Du beklaust ihn nicht. Er muß verdammt noch mal die Zeche bezahlen, und du brauchst ein Taxi, um ihn heimzuschaffen.

Zwei Kellner helfen ihm ins Taxi, und zwei Pagen im New Yorker Hotel schleifen ihn durch die Lobby, fahren ihn im Lift nach oben und schmeißen ihn aufs Bett. Die Pagen sagen, ein Dollar Trinkgeld wär nicht schlecht, ein Dollar für jeden, Kleiner.

Sie gehen, und ich frage mich, was ich mit einem betrunkenen Priester anfangen soll. Ich ziehe ihm die Schuhe aus, so wie sie es im Film machen, wenn jemand ohnmächtig wird, aber er setzt sich auf und rennt ins Bad, wo er sich lange übergibt, und als er wiederkommt, reißt er sich die Kleider vom Leib und wirft sie auf den Boden, Kragen, Hemd, Hose, Unterwäsche. Er fällt rücklings aufs Bett, und ich sehe, daß er im Zustand der Aufregung ist und Hand an sich gelegt hat. Komm her zu mir, sagt er, und ich weiche zurück. Ah, nein, Hochwürden, und er rollt sich aus dem Bett, lallend und nach Schnaps und Erbrochenem stinkend, und will meine Hand packen, damit ich ihn anfasse, aber ich weiche noch schneller zurück, bis ich durch die Tür auf den Gang hinaustrete, und er steht in der Tür, ein kleiner, dicker Priester, der mir zuruft, ach, komm doch zurück, mein Sohn, komm zurück, es war der Alkohol. Heilige Muttergottes, es tut mir so leid.

Aber der Aufzug ist offen, und ich kann doch zu den anständigen Leuten, die schon drin sind und mich anschauen, nicht sagen, daß ich's mir anders überlegt habe, daß ich zu dem Priester zurückwill, der ja eigentlich nur wollte, daß ich nett zu den reichen Protestanten aus Kentucky bin, damit ich eine Anstellung als Stallbursche kriege, und der mir jetzt mit seinem Ding zuwinkt auf eine Art, daß es bestimmt eine Todsünde ist. Nicht daß ich selbst im Stand der Gnade wäre, nein, bin ich nicht, aber man würde doch von einem Priester erwarten, daß er mit gutem Beispiel vorangeht, statt so skandalös mit seinem heiligen Bimbam zu wedeln, an meinem zweiten Abend in Amerika. Ich muß in den Aufzug steigen und so tun, als hörte ich den lallenden, heulenden Priester nicht, der nackt in seiner Zimmertür steht.

Vor dem Hoteleingang wartet ein Mann mit einer Uniform wie ein Admiral, und er fragt, Taxi, Sir? Ich sage, nein, danke, und er sagt, wo kommst du her? Ach, Limerick! Ich bin aus Roscommon, aber schon vier Jahre hier.

Ich muß den Mann aus Roscommon fragen, wie ich in die East 68th Street komme, und er sagt mir, ich soll auf der 34th Street, die breit und hell beleuchtet ist, nach Osten gehen, bis ich zur Third Avenue komme, und ich kann die Hochbahn nehmen, oder wenn ich einigermaßen gut zu Fuß bin, kann ich geradeaus bis zu meiner Straße gehen. Er sagt, alles Gute, bleib unter deinesgleichen und nimm dich in acht vor den Puertoricanern, die haben alle ein Messer in der Tasche, das weiß jeder, die sind nun mal heißblütig. Halt dich im Hellen, und zwar außen am Bordstein, sonst springen sie dich aus dunklen Hauseingängen an.

*

Am nächsten Morgen ruft der Priester Mrs. Austin an, ich soll kommen und meinen Koffer holen. Er ruft, komm rein, die Tür ist offen. Er sitzt in seinem schwarzen Anzug auf der Bettkante, mit dem Rücken zu mir, und mein Koffer steht gleich an der Tür. Nimm ihn, sagt er. Ich gehe für ein paar Monate in ein Exerzitienhaus in Virginia. Ich will dich nicht ansehen, und ich will dich nie mehr wiedersehen, denn was passiert ist, war schrecklich, und es wäre nicht passiert, wenn du deinen Verstand gebraucht hättest und mit den reichen Protestanten aus Kentucky mitgegangen wärst. Ade.

Ich weiß nicht, was man zu einem schlechtgelaunten Priester sagt, der einem den Rücken zudreht und einem die Schuld an allem gibt, also bleibt mir nichts übrig, als mit meinem Koffer im Aufzug hinunterzufahren und mich zu fragen, wie ein solcher Mann, der Sünden vergibt, selbst sündigen und dann mir die Schuld geben kann. Ich weiß, wenn ich so was täte, mich betrinken und andere Leute belästigen, daß sie mich anfassen sollen, dann würde ich es auch zugeben. Ich hab's getan. Punktum. Und wie kann er mir die Schuld in die Schuhe schieben, bloß weil ich mich geweigert habe, mit den reichen Protestanten aus Kentucky zu sprechen? Vielleicht werden Priester ja für so was ausgebildet. Vielleicht ist es schwer, sich tagein, tagaus die Sünden der Leute anzuhören, wenn es ein paar gibt, die man selber gern begehen möchte, und wenn man dann was getrunken hat, explodieren alle die Sünden in einem und man ist wie jeder andere. Ich könnte jedenfalls nie Priester sein und mir die ganze Zeit alle diese Sünden anhören. Ich wäre ständig im Zustand der Aufregung, und der Bischof hätte alle Hände voll zu tun, mich in das Exerzitienhaus in Virginia zu schicken.

3

Wenn man aus Irland ist und keine Menschenseele in New York kennt, und man geht die Third Avenue entlang, wo über einem die Hochbahn rattert, ist es sehr tröstlich, daß es kaum einen Block ohne eine irische Bar gibt: Costello's, den Blarney Stone, die Blarney Rose, P. J. Clarke's, das Breffni, das Leitrim House, das Sligo House, Shannon's, Ireland's Thirty-Two, das All Ireland. Ich habe mein erstes Bier in Limerick getrunken, als ich sechzehn war, und mir ist schlecht geworden, und mein Vater hat mit der Trinkerei fast meine Familie und sich selbst zugrunde gerichtet, aber ich bin einsam in New York und lasse mich anlocken von Bing Crosby, der in der Musikbox Galway Bay singt, und von blinkenden grünen Kleeblättern, wie man sie in Irland nirgendwo zu sehen bekommt.

Ein verärgerter Mann steht hinter dem Tresenende im Costello's, und er sagt zu einem Gast, da geb ich keinen Pfifferling drauf, und wenn Sie zehnmal Doktor der Philosophie sind. Ich kenn meinen Samuel Johnson besser wie Sie Ihre Westentasche, und wenn Sie sich hier nicht anständig aufführen, fliegen Sie raus. Das ist mein letztes Wort.

Der Gast sagt, aber ...

Raus, sagt der verärgerte Mann. Raus. In diesem Haus kriegen Sie nichts mehr zu trinken.

Der Gast stülpt sich den Hut über den Kopf und stakst hinaus, und der verärgerte Mann wendet sich mir zu. Und du, sagt er, bist du schon achtzehn?

Jawohl, Sir. Ich bin neunzehn.

Und warum soll ich das glauben?

Hier bitte, mein Paß, Sir.

Und was macht ein Ire mit einem amerikanischen Paß?

Ich bin hier geboren, Sir.

Er erlaubt mir, zwei Bier zu fünfzehn Cent zu trinken, und sagt, es würde mir besser bekommen, wenn ich meine Zeit in der Bibliothek verbrächte statt in Bars wie der Rest unserer elenden Rasse. Er sagt, Dr. Johnson hat vierzig Tassen Tee am Tag getrunken und bis zum Ende seiner Tage einen klaren Verstand behalten. Ich frage ihn, wer Dr. Johnson war, und er sieht mich finster an, nimmt mir mein Glas weg und sagt, verlaß sofort diese Bar. Geh auf der Zweiundvierzigsten bis zur Fünften. Da siehst du zwei große steinerne Löwen. Steig die Treppe zwischen den beiden Löwen hinauf, laß dir einen Leserausweis ausstellen, und sei nicht so ein Idiot wie alle die anderen Sumpfstiefel, die sich, kaum daß sie vom Schiff runter sind, um den Verstand saufen. Lies deinen Johnson, lies deinen

Pope, und mach einen Bogen um die Iren, die sind alle Träumer. Ich will ihn noch fragen, wie er zu Dostojewski steht, aber er zeigt zur Tür. Laß dich hier nicht mehr blicken, bevor du nicht Die Lebensbeschreibungen der Dichter gelesen hast. Also los. Raus mit dir.

Es ist ein warmer Oktobertag, ich habe sonst nichts zu tun, und es kann ja nichts schaden, zur Fifth Avenue und den Löwen zu schlendern. Die Bibliothekarinnen sind freundlich. Natürlich kann ich einen Leserausweis bekommen, und wir freuen uns sehr, wenn die jungen Einwanderer die Bibliothek benutzen. Ich darf vier Bücher auf einmal ausleihen, wenn ich möchte, ich muß sie bloß wieder pünktlich zurückbringen. Ich frage, ob sie ein Buch mit dem Titel Die Lebensbeschreibungen der Dichter von Samuel Johnson haben, und sie sagen, sieh an, sieh an, du liest Johnson. Ich möchte ihnen sagen, daß ich noch nie Johnson gelesen habe, aber dann würden sie mich nicht mehr bewundern. Sie sagen mir, sieh dir ruhig alles an und geh auch mal in den Großen Lesesaal im zweiten Stock. Sie sind überhaupt nicht wie die Bibliothekarinnen in Irland, die nur Wache stehen und die Bücher vor Leuten wie mir beschützen.

Beim Anblick des Großen Lesesaals, der einen Nord- und einen Südteil hat, werden mir die Knie weich. Ich weiß nicht, ob es das Bier ist oder die Aufregung über meinen zweiten Tag in New York, aber ich bin den Tränen nahe, als ich die kilometerlangen Regale sehe, und weiß, daß ich niemals all diese Bücher lesen kann, und wenn ich bis zum Ende des Jahrhunderts lebe. Da sind endlose Reihen blitzblanker Tische, an denen alle möglichen Menschen sitzen und lesen, solange sie wollen, und das an sieben Tagen in der Woche, und niemand behelligt sie, außer sie schlafen ein und fangen an zu schnarchen. Es gibt Abteilungen mit englischen, irischen, amerikanischen Büchern, Literatur, Geschichte, Religion, und mich überläuft es bei dem Gedanken, daß ich jederzeit hierherkommen und lesen kann, was und solange ich will, wenn ich nur nicht schnarche.

Mit vier Büchern unterm Arm spaziere ich zu Costello's zurück.

Ich will dem verärgerten Mann zeigen, daß ich Die Lebensbeschreibungen der Dichter habe, aber er ist nicht da. Der Barkeeper sagt, der mit dem Johnson, das muß Mr. Tim Costello selbst gewesen sein, und in dem Moment kommt der verärgerte Mann aus der Küche. Er sagt, bist du schon wieder da?

Ich hab Die Lebensbeschreibungen der Dichter, Mr. Costello.

Du hast Die Lebensbeschreibungen der Dichter vielleicht unter der Achsel, junger Mann, aber nicht im Kopf, also geh heim und lies.

Es ist Donnerstag, und ich habe nichts zu tun, bis am Montag die Arbeit anfängt. Weil kein Stuhl da ist, setze ich mich in meinem möblierten Zimmer aufs Bett und lese, bis Mrs. Austin um elf an meine Tür klopft und mir mitteilt, sie ist keine Millionärin und laut Hausordnung ist das Licht um elf auszumachen, damit ihre Stromrechnung nicht zu hoch wird. Ich mache das Licht aus und lausche New York, den schwatzenden und lachenden Menschen, und frage mich, ob ich jemals zu dieser Stadt gehören und da draußen schwatzen und lachen werde.

Es klopft noch einmal an der Tür, und ein junger Mann mit rotem Haar und irischem Akzent sagt, er heißt Tom Clifford und ob ich noch rasch ein Bier mit ihm trinken gehe, weil er in einem Gebäude an der East Side arbeitet und in einer Stunde anfangen muß. Nein, in eine irische Bar geht er nicht. Mit den Iren will er nichts zu tun haben, also gehen wir ins Rhinelander in der 86th Street, und dort erzählt mir Tom, daß er in Amerika geboren ist, aber nach Cork gebracht wurde und bei der ersten Gelegenheit abgehauen ist, um sich bei der amerikanischen Army zu verpflichten für drei schöne Jahre in Deutschland, wo man für eine Stange Zigaretten oder ein Pfund Kaffee zehn Nummern schieben kann. Im hinteren Teil des Rhinelander ist eine Tanzfläche und eine Kapelle, und Tom fordert ein Mädchen an einem der Tische zum Tanzen auf. Er sagt zu mir, komm schon. Forder doch ihre Freundin auf.

Aber ich kann nicht tanzen, und ich weiß nicht, wie man ein Mädchen zum Tanzen auffordert. Ich weiß überhaupt nichts von Mädchen. Wie könnte ich auch, wo ich doch in Limerick aufgewachsen bin. Tom bittet das andere Mädchen, mit mir zu tanzen, und sie führt mich hinaus auf die Tanzfläche. Ich weiß nicht, was ich machen soll. Tom trippelt und wirbelt herum, und ich weiß nicht, ob ich vorwärts oder rückwärts gehen soll mit dem Mädchen im Arm. Sie sagt, ich trete ihr auf die Füße, und als ich mich entschuldige, sagt sie, ach, vergiß es, ich hab keine Lust, hier herumzustolpern. Sie geht an ihren Tisch zurück, und ich folge ihr mit glühendheißem Gesicht. Ich weiß nicht, ob ich mich an ihren Tisch setzen oder an die Bar zurückgehen soll, bis sie sagt, du hast dein Bier auf dem Tresen stehenlassen. Ich bin froh, daß ich eine Ausrede habe, sie allein zu lassen, denn ich wüßte nicht, was ich mit ihr reden sollte. Bestimmt würde es sie nicht interessieren, wenn ich ihr erzähle, daß ich stundenlang in Johnsons Lebensbeschreibungen der Dichter lese oder wie aufgeregt ich in der 42nd Street Library war. Vielleicht muß ich mir in der Bibliothek ein Buch suchen, in dem steht, wie man mit Mädchen redet, oder ich muß Tom fragen, der tanzt und lacht und keine Schwierigkeiten mit dem Reden hat. Er kommt zurück an die Bar und sagt, er wird sich krank melden, was bedeutet, daß er nicht zur Arbeit geht. Das Mädchen findet ihn nett und sagt, er darf sie nach Hause bringen. Er flüstert mir ins Ohr, daß er vielleicht eine Nummer schieben kann, was bedeutet, daß er vielleicht mit ihr ins Bett gehen kann. Das einzige Problem ist das andere Mädchen. Er nennt sie mein Mädchen. Na los, sagt er. Frag sie, ob du sie nach Hause bringen darfst. Wir setzen uns zu den beiden an den Tisch, dann kannst du sie fragen.

Das Bier tut seine Wirkung, ich bin mutiger geworden und scheue mich nicht mehr, mich zu den Mädchen an den Tisch zu setzen und ihnen von Tim Costello und Dr. Samuel Johnson zu erzählen. Tom stößt mich an und flüstert, laß um Himmels willen den Quatsch mit dem Samuel Johnson und frag sie. Als ich sie anschaue, sehe ich zwei und überlege, welche von beiden ich fragen soll, aber wenn ich zwischen die beiden schaue, sehe ich noch eine, und die frage ich.

Nach Hause? fragt sie. Du machst Witze. Selten so gelacht. Ich bin Sekretärin, Privatsekretärin, und du hast noch nicht mal die High School. Hast du in letzter Zeit mal in den Spiegel gesehen? Sie fängt zu lachen an, und mein Gesicht glüht wieder. Tom nimmt einen kräftigen Schluck Bier, und ich weiß, ich richte bei diesen Mädchen nichts aus, also verlasse ich das Lokal und gehe die Third Avenue entlang, schaue ab und zu mein Spiegelbild in den Schaufenstern an und lasse alle Hoffnung fahren.

4

Am Montag morgen eröffnet mir mein Chef, Mr. Carey, daß ich Hausdiener sein werde, ein sehr wichtiger Posten, weil ich vorn in der Lobby sein und Staub wischen, den Boden fegen und die Aschenbecher ausleeren werde, und er ist so wichtig, weil ein Hotel nach seiner Lobby beurteilt wird. Er sagt, wir haben die beste Lobby im Land. Sie heißt Palmenhof und ist in der ganzen Welt bekannt. Jeder, der etwas darstellt, kennt den Palmenhof und die Biltmore-Uhr. Herrgott, die kommen sogar in Büchern und Kurzgeschichten vor, Scott Fitzgerald, solche Leute. Bedeutende Persönlichkeiten sagen, treffen wir uns unter der Uhr im Biltmore, und was wäre, wenn die dann kommen, und die Lobby ist verstaubt und mit Abfällen übersät. Das ist meine Aufgabe, dafür sorgen, daß das Biltmore berühmt bleibt. Ich muß saubermachen und darf nicht mit den Gästen sprechen oder sie auch nur ansehen. Wenn sie mich ansprechen, muß ich sagen, ja, Sir beziehungsweise Madam, oder nein, Sir beziehungsweise Madam, und weiterarbeiten. Er sagt, ich muß mich unsichtbar machen, und darüber muß er lachen. He, stell dir vor, du bist der große Unsichtbare, der die Lobby saubermacht. Er sagt, das ist eine Vertrauensstellung, und ich hätte sie nie bekommen, wenn mich nicht die Demokratische Partei geschickt hätte auf Empfehlung von dem Priester aus Kalifornien. Mr. Carey sagt, mein Vorgänger ist gefeuert worden, weil er unter der Uhr mit Collegemädchen geredet hat, aber der war Italiener, also wen wundert's. Er sagt, ich muß immer auf Draht sein, vergiß nicht, jeden Tag zu duschen, wir sind hier in Amerika, sei vernünftig, halte dich an deinesgleichen, mit den Iren kannst du nichts falsch machen, übertreib's nicht mit dem Trinken, und in einem Jahr könnte ich vielleicht zum Pagen oder Pikkolo befördert werden und Trinkgelder bekommen und, wer weiß, womöglich sogar zum Kellner aufsteigen, und das wäre dann wohl das Ende all meiner Sorgen. Er sagt, alles ist möglich in Amerika, schau mich an, ich besitze vier Anzüge.

Der Oberkellner in der Lobby wird Maitre d' genannt. Er sagt mir, ich soll nur auffegen, was auf den Boden fällt, und darf nichts anrühren, was auf den Tischen ist. Wenn Geld auf den Boden fällt oder Schmuck oder irgend etwas in der Art, muß ich es ihm aushändigen, dem Maitre d' persönlich, und er entscheidet dann, was damit zu geschehen hat. Wenn ein Aschenbecher voll ist, muß ich warten, bis mir ein Pikkolo oder ein Kellner sagt, daß ich ihn ausleeren soll. Manchmal sind in den Aschenbechern Gegenstände, die sichergestellt werden müssen. Eine Frau kann zum Beispiel ihren Ohrring abnehmen wegen der Entzündung und vergessen, daß sie ihn in den Aschenbecher gelegt hat, und es gibt Ohrringe, die Tausende von Dollar wert sind, was ich natürlich nicht wissen kann, so frisch vom Schiff runter. Es ist Sache des Maitre d', alle Ohrringe in Verwahrung zu nehmen und sie den Frauen mit den entzündeten Ohren zurückzugeben.

In der Lobby arbeiten zwei Kellner, sie flitzen hin und her und stoßen zusammen und blaffen auf griechisch. Sie sagen zu mir, he, Ire, komm her, mach sauber, mach sauber, mach verdammten Aschenbecher leer, trag Abfall weg, wird's bald, wird's bald, na los, du betrunken oder was? Sie schreien mich vor den Collegestudenten an, die donnerstags und freitags in Scharen kommen. Ich hätte nichts dagegen, daß mich Griechen anschreien, wenn sie es nicht vor den Collegemädchen täten, denn die sind golden. Sie werfen ihr Haar zurück und lächeln mit Zähnen, so weiß und makellos, wie man sie nur in Amerika sieht, und alle haben gebräunte Filmstarbeine. Die Jungen haben Bürstenschnitt, die gleichen Zähne und Footballspielerschultern und sind mit den Mädchen ganz unbefangen. Sie reden und lachen, und die Mädchen heben das Glas und lächeln die Jungen mit strahlenden Augen an. Sie sind vielleicht in meinem Alter, aber in ihrer Gegenwart schäme ich mich für meine Uniform, meinen Besen und meine Kehrschaufel. Ich wollte, ich könnte mich unsichtbar machen, aber wie soll das gehen, wenn die Kellner mich auf griechisch und englisch und in einer Sprache dazwischen anschreien oder ein Pikkolo mich beschuldigt, ich hätte mich an einem Aschenbecher vergriffen, in dem was drin lag.

Es kommt vor, daß ich nicht weiß, was ich tun oder sagen soll. Ein Collegejunge mit Bürstenschnitt sagt, kannst du mal aufhören, jetzt hier zu putzen? Ich unterhalte mich mit der Dame. Wenn das Mädchen mich ansieht und dann wegschaut, wird mir heiß im Gesicht, und ich weiß nicht, warum. Manchmal lächelt mir ein Collegemädchen zu und sagt hi, und ich weiß nicht, was ich sagen soll. Meine Vorgesetzten schärfen mir ein, ich darf kein Wort mit den Gästen sprechen, aber ich könnte sowieso nicht hi sagen, weil wir das in Limerick nie gesagt haben, und wenn ich es sage, fliege ich noch raus und stehe auf der Straße ohne einen Priester, der mir eine neue Arbeit besorgt. Ich würde gern hi sagen und für einen Moment zu dieser wunderschönen Welt gehören, aber dann denkt einer der Bürstenschnittjungs womöglich, ich starre sein Mädchen an, und beschwert sich beim Maitre d' über mich. Ich könnte ja heute abend nach Hause gehen, mich aufs Bett setzen und üben, zu lächeln und hi zu sagen. Wenn ich mir Mühe gebe, kriege ich das hi sicher bald hin, aber ich müßte es ohne das Lächeln sagen, denn wenn ich auch nur ein bißchen die Lippen öffne, erschrecke ich die goldenen Mädchen unter der Biltmore-Uhr zu Tode.

Manchmal ziehen die Mädchen ihre Jacken aus, und wie sie dann in ihren Pullovern und Blusen aussehen, das ist ein solcher Anlaß zur Sünde, daß ich mich in einer Toilette einschließen und Hand an mich legen muß, und leise muß ich auch noch sein, aus Angst, von einem puertoricanischen Pikkolo oder einem griechischen Kellner erwischt zu werden, der dann geradewegs zum Maitre d' läuft und berichtet, daß der Lobby-Hausdiener auf dem Klo an sich herumspielt.

5

Auf einem Plakat vor dem Kino in der 68th Street steht, Hamlet mit Laurence Olivier, Ab nächste Woche. Ich habe mir vorgenommen, mir einen schönen Abend zu machen mit einer Flasche Ginger-ale und einem Stück Zitronenbaisertorte aus der Bäckerei, so eine, wie ich sie mit dem Priester in Albany gegessen habe, noch nie im Leben hat mir was so gut geschmeckt. Ich werde zusehen, wie Hamlet auf der Leinwand sich selbst und alle anderen peinigt, und das herbe Ginger-ale und die süße Torte werden sich in meinem Mund bekriegen. Bevor ich ins Kino gehe, kann ich in meinem Zimmer sitzen und Hamlet lesen, damit ich auch verstehe, was die da alles reden in diesem alten Englisch. Das einzige Buch, das ich aus Irland mitgebracht habe, ist die Gesamtausgabe von Shakespeares Werken, die ich für dreizehn Shilling Sixpence in O'Mahonys Buchhandlung gekauft habe, die Hälfte meines Lohns als Telegrammbote bei der Post. Das Stück, das mir am besten gefällt, ist Hamlet, wegen dem, was er durchgemacht hat, als seine Mutter sich mit Claudius eingelassen hat, dem Bruder ihres Mannes, und wegen dem, wie meine eigene Mutter sich mit ihrem Vetter Laman Griffin eingelassen hat. Ich konnte verstehen, daß Hamlet gegen seine Mutter wütet, genau wie ich gegen meine Mutter an dem Abend, als ich mein erstes Bier getrunken hatte und betrunken heimkam und sie ins Gesicht geschlagen habe. Das wird mir leid tun bis ans Ende meiner Tage, aber ich wünsche mir immer noch, eines Tages nach Limerick zurückzukehren und Laman Griffin in einem Pub zu finden und mit ihm hinauszugehen und ihn durchzuwalken, bis er um Gnade winselt. Ich weiß, das ist leeres Gerede, weil Laman Griffin längst am Suff und an der Schwindsucht gestorben sein wird, wenn ich nach Limerick zurückkomme, und er kann lange in der Hölle schmoren, bevor ich jemals ein Gebet für ihn spreche oder ihm eine Kerze anzünde, auch wenn der Herr sagt, wir sollen unsere Feinde lieben und auch die andere Wange hinhalten. Nein, selbst wenn der Herr auf die Erde herabsteigen und mir befehlen würde, Laman Griffin zu verzeihen, und ich, wenn ich nicht gehorche, mit einem Mühlstein um den Hals ins Meer geworfen werde, wovor ich mich am meisten auf der Welt fürchte, selbst dann müßte ich sagen, tut mir leid, Herr, ich kann diesem Mann nicht verzeihen, was er meiner Mutter und unserer ganzen Familie angetan hat. In der erfundenen Geschichte läuft Hamlet schließlich auch nicht auf Helsingör herum und verzeiht den Leuten, warum sollte ich es dann im wirklichen Leben tun?

Das letzte Mal, als ich ins Kino in der 68th Street gegangen bin, hat der Türsteher mich mit meinem Riegel Hershey-Schokolade nicht hineingelassen. Er hat gesagt, ich darf kein Essen oder Trinken mit hineinnehmen und muß die Schokolade draußen verzehren. Verzehren. Essen hätte er wohl nicht über die Lippen gebracht, und das ist auch eine von den Sachen, die mich an der Welt so ärgern, daß Türsteher und überhaupt alle Uniformierten immer so hochgestochen daherreden. Das Kino in der 68th Street ist ganz anders als das Lyric Cinema in Limerick, wo man seinen Fisch mit Fritten oder eine ordentliche Portion Schweinsfüße und eine Flasche Stout mit reinnehmen konnte, wenn einem danach war. An dem Abend, als sie mich wegen der Schokolade nicht reinlassen wollten, mußte ich mich draußen hinstellen und den Riegel hinunterwürgen, und derweil hat mich der Türsteher finster angesehen, und es war ihm egal, daß ich den Anfang von den Marx

Brothers verpasse. Diesmal muß ich meinen schwarzen Regenmantel aus Irland über dem Arm tragen, damit der Türsteher die Schachtel mit der Zitronenbaisertorte und die Flasche Ginger-ale, die ich in eine Tasche gesteckt habe, nicht sieht.

Kaum hat der Film angefangen, versuche ich, an meine Torte zu kommen, aber die Schachtel knistert, und die Leute sagen, psst, wir wollen den Film sehen. Ich weiß, daß es keine normalen Leute sind, die sich Gangsterfilme und Musicals ansehen. Das sind Leute, die wahrscheinlich einen Collegeabschluß haben und in der Park Avenue wohnen und ihren Hamlet Zeile für Zeile auswendig kennen. Die gehen nie ins Kino, immer nur ins Filmtheater. Es wird mir nie gelingen, die Schachtel geräuschlos zu öffnen, und dabei läuft mir schon das Wasser im Mund zusammen, und ich weiß nicht, was ich tun soll, bis sich ein Mann neben mich setzt, hi sagt, mir einen Teil von seinem Mantel über den Schoß legt und seine Hand darunterwandern läßt. Er fragt, störe ich?, und ich weiß nicht, was ich sagen soll, obwohl mir irgendwas sagt, am besten nimmst du deine Torte und gehst woandershin. Ich sage, entschuldigen Sie, gehe an ihm vorbei und den Gang hinauf und hinaus auf die Herrentoilette, wo ich meine Tortenschachtel in aller Ruhe aufmachen kann, ohne daß die Park Avenue psst macht. Es ist schade, daß ich einen Teil von Hamlet verpasse, aber auf der Leinwand sind sie bis jetzt sowieso nur herumgesprungen und haben sich über einen Geist aufgeregt.

Die Männertoilette ist zwar leer, aber ich möchte auf keinen Fall gesehen werden, wie ich die Schachtel aufmache und meine Torte esse, also setze ich mich auf den Sitz in der Kabine und esse schnell, damit ich wieder zu Hamlet zurückkann, vorausgesetzt, ich muß mich nicht wieder neben den Mann mit dem Mantel auf dem Schoß und der wanderlustigen Hand setzen. Von der Torte bekomme ich einen trockenen Mund, und ich freue mich schon auf mein Ginger-ale, bis mir einfällt, daß man ja irgendeine Art von Kirchenschlüssel braucht, um den Verschluß zu öffnen. Einen Platzanweiser zu fragen hat keinen Zweck, die schnauzen die Leute bloß an und sagen, daß sie kein Essen und keine Getränke mitbringen dürfen, nicht mal wenn sie von der Park Avenue sind. Ich stelle die Tortenschachtel auf den Boden, weil ich zu dem Schluß gekommen bin, daß ich die Kapsel nur von der Flasche kriege, wenn ich sie ans Waschbecken halte und einmal kräftig mit der Hand draufschlage, aber dabei zerbricht der Hals, und das Ginger-ale spritzt mir ins Gesicht, und am Waschbecken ist Blut, weil ich mich an der Hand geschnitten habe, und trotzdem bin ich traurig, weil meine Torte auf dem Boden von Blut und Ginger-ale durchweicht wird, und als ich mich gerade frage, ob ich bei dem ganzen Ärger den Hamlet überhaupt noch zu sehen kriege, kommt ein grauhaariger Mann, der es sehr eilig haben muß, hereingestürmt, rennt mich fast um, tritt auf meine Tortenschachtel und gibt ihr den Rest. Er steht am Urinal und läßt es laufen, versucht dabei, die Tortenschachtel von seinem Schuh abzuschütteln, und schreit mich an, verflucht, verflucht, was zum Teufel, was zum Teufel. Er tritt zurück und schwenkt das Bein, so daß die Schachtel von seinem Schuh wegfliegt und an die Wand knallt, zum Verzehr vollends ungeeignet. Der Mann sagt, was zum Teufel geht hier eigentlich vor, und ich weiß nicht, was ich sagen soll, weil es doch eine ziemlich lange Geschichte ist, ich müßte damit anfangen, daß ich mich schon wochenlang auf den Hamlet gefreut und den ganzen Tag nichts gegessen habe, weil ich es mir so köstlich vorgestellt habe, alles auf einmal zu tun, meine Torte essen, Ginger-ale trinken, den Hamlet ansehen und all die herrlichen Reden hören. Ich glaube nicht, daß der Mann dafür in der Stimmung ist, so wie er von einem Fuß auf den anderen hüpft und sagt, ein Klo ist kein gottverdammtes Restaurant, was mir verdammt noch mal einfällt, in öffentlichen Toiletten rumzuhängen und zu essen und zu trinken, und daß ich besser meinen Arsch hier rausschaffe. Ich erzähle, daß ich einen Unfall gehabt habe, als ich die Ginger-ale-Flasche öffnen wollte, und er sagt, hast du noch nie was von einem Flaschenöffner gehört, oder bist du gerade erst von dem verdammten Schiff runter? Er verläßt die Toilette, und gerade als ich mir Toilettenpapier um die verletzte Hand wickle, kommt der Türsteher herein und sagt, ein Kunde hat sich über mein Benehmen hier drin beschwert. Er ist genau wie der Grauhaarige mit seinem verdammt und zum Teufel, und als ich ihm erklären will, was passiert ist, sagt er, schaff deinen Arsch hier raus. Ich sage, ich habe bezahlt, um mir den Hamlet anzusehen, und bin nur hier drin, weil ich die Leute von der Park Avenue um mich herum nicht stören wollte, die den Hamlet im Schlaf aufsagen können, aber er sagt, das ist mir scheißegal, raus hier, sonst ruf ich den Geschäftsführer und die Polizei, die werden sich bestimmt für das viele Blut interessieren.

Dann zeigt er auf meinen schwarzen Regenmantel, den ich über das Waschbecken gehängt habe. Schaff den gottverdammten Regenmantel hier raus. Wozu brauchst du überhaupt einen Regenmantel an einem Tag ohne ein Wölkchen am Himmel? Wir kennen den Regenmanteltrick, und wir passen auf. Wir kennen die ganze Regenmantelbrigade und ihre abartigen Spielchen, uns könnt ihr nichts vormachen. Du sitzt da und machst ein unschuldiges Gesicht, und im nächsten Moment wandert deine Hand zu unschuldigen Kindern rüber. Also schaff deinen Regenmantel hier raus, Freundchen, sonst hol ich die Polizei, du gottverdammter Perverser.

Ich nehme die zerbrochene Ginger-ale-Flasche, in der noch ein Tropfen drin ist, gehe die 68th Street entlang und setze mich auf die Stufen vor meiner Pension, aber da ruft Mrs. Austin durchs Kellerfenster, kein Essen oder Trinken auf der Treppe, sonst kommen die Kakerlaken aus allen Richtungen gerannt, und die Leute sagen, wir sind ein Haufen Puertoricaner, denen es egal ist, wo sie essen oder trinken oder schlafen.

In der ganzen Straße kann man sich nirgends hinsetzen, weil überall die Vermieterinnen auf der Lauer liegen, also bleibt mir nichts anderes übrig, als zum Park am East River hinüberzugehen und mich zu fragen, warum Amerika so schwierig und kompliziert ist, daß ich mir nicht mal mit einem Stück Zitronenbaisertorte und einer Flasche Ginger-ale den Hamlet anschauen kann.

6

Es ist schlimm, in New York aufstehen und zur Arbeit gehen zu müssen, vor allem deshalb, weil meine Augen so entzündet sind, daß ich die Lider mit Daumen und Zeigefinger auseinanderziehen muß. Am liebsten würde ich den harten gelben Grind abzupfen, aber dann reiße ich mir auch die Wimpern aus, und die Augenlider sind rot und wund, schlimmer als zuvor. Ich kann mir unter der Dusche heißes Wasser über die Augen laufen lassen, bis sie sich warm und sauber anfühlen, aber dann sind sie immer noch feuerrot. Ich versuche, die Rötung mit eiskaltem Wasser zu vertreiben, aber das klappt nicht. Statt dessen tun mir bloß die Augäpfel weh, und mir geht es so schon schlecht genug, auch ohne daß ich mit Schmerzen in den Augäpfeln in die Lobby vom Biltmore gehe.

Mit den Schmerzen könnte ich mich sogar abfinden, wenn nur die Entzündung und die Rötung und die gelbe Schmiere nicht wären. Wenigstens würden mich die Leute dann nicht anglotzen wie einen Aussätzigen.

Es ist schon entwürdigend genug, in der schwarzen Hausdieneruniform im Palmenhof herumzulaufen, denn das bedeutet, daß ich in den Augen der Welt nur knapp über den puertoricanischen Tellerwäschern rangiere. Sogar die Gepäckträger haben ein bißchen Gold an ihren Uniformen, und die Portiers sehen aus wie die reinsten Flottenadmirale. Eddie Gilligan, der Gewerkschaftsobmann, sagt, ich kann von Glück reden, daß ich Ire bin, sonst wäre ich schon längst unten in der Küche bei den Spics. Das ist ein neues Wort, Spics, und so, wie er es ausspricht, weiß ich gleich, daß er die Puertoricaner nicht leiden kann. Er sagt, Mr. Carey sorgt für seine Landsleute, und nur aus diesem Grund darf ich Hausdiener sein und eine Uniform tragen, statt mit einer Schürze um den Bauch da unten bei den PRs zu stecken, die den ganzen Tag singen und mira, mira schreien. Ich würde ihn gern fragen, was dagegen einzuwenden ist, daß man beim Abwasch singt und mira, mira schreit, wenn einem danach ist, aber ich traue mich nicht, weil ich mich nicht dauernd blamieren will. Die Puertoricaner sind wenigstens unter sich, die singen und trommeln auf Töpfen und Pfannen herum und lassen sich so von ihrer eigenen Musik hinreißen, daß sie in der Küche herumtanzen, bis ihre Bosse ihnen sagen, Schluß jetzt mit dem Zirkus. Manchmal gehe ich in die Küche runter, und sie geben mir Essensreste und rufen mir zu, Frankie, Frankie, Irenjunge, wir lernen dir Espanisch. Eddie Gilligan sagt, ich kriege zwei Dollar und fünfzig Cent mehr pro Woche als die Tellerwäscher und ich habe Aufstiegschancen, von denen die nicht mal träumen können, weil sie nichts anderes wollen als kein Englisch lernen und viel Geld verdienen, damit sie nach Puerto Rico zurück können, wo sie dann unter Bäumen hocken, Bier trinken und eine große Kinderschar haben, weil sie zu nichts anderem taugen als zum Trinken und zum Vögeln, bis ihre Frauen ausgemergelt sind und vor der Zeit sterben und ihre Kinder sich auf der Straße herumtreiben und nur darauf warten, nach New York zu kommen und Tellerwäscher zu werden und das ganze Scheißkarussell von vorne anzufangen, und wenn sie keine Arbeit kriegen, müssen wir sie unterstützen, du und ich, damit sie droben in East Harlem auf der Treppe vor dem Haus hokken, auf ihren Scheißgitarren rumklimpern und Bier aus der Flasche trinken können. So sind die Spics, Kleiner, das mußt du dir merken. Halt dich von der Küche fern, weil die bringen es glatt fertig und pissen dir in den Kaffee. Er sagt, er hat mit eigenen Augen gesehen, wie sie in eine Kaffeekanne gepißt haben, die zu einem feudalen Mittagessen für die Töchter des Britischen Weltreichs raufgeschickt wurde, und die Töchter hätten nicht die leiseste Ahnung gehabt, daß sie in Wirklichkeit Puertoricanerpisse tranken.

Eddie grinst, und dann muß er lachen und verschluckt sich an seiner Zigarette, weil er ein Irisch-Amerikaner ist und die PRs toll findet wegen dem, was sie da mit den Töchtern des Britischen Weltreichs angestellt haben. Er nennt sie jetzt PRs statt Spics, weil sie was so Patriotisches getan haben, da hätten die Iren schon längst draufkommen müssen. Nächstes Jahr wird er auch mal in die Kaffeekannen pissen und sich totlachen, wenn er zusieht, wie die

Töchter Kaffee mit puertoricanischer und irischer Pisse drin trinken. Er sagt, es ist jammerschade, daß die Töchter es nie erfahren werden. Am liebsten würde er sich im Ballsaal in der achtzehnten Etage auf die Galerie stellen und es öffentlich ausrufen, Töchter des Britischen Weltreichs, ihr habt gerade Kaffee getrunken, der mit Spic-Mick-Pisse angereichert war, und wie hat euch das geschmeckt nach allem, was ihr den Iren achthundert Jahre lang angetan habt? Ach, das wäre ein Anblick, wie die Töchter sich aneinanderklammern und den ganzen Ballsaal vollkotzen und die irischen Patrioten in ihren Gräbern Jigs tanzen. Das wär doch mal was, meint Eddie, das wär doch wirklich mal was.

Vielleicht sind die PRs doch nicht so übel, sagt Eddie jetzt. Er würde zwar nicht wollen, daß sie seine Tochter heiraten oder in seine Nachbarschaft ziehen, aber musikalisch sind sie, das muß man ihnen lassen, und sie schicken ein paar ziemlich gute Baseballspieler rauf, das muß man ihnen auch lassen. Man braucht bloß in die Küche runtergehen, und sie freuen sich wie die Kinder. Er sagt, die sind wie die Neger, die nehmen nichts ernst. Im Gegensatz zu den Iren. Wir nehmen alles ernst.

*

Die schlechten Tage in der Lobby sind Donnerstag und Freitag, weil da die Jungen und Mädchen sich treffen und dasitzen, trinken und lachen und nichts anderes im Kopf haben als College und Romantik, als Segeln im Sommer und Skilaufen im Winter und untereinander Heiraten, damit sie Kinder kriegen, die dann ins Biltmore kommen und es genauso machen wie sie. Ich weiß, sie nehmen mich gar nicht wahr in meiner Hausdieneruniform, mit Kehrschaufel und Besen, und ich bin froh, weil meine Augen an manchen Tagen so rot sind, daß sie blutig aussehen und ich mich richtig davor fürchte, eins von den Mädchen könnte zu mir sagen, Entschuldigung, wo ist denn bitte die Toilette? Es ist schwer, mit der Kehrschaufel zu zeigen, da drüben hinter den Aufzügen zu sagen und dabei das Gesicht abzuwenden. Ich habe das bei einem

Mädchen mal versucht, aber sie ist zum Maitre d' gegangen und hat sich über meine Unverschämtheit beschwert, und jetzt muß ich jeden ansehen, der mich etwas fragt, und wenn er mich dann anstarrt, werde ich so rot, daß meine Haut es in puncto Röte mit meinen Augen aufnehmen kann. Manchmal werde ich nur vor lauter Wut rot und möchte die Leute, die mich anstarren, am liebsten anschnauzen, aber wenn ich das täte, würde ich auf der Stelle rausfliegen.

Die sollen mich nicht anstarren. Die sollten es eigentlich besser wissen, wo doch ihre Mütter und Väter ein Vermögen dafür ausgeben, daß gebildete Menschen aus ihnen werden, und was nützt die ganze Bildung, wenn man so taktlos ist, daß man Leute anstarrt, die frisch vom Schiff runter sind und entzündete Augen haben? Man sollte doch meinen, die Professoren stehen vor ihren Klassen und sagen ihnen, wenn ihr in der Lobby des Biltmore Hotel oder überhaupt in irgendeiner Lobby seid, dürft ihr niemanden anstarren, der rote Augen oder nur ein Bein hat oder sonstwie entstellt ist.

Die Mädchen starren trotzdem, und die Jungen sind noch schlimmer, denn die sehen mich an und feixen und stoßen sich an und machen Bemerkungen, über die alle lachen, und ich würde ihnen am liebsten die Kehrschaufel und den Besen über den Kopf hauen, bis das Blut spritzt und sie mich anflehen, damit aufzuhören, und hoch und heilig versprechen, nie wieder über irgendwen zu lästern, der rote Augen hat.

Eines Tages stößt eines der Collegemädchen einen spitzen Schrei aus, und sofort kommt der Maitre d' gerannt. Sie heult, und er hebt die Sachen vor ihr auf dem Tisch hoch und schaut kopfschüttelnd darunter. Er ruft durch die ganze Lobby, McCourt, komm sofort her. Hast du diesen Tisch saubergemacht?

Ich glaub schon.

Du glaubst? Verdammt noch mal, Entschuldigung, Miss, weißt du's denn nicht mehr?

Ich hab saubergemacht.

Hast du eine Papierserviette weggenommen?

Ich hab saubergemacht. Ich hab die Aschenbecher ausgeleert.

Die Papierserviette, die hier gelegen hat. Hast du sie weggenommen?

Weiß ich nicht.

Also, ich will dir mal was sagen, McCourt. Diese junge Dame hier ist die Tochter des Präsidenten vom Verkehrsverein, der in unserem Hotel riesige Räumlichkeiten gemietet hat, und sie hatte eine Papierserviette mit der Telefonnummer eines Jungen aus Princeton, und wenn du dieses Stück Papier nicht wiederfindest, mach ich dir Feuer unterm Arsch, Entschuldigung, Miss. Also, was hast du mit dem Inhalt von dem Aschenbecher gemacht, den du von dem Tisch genommen hast?

Der ist schon unten in den großen Mülltonnen neben der Küche.

Na schön. Dann gehst du jetzt da runter und suchst diese Papierserviette, und komm ja nicht ohne sie zurück.

Das Mädchen, das die Serviette verloren hat, schluchzt und erzählt mir, ihr Vater ist sehr einflußreich, und sie möchte nicht in meiner Haut stecken, wenn ich das Stück Papier nicht wiederfinde. Ihre Freunde schauen mich an, und ich spüre, daß mein Gesicht genauso brennt wie meine Augen.

Der Maitre d' raunzt mich noch einmal an. Los, hol sie, McCourt, und dann meldest du dich wieder hier.

Die Mülltonnen neben der Küche quellen über, und ich weiß nicht, wie ich ein kleines Stück Papier finden soll, das in all dem Abfall verlorengegangen ist, Kaffeesatz, Toaststückchen, Eierschalen, Fischgräten, Grapefruitschalen. Ich kniee mich hin und stochere in dem Abfall herum, mit einer Gabel aus der Küche, wo die Puertoricaner singen und lachen und auf Töpfen rumtrommeln, und da frage ich mich, wieso ich hier auf den Knien herumrutsche.

Also stehe ich auf und gehe in die Küche, ohne ein Wort zu den Puertoricanern zu sagen, die mir zurufen, Frankie, Frankie, Irenjunge, wir lernen dir Espanisch. Ich nehme eine saubere Papierserviette, schreibe eine erfundene Telefonnummer drauf, mache noch einen Kaffeefleck dazu und bringe sie dem Maitre d', der sie dem Mädchen überreicht, unter großem Hallo von ihren vielen Freunden. Sie dankt dem Maitre d' und gibt ihm ein Trinkgeld, einen ganzen Dollar, und mein einziger Kummer ist, daß ich nicht dabeisein werde, wenn sie diese Nummer anruft.

7

Von meiner Mutter ist ein Brief gekommen. Sie schreibt, daß die Zeiten schlecht sind zu Hause. Sie weiß, daß mein Lohn nicht besonders ist, und sie ist dankbar für die zehn Dollar jede Woche, aber könnte ich nicht doch noch ein paar Dollar extra erübrigen, damit sie Michael und Alphie Schuhe kaufen kann? Sie hatte eine Arbeit, sie mußte einen alten Mann versorgen, aber der war eine große Enttäuschung, weil er einfach gestorben ist, wo sie doch damit gerechnet hatte, daß er noch bis Neujahr durchhalten würde, so daß sie ein paar Shilling für Schuhe und das Weihnachtsessen gehabt hätte, Schinken oder irgendwas anderes halbwegs Menschenwürdiges. Sie schreibt, kranke Menschen sollten nicht andere Leute anheuern, damit sie sie pflegen, und falsche Hoffnungen auf eine Dauerstellung bei ihnen wecken, wenn sie schon wissen, daß es um sie geschehen ist. Es kommt jetzt nichts mehr rein außer dem Geld, das ich schicke, und der arme Michael wird wahrscheinlich sofort die Schule abbrechen und sich eine Arbeit suchen müssen, wenn er nächstes Jahr vierzehn wird, und das ist eine Schande, und sie möchte gern wissen, haben wir dafür gegen die Engländer gekämpft, daß die Hälfte der irischen Kinder über Stock, Stein und Pflaster läuft mit nichts anderem an den Füßen als der bloßen Haut?

Ich schicke ihr ja schon die zehn Dollar von den dreißig, die ich im Biltmore Hotel bekomme, obwohl es eher bloß sechsundzwanzig sind, wenn die Sozialversicherung und die Lohnsteuer abgezogen sind. Nach der Miete bleiben mir zwanzig Dollar, und meine Mutter kriegt zehn davon, und ich habe noch zehn fürs Essen und die U-Bahn, wenn es regnet. Wenn nicht, gehe ich zu Fuß, um die fünf Cent zu sparen. Ab und zu schlage ich über die Stränge und gehe ins Kino an der 68th Street, und ich bin schlau genug, einen Hershey-Riegel oder zwei Bananen hineinzuschmuggeln, das billigste Essen auf Erden. Manchmal, wenn ich meine Banane schäle, fangen feine Nasen aus der Park Avenue zu schnuppern an und flüstern einander zu, riecht's hier nicht nach Banane? Und im nächsten Moment drohen sie, sich beim Geschäftsführer zu beschweren.

Aber mir ist das inzwischen egal. Sollten die sich bei der Platzanweiserin beschweren, verziehe ich mich mit meiner Banane nicht mehr aufs Klo. Ich gehe zur Demokratischen Partei im Biltmore Hotel und sag denen, ich bin ein amerikanischer Staatsbürger mit irischem Akzent, und warum macht man mir die Hölle heiß, wenn ich in einem Gary-Cooper-Film eine Banane esse?

Der Winter mag ja auch in Irland vor der Tür stehen, aber hier ist es kälter, und die Sachen, die ich aus Irland mitgebracht habe, sind in einem New Yorker Winter für die Katz. Eddie Gilligan sagt, wenn ich in dem Zeug auf die Straße gehe, bin ich tot, bevor ich zwanzig bin. Er sagt, wenn ich nicht zu stolz bin, kann ich mir in dem großen Heilsarmee-Gebäude auf der West Side für ein paar Dollar alle Wintersachen besorgen, die ich brauche. Er sagt, ich muß aufpassen, daß ich Sachen kriege, in denen ich wie ein Amerikaner aussehe, und nicht solches Paddy-aus-dem-Sumpf-Zeug, in dem ich wie ein irischer Rübenbauer daherkomme.

Aber jetzt kann ich wegen der internationalen Postanweisung über fünfzehn Dollar an meine Mutter nicht zur Heilsarmee gehen, und ich kriege auch keine Essensreste mehr von den Puertoricanern im Biltmore, weil die sich sonst womöglich mit meiner Augenkrankheit anstecken.

*

Eddie Gilligan sagt, es wird über meine Augen geredet. Er mußte ins Personalbüro kommen, weil er Betriebsobmann ist, und die haben ihm gesagt, ich darf nie wieder in die Nähe der Küche kommen, weil ich womöglich ein Handtuch oder irgendwas anderes berühre und dann alle puertoricanischen Tellerwäscher und italienischen Köche halb blind werden von der Bindehautentzündung oder was das für eine Krankheit ist, die ich da habe. Im Hotel behalten sie mich nur, weil ich von der Demokratischen Partei geschickt worden bin und die Partei einen Haufen Geld für die großen Büros zahlt, die sie im Biltmore gemietet hat. Eddie sagt, Mr. Carey mag ja ein strenger Chef sein, aber er setzt sich für seine Leute ein und sagt denen in der Personalabteilung, wann Schluß ist, sagt ihnen, in dem Moment, wo sie versuchen, einen Jungen mit entzündeten Augen zu entlassen, erfährt das die Demokratische Partei, und dann kann sich das Biltmore Hotel einsargen lassen. Dann veranstalten die einen Streik, der die ganze verdammte Hotelarbeitergewerkschaft auf die Beine bringt. Kein Zimmerservice mehr. Keine Aufzüge. Eddie sagt, dann müssen die fetten Schweine zu Fuß gehen und die Zimmermädchen legen kein Toilettenpapier mehr in die Bäder. Stell dir das mal vor: Fette alte Säcke, die festsitzen, weil sie sich den Hintern nicht abwischen können, und alles wegen deinen entzündeten Augen, Kleiner.

Wir gehen auf die Straße, sagt Eddie, die ganze verdammte Gewerkschaft. Wir schließen jedes Hotel in der Stadt. Aber eh ich's vergesse, die haben mir die Adresse von einem Augenarzt in der Lexington Avenue gegeben. Da mußt du hingehen und in einer Woche Bericht erstatten.

Die Praxis von dem Arzt ist in einem alten Gebäude, vier Treppen rauf. Babys schreien, und ein Radio spielt.

Boys and girls together
Me and Mamie O'Rourke
We'll trip the light fantastic
On the sidewalks of New York.

Der Arzt sagt, komm rein, setz dich auf diesen Stuhl, was ist denn mit deinen Augen? Brauchst du eine Brille?

Ich hab eine Augeninfektion, Herr Doktor.

Herrgott, ja. Und ob das eine Infektion ist. Wie lange hast du das schon?

Neun Jahre, Herr Doktor. Ich war in Irland in der Augenklinik, als ich elf war.

Er stochert mit einem Hölzchen an meinen Augen herum und betupft sie mit Wattebäuschen, die an den Lidern kleben bleiben, so daß ich blinzeln muß. Er sagt, ich soll aufhören zu blinzeln, wie zum Teufel soll er meine Augen untersuchen, wenn ich da sitze und wie blöd blinzle. Aber ich kann nicht anders. Je mehr er stochert und tupft, desto mehr blinzle ich, bis er so wütend wird, daß er das Stäbchen mit dem Wattebausch dran aus dem Fenster wirft. Er zieht die Schubladen von seinem Schreibtisch auf und flucht und knallt sie wieder zu, bis er eine kleine Flasche Whiskey und eine Zigarre findet, und davon kriegt er so gute Laune, daß er am Schreibtisch sitzen bleibt und lacht.

Na, immer noch am Blinzeln? Weißt du was? Ich schau seit siebenunddreißig Jahren Augen an, aber so was hab ich noch nie gesehen. Was bist du eigentlich, Mexikaner oder so was?

Nein, ich bin Ire, Herr Doktor.

Was du da hast, das gibt's nicht in Irland. Bindehautenzündung ist es keine. Ich kenn mich aus mit Bindehautentzündung. Das ist was anderes, und ich kann dir sagen, du hast Glück, daß du überhaupt noch Augen hast. Was du hast, das hab ich bei Jungs gesehen, die vom Pazifik zurückgekommen sind, aus Neuguinea und solchen Ländern. Warst du mal in Neuguinea?

Nein, Herr Doktor.

Also, da hilft nur eins, du mußt dir den Kopf völlig kahlrasieren. Du hast eine Art ansteckende Schuppenkrankheit wie die Jungs, die aus Neuguinea heimkommen, und die Schuppen fallen dir in die Augen. Die Haare müssen runter, und du mußt dir jeden Tag die Kopfhaut mit einer medizinischen Seife schrubben. Schrubb dir die Kopfhaut, bis sie prickelt. Schrubb dir die Kopfhaut, bis sie glänzt. Und dann kommst du wieder zu mir. Das macht dann zehn Dollar, Junge.

Die medizinische Seife kostet zwei Dollar, und der italienische Friseur an der Third Avenue kriegt zwei Dollar plus Trinkgeld dafür, daß er mir die Haare abschneidet und eine Glatze rasiert. Er meint, es ist ein Jammer, so einen schönen Haarschopf abzurasieren, und wenn er so einen Haarschopf hätte, müßte man ihm schon den Kopf abschneiden, um ihn zu kriegen, und die meisten Ärzte könnten sowieso kein X von einem U unterscheiden, aber wer sei er denn, es mir auszureden, wenn ich es mir nun mal in den Kopf gesetzt hätte.

Er hält einen Spiegel hoch, um mir zu zeigen, wie kahl ich von hinten aussehe, und mir wird ganz schwach vor Scham, der kahle Kopf, die roten Augen, die Pickel, die schlechten Zähne, und wenn mich auf der Lexington Avenue einer anglotzt, stoße ich ihn vor ein Auto, weil ich es bereue, jemals nach Amerika gekommen zu sein, wo man mir mit Entlassung wegen meiner Augen droht und mich zwingt, kahlköpfig durch die Straßen von New York zu laufen.

Natürlich starren sie mich doch an auf der Straße, und ich würde gern drohend zurückstarren, aber das geht nicht mit der gelben Schmiere in den Augen, in der jetzt auch noch Wattefäden hängen, so daß ich vollends blind bin. Ich schaue mir die Seitenstraßen genau an, suche mir die aus, wo am wenigsten los ist, und laufe im Zickzack durch die Stadt. Die beste Straße ist die Third Avenue, wo oben drüber die Hochbahn rattert und überall Schatten ist und die Leute in den Bars ihre eigenen Sorgen haben und sich um ihren eigenen Kram kümmern, statt jedes entzündete Augenpaar, das vorbeikommt, anzuglotzen. Leute, die aus Banken und Bekleidungsgeschäften kommen, glotzen immer, aber Leute in Bars grübeln über ihren Drinks und würden sich auch nicht drum scheren, wenn man ganz ohne Augen über die Avenue ginge.

Natürlich glotzt auch Mrs. Austin aus dem Souterrainfenster.

Kaum bin ich zur Haustür rein, da kommt sie schon die Treppe rauf und fragt mich, was mit meinem Kopf ist, ob ich einen Unfall gehabt habe oder in einem Feuer gewesen bin oder was, und ich würde ihr am liebsten über den Mund fahren und sagen, sieht das verdammt noch mal wie abgebrannt aus? Aber ich sage ihr, ich hätte mir die Haare in der Hotelküche angesengt, und der Friseur hätte gemeint, ich sollte sie mir besser ganz abschneiden lassen, damit sie richtig nachwachsen können. Ich muß höflich zu Mrs. Austin sein, weil sie mir sonst womöglich sagt, ich soll meine Sachen packen und machen, daß ich wegkomme, und dann würde ich auf der Straße stehen, an einem Samstag, mit einem braunen Koffer und einem kahlen Kopf und einer Barschaft von drei Dollar. Sie sagt, na ja, du bist noch jung, und geht wieder runter, und mir bleibt nichts anderes übrig, als mich aufs Bett zu legen und zuzuhören, wie die Leute auf der Straße reden und lachen, und mich zu fragen, wie ich am Montag morgen in meinem kahlen Zustand zur Arbeit gehen kann, obwohl ich ja nur meinen Chefs und dem Doktor gehorcht habe.

Ich stelle mich immer wieder vor den Spiegel in meinem Zimmer, erschrecke jedesmal von neuem über meinen kreideweißen Schädel und wünsche mir, ich könnte hierbleiben, bis die Haare nachwachsen, aber ich habe Hunger. Mrs. Austin verbietet ja das Essen und Trinken auf dem Zimmer, aber als es dunkel wird, gehe ich ein Stück die Straße hinauf und kaufe mir die große Sunday Times, mit der ich die Tüte mit einem Rosinenbrötchen und einem halben Liter Milch drin gegen Mrs. Austins Blick abschirmen kann. Jetzt hab ich nur noch knapp zwei Dollar, die müssen reichen bis Freitag, und dabei ist es erst Samstag. Wenn sie mich doch erwischt, sage ich, warum darf ich nicht ein Rosinenbrötchen und einen halben Liter Milch mit aufs Zimmer nehmen, wo der Arzt mir gesagt hat, ich hätte eine Neuguinea-Krankheit, und ein Friseur mir den Schädel kahlrasiert hat? Ich muß an die vielen Filme denken, wo sie das Sternenbanner schwenken und die Hand auf die Brust legen und aller Welt verkünden, das sei das Land der Freien und die Heimat der Tüchtigen, während man selbst nicht einmal seine Zitronenbaisertorte und sein Ginger-ale oder eine Banane in den Hamlet mitnehmen und in Mrs. Austins möbliertes Zimmer überhaupt kein Essen oder Trinken mitbringen darf.

Aber Mrs. Austin läßt sich nicht blicken. Vermieterinnen lassen sich nie blicken, wenn es einem sowieso egal ist.

Ich kann die Times erst lesen, nachdem ich mir im Bad die Augen mit warmem Wasser und Klopapier ausgewaschen habe, aber es ist richtig gemütlich im Bett mit der Zeitung und dem Brötchen und der Milch, bis Mrs. Austin durchs Treppenhaus ruft, ihre Stromrechnung ist sowieso schon astronomisch, und ich soll doch so freundlich sein und das Licht ausmachen, sie ist keine Millionärin.

Als ich das Licht ausmache, fällt mir ein, daß es Zeit ist, mir die Kopfhaut mit Salbe einzuschmieren, aber dann wird mir klar, daß ich mit der Salbe das ganze Kopfkissen einsauen würde, und schon hätte ich Mrs. Austin wieder am Hals. Ich kann mich also nur aufs Bett setzen und mich mit dem Kopf an das eiserne Kopfteil lehnen, von dem sich die Salbe abwischen läßt. Das Kopfteil hat kleine Schnörkel und Blumen mit spitzen, vorstehenden Blütenblättern, die es mir unmöglich machen, anständig zu schlafen, und so bleibt mir nichts anderes übrig, als aus dem Bett zu steigen und auf dem Fußboden zu schlafen, dann hat Mrs. Austin keinen Grund, sich zu beschweren.

*

Am Montag morgen hängt ein Zettel an meiner Stechkarte, ich soll mich im achtzehnten Stock melden. Eddie Gilligan sagt, es ist nicht persönlich gemeint, aber ich darf nicht mehr in der Lobby arbeiten, mit den verkrusteten Augen und jetzt auch noch dem kahlen Schädel. Jeder weiß, daß Menschen, denen plötzlich die Haare ausfallen, nicht mehr lange auf dieser Welt sind, da würde es nicht mal was nützen, wenn ich mich mitten in die Lobby stelle und laut verkünde, daß der Friseur sie mir abrasiert hat. Die Leute wollen immer das Schlimmste glauben, und im Personalbüro heißt es, entzündete Augen, kahler Schädel, zählt zwei und zwei zusammen, und ihr kriegt die größten Schwierigkeiten mit den Gästen in der Lobby. Wenn das Haar nachgewachsen ist und die Augen heilen, könnte ich vielleicht wieder in die Lobby zurück, vielleicht sogar eines Tages als Pikkolo, und dann würde ich so dicke Trinkgelder einstreichen, daß ich wie ein Fürst für meine Familie in Limerick sorgen kann, aber nicht jetzt, nicht mit dem Schädel und den Augen.

8

Eddie Gilligan arbeitet mit seinem Bruder Joe im achtzehnten Stock. Unsere Aufgabe ist es, Veranstaltungen vorzubereiten, Versammlungen in Konferenzräumen, Bankette und Hochzeiten im Ballsaal, und Joe ist zu nichts zu gebrauchen, weil seine Hände und Finger wie Wurzeln sind. Er läuft mit einem langstieligen Besen in der einen und einer Zigarette in der anderen Hand herum und tut beschäftigt, aber die meiste Zeit verbringt er rauchend auf dem Klo oder mit Digger Moon, dem Teppichleger, der behauptet, daß er Schwarzfußindianer ist und Teppiche schneller und besser legen kann als sonstwer in den USA, außer er hat schon ein paar Gläschen intus, dann muß man sich vor ihm in acht nehmen, weil er sich an die Leiden seines Volkes erinnert. Wenn Digger sich an die Leiden seines Volkes erinnert, ist Joe Gilligan der einzige, mit dem er reden kann, weil Joe selbst an Arthritis leidet und ihn versteht, meint Digger. Wenn man so schlimme Arthritis hat, daß man sich nur mit Müh und Not den Arsch wischen kann, dann hat man Verständnis für Leiden jeder Art. Das sagt Digger, und wenn Digger nicht von Stockwerk zu Stockwerk geht und Teppichböden verlegt oder Teppichböden herausreißt, sitzt er mit untergeschlagenen Beinen im Teppichraum auf dem Fußboden und leidet gemeinsam mit Joe, der eine an der Vergangenheit, der andere an der Arthritis. Niemand behelligt Digger oder Joe, denn im Biltmore Hotel weiß jeder über ihre Leiden Bescheid, und so können die beiden ganze Tage im Teppichraum verbringen oder zum Trost über die Straße in McAnn's Bar gehen. Mr. Carey selbst leidet auch, er hat einen kranken Magen. Wenn er am Morgen seine Inspektionsrunden macht, leidet er an dem Frühstück, das seine Frau ihm gemacht hat, und bei der Nachmittagsinspektion leidet er an dem Mittagessen, das seine Frau ihm mitgegeben hat. Er versichert Eddie, seine Frau sei wunderschön, die einzige Frau, die er je geliebt hat, aber sie bringt ihn auf Raten um und ist auch selbst nicht in bester Verfassung mit ihren vom Rheumatismus geschwollenen Beinen. Eddie erzählt Mr. Carey, seiner Frau geht es auch nicht gut, sie hat vier Fehlgeburten hinter sich und jetzt auch noch eine infektiöse Blutkrankheit, die dem Doktor Sorgen macht. An dem Vormittag, an dem wir das alljährliche Bankett der American-Irish Historical Society vorbereiten, stehen Eddie und Mr. Carey am Eingang des Ballsaals im achtzehnten Stockwerk. Eddie raucht eine Zigarette, und Mr. Carey trägt seinen Zweireiher, der so gut sitzt, daß man denkt, so groß ist sein Bauch gar nicht, den er streichelt, um den Schmerz zu lindern. Eddie erzählt Mr. Carey, daß er nie geraucht hat, bis er am Omaha Beach verwundet wurde und irgendein Arschloch, Entschuldigung, Mr. Carey, ihm eine Zigarette in den Mund gesteckt hat, während er dalag und auf die Sanitäter wartete. Er nahm einen Zug aus der Zigarette, und das war eine solche Erleichterung, wie er da am Omaha Beach lag mit seinen herausquellenden Gedärmen, daß er seitdem raucht, es sich einfach nicht abgewöhnen kann, obwohl er's versucht hat, weiß Gott, aber er schafft's nicht. Jetzt kommt Digger Moon mit einer riesigen Teppichrolle auf der Schulter angeschlendert und sagt zu Eddie, daß das nicht mehr so weitergeht mit seinem Bruder Joe, daß das arme Schwein mehr leidet als sieben Indianerstämme zusammengenommen, und Digger weiß, was Leiden ist, nach seinem Gastspiel bei der Infanterie überall in dem verdammten Pazifik, wo er alles abgekriegt hat, was die Japse auf ihn schmeißen konnten, Malaria, einfach alles. Eddie sagt, ja, ja, er weiß schon, und es tut ihm leid, schließlich ist Joe ja sein Bruder, aber er hat seine eigenen Sorgen mit seiner Frau und ihren Fehlgeburten und ihrer infektiösen Blutkrankheit und seinem eigenen Darm, der völlig durcheinander ist, weil er damals nicht wieder richtig reingeschoben wurde, und Joe macht ihm Sorgen, so wie der trinkt und dazu Schmerzmittel jeder Art schluckt. Mr. Carey rülpst und stöhnt, und Digger fragt, ob er immer noch Dreck frißt, Digger hat nämlich keine Angst vor Mr. Carey oder irgendwem sonst. So was kann man sich eben leisten, wenn man ein großer Teppichleger ist, man kann zu jedem sagen, was man denkt, und wenn sie einen rauswerfen, kriegt man jederzeit eine neue Arbeit im Commodore Hotel oder im Roosevelt Hotel oder, mein Gott, ja, sogar im Waldorf Astoria, die versuchen sowieso ständig, Digger abzuwerben. An manchen Tagen ist Digger so überwältigt von den Leiden seines Volkes, daß er sich weigert, auch nur einen Teppich zu verlegen, und wenn Mr. Carey ihn trotzdem nicht feuert, meint er, da sieht man's, weißer Mann ist ohne uns Rothäute aufgeschmissen. Weißer Mann braucht Irokesen, die sechzig Wolkenkratzer-Stockwerke hoch auf Stahlträgern herumtanzen. Weißer Mann braucht Schwarzfußindianer, damit seine Teppiche ordentlich verlegt werden. Jedesmal, wenn Digger Mr. Carey rülpsen hört, sagt er ihm, er soll aufhören, Dreck zu fressen, und lieber ein schönes Bier trinken, denn Bier hat noch keinem geschadet, und es sind Mrs. Careys Sandwiches, die Mr. Carey umbringen. Digger erzählt Mr. Carey, daß er eine Theorie über die Frauen hat, daß sie wie die Schwarzen Witwen sind, die ihre Männchen nach dem Vögeln umbringen, ihnen den verdammten Kopf abbeißen, daß Frauen sich nichts mehr aus Männern machen, wenn sie über das Alter raus sind, in dem sie Kinder kriegen können, denn dann sind die Männer zu nichts mehr nütze, außer sie sitzen auf ihrem Pferd und greifen einen anderen Stamm an. Eddie Gilligan sagt, du würdest ganz schön albern aussehen, wenn du auf deinem Pferd durch die Madison Avenue reiten würdest, um einen anderen

Stamm anzugreifen, und Digger sagt, genau das meint er ja. Er sagt, ein Mann ist auf der Welt, um sich das Gesicht zu bemalen, das Pferd zu reiten, den Speer zu werfen und den anderen Stamm zu töten, und als Eddie sagt, ach was, Blödsinn, sagt Digger, ach was, Blödsinn, meine Fresse, schau dich doch an, Eddie! Willst du dein Leben lang hier rumhängen und Hochzeiten und Festessen vorbereiten? Ist das ein Leben für einen Mann? Eddie zuckt die Achseln und pafft seine Zigarette, und als Digger sich plötzlich umdreht und geht, trifft er mit der Teppichrolle Mr. Carey und Eddie, so daß sie anderthalb Meter weit in den Ballsaal fliegen.

Es ist ein Unfall, und keiner sagt etwas, aber ich bewundere es trotzdem, wie dieser Digger durchs Leben geht und sich keinen Fiedlerfurz um irgendwas schert, genau wie mein Onkel Pa in Limerick, bloß weil keiner so gut Teppiche verlegen kann wie er. Ich wollte, ich könnte so sein wie Digger, bloß ohne Teppiche. Ich kann Teppiche nicht ausstehen.

*

Wenn ich das Geld hätte, könnte ich mir eine Taschenlampe kaufen und bis in den frühen Morgen lesen. In Amerika heißt eine Taschenlampe nicht *torch*, sondern *flashlight*. Ein Keks ist kein *biscuit*, sondern ein *cookie*, und ein Brötchen kein *bun*, sondern ein *roll*. Zu Gebäck sagen sie nicht *confectionary*, sondern *pastry*, zu Männerhosen *pants* statt *trousers*. Zum Aufzug sagen sie *elevator*, nicht *lift*, und wenn man die Toilette sucht, muß man nach dem Badezimmer fragen, obwohl garantiert keine Badewanne drinsteht. Kein Mensch stirbt in Amerika, sie gehen von uns oder sie sind verschieden, und wenn einer stirbt, kommt die Leiche, zu der sie sterbliche Überreste sagen, in ein Beerdigungsinstitut, und alle stehen nur drum herum und schauen sie an, und niemand singt oder erzählt eine Geschichte oder trinkt was, und dann wird sie in einem Sarg, den sie nicht *coffin* nennen, sondern *casket*, was eigentlich Schatzkästchen heißt, nicht begraben, sondern bestattet. Sie sagen nicht Friedhof. Ewige Ruhestätte klingt freundlicher.

Wenn ich das Geld hätte, könnte ich mir einen Hut oder eine Mütze kaufen und hinausgehen, aber in meinem kahlen Zustand kann ich nicht durch die Straßen von Manhattan laufen, denn dann denken die Leute womöglich, sie haben einen Schneeball auf dürren Schultern vor sich. In einer Woche, wenn die nachwachsenden Haare meine Kopfhaut verdunkeln, kann ich wieder hinausgehen, und Mrs. Austin kann nichts dagegen tun. Das macht mir den größten Spaß, auf dem Bett zu liegen und mir vorzustellen, was ich alles tun könnte, ohne daß sich jemand einmischen kann. Das hat uns der Schulleiter, Mr. O'Halloran, zu Hause in Limerick immer gesagt, euer Kopf ist eure Schatzkammer, die müßt ihr euch selbst einrichten, und niemand auf der Welt kann sich da einmischen.

New York war die Stadt meiner Träume, aber jetzt, wo ich hier bin, sind die Träume dahin, und es ist überhaupt nicht so, wie ich es mir vorgestellt habe. Nie hätte ich gedacht, daß ich mal in einer Hotel-Lobby rumlaufen und den Dreck von anderen Leuten wegräumen oder Kloschüsseln auf den Toiletten saubermachen würde. Nie könnte ich meiner Mutter oder irgendwem sonst in Limerick schreiben, wie ich in diesem reichen Land lebe, mit zwei Dollar, die eine ganze Woche reichen müssen, einem kahlen Kopf und entzündeten Augen und einer Hauswirtin, bei der man nicht mal das Licht brennen lassen darf. Wie könnte ich ihnen schreiben, daß ich jeden Tag Bananen esse, das billigste Essen auf Erden, weil ich nicht in die Hotelküche darf, um mir Reste zu holen, weil sich sonst die Puertoricaner womöglich mit meiner Neuguinea-Krankheit infizieren? Die würden mir nie glauben. Sie würden sagen, was erzählst du denn da, und sie würden lachen, weil man ja nur die Filme anzuschauen braucht, um zu sehen, wie wohlhabend die Amerikaner sind, wie die in ihrem Essen herumstochern und was auf dem Teller liegenlassen und dann den Teller wegschieben. Man tut sich sogar schwer, Mitleid mit Amerikanern zu haben, die angeblich arm sind, wie in dem Film Die Früchte des Zorns, wenn alles verdorrt und sie nach Kalifornien übersiedeln müssen. Wenigstens haben die es trocken und warm. Mein Onkel Pa Keating hat immer gesagt, wenn wir in Irland ein Kalifornien hätten, würde das ganze Volk dorthin strömen, und alle würden jede Menge Orangen essen und den ganzen Tag schwimmen. Wenn man in Irland ist, kann man kaum glauben, daß es in Amerika arme Leute gibt, weil man die Iren kennt, die zurückkommen, Heimkehrer-Yankees werden sie genannt, und man erkennt sie schon von weitem an ihren Fettärschen, die über die O'Connell Street wackeln, in Hosen, die zu eng sitzen und Farben haben, wie man sie in Irland nie sieht, Blau, Rosa, helle Grüntöne und ab und zu sogar leuchtendes Rotbraun. Sie benehmen sich immer wie reiche Pinkel und reden hochnäsig über ihre Kühlschränke und Automobile, und wenn sie ins Pub gehen, wollen sie amerikanische Drinks, von denen kein Mensch je gehört hat, Cocktails, wenn's genehm ist, obwohl einen ja, wenn man sich in einem Pub in Limerick so aufführt, der Barkeeper sofort in den Senkel stellt und einen erinnert, wie man seinerzeit nach Amerika gefahren ist und einem der Arsch aus der Hose geschaut hat, also spiel dich hier nicht so auf, Mick, ich hab dich schon gekannt, als dir noch die Rotzglocke bis an die Kniescheiben gehangen hat. Die echten Yankees erkennt man auch sofort, an den grellen Farben, den Fettärschen und daran, wie sie sich umsehen und lächeln und Pennys an zerlumpte Kinder verteilen. Echte Yankees spielen sich nicht auf. Die haben das nicht nötig, weil sie aus einem Land kommen, in dem jeder alles hat.

Wenn Mrs. Austin mich das Licht nicht anmachen läßt, kann ich immer noch im Bett sitzen oder mich hinlegen, oder ich kann entscheiden, ob ich zu Hause bleibe oder ausgehe. Heute abend werde ich nicht ausgehen, wegen meines kahlen Kopfes, aber es macht mir nichts aus, weil ich hierbleiben und mir im Geiste einen Film über Limerick anschauen kann. Das ist die größte Entdeckung, die ich beim Herumliegen in dem Zimmer gemacht habe, daß ich, wenn ich wegen meiner Augen oder weil Mrs. Austin sich über das Licht beschwert, jeden beliebigen Film in meinem Kopf ablaufen lassen kann. Wenn wir hier Mitternacht haben, ist es in Limerick fünf Uhr früh, und ich kann mir vorstellen, wie meine Mutter und meine Brüder schlafen und Lucky, der Hund, die Welt und meinen Onkel Ab Sheehan anknurrt, der in seinem Bett liegt und schnarcht von dem vielen Bier, das er am Abend zuvor getrunken hat, und furzt von dem vielen Fisch mit Fritten, den er verdrückt hat.

Ich kann durch Limerick schweben und zusehen, wie die Leute am Sonntag durch die Straßen zur Frühmesse schlurfen. Ich kann in den Kirchen, Läden, Pubs und Friedhöfen ein- und ausgehen und Menschen sehen, die im Fieberhospital des Städtischen Heims schlafen oder vor Schmerz stöhnen. Es ist wie Magie, im Geist nach Limerick zurückzukehren, auch wenn es Tränen kostet. Es ist bitter, durch die Gassen der Armen zu gehen und in ihre Häuser zu schauen, wo Babys schreien und Frauen versuchen, Feuer unter dem Kessel zu machen, um Wasser zu kochen für das Frühstück aus Tee und Brot. Es ist bitter, zu sehen, wie die Kinder vor Kälte zittern, wenn sie aus dem Bett müssen, um in die Schule oder zur Messe zu gehen, und es keine Heizung im Haus gibt wie hier in New York, wo die Radiatoren um sechs Uhr früh zu summen anfangen. Ich würde am liebsten die Gassen von Limerick leeren und all die armen Leute nach Amerika verfrachten und sie in Häusern mit Heizung einquartieren und ihnen warme Sachen und Schuhe geben und sie mit Haferbrei und Würstchen füttern. Eines Tages werde ich Millionen machen, und ich werde die armen Leute nach Amerika holen und sie erst wieder nach Limerick zurückschicken, wenn sie fette Ärsche haben und dort in grellen Farben die O'Connell Street auf und ab watscheln können. In meinem Bett kann ich alles tun, was ich möchte, alles. Ich kann von Limerick träumen oder an mir selbst herumspielen, auch wenn das eine Sünde ist, und Mrs. Austin wird nie etwas davon erfahren. Niemand wird jemals etwas davon erfahren, außer ich gehe zur Beichte, aber dafür bin ich schon viel zu tief in Ungnade gefallen.

*

An anderen Abenden, wenn ich Haare auf dem Kopf und kein Geld habe, kann ich in Manhattan herumlaufen. Das wird mir nie langweilig, denn auf den Straßen ist es genauso spannend wie in jedem Film im Kino an der 68th Street. Es kommt immer mal ein Feuerwehrauto um die Ecke geheult oder ein Krankenwagen oder ein Polizeiauto, und manchmal kommen sie alle zusammen angeheult, und dann weiß man, es brennt irgendwo. Die Leute warten darauf, daß das Feuerwehrauto langsamer wird, denn das verrät einem, zu welchem Block man laufen und wo man nach Rauch und Feuer Ausschau halten muß. Noch aufregender ist es, wenn jemand sprungbereit am Fenster steht. Der Krankenwagen wartet mit blinkenden Lichtern, und die Polizisten befehlen allen, sie sollen zurücktreten. Das ist die Hauptaufgabe der Polizisten in New York, allen zu befehlen, sie sollen zurücktreten. Sie machen was her mit ihren Pistolen und Schlagstöcken, aber der wirkliche Held ist der Feuerwehrmann, vor allem wenn er eine Leiter hochklettert und ein Kind aus einem Fenster holt. Er könnte auch einen alten Mann mit Krücken und nichts an außer einem Nachthemd retten, aber es ist etwas anderes, wenn es ein kleines Mädchen ist, das am Daumen lutscht und sein Lockenköpfchen vertrauensvoll an die breite Schulter des Feuerwehrmannes schmiegt. Dann jubeln wir alle und sehen einander an und wissen, daß wir uns alle über dieselbe Sache freuen.

Und am nächsten Tag schauen wir in die Daily News, um zu sehen, ob wir vielleicht zufällig auf dem Bild von dem tapferen Feuerwehrmann und dem Lockenköpfchen mit drauf sind.

9

Mrs. Austin eröffnet mir, daß ihre Schwester Hannah, die mit dem Iren verheiratet ist, am Heiligen Abend kurz zu Besuch kommt, bevor sie zusammen in ihr Haus in Brooklyn fahren, und daß sie mich gern kennenlernen würde. Wir werden ein Sandwich essen und einen Weihnachtstrunk nehmen, und das wird Hannah von ihrem Ärger mit diesem verrückten Iren ablenken. Mrs. Austin versteht auch nicht, warum Hannah den Weihnachtsabend mit einem wie mir verbringen will, wo ich doch auch Ire bin, aber sie war schon immer ein bißchen komisch, und vielleicht mag sie die Iren ja doch. Ihre Mutter hat ihr und ihrer Schwester schon damals, zu Hause in Schweden, das ist über zwanzig Jahre her, kaum zu glauben, eingeschärft, sich von Iren und Juden fernzuhalten und ihresgleichen zu heiraten, und sie kann mir ja ruhig erzählen, daß ihr Mann Eugene halb Schwede, halb Ungar war, daß er sein Lebtag keinen Tropfen angerührt hat, obwohl er sehr gern gegessen hat, und das hat ihn schließlich auch umgebracht. Sie kann mir ja ruhig erzählen, daß er dick war wie ein Schrank, als er gestorben ist, daß er, wenn sie nicht kochte, den Kühlschrank geplündert hat, und als sie sich einen Fernseher angeschafft haben, war es um ihn geschehen. Ständig saß er davor und hat gegessen und getrunken und sich solche Sorgen gemacht um den Zustand der Welt, daß sein Herz einfach stehengeblieben ist, einfach so. Er fehlt ihr, und es ist schon bitter nach dreiundzwanzig Jahren, besonders weil sie keine Kinder hatten. Ihre Schwester Hannah hat fünf Kinder, und das kommt daher, daß der Ire sie nicht in Ruhe läßt, zwei Gläschen, und schon ist er auf ihr drauf, typisch irischer Katholik. Eugene war nicht so, der hatte Respekt. Aber wie auch immer, sie erwartet mich jedenfalls am Heiligen Abend nach der Arbeit.

An dem Tag lädt Mr. Carey die Hausdiener des Hotels und vier Etagendamen zu einem kleinen Weihnachtsumtrunk in sein Büro. Er hat eine Flasche Paddy's Irish Whiskey und eine Flasche Four Roses, den Digger Moon nicht anrührt. Er kann sich nicht erklären, wie jemand solche Pisse wie Four Roses trinken möchte, wenn er auch das Beste haben kann, was je aus Irland gekommen ist, den Whiskey. Mr. Carey streicht sich den Bauch unter seinem Zweireiher und sagt, ihm ist das alles einerlei, er kann sowieso nichts trinken. Es würde ihn umbringen. Aber nur zu, trinken Sie, fröhliche Weihnachten, wer weiß, was das neue Jahr uns bringen wird.

Joe Gilligan lächelt, weil er schon den ganzen Tag an dem Flachmann nuckelt, den er in der Gesäßtasche hat, und zusammen mit der Arthritis bringt ihn das schon mal ins Stolpern. Mr. Carey sagt zu ihm, hier, Joe, setzen Sie sich in meinen Sessel, und als Joe sich hinsetzen will, stößt er ein lautes Stöhnen aus, und die Tränen laufen ihm übers Gesicht. Mrs. Hynes, die Hausdame und Chefin aller Zimmermädchen, geht zu ihm hinüber, drückt seinen Kopf an ihre Brust und tätschelt und wiegt ihn. Sie sagt, ach, armer Joe, armer Joe, ich begreife nicht, wie der liebe Gott dir so die Knochen verkrümmen kann, nach allem, was du im Krieg für Amerika getan hast. Digger Moon sagt, dort hat sich Joe die Arthritis geholt, in dem gottverdammten Pazifik, wo sie alle gottverdammten Krankheiten haben, die der Menschheit bekannt sind. Vergiß das nie, Joe, das waren die gottverdammten Japse, die haben dir die Arthritis angehängt, genau wie mir die Malaria. Seitdem sind wir nicht mehr die Alten, Joe, du nicht und ich auch nicht.

Mr. Carey sagt zu ihm, ich bitte Sie, was sind das für Ausdrücke, in Gegenwart von Damen, und Digger sagt, okay, Mr. Carey, das ehrt Sie, und es ist Weihnachten, also was soll's. Mrs. Hynes sagt, das stimmt, es ist Weihnachten, und wir müssen einander lieben und unseren Feinden vergeben. Digger sagt, vergeben, meine Fresse. Ich vergeb dem Weißen Mann nicht, und ich vergeb den Japsen nicht. Aber ich vergeb dir, Joe. Du leidest mehr als zehn Indianerstämme mit deiner Arthritis. Als er Joes Hand packt, um sie zu drücken, jault Joe vor Schmerz auf, und Mr. Carey sagt, Digger, Digger. Mrs. Hynes sagt, würden Sie bitte, um der Liebe Christi willen, etwas mehr Achtung vor Joes Arthritis haben. Digger sagt, tut mir leid,

Ma'am, ich hab die größte Achtung vor Joes Arthritis, und zum Beweis hält er Joe ein großes Glas Paddy's an die Lippen.

Eddie Gilligan steht mit seinem Glas in einer Ecke, und ich frage mich, warum er nur zusieht und nichts sagt, wenn alle Welt sich Sorgen um seinen Bruder macht. Ich weiß, er hat seine eigenen Sorgen mit der Blutkrankheit seiner Frau, aber ich verstehe nicht, warum er sich nicht wenigstens näher zu seinem Bruder stellt.

Jerry Kerrisk sagt leise, wir sollten zusehen, daß wir von diesen Verrückten wegkommen, und ein Bier trinken gehen. Ich habe keine Lust, mein Geld in Bars auszugeben, wenn meine Mutter Schwierigkeiten hat, aber es ist Weihnachten, und der Whiskey, den ich getrunken habe, versöhnt mich schon ein bißchen mit mir und der Welt, also warum soll ich mir nicht was Gutes tun? Es ist das erste Mal in meinem Leben, daß ich Whiskey getrunken habe wie ein Mann, und jetzt, wo ich mit Jerry in der Bar bin, kann ich reden, ohne an meine Augen oder sonstwas zu denken. Jetzt kann ich Jerry fragen, warum Eddie Gilligan so kalt zu seinem Bruder ist.

Weiber, sagt Jerry. Eddie war mit einem Mädchen verlobt, bevor er eingezogen wurde, und als er dann weg war, haben sie und Joe sich ineinander verliebt, und als sie Eddie den Verlobungsring zurückgeschickt hat, war er außer sich und hat geschworen, Joe umzubringen, sobald er ihm unter die Augen kommt. Aber Eddie kam nach Europa und Joe in den Pazifik, und sie waren damit beschäftigt, andere Leute umzubringen, und unterdessen hat Joes Frau, Eddies ehemalige Verlobte, zu trinken angefangen, und jetzt macht sie Joe das Leben zur Hölle. Eddie findet, das ist die gerechte Strafe für den Schweinehund, der ihm sein Mädchen ausgespannt hat. In der Army hat er eine nette Italienerin kennengelernt, eine Armeehelferin, aber die hat die Blutkrankheit, und man könnte meinen, ein Fluch liegt auf der ganzen Familie Gilligan.

Jerry sagt, seiner Meinung nach haben die irischen Mütter doch recht. Man sollte nur seinesgleichen heiraten, irische Katholikinnen, und aufpassen, daß sie keine Trinkerinnen sind oder Italienerinnen mit Blutkrankheiten.

Er lacht dabei, aber seine Augen sind ernst, und ich sage nichts dazu, denn ich für mein Teil werde bestimmt keine irische Katholikin heiraten und mein restliches Leben lang die Kinder zur Beichte und zur Kommunion schleifen und ja, Hochwürden, oh, gewiß, Hochwürden, sagen, jedesmal wenn ich einem Priester begegne.

Jerry möchte in der Bar bleiben und noch mehr Bier trinken, und er wird ärgerlich, als ich ihm sage, daß ich Mrs. Austin und ihre Schwester besuchen muß. Warum ich denn den Weihnachtsabend mit zwei alten Schwedinnen um die Vierzig verbringen will, wenn ich mich auch mit Mädchen aus Mayo und Kerry amüsieren könnte, im Ireland's Thirty Two? Warum?

Ich kann ihm das nicht beantworten, weil ich nicht weiß, wo ich lieber wäre oder was ich tun soll. So geht's einem, wenn man nach Amerika kommt, man muß eine Entscheidung nach der anderen treffen. In Limerick wußte ich immer, was ich tun sollte, und konnte alle Fragen beantworten, aber das ist mein erster Heiligabend in New York, und ich bin hin und her gerissen zwischen Jerry Kerrisk, Ireland's Thirty Two und der Aussicht auf Mädchen aus Mayo und Kerry auf der einen und zwei alten Schwedinnen auf der anderen Seite, von denen eine ständig aus dem Fenster glotzt, für den Fall, daß ich Essen oder Trinken ins Haus schmuggeln will, und die andere mit ihrem irischen Mann unglücklich ist, so daß man nicht wissen kann, was sie vorhat. Wenn ich nicht zu Mrs. Austin gehe, wird sie womöglich wütend auf mich und wirft mich raus, und dann stehe ich am Heiligen Abend auf der Straße, mit meinem braunen Koffer und nur noch den paar Dollar in der Tasche, die übrig sind, nachdem ich Geld nach Hause geschickt und meine Miete bezahlt habe und jetzt auch noch in dieser Bar allen möglichen Leuten ein Bier spendiere. Unter diesen Umständen kann ich es mir nicht leisten, den ganzen Abend lang Frauen aus Irland freizuhalten, und das ist der Punkt, den Jerry versteht, der Punkt, der seinen Ärger verfliegen läßt. Man muß nun mal Geld nach Hause schicken, das weiß er. Er sagt, frohe Weihnachten, und lacht, keine Sorge, es wird bestimmt eine wilde Nacht mit den alten Mädchen aus Schweden. Der Barkeeper hat die Ohren gespitzt und warnt mich, nimm dich bloß in acht auf diesen Schwedenpartys. Die flößen dir ihr Nationalgetränk ein, den Glögg, und wenn du das Zeug trinkst, hältst du den Heiligen Abend für das Fest der Unbefleckten Empfängnis. Das Zeug ist schwarz und dick, da brauchst du eine Roßnatur dafür, und dazu mußt du allen möglichen Fisch essen, rohen Fisch, gesalzenen Fisch, Räucherfisch, Fisch aller Art, den man nicht mal seiner Katze geben würde. Die Schweden trinken diesen Glögg, und der steigt ihnen so zu Kopf, daß sie sich wieder für Wikinger halten.

Jerry sagt, er hat nicht gewußt, daß die Schweden Wikinger waren. Er hat gedacht, dazu mußte man Däne sein.

Überhaupt nicht, sagt der Barkeeper. Alle da oben in den nördlichen Ländern waren Wikinger. Überall, wo Eis war, konnte auch jederzeit ein Wikinger auftauchen.

Jerry sagt, einfach toll, was manche Leute so alles wissen, und der Barkeeper sagt, ich könnte dir Geschichten erzählen!

Jerry bestellt noch ein Bier, das letzte, und ich trinke es, obwohl ich nicht weiß, was mit mir sein wird nach den zwei großen Whiskeys in Mr. Careys Büro und den vier Bier hier mit Jerry. Ich weiß nicht, wie ich einen ganzen Abend mit Glögg und allem möglichen Fisch überstehen soll, wenn der Barkeeper recht behält mit seiner Prophezeiung.

Wir laufen die Third Avenue entlang und singen Don't Fence Me In, und die Leute rennen an uns vorbei, völlig durchgedreht wegen Weihnachten, und stieren uns nur an. Überall tanzen Weihnachtslichter, aber weiter vorn bei Bloomingdale's tanzen die Lichter zuviel, und ich muß mich an einem Hochbahnmast auf der Third Avenue festhalten und mich übergeben. Jerry drückt mir seine Faust in die Magengegend. Du mußt alles hochwürgen, sagt er, dann hast du jede Menge Platz für den Glögg, und morgen bist du wieder wie neu. Dann sagt er glögg, glögg, glögg und lacht so laut über den Klang des Wortes, daß er fast von einem Auto überfahren wird und ein Polizist uns auffordert weiterzugehen, wir sollten uns schämen, als junge Iren sollten wir den Geburtstag des Heilands in Ehren halten, verdammt noch mal.

*

An der 67th Street ist ein Schnellimbiß, und Jerry meint, ich sollte einen Kaffee trinken, damit ich wieder in die Gänge komme, bevor ich zu meinen Schwedinnen gehe, er zahlt. Wir sitzen an der Theke, und er erzählt mir, daß er nicht vorhat, den Rest seines Lebens im Biltmore Hotel wie ein Sklave zu schuften. Ihm wird es einmal nicht so gehen wie den Gilligans, die für die USA gekämpft haben, und was zum Teufel haben sie dafür gekriegt? Arthritis und Frauen mit Blutkrankheiten und Alkoholproblemen haben sie gekriegt. O nein, er, Jerry, fährt zum Memorial Day Ende Mai in die Catskill Mountains, die Irischen Alpen. Dort gibt es jede Menge Arbeit, Kellnern, Saubermachen, alles mögliche, und die Trinkgelder sind gut. Es gibt da oben auch jüdische Hotels, aber die sind in puncto Trinkgeld nicht das Gelbe vom Ei, weil die Gäste alles im voraus bezahlen und kein Bargeld mit sich herumzutragen brauchen. Die Iren trinken und lassen Geld auf den Tischen oder am Boden liegen, und wenn du da saubermachst, gehört alles dir. Manchmal kommen sie zurück und belfern, aber du hast natürlich nichts gefunden. Du weißt von nichts. Du kehrst hier nur, dafür wirst du bezahlt. Natürlich glauben sie dir nicht und nennen dich einen Lügner und sagen Sachen über deine Mutter, aber sie können nichts tun, außer woanders Rabatz zu machen. Es gibt jede Menge Mädchen oben in den Catskills. In manchen Hotels tanzt man unter freiem Himmel, und da braucht man seine Mary nur in den Wald zu schwenken, und ehe man sich's versieht, ist man im Zustand der Todsünde. Die irischen Mädchen sind ganz wild darauf, sobald sie in den Catskills sind. In der Stadt kannst du sie vergessen, da arbeiten sie in so vornehmen Schuppen wie Schrafft's, in ihren schwarzen Kleidchen und weißen Schürzchen, ah, jawohl, Ma'am, ah, in der Tat, Ma'am, ist das Kartoffelpüree ein wenig zu klumpig, Ma'am?

Aber schaff sie rauf in die Berge, und schon sind sie wie die Katzen, nicht zu halten, werden schwanger, und Dutzende von Seans und Kevins schleppen, ehe sie wissen, wie ihnen geschieht, ihren Arsch durchs Kirchenschiff, und müssen sich von den Priestern finster anglotzen und von den großen Brüdern der Mädchen bedrohen lassen.

Ich möchte den ganzen Abend in dem Schnellimbiß sitzen und zuhören, wie Jerry von den irischen Mädchen in den Catskills erzählt, aber der Mann sagt, es ist Heiligabend, und er schließt jetzt aus Respekt vor seinen christlichen Gästen, obwohl er Grieche ist und für ihn eigentlich nicht Weihnachten ist. Jerry will wissen, wieso für ihn nicht Weihnachten ist, man braucht doch bloß aus dem Fenster zu schauen, da hat man den Beweis, aber der Grieche sagt, wir sind anders.

Das reicht Jerry, der über solche Sachen nicht streitet, und das gefällt mir an ihm, die Art, wie er durchs Leben geht und sich noch ein Bier genehmigt und von der herrlichen Zeit in den Catskills träumt und sich mit Griechen nicht über Weihnachten streitet. Ich möchte sein wie er, aber immer hängt eine schwarze Wolke in meinem Hinterkopf, Schwedinnen, die mit Glögg auf mich warten, oder ein Brief von meiner Mutter, in dem sie sich für die paar Dollar bedankt, Michael und Alphie kriegen jetzt Schuhe, und zu Weihnachten werden wir eine schöne Gans haben, mit der Hilfe Gottes und seiner gebenedeiten Mutter. Sie erwähnt nie, daß sie selber auch Schuhe braucht, und sobald ich daran denke, weiß ich, daß noch eine weitere dunkle Wolke in meinem Hinterkopf hängen wird. Ich wollte, da wäre ein Türchen, das ich einfach aufmachen kann, um die Wolken rauszulassen, aber es ist keins da, und ich werde eine andere Möglichkeit finden müssen oder keine dunklen Wolken mehr sammeln dürfen.

Der Grieche sagt, gute Nacht, die Herren, und ob wir ein paar Doughnuts von gestern mitnehmen möchten. Sie nehmen, sagt er, oder ich werfe weg. Jerry sagt, er nimmt einen, als Proviant für den Weg bis zum Ireland's Thirty-Two, wo er sich eine Portion Corned beef mit Kohl und mehligen weißen Kartoffeln bestellen wird. Der Grieche füllt eine Tüte mit Doughnuts und anderem Gebäck und sagt zu mir, ich sähe aus, als könnte ich was Anständiges zu essen gebrauchen, also nehmen Sie Tüte.

Jerry wünscht mir an der 68th Street gute Nacht, und ich wollte, ich könnte mit ihm mitgehen. Den ganzen Tag schon ist mir schwindlig, und er ist noch nicht zu Ende, weil die Schwedinnen auf mich warten, den Glögg umrühren, den rohen Fisch in Scheiben schneiden. Bei dem Gedanken muß ich gleich noch einmal kotzen, mitten auf der Straße, und die Passanten, völlig durchgedreht wegen Weihnachten, geben angewiderte Geräusche von sich, machen einen Bogen um mich und sagen zu ihren kleinen Kindern, schaut nicht zu dem ekligen Mann hin, er ist betrunken. Ich möchte ihnen sagen, bitte hetzt nicht die kleinen Kinder gegen mich auf. Ich möchte ihnen sagen, daß das sonst nicht meine Art ist. In meinem Hinterkopf sind Wolken, meine Mutter hat eine Gans, immerhin, aber sie braucht Schuhe.

Aber ich weiß, es hat keinen Zweck, mit Leuten reden zu wollen, die Päckchen schleppen und Kinder an der Hand haben und den Kopf voller Weihnachtslieder, weil sie heimgehen in ihre hellen Wohnungen und weil sie wissen, daß Gott in seinem Himmel ist und auf der Welt alles in schönster Ordnung, wie der Dichter sagt.

Mrs. Austin öffnet die Tür. Oh, sieh nur, Hannah, Mr. McCourt hat uns eine ganze Tüte Doughnuts und Kuchen mitgebracht. Hannah winkt matt von der Couch und sagt, das ist aber nett, man weiß nie, wann man eine Tüte Doughnuts brauchen kann. Ich dachte immer, die Iren bringen nur Flaschen mit, aber du bist anders. Gib dem Jungen was zu trinken, Stephanie.

Hannah trinkt Rotwein, aber Mrs. Austin geht zu einer Schüssel auf dem Tisch und schöpft mit einer Kelle schwarzes Zeug in ein Glas, den Glögg. Mir dreht sich schon wieder der Magen um, und ich muß mich zusammennehmen.

Setz dich, sagt Hannah. Ich will dir mal was sagen, kleiner Ire.

Deine Leute sind mir scheißegal. Du bist ja vielleicht ganz nett, meine Schwester sagt, du bist nett, du bringst Doughnuts mit, aber gleich unter der Haut bist du doch bloß ein Stück Scheiße.

Bitte, Hannah, sagt Mrs. Austin.

Bitte, Hannah, meine Fresse. Was habt ihr denn jemals für die Welt getan, außer daß ihr sauft wie die Löcher? Stephanie, gib ihm ein bißchen Fisch, gutes schwedisches Essen. Du mondgesichtiger Mick. Du bist ein Miststück. Du blöder Mick, ich hab dich dick. Ha, habt ihr das gehört, das reimt sich sogar!

Sie gackert weiter über ihren Reim, und ich weiß nicht, was ich tun soll, in der einen Hand halte ich den Glögg, und mit der anderen muß ich den Fisch nehmen, den Mrs. Austin mir aufdrängt. Mrs. Austin trinkt auch den Glögg, und sie torkelt von mir zu der Schüssel und weiter zu Hannah, die ihr Glas hinhält, weil sie noch Wein will. Sie schlürft den Wein und stiert mich an. Sie sagt, ein Kind war ich, als ich diesen Mick geheiratet hab. Neunzehn. Wie viele Jahre ist das jetzt her? Mein Gott, einundzwanzig. Wie alt bist du, Stephanie? Über vierzig? Hab mein Leben an diesen Mick vergeudet. Und was hast du hier verloren? Wer hat dich geschickt?

Mrs. Austin.

Mrs. Austin. Mrs. Austin. Sprich lauter, du kleiner Kartoffelscheißer. Trink deinen Glögg und sprich lauter.

Mrs. Austin steht schwankend vor mir, mit ihrem Glas Glögg in der Hand. Komm, Eugene, wir gehen ins Bett.

Oh, ich bin nicht Eugene, Mrs. Austin.

Oh.

Sie dreht sich um und watschelt davon in ein anderes Zimmer, und Hannah gackert, sieh dir das bloß an. Sie weiß immer noch nicht, daß sie Witwe ist. Ich wollte, ich wär auch eine gottverdammte Witwe.

Der Glögg, den ich getrunken habe, dreht mir den Magen um, und ich will auf die Straße rennen, aber die Tür hat drei Schlösser, ich schaffe es nicht mehr und übergebe mich im Souterrainflur.

Hannah rafft sich von der Couch hoch und schickt mich in die Küche, ich soll einen Scheuerlappen holen und diese gottverdammte Schweinerei wegmachen, weißt du nicht, daß Heiligabend ist, um Himmels willen, behandelt man so vielleicht seine großzügige Gastgeberin?

Mit dem triefenden Lappen gehe ich von der Küche zur Haustür, wische, drücke ihn aus, spüle ihn im Ausguß und gehe wieder zurück. Hannah tätschelt mir die Schulter und küßt mich aufs Ohr und meint, daß ich doch kein so übler Mick bin, daß ich gut erzogen sein muß, so wie ich die Weihnachtsbescherung da aufwische. Ich soll mir nehmen, was ich will, sagt sie, Glögg, Fisch oder auch einen von meinen eigenen Doughnuts, aber ich lege den Lappen dorthin zurück, wo ich ihn gefunden habe, gehe an Hannah vorbei und denke nur, daß ich ihr, sobald ich aufgewischt habe, nicht mehr zuhören muß, ihr nicht und niemandem ihresgleichen. Sie ruft mir nach, wo willst du hin? Wo zum Teufel läufst du denn hin? Aber ich bin schon die Treppe rauf und in meinem Zimmer, in meinem Bett, und da kann ich liegen und mir im Radio Weihnachtslieder anhören, während sich um mich herum alles dreht und ich ein großes Fragezeichen im Kopf habe, was mein weiteres Leben in Amerika angeht. Wenn ich irgendwem in Limerick von meinem Heiligabend in New York schreiben würde, dann würde der sagen, das hätte ich alles erfunden. Er würde sagen, New York muß ein Irrenhaus sein.

In der Frühe klopft es an meine Tür, und es ist Mrs. Austin mit einer Sonnenbrille. Hannah steht ein paar Stufen unter ihr und trägt ebenfalls eine Sonnenbrille. Mrs. Austin sagt, sie habe gehört, mir sei ein Mißgeschick in ihrer Wohnung passiert, aber da kann man ihr oder ihrer Schwester keinen Vorwurf machen, denn sie haben mir feinste schwedische Gastfreundschaft geboten, und wenn ich es für richtig halte, in einem gewissen Zustand auf ihrer kleinen Party zu erscheinen, kann man ihnen keinen Vorwurf machen, und es ist wirklich schade, weil sie sich einfach einen schönen christlichen Weihnachtsabend machen wollten, und ich wollte

Ihnen nur sagen, Mr. McCourt, daß wir Ihr Benehmen in keiner Weise billigen können, stimmt's, Hannah?

Hannah stößt ein Krächzen aus, hustet und zieht an ihrer Zigarette.

Sie gehen wieder die Treppe hinunter, und ich möchte Mrs. Austin gern nachrufen, ob sie nicht vielleicht einen Doughnut aus der Tüte von dem Griechen erübrigen könnte, weil ich von dem vielen Brechen gestern abend einen ganz leeren Magen habe, aber sie sind schon zur Tür hinaus, und von meinem Fenster aus sehe ich, wie sie Weihnachtspäckchen im Auto verstauen und losfahren.

Ich kann den ganzen Tag am Fenster stehen und mir die glücklichen Menschen ansehen, die mit ihren Kindern an der Hand zur Kirche gehen, oder ich kann mit Schuld und Sühne im Bett sitzen und lesen, was Raskolnikow treibt, aber das weckt immer alle möglichen Gewissensbisse, und dafür fehlt mir die Kraft, und außerdem ist das keine Lektüre für einen Weihnachtstag. Ich würde gern ein Stück die Straße rauf zur Kommunion in St. Vincent Ferrer's gehen, aber es ist Jahre her, daß ich das letzte Mal zur Beichte war, und meine Seele ist so schwarz wie Mrs. Austins Glögg. Die glücklichen Katholiken mit Kindern an der Hand gehen bestimmt zu St. Vincent Ferrer's, und wenn ich ihnen folge, wird mir sicher weihnachtlich zumute.

Es ist schön, in eine Kirche wie St. Vincent's zu gehen, wo die Messe genau wie die Messe in Limerick oder irgendwo sonst auf der Welt ist. Man könnte nach Samoa oder Kabul fahren, und dort würden sie dieselbe Messe halten, und obwohl ich in Limerick nicht Meßdiener werden durfte, kann ich noch das Latein, das mein Vater mir beigebracht hat, und ich kann überall auf der Welt dem Priester respondieren. Keiner kann mir nehmen, was ich im Kopf habe, all die Feiertage der Heiligen, die ich auswendig weiß, das liturgische Latein, die wichtigsten Städte und Erzeugnisse der zweiunddreißig Grafschaften von Irland, jede Menge Lieder über die Leiden Irlands und Oliver Goldsmiths wunderschönes Gedicht Das verlassene Dorf. Man könnte mich ins Gefängnis stecken und den

Schlüssel wegwerfen, aber man könnte mich nie davon abhalten, mich nach Limerick und hinaus an die Ufer des Shannon zurückzuträumen oder über Raskolnikow und seine Nöte nachzudenken.

Die Leute, die in die Kirche St. Vincent's gehen, sind die gleichen, die sich im Kino in der 68th Street den Hamlet ansehen, und sie kennen die lateinischen Antwortstrophen genauso auswendig wie das Stück. Sie schauen gemeinsam in ein Gesangbuch und singen die Kirchenlieder und lächeln einander zu, weil sie wissen, daß Brigid, das Hausmädchen, in der Küche zu Hause in der Park Avenue ist und auf den Truthahn aufpaßt. Ihren Söhnen und Töchtern sieht man an, daß sie von der Schule und vom College heimgekommen sind, und sie lächeln anderen Leuten in den Bänken zu, die ebenfalls Ferien von der Schule und vom College haben. Sie können es sich leisten zu lächeln, weil sie alle so weiße Zähne haben, daß sie, wenn sie in den Schnee fielen, für immer verloren wären.

Die Kirche ist so überfüllt, daß ein paar Leute hinten stehen müssen, aber ich bin so schwach vom Hunger und von dem langen Heiligabend mit Whiskey, Glögg und Kotzen, daß ich einen Sitzplatz brauche. Ganz weit vorn am Mittelgang ist ein freier Platz am Ende einer Bank, aber kaum habe ich mich da hingesetzt, kommt auch schon ein Mann zu mir her. Er hat sich in Schale geworfen, gestreifte Hosen und einen Rock mit Schößen, schaut mich streng an und flüstert mir zu, Sie müssen diese Bank sofort verlassen, die ist für Gestühlabonnenten reserviert. Los, los. Ich spüre, wie ich rot werde, und das bedeutet, daß meine Augen noch schlimmer aussehen, und als ich durch den Gang zurückgehe, weiß ich, daß alle Welt mich anschaut, den Kerl, der sich in die Bank einer glücklichen Familie geschlichen hat, einer Familie mit Kindern, die aus der Schule und vom College zurück sind.

Es hat auch keinen Zweck, hinten stehenzubleiben. Sie wissen es alle, und sie werden mich scheel ansehen, also kann ich genausogut rausgehen und den Hunderten von Sünden, die auf meiner Seele lasten, noch eine hinzufügen, die Todsünde, am Weihnachtstag die Messe zu schwänzen. Wenigstens wird Gott wissen, daß ich es versucht habe, und schließlich kann ich nichts dafür, wenn ich aus Versehen in die Bank einer glücklichen Familie aus der Park Avenue gerate.

Ich bin jetzt so ausgehungert, daß ich am liebsten über die Stränge schlagen und ein Festessen im Horn & Hardart Automat veranstalten würde, aber dort möchte ich mich nicht blicken lassen, weil die Leute sonst denken, ich bin einer von denen, die den halben Tag mit einer Tasse Kaffee und einer alten Zeitung dasitzen und nicht wissen, wohin. Ein paar Straßen weiter ist ein Chock Full o' Nuts, und dort genehmige ich mir einen Teller Erbsensuppe, ein Rosinenbrot mit Nußkäse, eine Tasse Kaffee und einen Doughnut mit Puderzucker und lese in dem Journal-American, das jemand liegengelassen hat.

Es ist erst zwei Uhr nachmittags, und ich weiß nichts mit mir anzufangen, da alle Bibliotheken geschlossen sind. Die Leute, die mit Kindern an der Hand vorbeigehen, könnten denken, ich weiß nicht, wohin, also halte ich den Kopf hoch und gehe eine Straße hinauf und die andere hinunter, als wäre ich schon spät dran für ein Truthahnessen. Ich wollte, ich könnte irgendwo eine Tür aufmachen, und die Leute würden sagen, ah, hi, Frank, du kommst gerade richtig. Die Leute, die hier und dort durch die Straßen von New York laufen, finden alles selbstverständlich. Sie bringen Geschenke und bekommen Geschenke und genießen ihr üppiges Weihnachtsmahl und ahnen nicht, daß es Menschen gibt, die am heiligsten Tag des Jahres die eine Straße hinauf- und die andere hinunterlaufen. Ich wollte, ich wäre ein normaler New Yorker und würde mich, satt vom Festessen, mit meinen Angehörigen unterhalten, während im Hintergrund das Radio Weihnachtslieder spielt. Es würde mir auch nichts ausmachen, zu Hause in Limerick zu sein, bei meiner Mutter und meinen Brüdern und der schönen Gans, aber ich bin hier, in der Stadt, von der ich immer geträumt habe, in New York, und hab die Nase voll von den vielen Straßen, in denen nicht mal ein Vogel zu sehen ist.

Mir bleibt nichts anderes übrig, als in mein Zimmer zu gehen, Radio zu hören, Schuld und Sühne zu lesen und mit der Frage einzuschlafen, warum die Russen alles so auswalzen müssen. Undenkbar, daß ein Kriminalbeamter in New York mit einem wie Raskolnikow herumwandert und über alles redet, nur nicht über den Mord an der alten Frau. Der Kriminalbeamte in New York würde ihn sich schnappen und ihn einbuchten, und als nächstes käme der elektrische Stuhl in Sing Sing, und das liegt daran, daß die Amerikaner vielbeschäftigte Leute sind und die Kriminalbeamten keine Zeit haben, mit Leuten zu plaudern, von denen sie schon wissen, daß sie einen Mord begangen haben.

Es klopft, und es ist Mrs. Austin. Mr. McCourt, sagt sie, könnten Sie mal einen Moment runterkommen?

Ich weiß nicht, was ich sagen soll. Am liebsten würde ich ihr sagen, sie kann mich mal, so wie ihre Schwester heute morgen mit mir geredet hat und so wie sie selbst mit mir geredet hat, aber ich gehe mit ihr mit, und unten ist der Tisch mit den herrlichsten Sachen gedeckt. Sie hat das von ihrer Schwester mitgebracht, sagt sie, sie hätten sich gedacht, ich wüßte vielleicht nicht, wohin, oder hätte nichts zu essen an diesem schönen Tag. Es tut ihr leid, daß sie heute morgen so zu mir war, und sie hofft, ich bin in versöhnlicher Stimmung.

Es gibt gefüllten Truthahn und verschiedene Kartoffeln, weiße und gelbe, und Preiselbeersoße, die alles süß macht, und das alles versetzt mich in versöhnliche Stimmung. Sie würde mir ja ein Glas Glögg anbieten, aber ihre Schwester hat ihn weggeschüttet, und recht hat sie gehabt. Es ist bloß allen schlecht geworden davon.

Als ich fertig bin, lädt sie mich ein, noch dazubleiben und mit ihr fernzusehen. In ihrem neuen Fernseher läuft ein Film über Jesus, der so fromm ist, daß ich im Sessel einschlafe. Als ich aufwache, ist es auf der Kaminuhr fast halb fünf Uhr früh, und Mrs. Austin ist in dem anderen Zimmer und stößt kleine Schreie aus, Eugene, Eugene, und das beweist, daß man eine Schwester haben und bei ihr zum Weihnachtsessen eingeladen sein kann, aber wenn man seinen Eugene nicht mehr hat, ist man genauso einsam wie einer, der im Automatenrestaurant sitzt, und es ist ein großer Trost zu wissen, daß meine Mutter und meine Brüder in Limerick eine Gans haben, und nächstes Jahr, wenn ich im Biltmore zum Pikkolo befördert werde, schicke ich Ihnen so viel Geld, daß sie in Limerick herumspazieren und die Welt mit ihren neuen Schuhen blenden können.

10

Eddie Gilligan schickt mich in den Umkleideraum, ich soll meine Straßenkleider anziehen, weil in Mr. Careys Büro ein Priester ist, der mich bei der Überfahrt auf dem Schiff kennengelernt hat und mich zum Mittagessen einladen möchte. Dann sagt er, wieso wirst du denn da rot? Es ist doch bloß ein Priester, und du kriegst ein Essen umsonst.

Ich wollte, ich könnte sagen, daß ich mit dem Priester nicht essen gehen will, aber dann würden Eddie und Mr. Carey mir womöglich Fragen stellen. Wenn ein Priester sagt, komm, geh mit mir essen, dann muß man gehen, egal, was in dem Hotelzimmer passiert ist, auch wenn es nicht meine Schuld war. Ich könnte Eddie oder Mr. Carey niemals erzählen, wie der Priester sich an mir vergreifen wollte. Sie würden mir nicht glauben. Die Leute reden zwar so manches über die Priester, daß sie dick sind oder aufgeblasen oder hinterfotzig, aber kein Mensch würde einem je glauben, daß ein Priester sich in einem Hotelzimmer an einem jungen Kerl vergehen könnte, schon gar nicht Leute wie Eddie oder Mr. Carey, deren kranke Frauen andauernd zur Beichte rennen, für den Fall, daß sie im Schlaf sterben. Solche Menschen würden sich nicht mal wundern, wenn Priester auf dem Wasser wandeln könnten.

Warum kann dieser Mensch nicht nach Los Angeles zurückkehren und mich in Ruhe lassen? Warum will er mit mir essen gehen, wo er sich doch um die Kranken und Sterbenden in seiner Gemeinde kümmern sollte? Dafür sind Priester doch da. Es ist vier Monate her, daß er in das Exerzitienhaus in Virginia gegangen ist, um Vergebung zu erlangen, und er ist immer noch auf dieser Seite des Kontinents mit nichts anderem im Kopf als seinem Mittagessen.

Eddie kommt zu mir in den Umkleideraum und teilt mir mit, der Priester hat es sich anders überlegt, er erwartet mich gegenüber im McAnn's.

Es ist keine Kleinigkeit, in ein Restaurant zu gehen und sich zu einem Priester an den Tisch zu setzen, der sich vor vier Monaten in einem Hotelzimmer vor einem entblößt hat. Man weiß nicht, was man tun soll, wenn er einem in die Augen schaut, einem die Hand schüttelt, einen am Arm packt und einen auf den Stuhl drückt. Er sagt mir, daß ich gut aussehe, daß ich im Gesicht ein bißchen voller geworden bin, also anscheinend ordentlich esse. Er sagt, Amerika ist ein tolles Land, wenn man es läßt, und ich könnte ihm erzählen, daß die Puertoricaner mir keine Essensreste mehr geben dürfen und daß mir die Bananen zum Hals raushängen, aber ich will nicht zuviel reden, damit er nicht denkt, ich hätte das New Yorker Hotel vergessen. Ich bin nicht böse auf ihn. Er hat niemanden geschlagen oder verhungern lassen, und daß er sich so danebenbenommen hat, daran war der Alkohol schuld. Was er getan hat, war nicht so schlimm, wie wenn einer nach England abhaut und Frau und Kinder dem Hungertod preisgibt wie mein Vater, aber schlimm war es trotzdem, weil er Priester ist und man von Priestern nicht erwartet, daß sie Menschen umbringen oder sich ihnen unsittlich nähern.

So, wie er sich benommen hat, muß ich mich fragen, ob noch mehr Priester auf der Welt herumlaufen, die versuchen, sich in Hotelzimmern an anderen Leuten zu vergreifen.

Da sitzt er und schaut mich an mit seinen großen grauen Augen, das Gesicht saubergeschrubbt und strahlend, mit seinem schwarzen Anzug und seinem blendendweißen Kragen, und sagt, er wollte unbedingt noch mal vorbeischauen, bevor er für immer nach Los Angeles zurückgeht. Man sieht ihm an, wie er sich freut, nach den vier Monaten in dem Exerzitienhaus in Virginia wieder im Stand der Gnade zu sein, und mir wird klar, daß es mich schwer ankommen wird, einen Hamburger mit jemandem zu essen, der in einem solchen Stand der Gnade ist. Ich weiß nicht, wohin mit meinen Augen, wenn er mich anschaut, als wäre ich derjenige, der sich in einem Hotelzimmer an jemandem vergreifen wollte. Es wäre schön, wenn ich seinem Blick standhalten könnte, aber von Priestern weiß ich nur, was ich an Altären, auf Kanzeln und in dunklen Beichtstühlen von ihnen gesehen habe. Er denkt wahrscheinlich, ich hätte allen möglichen Sünden gefrönt, und er hat recht damit, aber wenigstens bin ich kein Priester und habe nie wen belästigt.

Er sagt zum Kellner, ja, Hamburger geht in Ordnung, und nein, nein, Gott, nein, kein Bier, Wasser ist das richtige für ihn, nie wieder wird etwas Alkoholisches über seine Lippen kommen, und er lächelt mir zu, als müßte ich verstehen, wovon er redet, und der Kellner lächelt ebenfalls, als wollte er sagen, ist das nicht ein frommer Priester.

Er erzählt, daß er bei einem Bischof in Virginia zur Beichte gegangen ist, und obwohl er die Absolution bekommen und vier Monate mit Arbeit und Gebet verbracht hat, findet er, das war nicht genug. Er hat seine Pfarrei aufgegeben und wird den Rest seiner Tage den armen Mexikanern und Negern in Los Angeles widmen. Er verlangt die Rechnung, sagt mir, er will mich nie mehr wiedersehen, es ist zu schmerzlich, aber er wird meiner in seinen Messen gedenken. Ich soll mich hüten vor dem irischen Fluch, der Trunksucht, und immer, wenn ich in Versuchung gerate zu sündigen, soll ich wie er über die Reinheit der Jungfrau Maria meditieren, alles Gute, Gottes Segen, geh zur Abendschule, und schon springt er ins Taxi zum Flughafen Idlewild.

*

An manchen Tagen regnet es so stark, daß ich einen Fünfer für die U-Bahn ausgeben muß, und da sehe ich Menschen meines Alters mit Büchern und Taschen, auf denen Columbia, Fordham, NYU, City College steht, und ich weiß, ich will einer von ihnen sein, ein Student.

Ich weiß, daß ich nicht jahrelang im Biltmore Hotel bleiben und Bankette und Konferenzen vorbereiten will, und ich will auch nicht der Hoteldiener sein, der im Palmenhof den Dreck wegmacht. Ich will noch nicht mal ein Pikkolo sein, der einen Teil von den Trinkgeldern der Kellner bekommt, die sie von den reichen Studenten kriegen, die ihren Gin-Tonic trinken, über Hemingway reden und darüber, wo sie zu Abend essen und ob sie zu Vanessas Party am Sutton Place gehen sollen, wo es letztes Jahr so stinklangweilig war.

Ich will kein Hausdiener sein, ich will nicht, daß die Leute mich ansehen, als gehörte ich zum Mobiliar.

Ich sehe die Collegestudenten in der U-Bahn, und ich träume davon, daß ich eines Tages sein werde wie sie. Ich werde meine Bücher unterm Arm tragen, Professoren lauschen, mit Hut und Talar graduieren und dann eine Arbeit annehmen, wo ich Anzug und Krawatte trage und einen Aktenkoffer habe, ich werde jeden Abend mit dem Zug nach Hause fahren, meiner Frau einen Kuß geben, mein Abendbrot essen, mit den Kindern spielen, ein Buch lesen, mit meiner Frau die Aufregung machen und einschlafen, damit ich am nächsten Tag frisch und ausgeruht bin.

Ich wäre gern ein Collegestudent in der U-Bahn, weil man an den Büchern, die sie dabeihaben, sehen kann, daß ihre Köpfe mit Wissen vollgestopft sein müssen und sie sich zu einem setzen und endlos über Shakespeare und Samuel Johnson und Dostojewski reden könnten. Wenn ich aufs College gehen könnte, würde ich ganz bewußt mit der U-Bahn fahren und die Leute meine Bücher sehen lassen, damit sie mich bewundern und sich wünschen, auch aufs College gehen zu dürfen. Ich würde die Bücher hochhalten, damit man sieht, daß ich gerade Schuld und Sühne von Fjodor Dostojewski lese. Ich stelle es mir toll vor, Student zu sein und nichts anderes tun zu müssen, als Professoren zuzuhören, in Bibliotheken zu lesen, auf dem Campus unter Bäumen zu sitzen und über das zu diskutieren, was man gerade lernt. Ich stelle es mir toll vor zu wissen, daß man einen akademischen Grad und damit einen Vorsprung vor dem Rest der Welt haben wird, daß man ein Mädchen mit einem akademischen Grad heiraten und sein Leben lang im Bett sitzen und wunderbare Gespräche über die wesentlichen Dinge führen wird.

Aber ich weiß nicht, wie ich jemals zu einem Collegeabschluß kommen und es zu etwas bringen soll, wo ich doch kein High-School-Zeugnis habe und Augen wie zwei Pißlöcher im Schnee, wie alle mir versichern. Alte Iren sagen mir, daß gegen harte Arbeit nichts einzuwenden ist. So mancher schon hat in Amerika im Schweiße seines Angesichts und seines kräftigen Rückens sein Glück gemacht, und es ist eine gute Sache, wenn man seinen Platz im Leben kennt und nicht nach den Sternen greift. Sie sagen mir, daß Gott deshalb den Stolz an die erste Stelle der sieben Todsünden gesetzt hat, damit junge Kerle wie ich nicht überschnappen und sich frisch vom Schiff runter Rosinen in den Kopf setzen. Arbeit gibt es in diesem Land mehr als genug für jeden, der sich mit seinen zwei Händen und im Schweiße seines Angesichts einen ehrlichen Dollar verdienen will und sich nicht über seinen Stand erhebt.

Der Grieche in dem Schnellimbiß an der Third Avenue erzählt mir, daß der Puertoricaner, der bei ihm saubergemacht hat, Knall auf Fall gegangen ist, und ob ich nicht jeden Morgen eine Stunde bei ihm arbeiten will, um sechs anfangen, fegen, aufwischen, die Toiletten putzen. Dafür würde ich ein Ei, ein Brötchen, eine Tasse Kaffee und zwei Dollar kriegen, und wer weiß, vielleicht könnte was Dauerhaftes draus werden. Er sagt, er mag die Iren, die sind wie die Griechen, und das liegt daran, daß sie vor langer Zeit aus Griechenland gekommen sind. Das hat er von einem Professor am Hunter College, aber als ich das Eddie Gilligan im Hotel erzähle, sagt der, dem Griechen und dem Professor haben sie ins Hirn geschissen, die Iren sitzen schon seit Urzeiten auf ihrer kleinen Insel, und überhaupt, was zum Teufel wissen denn schon die Griechen! Wenn sie wirklich was los hätten, würden sie nicht in Restaurants mit Hackfleisch rummanschen und in ihrer eigenen Sprache plappern, die kein Schwein versteht.

Mir ist es egal, wo die Iren hergekommen sind, solange der Grieche mir jeden Morgen was zu essen gibt und mir zwei Dollar zahlt, also zehn in der Woche, fünf für meine Mutter und ihre Schuhe und fünf für mich, so daß ich mir anständige Sachen zum Anziehen kaufen kann und nicht mehr wie Paddy-vom-Schiff-runter aussehe.

Die paar Dollar extra jede Woche kommen mir besonders gelegen, seit Tom Clifford an meine Tür bei Mrs. Austin geklopft und gesagt hat, komm, wir hauen ab hier. Er sagt, in der Third Avenue Ecke 86th Street ist ein riesiger Raum so groß wie eine ganze Wohnung zu vermieten, über einem Laden namens Harry's Hats, und wenn wir uns die Miete teilen, zahlt jeder nach wie vor nur sechs Dollar die Woche, ohne daß uns Mrs. Austin auf Schritt und Tritt nachspioniert. Und wir können mit aufs Zimmer nehmen, was wir wollen, Essen, Trinken, Mädchen.

Ja, ja, sagt Tom, Mädchen.

Das neue Zimmer hat einen vorderen und einen hinteren Teil und geht auf die Third Avenue hinaus, wo wir zuschauen können, wie direkt vor uns die Hochbahn vorbeifährt. Wir winken den Fahrgästen zu und stellen fest, daß sie am Abend, wenn sie von der Arbeit heimfahren, bereitwillig zurückwinken, während in der Frühe kaum einer winkt, denn da haben sie schlechte Laune, weil sie zur Arbeit müssen.

Tom schiebt Nachtschicht in einem Mietshaus, dadurch habe ich das Zimmer für mich allein. Zum erstenmal im Leben habe ich ein Gefühl von Freiheit, keine Chefs, keine Mrs. Austin, die mir sagt, ich soll das Licht ausmachen. Ich kann in der Umgebung herumstromern und mir die deutschen Läden, Bars, Cafés und all die irischen Bars an der Third Avenue anschauen. Es gibt irische Tänze im Caravan, im Tuxedo, im Leitrim House und im Sligo House. Tom geht nicht zu den irischen Tänzen. Er möchte deutsche Mädchen kennenlernen, wegen seiner drei schönen Jahre in Deutschland und weil er Deutsch kann. Er sagt, die Iren können ihn am Arsch lecken, und das verstehe ich nicht, denn jedesmal, wenn ich irische Musik höre, kommen mir die Tränen, und ich möchte wieder am Shannon-Ufer stehen und den Schwänen zusehen. Tom tut sich leicht, der kann mit deutschen Mädchen oder irischen Mädchen reden, wenn ihm danach ist, aber ich tue mich nie leicht, mit irgendwem zu reden, weil ich weiß, daß sie alle auf meine Augen schauen.

Tom hat in Irland eine bessere Schulbildung gehabt als ich und könnte aufs College gehen, wenn er wollte. Aber er sagt, er macht lieber Geld, dazu ist Amerika doch da. Er sagt, ich bin blöd, daß ich mich im Biltmore abschufte, statt mich ein bißchen umzutun und mir eine anständig bezahlte Arbeit zu suchen.

Er hat recht. Ich hasse es, im Biltmore Hotel zu arbeiten und jeden Morgen beim Griechen sauberzumachen. Wenn ich die Kloschüsseln putze, bin ich wütend auf mich selbst, weil mich das an die Zeit erinnert, als ich den Nachttopf von Laman Griffin, dem Vetter meiner Mutter, ausleeren mußte, für ein paar Pennys und dafür, daß er mir sein Fahrrad leiht. Außerdem frage ich mich, warum ich es mit den Kloschüsseln so genau nehme, warum ich sie immer blitzblank putze, statt nur mal rasch mit dem Lappen drüberzuwischen. Nein, ich nehme jede Menge Putzmittel und reibe an den Dingern rum, als ob die Leute daraus essen würden. Der Grieche ist hocherfreut, wirft mir aber seltsame Blicke zu, wie um zu sagen, ganz nett, aber wozu? Ich könnte ihm sagen, die zehn Dollar extra pro Woche sind ein Geschenk des Himmels, und ich will sie nicht verlieren. Dann will er wissen, was ich überhaupt hier verloren habe. Ich bin ein netter irischer Junge, ich kann Englisch, ich bin intelligent, also warum putze ich Kloschüsseln und arbeite in Hotels, anstatt mich um meine Ausbildung zu kümmern? Wenn er Englisch könnte, würde er an einer Universität die wunderbare

Geschichte von Griechenland und Platon und Sokrates und sämtliche griechischen Autoren studieren. Er würde keine Kloschüsseln putzen. Keiner, der Englisch kann, sollte Kloschüsseln putzen.

11

Tom tanzt im Tuxedo Ballroom mit Emer, die mit ihrem Bruder Liam da ist, und als Tom und Liam an die Bar gehen, tanzt sie mit mir, obwohl ich es gar nicht kann. Ich mag sie, weil sie auch dann noch nett zu mir ist, wenn ich ihr auf die Zehen trete und wenn sie aus Angst, mit den Männern und Frauen aus Kerry, Cork, Mayo und anderen Grafschaften zu kollidieren, meinen Arm oder meinen Rücken in die richtige Richtung bugsiert. Ich mag sie, weil sie so gern lacht, obwohl ich manchmal das Gefühl habe, daß sie über meine Unbeholfenheit lacht. Ich bin zwanzig Jahre alt und noch nie im Leben mit einem Mädchen zum Tanzen oder ins Kino oder auch nur auf eine Tasse Tee gegangen, und jetzt muß ich lernen, wie das geht. Ich weiß nicht einmal, wie man sich mit Mädchen unterhält, weil wir nie eins im Haus hatten, abgesehen von meiner Mutter. Ich weiß überhaupt nichts, weil ich in Limerick aufgewachsen bin, wo sonntags immer die Priester dagegen gewettert haben, daß man zum Tanzen geht oder sich mit Mädchen draußen herumtreibt.

Die Musik hört auf, Tom und Liam stehen an der Bar und lachen über etwas, und ich weiß nicht, was ich zu Emer sagen oder mit ihr machen soll. Soll ich mitten auf der Tanzfläche stehenbleiben und auf den nächsten Tanz warten, oder soll ich mit ihr zu Liam und Tom hinübergehen? Wenn ich hier stehenbleibe, muß ich mit ihr reden, und ich weiß nicht, worüber ich reden soll, und wenn ich mit ihr zu Tom und Liam gehe, wird sie denken, ich will nicht mit ihr zusammensein, und das wäre das schlimmste auf der Welt, weil ich unbedingt mit ihr zusammensein will, und ich bin so nervös wegen des Zustands, in dem ich mich befinde, daß mein Herz wie ein Maschinengewehr rattert und ich kaum Luft kriege und mir wünsche, Tom würde kommen und sie abklatschen, so daß ich mit Liam lachen könnte, obwohl ich andererseits nicht will, daß Tom sie abklatscht, weil ich mit Emer zusammenbleiben will, aber er macht es sowieso nicht, und da fängt auch schon die Musik wieder an, ein Jitterbug oder so was, wo die Männer die Mädchen im Saal herumwirbeln und in die Luft werfen, die Art Tanz, von der ich nicht einmal träumen kann, wo ich doch so unbedarft bin, daß ich nicht mal einen Fuß vor den anderen setzen kann, und jetzt muß ich für den Jitterbug die Hände irgendwo auf Emer legen und weiß nicht, wohin, bis sie mich an der Hand nimmt und mit mir an die Bar geht, wo Tom und Liam lachen und Liam mir sagt, noch ein paar Abende im Tuxedo, und ich bin der reinste Fred Astaire, und alle lachen, weil sie wissen, daß das nie wahr werden wird, und als sie lachen, werde ich rot, weil Emer mich auf eine Art ansieht, die zeigt, daß sie mehr weiß als das, wovon Liam redet, und vielleicht sogar gemerkt hat, daß ich vor lauter Herzklopfen ganz außer Atem bin.

*

Ich weiß nicht, was ich ohne das High-School-Zeugnis machen soll. Ich schiebe das Problem Tag um Tag vor mir her und weiß nicht, wie ich da rauskommen soll, bis dann in Korea ein kleiner Krieg ausbricht und man mir sagt, falls er größer wird, werde ich zur U. S. Army eingezogen. Eddie Gilligan meint zwar, keine Bange, die Army wirft nur einen Blick auf deine krätzigen Augen und schickt dich wieder heim zu deiner Mami.

Aber dann treten die Chinesen in den Krieg ein, und ich finde ein amtliches Schreiben vor, das mit einer freundlichen Begrüßung anfängt. Ich soll mich in der Whitehall Street melden, weil sie sehen wollen, ob ich tauglich bin, gegen die Chinesen und die Koreaner zu kämpfen. Tom Clifford sagt, wenn ich nicht hin will, soll ich mir Salz in die Augen reiben, damit sie noch entzündeter aussehen, und stöhnen, wenn der Arzt sie untersucht. Eddie Gilligan meint, ich soll über Kopfweh und alle möglichen anderen Schmerzen klagen, und wenn ich von der Tafel ablesen muß, soll ich lauter falsche Buchstaben angeben. Er sagt, ich soll nicht blöd sein. Wozu mir von einem Haufen Schlitzaugen den Arsch wegschießen lassen, wenn ich auch hier im Biltmore bleiben und mit der Zeit aufsteigen kann? Ich könnte die Abendschule machen, mir die Augen und die Zähne richten lassen und ein bißchen mehr Fleisch auf die Rippen kriegen, und in ein paar Jahren wäre ich wie Mr. Carey, piekfein im Zweireiher.

Ich kann weder Tom noch Eddie noch sonstwem sagen, daß ich Mao Tse-tung eigentlich auf Knien danken müßte, daß er seine Truppen nach Korea schickt und mich vom Biltmore Hotel befreit.

Die Musterungsärzte in der Whitehall Street interessieren sich gar nicht für meine Augen. Sie sagen, ich soll von der Tafel an der Wand ablesen. Sie sagen okay. Sie schauen mir in die Ohren. Biep. Können Sie das hören? Schön. Sie schauen mir in den Mund. Um Gottes willen, sagen sie. Als erstes müssen Sie zum Zahnarzt. Noch nie hat die Army einen Mann wegen seiner Zähne abgewiesen, und das ist gut so, denn die meisten Männer, die hier reinkommen, haben ein Gebiß wie ein Abfallhaufen.

Wir müssen uns in einem Raum in einer Reihe aufstellen, und ein Sergeant kommt mit einem Arzt herein und sagt, also, Jungs, Rücken zur Wand, Pimmel in die Hand. Und jetzt melken. Der Arzt mustert uns einen nach dem anderen, um festzustellen, ob wir Ausfluß haben. Der Sergeant schnauzt einen Mann an, Sie da, wie heißen Sie?

Maldonado, Sergeant.

Sehe ich da einen Ständer, Maldonado?

Ah, nein, Sergeant. Ich – äh – ich – äh -

Erregt Sie das, Maldonado?

Ich würde gern zu Maldonado rüberschauen, aber wenn man

nicht stur geradeaus schaut, schnauzt einen der Sergeant an und will wissen, was es zu glotzen gibt, wer hat euch gesagt, ihr sollt glotzen, ihr verdammten Schwuchteln. Als nächstes müssen wir uns umdrehen, uns tief bücken und sie auseinanderziehen, ich meine, zieht eure Arschbacken auseinander. Der Arzt setzt sich auf einen Stuhl, und wir müssen uns ihm rückwärts nähern und ihm die offenen Ärsche zur Inspektion hinrecken.

Wir müssen uns vor dem Kabuff eines Psychiaters anstellen. Er fragt mich, ob ich Mädchen mag, und ich werde rot, weil das eine alberne Frage ist, und sage, jawohl, Sir.

Warum werden Sie dann rot?

Ich weiß nicht, Sir.

Aber Sie ziehen Mädchen Jungen vor?

Jawohl, Sir.

Na schön. Weitergehen.

Wir kommen zur vormilitärischen Ausbildung nach Camp Kilmer, New Jersey, wo wir Uniformen und Ausrüstungen sowie einen Haarschnitt kriegen, der uns zu Kahlköpfen macht. Wir erfahren, daß wir die letzten nichtsnutzigen Scheißer sind, der schlimmste Haufen Freiwilliger und Wehrpflichtiger, den dieser Standort je gesehen hat, eine Schande für Uncle Sam, Fleischklumpen für chinesische Bajonette, nichts als Kanonenfutter, und daß ihr mir das nie auch nur eine Minute lang vergeßt, ihr lahmarschige Asozialenbande. Man befiehlt uns, Grundstellung einzunehmen und uns auszurichten, Kinn zurück, Brust raus, Schultern zurück, zieh den Bauch ein, Junge, verdammt noch mal, das ist die Army und kein gottverdammter Schönheitssalon, ach, Mädels, ihr habt einen so zierlichen Gang, habt ihr am Samstag abend schon was vor?

Ich komme nach Fort Dix, New Jersey, wo ich meine sechzehn Wochen Infanteriegrundausbildung absolvieren soll, und dort sagt man uns jeden Tag von neuem, daß wir nichts taugen, links-zwo, links-zwo, links-zwo, nehmen Sie Gleichschritt auf da vorne, Soldat, verdammt noch mal, es geht mir ja so was von gegen den Strich,

Sie Soldat nennen zu müssen, Sie Pickel am Arsch der Army, nehmen Sie Gleichschritt auf, oder Sie kriegen einen Corporalsstiefel in Ihren fetten Arsch, links-zwo, links-zwo, bewegt euch, ein Lied

> Ich hab 'ne Braut in Jersey City,
> Die hat Furunkel an den Titten.
> Im Gleichschritt, marsch!
> Ein Lied, zwo, drei, vier,
> Links, zwo, drei, vier,
> Links, zwo, drei, vier.

Das ist euer Gewehr, hört gut zu, euer Gewehr, keine gottverdammte Flinte, und wenn ihr auch nur ein einziges Mal Flinte dazu sagt, ramm ich es euch in den Arsch, dein Gewehr ist das, Soldat, dein bestes Stück, kapiert? Das ist dein Gewehr, dein M1, dein bestes Stück, deine Braut für dein ganzes Leben in der Army. Mit dem schläfst du. Das hält dir die gottverdammten Schlitzaugen vom Leibe. Kapiert? Ihr drückt dieses gottverdammte Ding an euch wie eine Frau, nein, fester wie eine Frau. Laßt es fallen, und ich polier euch den Arsch. Laßt es fallen, und ihr landet im Bau. Ein heruntergefallenes Gewehr ist ein Gewehr, das losgehen kann, das wem den Arsch wegpusten kann. Wenn das passiert, Mädels, dann seid ihr tot, gottverdammich mausetot.

Die Männer, die uns ausbilden und schleifen, sind selbst Wehrpflichtige und Freiwillige, nur ein paar Monate weiter als wir. Sie sind sogenannte Hilfsausbilder, und wir müssen sie als Corporals anreden, obwohl sie genau wie wir einfache Soldaten sind. Sie brüllen uns an, als ob sie uns hassen, und wenn man was sagt, kriegt man Ärger. Sie sagen zu uns, ihr seid im Arsch. Wir haben euch an den Eiern und können jederzeit zudrücken.

Es gibt Männer in meinem Zug, deren Väter und Brüder im Zweiten Weltkrieg waren, und sie wissen alles über die Army. Sie sagen, man kann kein guter Soldat sein, bevor einen die Army nicht in alle Einzelteile zerlegt und wieder zusammengesetzt hat. Man kommt mit allen möglichen Flausen im Kopf in diese Army, man hält sich für Gott weiß was, aber die Army gibt es schon lange, das geht zurück bis auf Julius Scheiß-Cäsar, und die Army weiß, wie sie mit Arschlöchern von Rekruten umzugehen hat, die sich sonstwas einbilden. Selbst wenn man mit Feuereifer dabei ist, treibt einem die Army das aus. Übereifer ist für die Army genauso Scheiße wie eine negative Einstellung, weil die Army dir sagt, was du zu denken hast, die Army sagt dir, was du fühlen sollst, die Army sagt dir, was du zu tun und zu lassen hast, die Army sagt dir, wann du scheißen, pissen, furzen, deine beschissenen Pickel ausdrücken kannst, und wenn dir das nicht paßt, dann beschwer dich ruhig bei deinem Kongreßabgeordneten, nur zu, und wenn wir das erfahren, prügeln wir deinen kleinen weißen Arsch von einem Ende von Fort Dix bis zum beschissenen anderen Ende, daß du nach deiner Mama schreist, nach deiner Schwester, deiner Freundin und der Hure aus der Nachbarschaft.

Bevor das Licht ausgemacht wird, liege ich auf meiner Koje und höre zu, wie die anderen sich unterhalten, über Mädchen, Familien, das Essen bei Muttern, was Dad im Krieg gemacht hat, Abschlußbälle an der High School, nach denen jeder eine flachgelegt hat, was wir tun werden, wenn wir aus der Scheiß-Army raus sind, daß wir es kaum erwarten können, Debbie oder Sue oder Cathy wiederzusehen, daß wir uns dumm und dämlich vögeln werden, Scheiße, Mann, ich zieh einen Monat lang meine blöden Klamotten nicht mehr an, steig mit meiner Freundin in das gottverdammte Bett, mit der Freundin von meinem Bruder, mit irgendeinem Zahn, und tauch nicht mal zum Luftholen auf, und wenn ich entlassen werde, besorg ich mir eine Arbeit, gründe eine Firma, wohne draußen auf Long Island, hab Kinder, komm jeden Abend nach Hause und sag zu meiner Frau, runter mit dem Höschen, Baby, ich bin einsatzbereit, ja.

Schluß jetzt, Jungs, kneift eure verdammten Ärsche zusammen, Licht aus, und dann will ich keinen gottverdammten Mucks mehr hören, sonst seid ihr schneller als ein Hurenfurz zum Küchendienst eingeteilt.

Und wenn der Corporal weg ist, gehen die Gespräche weiter, oh, der erste Wochenendurlaub nach fünf Wochen Grundausbildung, nichts wie rein in die Stadt und rein in Debbie, Sue, Cathy, irgendeine.

Ich wollte, ich könnte auch was in der Richtung sagen, daß ich bei meinem ersten Wochenendurlaub nach New York fahre, um ein paar Nummern zu schieben. Ich wollte, ich könnte was sagen, was alle zum Lächeln bringt, vielleicht sogar dazu, daß sie nicken, um zu zeigen, daß ich einer von ihnen bin. Aber ich weiß, wenn ich den Mund aufmache, werden sie sagen, na, dann hört mal zu, wie ein Ire über Mädchen redet, oder einer von ihnen, Thompson, wird zu singen anfangen, When Irish Eyes Are Smiling, und dann werden alle lachen, weil sie meine Augen kennen.

In gewisser Hinsicht macht es mir nichts aus, weil ich nach dem abendlichen Duschen sauber und bequem auf meiner Koje liegen kann, müde vom Marschieren und Herumrennen mit meinem Sechzig-Pfund-Tornister, von dem die Corporals sagen, er ist schwerer als die Tornister in der Fremdenlegion, müde von einem langen Tag Ausbildung an der Waffe, von einem Tag, an dem man die Waffen zerlegt und wieder zusammensetzt, auf Schießplätzen schießt, unter Stacheldraht durchkriecht, während über einem Maschinengewehre rattern, an Seilen, Bäumen und Wänden hochklettert, mit aufgepflanztem Bajonett auf Säcke losgeht und verfluchtes Schlitzauge schreit, wie die Corporals es uns vormachen, im Wald mit Männern aus anderen Kompanien ringt, die blaue Helme tragen, damit man sie als Feind erkennt, mit dem Lauf eines Maschinengewehrs Kaliber 12,7 auf der Schulter Anhöhen stürmt, durch Schlamm robbt, mit dem Sechzig-Pfund-Tornister schwimmt, die ganze Nacht mit dem Tornister als Kopfkissen im Wald schläft, während die Mücken sich an einem gütlich tun.

Wenn wir nicht im Gelände sind, sitzen wir in Sälen und hören uns Vorträge darüber an, wie gefährlich und hinterlistig die Koreaner sind, die Nordkoreaner, Leute, und die Chinesen, die noch schlimmer sind. Alle Welt weiß, was für hinterlistige Schweinehunde die Schlitzaugen sind, und wenn hier zufällig einer sitzt, der Chinese ist, hat er verdammtes Pech, aber so ist es nun mal, mein Vater war Deutscher, Leute, und er hat viel Scheiße durchgemacht im Zweiten Weltkrieg, wo man statt Sauerkraut *liberty cabbage* sagen mußte, so war's nun mal. Das ist Krieg, Leute, und wenn ich euch Prachtexemplare sehe, wird mir angst und bange um die Zukunft Amerikas.

Wir sehen Filme darüber, was für eine ruhmreiche Armee das ist, die U.S. Army, die schon gegen die Engländer, die Franzosen, die Indianer, die Mexikaner, die Spanier, die Deutschen und die Japse gekämpft hat, und jetzt kommen diese gottverdammten koreanischen und chinesischen Schlitzaugen dran, und noch nie hat sie einen Krieg verloren, keinen einzigen. Denkt immer dran, Leute, noch nie einen Krieg verloren.

Wir sehen Filme über Waffen und Taktik und die Syphilis. Der über die Syphilis hat den Titel Die silberne Kugel und zeigt Männer, die ihre Stimme verlieren und sterben und der Welt mitteilen, wie sehr sie es bereuen, wie dumm sie waren, sich mit geschlechtskranken Frauen in fremden Ländern einzulassen, und jetzt fällt ihnen der Penis ab, und sie können nichts dran ändern, sondern nur Gott um Vergebung bitten und ihre Familie zu Hause, Mom und Dad, die auf der Veranda Limonade trinken, die Schwester, die lachend auf der Schaukel sitzt und sich von Chuck anschieben läßt, dem Quarterback, der vom College zurück ist.

Die Männer in meinem Zug liegen auf ihren Betten und reden über Die silberne Kugel. Thompson sagt, das war ein saublöder Film, man müßte schon ein seltener Arsch sein, um sich dermaßen zu verseuchen, und wozu haben wir Gummis, hab ich nicht recht, Di Angelo, du warst doch auf dem College?

Di Angelo sagt, aufpassen muß man schon.

Thompson sagt, was weißt denn du, du gottverdammter spaghettifressender Itaker?

Di Angelo sagt, sag das noch mal, Thompson, dann müssen wir beide mal kurz nach draußen gehen.

Thompson lacht, ja, ja.

Na los, Thompson, sag's noch mal.

Nö, du hast bestimmt ein Messer. Ihr Itaker habt doch alle ein Messer einstecken.

Kein Messer, Thompson, nur ich.

Ich trau dir nicht, Di Angelo.

Kein Messer, Thompson.

Ja, ja.

Der ganze Zug ist still, und ich frage mich, warum Leute wie Thompson so mit anderen Leuten reden müssen. Daran sieht man, daß man in diesem Land immer auch was anderes ist. Man kann nicht einfach nur Amerikaner sein.

*

Wir haben auch einen alten Berufsunteroffizier, Corporal Dunphy, der für die Waffen zuständig ist, sie ausgibt und repariert und immer nach Whiskey riecht. Jeder weiß, daß man ihn schon längst aus der Army hätte rauswerfen müssen, aber Master Sergeant Tole hat ihn unter seine Fittiche genommen. Tole ist ein riesiger Schwarzer mit einem so gewaltigen Bauch, daß er zwei Patronengurte braucht. Er ist so dick, daß er auch kürzeste Strecken mit dem Jeep fahren muß, und er brüllt uns die ganze Zeit an, daß er unseren Anblick nicht aushält, wir sind die faulsten Kerle, die er je zu sehen das Pech hatte. Er sagt uns und dem ganzen Regiment, wenn es einer wagen sollte, Corporal Dunphy zu behelligen, bricht er ihm mit bloßen Händen das Genick, der Corporal hat schon Krauts in Monte Cassino erledigt, als wir gerade zu wichsen angefangen haben.

Der Corporal beobachtet eines Abends, wie ich mit einer Reinigungsstange den Lauf meines Gewehrs reinige. Er schnappt sich das Gewehr und sagt mir, ich soll ihm zum Klo folgen. Er zerlegt das Gewehr und taucht den Lauf in heiße Seifenlauge. Ich will einwenden, daß sämtliche Hilfsausbilder uns eingeschärft haben, niemals Wasser zum Reinigen unseres besten Stücks zu nehmen, sondern Leinöl, weil Wasser Rost hervorruft und das Gewehr einem im Nu unter den Händen verrottet und blockiert, und wie zum Teufel soll man sich dann gegen eine Million Chinesen wehren, die über einen Berg angestürmt kommen.

Der Corporal sagt, Blödsinn, trocknet den Lauf mit Putzwolle am Ende der Reinigungsstange ab und schaut in den Lauf, wofür er seinen Daumennagel als Spiegel benutzt. Er reicht mir den Lauf, und ich bin baff über den Glanz im Inneren und weiß nicht, was ich sagen soll. Ich weiß nicht, warum er mir hilft, und sage nichts weiter als, danke, Corporal. Darauf er, ich bin ein netter Junge, und mehr noch, er wird mir sein Lieblingsbuch leihen.

Es ist Studs Lonigan von James T. Farrell, ein Taschenbuch, schon aus dem Leim gegangen. Der Corporal sagt, daß ich das Buch wie meinen Augapfel hüten muß, daß er es immer wieder liest und daß James T. Farrell der größte Schriftsteller ist, der je in den USA gelebt hat, ein Schriftsteller, der dich und mich versteht, Junge, keine von diesen blauärschigen Labertassen, die sie in Neuengland haben. Er sagt, ich kann das Buch bis zum Ende der Grundausbildung behalten, dann muß ich mir mein eigenes Exemplar kaufen.

Am nächsten Tag kommt der Colonel zur Rekrutenprüfung, und nach dem Abendessen müssen wir in unseren Unterkünften bleiben und alles auf Hochglanz wienern. Vor dem Zapfenstreich müssen wir neben unseren Betten strammstehen und eine peinliche Überprüfung durch Master Sergeant Tole und zwei Berufsunteroffiziere über uns ergehen lassen, die in alles ihre Nase reinstecken. Wenn sie irgend etwas zu beanstanden haben, müssen wir fünfzig Liegestütze machen, wobei Tole uns den Fuß auf den Rücken setzt und Swing low, sweet chariot, comin' for to carry me home singt.

Der Colonel kontrolliert nicht jedes einzelne Gewehr, aber als er in meinen Gewehrlauf schaut, tritt er einen Schritt zurück, mustert mich und sagt zu Sergeant Tole, das ist ein verdammt sauberes Gewehr, Sergeant, und fragt mich, wer ist Vizepräsident der Vereinigten Staaten, Soldat?

Alben Barkley, Sir.

Gut. Nennen Sie mir die Stadt, über der die zweite Atombombe abgeworfen wurde.

Nagasaki, Sir.

Okay, Sergeant, das ist unser Mann. Und das ist ein verdammt sauberes Gewehr, Soldat.

Nach dem Antreten teilt mir ein Corporal mit, daß ich morgen Bursche beim Colonel sein werde, den ganzen Tag. Ich werde in seinem Wagen neben dem Fahrer sitzen, ihm die Tür öffnen, grüßen, die Tür schließen, warten, grüßen, die Tür wieder öffnen, grüßen, die Tür schließen.

Und wenn ich mich als Bursche beim Colonel bewähre und keinen Mist baue, bekomme ich nächste Woche drei Tage Urlaub, von Freitag abend bis Montag abend, und kann nach New York fahren und eine Nummer schieben. Der Corporal sagt, er weiß keinen in Fort Dix, der nicht fünfzig Dollar dafür geben würde, Bursche beim Colonel sein zu dürfen, und keiner kapiert, warum ausgerechnet ich es geworden bin, bloß weil mein Gewehrlauf so gut gereinigt war. Wo zum Teufel hätte ich überhaupt gelernt, ein Gewehr so gut zu reinigen?

*

Am Morgen hat der Colonel zwei lange Besprechungen, und ich habe nichts zu tun, als dazusitzen und seinem Fahrer, Corporal Wade Hansen, zuzuhören, der gegen den Vatikan wettert, weil der die Weltherrschaft übernimmt, und falls wir hierzulande jemals einen katholischen Präsidenten bekommen, wandert er nach Finnland aus, wo man die Katholiken nicht so ins Kraut schießen läßt. Er ist aus Maine, Kongregationalist und stolz darauf und hält nichts von ausländischen Religionen. Seine Cousine zweiten Grades hat einen Katholiken geheiratet und hat nach Boston umziehen müssen, wo es von Katholiken nur so wimmelt, die ihr ganzes Geld dem Papst vermachen und diesen Kardinälen, die eine Schwäche für kleine Jungen haben.

Es ist ein kurzer Tag mit dem Colonel, weil er sich beim Mittagessen betrinkt und uns entläßt. Hansen fährt ihn in seine Unterkunft und sagt dann, ich soll aussteigen, er will keine Fischköpfe in seinem Wagen. Er ist Corporal, und ich weiß nicht, was ich sagen soll, aber selbst wenn er nur ein einfacher Soldat wäre, wüßte ich nicht, was ich sagen soll, weil es schwer ist, die Leute zu verstehen, wenn sie so reden.

Es ist erst zwei, und ich habe frei bis zum Abendessen um fünf, also kann ich zur PX gehen und Zeitschriften lesen, mir im Musikautomaten Tony Bennett mit Because Of You There's a Song in My Heart anhören und von meinem dreitägigen Urlaub träumen, mit Emer, dem Mädchen in New York. Wir werden zum Essen gehen und ins Kino und vielleicht zu einem irischen Tanz, wo sie mir die Schritte beibringen muß, und es ist ein wunderschöner Traum, denn an dem Wochenende mit dem dreitägigen Urlaub habe ich Geburtstag, da werde ich einundzwanzig.

12

Am Freitag, dem ersten Tag meines dreitägigen Urlaubs, stehe ich vor der Schreibstube Schlange, zusammen mit anderen, die ihre normalen Urlaubsscheine abholen wollen. Ein Hilfsausbilder, Sneed, der eigentlich einen unaussprechlichen polnischen Namen hat, sagt zu mir, he, Soldat, heben Sie die Kippe da auf.

Aber ich bin Nichtraucher, Corporal.

Ich habe Sie nicht gefragt, ob Sie verdammt noch mal rauchen oder nicht. Heben Sie die Kippe auf.

Howie Abramowitz stößt mich an und flüstert, sei nicht blöd, heb die Scheißkippe schon auf.

Sneed stemmt die Hände in die Hüften. Wird's bald?

Ich hab die Kippe nicht weggeworfen, Corporal. Ich rauche nicht.

Na schön, Soldat, kommen Sie mal mit.

Ich folge ihm in die Schreibstube, und er nimmt meinen Urlaubsschein vom Tisch. So, und jetzt gehen wir auf Ihre Stube, und Sie ziehen sich Ihren Arbeitsanzug an.

Aber, Corporal, ich habe einen Urlaubsschein für drei Tage. Ich war Bursche beim Colonel.

Ist mir scheißegal, ob Sie dem Colonel den Arsch abgeputzt haben oder nicht. Ziehen Sie Ihren Arbeitsanzug an, aber ein bißchen plötzlich, und holen Sie Ihren Spaten.

Ich hab morgen Geburtstag, Corporal.

Jetzt aber marsch-marsch, Soldat, sonst sorge ich dafür, daß Sie in den Bau wandern.

Er führt mich ab, an der Schlange der wartenden Männer entlang. Er wedelt mit meinem Urlaubsschein und sagt zu ihnen, sie sollen sich von meinem Urlaubsschein verabschieden, und sie lachen und winken, weil sie nicht anders können und keinen Ärger kriegen wollen. Nur Howie Abramowitz schüttelt den Kopf, wie um zu sagen, es tue ihm leid.

Sneed führt mich über den Antreteplatz und auf eine Lichtung im Wald dahinter. Also los, Arschloch, buddeln!

Buddeln?

Genau, buddeln Sie mir ein hübsches Loch, drei Fuß tief und zwei Fuß breit, und je schneller Sie buddeln, um so besser für Sie.

Damit meint er bestimmt, je eher ich damit fertig bin, desto eher kriege ich meinen Urlaubsschein und kann gehen. Oder meint er etwas anderes? In der Kompanie weiß jeder, daß Sneed verbittert ist, weil er an der Bucknell University ein großer Footballstar war und bei den Philadelphia Eagles spielen wollte, aber die Eagles haben dankend abgelehnt, und jetzt läuft er rum und läßt Leute Löcher buddeln. Das ist unfair. Ich weiß, daß Soldaten schon gezwungen wurden, Löcher zu buddeln, ihre Urlaubsscheine zu begraben und sie dann wieder auszubuddeln, aber ich sehe nicht ein, warum ich so was tun soll. Ich sage mir ständig, es würde mir ja nichts ausmachen, wenn es ein normaler Wochenendurlaub wäre, aber meiner gilt für drei Tage, und ich habe Geburtstag, und warum muß ich das dann machen? Aber ich kann's nicht ändern. Also buddle ich am besten, so schnell ich kann, begrabe meinen Urlaubsschein und buddle ihn wieder aus.

Und während ich grabe, träume ich davon, daß ich viel lieber Sneed mit dem Spaten eins überziehen würde, auf ihn eindreschen, bis sein Kopf ganz blutig ist, und es würde mir nichts ausmachen, ein Loch für seinen dicken fetten Footballkörper zu buddeln. Das würde ich gern machen.

Er gibt mir den Urlaubsschein zum Beerdigen, und als ich das Loch wieder zugeschaufelt habe, sagt er, ich soll die Erde mit dem Spaten festklopfen. Und daß Sie's mir ja auch ordentlich machen, sagt er.

Ich weiß nicht, warum ich es ordentlich machen soll, wo ich den Schein doch gleich wieder ausbuddeln muß, aber jetzt schnauzt er, kehrt, vorwärts marsch, und läßt mich denselben Weg zurückmarschieren, den wir gekommen sind, vorbei an der Schreibstube, wo niemand mehr Schlange steht, und ich frage mich, ob er sich jetzt genug abreagiert hat und hineingeht, um mir einen Ersatzurlaubsschein ausstellen zu lassen, aber nein, er läßt mich weitergehen bis zur Küche und sagt dem Sergeant dort, ich sei ein Kandidat für den Küchendienst, ich bräuchte eine kleine Lektion im Ausführen von Befehlen. Darüber lachen sie beide herzlich, und der Sergeant sagt, sie müßten mal zusammen einen trinken gehen und sich über die Philadelphia Eagles unterhalten, das sei doch eine verdammt gute Mannschaft. Der Sergeant ruft einen anderen Mann herbei, Henderson, der mir meine Arbeit zeigen soll, die schlimmste Arbeit, die man in einer Küche kriegen kann, Töpfe und Pfannen.

Henderson sagt mir, ich soll die Dinger schrubben, bis sie blitzblank sind, weil ständig inspiziert wird, und der kleinste Fettfleck auf irgendeinem Gerät kostet mich eine weitere Stunde Küchendienst, auf die Art könnte ich noch hier sein, wenn die Chinesen und die Koreaner schon längst wieder zu Hause bei ihren Familien sind.

Es ist Abendessenszeit, und die Töpfe und Pfannen türmen sich neben den Spülen. In den Mülltonnen, die hinter mir an der Wand aufgereiht sind, laben sich die Fliegen aus ganz New Jersey an den Resten, Mücken kommen durch die offenen Fenster hereingesummt und laben sich an mir. Überall ist Dampf und Rauch von Gasflammen und Öfen und fließendem heißem Wasser, und ich bin in kürzester Zeit durchweicht von Schweiß und Fett. Corporals und Sergeants kommen vorbei, fahren mit dem Finger über Töpfe und Pfannen und sagen mir, die muß ich noch mal putzen, und ich weiß, das kommt daher, daß Sneed draußen in der Kantine Footballgeschichten erzählt und den anderen sagt, da drinnen können sie ein bißchen Spaß mit dem Wehrpflichtigen haben, der die Töpfe und Pfannen schrubbt.

Als es in der Küche ruhiger wird und ich nicht mehr soviel zu tun habe, teilt der Sergeant mir mit, daß ich den Abend frei habe, mich aber morgen früh, Samstag, wieder hier melden muß, um sechs Uhr, und zwar pünktlich. Ich will ihm sagen, daß ich eigentlich drei Tage Urlaub habe, weil ich Bursche beim Colonel bin, daß ich morgen Geburtstag habe, daß ein Mädchen in New York auf mich wartet, aber inzwischen weiß ich, es ist besser, nichts zu sagen, weil jedesmal, wenn ich den Mund aufmache, alles nur noch schlimmer wird. Ich weiß, was die Army bedeutet: Sag ihnen nichts außer deinem Namen, deinem Dienstgrad und deiner Personenkennziffer.

Emer weint am Telefon, ach, Frank, wo bist du denn?

Ich bin in der PX.

Was ist das?

Post Exchange. Der Laden, wo wir einkaufen und telefonieren.

Und warum bist du nicht gekommen? Wir haben einen kleinen Kuchen und so.

Ich hab Küchendienst, Töpfe, Pfannen, heute abend, morgen, vielleicht auch am Sonntag.

Was, wieso denn das? Wovon redest du? Geht's dir auch gut?

Ich bin völlig fertig vom Buddeln und vom Töpfe- und Pfannenschrubben.

Warum?

Weil ich eine Kippe nicht aufheben wollte.

Und warum hast du die Kippe nicht aufgehoben?

Weil ich nicht rauche. Du weißt, daß ich nicht rauche.

Und warum solltest du die Kippe aufheben?

Weil so ein Scheiß-Corporal, Entschuldigung, ein Hilfsausbilder, den die Philadelphia Eagles nicht haben wollten, mir befohlen hat, die Kippe aufzuheben, und ich ihm gesagt habe, daß ich Nichtraucher bin, und das ist der Grund, warum ich an meinem Scheißgeburtstag, Entschuldigung, hier bin statt bei dir.

Frank, ich weiß, daß du Geburtstag hast. Hast du was getrunken?

Nein, ich hab nichts getrunken. Wie könnte ich trinken und Löcher in die Erde buddeln und Küchendienst machen, alles auf einmal?

Aber wieso hast du Löcher gebuddelt?

Weil der mich gezwungen hat, den verdammten Urlaubsschein zu begraben.

Ach, Frank, wann kommst du denn jetzt?

Keine Ahnung. Vielleicht überhaupt nicht. Die sagen, für jeden Fettfleck, den ich an einem Topf lasse, kriege ich noch eine Stunde Küchendienst aufgebrummt, und es kann sein, daß ich bis zu meiner Entlassung Töpfe und Pfannen schrubben muß.

Meine Mutter fragt, ob du nicht zu einem Priester oder so gehen kannst, einem Militärpfarrer?

Ich will aber zu keinem Priester gehen. Die sind noch schlimmer als die Corporals, so wie die …

So wie die was?

Ach, nichts.

Ach, Frank.

Ach, Emer.

*

Zum Abendessen am Samstag gibt es kalten Braten und Kartoffelsalat, so daß die Köche nicht so viele Töpfe und Pfannen brauchen. Um sechs sagt mir der Sergeant, daß ich fertig bin und mich Sonntag früh nicht zu melden brauche. Er dürfte mir das gar nicht sagen, meint er, aber dieser Sneed ist ein gottverdammt blöder Polack, den keiner leiden kann, kein Wunder, daß die Philadelphia Eagles ihn nicht haben wollten. Der Sergeant sagt, es tut ihm leid, aber er konnte nichts dagegen tun, daß ich zum Küchendienst abkommandiert wurde, weil ich mich geweigert habe, einen dienstlichen Befehl auszuführen. Ja, er weiß schon, daß ich Bursche beim Colonel war und so, aber so ist es nun mal bei der Army, und ein Wehrpflichtiger wie ich fährt am besten, wenn er den Mund hält. Sag ihnen nichts außer deinem Namen, deinem Dienstgrad und deiner Personenkennziffer. Tu, was man dir sagt, und halt den Mund, vor allem du mit deinem starken irischen Akzent, dann wirst du auch mit intakten Eiern deine Freundin wiedersehen.

Danke, Sergeant.

Schon gut, mein Junge.

Die Unterkünfte sind verlassen, bis auf ein paar Männer in der Schreibstube und ein paar, die Ausgangssperre haben.

Di Angelo hat Ausgangssperre, weil er die Klappe zu weit aufgerissen hat, nachdem die einen Film darüber gezeigt hatten, wie arm die Menschen in China sind. Er hat gesagt, Mao Tse-tung und die Kommunisten werden China retten, und der Leutnant, der den Film vorführte, sagte, der Kommunismus ist böse, gottlos und unamerikanisch, darauf Di Angelo, der Kapitalismus ist böse, gottlos und unamerikanisch, und er gibt sowieso keine zwei Cent für irgendwelche Ismen, weil Leute mit Ismen schuld an allem Unglück in der Welt sind, und ob ihm schon mal aufgefallen ist, daß Demokratie nicht auf -ismus endet. Der Leutnant meinte, er sei nicht ganz bei Trost, und Di Angelo sagte, dies ist ein freies Land, und dafür hat er Ausgangssperre bekommen und an drei Wochenenden Urlaubssperre.

Er liegt auf seiner Koje und liest Studs Lonigan, das Buch, das

Corporal Dunphy mir geliehen hat, und als er mich sieht, sagt er, er hat es sich ausgeliehen, es hat oben auf meinem Spind gelegen, und dann fragt er, wer mich um Himmels willen in die Schmiergrube geworfen hat. Er sagt, er hat auch schon mal am Wochenende Küchendienst geschoben, und Dunphy hat ihm einen Tip gegeben, wie er das Fett von seinem Arbeitsanzug runterkriegt. Ich müßte mich jetzt unter die heiße Dusche stellen, mitsamt meinem Arbeitsanzug, so heiß, wie ich es aushalte, und mit einer Wurzelbürste und einem Stück Karbolseife, wie man sie zum Kloputzen nimmt, das Fett abschrubben.

Wie ich unter der Dusche stehe und fleißig schrubbe, steckt Dunphy den Kopf herein und will wissen, was ich da mache, und als ich es ihm sage, meint er, das hätte er auch immer so gemacht, nur hätte er auch gleich sein Gewehr mitgenommen und alles in einem Aufwasch erledigt. Als er noch ein junger Kerl und neu in der Army war, hatte er den saubersten Arbeitsanzug und das sauberste Gewehr in seiner Einheit, und wenn die verfluchte Sauferei nicht wäre, dann hätte er längst den höchsten Unteroffiziersdienstgrad erreicht und stünde kurz vor der Pensionierung. Apropos Sauferei, er ist unterwegs zur PX, um sich ein Bier zu genehmigen, und ob ich nicht mitkommen will, natürlich erst, wenn ich aus dem eingeseiften Arbeitsanzug raus bin.

Ich würde Di Angelo gern fragen, ob er auch mitkommt, aber der hat ja Ausgangssperre, weil er die chinesischen Kommunisten gelobt hat. Während ich meine Khakisachen anziehe, erzähle ich ihm, wieviel ich Mao Tse-tung verdanke, weil er Korea angegriffen und mich vom Palmenhof im Biltmore Hotel erlöst hat, und er sagt, ich soll lieber aufpassen, was ich rede, sonst geht's mir wie ihm, und ich kriege auch Ausgangssperre.

Dunphy ruft vom Ende des Flurs, jetzt mach schon, Junge, komm, ich bin am Verdursten. Eigentlich würde ich lieber bleiben und mit Di Angelo reden, der hat so eine angenehme Art, aber schließlich habe ich es Dunphy zu verdanken, daß ich Bursche geworden bin, wenn mir das auch nicht viel geholfen hat, und vielleicht braucht er ja Gesellschaft. Wenn ich Berufsunteroffizier wäre, würde ich am Samstagabend nicht in der Kaserne rumhängen, aber natürlich gibt es Leute wie Dunphy, die trinken und niemanden haben, kein Zuhause, wo sie hinkönnen. Jetzt kippt er ein Bier nach dem anderen, in einem Tempo, daß ich nie mithalten könnte. Mir würde schlecht werden. Er trinkt und raucht und zeigt ständig mit dem Mittelfinger seiner rechten Hand zum Himmel. Er versichert mir, daß man in der Army ein schönes Leben hat, vor allem in Friedenszeiten. Man ist nie einsam, außer man ist so ein Arschloch wie Sneed, dieser gottverfluchte Footballspieler, und wenn man heiratet und Kinder bekommt, kümmert sich die Army um alles. Man muß nichts tun, sich nur fit halten zum Kämpfen. Ja, ja, er weiß schon, daß er sich nicht fit hält, aber er hat so viele Splitter von den Krauts im Leib, daß man ihn glatt als Alteisen verkaufen könnte, und der Suff ist sein einziges Vergnügen. Er hatte eine Frau und zwei Kinder, aber die sind über alle Berge. Nach Indiana sind sie gezogen, zurück zu den Eltern seiner Frau, und wer zum Teufel will schon nach Indiana. Er holt Bilder aus seiner Brieftasche, die Frau, die beiden Mädchen, und zeigt sie mir. Ich will ihm gerade sagen, wie hübsch sie alle drei sind, da fängt er dermaßen zu heulen an, daß er einen Hustenanfall bekommt, und ich muß ihm auf den Rücken klopfen, damit er nicht erstickt. Okay, sagt er, okay. Verdammt noch mal, es überkommt mich jedesmal, wenn ich sie anschaue. Da, schau, was ich verloren habe, mein Junge. Die könnten jetzt in einem Häuschen bei Fort Dix auf mich warten. Ich könnte zu Hause sein, und Monica würde das Abendessen machen, während ich in meiner Uniform mit hochgelegten Beinen ein Nickerchen halte. Okay, Junge, gehen wir. Nichts wie raus hier, und dann seh ich zu, ob ich diese Scheiße nicht doch noch in den Griff bekomme und nach Indiana fahre.

Auf halbem Weg zu den Unterkünften überlegt er es sich anders und geht zurück, noch ein Bier trinken, und da weiß ich, daß er es nie nach Indiana schaffen wird. Er ist wie mein Vater, und als ich auf meinem Bett liege, frage ich mich, ob mein Vater wohl an den einundzwanzigsten Geburtstag seines ältesten Sohnes denkt, ob er in einem Pub in Coventry das Glas auf mich erhebt.

Ich bezweifle es. Mein Vater ist wie Dunphy, der nie nach Indiana fahren wird.

13

Am Sonntag morgen bin ich überrascht, als Di Angelo mich fragt, ob ich mit ihm zur Messe gehen möchte, überrascht deshalb, weil man doch meinen sollte, daß Leute, die das Loblied der chinesischen Kommunisten singen, nie einen Fuß in eine Kirche, einen Betsaal oder eine Synagoge setzen würden. Auf dem Weg zur Standortkirche erklärt er mir, wie er das sieht, daß nämlich die Kirche ihm gehört und nicht er der Kirche und daß er überhaupt nicht damit einverstanden ist, daß die Kirche sich wie ein Großunternehmen aufführt und denkt, Gott ist ihr Eigentum und sie kann ihn häppchenweise verteilen, solange die Menschen tun, was Rom ihnen befiehlt. Er selber sündigt jede Woche, indem er zur Kommunion geht, ohne vorher einem Priester seine Sünden zu beichten. Er sagt, seine Sünden gehen keinen was an außer ihn selber und den lieben Gott, und dem beichtet er jeden Samstagabend vor dem Einschlafen.

Er spricht über Gott, als säße der im Zimmer nebenan, bei einem Bier und mit einer Zigarette zwischen den Lippen. Ich weiß, wenn ich nach Limerick zurückkehren und solche Reden führen würde, dann würde man mir eins über den Schädel hauen und mich in den nächsten Zug nach Dublin werfen.

Wir sind zwar in einem Army-Standort mit lauter Kasernengebäuden ringsherum, aber im Innern der Kirche herrscht Amerika in Reinkultur. Da sind Offiziere mit ihren Frauen und Kindern, und die haben das saubergeschrubbte Aussehen, das vom Duschen, vom Shampoo und einem dauerhaften Stand der Gnade kommt. Sie sehen aus wie Leute aus Maine oder Kalifornien, aus Kleinstädten, sonntags Kirchgang, hinterher Lammkeule, Erbsen, Kartoffelbrei, Apfelkuchen, Eistee, Dad schnarchend auf der Couch, neben ihm auf dem Fußboden die Sonntagszeitung, die Kinder mit den Köpfen in Comic-Heftchen, Mom beim Abwaschen in der Küche, Oh, What a Beautiful Morning vor sich hin summend. Sie sehen aus wie Leute, die sich nach jeder Mahlzeit die Zähne putzen und am vierten Juli das Sternenbanner hissen. Sie mögen ja Katholiken sein, aber ich glaube kaum, daß sie sich in irischen oder italienischen Kirchen wohl fühlen würden, wo vielleicht alte Männer und Frauen sitzen, die vor sich hin murmeln und schniefen, und wo es nach Whiskey oder Wein muffelt und nach Leibern, die seit Wochen nicht mit Wasser und Seife in Berührung gekommen sind.

Ich würde gern zu einer amerikanischen Familie gehören, mich unauffällig einer blonden, blauäugigen Offizierstochter nähern und ihr zuflüstern, ich bin nicht, was ich scheine. Ich mag ja Pickel, schlechte Zähne und Feuermelderaugen haben, aber unter der Oberfläche bin ich genau wie die anderen, eine gutgeschrubbte Seele, die von einem Haus in einem Vorort träumt, mit einem gepflegten Rasen, über den unser Kind, der kleine Frank, sein Dreirad schiebt, und ich will auch nur die Sonntagszeitung lesen wie ein echter amerikanischer Dad, und vielleicht würde ich unseren funkelnagelneuen Buick waschen und blankpolieren, bevor wir losfahren, um Opa und Oma zu besuchen und auf ihrer Veranda zu schaukeln und Eistee zu trinken.

Der Priester nuschelt am Altar vor sich hin, und als ich leise die lateinischen Antwortstrophen spreche, stößt Di Angelo mich an und fragt, ob mir was fehlt, ob ich einen Kater von meinem Saufgelage mit Dunphy habe. Ich wollte, ich wäre wie Di Angelo, könnte mir meine eigene Meinung über alles bilden und mich keinen Fiedlerfurz um irgendwas scheren wie mein Onkel Pa Keating zu Hause in Limerick. Ich weiß, Di Angelo lacht mich aus, wenn ich ihm sage, ich bin ein so durch und durch sündiger Mensch, daß ich Angst habe, zur Beichte zu gehen, weil mir der Priester womöglich sagt, ich bin ein so schwerer Fall, daß nur ein Bischof oder ein Kardinal mir die Absolution erteilen kann. Er lacht mich aus, wenn ich ihm sage, daß ich manchmal abends nicht einschlafen kann, weil ich Angst habe, ich könnte in der Nacht sterben und in die Hölle kommen. Wie hätte auch ein Gott, der mit einer Zigarette und einem Glas Bier nebenan sitzt, die Hölle erfinden können?

In solchen Momenten flattern die dunklen Wolken wie Fledermäuse in meinem Kopf herum, und ich wollte, ich könnte ein Fenster aufmachen und sie hinauslassen.

Jetzt fragt der Priester, wer sich freiwillig dazu bereit erklären möchte, eines der Körbchen hinten in der Kirche zu nehmen und die Kollekte zu machen. Di Angelo versetzt mir einen leichten Rippenstoß, und schon sind wir aufgestanden, beugen im Mittelgang das Knie und lassen die Körbchen durch die Bankreihen gehen. Offiziere und Unteroffiziere mit Familie geben ihr Scherflein ihren Kindern, damit die es in den Korb legen, und dann lächeln alle, weil der Sprößling so stolz ist und die Eltern so stolz sind auf ihren Sprößling. Die Offiziers- und Unteroffiziersfrauen lächeln einander zu, als wollten sie sagen, wir sind alle eins unter dem Dach der katholischen Kirche, obwohl sie natürlich wissen, daß es außerhalb der Kirche ganz anders ist.

Der Korb wandert von Bank zu Bank, bis ihn ein Sergeant in Empfang nimmt, der das Geld zählen und dem Pfarrer überreichen wird. Di Angelo flüstert mir zu, ich kenne diesen Sergeant, wenn das Geld gezählt ist, gibt er zwei Drittel her und behält eins für sich.

Ich sage Di Angelo, ich werde nicht mehr zur Messe gehen. Wozu soll das gut sein, wo ich in einem solchen Zustand der Sünde bin, wegen unreiner Gedanken und allem anderen? Ich kann nicht mit all diesen sauberen Amerikanern und ihrem Stand der Gnade in der Kirche sitzen. Erst muß ich den Mut aufbringen, zur Beichte und zur Kommunion zu gehen, und wenn ich weiter Todsünden begehe, indem ich die Messe schwänze, spielt das auch keine Rolle mehr, weil ich sowieso verdammt bin. Mit einer einzigen Todsünde kommt man genauso prompt in die Hölle wie mit zehn.

Di Angelo sagt, ich bin vom wilden Affen gebissen. Er meint, ich soll ruhig zur Messe gehen, wenn ich das will, schließlich gehört die Kirche nicht den Priestern.

Ich kann nicht so denken wie Di Angelo, noch nicht. Ich fürchte mich vor den Priestern und den Nonnen und den Bischöfen und den Kardinälen und dem Papst. Ich fürchte mich vor Gott.

*

Am Montag morgen muß ich mich bei Master Sergeant Tole in seiner Stube in der B-Kompanie melden. Er sitzt in einem Sessel und schwitzt so stark, daß seine Khakiuniform ganz dunkel ist. Ich möchte ihn nach dem Buch fragen, das auf dem Tisch neben ihm liegt, Dostojewskis Aufzeichnungen aus dem Untergrund, und dann würde ich ihm von Raskolnikow erzählen, aber man muß aufpassen, was man zu Master Sergeants und der Army im allgemeinen sagt. Ein falsches Wort, und man landet wieder bei den Töpfen und Pfannen.

Er sagt mir, ich soll bequem stehen, und will wissen, warum ich einen Befehl verweigert habe und für wen oder was ich mich halte, daß ich glaube, mich einem vorgesetzten Unteroffizier widersetzen zu können, und wenn er nur ein Hilfsausbilder ist, na?

Ich weiß nicht, was ich sagen soll, denn er weiß ja sowieso schon alles, und ich habe Angst, wenn ich den Mund aufmache, verfrachten die mich morgen nach Korea. Er sagt, Corporal Sneed, oder wie zum Teufel der auf polnisch richtig heißt, war durchaus befugt, mich zu bestrafen, ist aber zu weit gegangen, vor allem deshalb, weil es ein dreitägiger Wochenendurlaub für den Burschen des Colonels war. Ich habe ein Recht auf diesen Urlaub, und wenn ich noch will, kann er es arrangieren, daß ich ihn nächstes Wochenende bekomme.

Danke, Sergeant.

Okay. Wegtreten.

Sergeant?

Ja?

Ich lese gerade Schuld und Sühne.

Ach ja? Schön, schön, hätt ich mir denken können, daß Sie nicht so doof sind, wie Sie aussehen. Wegtreten.

*

In der vierzehnten Woche unserer Grundausbildung gehen Gerüchte um, daß wir nach Europa verlegt werden. In der fünfzehnten Woche wird gemunkelt, daß wir nach Korea kommen. In der sechzehnten Woche sagt man uns endgültig, daß wir in Europa stationiert werden.

14

Wir kommen nach Hamburg und von dort zu einem Ersatztruppenteil nach Sonthofen in Bayern. Meine Einheit aus Fort Dix ist aufgelöst und über den gesamten Kommandobereich Europa verstreut worden. Ich hoffe, sie schicken mich nach England, weil ich von dort aus leicht nach Irland reisen könnte. Statt dessen schicken sie mich in eine Kaserne in Lenggries, einem kleinen Ort in Bayern, wo ich der Hundestaffel zugeteilt werde und Hunde abrichten soll. Ich sage dem Captain, daß ich was gegen Hunde habe, weil sie mir ständig die Knöchel zerbissen haben, als ich in Limerick Telegramme austragen mußte, aber der Captain sagt, Sie werden nicht gefragt. Er übergibt mich einem Corporal, der gerade riesige blutrote Fleischklumpen zerhackt und mich anfährt, hören Sie auf zu jammern, tun Sie Fleisch auf den verdammten Zinnteller, gehen Sie in den Zwinger und füttern Sie Ihren Hund. Stellen Sie den Teller auf den Boden und passen Sie auf Ihre Hand auf, falls der Hund denkt, sie gehört zu seinem Fressen.

Ich muß im Zwinger bleiben und meinem Hund beim Fressen zuschauen. Der Corporal nennt das gegenseitiges Beschnuppern. Er sagt, das Tier wird Ihre Frau sein, solange Sie bei uns sind, na ja, genaugenommen nicht direkt Ihre Frau, es ist nämlich keine Hündin, Sie wissen schon, was ich meine. Ihr M1 und Ihr Hund werden Ihre Familie sein.

Mein Hund ist ein schwarzer deutscher Schäferhund, und ich mag ihn nicht. Er heißt Iwan und ist nicht wie andere Hunde, die Hirtenhunde und Dobermänner, die alles ankläffen, was sich bewegt. Als er mit dem Fressen fertig ist, schaut er mich an, leckt sich die Lefzen und weicht zähnefletschend zurück. Der Corporal ist draußen vor dem Zwinger und sagt, das ist ein Teufelskerl von einem Hund, den ich da habe, einer, der nicht andauernd jault und allen möglichen Spektakel macht, ein Hund, wie man ihn an der Front zu schätzen weiß, wo ein einziges Bellen genügt, und man ist ein toter Mann. Er sagt mir, ich soll mich langsam bücken, den Teller aufheben, meinem Hund sagen, daß er ein guter Hund ist, guter Iwan, braver Iwan, dann bis morgen, Schätzchen, und jetzt gehen Sie ganz unbefangen rückwärts raus, machen das Tor zu, hängen das Schloß vor und bringen Ihre Hand in Sicherheit. Er sagt, ich hätte es gut gemacht. Er sieht schon, Iwan und ich sind bereits dicke Freunde.

Jeden Morgen um acht trete ich mit einem ganzen Zug von Hundeführern aus ganz Europa an. Wir marschieren im Kreis, mit dem Corporal in der Mitte, rufen links-zwo, links-zwo, bei Fuß, und wenn wir an den Leinen reißen, sind wir heilfroh, daß die Hunde hinter Maulkörben knurren.

Sechs Wochen lang marschieren und rennen wir mit den Hunden durch die Gegend. Wir steigen auf die Berge hinter Lenggries und hecheln an Flüssen entlang. Wir füttern und bürsten sie, bis wir soweit sind, daß wir ihnen die Maulkörbe abnehmen können. Das ist der große Tag, sagt man uns, wie Schulabschluß oder Hochzeit.

Und dann soll ich mich beim Kompaniechef melden. Sein Kompanieschreiber, Corporal George Shemanski, geht in drei Monaten auf Heimaturlaub in die Staaten, und ich werde für sechs Wochen auf die Stabsdienstschule geschickt, weil ich ihn ablösen soll. Weg-treten.

Ich will nicht zur Stabsdienstschule. Ich will bei Iwan bleiben. Nach den sechs Wochen sind wir ein Herz und eine Seele. Ich weiß, wenn er mich anknurrt, will er mir damit nur sagen, daß er mich liebt, obwohl er immer noch ein Maul voller Zähne hat, für den Fall, daß ich ihn ärgere. Ich liebe ihn auch, und ich bin bereit, ihm den Maulkorb abzunehmen. Niemand sonst kann ihm den Maulkorb abnehmen, ohne eine Hand einzubüßen. Ich will ihn zu Manövern mit der Siebten Armee in Stuttgart mitnehmen, wo ich uns ein Loch in den Schnee graben werde, in dem wir's warm und gemütlich haben. Ich möchte sehen, was passiert, wenn ich ihn auf einen Soldaten loslasse, der einen Russen spielt, und zuschauen, wie Iwan ihm die Schutzkleidung zerfetzt, bevor ich bei Fuß rufe. Oder zusehen, wie er nach dem Sack statt nach der Gurgel schnappt, wenn ich eine Russenpuppe vor ihm schwenke. Die können mich nicht für sechs Wochen auf die Stabsdienstschule schicken und Iwan einem anderen überlassen. Ein Mann, ein Hund ist die Devise, das weiß jeder, und es dauert Monate, einen neuen Führer anzulernen.

Ich weiß nicht, warum sie sich ausgerechnet mich für die Stabsdienstschule ausgesucht haben, wo ich doch nicht einmal auf der High School gewesen bin und wir an unserem Standort High-School-Absolventen zum Schweinefüttern haben. Fast sieht es so aus, als wäre die Stabsdienstschule die Strafe dafür, daß ich die High School nicht besucht habe.

Mein Kopf ist voller dunkler Wolken, und am liebsten würde ich ihn in die Wand rammen. Das einzige Wort in meinem Kopf ist Scheiße, und dieses Wort hasse ich, weil es Haß bedeutet. Ich könnte den Kompaniechef glatt umbringen, aber im Moment schnauzt mich ein Lieutenant an, weil ich ohne zu grüßen an ihm vorbeigegangen bin.

Soldat, kommen Sie her. Was tun Sie, wenn Sie einem Offizier begegnen?

Ich grüße, Sir.

Und?

Tut mir leid, Sir. Ich habe Sie nicht gesehen.

Mich nicht gesehen? Mich nicht gesehen? Würden Sie auch nach Korea gehen und behaupten, sie hätten die Schlitzaugen nicht gesehen, die über den Hügel kommen? Na?

Ich weiß nicht, was ich zu diesem Lieutenant sagen soll, der so alt ist wie ich und sich einen Schnurrbart aus mickrigen rotblonden Härchen wachsen läßt. Ich möchte ihm sagen, daß ich auf die Stabsdienstschule geschickt werde und ob das nicht Strafe genug dafür ist, daß man tausend Lieutenants nicht grüßt. Ich möchte ihm von meinen sechs Wochen mit Iwan und meinem Ärger in Fort Dix erzählen, wo ich meinen Urlaubsschein begraben mußte, aber dunkle Wolken tauchen auf, und ich weiß, ich halte besser den Mund, sag ihnen nichts als Namen, Dienstgrad und Personenkennziffer. Ich weiß, ich halte besser den Mund, aber ich würde diesem Lieutenant am liebsten sagen, er soll sich verpissen, mich am Arsch lecken mit seinem jämmerlichen rötlichen Schnurrbart.

Ich muß mich um Punkt einundzwanzig Uhr im Arbeitsanzug bei ihm melden, und er läßt mich auf dem Antreteplatz Unkraut jäten, während andere Hundeführer vorbeigehen, auf dem Weg nach Lenggries, ein Bier trinken.

Als ich fertig bin, gehe ich zu Iwan in den Zwinger und nehme ihm den Maulkorb ab. Ich setze mich auf den Boden und spreche mit ihm, und wenn er mich jetzt in Stücke reißt, brauche ich nicht auf die Stabsdienstschule zu gehen. Aber er knurrt nur leise und leckt mir das Gesicht, und ich bin froh, daß keiner sieht, wie ich mich fühle.

*

Die Stabsdienstschule ist in der Kaserne in Lenggries. Wir sitzen an kleinen Tischen, und die Ausbilder kommen und gehen. Wir erfahren, daß der Kompanieschreiber der wichtigste Soldat einer Einheit ist. Offiziere fallen oder werden versetzt, Unteroffiziere ebenso, aber ohne Schreiber ist eine Einheit verloren. Im Gefecht weiß der Kompanieschreiber als einziger, wann die Einheit personell unterbesetzt ist, wer gefallen, wer verwundet, wer vermißt ist, er springt ein, wenn dem Versorgungsunteroffizier die Rübe weggeschossen wird. Der Kompanieschreiber, Männer, ist derjenige, der Ihre Post verteilt, wenn der Feldpostsoldat eine Kugel in den Arsch kriegt, derjenige, der den Kontakt mit Ihren Leuten zu Hause aufrechterhält.

Nachdem wir erfahren haben, wie wichtig wir sind, müssen wir tippen lernen. Wir müssen ein Muster einer täglichen Stärkemeldung mit fünf Durchschlägen schreiben, und wenn uns auch nur ein einziger Fehler unterläuft, ein kleiner Anschlag zuviel, ein Additionsfehler, zwei übereinandergetippte Buchstaben, dann muß der ganze Wisch neu getippt werden.

Keine Korrekturen, verdammt noch mal. Das hier ist die United States Army, und Korrekturen werden nicht geduldet. Läßt man Korrekturen in einer Meldung zu, leistet man quasi der Schlamperei an der ganzen Front Vorschub. Wir halten hier die Stellung gegen die gottverdammten Roten, Männer. Schlamperei kommt nicht in Frage. Perfektion, Männer, Perfektion ist gefragt. Und jetzt tippt, verdammt noch mal.

Das Rattern und Klappern von dreißig Schreibmaschinen macht den Raum zur Gefechtszone, und immer wieder hört man Soldaten-Maschinenschreiber aufjaulen, die eine falsche Taste erwischt haben, die Meldung aus der Maschine reißen und von vorne anfangen. Wir schlagen uns an die Stirn, schütteln die Faust gen Himmel und sagen den Ausbildern, wir sind fast fertig, könnten wir nicht bitte diesen einen kleinen beschissenen Fehler ausradieren.

Keine Korrekturen, Soldaten, und bitte nicht solche Ausdrücke. Ich habe ein Foto von meiner Mutter in der Brusttasche.

*

Am Ende des Kurses bekomme ich ein Zeugnis mit der Note Ausgezeichnet. Der Captain, der die Zeugnisse verteilt, sagt, er ist stolz auf uns, und man ist stolz auf uns bis hinauf zum Oberbefehlshaber in Europa, General Dwight D. Eisenhower persönlich. Der Captain ist stolz, sagen zu dürfen, daß nur neun Mann den Kurs vorzeitig verlassen haben und daß die einundzwanzig, die bestanden haben, eine Ehre für die Leute zu Hause sind. Er gibt uns unsere Zeugnisse und dazu Schokoladenkekse, die seine Frau und seine zwei kleinen Töchter selbst gebacken haben, und wir dürfen sie gleich hier und jetzt essen, schließlich ist das ein besonderer Anlaß.

Hinter mir fluchen welche, die Kekse schmecken ja wie Katzenscheiße, und der Captain lächelt und schickt sich an, noch eine Ansprache zu halten, aber da flüstert ein Major ihm etwas zu, und wie ich später höre, hat der Major ihm gesagt, halten Sie endlich die Klappe, Sie haben ja getrunken, und das stimmt, denn der Captain hat ein Gesicht, das sich noch nie von einer Whiskeyflasche abgewandt hat.

*

Hätte man Shemanski nicht Heimaturlaub genehmigt, wäre ich immer noch mit Iwan oben bei den Hundezwingern oder mit anderen Hundeführern in einem Wirtshaus in Lenggries. So aber muß ich eine Woche neben seinem Schreibtisch in der Schreibstube sitzen und zusehen, wie er Meldungen und anderes tippt, und mir anhören, ich sollte ihm dankbar sein, daß er mich von den Hunden erlöst und mir eine gute Stelle verschafft hat, die mir im Zivilleben von Nutzen sein kann.

Er sagt, ich sollte mich glücklich schätzen, daß ich tippen gelernt habe, vielleicht schreibe ich ja eines Tages ein zweites Vom Winde verweht, ha, ha.

Am Vorabend seiner Abreise in den Heimaturlaub gibt es eine Feier in einem Wirtshaus in Lenggries. Es ist Freitag abend, und ich habe Wochenendurlaub. Shemanski muß in die Kaserne zurück, weil sein Urlaub erst morgen beginnt, und als er gegangen ist, fragt mich seine Freundin Ruth, wo ich denn meinen Wochenendurlaub verbringen will. Sie schlägt vor, ich soll auf ein Bier zu ihr mitkommen, Shemanski wird ja nicht dasein, aber kaum sind wir zur Tür rein, liegen wir schon im Bett und fallen übereinander her. Oh, Mac, sagt sie, oh, Mac, du bist so jung. Sie selber ist schon alt, einunddreißig, aber da würde man nie draufkommen, so wie sie mich rannimmt und mir keine Minute Schlaf gönnt, und wenn sie das mit Shemanski genauso macht, ist es kein Wunder, daß er einen langen Heimaturlaub in den USA braucht. Dann bricht der Morgen an, und es klopft unten an die Haustür, und als sie vorsichtig aus dem Fenster späht, stößt sie einen spitzen Schrei aus, du meine Güte, das ist Shemanski, geh, geh, geh. Ich springe auf und ziehe mich in Windeseile an, kriege aber ein Problem, weil ich erst die Stiefel anziehe und dann versuche, die Hose drüberzustreifen, und die Beine verheddern sich, und Ruth zischt und quiekt, aut se windo, o pließ, o pließ. Durch die Haustür kann ich nicht raus, da steht immer noch Shemanski und donnert dagegen, der würde mich bestimmt umbringen, also bleibt nur das Fenster, und ich springe in den Schnee, der einen Meter hoch liegt und mir das Leben rettet, und ich weiß, daß Ruth oben das Fenster zumacht und die Vorhänge zuzieht, damit Shemanski mich nicht sieht, wie ich versuche, die Stiefel auszuziehen, damit ich die Hose anziehen kann und dann wieder die Stiefel, und es ist so kalt, daß mein Pimmel zu einem Knopf zusammenschnurrt, nichts als Schnee überall, fast bis an den Bauch, in den Hosen, in den Stiefeln.

Jetzt muß ich mich von Ruths Haus weg und nach Lenggries schleichen und mir was suchen, wo ich einen heißen Kaffee kriege und wieder trocken werde, aber es ist noch alles zu, und so wandere ich zur Kaserne zurück und frage mich, hat Gott Shemanski auf die Erde geschickt, damit er mich vollends vernichtet?

*

Jetzt, wo ich Kompanieschreiber bin, sitze ich an Shemanskis Schreibtisch, und das schlimmste ist das Tippen der Stärkemeldung jeden Morgen. Master Sergeant Burdick sitzt an dem anderen Schreibtisch, trinkt Kaffee und erzählt mir, wie wichtig dieser Bericht ist, daß die im Stab drüben schon darauf lauern, damit sie ihn zusammen mit den Meldungen von den anderen Kompanien nach Stuttgart und nach Frankfurt, an Eisenhower und nach Washington schicken können, damit Präsident Truman persönlich die genaue Stärke der United States Army in Europa kennt, für den Fall eines Überraschungsangriffs der gottverfluchten Russen, die sofort zuschlagen würden, wenn wir auch nur einen Mann zuwenig hätten, auch nur einen einzigen Mann, McCourt. Die warten bloß drauf, McCourt, also sehen Sie zu, daß Sie die Meldung fertig kriegen.

Die Vorstellung, daß die ganze Welt auf meine Meldung wartet, macht mich so nervös, daß ich mich noch öfter vertippe und wieder von vorn anfangen muß. Jedesmal, wenn ich Scheiße schreie und die Blätter aus der Maschine reiße, klettern Sergeant Burdicks Brauen bis zum Haaransatz hoch. Er trinkt seinen Kaffee, schaut auf die Uhr und verliert die Kontrolle über seine Augenbrauen, und ich bin so verzweifelt, daß ich Angst habe, ich breche jeden Moment weinend zusammen. Burdick kriegt Anrufe vom Stab, daß der Colonel schon wartet, der General, der Chef des Stabes, der Präsident. Ein Melder wird geschickt, der die Meldung abholen soll. Er baut sich an meinem Schreibtisch auf und wartet, was alles noch schlimmer macht, und ich wünsche mir, ich könnte wieder im Biltmore Hotel Toiletten putzen. Als die Meldung fehlerfrei getippt ist, nimmt er sie, und Sergeant Burdick wischt sich mit einem grünen Taschentuch den Schweiß von der Stirn. Er sagt, ich soll die andere Arbeit vergessen, ich muß den ganzen Tag am Schreibtisch sitzen bleiben und üben üben üben, bis ich diese Scheißmeldungen richtig hinkriege. Die reden bestimmt schon über uns im Stab und fragen sich, was er sich da für einen Idioten als Schreiber angelacht hat, der noch nicht mal einen Bericht tippen kann. Andere hacken so was in zehn Minuten runter, und er will nicht, daß die C-Kompanie zum Gespött der Kaserne wird.

Also, McCourt, Sie verlassen diesen Raum nicht eher, als bis Sie perfekte Meldungen tippen. Fangen Sie an, tippen Sie.

Tag und Nacht drillt er mich, gibt mir verschiedene Zahlen, sagt mir, dafür werden Sie mir noch dankbar sein.

Und er hat recht. Nach ein paar Tagen kann ich die Stärkemeldungen so schnell tippen, daß sie extra einen Lieutenant vom Stab schicken, der rauskriegen soll, ob das falsche Zahlen sind, die wir uns jeweils schon am Abend vorher aus den Fingern saugen. Sergeant Burdick sagt, nein, nein, ich überprüfe das genau, und der Lieutenant schaut mich an und sagt zu ihm, aus dem könnte glatt ein Corporal werden, Sergeant.

Der Sergeant sagt, jawohl, Sir, und als er lächelt, werden seine Augenbrauen lebendig.

*

Als Shemanski zurückkommt, erwarte ich, wieder Iwan zugeteilt zu werden, aber der Captain eröffnet mir, daß ich bleibe und ab sofort als Stabsdienstsoldat für die Versorgung verantwortlich bin. Ich werde für Bettlaken, Decken, Kopfkissen und Kondome zuständig sein, die ich an Hundeführer ausgeben werde, die aus dem gesamten Kommandobereich Europa zur Ausbildung hierherkommen, und ich muß auch dafür sorgen, daß alles wieder ordnungsgemäß abgegeben wird, alles bis auf die Kondome, ha, ha.

Wie kann ich dem Captain beibringen, daß ich nicht als Schreibstubenhengst im Souterrain dahinvegetieren will, wo ich in einer vorsintflutlichen Sprache alles mögliche anfordern muß, Bezüge, Kopfkissen, weiß, oder Bälle, Tischtennis, daß ich nicht Versorgungsartikel zählen und Listen zusammenstellen will, sondern nur den einen Wunsch habe, zu Iwan und den Hundeführern zurückzukehren und Bier zu trinken und mich in Lenggries, Bad Tölz oder München nach Mädchen umzusehen?

Sir, könnte ich nicht vielleicht wieder zu den Hunden abkommandiert werden?

Nein, McCourt. Sie sind ein verdammt guter Stabsdienstsoldat. Wegtreten.

Aber, Sir …

Weggetreten, Soldat.

In meinem Kopf flattern so viele dunkle Wolken herum, daß ich mich nur mühsam aus seinem Büro hinausschleppe, und als Shemanski lachend fragt, ob mir der Captain den Marsch geblasen hat und mich nicht zu meinem Wauwau zurück läßt, sage ich zu ihm, er kann mich mal kreuzweise, und schon werde ich wieder ins Büro des Captain geschleift, der mir einen mündlichen Verweis erteilt und mir androht, falls das noch einmal vorkommt, werde ich vor ein Kriegsgericht gestellt, und dann wird meine Personalakte aussehen wie das Strafregister von Al Capone. Er schnauzt mich an, ich bin jetzt Private First Class, und wenn ich mich anständig benehme, genaue Bestandslisten führe und die Kondomausgabe korrekt handhabe, kann ich innerhalb von sechs Monaten zum Corporal befördert werden, und jetzt raus hier, Soldat.

*

Eine Woche später kriege ich schon wieder Ärger, diesmal wegen meiner Mutter. Als ich nach Lenggries kam, bin ich ins Stabsgebäude gegangen und habe Antrag auf eine Unterstützungszahlung für meine Mutter gestellt. Die Army würde die Hälfte meines Solds einbehalten, noch mal den gleichen Betrag drauflegen und meiner Mutter jeden Monat einen Scheck schicken.

Jetzt trinke ich ein Bier in Bad Tölz, und Davis, der für die Unterstützungszahlungen zuständige Rechnungsführer, sitzt beduselt am Nebentisch, und als er mir zuruft, he, McCourt, zu dumm, daß deine Mutter bis zum Hals in der Scheiße steckt, trüben mir die dunklen Wolken im Kopf derart den Blick, daß ich meinen Maßkrug nach ihm werfe und mich mit der ernsten Absicht, ihn zu erwürgen, auf ihn stürze, aber zwei Sergeants packen mich und halten mich fest, bis die Militärpolizei eintrifft.

Ich werde die Nacht über in Bad Tölz eingesperrt und am Morgen einem Captain vorgeführt. Er will wissen, warum ich Corporals tätlich angreife, die nur ihr Bier trinken und mit Gott und der Welt zufrieden sind, und als ich ihm von der Beleidigung meiner Mutter erzähle, fragt er, wer ist der Rechnungsführer?

Corporal Davis, Sir.

Und Sie, McCourt, woher kommen Sie?

Aus New York, Sir.

Nein, nein. Ich meine, woher kommen Sie ursprünglich?

Aus Irland, Sir.

Verdammt und zugenäht. Das sehe ich. Sie tragen die Landkarte im Gesicht. Also, woher genau?

Limerick, Sir.

Ach ja? Meine Eltern sind aus Kerry und Sligo. Ein schönes Land, aber arm, stimmt's?

Jawohl, Sir.

Okay, holen Sie Davis rein.

Davis kommt herein, und der Captain wendet sich an den Mann, der neben ihm sitzt und Notizen macht. Jackson, das kommt nicht ins Protokoll. Also, Davis, Sie haben in der Öffentlichkeit etwas über die Mutter dieses Mannes gesagt?

Ich … ich hab nur …

Haben Sie etwas Vertrauliches über die finanzielle Situation der Dame geäußert, ja oder nein?

Na ja, Sir …

Davis, Sie sind ein Arschloch, und eigentlich wäre da eine Disziplinarstrafe fällig, aber ich will es dabei bewenden lassen, daß Sie ein paar Bier intus hatten und einfach das Maul nicht halten konnten.

Danke, Sir.

Sollte mir jemals wieder zu Ohren kommen, daß Sie solche Bemerkungen machen, ramm ich Ihnen einen Kaktus in den Arsch. Wegtreten.

Als Davis gegangen ist, sagt der Captain, Iren unter sich, McCourt. Wir müssen zusammenhalten. Stimmt's?

Jawohl, Sir.

Auf dem Gang streckt mir Davis die Hand entgegen. Tut mir leid, McCourt. Das war dumm von mir. Meine Mutter kriegt die Unterstützung auch, und sie ist auch Irin. Das heißt, ihre Eltern waren Iren, also bin ich Halbire.

Es ist das erste Mal in meinem Leben, daß sich jemand bei mir entschuldigt, und ich nuschle verlegen vor mich hin, werde rot und gebe Davis die Hand, weil ich nicht weiß, was ich sagen soll. Ich weiß nie, was ich zu Leuten sagen soll, die mich anstrahlen und mir erzählen, daß ihre Eltern und Großeltern Iren sind. Erst beleidigen sie deine Mutter, und dann prahlen sie damit, daß ihre Mutter auch Irin ist. Wie kommt es, daß ich nur den Mund aufzumachen brauche, und alle sagen mir, daß sie Iren sind und wir alle zusammen einen trinken sollten? Es genügt nicht, Amerikaner zu sein, man muß immer noch etwas anderes sein, Irisch-Amerikaner, Deutsch-Amerikaner, und man fragt sich, wie die alle klarkommen würden, wenn nicht irgendwer den Bindestrich erfunden hätte.

15

Als sie mich zum Versorgungssoldaten gemacht haben, hat mir der Captain nicht gesagt, daß es zu meinen Aufgaben gehören würde, zweimal im Monat die Bettwäsche der Kompanie zu bündeln und sie per Lastwagen in die Militärwäscherei bei München zu bringen. Mir ist das recht, weil es einen Tag außerhalb der Kaserne bedeutet und ich mit zwei anderen Versorgungssoldaten, Rappaport und Weber, auf den Bündeln liegen und über das Zivilistenleben reden kann. Bevor wir die Kaserne verlassen, halten wir an der PX, um unsere Monatsration von einem Pfund Kaffee und einer Stange Zigaretten abzuholen, die wir dann an Deutsche verkaufen wollen. Rappaport muß sich außerdem noch eine Packung Kotex-Damenbinden besorgen, mit denen er seine knochigen Schultern gegen das schwere Gewehr abpolstert, wenn er Wache hat. Weber findet das lustig und erzählt uns, daß er drei Schwestern hat, aber nie und nimmer in ein Geschäft gehen und Kotex verlangen würde. Rappaport grinst und sagt, wenn du tatsächlich Schwestern hast, Weber, dann nehmen die bestimmt noch Lappen.

Keiner weiß, warum wir ein Pfund Kaffee bekommen, aber die anderen finden, ich bin ein Glückspilz, weil ich nicht rauche. Sie wollten, sie wären auch Nichtraucher und könnten die Zigaretten bei deutschen Mädchen gegen Sex eintauschen. Weber aus der B-Kompanie sagt, für eine Stange kann man eine ganze Menge Nummern schieben, und das regt ihn so auf, daß er mit seiner Zigarette ein Loch in ein Bündel Bettlaken von der A-Kompanie brennt, und Rappaport, der Versorgungssoldat der A-Kompanie, der wie ich zum erstenmal mitfährt, sagt zu ihm, er soll aufpassen, oder er prügelt ihn windelweich. Weber sagt, ach ja, aber da hält der Laster, und Buck, der Fahrer, sagt, absitzen, da drüben ist eine lauschige kleine Wirtschaft, und wenn wir Glück haben, sind im Hinterzimmer Mädchen, die alles machen, wenn wir ihnen ein paar Päckchen von unseren Stangen abgeben. Die anderen wollen mir meine Zigaretten für einen Spottpreis abhandeln, aber Buck meint, sei nicht blöd, Mac, du bist ein junger Kerl, du mußt auch mal eine flachlegen, sonst wirst du komisch im Kopf.

Buck hat graue Haare und Orden und Auszeichnungen aus dem Zweiten Weltkrieg. Jeder weiß, daß er zum Tapferkeitsoffizier ernannt worden war, aber immer wieder mal zu tief ins Glas geschaut hat und ausgerastet ist und deshalb wieder zum einfachen Soldaten degradiert wurde. Das erzählt man sich über Buck, obwohl ich allmählich dahinterkomme, daß man alles, was irgendwer in der Army über irgendwas sagt, mit Vorsicht genießen muß. Buck erinnert mich an Corporal Dunphy drüben in Fort Dix. Sie waren Draufgänger, sie haben im Krieg das Ihre getan, aber sie wissen in

Friedenszeiten nichts mit sich anzufangen und können wegen ihrer Trinkerei nicht nach Korea geschickt werden, und die Army ist die einzige Heimat, die sie haben, bis sie sterben.

Buck spricht Deutsch und kennt anscheinend Gott und die Welt und alle möglichen versteckten Bierlokale an der Straße von Lenggries nach München. Es sind dann aber doch keine Mädchen im Hinterzimmer, und als Weber meckert, sagt Buck zu ihm, ach, leck mich, Weber. Stell dich doch hinter den Baum da und hol dir einen runter. Weber sagt, dazu braucht er sich nicht hinter einen Baum zu stellen. Das ist ein freies Land, und er kann sich einen runterholen, wo es ihm paßt. Schon gut, Weber, sagt Buck, schon gut, ist mir doch scheißegal. Von mir aus kannst du ihn auch mitten auf der Straße rausholen und damit winken.

Buck sagt, wir sollen wieder aufsitzen, und wir fahren weiter nach München, ohne noch einmal an einer lauschigen kleinen Wirtschaft zu halten.

*

Sergeants sollten einem nicht befehlen, die Wäsche an einen solchen Ort zu bringen, ohne einem vorher zu sagen, was für ein Ort das ist. Vor allem sollten sie das Rappaport nicht antun, denn der ist Jude. Sie sollten es nicht dazu kommen lassen, daß er plötzlich aus dem Laster schaut und o Gott schreit, als er am Tor den Ortsnamen sieht, Dachau.

Kann man es ihm verdenken, daß er vom Laster springt, als Buck wegen der Militärpolizei am Tor bremst, vom Laster springt, die Straße nach München entlangrennt und wie ein Verrückter brüllt? Jetzt muß Buck rechts ranfahren, und wir sehen zu, wie zwei Militärpolizisten Rappaport nachfahren, ihn packen, in den Jeep stoßen und zurückbringen. Er tut mir leid, er ist weiß wie ein Laken und zittert wie jemand, der lange in der Kälte draußen war. Er sagt immer wieder, tut mir leid, tut mir leid, ich kann nicht, ich kann nicht, und die MPs sind nachsichtig mit ihm. Einer geht ins Wachhäuschen telefonieren, und als er zurückkommt, sagt er zu Rappaport, okay, Soldat, Sie brauchen da nicht rein. Sie können bei einem Lieutenant hier in der Nähe warten, bis Ihre Wäsche fertig ist. Ihre Kameraden können Ihre Bündel mit übernehmen.

*

Beim Abladen mache ich mir so meine Gedanken über die Deutschen, die uns helfen. Waren sie in den schlimmen Zeiten auch schon hier, und wieviel wissen sie? Soldaten, die andere Laster entladen, reißen Witze, lachen und schubsen einander mit den Wäschebündeln, aber die Deutschen arbeiten und lächeln nicht, und da weiß ich, daß sie dunkle Erinnerungen im Kopf haben. Wenn sie in Dachau oder in München gelebt haben, müssen sie Bescheid gewußt haben, und ich möchte gern wissen, woran sie denken, wenn sie jeden Tag hierherkommen.

Dann sagt mir Buck, er kann nicht mit ihnen reden, weil es gar keine Deutschen sind. Es sind Flüchtlinge, Deportierte, Ungarn, Jugoslawen, Tschechen, Rumänen. Sie leben in Lagern überall in Deutschland, bis irgend jemand entscheidet, was mit ihnen geschehen soll.

Als wir mit dem Abladen fertig sind, sagt Buck, es ist Zeit zum Mittagessen, und strebt zum Speisesaal. Weber ebenfalls. Ich kann nicht zum Essen gehen, ich muß erst ein bißchen herumlaufen und mir diesen Ort ansehen, den ich immer wieder in der Zeitung und in der Wochenschau gesehen habe, seit ich in Limerick aufgewachsen bin. Da sind Tafeln mit Inschriften in Hebräisch und Deutsch, und ich frage mich, ob sie über Massengräbern stehen.

Es gibt Verbrennungsöfen mit offenen Türen, und ich weiß, was da drin verbrannt wurde. Ich habe die Bilder in Zeitschriften und Büchern gesehen, und Bilder sind Bilder, aber das da sind die Öfen selbst, ich könnte sie berühren, wenn ich wollte. Ich weiß nicht, ob ich sie berühren möchte, aber wenn ich wegfahre und nie mehr mit der Wäsche hierherkomme, müßte ich mir sagen, du hättest die Verbrennungsöfen in Dachau berühren können und hast es nicht getan, was willst du später mal deinen Kindern und Enkeln sagen?

Ich könnte einfach schweigen, aber was würde mir das nützen, wenn ich allein bin und mich frage, warum hast du die Verbrennungsöfen in Dachau nicht berührt?

Also gehe ich an den Tafeln vorbei und berühre die Verbrennungsöfen, und ich frage mich, ob es sich gehört, in Gegenwart jüdischer Toter ein katholisches Gebet zu sprechen. Wenn ich von den Engländern getötet worden wäre, würde es mir dann etwas ausmachen, wenn Leute wie Rappaport meinen Grabstein berühren und auf hebräisch beten würden? Nein, es würde mir nichts ausmachen, wo uns doch die Priester sagen, daß alle Gebete, die uneigennützig und nicht für uns selbst sind, Gottes Ohr erreichen.

Trotzdem kann ich nicht die üblichen drei Ave-Marias sprechen, denn da kommt Jesus drin vor, und der hat den Juden in der letzten Zeit überhaupt nicht geholfen. Ich weiß nicht, ob es sich schickt, ein Vaterunser zu sprechen, während man die Tür eines Verbrennungsofens berührt, aber es ist wohl harmlos genug, und ich sage es auf in der Hoffnung, die jüdischen Toten werden Verständnis für meine Unwissenheit haben.

*

Weber ruft vom Eingang des Speisesaals nach mir, McCourt, McCourt, die machen gleich dicht. Wenn du was essen willst, dann schaff deinen Arsch hier rein.

Ich trage mein Tablett mit ungarischem Gulasch und Brot zu dem Tisch am Fenster, an dem Buck und Weber sitzen, aber als ich hinausschaue, stehen da die Verbrennungsöfen, und mir vergeht der Appetit auf ungarisches Gulasch, und zum erstenmal in meinem Leben schiebe ich einen Teller Essen weg. Wenn die in Limerick jetzt sehen könnten, daß ich Essen wegschiebe, würden sie sagen, ich bin endgültig verrückt geworden, aber wie kann man dasitzen und ungarisches Gulasch essen, während einen offene Verbrennungsöfen angähnen und man an die Menschen denken muß, die da drin verbrannt wurden, vor allem die Kinder. Wenn Zeitungen Bilder von Müttern bringen, die zusammen mit ihren Babys sterben, dann zeigen sie immer, wie das Baby der Mutter im Sarg auf die Brust gelegt wird, die beiden sind bis in alle Ewigkeit zusammen, und darin liegt Trost. Aber auf den Fotos aus den Konzentrationslagern sieht man das nie. Diese Fotos würden Babys zeigen, die auf die Seite geworfen werden wie tote Hunde, und man könnte sehen, daß sie, wenn überhaupt, jedenfalls weit weg von der Mutterbrust und bis in alle Ewigkeit allein begraben wurden, und wie ich da so sitze, weiß ich genau, wenn mir jemand im Zivilleben ungarisches Gulasch anbietet, werde ich immer an die Verbrennungsöfen von Dachau denken müssen und nein, danke, sagen.

Ich frage Buck, ob unter den Tafeln Massengräber sind, und er sagt, man braucht keine Massengräber, wenn man die Menschen alle verbrennt, und das haben die hier in Dachau getan, die verdammten Schweine.

Weber sagt, he, Buck, ich hab gar nicht gewußt, daß du Jude bist.

Bin ich auch nicht, du Arschloch. Muß man Jude sein, um ein Mensch zu sein?

Buck sagt, Rappaport hat sicher auch Hunger, und wir sollten ihm ein Sandwich mitbringen, aber Weber meint, das sei das Lächerlichste, was er je gehört hat. Es hat Gulasch gegeben, und wie soll man da jemals ein Sandwich draus machen? Buck sagt, man kann aus allem ein Sandwich machen, und wenn Weber nicht so blöd wäre, wüßte er das auch. Weber zeigt ihm den Finger und sagt, deine Mutter, und der Sergeant vom Dienst muß Buck davon abhalten, sich auf ihn zu stürzen, und sagt uns, der Speisesaal wird geschlossen, wir müssen jetzt alle gehen, außer wir möchten noch ein bißchen dableiben und den Boden aufwischen.

Buck steigt ins Führerhaus, und Weber und ich halten hinten ein Nickerchen, bis die Wäsche fertig ist und wir wieder aufladen können. Rappaport sitzt an der Wache und liest die Stars and Stripes. Ich möchte mit ihm über die Verbrennungsöfen und das Böse an diesem Ort sprechen, aber er ist immer noch ganz weiß im Gesicht und hat einen kalten Blick.

Auf halbem Weg nach Lenggries biegt Buck von der Landstraße ab, und wir fahren auf einem schmalen Weg zu einer Art Lager, einem Durcheinander von Baracken, windschiefen Hütten und alten Zelten, wo kleine Kinder trotz des kalten Frühlingswetters barfuß rumrennen und Erwachsene an Lagerfeuern auf der Erde sitzen. Buck springt aus dem Führerhaus und sagt, wir sollen Kaffee und Zigaretten mitnehmen, und Rappaport will wissen, wozu.

Damit du zum Schuß kommst, Junge. Die machen's nicht umsonst.

Weber sagt, ach, komm schon, das sind doch bloß DPs.

Die Flüchtlinge kommen angerannt, Männer und Frauen, aber ich habe nur Augen für die Mädchen. Sie lächeln und grapschen nach den Kaffeebüchsen und Zigarettenstangen, und Buck schreit, paßt auf, gebt das Zeug nicht aus der Hand. Weber verschwindet mit einer alten Frau um die Fünfunddreißig in einer Hütte, und ich sehe mich nach Rappaport um. Er ist auf dem Laster geblieben und guckt mit bleichem Gesicht über die Bordwand. Buck macht einem der Mädchen ein Zeichen und sagt zu mir, okay, das ist dein Liebchen, Mac. Gib ihr die Zigaretten, behalt den Kaffee und paß auf deine Brieftasche auf.

Das Mädchen hat ein zerschlissenes Kleid mit rosa Blumen an, und weil sie kaum Fleisch auf den Knochen hat, ist schwer zu sagen, wie alt sie ist. Sie führt mich an der Hand in eine Hütte und ist in Null Komma nichts nackt, weil sie unter dem Kleid nichts anhat. Sie legt sich auf einen Haufen Lumpen am Boden, und ich habe es so nötig, daß ich mir nur die Hose herunterziehe bis dahin, wo es nicht mehr weitergeht, wegen der Stiefel. Ihr Körper ist kalt, aber innen ist sie heiß, und ich bin so aufgeregt, daß ich in einer Minute fertig bin. Sie rollt sich weg und geht in eine Ecke, um sich auf einen Eimer zu hocken, und das erinnert mich an die Zeiten in Limerick, wo wir auch einen Eimer in der Ecke hatten. Sie steht von dem Eimer auf, streift sich das Kleid über und streckt die Hand aus.

Zigaretten?

Ich weiß nicht, wieviel ich ihr geben soll. Soll ich ihr für die eine Minute Aufregung die ganze Stange geben oder nur ein Päckchen?

Sie sagt es noch einmal, Zigaretten, und als mein Blick auf den Eimer in der Ecke fällt, gebe ich ihr die ganze Stange.

Aber sie ist nicht zufrieden. Kaffee?

Ich sage, nein, nein. Kein Kaffee. Aber sie kommt zu mir und macht meinen Hosenschlitz auf, und ich bin so aufgeregt, daß wir im nächsten Moment wieder auf den Lumpen liegen, und da lächelt sie zum erstenmal über ihre Schätze, über die Zigaretten und den Kaffee, und als ich ihre Zähne sehe, weiß ich, warum sie so wenig lächelt.

Buck steigt wieder ins Führerhaus, ohne ein Wort zu Rappaport, und ich sage auch nichts, weil ich mich für das schäme, was ich getan habe. Ich versuche mir einzureden, daß ich mich nicht schäme, schließlich habe ich dafür bezahlt, hab dem Mädchen sogar meinen Kaffee gegeben. Ich weiß nicht, warum ich mich trotzdem vor Rappaport schäme. Wahrscheinlich deshalb, weil er Achtung vor den Flüchtlingen hat und ihre Lage nicht ausnutzen will, aber warum zeigt er dann seine Achtung nicht dadurch, daß er ihnen seine Zigaretten und seinen Kaffee einfach schenkt?

Weber schert sich nicht um Rappaport. Er schwadroniert, was für ein Prachtweib das war und wie billig er weggekommen ist. Er hat der Frau nur fünf Schachteln gegeben, und seinen Kaffee hat er noch, so daß er sich in Lenggries noch eine Woche lang verlustieren kann.

Rappaport nennt ihn einen Kretin, und sie beschimpfen sich gegenseitig, bis Rappaport sich auf ihn stürzt und sie sich auf den Wäschebündeln die Nasen blutig prügeln, und schließlich hält Buck an und sagt ihnen, sie sollen aufhören mit dem Quatsch, und meine einzige Sorge ist, daß womöglich Blutflecken auf der Wäsche der C-Kompanie sind.

16

Am Tag nach dem Dachauer Wäschekommando bekomme ich einen dicken Hals, und der Arzt sagt mir, ich soll ein paar Sachen einpacken, er schickt mich nach München zurück, ich habe nämlich Mumps. Er will wissen, ob ich mit Kindern zusammen war, denn bei denen holt man sich so was, bei den Kindern, und wenn ein erwachsener Mann sich damit ansteckt, kann es das Ende seines Zweigs bedeuten. Wissen Sie, was ich damit meine, Soldat?

Nein, Sir.

Es bedeutet, daß Sie womöglich keine Kinder mehr zeugen können.

Ich bekomme einen Jeep mit Fahrer, Corporal John Calhoun, und der erzählt mir, daß der Mumps Gottes Strafe für Unzucht mit deutschen Frauen ist, und ich sollte das als ein Zeichen nehmen. Er hält an, und als er mich auffordert, mich neben ihn an den Straßenrand zu knien und Gott um Vergebung zu bitten, bevor es zu spät ist, muß ich wegen seiner zwei Streifen gehorchen. Er hat Schaum in den Mundwinkeln, ein sicheres Zeichen für Geistesgestörtheit, wie ich aus meiner Jugendzeit in Limerick weiß, und wenn ich nicht mit John Calhoun niederkniee, greift er womöglich im Namen Gottes zur Gewalt. Er hebt die Arme gen Himmel und lobpreist Gott dafür, daß er mir das Geschenk des Mumps gerade rechtzeitig geschickt hat, damit ich meinen Lebenswandel ändern und meine Seele retten kann, und er bittet Gott, mir noch weitere sanfte Ermahnungen wegen meines sündigen Lebenswandels zu schicken, Windpocken, Zahnweh, die Masern, heftige Kopfschmerzen und notfalls auch Lungenentzündung. Er weiß, daß er nicht zufällig ausgewählt wurde, mich mit meinem Mumps nach München zu fahren. Der Koreakrieg ist nur ausgebrochen, damit er eingezogen und nach Deutschland geschickt werden konnte, um meine Seele und die Seelen all der anderen Hurenböcke zu retten. Er dankt Gott für diese Gnade und gelobt, auf der Mumpsstation des Lazaretts in München über die Seele von Private McCourt zu wachen, solange der Herr es wünscht. Er versichert dem Herrn, er sei glücklich darüber, gerettet zu sein, er sei frohgemut, o ja, frohgemut, er singt ein Lied, in dem sich alle am Fluß versammeln, klopft mit den Händen aufs Lenkrad und fährt so schnell, daß ich mich schon tot im Straßengraben liegen sehe, bevor man mich vom Mumps kuriert hat.

Er führt mich den Krankenhausflur entlang, singt seine Kirchenlieder, verkündet der Welt, ich sei gerettet, der Herr habe mir ein Zeichen geschickt, o fürwahr, nämlich den Mumps, und ich sei bußfertig. Lobet den Herrn. Er sagt dem Sanitäter in der Aufnahme, einem Sergeant, daß ich eine Bibel brauche und Zeit zum Beten, und der Sergeant sagt ihm, er soll machen, daß er rauskommt, verdammt noch mal. Corporal Calhoun segnet ihn dafür, segnet ihn aus tiefstem Herzen, verspricht, für den Sergeant zu beten, der offenkundig dem Teufel anhängt, sagt dem Sergeant, er sei verloren, aber wenn er auf der Stelle niederkniet und den Herrn Jesus annimmt, wird ihm der Friede zuteil werden, der über jedes Verstehen geht, und er schäumt so stark aus dem Mund, daß sein Kinn schneeweiß ist.

Der Sergeant kommt hinter seiner Theke hervor und schubst Calhoun durch den Gang zur Vordertür, und die ganze Zeit redet Calhoun auf ihn ein, tun Sie Buße, Sergeant, tun Sie Buße. Laß uns innehalten, Bruder, und für diesen Iren beten, den der Herr berührt hat, berührt mit dem Mumps. O laßt uns zusammenkommen am Fluß.

Er ist immer noch am Bitten und Beten, als der Sergeant ihn ins nächtliche München hinausbefördert.

Ein deutscher Pfleger sagt mir, er heißt Hans, und bringt mich in ein Sechsbettzimmer, wo er mir einen Krankenhauspyjama und zwei dicke Eisbeutel aushändigt. Als er mir sagt, siß iß for your neck and siß iß for your bolls, singen vier Männer in den Betten, Siß iß for your neck and siß iß for your bolls. Er lächelt und legt mir den einen Eisbeutel auf den Hals und den anderen in die Leistengegend. Die Männer werfen ihm Eisbeutel zu, weil sie frische haben wollen, und schmeicheln ihm, Hans, du bist ein so guter Fänger, du könntest glatt Baseball spielen.

Ein Kranker in einer Ecke wimmert vor sich hin und wirft keinen Eisbeutel. Hans tritt an sein Bett. Dimino, möchtest du Eis?

Nein, ich will kein Eis. Das nützt ja doch nichts.

O Dimino.

O Dimino, meine Fresse. Scheiß-Krauts. Schau, was ihr mir angetan habt. Den gottverfluchten Mumps habt ihr mir angehängt. Jetzt kriege ich nie Kinder.

Doch, du kriegst Kinder, Dimino.

Woher willst du das wissen? Meine Frau wird denken, ich bin ein Warmer.

Ach, Dimino, du bist kein Warmer, und Hans dreht sich zu den anderen um, ist Dimino ein Warmer?

Ja, ja, er ist ein Warmer, du bist ein Warmer, Dimino, und der dreht sich schluchzend zur Wand.

Hans berührt ihn an der Schulter. Die meinen es nicht so, Dimino.

Und die Männer singen, wir meinen's so, wir meinen's so, du bist ein Warmer, Dimino. Wir haben geschwollene Eier, und du hast geschwollene Eier, aber du bist ein Warmer und eine Heulsuse noch dazu.

Sie singen weiter, bis Hans Dimino noch einmal die Schulter tätschelt, ihm frische Eisbeutel gibt und zu ihm sagt, hier, Dimino, halt deine Eier kühl, und du bekommst viele, viele Kinder.

Wirklich, Hans, wirklich?

Ja, wirklich, Dimino.

Danke, Hans. Du bist ein netter Kraut.

Danke, Dimino.

Hans, bist du ein Warmer?

Ja, Dimino.

Legst du uns deshalb so gern Eisbeutel auf die Eier?

Nein, Dimino. Das gehört zu meiner Arbeit.

Mir ist es gleich, ob du ein Warmer bist, Hans.

Danke, Dimino.

Gern geschehn, Hans.

Ein anderer Pfleger schiebt eine Bücherkarre ins Zimmer, und von da an kann ich nach Herzenslust lesen. Jetzt kann ich das Buch fertig lesen, das ich auf der Überfahrt von Irland auf dem Schiff angefangen habe, Dostojewskis Schuld und Sühne. Ich würde zwar lieber F. Scott Fitzgerald oder P. G. Wodehouse lesen, aber Dostojewski hängt über mir mit seiner Geschichte von Raskolnikow und der alten Frau. Ich bekomme wieder ein ganz schlechtes Gewissen, weil ich Mrs. Finucane in Limerick Geld gestohlen habe, als sie tot in ihrem Sessel saß, und ich überlege, ob ich einen Militärpfarrer bestellen und ihm mein furchtbares Verbrechen beichten soll.

Nein. Ich könnte das vielleicht in der Dunkelheit eines normalen Beichtstuhls in der Kirche tun, aber ich würde es niemals hier fertigbringen, am hellichten Tag, völlig verschwollen vom Mumps, mit einem Wandschirm ums Bett und unter den Augen des Priesters. Ich könnte ihm nie gestehen, daß Mrs. Finucane ihr Geld den Priestern hinterlassen wollte, damit sie Messen für ihre arme Seele lesen, und daß ich mir einen Teil von diesem Geld angeeignet habe. Ich könnte ihm nie von den Sünden erzählen, die ich mit dem Mädchen in dem Flüchtlingslager begangen habe. Als ich an sie denke, bin ich gleich wieder so aufgeregt, daß ich unter der Bettdecke Hand an mich legen muß, und schon habe ich mir die nächste Sünde aufgeladen. Wenn ich jetzt einem Priester beichte, werde ich auf der Stelle exkommuniziert, und meine einzige Hoffnung ist, daß mich ein Lastwagen überfährt oder daß mir aus großer Höhe was Schweres auf den Kopf fällt, dann habe ich noch eine Sekunde, um ein Bußgebet zu sprechen, bevor ich sterbe, und brauche keinen Priester.

Manchmal denke ich, ich wäre der beste Katholik der Welt, wenn sie nur die Priester abschaffen und mich hier in meinem Bett mit Gott reden lassen würden.

17

Nach dem Krankenhaus gibt's gleich zwei erfreuliche Neuigkeiten auf einmal. Ich werde wegen meines rasanten Tippens zum Corporal befördert, und zur Belohnung darf ich einen zweiwöchigen Heimaturlaub in Irland antreten, wenn ich will. Meine Mutter hat mir vor mehreren Wochen geschrieben, welch großes Glück sie hatte, eines der neuen Genossenschaftshäuser oben in Janesboro zu bekommen, und wie schön es ist, ein paar Pfund für neue Möbel zu haben. Sie bekommt ein Badezimmer mit Wanne, Waschbecken, Toilette und warmem und kaltem Wasser. Sie bekommt eine Küche mit Gasherd und Spüle und ein Wohnzimmer mit einem Kamin, an dem sie sitzen und sich die Schienbeine wärmen und die Zeitung oder einen schönen Liebesroman lesen kann. Sie bekommt einen Garten vor dem Haus für Blümchen und Sträucher und einen Garten nach hinten hinaus, in dem sie Gemüse aller Art anbauen kann, und sie wird sich vor lauter Luxus nicht mehr auskennen.

Auf der Eisenbahnfahrt nach Frankfurt träume ich von dem neuen Haus und der Freude, die es meiner Mutter und meinen Brüdern Michael und Alphie macht. Man sollte meinen, daß ich nach all dem Elend in Limerick nie mehr nach Irland zurück wollte, aber als sich das Flugzeug der Küste nähert und die Wolkenschatten über die Felder ziehen und alles grün und geheimnisvoll ist, muß ich einfach weinen. Die Leute sehen mich an, und es ist gut, daß sie mich nicht fragen, warum ich weine. Ich könnte es ihnen nicht sagen. Ich könnte nicht beschreiben, wie mir ums Herz ist, wenn ich an Irland denke, weil es keine Worte dafür gibt und weil ich nie geahnt habe, daß ich solche Gefühle haben würde. Es ist seltsam, daß es keine Worte für meinen Gemütszustand gibt, aber vielleicht stehen sie ja bei Shakespeare oder Samuel Johnson oder Dostojewski, und ich habe sie nur nicht bemerkt.

Meine Mutter steht auf dem Bahnsteig, um mich abzuholen, sie lächelt mit ihren neuen weißen Zähnen und ist richtig rausgeputzt, ein buntes neues Kleid und glänzende schwarze Schuhe. Mein Bruder Alphie ist mitgekommen. Er wird zwölf und hat einen grauen Anzug an, der bestimmt voriges Jahr sein Firmungsanzug war. Man sieht ihm an, daß er stolz auf mich ist, vor allem auf meine Corporalstreifen, so stolz, daß er unbedingt meinen Matchsack tragen will. Er versucht es, aber der Sack ist zu schwer, und ich kann nicht zulassen, daß er ihn über den Boden schleift, wegen des Meißener Porzellans und der Kuckucksuhr, die ich meiner Mutter mitgebracht habe.

Ich bin auch stolz, weil ich weiß, daß die Leute mich in meiner neuen amerikanischen Army-Uniform anstaunen. Auf dem Bahnhof von Limerick sieht man nicht alle Tage einen amerikanischen Corporal aus dem Zug steigen, und ich kann es kaum erwarten, durch die Straßen zu gehen, wo die Mädchen sich zuflüstern werden, wer ist denn das? Ist der nicht süß? Wahrscheinlich werden sie denken, daß ich in Korea Mann gegen Mann mit den Chinesen gekämpft habe, daß ich in die Heimat gekommen bin, um mich von einer schweren Verwundung zu erholen, aber zu tapfer bin, mir etwas anmerken zu lassen.

Als der Bahnhof hinter uns liegt, merke ich, daß wir in die falsche Richtung gehen. Wir müßten Richtung Janesboro gehen, wo das neue Haus ist, statt dessen laufen wir am People's Park vorbei, wie damals, als wir aus Amerika gekommen sind, und ich erkundige mich, warum wir zu Großmutters Haus in der Little Barrington Street gehen. Meine Mutter sagt, na ja, in dem neuen Haus gibt's noch keinen Strom und kein Gas.

Warum nicht?

Na ja, ich hab mich nicht drum gekümmert.

Warum hast du dich nicht drum gekümmert?

Ach, *wisha*, ich weiß nicht.

Da packt mich die Wut. Man sollte meinen, sie ist froh, aus diesem Elendsviertel in der Little Barrington Street rauszukommen und dort oben in ihrem neuen Haus zu wohnen, Blumen zu pflanzen und Tee zu machen in ihrer neuen Küche mit Blick auf den Garten. Man sollte meinen, sie sehnt sich nach den neuen Betten mit sauberen Laken und ohne Flöhe und nach einem richtigen Bad. Aber nein. Sie klammert sich an das Elendsviertel, und ich weiß nicht, warum. Sie sagt, es kommt sie hart an, auszuziehen und ihren Bruder, meinen Onkel Pat, allein zu lassen, es geht ihm nicht gut, er kann kaum noch humpeln. Er verkauft immer noch Zeitungen in ganz Limerick, aber er ist ziemlich hilflos, Gott steh ihm bei, und er hat uns ja auch in dem Haus wohnen lassen, als es uns dreckig ging. Das ist mir egal, sage ich, ich gehe jedenfalls nicht mehr zurück in das Haus in der Gasse. Ich gehe ins National Hotel, bis sie oben in Janesboro Strom und Gas hat. Ich schultere meinen Matchsack, und als ich weggehe, jammert sie hinter mir her, o Frank, Frank, eine einzige Nacht, eine letzte Nacht im Haus meiner Mutter wird dich nicht umbringen, nur eine Nacht.

Ich bleibe stehen, drehe mich um und schreie sie an, ich bleib auch nicht eine einzige Nacht im Haus deiner Mutter. Wozu schicke ich dir die Unterstützung, wenn du doch weiter leben willst wie ein Schwein?

Sie heult und streckt die Arme nach mir aus, und Alphie macht große Augen, aber mir ist das egal. Ich nehme mir ein Zimmer im National Hotel, werfe meinen Matchsack aufs Bett und frage mich, was das für eine blöde Mutter ist, die auch nur eine Minute länger als nötig in ihrem Slum bleiben will. Ich setze mich in meiner amerikanischen Army-Uniform mit den neuen Corporalstreifen aufs Bett und überlege, ob ich hierbleiben und einen Wutanfall nach dem anderen kriegen oder lieber durch die Straßen laufen soll, damit alle Welt mich bewundern kann. Ich schaue zum Fenster hinaus auf die Tait-Uhr, die Dominikanerkirche und das Lyric Cinema, vor dem kleine Jungen stehen und warten, daß man sie zu ihren Göttern läßt, wofür ich immer zwei Pence berappen mußte. Die Jungen sind zerlumpt und rauflustig, und wenn ich lange genug an diesem Fenster sitzen bleibe, kann ich mir vorstellen, daß ich auf meine eigene Kindheit in Limerick zurückblicke. Es ist erst zehn Jahre her, daß ich zwölf war und mich in Hedy Lamarr verliebt habe, die mit Charles Boyer da oben auf der Leinwand war, in Algier, und Charles sagte, come wis me to se Casbah. Wochenlang bin ich herumgelaufen und hab immer wieder diesen Satz gesagt, bis meine Mutter mich anflehte, damit aufzuhören. Sie fand Charles Boyer auch toll und hätte es lieber von ihm selbst gehört. Sie schwärmte auch für James Mason. Alle Frauen in unserer Gasse schwärmten für James Mason, er sah so gut aus und so gefährlich. Sie waren sich alle darin einig, daß vor allem das Gefährliche sie faszinierte. Ein Mann ohne Gefahr, das ist doch gar kein richtiger Mann. Melda Lyons erzählte allen Frauen in Kathleen O'Connells Laden, wie verrückt sie nach James Mason ist, und sie lachten, wenn sie sagte, beim Allmächtigen, wenn ich den in die Finger kriegen würde, der wär in einer Minute nackt wie ein Ei. Darüber lachte dann meine Mutter lauter als sonst jemand in Kathleen O'Connells Laden, und ich frage mich, ob sie jetzt drüben ist und Melda und den anderen Frauen erzählt, daß ihr Sohn Frank aus dem Zug gestiegen ist und nicht mal für eine Nacht nach Hause kommen will, und ich frage mich, ob die Frauen heimgehen und sagen werden, Frankie McCourt ist wieder da, in seiner amerikanischen Uniform, und er ist sich jetzt zu fein für seine arme Mutter da unten in der Gasse, aber wir hätten's uns ja denken können, er hat schon immer die komische Art von seinem Vater gehabt.

Es würde mich wirklich nicht umbringen, noch ein letztes Mal zum Haus meiner Großmutter hinüberzugehen. Bestimmt prahlen meine Brüder, Michael und Alphie, vor aller Welt damit, daß ich heimkomme, und sind traurig, wenn ich nicht mit meinen Corporalstreifen durch die Gasse schlendere.

Kaum steige ich die Stufen vom National Hotel hinunter, da schreien die Jungen vor dem Lyric Cinema quer über den Pery Square, he, Yankeesoldat, juhu, hast du Kaugummi? Hast du einen Shilling übrig oder einen *candy bar* in der Tasche?

Sie sprechen *candy* wie die Amerikaner aus, und darüber müssen sie selber so lachen, daß sie gegeneinander und gegen die Wand fallen.

Ein Junge steht abseits, mit den Händen in den Hosentaschen, und ich sehe, daß er zwei rote, verschorfte Augen in einem Gesicht voller Pickel und einen kahlgeschorenen Schädel hat. Nur ungern gestehe ich mir ein, daß ich vor zehn Jahren genauso ausgesehen habe, und als er über den Platz ruft, he, Yankeesoldat, dreh dich mal rum, wir wollen deinen Fettarsch sehen, würde ich ihm am liebsten einen kräftigen Tritt in seinen eigenen knochigen Arsch verpassen. Er müßte doch ein bißchen Respekt vor der Uniform haben, die die Welt gerettet hat, sollte man meinen, auch wenn ich im Moment nur ein Versorgungssoldat bin, der davon träumt, seinen Hund zurückzukriegen. Man sollte meinen, Grindauge wären meine Corporalstreifen aufgefallen, und er hätte ein bißchen Respekt, aber nein, so ist das, wenn man auf der Gasse aufwächst. Man muß so tun, als ob man sich keinen Fiedlerfurz schert, auch wenn es gar nicht stimmt.

Trotzdem, ich würde am liebsten über den Platz gehen, Grindauge durchschütteln und ihm sagen, daß er das genaue Ebenbild von mir ist, als ich in seinem Alter war, nur daß ich nicht vor dem Lyric Cinema gestanden und Yankees wegen ihrer Fettärsche getriezt habe. Ich versuche mir einzureden, daß das die Wahrheit ist, bis ein anderer Teil meines Verstandes mir sagt, daß ich kein bißchen anders war als Grindauge, daß ich genauso schnell zur Stelle war wie er, wenn es darum ging, Yankees oder Engländer zu ärgern oder sonst irgend jemanden mit einem Anzug oder einem Füllfederhalter in der Brusttasche, der mit einem neuen Fahrrad herumfuhr, daß ich genauso schnell bereit war, einen Stein ins Fenster eines achtbaren Hauses zu schmeißen und lachend wegzulaufen und im nächsten Moment einen Wutanfall zu bekommen.

Jetzt kann ich nur weggehen und dabei meine Kehrseite den Häusern zudrehen, damit Grindauge und die anderen nicht neue Munition bekommen, wenn sie meinen Arsch sehen.

In meinem Kopf ist nichts als Verwirrung und dunkle Wolken, bis mir ein anderer Gedanke kommt. Geh zurück zu den Jungen wie ein GI im Kino und gib ihnen ein bißchen Kleingeld. Das bringt dich nicht um.

Sie schauen mir entgegen, und es sieht aus, als wollten sie Reißaus nehmen, nur daß keiner ein Feigling sein und als erster wegrennen will. Als ich das Kleingeld verteile, bringen sie nichts anderes heraus als o Gott, und wie sie mich jetzt ansehen, das macht mich glücklich. Grindauge nimmt seinen Anteil entgegen und sagt nichts, bis ich wieder weggehe, und da ruft er mir nach, he, Mister, Sie haben überhaupt keinen Arsch, überhaupt keinen.

Und das macht mich glücklicher als sonst irgend etwas.

*

Kaum bin ich von der Barrington Street abgebogen und den Berg hinunter zu unserer Gasse, da höre ich die Leute schon sagen, ach Gott, da ist Frankie McCourt in seiner amerikanischen Uniform. Kathleen O'Connell steht lachend an der Tür ihres Ladens und bietet mir ein Stück Cleeve's Karamel an. Die hast du doch immer so gern gemocht, Frankie, auch wenn sie die Zähne von ganz Limerick kaputtgemacht haben. Auch ihre Nichte ist da, die, die ein Auge verloren hat, als das Messer, mit dem sie einen Kartoffelsack aufschneiden wollte, abgerutscht und ihr in den Kopf gefahren ist. Sie lacht auch über Cleeve's Karamel, und ich frage mich, wie man noch lachen kann, wenn man ein Auge verloren hat.

Kathleen ruft zu der kleinen Dicken an der Ecke hinunter, er ist da, Mrs. Patterson, und er ist der reinste Filmstar. Mrs. Patterson nimmt meinen Kopf in beide Hände und sagt, ich freue mich ja so für deine Mutter, Frankie, sie hat ein so elendes Leben gehabt.

Und Mrs. Murphy ist da, die ihren Mann im Krieg auf See verloren hat und jetzt mit Mr. White in Sünde lebt, was aber keinen in der Gasse im geringsten schockiert, und sie lächelt mir zu, du bist wirklich ein Filmstar, Frankie, und wie geht's deinen armen Augen? Aussehen tun sie ja großartig.

Die ganze Gasse steht vor den Türen und sagt mir, daß ich großartig aussehe. Sogar Mrs. Purcell sagt mir, daß ich großartig aussehe, dabei ist sie blind. Aber ich nehme an, sie würde das auch sagen, wenn sie sehen könnte, und als ich näher komme, streckt sie mir die Arme entgegen und sagt, komm her zu mir, Frankie McCourt, und umarme mich, um der alten Zeiten willen, als wir gemeinsam Shakespeare und Sean O'Casey im Radio gehört haben.

Und als sie mich in die Arme nimmt, sagt sie, *arrah*, gütiger Gott, du hast ja rein gar nichts auf den Rippen. Geben die euch nichts zu essen in der amerikanischen Army? Aber was soll's, jedenfalls riechst du großartig. Die riechen immer großartig, die Yankees.

Es fällt mir schwer, Mrs. Purcell anzusehen mit ihren zarten Augenlidern, die über den eingesunkenen Augen kaum merklich zittern, und an die Abende zu denken, als ich in ihrer Küche sitzen und mir im Radio Theaterstücke und Geschichten anhören durfte und sie mir ganz selbstverständlich eine Tasse Tee und eine große Scheibe Brot mit Marmelade hingestellt hat. Es fällt mir schwer, weil die Leute in der Gasse, die an ihren Türen stehen, sich so freuen und ich mich schäme, weil ich von meiner Mutter weggelaufen bin und auf dem Bett im National Hotel geschmollt habe. Wie soll sie das den Nachbarn erklären, daß sie mich am Bahnhof abgeholt hat und ich nicht mit ihr nach Hause kommen wollte? Ich würde gern die paar Schritte bis zu meiner Mutter an die Tür gehen und ihr sagen, wie leid es mir tut, aber ich kann kein Wort sagen, aus Angst, mir kommen die Tränen und sie sagt dann, ah, bei dir sitzt die Blase gleich hinter den Augen.

Ich weiß, sie würde das sagen, um uns zum Lachen zu bringen und ihre eigenen Tränen zurückzuhalten, damit wir nicht alle verlegen werden und uns unserer Tränen schämen müssen. So aber kann sie nur sagen, was jede Mutter in Limerick sagen würde, du mußt ja halb verhungert sein, möchtest du nicht eine schöne Tasse Tee?

Mein Onkel Pat sitzt in der Küche, und als er den Kopf hebt und mich ansieht, wird mir ganz schlecht beim Anblick seiner rotgeränderten Augen und der gelben Schmiere. Das erinnert mich an das kleine Grindauge drüben vor dem Lyric Cinema. Es erinnert mich an mich selbst.

Onkel Pat ist der Bruder meiner Mutter und in ganz Limerick als Ab Sheehan bekannt. Manche nennen ihn Abt, keiner weiß, warum. Er sagt, eine tolle Uniform hast du, Frankie. Und wo ist die dicke Kanone? Er lacht, und man sieht die gelben Zahnstümpfe in seinem Mund. Sein Haar ist schwarz und grau und klebt ihm am Kopf, weil es lange nicht mehr gewaschen worden ist, und in den Falten seines Gesichts sitzt Dreck. Auch seine Sachen glänzen speckig, weil sie nie gewaschen werden, und ich frage mich, wie meine Mutter es fertigbringt, mit ihm unter einem Dach zu leben und ihn nicht sauberzuhalten, bis mir einfällt, wie dickköpfig er ist, was das Waschen angeht und seine Angewohnheit, Tag und Nacht dieselben Kleider anzubehalten, bis sie ihm vom Leib fallen. Meine Mutter konnte einmal die Seife nicht finden, und als sie ihn fragte, ob er sie gesehen hätte, sagte er, ist nicht meine Schuld, daß die Seife weg ist. Ich hab die Seife nicht gesehen. Ich hab mich seit einer Woche nicht gewaschen. Und er sagte es so, als müßte man ihn dafür bewundern. Ich würde ihn am liebsten hinter dem Haus ausziehen und ihn mit heißem Wasser abspritzen, bis der Schmutz aus den Falten in seinem Gesicht verschwindet und der Eiter ihm aus den Augen läuft.

Mam macht den Tee, und ich freue mich, daß sie anständige Tassen und Untertassen hat, nicht so wie früher, als wir aus Marmeladengläsern trinken mußten. Der Abt lehnt die neuen Tassen ab. Ich will meine eigene Tasse, sagt er. Meine Mutter hält ihm vor, daß die Tasse eine Schande ist, mit dem vielen Dreck in den Sprüngen, in dem alle möglichen Krankheiten lauern können. Ihm ist das egal. Er sagt, das ist die Tasse von meiner Mutter, die hat sie mir vererbt, und mit ihm ist nicht zu reden, was daran liegt, daß er als kleines Kind einmal auf den Kopf gefallen ist. Er steht auf und humpelt zum Klohäuschen hinterm Haus, und als er weg ist, sagt Mam, sie hat alles versucht, um ihn aus dem Haus zu locken und ihn dazu zu bringen, daß er für eine Weile zu ihr zieht. Nein, nichts zu machen. Er wird sich nie vom Haus seiner Mutter trennen, genausowenig wie von der Tasse, die sie ihm vor langer Zeit geschenkt hat, der kleinen Statue vom Prager Jesuskindlein und dem großen Bild vom Allerheiligsten Herzen Jesu oben im Schlafzimmer. Nein, von alledem wird er sich nie trennen. Aber egal. Mam hat Michael und Alphie, um die sie sich kümmern muß, Alphie geht noch zur Schule, und der arme Michael ist Tellerwäscher im Savoy Restaurant, Gott steh ihm bei.

Wir trinken unseren Tee aus, und ich gehe mit Alphie die O'Connell Street hinunter, so daß alle mich sehen und mich bewundern können. Wir treffen Michael, der auf dem Heimweg von der Arbeit die Straße heraufkommt, und es gibt mir einen Stich, als ich ihn sehe, das schwarze Haar fällt ihm über die Augen, er ist nichts als Haut und Knochen, und die Kleider sind vom Tellerwaschen den ganzen Tag so speckig wie die vom Abt. Er lächelt auf seine schüchterne Art und sagt, mein Gott, siehst du fit aus, Frankie. Ich erwidere sein Lächeln und weiß nicht, was ich sagen soll, weil ich mich dafür schäme, wie er aussieht, und wenn meine Mutter da wäre, würde ich sie anschreien und sie fragen, warum sie Michael so rumlaufen läßt. Warum kann sie ihm nicht was Anständiges zum Anziehen kaufen, oder warum kann ihm das Savoy Restaurant nicht wenigstens eine Schürze geben, mit der er sich vor dem Fett schützen kann? Warum mußte er schon mit vierzehn von der Schule und Tellerwäscher werden? Wenn er aus der Ennis Road oder der North Circular Road wäre, würde er jetzt noch zur Schule gehen und Rugby spielen und in den Ferien nach Kilkee fahren. Was hat es für einen Zweck, nach Limerick zurückzukommen, wo die Kinder immer noch barfuß herumlaufen und die Welt durch verschorfte Augen anschauen, wo mein Bruder Michael Teller waschen muß und meine Mutter sich Zeit läßt, in ein anständiges Haus zu ziehen? So hab ich mir das nicht vorgestellt, und es macht mich so traurig, daß ich mir wünsche, ich wäre wieder in Deutschland und würde in Lenggries bei einem Bierchen sitzen.

Eines Tages werde ich sie hier rausholen, meine Mutter, Michael und Alphie, rüber nach New York, wo Malachy schon Arbeit hat und drauf und dran ist, in die Air Force einzutreten, damit er nicht eingezogen und nach Korea geschickt wird. Ich will nicht, daß Alphie wie wir anderen schon mit vierzehn von der Schule abgehen muß. Wenigstens ist er bei den Christlichen Brüdern und nicht an einer staatlichen Schule wie Leamy's National School, auf die wir gegangen sind. Er soll eines Tages auf die höhere Schule gehen können und Latein und andere wichtige Dinge lernen. Wenigstens hat er jetzt Kleider und Schuhe und was zu essen und braucht sich seiner selbst nicht zu schämen. Man sieht ihm an, wie robust er ist, ganz anders als Michael, die dürre Latte.

Wir kehren um und gehen die O'Connell Street wieder zurück, und ich bin überzeugt, daß die Leute mich in meiner GI-Uniform bewundern, bis ein paar, Herrgott, bist du's wirklich, Frankie McCourt? ausrufen und alle wissen, daß ich gar kein echter amerikanischer GI bin, daß ich nur einer aus den hintersten Gassen von Limerick bin, der sich mit einer amerikanischen Uniform und Corporalstreifen rausgeputzt hat.

Meine Mutter kommt uns entgegen, sie strahlt übers ganze Gesicht. Morgen wird in dem neuen Haus Strom und Gas gelegt, und wir können einziehen. Tante Aggie hat ausrichten lassen, sie hat gehört, daß ich da bin, und möchte, daß wir zum Abendessen rüberkommen. Sie wartet schon auf uns.

Auch Tante Aggie strahlt, ganz anders als früher, wo nur Bitterkeit in ihrem Gesicht zu lesen war, weil sie keine eigenen Kinder hatte, aber trotz dieser Bitterkeit war sie diejenige, die mir anständige Kleider für meine erste Arbeitsstelle besorgt hat. Ich glaube, sie ist beeindruckt von meiner Uniform und meinen Corporalstreifen, weil sie mich ständig fragt, ob ich noch Tee, noch Schinken, noch Käse möchte. Zu Michael und Alphie ist sie nicht so großzügig, da muß meine Mutter dafür sorgen, daß sie nicht zu kurz kommen. Sie selbst sind so schüchtern, daß sie sich nicht trauen, um etwas zu bitten. Sie wissen, daß sie launisch ist, weil sie keine Kinder kriegen konnte.

Ihr Mann, Onkel Pa Keating, sitzt gar nicht mit uns am Tisch. Er sitzt mit einer Tasse Tee am Kohlenherd und tut nichts, als eine Zigarette nach der anderen zu rauchen und zu husten, bis er ganz schwach wird, die Arme um den Brustkorb schlingt und lacht, die blöden Glimmstengel bringen mich noch mal um.

Meine Mutter sagt, du solltest aufhören, Pa, und er sagt, und wenn ich's tu, Angela, was fang ich dann mit mir an? Soll ich vielleicht hier mit meinem Tee sitzen und ins Feuer starren?

Sie sagt, die bringen dich noch um, Pa.

Na wenn schon, Angela, da geb ich keinen Fiedlerfurz drauf.

Das ist Onkel Pa, wie ich ihn immer geliebt habe, der Onkel Pa, der sich keinen Fiedlerfurz um irgendwas schert. Wenn ich so sein könnte wie er, wäre ich frei genug, aber seine Lungen möchte ich nicht haben, so wie die im Ersten Weltkrieg von deutschem Giftgas zerfressen worden sind, dann von den vielen Jahren, die er im Gaswerk von Limerick gearbeitet hat, und jetzt von den Zigaretten am Herd. Es macht mich traurig, daß er jetzt nur noch dasitzt und sich langsam umbringt, wo er doch der einzige Mann ist, der jemals die Wahrheit gesagt hat. Er war derjenige, der mir geraten hat, bloß nicht die Eignungsprüfung bei der Post zu machen und mich von denen einfangen zu lassen, wo ich doch mein Geld sparen und nach Amerika fahren könnte. Man kann sich nicht vorstellen, daß Onkel Pa jemals lügen würde. Das würde ihn schneller umbringen als das Gas oder die Glimmstengel.

Er ist noch ganz schwarz vom Kohle- und Koksschippen im Gaswerk und hat kein Fleisch auf den Knochen. Wenn er von seinem Platz am Feuer aufschaut, blendet einen das Weiße um die blauen Pupillen herum. Wenn er zu uns herüberschaut, merkt man, daß er meinen Bruder Michael besonders ins Herz geschlossen hat. Ich wollte, er hätte die gleiche Zuneigung zu mir, aber das ist nicht der Fall, und es genügt eigentlich auch, daß er mir vor langer Zeit mein erstes Bier bezahlt und mir die Wahrheit gesagt hat. Ich möchte ihm gern sagen, was er mir bedeutet. Nein, da würde bestimmt jemand lachen.

Nach dem Abendessen bei Tante Aggie überlege ich, ob ich in mein Zimmer im National Hotel zurückgehen soll, aber ich habe Angst, daß meine Mutter dann wieder ihren wunden Blick kriegt. Also werde ich mich mit Michael und Alphie ins Bett meiner Großmutter quetschen müssen, und die Flöhe werden mich zum Wahnsinn treiben. Seit ich aus Limerick weg bin, hat es keinen Floh mehr in meinem Leben gegeben, aber jetzt, wo ich ein GI mit ein bißchen Fleisch auf den Knochen bin, werden sie mich bei lebendigem Leibe auffressen.

Mam sagt, nein. Es gibt ein Pulver namens DDT, das jedes Ungeziefer umbringt, und sie hat es im ganzen Haus ausgestreut. Ich sage ihr, das ist dasselbe Zeug, mit dem man uns in Fort Dix aus kleinen Flugzeugen besprüht hat, damit wir von der Mückenplage erlöst werden.

Trotzdem, es ist eng in dem Bett mit Michael und Alphie. Der Abt in seinem Bett auf der anderen Seite des Zimmers grunzt und ißt Fisch mit Fritten aus Zeitungspapier, wie er es immer gemacht hat. Ich kann nicht einschlafen, weil ich ihm zuhören und an die Zeit denken muß, als ich das Fett von der Zeitung abgeleckt habe, in die der Fisch und die Fritten eingewickelt waren. Hier liege ich also in dem alten Bett, meine Uniform hängt über einer Stuhllehne, und in Limerick hat sich nichts geändert bis auf das DDT, das die Flöhe fernhält. Es ist tröstlich, daß die Kinder jetzt mit dem DDT schlafen können und nicht mehr von den Flöhen gepiesackt werden.

*

Am nächsten Tag versucht meine Mutter zum letztenmal, Onkel Pat, ihren Bruder, zu überreden, mit uns nach Janesboro hinaufzuziehen. Er sagt, neijen, neijen. Er redet so, weil er als Kind mal auf den Kopf gefallen ist. Er will nicht weg. Er bleibt hier, und wenn wir alle weg sind, zieht er in das große Bett um, das Bett seiner Mutter, in dem wir jahrelang alle geschlafen haben. Er wollte dieses Bett schon immer, und jetzt kriegt er es, und er wird jeden Morgen Tee aus der Tasse seiner Mutter trinken.

Meine Mutter sieht ihn an, und die Tränen sind wieder da. Das macht mich ungeduldig, ich möchte, daß sie ihre Sachen nimmt und geht. Wenn der Abt partout so blöd und starrsinnig sein will, soll er doch. Sie sagt, du weißt nicht, was es heißt, einen solchen Bruder zu haben. Du kannst von Glück sagen, daß deine Brüder alle ganz sind.

Ganz? Wovon redet sie?

Du kannst von Glück sagen, daß deine Brüder bei Verstand und gesund und nie auf den Kopf gefallen sind.

Sie weint wieder und fragt den Abt, ob er eine schöne Tasse Tee möchte, und er sagt neijen.

Ob er nicht in das neue Haus mitkommen und ein schönes warmes Bad in der neuen Badewanne nehmen möchte.

Neijen.

O Pat, o Pat, o Pat.

Sie weint so haltlos, daß sie sich hinsetzen muß, und er tut nichts, sieht sie nur aus seinen triefenden Augen an. Er starrt sie wortlos an, greift dann schließlich nach der Tasse seiner Mutter und sagt, ich werde die Tasse meiner Mutter haben und das Bett meiner Mutter, aus dem ihr mich die ganzen Jahre vertrieben habt.

Alphie geht zu Mam hinüber und fragt sie, ob wir jetzt zu unserem neuen Haus fahren können. Er ist erst elf und sehr aufgeregt. Michael ist im Savoy Restaurant, Teller waschen, und wenn er Feierabend hat, kann er in das neue Haus kommen, wo es fließend warmes und kaltes Wasser gibt und wo er das erste Bad seines Lebens nehmen kann.

Mam trocknet ihre Tränen und steht auf. Bist du sicher, Pat, daß du nicht mitkommen willst? Du kannst die Tasse ja mitnehmen, aber das Bett müssen wir hierlassen.

Neijen.

Und das ist das Ende vom Lied. Sie sagt, das ist das Haus, in dem ich aufgewachsen bin. Als ich nach Amerika gegangen bin, habe ich mich nicht mal umgedreht, als ich die Gasse raufgegangen bin. Jetzt ist alles anders. Ich bin vierundvierzig Jahre alt, und alles ist anders.

Sie zieht sich den Mantel an und bleibt stehen und schaut ihren Bruder an, und ich bin ihr Gestöhne so leid, daß ich sie am liebsten aus dem Haus zerren würde. Ich sage zu Alphie, komm, und wir gehen einfach raus, dann muß sie nachkommen. Wenn sie gekränkt ist, wird ihr Gesicht noch weißer und ihre Nase noch spitzer, und so ist es auch jetzt. Sie spricht nicht mit mir und behandelt mich, als ob es ein Verbrechen wäre, daß ich ihr die Unterstützung schicke, damit sie ein halbwegs menschenwürdiges Leben führen kann. Ich will auch nicht mit ihr sprechen, weil man nur schwer Mitgefühl mit jemandem aufbringt, und sei es die eigene Mutter, der partout in einem Elendsviertel bei seinem Bruder bleiben will, der ein Simpel ist, weil er als Kind auf den Kopf gefallen ist.

Sie schmollt auch noch im Bus, die ganze Fahrt bis nach Janesboro hinauf. Dann, an der neuen Haustür, fängt sie an, in ihrer Tasche zu kramen. Ach du lieber Gott, sagt sie, ich muß den Schlüssel vergessen haben. Was beweist, daß sie gar nicht vorhatte, aus dem alten Haus auszuziehen. Das weiß ich von Corporal Dunphy in Fort Dix. Seine Frau hatte die Angewohnheit, die Schlüssel zu vergessen, und wenn man diese Angewohnheit hat, bedeutet das, daß man nicht nach Hause will. Es bedeutet, daß man sich vor seiner eigenen Haustür fürchtet. Jetzt muß ich bei den Nachbarn klopfen und fragen, ob sie mich hinten herumgehen lassen, für den Fall, daß vielleicht ein Fenster offensteht, durch das ich einsteigen kann.

Das verdirbt mir derart die Laune, daß ich mich gar nicht richtig über das neue Haus freuen kann. Bei ihr ist es anders. Kaum setzt sie den Fuß in die Diele, kommt Farbe in ihr Gesicht, und die

Nase wird weicher. Das Haus ist bereits eingerichtet, wenigstens darum hat sie sich gekümmert, und jetzt sagt sie, was jede Mutter in Limerick sagen würde, na, dann machen wir uns erst mal eine schöne Tasse Tee. Sie ist wie Käpt'n Boyle in Juno und der Pfau, der Juno anschreit, Tee, Tee, Tee, und wenn einer im Sterben liegen tät, du tätst ihm trotzdem eine Tasse Tee aufdrängen.

18

Als ich in Limerick aufgewachsen bin, habe ich immer gesehen, wie Leute zum Tanzen ins Cruise's Hotel oder in den Stella Ballroom gingen. Jetzt kann ich selber hingehen und brauche dank meiner amerikanischen Uniform und meiner Corporalstreifen kein bißchen schüchtern vor den Mädchen zu sein. Wenn sie mich fragen, ob ich in Korea war und ob ich verwundet worden bin, werde ich nur ein feines Lächeln aufsetzen und so tun, als wollte ich nicht darüber sprechen. Vielleicht hinke ich ein bißchen, das müßte als Entschuldigung dafür reichen, daß ich nicht richtig tanzen kann, was ich ja noch nie gekonnt habe. Vielleicht ist wenigstens eine da, die zartfühlend auf meine Verwundung reagiert und mich zu einer Limonade oder einem Glas Stout an ihren Tisch mitnimmt.

Bud Clancy mit seiner Band ist auf der Bühne und erkennt mich sofort, als ich den Saal betrete. Er macht mir ein Zeichen, ich soll zu ihm raufkommen. Wie geht's, Frankie? Zurück aus dem Krieg, ha, ha, ha. Hast du einen besonderen Wunsch, was wir spielen sollen?

Ich wünsche mir American Patrol, und er spricht ins Mikrofon. Meine Damen und Herren, hier ist einer von uns, zurück aus dem Krieg, Frankie McCourt. Und ich bin im siebten Himmel, weil alle zu mir herschauen. Aber sie schauen nicht lange, weil sie, als American Patrol anfängt, gleich über den Tanzboden wirbeln und swingen. Ich stehe am Podium und frage mich, wie die einfach tanzen und einen amerikanischen Corporal in ihrer Mitte übersehen können. Ein solches Maß an Nichtachtung hätte ich nicht erwartet, und um das Gesicht zu wahren, muß ich ein Mädchen auffordern. Die Mädchen sitzen an den Wänden aufgereiht, trinken Limonade und unterhalten sich, und als ich sie auffordere, schütteln sie den Kopf, nein, danke. Nur eine sagt ja, und als sie aufsteht, sehe ich, daß sie hinkt, und das bringt mich in eine schwierige Lage, denn ich muß überlegen, ob ich auf mein eigenes Hinken verzichten soll, damit sie nicht denkt, ich mache mich über sie lustig. Ich kann sie schlecht den ganzen Abend da stehenlassen, also führe ich sie auf die Tanzfläche, und jetzt merke ich, daß alle mich ansehen, denn sie hinkt so stark, daß sie jedesmal fast das Gleichgewicht verliert, wenn sie mit dem rechten Bein auftritt, das kürzer ist als das linke. Was macht man, wenn man mit einer tanzt, die so stark hinkt? Mir ist sofort klar, wie dumm es wäre, jetzt mein falsches Kriegsversehrtenhinken einzusetzen. Alle Welt würde sich über uns totlachen, weil ich in die eine, sie in die andere Richtung tanzen würde. Noch schlimmer ist, daß ich nicht weiß, was ich mit ihr reden soll. Wenn einem die passenden Worte einfallen, kann man jede Situation retten, aber ich habe Angst, überhaupt etwas zu sagen. Soll ich sagen, tut mir leid, daß Sie hinken, oder, woher haben Sie das? Aber sie gibt mir gar keine Chance, irgend etwas zu sagen, sie fährt mich an, was ist, willst du den ganzen Abend da stehen und glotzen? Mir bleibt nichts anderes übrig, als sie auf die Tanzfläche zu führen, während Bud Clancys Band Chattanooga choo choo, won't you hurry me home spielt. Ich weiß nicht, warum Bud so schnelle Melodien spielen muß, wenn Mädchen, die derart hinken, kaum einen Fuß vor den anderen setzen können. Warum kann er nicht die Moonlight Serenade oder Sentimental Journey spielen, damit ich wenigstens die paar Schritte anbringen kann, die ich von Emer in New York gelernt habe? Jetzt fragt mich das Mädchen, ob ich das hier für eine Beerdigung halte, und ich merke an ihrem Akzent, daß sie aus einem Armenviertel von Limerick ist. Na los, Yankee, fang an zu swingen, sagt sie, geht auf Abstand und wirbelt auf ihrem gesunden Bein herum wie ein Kreisel. Ein anderes Paar stößt mit uns zusammen, und die Leute sagen zu ihr, rasant, Madeline, einfach rasant. Du bist ja richtig in Fahrt heute, Madeline. Ginger Rogers ist nichts dagegen.

Die Mädchen an der Wand lachen. Mein Gesicht glüht, und ich bete darum, daß Bud Clancy Three O'Clock in the Morning spielt, dann könnte ich Madeline zu ihrem Platz zurückbringen und für immer dem Tanzen entsagen, aber nein, Bud spielt ein langsames Stück, The Sunny Side of the Street, und Madeline preßt sich an mich, drückt mir ihre Nase in die Brust und schiebt mich humpelnd und hinkend auf der Tanzfläche herum, bis sie sich endlich von mir losmacht und keift, wenn das der Tanzstil von den Yankees sein soll, dann tanzt sie ab sofort nur noch mit den Männern von Limerick, die wissen wenigstens, wie's geht, heißen Dank, also wirklich.

Die Mädchen an der Wand schütten sich aus vor Lachen. Sogar die Männer, die keine dazu kriegen, daß sie mit ihnen tanzt, und bloß dasitzen und Bier trinken, sogar die lachen, und mir wird klar, daß ich genausogut gehen kann, weil nach dieser Blamage keine mehr mit mir tanzen wird. Ich bin so verzweifelt und schäme mich so, daß ich sie beschämen möchte, und das schaffe ich höchstens damit, daß ich doch noch den Hinkefuß markiere, damit sie denken, es ist eine Kriegsverletzung, aber als ich zur Tür humple, fangen die Mädchen zu kreischen an und lachen derart hysterisch, daß ich die Treppen runter- und auf die Straße hinausrenne und mich vor Scham am liebsten in den Shannon stürzen würde.

*

Am nächsten Tag sagt Mam zu mir, sie hat gehört, daß ich gestern abend beim Tanzen war, daß ich mit Madeline Burke aus der Mungret Street getanzt habe, und alle sagen, wie nett das von Frankie McCourt war, daß er mit Madeline getanzt hat, der Ärmsten, Gott steh uns bei, und er ganz schnieke in Uniform und so.

Mir egal. Ich gehe nicht mehr in Uniform aus. Ab sofort trage ich nur noch Zivilkleidung, dann schaut auch keiner nach, ob ich einen Fettarsch habe. Wenn ich zu einer Tanzerei gehe, bleibe ich an der Bar und trinke Bier mit den Männern, denen es angeblich nichts ausmacht, wenn die Mädchen ihnen einen Korb geben.

Zehn Tage sind noch von meinem Heimaturlaub übrig, und ich wollte, es wären zehn Minuten, dann könnte ich nach Lenggries zurückfahren und für ein Pfund Kaffee und eine Stange Zigaretten alles bekommen, was ich will. Mam fragt, warum ich so mürrisch bin, aber ich kann ihr nicht erklären, was für seltsame Gefühle ich für Limerick habe, nach meiner schlimmen Kindheit und jetzt auch noch dieser Blamage beim Tanzen. Es ist mir egal, ob ich nett zu Madeline Burke mit ihrem Hinkebein war. Deswegen bin ich nicht nach Limerick gekommen. Ich werde nie wieder eine zum Tanzen auffordern, ohne mich vorher zu überzeugen, daß sie zwei gleich lange Beine hat. Das dürfte nicht so schwer sein, ich brauche sie nur zu beobachten, wenn sie auf die Toilette geht. Genaugenommen ist es einfacher, mit Buck und Rappaport zusammenzusein, sogar mit Weber, und die Wäsche nach Dachau zu bringen.

Aber meiner Mutter kann ich davon nichts sagen. Es ist schwer, überhaupt mit wem zu sprechen, vor allem über das Kommen und Gehen. Erst muß man sich an eine große, gewaltige Stadt wie New York gewöhnen, wo man tagelang tot in seinem Bett liegen kann und erst dann jemand was merkt, wenn ein komischer Geruch aus dem Zimmer kommt. Dann stecken sie einen in die Army, und man muß sich an Männer aus ganz Amerika gewöhnen, Männer aller Farben und Formen. Wenn man nach Deutschland kommt, schaut man sich die Leute auf der Straße und in den Wirtshäusern an. Auch an die muß man sich gewöhnen. Sie kommen einem ganz normal vor, aber man würde sich schon gerne mal zum Nachbartisch rüberbeugen und fragen, hat eigentlich irgend jemand hier Juden umgebracht? Natürlich hat man uns in den Schulungen bei der Army gesagt, wir sollen den Mund halten und die Deutschen als Verbündete im Krieg gegen den gottlosen Kommunismus behandeln, aber aus purer Neugier möchte man trotzdem gern fragen, nur um zu sehen, was sie dann für ein Gesicht machen.

Das schwerste an all dem Kommen und Gehen ist Limerick. Ich würde gern herumstolzieren und mich mit meiner Uniform und meinen Corporalstreifen bewundern lassen, und wenn ich nicht hier aufgewachsen wäre, würde ich es wahrscheinlich auch tun, aber zu viele Leute kennen mich aus der Zeit, wo ich Telegramme zugestellt und bei Easons gearbeitet habe, und jetzt heißt es ständig, ach, mein Gott, Frankie McCourt, bist du's wirklich? Du siehst ja großartig aus. Was machen deine armen Augen, und wie geht's deiner armen Mutter? Du siehst phantastisch aus, Frankie.

Ich könnte die Uniform eines Generals tragen und wäre für sie trotzdem nur Frankie McCourt, der Telegrammbote mit den eitrigen Augen und der armen leidgeprüften Mutter.

Das schönste in Limerick ist, mit Alphie und Michael herumzulaufen, obwohl Michael meistens mit einem Mädchen beschäftigt ist, das verrückt nach ihm ist. Alle Mädchen sind verrückt nach ihm mit seinen schwarzen Haaren, den blauen Augen und dem schüchternen Lächeln.

Ach, Mikey John, sagen sie, der ist so süß.

Wenn sie es ihm ins Gesicht sagen, wird er rot, und dann lieben sie ihn noch mehr. Meine Mutter sagt, er ist ein großartiger Tänzer, das hat sie gehört, und keiner singt When April Showers, They Come Your Way schöner als er. Eines Tages war er gerade beim Abendessen, und im Radio kam die Nachricht, daß Al Jolson gestorben ist, und er ist weinend aufgestanden und hat sein Essen stehenlassen. Das will schon was heißen, wenn ein Junge sein Essen stehenläßt, daran sieht man, wie sehr er Al Jolson geliebt hat.

Mit seinem Talent sollte Michael in Amerika sein, und eines Tages schafft er's auch, dafür werde ich sorgen.

An manchen Tagen gehe ich in Zivilkleidung allein durch die Straßen. Ich stelle mir vor, wenn ich alle Adressen aufsuche, wo wir mal gewohnt haben, bin ich in einem Tunnel durch die Vergangenheit, und ich weiß, daß ich froh sein werde, wenn ich am anderen Ende wieder herauskomme. Ich stehe vor Leamy's National School, wo ich das bekommen habe, was ich an Bildung besitze, gut oder schlecht. Nebenan ist die Gesellschaft vom hl. Vincent de Paul, wo meine Mutter hingegangen ist, um uns vor dem Verhungern zu bewahren. Ich wandere durch die Straßen, von Kirche zu Kirche, überall Erinnerungen. Stimmen sind da, Chöre, Kirchenlieder und Priester, die predigen oder einem murmelnd die Beichte abnehmen. Ich kann mir in jeder Straße von Limerick die Haustüren ansehen und weiß, daß ich da überall Telegramme abgegeben habe.

Ich treffe Lehrer von Leamy's National School, und die sagen mir, daß ich ein braver Junge war, wenn sie dabei auch vergessen, wie sie mich mit dem Rohrstock durchgewalkt haben, weil ich mir die richtigen Antworten aus dem Katechismus oder die Jahreszahlen und Namen aus der langen, traurigen Geschichte Irlands nicht merken konnte. Mr. Scanlon sagt mir, es hat keinen Zweck, in Amerika zu sein, außer ich mache da drüben ein Vermögen, und M. O'Halloran, der Schulleiter, hält mit dem Auto an, erkundigt sich nach meinem Leben in Amerika und erinnert mich an etwas, was die Griechen gesagt haben, nämlich daß es keinen Königsweg zur Weisheit gibt. Es würde ihn sehr wundern, sagt er, wenn ich den Büchern den Rücken kehre, um unter die Krämer dieser Welt zu gehen, die Pennys befingern in schmieriger Lade. Er lächelt sein Präsident-Roosevelt-Lächeln und fährt weiter.

Ich treffe Priester von unserer eigenen Kirche, St. Joseph's, und anderen Kirchen, wo ich vielleicht zur Beichte gegangen bin oder ein Telegramm abgeliefert habe, aber sie gehen an mir vorbei. Man muß reich sein, um ein Nicken von einem Priester zu bekommen, außer er ist Franziskaner.

Trotzdem setze ich mich in stille Kirchen und schaue mir die Altäre, Kanzeln, Beichtstühle an. Ich möchte wissen, wie viele Messen ich besucht habe, wie viele Predigten mir eine Heidenangst eingejagt haben, wie viele Priester entsetzt waren über meine Sünden, bevor ich es ganz aufgegeben habe, zur Beichte zu gehen. Ich weiß, daß ich verdammt bin, bei meinem Lebenswandel, doch einem freundlichen Priester würde ich beichten, wenn ich einen fände. Manchmal wünsche ich mir, ich wäre Protestant oder Jude, weil die nichts dafürkönnen. Aber wenn man dem Wahren Glauben angehört, gibt es keine Ausreden, dann sitzt man in der Falle.

*

Die Schwester meines Vaters, Tante Emily, schreibt, meine Großmutter hofft, ich werde es noch schaffen, in den Norden zu fahren und sie zu besuchen, bevor ich nach Deutschland zurück muß. Mein Vater lebt bei ihnen, er verdingt sich als Landarbeiter in der Umgebung von Toome, und er würde mich nach all den Jahren gern wiedersehen.

Ich hätte nichts dagegen, in den Norden zu fahren und meine Großmutter zu besuchen, aber ich weiß nicht, was ich mit meinem Vater reden soll. Ich bin jetzt zweiundzwanzig und bin in München und in Limerick herumgelaufen und habe mir die Kinder auf den Straßen angesehen, und daher weiß ich, daß ich nie ein Vater sein könnte, der seine Kinder im Stich läßt. Er hat uns verlassen, als ich zehn war, um in England zu arbeiten und uns Geld zu schicken, aber er hat, wie meine Mutter sagt, das Bier über die Babys gestellt. Mam sagt, ich soll in den Norden fahren, weil meine Großmutter schon ziemlich gebrechlich ist und womöglich nicht mehr da ist, wenn ich das nächste Mal heimkomme. Sie sagt, es gibt Dinge, die kann man nur einmal tun, also kann man sie genausogut gleich tun.

Es wundert mich, daß sie so von meiner Großmutter spricht, nach dem kühlen Empfang, den sie ihr bereitet hat, als sie mit meinem Vater und vier kleinen Kindern aus Amerika zurückgekommen ist, aber zwei Dinge auf der Welt sind ihr zutiefst zuwider, nachtragend sein und jemandem Geld schulden.

Wenn ich mit dem Zug in den Norden fahre, dann am besten in Uniform, wegen der Bewunderung, die ich dann mit Sicherheit einheimse, obwohl mir klar ist, daß ich nur den Mund aufzumachen und in meinem Limerick-Akzent zu reden brauche, und die Leute werden sich abwenden oder den Kopf in ihre Bücher und Zeitungen stecken. Ich könnte mir einen amerikanischen Akzent zulegen, aber das habe ich bei meiner Mutter schon ausprobiert, und sie hat einen Lachkrampf gekriegt. Sie hat gesagt, ich klinge wie Edward G. Robinson unter Wasser.

Wenn mich jemand anspricht, kann ich nur nicken oder den Kopf schütteln oder eine Leidensmiene aufsetzen, als hätte ich eine schwere Kriegsverletzung.

Alles umsonst. Die Iren sind seit Kriegsende so an das Kommen und Gehen amerikanischer Soldaten gewöhnt, daß ich im Zug nach Dublin und weiter nach Belfast genausogut unsichtbar in der Abteilecke sitzen könnte. Niemand ist neugierig, niemand fragt, waren Sie in Korea? Sind diese Chinesen nicht schrecklich? Und ich habe nicht mal mehr Lust zu hinken. Hinken ist wie eine Lüge, man muß ständig dran denken, damit man nicht erwischt wird.

Meine Großmutter sagt, *och*, siehst du fabelhaft aus in deiner Uniform, und Tante Emily sagt, *och*, jetzt bist du ein Mann.

Mein Vater sagt, *och*, da bist du ja. Wie geht's deiner Mutter?

Prima.

Und deinem Bruder Malachy und deinem Bruder Michael und deinem kleinen Bruder, wie heißt er noch?

Alphie.

Och, aye, Alphie. Wie geht's deinem kleinen Bruder Alphie?

Denen geht's allen prima.

Er stößt kleine Ächzlaute aus und seufzt, ist ja fabelhaft.

Dann will er wissen, ob ich auch gern mal einen hebe, und meine Großmutter sagt, also wirklich, Malachy, Schluß mit dem Gerede.

Och, ich wollte ihn doch nur warnen vor dem Gesindel, das sich im Pub rumtreibt.

Das ist mein Vater, der uns verlassen hat, als ich zehn war, und dann jeden Penny, den er verdient hat, in die Pubs von Coventry getragen hat, während ringsherum die deutschen Bomben fielen und seine Familie in Limerick fast verhungert wäre, und jetzt tut er so, als hätte sich alle himmlische Gnade über seinem Haupt versammelt, und ich kann mir nur denken, es muß doch was Wahres an der Geschichte sein, daß er auf den Kopf gefallen ist, oder an der anderen Geschichte, daß er eine Krankheit gehabt hat, Hirnhautentzündung oder so was.

Das könnte eine Entschuldigung für die Trinkerei sein, das Auf-den-Kopf-Fallen oder die Hirnhautentzündung. Die deutschen Bomben taugen nicht als Entschuldigung, denn andere Männer aus Limerick haben sehr wohl Geld aus Coventry nach Hause geschickt, Bomben hin, Bomben her. Es hat sogar Männer gegeben, die sich mit Engländerinnen eingelassen und trotzdem noch Geld nach Hause geschickt haben, obwohl die Quelle dann irgendwann versiegt ist, weil Engländerinnen bekanntlich nicht wollen, daß ihre irischen Männer die Familie zu Hause unterstützen, wenn sie drei oder vier eigene rotznäsige englische Bälger haben, die rumrennen und permanent nach Würstchen mit Kartoffelbrei plärren. Nach Kriegsende war so mancher Ire derart in der Klemme zwischen seiner irischen und seiner englischen Familie, daß er keinen anderen Ausweg wußte, als ein Schiff nach Kanada oder Australien zu besteigen und auf Nimmerwiedersehen zu verschwinden.

Für meinen Vater gilt das nicht. Wenn er mit meiner Mutter sieben Kinder hatte, dann nur deshalb, weil sie im Bett lag und ihren ehelichen Pflichten nachgekommen ist. Mit Engländerinnen hat man es da nicht so leicht. Die würden es sich nie gefallen lassen, daß ein Ire jedesmal auf sie draufhüpft, wenn er sich genügend Mut angetrunken hat, und das bedeutet, daß auf den Straßen von Coventry keine kleinen McCourt-Bastarde rumrennen.

Ich weiß nicht, was ich zu ihm sagen soll mit seinem schwachen Lächeln und seinem *Och, aye,* weil ich nicht weiß, ob ich mit einem Mann rede, der seine fünf Sinne beisammen hat, oder mit dem Mann, der auf den Kopf gefallen ist, oder dem, der Hirnhautentzündung gehabt hat. Wie kann ich mit ihm reden, wenn er aufsteht, die Hände tief in die Hosentaschen schiebt und Lili Marleen pfeifend im Haus rumtigert? Tante Emily flüstert mir zu, er hat seit Ewigkeiten nichts mehr getrunken, und er hat schwer zu kämpfen. Ich möchte ihr sagen, daß meine Mutter noch viel schwerer kämpfen mußte, um uns alle am Leben zu erhalten, aber ich weiß, daß die ganze Familie zu ihm hält, und überhaupt, was nützt es, in der Vergangenheit herumzuwühlen. Dann erzählt sie mir, wie sehr er unter dieser schändlichen Geschichte mit ihrem Vetter gelitten hat, wie es allmählich hierher in den Norden durchgesickert ist, daß sie als Mann und Frau zusammenleben, wie mein Vater, als er in Coventry, wo ringsherum die Bomben gefallen sind, davon gehört hat, so außer sich war, daß er nur noch in den Pubs zu finden war, Tag und Nacht und auch dazwischen. Männer, die von Coventry nach Hause kamen, haben erzählt, wie mein Vater bei Luftangriffen auf die Straße gerannt ist, die Arme zur Luftwaffe erhoben und die Flieger angefleht hat, doch eine Bombe auf seinen armen gemarterten Kopf zu schmeißen.

Meine Großmutter nickt zustimmend, Tante Emily hat recht, *och, aye*. Ich möchte sie daran erinnern, daß mein Vater schon lange vor den schlechten Zeiten in Limerick getrunken hat, daß wir ihn in sämtlichen Kneipen von Brooklyn suchen mußten. Ich möchte ihnen sagen, daß wir, wenn er uns Geld geschickt hätte, in unserem eigenen Haus hätten bleiben können, anstatt rausgesetzt zu werden und zu Mams Vetter ziehen zu müssen.

Aber meine Großmutter ist gebrechlich, und ich muß mich zusammennehmen. Mein Gesicht ist angespannt, in meinem Kopf sind dunkle Wolken, und ich kann nichts anderes tun als aufzustehen und ihnen zu sagen, daß mein Vater die ganzen Jahre hindurch getrunken hat, daß er getrunken hat, wenn Babys geboren wurden und Babys gestorben sind, und daß er getrunken hat, weil er getrunken hat.

Sie sagt, *och*, Francis, und schüttelt den Kopf, als wollte sie mir widersprechen, als wollte sie meinen Vater in Schutz nehmen, und das macht mich so fuchsteufelswild, daß ich nicht mehr weiß, was ich tun soll, und nur noch meinen Matchsack die Treppe hinunterschleifen kann, hinaus auf die Straße nach Toome, wo mir Tante Emily über die Hecke nachruft, Francis, o Francis, komm zurück, deine Großmutter möchte mit dir reden, aber ich gehe weiter, obwohl es mir in der Seele weh tut, denn auch wenn mein Vater noch so schlimm ist, möchte ich ihn doch wenigstens kennenlernen, und meine Großmutter hat nur getan, was jede Mutter tun würde, ihren Sohn in Schutz genommen, der als Kind auf den Kopf gefallen ist oder Hirnhautentzündung hatte, und ich bin schon drauf und dran umzukehren, da hält ein Auto neben mir, und ein Mann bietet mir an, mich zur Busstation in Toome mitzunehmen, und als ich in dem Auto sitze, gibt es kein Zurück mehr.

Ich bin nicht in der Stimmung, mich zu unterhalten, aber ich muß höflich zu dem Mann sein, der sagt, die McCourts aus Moneyglass sind eine gute Familie, obwohl sie Katholiken sind.

Obwohl sie Katholiken sind.

Am liebsten würde ich ihm sagen, er soll anhalten und mich mit meinem Matchsack aussteigen lassen, aber dann wäre ich erst auf halbem Weg nach Toome und würde in Versuchung geraten, zum Haus meiner Großmutter zurückzugehen.

Ich kann nicht zurück. Die Vergangenheit wird in unserer Familie nie vergehen, und bestimmt würde wieder die Rede auf meine Mutter und ihre große Sünde kommen, und dann gäbe es einen Mordskrach, und ich würde doch bloß wieder meinen Matchsack über die Straße nach Toome schleifen.

Der Mann setzt mich ab, und während ich mich bedanke, frage ich mich, ob er am zwölften Juli mit den anderen Protestanten marschiert und die Trommel schlägt, aber er hat ein freundliches Gesicht, und ich kann mir nicht vorstellen, daß er für irgend etwas die Trommel schlägt.

Auf der ganzen Rückfahrt mit dem Bus nach Belfast und mit dem Zug von Belfast nach Dublin plagt mich die Sehnsucht, zu meiner Großmutter zurückzukehren, die ich womöglich nie mehr wiedersehen werde, und auszuprobieren, ob ich nicht doch an dem schwachen Lächeln meines Vaters und seinem *Och, aye* vorbeikomme, aber als ich dann im Zug nach Limerick sitze, gibt es kein Zurück mehr. Mein Kopf ist vollgestopft mit Bildern von meinem Vater, meiner Tante Emily, meiner Großmutter und ihrem tristen Leben in dem Farmhaus mit den nutzlosen sieben Morgen Land. Dazu meine Mutter in Limerick, vierundvierzig Jahre alt, mit sieben Kindern, drei davon tot, und, wie sie sagt, nur noch einem Wunsch: ein bißchen Frieden, Bequemlichkeit und Komfort. Dazu das triste Leben von Corporal Dunphy in Fort Dix und von Buck in Lenggries, den beiden, die in der Army ein Zuhause gefunden haben, weil sie nicht wüßten, was sie in der Welt draußen machen sollten, und ich fürchte, wenn ich nicht mit diesen Gedanken aufhöre, kommen mir noch die Tränen, und ich blamiere mich in diesem Abteil, wo fünf Leute mich in meiner Uniform anstarren und sich sagen, du meine Güte, wer ist denn der Yankee, der da in der Ecke sitzt und heult? Meine Mutter würde sagen, bei dir sitzt die Blase gleich hinter den Augen, aber die Leute in dem Waggon würden vielleicht sagen, und so was soll drüben in Korea Mann gegen Mann mit den Chinesen kämpfen?

Selbst wenn außer mir keine Menschenseele in dem Abteil wäre, müßte ich mich zusammenreißen, weil schon die kleinste Träne und das in ihr enthaltene Salz meine Augen noch röter macht, als sie sowieso schon sind, und ich will schließlich nicht aus dem Zug steigen und durch die Straßen von Limerick laufen mit Augen wie zwei Pißlöcher im Schnee.

Meine Mutter kommt an die Haustür und faßt sich an die Brust. Heilige Muttergottes, ich hab gedacht, du bist ein Gespenst. Wieso bist du denn schon wieder zurück? Du bist doch erst gestern früh gefahren. Rin in die Kartoffeln, raus aus die Kartoffeln?

Ich kann ihr nicht sagen, daß ich wegen der schlimmen Sachen wieder da bin, die sie im Norden über sie und ihre schreckliche Sünde gesagt haben. Ich kann ihr nicht sagen, daß sie meinen Vater fast heiliggesprochen haben wegen des Leids, das er wegen dieser Sünde ertragen mußte. Ich kann es ihr nicht sagen, weil ich mich nicht mit der Vergangenheit herumquälen und nicht zwischen dem Norden und dem Süden, zwischen Toome und Limerick steckenbleiben will.

Ich muß lügen und ihr sagen, mein Vater trinkt, und da wird sie wieder bleich im Gesicht, und die Nase wird wieder spitz. Ich frage sie, warum sie so überrascht tut. Das ist doch nichts Neues bei ihm.

Sie sagt, sie hat gehofft, er hätte vielleicht mit dem Trinken aufgehört, so daß wir einen Vater hätten, mit dem wir sprechen können, wenn auch nur im Norden. Sie würde es sich so wünschen, daß Michael und Alphie den Vater besuchen, den sie kaum kennen, aber sie sollten ihn nicht in seinem wüsten Zustand sehen. Wenn er nüchtern war, war er der beste Ehemann der Welt, der beste Vater. Er hatte immer ein Lied oder eine Geschichte oder einen Kommentar zum Weltgeschehen auf den Lippen, und sie hatten oft gelacht. Dann hat das Trinken alles zerstört. Die Dämonen kamen, Gott steh uns bei, und die Kinder waren ohne ihn besser dran. Sie selber ist jetzt auch besser dran, mit den paar Pfund, die regelmäßig kommen, und dem Frieden, der Bequemlichkeit und dem Komfort, die damit verbunden sind, und das beste wäre jetzt eine schöne Tasse Tee, denn ich muß ja nach meiner Reise in den Norden völlig ausgehungert sein.

*

Die restlichen Tage in Limerick kann ich nur in dem Bewußtsein herumlaufen, daß ich es in Amerika zu etwas bringen muß und daß ich lange nicht mehr zurückkommen werde. Ich kniee in der Josephskirche neben dem Beichtstuhl, in dem ich meine erste Beichte abgelegt habe. Ich trete an die Altarschranke und schaue zu der Stelle hinauf, wo der Bischof mir bei der Firmung die Wange getätschelt und mich zu einem Soldaten der Wahren Kirche gemacht hat. Ich schlendere hinauf zur Roden Lane, wo wir jahrelang gewohnt haben, und frage mich, wie hier immer noch Familien leben können, die alle auf ein und dasselbe Klo gehen müssen. Das Haus der Downes ist eine leere Hülse, und das beweist, daß es außer den

Slums auch noch andere Orte gibt, wo man leben kann. Mr. Downes ist mit seiner ganzen Familie nach England gezogen, aber so etwas geht nur, wenn man arbeitet und nicht den ganzen Lohn vertrinkt, der eigentlich für Frau und Kinder da ist. Ich könnte mir wünschen, auch einen Vater wie Mr. Downes zu haben, aber es ist anders gekommen, und es ist zwecklos, sich zu beklagen.

19

Die letzten paar Monate in Lenggries habe ich nichts anderes zu tun, als den Versorgungsraum zu verwalten und Bücher aus der Standortbibliothek zu lesen.

Wäschefahrten nach Dachau finden keine mehr statt. Rappaport hat irgendwem von unserem Besuch in dem Flüchtlingslager erzählt, und als die Geschichte dem Captain zu Ohren kam, wurden wir zu ihm zitiert, wegen unsoldatischen Verhaltens gerügt und zu zwei Wochen Ausgangssperre verdonnert. Rappaport sagt, es tut ihm leid. Er hat nicht damit gerechnet, daß irgend so ein Arschloch es weitertratscht, aber ihm haben die Frauen in dem Lager so leid getan. Er meint, ich soll mich nicht mit Typen wie Weber abgeben. Buck ist in Ordnung, aber Weber hat sie doch nicht alle. Rappaport sagt, ich soll mich auf meine Weiterbildung konzentrieren, wenn ich Jude wäre, würde ich an nichts anderes denken. Er weiß ja nichts davon, wie ich in New York immer die Collegestudenten beobachtet und davon geträumt habe, einer von ihnen zu sein. Wenn ich entlassen werde, sagt er, habe ich Ansprüche nach dem Versorgungsgesetz für Teilnehmer am Koreakrieg, der Korean GI Bill, und könnte aufs College gehen, aber was nützt mir das, wenn ich noch nicht mal einen High-School-Abschluß habe? Rappaport sagt, ich sollte nicht daran denken, warum ich etwas nicht tun kann, ich sollte daran denken, warum ich es tun kann.

So redet Rappaport, und so muß man wohl reden, wenn man Jude ist.

Ich sage ihm, ich kann nicht nach New York zurück und auf die High School gehen, weil ich mir meinen Lebensunterhalt verdienen muß.

Abendkurse, sagt Rappaport.

Und wie lange dauert es auf die Art, bis ich meinen High-School-Abschluß schaffe?

Ein paar Jahre.

Unmöglich. Ich kann nicht jahrelang tagsüber arbeiten und abends zur Schule gehen. Dann bin ich in einem Monat tot.

Was willst du dann machen?

Weiß ich nicht.

Also? fragt Rappaport.

*

Meine Augen sind rot und eitrig, und Sergeant Burdick schickt mich zum Sanitätsbereich. Der Arzt erkundigt sich nach meiner letzten Behandlung, und als ich ihm von dem Arzt in New York erzähle, der gesagt hat, ich hätte eine Krankheit aus Neuguinea, sagt er, richtig, genau das haben Sie, Soldat, also lassen Sie sich den Kopf kahlrasieren und kommen Sie in zwei Wochen wieder. Wenn man in der Army den Kopf kahlrasiert kriegt, ist es kein Beinbruch, weil man sowieso immer Käppi oder Helm trägt, aber wenn man in ein Wirtshaus geht, kann es einem passieren, daß die Mädchen von Lenggries lästern, aha, der Ire hat den Tripper, und wenn man ihnen erklärt, daß es nicht der Tripper ist, tätscheln sie einem nur den Kopf und sagen, man kann immer zu ihnen kommen, mit oder ohne Tripper. Nach zwei Wochen haben sich meine Augen nicht gebessert, und der Arzt sagt, ich muß wieder nach München ins Lazarett, zur Beobachtung. Er entschuldigt sich nicht dafür, daß er einen großen Fehler gemacht hat, als er mir befahl, mir den Kopf kahlrasieren zu lassen, er gibt nicht zu, daß es wahrscheinlich nicht die Schuppen sind und daß es auch nichts aus Neuguinea ist. Er sagt, die Lage ist ernst, die Russen ziehen ihre Truppen an der Grenze zusammen, unsere Truppen müssen kerngesund sein, und er will auf keinen Fall riskieren, daß diese Augenkrankheit aus Neuguinea sich über den ganzen Kommandobereich Europa verbreitet.

Ich bekomme wieder einen Jeep, aber am Steuer sitzt diesmal ein kubanischer Corporal, Vinnie Gandia, der Asthma hat und im Zivilleben Schlagzeuger ist. Es ist ihm nicht leichtgefallen, zur Army zu gehen, aber in der Musikbranche war Flaute, und er mußte irgendeine Möglichkeit finden, seiner Familie in Kuba Geld zu schicken. Man wollte ihn schon während der Grundausbildung aus der Army rauswerfen, weil seine Schultern so knochig waren, daß er nicht in der Lage war, ein Gewehr oder einen Maschinengewehrlauf zu tragen, bis er eine Abbildung von einer Kotex-Binde auf einer Schachtel sah und ihm ein Licht aufging. Herrgott. Das war die Lösung. Er brauchte sich bloß Kotex-Binden ins Hemd zu stecken und war für alles gerüstet, was die Army ihm aufladen mochte. Mir fällt ein, daß Rappaport es genauso gemacht hat, und ich frage mich, ob die Kotex-Leute wissen, wieviel Gutes sie der kämpfenden Truppe tun. Auf der ganzen Fahrt nach München bedient Vinnie das Lenkrad mit den Ellbogen, damit er mit seinen Drumsticks auf sämtlichen harten Oberflächen herumtrommeln kann. Er keucht Bruchstücke von Songs, Mister Whatyoucallit whatcha doin' tonight, und macht dazu im Rhythmus bap-bap-da-du-bap-du-du-di-du-bap, und dann steigert er sich so hinein, daß er einen Asthmaanfall bekommt, noch mehr keucht und anhalten muß, um sich mit dem Respirator was in den Rachen zu sprühen. Er legt die Stirn aufs Lenkrad, und als er aufschaut, laufen ihm die Tränen über die Wangen, so sehr strengt ihn das Atmen an. Er sagt, ich sollte dankbar sein, daß ich bloß entzündete Augen habe. Er hätte liebend gern entzündete Augen statt seinem Asthma. Dann könnte er spielen, ohne andauernd Pausen wegen dem gottverdammten Respirator machen zu müssen. Entzündete Augen haben einen Drummer noch nie gestört. Ihm wäre es sogar egal, wenn er blind würde, solange er nur Schlagzeug spielen kann. Wozu überhaupt leben, wenn man nicht sein verdammtes Schlagzeug spielen kann? Die Leute wissen es gar nicht zu schätzen, daß sie kein Asthma haben. Sie jammern herum und beklagen sich über ihr Leben, aber dabei atmen sie, atmen ganz normal und halten das für selbstverständlich. Einen einzigen Tag müßten die mal Asthma haben, dann würden sie ihr Leben lang Gott danken bei jedem Schnaufer, den sie tun, nur einen einzigen Tag. Er wird mal ein Gerät oder so was erfinden müssen, das man auf dem Kopf trägt, so daß man beim Spielen atmen kann, vielleicht eine Art Helm, und man steckt drin, in frischer Luft wie ein Baby, und schlägt dabei fröhlich auf seine Drums, Scheiße, Mann, das wär wie im Himmel. Gene Krupa, Buddy Rich, die haben kein Asthma, die sind fein raus. Er sagt, wenn ich nach meiner Entlassung aus der Army noch sehen kann, nimmt er mich mit in die Schuppen an der 52nd Street, der schönsten Straße der Welt. Und wenn ich nicht mehr sehen kann, nimmt er mich trotzdem mit. Scheiße, Mann, du hörst ja die Töne auch, wenn du nichts siehst, und das wär doch was, wenn wir zusammen die 52nd Street auf und ab gehen würden, er nach Luft schnappend und ich mit einem weißen Stock oder einem Blindenhund. Ich könnte mich ja zu dem Blinden setzen, Ray Charles, und wir könnten fachsimpeln. Darüber muß Vinnie lachen, und prompt kriegt er wieder einen Anfall, und als er wieder Luft bekommt, sagt er, Asthma ist teuflisch, wenn man an was Lustiges denkt und lachen muß, bleibt einem gleich die Luft weg. Das ist auch so was, was ihm auf den Sack geht, daß die anderen rumlaufen und lachen und alles für selbstverständlich halten und sich nie vorstellen, wie es wäre, mit Asthma Schlagzeug spielen zu müssen, sich nie vorstellen, wie es ist, wenn man nicht lachen kann. Über so was denken die Leute einfach nicht nach.

Der Militärarzt in München sagt, den Ärzten in New York und Lenggries haben sie ins Hirn geschissen, und schüttet mir eine silbrige Flüssigkeit in die Augen, die wie Säure brennt. Er sagt, ich soll aufhören zu jammern, seien Sie ein Mann, Sie sind nicht die einzige Einheit, die diese Infektion hat, verdammt noch mal. Ich sollte dankbar sein, daß ich keine Einheit in Korea bin, der man den Arsch wegschießt, die Hälfte dieser fettärschigen Einheiten in Deutschland sollte da drüben sein und mit ihren Landsleuten in Korea kämpfen. Ich muß die Augen nach oben, unten, rechts, links verdrehen, damit die Tropfen jeden Winkel erreichen. Überhaupt würde er gern wissen, wie zum Teufel diese zwei Augen in diese Army gekommen sind. Bloß gut, daß sie mich nach Deutschland geschickt haben. In Korea würde ich einen Blindenhund brauchen, um etwas gegen die gottverfluchten schlitzäugigen Einheiten auszurichten. Ich muß ein paar Tage im Lazarett bleiben, und wenn ich die Augen offen halte und den Mund zu, bin ich schon bald wieder eine einwandfreie Einheit.

Ich weiß nicht, warum er mich andauernd eine Einheit nennt, und frage mich langsam, ob Augenärzte grundsätzlich anders sind als andere Ärzte.

Das Gute an meinem Krankenstand ist, daß ich sogar mit den entzündeten Augen den ganzen Tag und bis in die Nacht hinein lesen kann. Der Arzt sagt allerdings, ich soll meine Augen schonen. Er weist den Sanitäter an, dieser Einheit bis auf weiteres täglich die silbrige Flüssigkeit in die Augen zu tropfen, aber der Sanitäter, Apollo, sagt zu mir, dem Arzt haben sie ins Hirn geschissen, und bringt eine Tube Penicillinsalbe, die er mir auf die Augenlider schmiert. Apollo sagt, er kennt sich ein bißchen aus, er hat auch mal Medizin studiert, mußte aber wegen eines gebrochenen Herzens aufhören.

Am nächsten Tag ist die Entzündung verschwunden, und jetzt befürchte ich, daß mich der Doktor nach Lenggries zurückschickt, und dann ist Schluß mit dem Schlendrian und mit den Büchern von Zane Grey, Mark Twain und Herman Melville. Apollo meint, ich brauche mir keine Sorgen zu machen. Bevor der Arzt kommt, soll ich mir Salz in die Augen reiben, dann sehen sie aus wie –

Zwei Pißlöcher im Schnee, sage ich.

Genau.

Ich erzähle ihm, daß meine Mutter mir vor langer Zeit auch mal gesagt hat, ich soll mir Salz in die Augen reiben, damit sie entzündet aussehen und wir von einem fiesen Kerl in Limerick Geld fürs Essen bekommen. Apollo sagt, tja, aber das hier ist die Gegenwart.

Er erkundigt sich nach meiner Kaffee- und Zigarettenration, die ich ja jetzt logischerweise nicht brauche, und er würde sie mir gern als Gegenleistung für die Penicillinsalbe und die Salzbehandlung abnehmen. Sonst kommt der Arzt wieder mit dem silbrigen Zeug, und ich bin im Handumdrehen wieder in Lenggries und muß Laken und Decken ausgeben, bis sie mich in drei Monaten entlassen. Apollo sagt, in München wimmelt es von Frauen, und man kommt leicht zum Schuß, aber für ihn kommt nur erstklassiges Material in Frage, nicht irgendeine Hure in einem ausgebombten Haus.

Zum Verhängnis wird mir ein Buch von Herman Melville mit dem Titel Pierre oder Im Kampf mit der Sphinx, das kein bißchen wie Moby Dick ist, sondern derart langweilig, daß ich am hellichten Tag darüber einschlafe, und plötzlich rüttelt der Doktor mich wach und wedelt mit der Penicillintube, die Apollo liegengelassen hat.

Aufwachen, verdammt noch mal. Wo haben Sie das her? Von Apollo, stimmt's? Diese Einheit, Apollo. Dieser gottverdammte verkrachte Medizinstudent von dieser drittklassigen Uni in Mississippi.

Er marschiert zur Tür und brüllt in den Gang hinaus, Apollo, schaffen Sie Ihren Arsch hier rein, und man hört Apollos Stimme, zu Befehl, Sir, jawohl, Sir.

Sie, Sie! Haben Sie dieser Einheit diese Tube ausgehändigt?

In gewisser Weise, Sir, ja, Sir.

Was reden Sie da?

Er hat gelitten, Sir, richtig geschrien mit seinen Augen.

Wie zum Teufel schreit man mit den Augen?

Vor Schmerzen, meine ich, Sir. Er hat geschrien. Ich habe ihm das Penicillin verabreicht.

Und wer hat Ihnen das erlaubt, hä? Sind Sie vielleicht ein Arzt, verdammt noch mal?

Nein, Sir. Ich hab nur gesehen, daß sie das in Mississippi so machen.

Ich scheiß auf Mississippi, Apollo.

Jawohl, Sir.

Und Sie, Soldat, was lesen Sie da mit Ihren kranken Augen?

Pierre oder Im Kampf mit der Sphinx, Sir.

Du meine Güte. Worum geht's da?

Ich weiß nicht recht, Sir. Also, es handelt von diesem Pierre, der zwischen einer Dunkelhaarigen und einer Blonden steht. Er versucht, in einem Zimmer in New York ein Buch zu schreiben, und er friert so, daß die Frauen ihm Ziegelsteine heißmachen müssen für die Füße.

Du meine Güte. Sie kehren an Ihren Standort zurück, Soldat. Wenn Sie hier auf Ihrem Arsch liegen und Bücher über solche Einheiten lesen können, dann können Sie auch wieder eine aktive Einheit werden. Und Sie, Apollo, Sie können von Glück sagen, daß ich Ihren Arsch nicht vor ein Exekutionskommando zerre.

Jawohl, Sir.

Wegtreten.

Am nächsten Tag bringt mich Vinnie Gandia nach Lenggries zurück, und diesmal fährt er ohne Drumsticks. Er sagt, das ist nicht mehr drin, um ein Haar wäre er draufgegangen neulich, nachdem er mich nach München gefahren hatte. Man kann nicht fahren, trommeln und sich um sein Asthma kümmern, so einfach ist das. Man muß sich entscheiden, also mußten die Drumsticks dran glauben. Wenn er mal einen Unfall hätte und sich an den Händen verletzen würde und nicht mehr spielen könnte, würde er den Kopf in den Gasherd stecken, so einfach ist das. Er kann es gar nicht erwarten, wieder nach New York zu kommen und in der 52nd Street rumzuhängen, der schönsten Straße der Welt. Ich muß ihm versprechen, daß wir uns in New York treffen, dann nimmt er mich in all die phantastischen Jazzschuppen mit, umsonst, ohne Eintritt, er kennt da jeden, und die wissen, wenn er nicht dieses blöde Asthma hätte, würde er genau wie Krupa und Rich oben auf dem Podest stehen, jawohl, genau da oben.

*

Es gibt ein Gesetz, das besagt, wenn ich mich für weitere neun Monate in der Army verpflichte, entgehe ich der sechsjährigen Verpflichtung, mich als Reservist bereitzuhalten. Wenn ich mich also weiter verpflichte, können sie mich nicht jedesmal wieder holen, wenn die Vereinigten Staaten sich entschließen, irgendwo in der weiten Welt die Demokratie zu verteidigen. Ich könnte die neun Monate hier im Versorgungsraum bleiben und Laken, Decken, Kondome ausgeben, im Dorf Bier trinken, ab und zu mal mit einem Mädchen nach Hause gehen und Bücher aus der Standortbibliothek lesen. Ich könnte noch einmal nach Irland reisen und meiner Großmutter sagen, wie leid es mir tut, daß ich damals im Zorn weggelaufen bin. Ich könnte Tanzstunden in München nehmen, so daß die Mädchen in Limerick Schlange stehen würden, um mit mir und meinen Sergeantstreifen, die ich bestimmt kriegen würde, auf die Tanzfläche gehen zu können.

Aber ich kann nicht noch neun Monate in Deutschland bleiben, denn Emer schreibt mir immer wieder, daß sie die Tage bis zu meiner Rückkehr zählt. Ich hatte keine Ahnung, daß sie mich so sehr gemocht hat, und jetzt mag ich sie, weil sie mich mag, denn es ist das erste Mal in meinem Leben, daß ich so etwas von einem Mädchen höre. Ich finde es so toll, daß Emer mich mag, daß ich ihr schreibe, ich liebe sie, und sie schreibt zurück, sie liebt mich auch, und ich bin im siebten Himmel und würde am liebsten meinen Matchsack packen und ins nächste Flugzeug springen, um so schnell wie möglich bei ihr zu sein.

Ich schreibe ihr, wie sehr ich mich nach ihr sehne und daß ich hier in Lenggries sitze und an ihren parfümierten Briefen schnuppere. Ich träume von dem Leben, das wir in New York führen werden, davon, wie ich jeden Morgen zur Arbeit gehe, einer Arbeit in einem warmen Büro, wo ich an einem Schreibtisch sitze und wichtige Anweisungen niederschreibe. Jeden Abend essen wir und gehen dann früh ins Bett, damit wir reichlich Zeit für die Aufregung haben.

Natürlich kann ich in meinen Briefen das mit der Aufregung nicht erwähnen, denn Emer ist keusch und rein, und wenn ihre Mutter wüßte, daß ich solche Träume habe, würde man mir die Tür vor der Nase zuschlagen, und ich würde schön dastehen, für immer von der einzigen Frau getrennt, die mir je gesagt hat, sie mag mich.

Ich kann Emer auch nicht erzählen, wie ich die Collegemädchen im Biltmore Hotel begehrt habe. Ich kann ihr nicht von der Aufregung erzählen, die ich mit den Mädchen in Lenggries und München und in dem Flüchtlingslager gehabt habe. Sie wäre so entsetzt, daß sie es womöglich ihrer ganzen Familie erzählen würde, vor allem ihrem großen Bruder Liam, und dann müßte ich um mein Leben fürchten.

Rappaport sagt, bevor man heiratet, hat man die Pflicht, der Braut alles zu erzählen, was man mit anderen Mädchen gemacht hat. Buck sagt, Blödsinn, man fährt immer am besten, wenn man den Mund hält, vor allem bei einer, die man heiraten will. Es ist wie in der Army, nie was sagen, nie was freiwillig tun.

Weber sagt, er würde keinem Menschen was erzählen, und Rappaport sagt zu ihm, er soll sich einen dicken Ast suchen und sich dran aufhängen. Weber sagt, eins würde er für das Mädchen tun, das er mal heiratet, nämlich dafür sorgen, daß er nicht den Tripper hat, weil den kann man weitervererben, und er möchte nicht, daß eins von seinen Kindern mit dem Tripper auf die Welt kommt.

Rappaport sagt, mein Gott, das Scheusal hat ja Gefühle.

Am Vorabend meiner Heimkehr in die Staaten gibt es eine Feier in einer Gaststätte in Bad Tölz. Die Offiziere und Unteroffiziere kommen mit ihren Frauen, und das bedeutet, daß die Mannschaftsdienstgrade ihre deutschen Freundinnen nicht mitbringen dürfen. Die Offiziersfrauen würden das mißbilligen, weil sie von bestimmten einfachen Soldaten wissen, daß sie zu Hause eine Ehefrau haben, die auf sie wartet, und es schickt sich nicht, mit deutschen Mädchen, die womöglich gute amerikanische Familien zerstören, an einem Tisch zu sitzen.

Der Captain hält eine Ansprache und sagt, ich sei einer der besten Soldaten gewesen, die je seinem Kommando unterstanden hätten. Sergeant Burdick hält ebenfalls eine Ansprache und überreicht mir eine Ehrenurkunde, in der ich wegen meiner strengen Aufsicht über Laken, Decken und Schutzmittel belobigt werde.

Als er Schutzmittel sagt, wird hier und da gekichert, aber die Offiziere werfen warnende Blicke in die Runde, wie um zu sagen, unterlassen Sie das gefälligst in Anwesenheit unserer Damen.

Ein Offizier hat eine Frau namens Belinda, die in meinem Alter ist. Wenn sie keinen Mann hätte, würde ich mir vielleicht Mut antrinken und sie ansprechen, aber das ist gar nicht nötig, denn sie beugt sich zu mir herüber und flüstert mir zu, die Ehefrauen finden alle, daß Sie sehr gut aussehen. Ich werde dermaßen rot, daß ich auf die Toilette gehen muß, und als ich zurückkomme, sagt Belinda etwas zu den anderen Frauen, worüber die lachen müssen, und als sie mich sehen, lachen sie noch mehr, und ich bin sicher, sie lachen über das, was Belinda zu mir gesagt hat. Ich werde schon wieder rot und frage mich, ob es auf der Welt irgendwen gibt, dem man trauen kann.

Buck hat das Ganze anscheinend mitbekommen. Er flüstert mir zu, der Teufel soll diese Weiber holen. Fies von denen, dich so hochzunehmen, Mac.

Er hat ja recht, aber ich finde es traurig, daß meine Erinnerung an Lenggries jetzt immer von Belinda und den spöttischen Offiziersfrauen getrübt sein wird.

20

Am Tag meiner Entlassung aus der Army in Camp Kilmer traf ich mich mit Tom Clifford in der Breffni Bar an der Third Avenue in Manhattan. Wir aßen Corned beef mit Kohl und viel Senf und tranken jede Menge Bier, um uns den Mund zu kühlen. Tom hatte in der South Bronx eine irische Pension gefunden, Logan's Boarding House, und meinte, ich brauchte nur meinen Matchsack dort abzustellen, dann könnten wir zurückfahren und nach Feierabend Emer in ihrer Wohnung an der East 54th Street besuchen.

Mr. Logan war ein alt wirkender Mann mit Glatze und fleischigem rotem Gesicht. Vielleicht war er wirklich schon alt, aber er hatte eine junge Frau, Nora aus Kilkenny, und ein fünf Monate altes Kind. Er erzählte mir, er bekleide einen hohen Rang im Ancient Order of Hibernians, dem Selbsthilfeverein für irische Einwanderer, und bei den Kolumbusrittern, und damit ich mir keine falschen Vorstellungen von seinem Standpunkt in religiöser und allgemein moralischer Hinsicht machte, sagte er mir gleich, daß keiner seiner zwölf Pensionsgäste am Sonntagmorgen mit einem Frühstück rechnen könne, wenn er nicht nachweisen könne, daß er vorher die Messe besucht und, wenn irgend möglich, an der heiligen Kommunion teilgenommen habe. Für diejenigen, die zur Kommunion gingen und dafür mindestens zwei Zeugen hätten, würde es zum Frühstück zusätzlich Würstchen geben. Natürlich hatte jeder Gast zwei andere Gäste, die bezeugen konnten, daß er zur Kommunion gegangen war. Es hagelte Bezeugungen, und Mr. Logan war so außer sich über die vielen Würstchen, die er rausrücken mußte, daß er eines Sonntags mit Noras Hut und Mantel verkleidet in die Kirche schlurfte, wo er feststellen mußte, daß seine Gäste nicht nur nicht zur Kommunion gegangen waren, sondern daß sogar Ned Guinan und Kevin Hayes die einzigen waren, die überhaupt jemals die Messe besuchten. Die anderen waren drüben an der Willis Avenue, wo sie durch die Hintertür in einer Bar verschwunden waren, um verbotenerweise vor der mittäglichen Öffnungszeit einen zu kippen, und als sie dann zum Frühstück eintrudelten und verdächtig nach Alkohol rochen, sollten sie Mr. Logan anhauchen. Kommt ja gar nicht in Frage, protestierten sie, dies ist ein freies Land, und wenn sie sich wegen der Würstchen einer Atemkontrolle unterziehen müßten, würden sie sich lieber mit den Eiern und der verwässerten Milch, dem alten Brot und dem dünnen Tee begnügen.

Er, Mr. Logan, dulde auch keine Flüche oder sonstwelche Ruppigkeiten in seinem Haus, andernfalls müsse er uns bitten, unsere Sachen zu packen und auszuziehen. Er denke nicht daran, seine Frau und sein Kind, Luke, irgendwelchem unanständigen Benehmen seiner zwölf jungen irischen Pensionsgäste auszusetzen. Unsere Betten stünden zwar im Souterrain, aber er erfahre es immer, wenn jemand sich danebenbenehme. Nein, nein, es dauert Jahre, sich ein Pensionsgeschäft aufzubauen, und er wird nicht zulassen, daß zwölf Hilfsarbeiter aus der alten Heimat es ihm wieder kaputtmachen. Schlimm genug, daß überall in der Nachbarschaft Neger einziehen und das ganze Viertel verderben, Menschen ohne Moral, ohne Arbeit und ohne Väter für ihre Kinder, die wie die Wilden auf der Straße rumrennen.

Die wöchentliche Miete betrage achtzehn Dollar, und wenn ich auch ein Abendessen wolle, koste das einen Dollar extra. Es seien acht Betten da für zwölf Gäste, und zwar deswegen, weil die Gäste auf den Docks und in den Lagerhäusern verschiedene Schichten arbeiteten, und wozu solle man die beiden Räume im Souterrain unnötig mit Betten zustellen, voll belegt seien die Betten ja nur am Samstagabend, dann müßten sich manche eben ein Bett mit einem anderen teilen. Das mache aber nichts aus, weil man sich am Samstagabend sowieso an der St. Nicholas Avenue vollaufen lasse, und dann sei es einem egal, ob man mit Mann, Frau oder Schaf im selben Bett schläft.

Es gab ein Badezimmer für uns alle, Seife selbst mitbringen, und zwei lange, schmale Handtücher, die früher mal weiß gewesen waren. Jedes Handtuch hatte eine schwarze Linie, die den oberen vom unteren Teil trennte, und so sollte man sie auch benutzen. Auf einem handgeschriebenen Schild an der Wand stand, daß der obere Teil für alles oberhalb vom Nabel, der untere für alles unterhalb gedacht sei, gez. J. Logan, Eigent. Die Handtücher wurden alle zwei Wochen gewechselt, aber es gab ständig Streit zwischen Gästen, die sich an die Regeln hielten, und solchen, die vielleicht etwas getrunken hatten.

Chris Wayne aus Lisdoonvarna war mit zweiundvierzig der älteste Pensionsgast. Er arbeitete auf dem Bau und sparte, um seine dreiundzwanzigjährige Freundin herüberzuholen, damit sie heiraten und Kinder kriegen konnten, solange er noch ein bißchen Kraft in den Lenden hatte. Die anderen Gäste nannten ihn Duke, sie fanden das spaßig wegen seines Nachnamens. Er trank nicht und rauchte nicht, ging jeden Sonntag zur Messe und zur Kommunion und wollte mit uns anderen nichts zu tun haben. Er hatte graue Büschel in seinem krausen schwarzen Haar und war vor lauter Frömmigkeit und Genügsamkeit ganz ausgemergelt. Er hatte sein eigenes Handtuch, ein Stück Seife und zwei Laken, die er in einer Tüte mit sich herumtrug, aus Angst, wir könnten sie benutzen. Jeden Abend kniete er neben seinem Bett nieder und betete den gesamten Rosenkranz. Er hatte als einziger ein Bett für sich, weil keiner, betrunken oder nüchtern, sich zu ihm legen oder in seiner Abwesenheit sein Bett benutzen wollte, wegen des Hauchs von Heiligkeit, der es umgab. Er arbeitete jeden Werktag von acht bis fünf und aß jeden Abend mit den Logans. Sie hatten ihn ins Herz geschlossen, weil ihnen das sieben Dollar extra die Woche einbrachte, noch mehr aber wegen der kleinen Portionen, die er seiner hageren Gestalt einverleibte. Später, als er anfing zu husten und zu spucken und Blutpünktchen auf seinem Taschentuch waren, mochten sie ihn dann nicht mehr so sehr. Sie sagten ihm, sie müßten an ihr Kind denken, und er solle sich etwas anderes suchen. Er nannte Mr. Logan einen Schweinehund und einen armen Irren, der einem nur leid tun könne. Wenn er wirklich glaube, er sei der Vater dieses Kindes, dann solle er sich seine Pensionsgäste mal genauer ansehen, und wenn er nicht stockblind sei, würde er bei einem seiner Gäste eine ausgeprägte Ähnlichkeit mit dem Kind entdecken. Mr. Logan schraubte sich mühsam aus seinem Sessel hoch und keuchte, wenn sein schwaches Herz nicht wäre, würde er Chris Wayne auf der Stelle umbringen. Er wollte sich auf Duke stürzen, aber sein Herz ließ es nicht zu, und er mußte auf Nora aus Kilkenny hören, die ihn zeternd anflehte, damit aufzuhören, sonst wäre sie eine Witwe und ihr Kind eine Waise.

Duke lachte sich tot und sagte dann mit heiserer Stimme zu Nora, keine Sorge, dieses Kind wird trotzdem einen Vater haben. Er ist sogar hier im Raum.

Er ging hustend aus dem Zimmer und die Treppe hinunter ins Souterrain und ward nie mehr gesehen.

Von da an wurde es ungemütlich in der Pension. Mr. Logan verdächtigte jeden, und man konnte zu jeder Tages- und Nachtzeit hören, wie er mit Nora aus Kilkenny herumbrüllte. Er entfernte eines der zwei Handtücher und sparte Geld, indem er in der Bäckerei altbackenes Brot kaufte und zum Frühstück Milch- und Eipulver servierte. Er wollte uns alle zwingen, zur Beichte zu gehen, um unsere Gesichter zu beobachten und herauszufinden, ob Duke die Wahrheit gesagt hatte. Wir weigerten uns. Nur vier der Gäste waren schon lange genug im Haus, um in Frage zu kommen, und Peter McNamee, der am längsten da war, sagte Mr. Logan ins Gesicht, daß es ihm nie in den Sinn kommen würde, sich an Nora aus Kilkenny ranzumachen. Sie sei von der Hausarbeit so spindeldürr, daß es klappert und rasselt, wenn sie die Treppe heraufkommt.

Mr. Logan schnaufte in seinem Sessel und sagte zu Peter, das hat mir weh getan, Peter, daß Sie sagen, meine Frau klappert, und dabei sind Sie der netteste Gast, den wir je hatten, wenn wir uns auch eine Zeitlang von dem scheinheiligen Kerl haben täuschen lassen, der gerade abgehauen ist, Gott sei Dank.

Tut mir leid, Ihnen weh zu tun, Mr. Logan, aber Nora aus Kilkenny ist alles andere als ein Leckerbissen. Auf dem Tanzboden würde sich keiner hier nach ihr umdrehen.

Mr. Logan sah uns der Reihe nach an. Ist das wahr, Jungs? Ist das wahr?

Und ob, Mr. Logan.

Ist das wirklich Ihr Ernst, Peter?

Ja, Mr. Logan.

Ihr Glück, Peter.

*

Die Pensionsgäste verdienen gutes Geld auf den Docks und in den Lagerhäusern. Tom arbeitet bei Port Warehouses, wo er Lastwagen be- und entlädt, und wenn er Überstunden macht, kriegt er anderthalbmal bis doppelt soviel in der Stunde, so daß er auf weit über hundert Dollar pro Woche kommt.

Peter McNamee arbeitet bei der Merchants Refrigerating Company, wo er das Fleisch aus den Kühlwagen von Chicago auslädt und einlagert. Bei den Logans ist er gut angeschrieben, weil er jeden Freitagabend riesige Stücke Rind- oder Schweinefleisch anschleppt, und dieses Fleisch ersetzt die achtzehn Dollar. Wir bekommen nie etwas davon zu sehen, und einige Gäste schwören, daß Mr. Logan das Fleisch an einen Metzgerladen in der Willis Avenue verkauft.

Alle Pensionsgäste trinken, obwohl sie behaupten, sie wollen möglichst viel auf die hohe Kante legen, um nach Irland zurückzukehren, wegen der Ruhe und des Friedens dort. Nur Tom sagt, er geht nie zurück, Irland ist ein elendes Sumpfloch, und die anderen nehmen das als persönliche Beleidigung und bieten ihm an, mal kurz mit ihm nach draußen zu gehen. Tom lacht bloß. Er weiß, was er will, nämlich auf keinen Fall sein Leben lang raufen und trinken, sich nach Irland sehnen und sich in Bruchbuden wie der unseren ein Handtuch mit anderen teilen. Der einzige, der Tom zustimmt, ist Ned Guinan, und bei ihm ist es egal, weil er wie Duke die Schwindsucht hat und es nicht mehr lange macht. Er spart, damit er heim nach Kildare fahren und in dem Haus sterben kann, in dem er geboren wurde. Er hat Träume von Kildare, in denen er auf dem Curragh morgens an einem Zaun lehnt und zuschaut, wie die Pferde trainiert werden und durch den Nebel traben, der die Rennbahn einhüllt, bis die Sonne durchkommt und die ganze Welt grün färbt. Wenn er so redet, glänzen seine Augen, auf seinen Wangen erscheint ein rosa Schimmer, und er lächelt auf eine Art, daß man am liebsten zu ihm hingehen und ihn eine Weile im Arm halten möchte, obwohl so etwas in einer irischen Pension wahrscheinlich verpönt ist. Es ist erstaunlich, daß Mr. Logan ihn weiter in der Pension wohnen läßt, aber Ned ist so zart, daß Mr. Logan ihn wie seinen eigenen Sohn behandelt und das Baby vergißt, das durch den Husten, das Spucken und die Blutpünktchen Schaden nehmen könnte. Und es ist erstaunlich, daß er immer noch im Lagerhaus Baker and Williams arbeiten darf, wo er im Büro sitzt und die Anrufe entgegennimmt, weil er so schwach ist, daß er keine Feder hochheben kann. Wenn er keine Anrufe entgegennimmt, lernt er Französisch, damit er sich mit der heiligen Theresia vom Kinde Jesu und vom heiligsten Antlitz, genannt die Kleine Blume, unterhalten kann, wenn er in den Himmel kommt. Mr. Logan versucht, ihm schonend beizubringen, daß er, was das betrifft, vielleicht auf dem Holzweg ist, daß Latein die Sprache ist, die man im Himmel braucht, und das führt zu einer langen Debatte unter den Pensionsgästen über die Frage, welche Sprache unser Herr gesprochen hat. Peter McNamee erklärt, es sei Hebräisch gewesen, und Mr. Logan sagt, da könnten Sie recht haben, Peter, weil er dem Mann nicht widersprechen will, der am Freitagabend das Sonntagsfleisch anschleppt. Tom Clifford meint lachend, wir sollten alle unser Irisch aufpolieren, für den Fall, daß wir dem heiligen Patrick oder der heiligen Brigid begegnen, und alle sehen ihn finster an, alle bis auf Ned Guinan, der zu allem lächelt, weil es einem, wenn man von den Pferden in Kildare träumt, so oder so egal sein kann.

Peter McNamee sagt, es ist ein Wunder, daß auch nur ein einziger von uns noch am Leben ist, bei allem, was in dieser Welt gegen uns ist, das Wetter in Irland, die Tbc, die Engländer, die Regierung De Valera, die Eine Heilige Römisch-Katholische und Apostolische

Kirche und wie wir uns jetzt auch noch auf den Docks oder in den Lagerhäusern den Arsch aufreißen müssen, um ein paar Dollar zu verdienen. Mr. Logan bittet ihn, in Gegenwart von Nora aus Kilkenny auf seine Ausdrucksweise zu achten, und Peter sagt, es tut ihm leid, er hat sich hinreißen lassen.

*

Tom erzählt mir, daß es bei Port Warehouses Arbeit gibt, Lastwagen entladen. Emer sagt, nein, ich sollte in einem Büro arbeiten, wo ich meinen Verstand benutzen kann. Tom sagt, Arbeit im Lagerhaus ist besser als Büroarbeit, denn die wird schlechter bezahlt, und man muß Anzug und Krawatte tragen und so viel sitzen, daß man einen Arsch wie ein Scheunentor kriegt. Ich würde gern in einem Büro arbeiten, aber das Lagerhaus zahlt fünfundsiebzig Dollar die Woche, und das ist mehr, als ich mir je erträumt habe, nach meinen fündunddreißig Dollar die Woche im Biltmore Hotel. Emer findet das in Ordnung, vorausgesetzt, ich spare etwas und bilde mich weiter. Sie redet so, weil in ihrer Familie alle eine Schule besucht haben und sie nicht will, daß ich hebe und schleppe, bis ich mit fünfunddreißig ein alter, gebrochener Mann bin. Sie weiß aus Toms und meinen Erzählungen aus der Pension, daß es wegen der Trinkerei alle möglichen Ruppigkeiten gibt, und sie will nicht, daß ich meine Zeit in Kneipen verbringe, wenn ich genausogut auch was aus mir machen könnte.

Emer hat einen klaren Kopf, weil sie weder trinkt noch raucht und kein Fleisch ißt, abgesehen von einem gelegentlichen Happen Hühnerfleisch fürs Blut. Sie geht auf eine Wirtschaftsschule im Rockefeller Center, damit sie sich mal ihr Geld selbst verdienen und etwas aus sich machen kann in Amerika. Ich weiß, daß ihr klarer Kopf gut für mich ist, aber ich brauche das Lagerhausgeld und verspreche ihr und mir selbst, daß ich eines Tages aufs College gehen werde.

Mr. Campbell Groel, der Eigentümer von Port Warehouses, weiß nicht recht, ob er mich anheuern soll, ich bin ihm zu schmächtig.

Dann sieht er Tom Clifford an, der kleiner und noch schmächtiger ist, dabei aber der beste Arbeiter auf der Rampe, und wenn ich nur halb so stark und schnell bin, kann ich die Stelle haben.

Der Rampenchef ist Eddie Lynch, ein dicker Kerl aus Brooklyn. Wenn er mit mir oder Tom spricht, lacht er und imitiert einen Barry-Fitzgerald-Akzent, den ich kein bißchen komisch finde, aber ich muß lächeln, weil er der Boss ist und ich die fündundsiebzig Dollar jeden Freitag haben will.

In der Mittagspause sitzen wir auf der Rampe, mit unserem Essen aus der Imbißstube an der Ecke, von Senf triefende, lange Sandwiches mit Leberwurst und Zwiebeln und Rheingold-Bier, das so kalt ist, daß ich davon einen Schmerz in der Stirn bekomme. Die Iren reden davon, wo sie am Abend zuvor beim Saufen waren, und lachen darüber, wie sie in der Früh gelitten haben. Die Italiener essen die Sachen, die sie von zu Hause mitgebracht haben, und verstehen nicht, daß wir diesen Leberwurstfraß runterkriegen. Die Iren sind beleidigt und wollen eine Schlägerei anfangen, aber Eddie Lynch sagt, wer sich auf dieser Rampe prügelt, der kann sich eine neue Arbeit suchen.

Wir haben auch einen Schwarzen, Horace, der sitzt immer abseits von uns anderen. Er lächelt ab und zu und sagt nichts, weil es nun mal so ist.

Wenn wir um fünf Feierabend machen, sagt immer einer, okay, gehen wir auf ein Bier, nur eins, und wir alle lachen bei der Vorstellung, nur ein Bier zu trinken. Wir trinken in den Kneipen mit Schauerleuten von den Docks, die sich ständig darüber streiten, ob ihre Gewerkschaft, die ILA, sich der AFL oder dem CIO anschließen sollte, und wenn sie sich nicht darüber streiten, dann streiten sie sich über unfaire Einstellungspraktiken. Personalchefs und Vorarbeiter gehen in andere Kneipen weiter drinnen in Manhattan, aus Angst, sie könnten in der Hafengegend Ärger kriegen.

An manchen Abenden bin ich so lange auf Achse und so verwirrt von der Trinkerei, daß es keinen Zweck mehr hat, in die Bronx zurückzufahren, da kann ich genausogut auf der Rampe neben der

Straße schlafen, wo die Stadtstreicher in großen Blechtonnen die ganze Nacht Feuer brennen lassen, bis Eddie Lynch kommt und uns mit seinem Barry-Fitzgerald-Akzent sagt, hoch mit dem Arsch und auf die Beine.

Manchmal, wenn die Ladung von Schiffen gelöscht werden muß, gibt es auf den Docks Nachtarbeit, und wenn nicht genug Schauerleute mit ILA-Ausweisen da sind, heuern sie Lagerarbeiter wie mich an, die Teamster-Ausweise haben. Man muß aufpassen, daß man den Schauerleuten keine Arbeit wegnimmt, denn die bringen es fertig und rammen einem einen Ladehaken in den Schädel oder stoßen einen zwischen Schiff und Kaimauer ins Wasser, wo man gute Aussichten hat, bis zur Unkenntlichkeit zermanscht zu werden. Die verdienen mehr auf den Docks als wir in den Lagerhäusern, aber die Arbeit ist unregelmäßig, und sie müssen jeden Tag darum kämpfen. Ich habe zwar auch einen Haken aus dem Lagerhaus, aber ich habe ihn noch nie zu was anderem gebraucht als zum Heben von Lasten.

Nach drei Wochen im Lagerhaus bin ich trotz der Leberwurst und dem vielen Bier schmächtiger denn je. Eddie Lynch sagt mit seinem Brooklyn-Akzent, Tod und Teufel, dich und Clifford, euch könnt man glatt durch einen Sperlingsarsch schieben, alle zwei auf einmal.

Von der nächtlichen Zecherei und der Arbeit auf den Kais entzünden sich meine Augen wieder. Wenn ich Säcke mit kubanischem Pfeffer von Schiffen der United Fruit abladen muß, wird es schlimmer. Manchmal ist Bier das einzige, was mir Erleichterung verschafft, und Eddie Lynch sagt, Herrgott, der Junge säuft so viel Bier, daß es ihm schon zu den Augen rauskommt.

*

Die Bezahlung im Lagerhaus ist gut, und ich könnte zufrieden sein, nur daß ich nichts im Kopf habe als Verwirrung und Dunkelheit. Die Hochbahn an der Third Avenue ist jeden Morgen gesteckt voll mit Leuten in Anzügen und Kleidern, Leuten, die frisch und sauber sind und mit sich selbst im reinen. Wenn sie nicht Zeitung lesen, unterhalten sie sich, und ich höre, wie sie über ihre Urlaubspläne sprechen oder damit prahlen, wie gut sich ihre Kinder in der Schule oder auf dem College machen. Ich weiß, sie werden jeden Tag arbeiten, bis sie alt und grau sind, und sie werden zufrieden sein mit ihren Kindern und Enkeln, und ich frage mich, ob ich jemals auch so leben werde.

Im Juni bringen die Zeitungen am laufenden Band Berichte über die Abschlußprüfungen an den Universitäten und Fotos von glücklichen Absolventen mit ihren Eltern. Ich will mir die Bilder ansehen, aber der Zug schwankt und rüttelt, und ich falle gegen die Passagiere, die mich herablassend anschauen, weil ich Arbeitskleidung trage. Am liebsten würde ich verkünden, daß das nur vorübergehend ist, daß ich eines Tages aufs College gehen und auch so einen Anzug tragen werde.

21

Ich wollte, ich wäre standhafter und könnte nein sagen, wenn einer im Lagerhaus lachend vorschlägt, auf ein Bier zu gehen, ein Bier, nur eins. Ich sollte vor allem dann nein sagen können, wenn ich mich mit Emer treffen und mit ihr ins Kino gehen oder einen Happen Hühnerfleisch essen soll. Manchmal, wenn ich stundenlang in der Kneipe war, rufe ich sie an und sage ihr, ich hätte Überstunden machen müssen, aber sie weiß Bescheid, und je mehr ich lüge, desto kälter wird ihre Stimme, und irgendwann hat es keinen Zweck mehr, sie anzurufen und ihr Lügen aufzutischen.

Dann, als der Sommer schon weit fortgeschritten ist, erzählt mir Tom, daß Emer einen anderen hat, sie ist verlobt und trägt einen dicken Ring von ihrem Verlobten, einem Versicherungsfritzen aus der Bronx.

Am Telefon will sie nicht mehr mit mir sprechen, und als ich an ihre Tür klopfe, will sie mich nicht reinlassen. Ich flehe sie an, mir nur eine Minute zuzuhören, damit ich ihr sagen kann, daß ich ein anderer Mensch geworden bin, daß ich mich bessern und ein anständiges Leben führen, mich nicht mehr mit Leberwurst-Sandwiches vollstopfen und nicht mehr Bier in mich reinschütten werde, bis ich kaum mehr auf den Beinen stehen kann.

Sie läßt mich nicht rein. Sie ist verlobt, und an ihrer Hand funkelt ein Diamant, und das macht mich so fuchsteufelswild, daß ich am liebsten mit den Fäusten an die Wand trommeln, mir die Haare raufen, mich vor ihr auf den Boden werfen würde. Ich will nicht mehr zu Logans Pension und dem einen Handtuch und den Lagerhäusern und den Docks und der Trinkerei bis tief in die Nacht, während alle anderen, Emer und ihr Versicherungsfritze eingeschlossen, ein sauberes Leben mit reichlich Handtüchern führen, bei der Uni-Abschlußfeier glücklich sind und mit ihren perfekten amerikanischen Zähnen lächeln, die sie sich nach jeder Mahlzeit putzen. Ich will, daß sie mich reinläßt, damit wir über unsere Zukunft reden können, wo ich einen Anzug und eine Arbeit im Büro und wir beide unsere eigenen vier Wände haben und vor der übrigen Welt und allen Versuchungen sicher sein werden.

Sie läßt mich nicht rein. Sie hat keine Zeit mehr. Sie muß zu jemand anderem, und ich weiß, es ist der Versicherungsfritze.

Ist er bei dir?

Sie sagt nein, aber ich weiß, daß er da ist, und schreie sie an, ich will ihn sehen, schick den Kerl raus, ich knöpf ihn mir vor, ich mach ihn fertig.

Da schlägt sie mir die Tür vor der Nase zu, und ich bin so baff, daß meine Augen austrocknen und alle Wärme meinen Körper verläßt. Ich bin so baff, daß ich mich frage, ob mein Leben nur aus Türen besteht, die man mir vor der Nase zuschlägt, so baff, daß ich nicht einmal Lust auf ein Bier in der Breffni Bar habe. Die Leute gehen auf der Straße an mir vorbei, und Autos hupen mich an, aber mir ist so kalt und ich fühle mich so einsam, daß ich genausogut in einer Gefängniszelle sein könnte. Ich sitze in der Third-Avenue-

Hochbahn Richtung Bronx und denke an Emer und ihren Versicherungsfritzen, daß sie jetzt eine Tasse Tee miteinander trinken und sich totlachen darüber, was für ein hoffnungsloser Fall ich bin und wie sauber und gesund sie sind, sie beide, weil sie nicht trinken, nicht rauchen und demnächst auch noch das Hühnchen weglassen.

Ich weiß, so ist es überall im ganzen Land, die Leute sitzen in ihren Wohnzimmern, lächelnd, geborgen, sie widerstehen der Versuchung und werden zusammen alt, weil sie sagen können, nein, danke, ich möchte kein Bier, kein einziges.

Ich weiß, daß Emer nur deshalb so zu mir ist, weil ihr mein Verhalten nicht paßt, und daß sie eigentlich mich haben will, nicht diesen Kerl, der wahrscheinlich immer bloß Tee trinkt und sie mit seinen Versicherungsgeschichten zu Tode langweilt. Bestimmt mag sie mich noch und nimmt mich zurück, wenn ich auf das Lagerhaus, die Docks, die Leberwurst und das Bier verzichte und mir eine anständige Arbeit suche. Noch ist nicht alles verloren, denn Tom hat mir gesagt, heiraten wollen sie erst nächstes Jahr, und wenn ich von morgen an ein besserer Mensch werde, nimmt sie mich bestimmt zurück, obwohl mir der Gedanke zuwider ist, daß der Kerl schon seit Monaten bei ihr auf der Couch sitzt, sie küßt und ihr mit seinen Pfoten die Schulterblätter streichelt.

Natürlich ist er irisch-amerikanischer Katholik, das weiß ich von Tom, und natürlich respektiert er ihre Unberührtheit bis zur Hochzeitsnacht, dieser Versicherungsfritze, aber ich weiß auch, daß irisch-amerikanische Katholiken Ferkel sind. Sie haben dieselben schmutzigen Träume wie ich, vor allem Versicherungsfritzen. Ich weiß, daß Emers Verlobter an die Sachen denkt, die sie in der Hochzeitsnacht machen werden, obwohl er seine schmutzigen Gedanken vor der Hochzeit dem Priester beichten muß. Gut, daß ich nicht heirate, denn dann müßte ich alles beichten, was ich mit Frauen in ganz Bayern, jenseits der Grenze in Österreich, ja sogar in der Schweiz gemacht habe.

*

In der Zeitung ist ein Inserat von einer Stellenvermittlung, die Büroarbeit anbietet, sichere Dauerstellung, gute Bezahlung, sechswöchige bezahlte Schulung, Anzug und Krawatte erforderlich, Kriegsveteranen werden bevorzugt.

In dem Bewerbungsformular wird danach gefragt, wo und wann ich die High School abgeschlossen habe, und das zwingt mich zu einer Lüge, Christian Brothers Secondary School, Limerick, Irland, Juni 1947.

Der Mann von der Vermittlung sagt mir, bei der Firma, die diese Stellen anbietet, handelt es sich um Blue Cross, und ich wundere mich, denn von einem Blauen Kreuz habe ich noch nie etwas gehört.

Was für eine Firma ist das, Sir?

Versicherung.

Aber …

Was, aber?

Ach, schon gut, Sir.

Es ist gut, weil mir einfällt, falls die Versicherung mich haben will, bringe ich es vielleicht zu was, und Emer nimmt mich zurück. Dann braucht sie nur noch zwischen zwei Versicherungsfritzen zu wählen, auch wenn der eine ihr schon einen Brillantring geschenkt hat.

Ich brauche mich gar nicht mehr bei ihr blicken zu lassen, ehe ich nicht die sechswöchige Schulung bei Blue Cross absolviert habe. Die Büros sind an der Fourth Avenue in einem Gebäude mit einem Eingang wie ein Domportal. Außer mir nehmen sieben Männer an der Schulung teil, alle mit High-School-Abschluß, und einer ist im Koreakrieg so schwer verwundet worden, daß sein Mund auf die Seite gerutscht ist und er sich auf die Schulter sabbert. Es dauert ewig, bis wir verstehen, daß er sagt, er will für Blue Cross arbeiten, damit er anderen Kriegsversehrten helfen kann, die wie er allein auf der Welt sind. Nach ein paar Tagen merkt er dann, daß er an der falschen Adresse ist, daß er eigentlich zum Roten Kreuz wollte, und er beschimpft den Schulungsleiter, weil er es ihm nicht schon früher gesagt hat. Wir sind froh, daß er geht, obwohl er ja so sehr für Amerika gelitten hat, aber es ist nun mal keine Kleinigkeit, den ganzen Tag mit einem zusammenzusitzen, der den Mund an der Seite hat.

Der Schulungsleiter ist Mr. Puglio. Als erstes sagt er uns, daß er an der New York University Betriebswirtschaft studiert und seinen Magister machen will, und als zweites, daß alle Angaben, die wir in unserer Bewerbung gemacht haben, genau überprüft werden, also wenn jemand behauptet hat, er sei auf dem College gewesen, und es stimmt gar nicht, dann soll er es jetzt zugeben, sonst wird es ihm schlecht bekommen. Eins duldet Blue Cross auf keinen Fall, nämlich eine Lüge.

*

Die Pensionsgäste bei Logan lachen jeden Morgen, wenn ich Hemd, Krawatte, Anzug anziehe. Sie lachen noch mehr, als sie hören, wieviel ich kriege, siebenundvierzig Dollar die Woche und nach Abschluß der Schulung fünfzig.

Wir sind nur noch acht Pensionsgäste. Ned Guinan ist nach Kildare heimgekehrt, um den Pferden zuzuschauen und zu sterben, und zwei andere haben Kellnerinnen bei Schrafft's geheiratet, die dafür berühmt sind, daß sie jeden Dollar sparen, um heimzufahren und den alten Familienhof zu kaufen. Das mit Oben und Unten markierte Handtuch ist noch da, aber keiner benutzt es mehr, seit Peter McNamee etwas Unerhörtes getan und sich einfach ein eigenes Handtuch gekauft hat. Er sagt, er konnte es nicht mehr mit ansehen, wie erwachsene Männer nach dem Duschen triefnaß herumlaufen und sich schütteln wie alte Köter, Männer, die ihren halben Lohn für Whiskey rauswerfen, es aber nicht schaffen, sich ein Handtuch zu kaufen. Den Rest hat es ihm gegeben, als einmal am Samstag fünf Pensionsgäste auf den Betten saßen, zollfreien irischen Whiskey vom Flughafen Shannon tranken, redeten und zu einer irischen Radiosendung mitsangen, um sich für eine Tanzerei am Abend in Manhattan in Stimmung zu bringen. Als sie geduscht hatten, war das Handtuch unbrauchbar, und anstatt herumzulaufen und sich trocken zu schütteln, fingen sie an, Jigs und Reels nach der Radiomusik zu tanzen, und amüsierten sich königlich, aber dann brachte Nora aus Kilkenny Toilettenpapier und platzte ohne anzuklopfen rein, und als sie sah, was sie sah, schrie sie wie am Spieß und rannte völlig hysterisch zu Mr. Logan hinauf, und als der herunterkam, wälzten sich die Tänzer nackt auf den Betten und lachten und gaben keinen Fiedlerfurz auf Mr. Logan, der sie anbrüllte, sie seien eine Schande für die irische Nation und die Mutter Kirche, und er hätte gute Lust, sie allesamt vor die Tür zu setzen, nackt wie sie sind, und was sie denn eigentlich für Mütter gehabt hätten. Dann war er leise vor sich hin schimpfend wieder hinaufgegangen, weil er niemals fünf Gäste hinausgesetzt hätte, die ihm pro Kopf achtzehn Dollar die Woche zahlten.

Als Peter mit seinem eigenen Handtuch ankam, waren alle völlig perplex und wollten es sich ausleihen, aber er sagte, sie sollten ihm den Buckel runterrutschen, und versteckte es an verschiedenen Stellen, obwohl das nicht so einfach war, weil ein Handtuch, wenn es trocknen soll, aufgehängt werden muß, und wenn man es zusammenlegt und unter der Matratze oder gar der Badewanne versteckt, bleibt es feucht und wird muffig. Peter war untröstlich, daß er sein Handtuch nicht zum Trocknen aufhängen konnte, bis Nora aus Kilkenny ihm sagte, sie würde es mit hinaufnehmen und es im Auge behalten, bis es trocken sei, sie und Mr. Logan seien ihm ja so dankbar für das Fleisch, das er unfehlbar jeden Freitagabend anschleppe. Das war die Lösung, bis dann Mr. Logan sich jedesmal aufregte, wenn Peter sein trockenes Handtuch holen kam und ein paar Minuten mit Nora aus Kilkenny schwatzte. Mr. Logan sah seinen kleinen Sohn Luke prüfend an, dann Peter und dann wieder das Kind, und runzelte dermaßen die Stirn, daß seine Augenbrauen in der Mitte zusammenstießen. Schließlich hielt er es nicht mehr aus und rief die Treppe hinauf, Peter, wieso brauchen Sie denn den halben Tag, um Ihr trockenes Handtuch zu holen? Nora wird mit ihrer Hausarbeit nicht fertig. Peter kam die Treppe herunter. Oh, entschuldigen Sie, Mr. Logan, entschuldigen Sie vielmals, aber damit gibt sich Mr. Logan nicht zufrieden, er mustert noch immer den kleinen Luke und dann wieder Peter. Ich muß Ihnen was sagen, Peter. Wir brauchen Ihr Fleisch nicht mehr, und Sie müssen eine Möglichkeit finden, Ihr Handtuch selbst zu trocknen. Nora hat genug zu tun, auch ohne daß sie ständig bei Ihrem Handtuch Wache steht.

In der Nacht hört man Gezeter und Gebrüll aus Logans Wohnung, und am nächsten Morgen heftet Mr. Logan eine Nachricht an Peters Handtuch, er muß ausziehen, er hat ihm und seiner Frau großen Schaden zugefügt, indem er ihre Gutmütigkeit hinsichtlich der Trocknung des Handtuchs ausgenützt hat.

Peter ist das egal. Er zieht nach Long Island ins Haus seines Vetters. Wir werden ihn alle vermissen, weil er uns die Welt der Handtücher erschlossen hat, und jetzt hat jeder eines, sie hängen überall herum, und jeder achtet darauf, keine Handtücher von anderen zu benutzen, weil sie in dem feuchten Zimmer im Souterrain ohnehin nie trocknen.

22

Die morgendliche Zugfahrt fällt mir leichter mit meinem Anzug, der Krawatte und der New York Times, die ich vor mich hinhalte, damit alle Welt sieht, daß ich keiner von den jungen Rüpeln bin, die die Comics in den Daily News oder im Mirror lesen. Die Leute sehen sofort, daß sie einen anständig gekleideten Mann vor sich haben, der sich auf dem Weg zu seiner wichtigen Arbeit bei einer Versicherung mit komplizierten Wörtern beschäftigt.

Aber obwohl ich einen Anzug trage, die Times lese und bewundernde Blicke einheimse, bin ich immer noch nicht frei von meiner täglichen Todsünde, dem Neid. Ich sehe die Collegestudenten mit ihren Büchern in Umschlägen, auf denen Columbia, Fordham, NYU, CCNY steht, und komme mir verloren vor bei dem Gedanken, daß ich nie einer von ihnen sein werde. Ich möchte in einen Buchladen gehen und mir Collegeumschläge kaufen, mit denen ich im Zug angeben kann, nur daß man mir bestimmt draufkommen und mich auslachen würde.

*

Mr. Puglio erläutert uns die verschiedenen Krankenversicherungen, die Blue Cross anbietet, Versicherungen für Familien, Einzelpersonen, Betriebe, Witwen, Waisen, Kriegsversehrte, Behinderte. Er kommt immer mehr in Fahrt und erzählt uns, wie beruhigend es ist, am Abend mit dem Gedanken einzuschlafen, daß die Menschen sich keine Sorgen zu machen brauchen, wenn sie krank werden, solange sie bei Blue Cross versichert sind. Wir sitzen in einem kleinen Raum, in dem die Luft von Zigaretten verqualmt ist, weil es kein Fenster gibt, und man kann sich nur mühsam wach halten, wenn Mr. Puglio sich einen ganzen Sommernachmittag lang immer mehr für Versicherungsprämien erwärmt. Jeden Freitag müssen wir eine Klausur schreiben, und am Montag ist es dann jedesmal dasselbe Elend, wenn er die mit den besseren Noten lobt und die mit den schlechteren, wie zum Beispiel mich, finster anschaut. Meine Noten sind so schlecht, weil ich mir nichts aus Versicherungen mache, und ich frage mich, ob Emer noch alle Tassen im Schrank hat, sich mit einem Versicherungsfritzen zu verloben, obwohl sie doch auch mit einem gehen könnte, der von der Dressur deutscher Schäferhunde zum rasantesten Tipper von Stärkemeldungen im ganzen Kommandobereich Europa aufgestiegen ist. Am liebsten würde ich sie anrufen und sagen, daß mich die Versicherungsbranche, jetzt, wo ich selber drin bin, zum Wahnsinn treibt, und ob sie froh ist, daß sie mir das angetan hat. Ich könnte nach wie vor bei Port Warehouses arbeiten und mir die Leberwurst und das Bier schmecken lassen, wenn sie mir nicht das Herz gebrochen hätte. Ich würde sie gern anrufen, aber ich habe Angst, daß sie kalt und abweisend ist, und dann müßte ich zum Trost in die Breffni Bar gehen.

Tom ist in der Breffni Bar und sagt, am besten ist es, die Wunde heilen zu lassen, komm, trink was, und wo hast du denn diesen scheußlichen Anzug her? Es ist schlimm genug, wegen Blue Cross und Emer zu leiden, auch ohne daß sich einer über meinen Anzug lustig macht, und als ich zu Tom sage, er kann mich mal, lacht er und sagt, ich werd's überleben. Er zieht aus der Pension in eine kleine Wohnung in Woodside, Queens, und meint, wenn ich mit ihm zusammenziehen will, kostet es zehn Dollar die Woche, Essen kochen wir uns selber.

Wieder einmal drängt es mich, Emer anzurufen und ihr von meiner tollen Stelle bei Blue Cross und von der Wohnung, die ich in Queens kriege, zu erzählen, aber ihr Gesicht verblaßt schon in der Erinnerung, und eine andere Stimme im Kopf sagt mir, ich bin froh, in New York Junggeselle zu sein.

*

Wenn Emer mich nicht mehr will, hat es auch keinen Sinn, in der Versicherungsbranche zu bleiben, wo ich jeden Tag in einem unbelüfteten Raum ersticke und Mr. Puglio feindselig wird, wenn ich einnicke. Es fällt schwer, still zu sitzen, während er uns erzählt, die erste Pflicht eines verheirateten Mannes sei es, seine Frau auf den Witwenstand vorzubereiten, und in einem Tagtraum male ich mir aus, wie Mrs. Puglio den Witwenvortrag gehalten bekommt. Hält Mr. Puglio ihr den Vortrag beim Abendessen oder sitzend im Bett?

Zu allem Übel habe ich auch noch den Appetit verloren, weil ich den ganzen Tag im Anzug herumsitze, und wenn ich mir ein Leberwurst-Sandwich kaufe, verfüttere ich das meiste davon an die Tauben im Madison Park.

Ich sitze in diesem Park, höre Männern mit weißem Hemd und Krawatte zu, wie sie über ihre Arbeit, die Börse und die Versicherungsbranche reden, und frage mich, ob ihnen wohl ist bei dem Gedanken, daß sie das machen werden, bis sie graue Haare bekommen. Sie erzählen sich, wie sie ihrem Chef die Meinung gegeigt haben, daß ihm die Spucke weggeblieben ist und er nur noch andauernd so gemacht hat, ihr wißt schon, wie ein Karpfen auf dem Sessel. Eines Tages werden sie selbst Chefs sein, und dann werden ihre Untergebenen ihnen die Meinung geigen, und wie wird ihnen das gefallen? An manchen Tagen würde ich alles dafür geben, am Shannon oder am Mulcaire River entlangschlendern zu können, oder sogar für die Berge hinter Lenggries.

Einer aus dem Blue-Cross-Lehrgang geht auf dem Rückweg ins Büro an mir vorbei.

Jo, McCourt, es ist zwei. Kommst du?

Er sagt jo, weil er in Korea bei der Kavallerie einen Panzer gefahren hat, und so hat man früher geredet, als die Kavallerie noch Pferde hatte. Er sagt jo, weil dann jeder weiß, daß er kein lumpiger Infanterist gewesen ist.

Wir kommen zum Versicherungsgebäude, und ich weiß auf einmal, daß ich nicht durch dieses Domportal gehen kann. Ich weiß, daß ich nicht für die Welt der Versicherungen geschaffen bin.

Jo, McCourt, mach schon, wir sind spät dran. Puglio kriegt einen Tobsuchtsanfall.

Ich geh nicht rein.

Was?

Ich geh nicht.

Ich mache kehrt und gehe die Fourth Avenue hinunter.

Jo, McCourt, bist du verrückt geworden, Mann? Willst du, daß sie dich rausschmeißen? Scheiße, Mann, ich muß rein.

Ich gehe in der strahlenden Julisonne weiter, bis ich zum Union Square komme, und dort setze ich mich hin und überlege, was ich getan habe. Es heißt, wenn man in irgendeiner großen Firma die Arbeit hinschmeißt oder rausfliegt, werden alle anderen Firmen informiert, und dann steht man für alle Zeiten vor verschlossenen Türen. Blue Cross ist eine große Firma, und da kann ich gleich die Hoffnung begraben, jemals ein großes Tier in einer großen Firma zu werden. Aber es ist gut, daß ich jetzt aufhöre, statt zu warten, bis sie dahinterkommen, daß ich auf dem Bewerbungsformular gelogen habe. Mr. Puglio hat uns gesagt, das sei ein so schweres Vergehen, daß man nicht nur rausfliegt, sondern Blue Cross auch den Lohn zurückzahlen muß, den man während der Schulung bekommen hat, und außerdem melden sie es allen anderen großen Firmen, und oben auf dem Brief weht zur Warnung ein rotes Fähnchen. Dieses rote Fähnchen, hat Mr. Puglio gesagt, bedeutet, daß man für alle Zeiten aus dem amerikanischen Wirtschaftssystem ausgeschlossen ist und genausogut nach Rußland auswandern kann.

Solche Sachen hat Mr. Puglio gern erzählt, und ich bin froh, daß ich von ihm weg bin, lasse den Union Square hinter mir und schlendere über den Broadway, mit all den anderen New Yorkern, die anscheinend nichts zu tun haben. Man sieht sofort, daß manche von ihnen das kleine rote Fähnchen an ihrem Namen haben, Männer mit Bärten und Schmuck und Frauen mit langen Haaren und Sandalen, die man nie ins amerikanische Wirtschaftssystem reinlassen würde.

Es gibt Bauwerke in New York, die ich heute zum erstenmal sehe, die City Hall, in der Ferne die Brooklyn Bridge, eine protestantische Kirche, St. Paul's, in der das Grab von Thomas Addis Emmet ist, dem Bruder von Robert, der für Irland gehängt wurde, und weiter unten am Broadway die Trinity Church, von der aus man die ganze Wall Street hinunterschauen kann.

Drunten, wo die Staten-Island-Fähren ankommen und ablegen, ist eine Bar, der Bean Pot, wo ich plötzlich Appetit auf ein ganzes Leberwurst-Sandwich und einen Krug Bier kriege, weil ich die Krawatte abgenommen und das Jackett über die Stuhllehne gehängt habe, und ich bin erleichtert, daß ich mit dem roten Fähnchen an meinem Namen davongekommen bin. Beim Aufessen des Leberwurst-Sandwichs wird mir klar, daß ich Emer für immer verloren habe. Wenn sie von meiner Pleite mit dem amerikanischen Wirtschaftssystem hört, vergießt sie vielleicht eine Träne des Mitleids, aber auf die Dauer wird sie froh sein, daß sie sich für den Versicherungsfritzen aus der Bronx entschieden hat. Es wird sie beruhigen, daß sie gegen alles versichert ist, daß sie keinen Schritt tun kann, der nicht durch eine Versicherung gedeckt ist.

Fünf Cent kostet die Staten-Island-Fähre, und als wir an der Freiheitsstatue und Ellis Island vorbeifahren, muß ich an den Oktobermorgen im Jahre 1949 denken, als wir auf der Irish Oak nach New York gekommen, aber an der Stadt vorbei- und den Fluß hinaufgefahren sind, in der Nacht in Poughkeepsie angelegt und am nächsten Tag Albany angelaufen haben, wo ich in den Zug nach New York gestiegen bin.

Das war vor fast vier Jahren, und hier stehe ich nun auf der Staten-Island-Fähre mit der zusammengefalteten Krawatte in der Tasche und dem Jackett über der Schulter. Hier stehe ich und habe keinerlei Arbeit und keine Freundin, und an meinem Namen weht das kleine rote Fähnchen. Ich könnte wieder ins Biltmore Hotel gehen und dort weitermachen, wo ich aufgehört habe, die Lobby fegen, die Toilettenschüsseln schrubben, Teppiche verlegen, aber das kommt nicht in Frage, wer einmal Corporal war, kann nie wieder so tief sinken.

Ellis Island und eine alte hölzerne Fähre, die zwischen zwei Gebäuden verrottet, lassen mich an die vielen Menschen denken, die vor mir hier vorbeigekommen sind, vor meinem Vater und meiner Mutter, all die vielen Menschen, die vor der Hungersnot in Irland geflohen sind, all die Menschen aus ganz Europa, die hier gelandet sind und denen das Herz bis zum Hals geklopft hat, weil sie Angst hatten, man könnte Krankheiten bei ihnen feststellen und sie zurückschicken, und wenn man daran denkt, kommt ein großes Stöhnen von Ellis Island her übers Wasser, und man fragt sich, ob die Abgewiesenen mit ihren kleinen Kindern in Länder wie die Tschechoslowakei und Ungarn zurückkehren mußten. Die Menschen, die hier abgewiesen wurden, waren die traurigsten, die es je gegeben hat, sie waren übler dran als solche wie ich, denen trotz ihrer entzündeten Augen und des roten Fähnchens nichts passieren kann, weil sie einen amerikanischen Paß haben.

Man darf nicht auf der Fähre bleiben, wenn sie angelegt hat. Man muß hineingehen, seine fünf Cent entrichten und auf die nächste Fähre warten, und da ich schon einmal hier bin, kann ich genausogut in der Bar an der Anlegestelle ein Bier trinken. Ich muß ständig an meine Mutter und meinen Vater denken, wie sie vor über fünfundzwanzig Jahren in diesen Hafen eingelaufen sind, und während ich mit der Fähre hin- und herfahre, sechsmal, und bei jeder Ankunft ein Bier trinke, denke ich immer wieder an die Menschen mit Krankheiten, die zurückgeschickt wurden, und das macht mich so traurig, daß ich die Fähre endgültig verlasse und Tom Clifford bei Port Warehouses anrufe und ihn bitte, sich mit mir im Bean Pot zu treffen, weil ich nicht weiß, wie ich in die kleine Wohnung in Queens komme.

Als ich ihm im Bean Pot sage, daß die Leberwurst-Sandwiches hier köstlich sind, meint er, mit Leberwurst hat er nichts mehr am Hut, das Stadium hat er hinter sich. Dann lacht er und sagt, ich hätte wohl schon ganz schön gebechert, ich würde mir ja bei dem Wort Leberwurst fast die Zunge brechen, und ich sage, nein, es ist nur dieser Tag heute, Puglio und Blue Cross und das stickige Zimmer und das kleine rote Fähnchen und, das Allertraurigste, die vielen Menschen, die zurückgeschickt worden sind.

Er versteht kein Wort. Er sagt, meine Augen stehen über Kreuz, ich soll meine Jacke anziehen und dann nichts wie heim nach Queens und ins Bett.

*

Mr. Campbell Groel bei Port Warehouses nimmt mich wieder, und ich bin froh, daß ich wieder anständig verdiene, fünfundsiebzig Dollar die Woche oder sogar siebenundsiebzig, wenn man an zwei Tagen pro Woche Gabelstapler fährt. Normale Rampenarbeit bedeutet, daß man auf dem Lastwagen steht und Paletten mit Kartons, Kisten und Säcken mit Früchten und Pfeffer belädt. Gabelstaplerfahren ist einfacher. Man nimmt die beladenen Paletten auf, stellt sie drinnen ab und wartet auf die nächste Ladung. Kein

Mensch sagt was, wenn man in den Wartepausen Zeitung liest, aber wenn man die New York Times liest, lachen sie alle und sagen, schaut euch bloß mal den Intelligenzbolzen an da auf dem Gabelstapler.

Eine meiner Aufgaben ist es, Säcke mit Spanischem Rotem Pfeffer von den United-Fruit-Schiffen im Begasungsraum zu verstauen. An einem ruhigen Tag kann man sich ein Bier mitnehmen, die Zeitung lesen und ein Nickerchen halten, und keiner regt sich auf. Manchmal schaut sogar Mr. Campbell Groel, wenn er aus dem Büro kommt, bei uns rein und sagt lächelnd, recht so, Leute, immer schön sachte. Heißer Tag heute. Horace, der Schwarze, sitzt auf einem Pfeffersack und liest eine Zeitung aus Jamaica, oder er liest immer wieder einen Brief von seinem Sohn, der in Kanada auf die Universität geht. Wenn er diesen Brief liest, schlägt er sich auf die Schenkel und lacht, o Mann, o Mann. Als ich ihn das erste Mal reden hörte, klang sein Akzent so irisch, daß ich ihn gefragt habe, ob er aus Cork ist, und darüber hat er sich halb totgelacht. Er hat gesagt, alle Leute von den Inseln haben irisches Blut, Mann.

Einmal wären Horace und ich beinahe in diesem Begasungsraum umgekommen. Vom Bier und der Hitze waren wir so müde geworden, daß wir auf dem Boden einschliefen und erst wach wurden, als wir die Schiebetür zufallen und das Gas in den Raum einströmen hörten. Wir zerrten an der Tür, aber sie gab keinen Millimeter nach, und schließlich kletterte Horace auf einen Haufen Pfeffersäcke, schlug ein Fenster ein und rief um Hilfe. Eddie Lynch war gerade draußen am Abschließen, hörte uns und schob die Tür auf.

Ein unverschämtes Glück habt ihr, sagte er und wollte mit uns in einer Bar ein Stück die Straße rauf ein paar Bier trinken gehen, um zu feiern und unsere Lungen zu säubern. Horace sagt, nein, Mann, ich kann da nich rein.

Was soll das, wieso nicht? fragt Eddie.

Schwarzer Mann nich gern gesehn in der Bar.

So ein Quatsch, sagt Eddie.

Nein, Mann, will kein Ärger. Gibt andere Bar, wir trinken ein Bier, Mann.

Ich weiß nicht, warum Horace sich so was gefallen läßt. Er hat einen Sohn an der Universität in Kanada, und er selber kann nicht auf ein Bier in eine New Yorker Bar gehen. Er sagt, ich verstehe das nicht, ich bin noch jung und kann nicht den Kampf des schwarzen Mannes kämpfen.

Eddie sagt, ja, du hast schon recht, Horace.

*

Ein paar Wochen später sagt Mr. Campbell Groel, der Hafen von New York ist auch nicht mehr das, was er mal war, die Geschäfte gehen schlecht, er muß ein paar Leute entlassen, und natürlich bin ich, der Jüngste, der erste, der gehen muß.

Ein paar Straßen weiter ist die Merchants Refrigerating Company, und die brauchen jemanden auf der Rampe als Aushilfe für die Leute, die Sommerurlaub machen. Sie sagen mir, auch wenn wir eine Hitzewelle haben, zieh dich warm an.

Ich muß Fleisch aus den Tiefkühlwagen ausladen, in denen Rinderviertel aus Chicago ankommen. Auf der Rampe ist es August, aber drinnen, wo wir das Fleisch aufhängen, ist es eisig. Die Männer sagen lachend, wir sind die einzigen Arbeiter, die in Null Komma nichts vom Nordpol zum Äquator und zurück reisen.

Peter McNamee hat auf der Rampe das Sagen, solange der Chef in Urlaub ist, und als er mich sieht, sagt er, was im Namen des Gekreuzigten machst denn du hier? Ich hab gedacht, du hast ein Hirn in deinem Schädel.

Er sagt mir, ich soll auf eine Schule gehen, es gibt keine Entschuldigung dafür, daß man Rinderviertel durch die Gegend schleppt, wenn man auch die GI Bill nutzen und es zu was bringen könnte in der Welt. Er sagt, das ist keine Arbeit für Iren. Die kommen hier an, und eh man sich's versieht, husten sie und spucken Blut und merken, daß sie schon die ganze Zeit Tbc haben, den Fluch der irischen Rasse, obwohl sie die letzte Generation sind, die davon betroffen ist. Peter muß jeden melden, der die ganze Zeit die Rinderviertel vollspuckt. Sonst fackelt das Gesundheitsamt nicht lange und macht den Laden dicht, und dann stehen wir auf der Straße, kratzen uns am Hintern und müssen uns eine neue Arbeit suchen.

Peter sagt mir, daß er selber die Nase voll hat. Er ist mit seinem Vetter auf Long Island nicht klargekommen, und jetzt wohnt er wieder in einer Pension in der Bronx, und es ist wieder dasselbe alte Spielchen, er bringt am Freitagabend Rindfleisch oder anderes Fleisch mit und braucht dafür keine Miete zu zahlen. Seine Mutter nervt ihn mit ihren Briefen. Warum er sich nicht ein nettes Mädchen suchen und seßhaft werden und ihr einen Enkel schenken kann, ob er vielleicht damit warten will, bis sie ins Grab sinkt. Mit ihrem ständigen Gejammer, daß er sich eine Frau suchen soll, geht sie ihm dermaßen auf die Nerven, daß er ihre Briefe nicht mehr lesen will.

An meinem zweiten Freitag bei Merchants Refrigerating wikkelt Peter ein großes Stück Rindfleisch in Zeitungspapier ein und fragt mich, ob ich mit ihm in die Kneipe um die Ecke gehe. Er legt das Fleisch auf einen Barhocker, aber es taut langsam auf und macht Blutflecken, und darüber regt sich der Barkeeper auf. Er sagt Peter, so was duldet er in seiner Bar nicht, und er soll das Zeug wegschaffen. Peter sagt, schon gut, schon gut, und als der Barkeeper gerade nicht herschaut, trägt er das Fleisch in die Herrentoilette und legt es dort ab. Er kommt an den Tresen zurück, und als er anfängt, davon zu erzählen, wie seine Mutter ihm auf die Nerven geht, steigt er von Bier auf Whiskey um. Der Barkeeper kann es ihm nachfühlen, weil sie beide aus Cavan sind, und sie sagen zu mir, das kann ich nicht verstehen.

Auf einmal hört man Gebrüll aus der Herrentoilette, und ein großer Mann stolpert heraus und schreit, da drin hockt eine riesige Ratte auf dem Klodeckel. Der Barkeeper schnauzt Peter an, verdammt noch mal, McGovern, hast du etwa da das gottverfluchte Fleisch hingetan? Schaff es raus hier, aber dalli.

Peter holt sein Fleisch. Komm, McCourt, jetzt ist Schluß. Ich hab die Nase voll davon, jeden Freitagabend das Fleisch rumzuschleppen. Ich geh tanzen und such mir eine Frau zum Heiraten.

Wir nehmen uns ein Taxi zum Jaeger House, aber die lassen Peter mit dem Fleisch nicht rein. Er bietet an, es an der Garderobe abzugeben, aber sie lehnen ab. Er macht einen Riesenwirbel, und als der Geschäftsführer sagt, hau bloß ab mit dem Zeug, geht Peter mit dem Fleisch auf ihn los. Der Geschäftsführer ruft Hilfe herbei, und zwei Riesenkerle aus Kerry schubsen Peter und mich die Treppe runter. Peter schreit, er sucht doch nur eine Frau zum Heiraten und sie sollten sich was schämen. Die Männer aus Kerry lachen und nennen ihn ein Arschloch, und wenn er sich nicht benimmt, wickeln sie ihm sein Fleisch um die Ohren. Peter steht stocksteif mitten auf dem Bürgersteig und schaut die Männer aus Kerry seltsam nüchtern an. Ihr habt recht, sagt er, und bietet ihnen das Fleisch an. Sie wollen es nicht. Er bietet es Passanten an, aber die schütteln nur den Kopf und machen, daß sie weiterkommen.

Ich weiß nicht, was ich mit dem Fleisch machen soll, sagt er. Die halbe Welt ist am Verhungern, aber keiner will mein Fleisch.

Wir gehen in Wright's Restaurant in der 86th Street, und Peter fragt, ob sie uns im Tausch gegen das Rindfleisch jedem ein Essen geben. Nein, das geht nicht. Vorschrift vom Gesundheitsamt. Er läuft in die Straßenmitte, legt das Fleisch auf die weiße Linie, kommt zurückgerannt und lacht, weil die Autos Haken schlagen, um dem Hindernis auszuweichen. Er lacht noch mehr, als Sirenengeheul ertönt, ein Polizeiauto und ein Krankenwagen um die Ecke rasen und mit blinkenden Lichtern anhalten. Die Männer stehen um das Fleisch herum und kratzen sich am Kopf, dann lachen sie und fahren schließlich mit dem Fleisch im Kofferraum des Polizeiautos davon.

Er scheint wieder nüchtern zu sein, und wir bestellen im Wright's Eier mit Speck. Heute ist Freitag, sagt Peter, aber das ist mir scheißegal. Das war das letzte Mal, daß ich Fleisch durch die Straßen und

U-Bahnen von New York geschleift habe. Ich hab's sowieso satt, Ire zu sein. Am liebsten würde ich eines Morgens aufwachen und entweder gar nichts sein oder ein amerikanischer Protestant. Also, bezahl du bitte meine Eier, ich muß nämlich mein Geld sparen und nach Vermont ziehen und gar nichts sein.

Spricht's und geht zur Tür hinaus.

23

An einem ruhigen Tag bei Merchants Refrigerating schickt man uns nach Hause. Anstatt den Zug heim nach Queens zu nehmen, laufe ich die Hudson Street entlang und schau in eine Bar namens White Horse rein. Ich bin fast dreiundzwanzig, muß aber erst beweisen, daß ich schon achtzehn bin, bevor ich ein Bier und ein Knackwurst-Sandwich bekomme. Es ist still in der Bar, obwohl ich in der Zeitung gelesen habe, daß es die Stammkneipe von Dichtern ist, vor allem dem wilden Mann Dylan Thomas. Die Leute, die an den Fenstertischen sitzen, sehen auch aus wie Dichter und Künstler, und wahrscheinlich fragen sie sich, warum ich mit meinen blutverkrusteten Hosen am Tresen sitze. Ich wollte, ich könnte mit einem langhaarigen Mädchen dort am Fenster sitzen und ihr sagen, daß ich Dostojewski gelesen habe und Herman Melville schuld daran war, daß ich in München aus dem Lazarett rausgeflogen bin.

Ich kann nichts anderes tun, als am Tresen zu sitzen und mich mit Fragen zu martern. Was habe ich hier verloren, mit meiner Knackwurst und dem Bier? Was habe ich überhaupt auf der Welt verloren? Werde ich mein Leben lang Rinderviertel von Lastwagen in Kühlräume schaffen und umgekehrt? Werde ich in einer kleinen Wohnung in Queens meine Tage beschließen, während Emer in einem Vorort glücklich ihre Kinder großzieht und gegen alles versichert ist? Werde ich mein Leben lang Menschen beneiden, die Bücher von Universitäten unter dem Arm tragen?

Ich sollte zu einer solchen Zeit keine Knackwurst essen. Ich sollte kein Bier trinken, wenn ich keine einzige Antwort im Kopf habe. Ich sollte nicht in dieser Kneipe rumhängen, wo Dichter und Künstler sitzen und im Flüsterton ernste Gespräche führen. Ich habe genug von Knackwurst und Leberwurst und dem Druck von tiefgefrorenem Fleisch auf der Schulter, Tag für Tag.

Ich schiebe die Knackwurst weg, lasse den halbvollen Krug Bier stehen und gehe zur Tür hinaus, über die Hudson Street, die Bleecker Street entlang, ohne zu wissen, wohin ich gehe, aber überzeugt, daß ich weiterlaufen muß, bis ich weiß, wohin ich gehe, und auf einmal bin ich am Washington Square, und da ist die New York University, und ich weiß, da muß ich mit meiner GI Bill hin, mit oder ohne High School. Ein Student zeigt mir den Raum, wo ich mich einschreiben kann, und eine Frau gibt mir ein Antragsformular. Sie sagt, ich habe es nicht ordnungsgemäß ausgefüllt, ich muß Angaben über Ort und Zeit meines High-School-Abschlusses machen.

Ich war nie auf der High School.

Sie waren nicht auf der High School?

Nein, aber ich habe eine GI Bill, und ich habe mein Leben lang Bücher gelesen.

Ach herrje, aber wir verlangen einen High-School-Abschluß oder etwas Gleichwertiges.

Aber ich lese Bücher. Ich habe Dostojewski gelesen, und ich habe Pierre oder Im Kampf mit der Sphinx gelesen. Es ist nicht so gut wie Moby Dick, aber ich hab's in einem Lazarett in München gelesen.

Sie haben tatsächlich Moby Dick gelesen?

Ja, und wegen Pierre oder Im Kampf mit der Sphinx bin ich aus dem Lazarett in München rausgeflogen.

Ich sehe ihr an, daß sie nichts versteht. Sie geht mit meinem Fragebogen in einen anderen Raum und kommt mit der Leiterin des Zulassungsbüros zurück, einer Frau mit einem freundlichen Gesicht. Sie sagt, ich bin ein Sonderfall, und fragt mich nach meiner Schulbildung in Irland. Ihrer Erfahrung nach bringen europäische Studenten bessere Voraussetzungen für ein Collegestudium mit, und sie erlaubt mir, mich an der NYU einzuschreiben, aber nur unter der Bedingung, daß ich ein Jahr lang die Durchschnittsnote B erziele. Sie fragt mich nach meiner Arbeit, und als ich ihr von dem Fleisch erzähle, sagt sie, ach Gott, ja, man lernt hier doch nie aus.

Weil ich keinen High-School-Abschluß habe und ganztägig arbeite, brauche ich mich nur für zwei Kurse einzuschreiben, Einführung in die Literatur und Geschichte des Bildungswesens in Amerika. Ich weiß nicht, warum ich in die Literatur eingeführt werden muß, aber die Frau im Zulassungsbüro sagt, das ist Pflicht, obwohl ich Dostojewski und Melville gelesen habe, bewundernswert bei jemandem ohne höhere Schulbildung. Sie sagt, die Vorlesung über die Geschichte des Bildungswesens wird mir den breiten kulturellen Hintergrund vermitteln, den ich nach meiner unzulänglichen Schulbildung in Europa brauche.

Ich bin im siebten Himmel, und als erstes kaufe ich mir die erforderlichen Lehrbücher und stecke sie in die violett-weißen NYU-Umschläge, damit die Leute in der U-Bahn mich bewundern.

*

Über Vorlesungen an Universitäten weiß ich nur, was ich vor langer Zeit in Limerick im Kino gesehen habe, und jetzt sitze ich selber in einer, Geschichte des Bildungswesens in Amerika, und die Professorin Maxine Green oben auf dem Podium erzählt uns, wie die Pilgerväter ihre Kinder erzogen haben. Um mich herum kritzeln die Studenten eifrig in ihre Hefte, und ich wollte, ich wüßte, was ich aufschreiben soll. Woher soll ich wissen, was von alledem, was die da oben sagt, wichtig ist? Oder soll ich mir vielleicht alles merken? Manche Studenten heben die Hand und stellen Fragen, aber das könnte ich nie. Der ganze Kurs würde mich anstarren und sich fragen, wer das mit dem Akzent ist. Ich könnte es mit einem amerikanischen Akzent probieren, aber das klappt nie. Wenn ich es versuche, lächeln die Leute immer nur und sagen, irre ich mich, oder höre ich da einen irischen Akzent heraus?

Die Professorin sagt, die Pilgerväter hätten England verlassen, um der religiösen Verfolgung zu entgehen, und das wundert mich, weil die Pilgerväter Engländer waren, und die Engländer waren doch immer die, die alle anderen verfolgt haben, vor allem die Iren. Ich würde gern die Hand heben und der Professorin sagen, daß die Iren jahrhundertelang unter der englischen Herrschaft gelitten haben, aber bestimmt haben alle anderen ein High-School-Zeugnis, und wenn ich den Mund aufmache, wissen sie, daß ich keiner von ihnen bin.

Die anderen Studenten heben ganz unbefangen die Hand, und sie sagen immer, also, ich denke.

Eines Tages werde ich auch die Hand heben und also, ich denke sagen, aber ich weiß nicht, was ich von den Pilgervätern und ihrem Bildungswesen halten soll. Dann erzählt die Professorin uns, daß Ideen nicht vom Himmel fallen, daß die Pilgerväter letzten Endes Kinder der Reformation mit einer entsprechenden Weltanschauung waren, was natürlich auch ihre Einstellung zu Kindern geprägt hat.

Wieder wird in Hefte gekritzelt, und die Studentinnen sind eifriger als die Studenten. Die Studentinnen schreiben mit, als wäre jedes Wort aus Professor Greens Mund eine Offenbarung.

Dann frage ich mich, wozu ich dieses dicke Lehrbuch über das amerikanische Bildungswesen habe, das ich in der U-Bahn gut sichtbar bei mir trage, damit die Leute mich dafür bewundern können, daß ich Student bin. Ich weiß, es wird Prüfungen geben, eine Zwischenprüfung und eine Abschlußprüfung, aber woraus werden die Fragen sein? Wenn die Professorin jedesmal soviel redet und das Lehrbuch siebenhundert Seiten hat, bin ich geliefert.

Es sind hübsche Mädchen in dem Kurs, und ich möchte eine von ihnen fragen, ob sie mir sagen kann, was ich bis zu der Zwischenprüfung in sieben Wochen alles wissen muß. Ich möchte in die Cafeteria der Universität oder einen Coffee Shop in Greenwich Village gehen und mit dem Mädchen über die Pilgerväter und ihre puritanischen Sitten und Gebräuche plaudern und darüber, daß sie ihren Kindern eine Heidenangst eingejagt haben. Ich könnte dem Mädchen erzählen, daß ich Dostojewski und Melville lese, und sie wäre beeindruckt und würde sich in mich verlieben, und wir würden zusammen die Geschichte des Bildungswesens in Amerika studieren. Sie würde Spaghetti kochen, und wir würden ins Bett gehen, um die Aufregung zu machen, und dann würden wir uns im Bett aufsetzen und das dicke Lehrbuch lesen und überlegen, warum die Menschen im alten Neuengland sich so unglücklich gemacht haben.

Die Männer in dem Kurs mustern die mitschreibenden Frauen, und es ist klar, daß sie der Professorin keinen Funken Aufmerksamkeit schenken. Es ist klar, daß sie sich schon überlegen, mit welchen Mädchen sie hinterher reden sollen, und als die erste Vorlesung aus ist, steuern sie auf die hübschen zu. Sie lächeln unbefangen mit ihren schönen weißen Zähnen, und sie verstehen sich aufs Plaudern, weil sie das schon an der High School geübt haben, wo Jungen und Mädchen gemeinsam unterrichtet werden. Auf jedes hübsche Mädchen wartet immer schon einer draußen auf dem Gang, und dem Mann aus dem Kurs, der mit ihr ein Gespräch angefangen hat, vergeht das Lächeln.

Der Dozent am Samstag morgen ist Mr. Herbert. Die Studentinnen scheinen ihn zu mögen und müssen ihn schon aus anderen Kursen kennen, denn sie erkundigen sich, wie seine Flitterwochen waren. Er lächelt, klimpert mit dem Kleingeld in seiner Hosentasche und erzählt uns von seinen Flitterwochen, und ich frage mich, was das mit der Einführung in die Literatur zu tun hat. Dann stellt er uns die Aufgabe, zweihundert Worte über einen Autor zu schreiben, den wir gern kennenlernen möchten, und warum. Ich entscheide mich für Jonathan Swift, und ich schreibe, daß ich ihn wegen Gullivers Reisen gern kennenlernen möchte. Es muß schön sein, mit einem Mann, der soviel Phantasie hat, eine Tasse Tee oder ein Bier zu trinken.

Mr. Herbert steht auf seinem Podium, schaut die Aufsätze durch und sagt, hmmm, Frank McCourt. Wer von Ihnen ist Frank McCourt?

Ich hebe die Hand und spüre, wie ich rot werde. Ah, sagt Mr. Herbert, Sie mögen Jonathan Swift?

Ja.

Wegen seiner Phantasie, hm?

Ja.

Sein Lächeln ist weg, seine Stimme klingt nicht freundlich, und mir ist unbehaglich, weil aller Augen auf mich gerichtet sind. Er sagt, Sie wissen aber, daß Swift Satiriker ist, nicht wahr?

Ich habe keine Ahnung, was er meint. Ich muß lügen und sage, ja, das weiß ich.

Er sagt, Sie wissen, daß er der wohl bedeutendste Satiriker der englischen Literatur ist?

Ich dachte, er war Ire.

Mr. Herbert schaut in die Klasse und lächelt. Heißt das auch, Mr. McCourt, daß ich, wenn ich von den Jungferninseln stamme, eine Jungfer bin?

Alles lacht, und mein Gesicht glüht. Ich weiß, sie lachen mich aus, weil Mr. Herbert Katz und Maus mit mir gespielt und mich in meine Schranken gewiesen hat. Jetzt erzählt er dem Kurs, daß mein Aufsatz ein Musterbeispiel für ein simplifizierendes Literaturverständnis ist, daß Gullivers Reisen, obwohl man das Buch auch als Kindergeschichte lesen kann, vor allem wegen seiner satirischen Brillanz ein wichtiges Werk der englischen Literatur ist, nicht der irischen, meine Damen und Herren. Er sagt, wenn wir am College bedeutende Literatur lesen, sind wir bestrebt, uns über das Alltägliche und das Kindische zu erheben, und dabei schaut er mich an.

Die Vorlesung geht zu Ende, und die Mädchen scharen sich um Mr. Herbert, lächeln und sagen ihm, wie gut ihnen der Bericht von seinen Flitterwochen gefallen hat, und ich schäme mich und gehe zu Fuß die sechs Treppen hinunter, damit ich nicht im Aufzug zusammen mit Studenten fahren muß, die mich womöglich verachten, weil mir Gullivers Reisen aus den falschen Gründen gefällt, oder auch mit Studenten, die mich bemitleiden. Ich stecke die Bücher in meine Tasche, weil es mir nicht mehr wichtig ist, ob die Leute in der U-Bahn mich bewundern. Ich kann kein Mädchen halten, tauge für keine Büroarbeit und blamiere mich in meiner ersten Literaturvorlesung, und ich frage mich, warum ich überhaupt von Limerick weg bin. Wäre ich dort geblieben und hätte die Eignungsprüfung bei der Post abgelegt, dann wäre ich jetzt Briefträger, würde von Straße zu Straße schlendern, Briefe verteilen, mit den Frauen schwatzen und zum Tee nach Hause gehen, aller Sorgen ledig. Und ich könnte nach Herzenslust Jonathan Swift lesen, ohne mich einen Fiedlerfurz darum zu scheren, ob er ein Satiriker ist oder ein irischer Geschichtenerzähler, ein Seanachie.

24

Tom ist in der Wohnung, singt, macht Irish Stew und plaudert mit der Frau des Hauswirts, des Griechen unten mit der chemischen Reinigung. Die Frau des Hauswirts ist eine dünne Blondine, und ich sehe ihr an, daß ich störe. Ich gehe durch Woodside zur Bibliothek, um ein Buch auszuleihen, das ich mir angesehen habe, als ich das letzte Mal dort war, Sean O'Caseys Ich klopfe an. Es ist ein Buch über eine Dubliner Kindheit in armen Verhältnissen, und ich hätte nie gedacht, daß man über so etwas schreiben kann. Gut, Charles Dickens hat über arme Leute in London geschrieben, aber seine Figuren entdecken am Schluß des Buchs immer, daß sie die lange verschollenen Söhne des Herzogs von Somerset sind, und fortan leben alle glücklich und zufrieden.

Bei Sean O'Casey kann von glücklich und zufrieden keine Rede sein. Seine Augen sind schlimmer als meine, so schlimm, daß er kaum zur Schule gehen kann. Trotzdem schafft er es zu lesen, bringt sich selbst das Schreiben bei, bringt sich Irisch bei, schreibt Stücke für das Abbey Theatre, begegnet Lady Gregory und dem Dichter Yeats, muß aber Irland verlassen, als alle sich gegen ihn wenden. Er würde nie in einem Kurs sitzen und sich wegen Jonathan Swift verspotten lassen. Er würde sich wehren und dann hinausgehen, selbst auf die Gefahr hin, daß er wegen seiner schlimmen Augen gegen die Wand rennt. Von allen irischen Schriftstellern, die ich gelesen habe, ist er der erste, der über Lumpen, Dreck, Hunger und sterbende Babys schreibt. Die anderen verbreiten sich über Bauernhöfe und Feen und den Nebel, der nächtens überm Moor wabert, und es ist eine Erleichterung, einen zu finden, der schlimme Augen und eine notleidende Mutter hat.

Plötzlich entdecke ich, daß eins zum anderen führt. Wenn Sean O'Casey über Lady Gregory oder Yeats schreibt, muß ich die Namen in der Encyclopedia Britannica nachschlagen, und damit habe ich dann zu tun, bis die Bibliothekarin anfängt, das Licht an- und auszumachen. Ich weiß nicht, wie ich in Limerick neunzehn Jahre alt werden konnte und rein gar nichts von dem ahnte, was sich vor meiner Zeit in Dublin abgespielt hat. Ich brauche die Encyclopedia Britannica, um zu erfahren, wie berühmt die irischen Schriftsteller waren, Yeats, Lady Gregory, George William Russell und John Millington Synge, der Stücke geschrieben hat, in denen die Leute reden, wie ich nie jemanden hab reden hören, weder in Limerick noch anderswo.

Da sitze ich also in einer Bibliothek in Queens und entdecke die irische Literatur, und ich frage mich, warum der Schulleiter uns nie von diesen Schriftstellern erzählt hat, bis ich dahinterkomme, daß sie allesamt Protestanten waren, sogar Sean O'Casey, dessen Vater aus Limerick stammte. Niemand in Limerick würde einem Protestanten zugestehen, daß er ein großer irischer Schriftsteller ist.

*

In der zweiten Vorlesung zur Einführung in die Literatur sagt Mr. Herbert, von seinem persönlichen Standpunkt aus sollte ein Werk der Literatur sich vor allem durch eines auszeichnen, nämlich Stil, und der sei zweifellos vorhanden in den Werken von Jonathan Swift, und sein Bewunderer, unser Freund Mr. McCourt, hat ein Gespür dafür. Mr. McCourts Auffassung von Swift ist zwar durch ein gewisses Maß an Naivität gekennzeichnet, doch die wird durch Begeisterung wettgemacht. Mr. Herbert sagt vor dem versammelten Kurs, ich hätte mir als einziger von dreiunddreißig Leuten einen wahrhaft großen Autor ausgesucht, und es sei betrüblich, daß es in diesem Kurs Leute gibt, die allen Ernstes Lloyd Douglas oder Henry Morton Robinson für große Schriftsteller halten. Dann will er wissen, wann und warum ich zum erstenmal Swift gelesen habe, und ich muß ihm erzählen, daß mich in Limerick, als ich zwölf war, ein Blinder dafür bezahlt hat, daß ich ihm Swift vorlese.

Es ist mir peinlich, vor dem ganzen Kurs zu sprechen, wegen der Blamage letzte Woche, aber ich muß tun, was man mir sagt, sonst werfen sie mich womöglich von der Universität. Die anderen sehen mich an und tuscheln, und ich weiß nicht, ob sie sich lustig machen oder mich bewundern. Als die Vorlesung zu Ende ist, nehme ich wieder die Treppe anstelle des Aufzugs, aber ich kann unten nicht zur Tür hinausgehen, weil da ein Notausgang-Schild ist, auf dem steht, daß Alarm ausgelöst wird, wenn man irgendwo dagegendrückt. Ich steige wieder in den fünften Stock hinauf, um doch den Aufzug zu nehmen, aber die Tür dort und die Türen auf den anderen Etagen sind verschlossen, so daß mir nur die Tür im Erdgeschoß bleibt, und prompt geht der Alarm los. Ich werde in ein Büro gebracht, wo ich ein Formular ausfüllen und schriftlich erklären muß, was ich da unten zu suchen hatte und warum ich Feueralarm ausgelöst habe.

Es hat keinen Zweck, eine Erklärung über meine Schwierigkeiten mit dem Dozenten abzugeben, der mich in der ersten Woche lächerlich gemacht und in der zweiten gelobt hat, also schreibe ich hin, daß ich im Aufzug zwar panische Angst bekomme, ihn aber ab sofort trotzdem benutzen werde. Ich weiß, das wollen sie hören, und in der Army habe ich gelernt, daß man am besten fährt, wenn man Bürohengsten sagt, was sie hören wollen, weil es sonst immer einen Höheren gibt, der einen ein noch längeres Formular ausfüllen läßt.

25

Tom sagt, er hat genug von New York, er geht nach Detroit, wo er Bekannte hat und in einer Autofabrik am Fließband gutes Geld machen kann. Er meint, ich soll mitkommen und das College vergessen, es wird Jahre dauern, bis ich meinen Abschluß kriege, und selbst wenn mir das gelingt, werde ich nicht viel verdienen. Wenn du dich am Fließband geschickt anstellst, wirst du zum Vorarbeiter und zum Kontrolleur befördert, und ehe du dich's versiehst, sitzt du in einem Büro, sagst den Leuten, was sie zu tun haben, sitzt da mit Anzug und Krawatte, und deine Sekretärin dir gegenüber wirft ihr Haar zurück, schlägt die Beine übereinander und fragt dich, ob sie irgendwas für dich tun kann, ganz gleich, was.

Natürlich würde ich gern mit Tom mitgehen. Ich hätte gern das Geld, um in einem neuen Wagen mit einer Blondine neben mir, einer Protestantin ohne jeden Sinn für Sünde, durch Detroit zu gondeln. Ich könnte in bunten amerikanischen Sachen nach Limerick zurückkehren, nur würden die dann wissen wollen, was ich in Amerika arbeite, und ich könnte ihnen niemals sagen, ich stehe den ganzen Tag da und stecke irgendwelche Kleinteile in Buicks, die auf dem Fließband vorbeifahren. Lieber würde ich ihnen sagen, ich studiere an der New York University, aber dann würden sie sagen, Universität? Wie in Gottes Namen kommst du an eine Universität, du bist doch schon mit vierzehn von der Schule abgegangen und hast nie eine höhere Schule von innen gesehen. Sie würden womöglich sagen, daß ich schon in Limerick immer das Zeug zum Angeber gehabt hatte, daß ich zu groß für meine Schuhe war, daß ich mir sonstwas einbilde und daß der liebe Gott nun mal manche von uns dazu ausersehen hat, Holz zu hacken und Wasser zu tragen, und für wen oder was ich mich eigentlich halte nach meinen Jahren in den Gassen von Limerick.

*

Horace, der Schwarze, mit dem ich in dem Begasungsraum fast umgekommen wäre, meint, ich bin blöd, wenn ich die Universität verlasse. Er schuftet, damit sein Sohn in Kanada aufs College gehen kann, und das ist in Amerika der einzig mögliche Weg, Mann. Seine Frau putzt in Büros an der Broad Street, und sie tut es gern, weil sie einen braven Jungen oben in Kanada haben, und sie legen jetzt schon ein paar Dollar auf die Seite für seinen Abschluß in zwei Jahren. Ihr Sohn, Timothy, will Kinderarzt werden, damit er nach Jamaica zurückgehen und die kranken Kinder heilen kann.

Horace sagt, ich soll Gott danken, daß ich ein Weißer bin, ein junger Weißer mit GI Bill und bei guter Gesundheit. Vielleicht ein bißchen Ärger mit den Augen, aber was soll's, immer noch besser ein Weißer mit schlimmen Augen als ein Schwarzer mit guten, so ist das in diesem Land. Wenn sein Sohn jemals sagen würde, er will mit dem Studium aufhören und sich an ein Fließband stellen, um Zigarrenanzünder in Autos zu stecken, würde er nach Kanada fahren und ihm den Schädel einschlagen.

Es gibt Männer im Lagerhaus, die mich auslachen und wissen wollen, warum zum Teufel ich in der Mittagspause mit Horace zusammenhocke. Was gibt's denn zu reden mit einem, dessen Großeltern noch auf den Bäumen gesessen haben? Wenn ich mich ans Ende der Rampe setze und ein Buch für meinen Kurs lese, fragen sie mich, ob ich eine Tunte bin, und lassen die Hände am Gelenk abknicken und schlaff herunterhängen. Am liebsten würde ich ihnen meinen Ladehaken in den Schädel rammen, aber Eddie Lynch sagt ihnen, daß sie mit dem Quatsch aufhören und den Jungen in Ruhe lassen sollen, daß sie Primitivlinge sind, deren Großeltern noch durch den Schlamm gekrochen sind, und einen Baum nicht mal dann erkennen würden, wenn sie ihn in den Arsch gerammt bekämen.

Die Männer antworten Eddie nicht, aber sie zahlen es mir beim Entladen der Lastwagen heim, indem sie Kartons oder Kisten plötzlich loslassen, so daß es mir die Arme runterreißt, was ziemlich weh tut. Wenn einer den Gabelstapler fährt, versucht er, mich gegen die Wand zu drücken, und lacht, hoppla, hab dich gar nicht gesehen. Einmal nach dem Mittagessen tun sie ganz freundlich und erkundigen sich, wie mir mein Sandwich geschmeckt hat, und als ich sage, gut, sagen sie, Mist, Mann, hast du nicht die Taubenscheiße rausgeschmeckt, die Joey dir auf den Schinken gestrichen hat?

In meinem Kopf sind dunkle Wolken, und ich hätte gute Lust, mit dem Ladehaken auf Joey loszugehen, aber der Schinken kommt mir hoch, und ich kotze von der Rampe, während die Männer sich anstoßen und lachen, und die einzigen beiden, die nicht lachen, sind Joey, der am Fußende der Rampe steht und zum Himmel schaut, weil jeder weiß, daß er nicht ganz richtig im Kopf ist, und Horace am anderen Ende, der nur zuschaut und nichts sagt.

Aber als der ganze Schinken draußen ist und das Würgen aufhört, weiß ich, was Horace sich denkt. Er denkt, wenn das sein Sohn wäre, Timothy, würde er ihm sagen, er soll machen, daß er hier wegkommt, und da weiß ich, daß ich genau das tun muß. Ich gehe zu Eddie Lynch und gebe meinen Ladehaken ab, mit dem Griff nach vorne, weil es mit dem Haken nach vorne unhöflich wäre. Er nimmt ihn und schüttelt mir die Hand. Er sagt, okay, Junge, alles Gute, für den restlichen Lohn kriegst du einen Scheck. Eddie mag ja ein ungebildeter Rampenchef sein, einer, der sich hochgearbeitet hat, aber er versteht meine Situation, er weiß, was ich denke. Ich gehe zu Horace hinüber und schüttle ihm die Hand. Ich kann nichts sagen, weil ich eine seltsame Zuneigung zu ihm verspüre, die mir das Sprechen schwermacht, und ich wollte, er wäre mein Vater. Er sagt auch nichts, denn er weiß, daß es Zeiten gibt, wo Reden nichts bringt. Er klopft mir auf die Schulter und nickt, und das letzte, was ich bei Port Warehouses höre, ist Eddie Lynch, der sagt, also los, an die Arbeit, ihr Schlappschwänze.

*

An einem Samstagvormittag fahren Tom und ich mit dem Zug zum Busbahnhof in Manhattan. Er ist auf dem Weg nach Detroit, und ich muß meinen Matchsack in eine neue Pension in Washington Heights bringen. Tom kauft eine Fahrkarte, verstaut seine Sachen im Gepäckraum, steigt in den Bus und fragt, bist du sicher? Bist du wirklich sicher, daß du nicht nach Detroit mitkommen willst? Du könntest das herrlichste Leben haben.

Ich könnte ohne weiteres in den Bus steigen. Mein ganzes Hab und Gut ist in dem Matchsack, und ich könnte ihn da hinein zu Toms Gepäck werfen und mir eine Fahrkarte kaufen, und schon wäre ich unterwegs zu einem großen Abenteuer mit Geld und Blondinen und Sekretärinnen, die mir jeden Wunsch erfüllen, jeden, aber ich stelle mir vor, wie Horace mir sagt, wie blöd ich wäre, und ich weiß, daß er recht hätte, und schaue Tom an und schüttle den Kopf, bevor die Bustür sich schließt, und er geht zu seinem Platz, lächelt und winkt.

Auf der ganzen Fahrt mit dem A-Train nach Washington Heights schwanke ich zwischen Tom und Horace, Detroit und der New York University. Warum konnte ich mir nicht einfach Arbeit in einer Fabrik suchen, von acht bis fünf, eine Stunde Mittagspause, zwei Wochen Urlaub im Jahr? Ich könnte jeden Abend nach Hause fahren, duschen, mit einem Mädchen ausgehen, ein Buch lesen, wenn mir danach wäre. Ich müßte mich nicht um Professoren kümmern, die mich diese Woche lächerlich machen und nächste

Woche loben. Ich müßte mich nicht mehr um Aufsätze kümmern, um dicke Lehrbücher als Pflichtlektüre und um Prüfungen. Ich wäre ein freier Mensch.

Aber bei der Fahrt durch Detroit in Zügen oder Bussen würde ich vielleicht Studenten mit ihren Büchern sehen, und ich würde mich fragen, wie ich so blöd sein konnte, die New York University aufzugeben, um am Fließband Geld zu verdienen. Ich weiß, ich wäre nie zufrieden ohne einen Collegeabschluß und würde immer denken, daß mir was entgangen ist.

*

Ich erfahre jeden Tag aufs neue, wie wenig ich weiß, vor allem wenn ich auf eine Tasse Kaffee und ein gegrilltes Käse-Sandwich in die Cafeteria der NYU gehe. Dort sind immer Scharen von Studenten, die ihre Bücher auf den Boden fallen lassen und offenbar nichts anderes zu tun haben, als über ihre Kurse zu reden. Sie beklagen sich über Professoren und verwünschen sie, weil sie ihnen schlechte Noten geben. Sie prahlen, daß sie dieselbe Semesterarbeit für mehrere Kurse verwendet haben, oder sie lachen darüber, wie leicht man einem Professor Arbeiten andrehen kann, die man direkt aus Enzyklopädien abgeschrieben oder aus Büchern entnommen und ein bißchen umgeschrieben hat. Die meisten Kurse sind so groß, daß die Professoren die Arbeiten nur überfliegen können, und die Assistenten haben sowieso keine Ahnung von Ackerbau und Viehzucht. Das sagen die Studenten, für die ist das College anscheinend nur ein amüsantes Spiel.

Alle reden, und keiner hört zu, und ich weiß auch, warum. Ich wäre auch gern ein normaler Student, der redet und sich beklagt, aber ich könnte nie zuhören, wenn andere über den sogenannten Notendurchschnitt reden. Sie reden über den Durchschnitt, weil der einem garantiert, daß man an einer guten Universität weiterstudieren kann, und das ist die Hauptsorge ihrer Eltern.

Wenn die Studenten nicht über ihren Notendurchschnitt reden, diskutieren sie, und zwar über alles, den Sinn des Lebens, die Existenz Gottes, wie schlimm es zugeht auf der Welt, und man weiß nie, wann jemand das eine Wort fallenläßt, bei dem alle diesen ernsten, tiefsinnigen Blick bekommen, Existentialismus. Sie reden stundenlang darüber, daß sie Ärzte und Anwälte werden wollen, bis einer die Hände ausbreitet und erklärt, alles ist sinnlos, der einzige Mensch auf der Welt, der etwas Vernünftiges von sich gibt, ist Albert Camus, und der sagt, das wichtigste, was man jeden Tag tut, ist der Entschluß, nicht Selbstmord zu begehen.

*

Um irgendwann einmal mit meinen Büchern auf dem Fußboden in einer solchen Gruppe sitzen und mit ernster Miene darüber diskutieren zu können, warum alles so sinnentleert ist, werde ich Existentialismus nachschlagen und herausfinden müssen, wer Albert Camus ist. Diesen Vorsatz habe ich so lange, bis die Studenten anfangen, über die verschiedenen Fakultäten zu sprechen, und mir klar wird, daß ich in der bin, auf die alle herabschauen, in der Pädagogischen. Gut ist es, wenn man in der Betriebswirtschaftlichen Fakultät oder am Washington Square College of Arts and Sciences ist, aber die Pädagogik ist die unterste Stufe. Da kann man nur Lehrer werden, und wer will schon Lehrer sein? Die Mütter von manchen Studenten sind Lehrerinnen, und die werden hundsmiserabel bezahlt, Mann, hundsmiserabel. Da reißt du dir den Arsch auf für einen Haufen Bälger, die keinen Respekt vor dir haben, und was kriegst du dafür? Bobkes!

Aus der Art, wie sie das sagen, kann ich mir zusammenreimen, daß es nichts Gutes ist, und schon habe ich wieder ein Wort, das ich nachschlagen muß, zusätzlich zum Existentialismus. Ich bekomme ein dunkles Gefühl, wie ich da in der Cafeteria sitze, mir all die erleuchteten Reden anhöre und mir sagen muß, daß ich nie mit den anderen Studenten gleichziehen werde. Da sitzen sie mit ihren High-School-Abschlüssen, und ihre Eltern legen sich krumm, um sie auf die NYU zu schicken, damit sie Ärzte und Anwälte werden, aber wissen die Eltern eigentlich, wieviel Zeit ihre Söhne und

Töchter damit zubringen, in der Cafeteria zu sitzen und über Existentialismus und Selbstmord zu diskutieren? Und hier sitze ich, dreiundzwanzig Jahre alt und kein High-School-Abschluß, Augen hin, Zähne hin, alles hin, was habe ich hier überhaupt verloren? Ich bin froh, daß ich keinen Versuch gemacht habe, mich zu den gescheiten, selbstmordverliebten Studenten zu setzen. Wenn die dahinterkämen, daß ich Lehrer werden will, würde ich zum Gespött der ganzen Gruppe werden. Vielleicht setze ich mich besser in einen anderen Teil der Cafeteria, zu den künftigen Lehrern von der Pädagogischen Fakultät, aber dann wüßten gleich alle, daß ich zu den Versagern gehöre, die an keinem guten College genommen wurden.

Mir bleibt nichts übrig, als meinen Kaffee auszutrinken, mein gegrilltes Käse-Sandwich aufzuessen und in die Bibliothek zu gehen, um Existentialismus nachzuschlagen und festzustellen, warum Camus so traurig ist. Man weiß ja nie.

26

Meine neue Vermieterin ist Mrs. Agnes Klein, und sie zeigt mir ein Zimmer für zwölf Dollar die Woche. Es ist ein richtiges Zimmer, im Gegensatz zu dem abgeteilten Flurende, das mir Mrs. Austin an der 68th Street vermietet hat. Es gibt ein Bett, einen Schreibtisch, einen Stuhl und eine kleine Couch in der Ecke neben dem Fenster, auf der mein Bruder Michael schlafen kann, wenn er in ein paar Monaten aus Irland kommt.

Ich bin noch kaum richtig zur Tür herein, da erzählt mir Mrs. Klein schon ihre Lebensgeschichte. Sie sagt, ich soll keine voreiligen Schlüsse ziehen. Sie heißt zwar Klein, aber den Namen hat sie von ihrem Mann, der Jude war. Ihr Mädchenname ist Canty, und ich wüßte ja wohl sehr gut, daß es irischer kaum noch geht, und wenn ich zu Weihnachten nicht weiß, wo ich hinsoll, kann ich das Fest mit ihr verbringen und mit ihrem Sohn Michael, was von ihm übrig ist. Ihr Mann Eddie ist an all ihrem Unglück schuld. Kurz vor dem Krieg ist er mit ihrem damals vier Jahre alten Sohn Michael Hals über Kopf nach Deutschland gefahren, weil seine Mutter im Sterben lag und er dachte, er würde ihr Vermögen erben. Natürlich wurden sie abgeholt, die ganze Klein-Sippe, mitsamt der Mutter, und ins KZ gebracht. Zwecklos, den Scheißnazis zu sagen, daß Michael amerikanischer Staatsbürger ist, geboren in Washington Heights. Ihr Mann wurde nie wieder gesehen, aber Michael hat überlebt, und nach Kriegsende konnte der arme Junge den Amerikanern immerhin noch sagen, wer er war. Sie sagt, was von ihm übrig ist, liegt in dem kleinen Zimmer am Ende des Flurs. Sie sagt, ich soll am Weihnachtstag in ihre Küche kommen, so um zwei Uhr nachmittags, und vor dem Essen einen Schluck mit ihr trinken. Truthahn wird es keinen geben, sie kocht lieber europäisch, wenn es mir nichts ausmacht. Sie sagt, ich soll nicht ja sagen, wenn ich es nicht ehrlich meine, ich muß nicht zum Weihnachtsessen kommen, wenn ich woandershin kann, zu einem irischen Mädchen, das mir Kartoffelbrei macht. Um sie brauche ich mich nicht zu kümmern. Es wäre nicht das erste Weihnachten, wo niemand da ist außer Michael am Ende des Flurs, was von ihm übrig ist.

Am Weihnachtstag kommen seltsame Gerüche aus der Küche, und Mrs. Klein schiebt irgendwelche Dinger in der Pfanne herum. Piroggen, sagt sie, polnisch. Michael ißt sie für sein Leben gern. Kommen Sie, trinken Sie einen Wodka mit Orangensaft. Das ist gut in dieser Jahreszeit, wenn die Grippe umgeht.

Wir setzen uns mit unseren Drinks ins Wohnzimmer, und sie redet von ihrem Mann. Sie sagt, wir würden nicht hier sitzen und Wodka trinken und die Piroggen aufwärmen, wenn er hier wäre. Für ihn war Weihnachten ein Tag wie jeder andere.

Sie beugt sich vor, um eine Kerze aufzurichten, und die Perücke fällt ihr vom Kopf, und wegen des Wodkas, den ich intus habe, muß ich laut lachen, als ich ihren Schädel mit den kleinen braunen

Haarbüscheln sehe. Lachen Sie nur, sagt sie. Eines Tages wird Ihre Mutter ihre Perücke verlieren, und ich bin gespannt, ob Sie dann auch lachen. Sie stülpt sich die Perücke wieder über.

Ich sage ihr, meine Mutter hat schönes Haar, und sie sagt, Kunststück, Ihre Mutter hat ja auch keinen geistesgestörten Mann gehabt, der den Nazis direkt in die Arme gelaufen ist. Wenn er nicht diesen Blödsinn gemacht hätte, würde Michael, was von ihm übrig ist, nicht da hinten im Bett liegen, sondern einen Wodka trinken, und das Wasser würde ihm im Mund zusammenlaufen nach seinen Piroggen. Ach, du meine Güte, die Piroggen.

Sie springt auf und läuft in die Küche. Na ja, sie sind ein bißchen angebrannt, aber dann werden sie wenigstens schön knusprig. Meine Lebensphilosophie ist ja, wollen Sie wissen, was meine Lebensphilosophie ist? Meine Lebensphilosophie ist, daß man alles, was einem in der Küche danebengeht, zu seinem Vorteil wenden kann. Kommen Sie, wir trinken noch einen Wodka, während ich das Sauerkraut koche und die Kielbasa brate.

Sie schenkt den Wodka ein und faucht mich an, als ich sie frage, was Kielbasa ist. Nicht zu glauben, sagt sie, dieses Unwissen in der Welt. Zwei Jahre in der U.S. Army, und Sie haben nie was von Kielbasa gehört? Kein Wunder, daß die Kommunisten an die Macht kommen. Das ist polnisch, Herrgott noch mal, eine Wurst, und Sie sollten mir zuschauen, während ich sie brate, für den Fall, daß Sie mal eine Frau heiraten, die keine Irin ist, eine nettes Mädchen, das eventuell gern Kielbasa ißt.

Mit dem dritten Wodka in der Hand stehen wir in der Küche, während die Kielbasa brutzelt und das Sauerkraut nach Essig riecht. Mrs. Klein stellt drei Teller auf ein Tablett und gießt ein Glas Manischewitz ein, für Michael, was von ihm übrig ist. Das mag er, sagt sie, einen Manischewitz zu den Piroggen und der Kielbasa.

Ich folge ihr durchs Schlafzimmer in einen kleinen dunklen Raum, wo Michael, was von ihm übrig ist, im Bett sitzt und vor sich hin starrt. Wir holen Stühle und benutzen sein Bett als Tisch. Mrs. Klein stellt das Radio an, und wir hören Akkordeonmusik, wumpa

wumpa. Das ist seine Lieblingsmusik, sagt sie. Alles Europäische. Er kriegt Heimweh, wissen Sie, Heimweh nach Europa, Herrgott noch mal. Nicht wahr, Michael? Hab ich nicht recht? Ich rede mit dir. Frohe Weihnachten, Michael, frohe Scheißweihnachten. Sie reißt sich die Perücke runter und wirft sie in die Ecke. Schluß mit dem Getue, Michael. Ich hab die Nase voll. Sag was, oder ich koche nächstes Jahr amerikanisch. Nächstes Jahr Truthahn, Michael, mit Füllung, Preiselbeersoße, die ganze Latte, Michael.

Er stiert geradeaus, und das Kielbasafett glänzt auf seinem Teller. Seine Mutter fummelt am Radio, bis sie Bing Crosby mit White Christmas findet. Gewöhn dich schon mal dran, Michael. Nächstes Jahr Crosby mit Füllung. Hol der Teufel die Kielbasa.

Sie schiebt ihren Teller auf dem Bett beiseite und schläft mit dem Kopf neben Michaels Arm ein. Ich warte eine Zeitlang, trage mein Essen in die Küche, schütte es in den Abfall, gehe in mein Zimmer und falle ins Bett.

*

Timmy Coyne arbeitet bei der Merchants Refrigerating Company und wohnt in Mary O'Briens Pension, 720 West 180th Street, ganz in meiner Nähe. Er sagt, du kannst jederzeit auf eine Tasse Tee vorbeikommen, Mary ist wirklich nett.

Es ist keine richtige Pension, sondern eine große Wohnung, die sich vier Mann teilen, von denen jeder achtzehn Dollar die Woche zahlt. Sie kriegen immer ein anständiges Frühstück, anders als bei den Logans in der Bronx, wo man zur Messe gehen oder im Stand der Gnade sein mußte. Mary sitzt am Sonntagmorgen lieber in ihrer Küche, trinkt Tee, raucht Zigaretten und lächelt über die Pensionsgäste und ihre Geschichten darüber, wie sie zu einem so fürchterlichen Kater gekommen sind, daß sie sich schwören, nie wieder. Sie sagt mir, ich kann sofort bei ihr einziehen, wenn einer von den Jungs nach Irland zurückgeht. Irgendwann tun sie das alle, sagt sie. Sie denken, sie könnten ein paar Dollar zusammenkratzen und sich auf dem alten Familienhof niederlassen, mit einem Mädchen aus dem Dorf, aber was fängst du an, wenn du Abend für Abend nur deiner eigenen Frau gegenübersitzt, die im Licht vom Kaminfeuer strickt, und du denkst an die Lichter von New York, die Tanzsäle auf der East Side und die hübschen gemütlichen Bars an der Third Avenue.

Ich würde gern bei Mary O'Brien einziehen, um von Mrs. Agnes Klein wegzukommen, die anscheinend immer hinter der Tür steht und darauf lauert, daß sich mein Schlüssel im Schloß dreht, damit sie mir ein Glas Wodka mit Orangensaft in die Hand drücken kann. Es ist ihr egal, daß ich für meine Kurse an der NYU etwas lesen oder eine Arbeit schreiben muß. Es ist ihr egal, daß ich völlig fertig bin von der Mitternachtsschicht auf den Piers oder den Lagerhausrampen. Sie will mir partout ihre Lebensgeschichte erzählen, wie Eddie sie besser als jeder Ire in Grund und Boden geflirtet hat, und nehmen Sie sich bloß in acht vor den jüdischen Mädchen, Frank, die können auch sehr charmant sein und sehr, wie sagt man noch, sehr sinnlich, und ehe Sie sich's versehen, treten Sie aufs Glas.

Aufs Glas treten?

Ja, genau, Frank. Ich darf Sie doch Frank nennen? Die heiraten Sie nicht, wenn Sie nicht auf das Weinglas treten, es zertreten. Dann verlangen sie von Ihnen, daß Sie konvertieren, damit die Kinder Juden werden und einmal alles erben. Aber das hab ich nicht gemacht. Ich wollte eigentlich, aber meine Mutter hat gesagt, wenn ich jemals zum Judentum übertrete, springt sie von der George-Washington-Brücke, und unter uns gesagt, mir wär das scheißegal gewesen, von mir aus hätte sie ruhig springen und auf einen unten durchfahrenden Schlepper krachen können. Das war nicht der Grund, daß ich keine Jüdin geworden bin. Meinen Glauben hab ich meinem Vater zuliebe behalten, ein anständiger Mann, bißchen Probleme mit dem Trinken, aber was konnte man erwarten mit einem Namen wie Canty, der über die ganze Grafschaft Kerry verbreitet ist, die möcht ich noch mal wiedersehen, wenn Gott mir die Gesundheit erhält. Es heißt, Kerry ist so schön grün, aber ich sehe nie irgendwelches Grün. Ich sehe nichts außer dieser Wohnung und dem Supermarkt, nichts als die Wohnung und Michael, was von ihm übrig ist, am Ende vom Flur. Mein Vater hat gesagt, es bricht ihm das Herz, wenn ich zum jüdischen Glauben übertrete, nicht daß er was gegen die Juden hätte, dieses bedauernswerte, leidgeprüfte Volk, aber wir hätten schließlich auch gelitten, und ich wolle doch nicht im Ernst Generationen von Menschen, die alle naslang gehängt oder verbrannt wurden, den Rücken kehren? Er war bei meiner Hochzeit, meine Mutter nicht. Sie hat gesagt, was ich da mache, das bedeutet praktisch, daß ich Christus wieder ans Kreuz nagle, mitsamt Wunden und allem. Sie hat gesagt, in Irland würden sie lieber verhungern, als eine protestantische Suppe zu essen, und was würden die von mir denken? Eddie hat mich in die Arme genommen und mir gesagt, er hätte auch Ärger mit seiner Familie, hat mir gesagt, wenn man jemanden liebt, kann man der ganzen Welt sagen, leck mich am Arsch, und jetzt schauen Sie sich an, was aus ihm geworden ist, in einem gottverdammten Verbrennungsofen ist er gelandet, der Herr vergebe mir meine Ausdrücke.

Sie setzt sich auf mein Bett, stellt ihr Glas auf den Boden und schlägt die Hände vors Gesicht. Mein Gott, mein Gott, sagt sie. Ich kann nicht mehr schlafen, weil ich immer daran denken muß, was sie ihm angetan haben und was Michael wohl gesehen hat. Was hat Michael gesehen? Ich habe Bilder in den Zeitungen gesehen. Lieber Gott. Und ich kenne sie, die Deutschen. Sie leben auch hier. Sie haben Feinkostläden und Kinder, und ich frage sie, haben Sie meinen Eddie umgebracht? Dann schauen sie mich an.

Sie weint, streckt sich auf meinem Bett aus und schläft ein, und ich weiß nicht, ob ich sie wecken und ihr sagen soll, daß ich selbst hundemüde bin, daß ich nicht zwölf Dollar die Woche zahle, damit sie auf meinem Bett einschlafen kann, während ich versuche, auf der harten Couch in der Ecke zu schlafen, die auf meinen Bruder Michael wartet, der in ein paar Monaten kommt.

Das alles erzähle ich Mary O'Brien und ihren Pensionsgästen, und sie schütten sich aus vor Lachen. Mary sagt, ach, Gott schütze sie, ich kenne die arme Agnes und das ganze Drum und Dran. An manchen Tagen dreht sie völlig durch, läuft ohne ihre Perücke in der Nachbarschaft herum umd fragt jeden, wo der Rabbi ist, weil sie konvertieren will, für ihren Sohn, den armen Michael im Bett, was von ihm übrig ist.

Alle vierzehn Tage kommen zwei Nonnen, um Mrs. Klein zu helfen. Sie waschen Michael, was von ihm übrig ist, und beziehen sein Bett frisch. Sie machen die Wohnung sauber und beaufsichtigen Mrs. Klein, während sie ein Bad nimmt. Sie bürsten ihre Perücke, damit sie nicht so struppig aussieht. Heimlich verdünnen sie ihr den Wodka mit Wasser, und wenn sie trotzdem betrunken wird, dann liegt es bloß an ihrem Kopf.

Schwester Mary Thomas ist neugierig, was mich und mein Leben betrifft. Ob ich meine Religion ausübe und auf welche Schule ich denn gehe, ich hätte so viele Bücher und Hefte. Als ich NYU sage, runzelt sie die Stirn und will wissen, ob ich keine Angst habe, in so einer Umgebung meine Religion zu verlieren. Ich kann ihr nicht gut sagen, daß ich schon seit Jahren nicht mehr zur Messe gehe, denn sie und Schwester Beatrice sind ja so gut zu Mrs. Klein und Michael im Bett, was von ihm übrig ist.

Schwester Mary Thomas flüstert mir etwas ins Ohr, was ich keiner Menschenseele verraten darf, außer einem Priester, nämlich daß sie sich die Freiheit genommen hat, Michael zu taufen. Schließlich ist er kein echter Jude, weil seine Mutter irische Katholikin ist, und sie, die Schwester, mag gar nicht daran denken, was mit Michael wäre, wenn er ohne das Sakrament sterben würde. Hat er nicht in Deutschland schon genug gelitten, wo er als kleiner Junge zusehen mußte, wie sein Vater abgeführt wurde oder noch Schlimmeres? Und hat er nicht ein Recht auf die Reinigung der Taufe, für den Fall, daß er eines Morgens nicht mehr aufwacht da in seinem Bett?

Sie will wissen, welche Rolle ich hier spiele. Animiere ich Agnes zum Trinken, oder ist es umgekehrt? Ich sage ihr, ich habe gar keine Zeit für so was, ich bin vollauf beschäftigt, weil ich studiere und arbeite und irgendwann ja auch ein bißchen schlafen muß. Sie fragt mich, ob ich ihr einen kleinen Gefallen tun möchte, etwas, was ihr sehr auf der Seele liegt. Wenn ich mal einen Moment Zeit habe und die arme Agnes gerade schläft oder besinnungslos ist vom Wodka, ob ich dann ans Ende des Flurs gehen, vor Michaels Bett niederknien und ein paar Ave-Marias beten könnte, vielleicht ein Gesätz vom Rosenkranz? Wahrscheinlich kriegt er nichts mit, aber man weiß ja nie. Mit Gottes Hilfe könnten die Ave-Marias in sein armes verstörtes Gehirn einsickern und ihm helfen, ins Reich der Lebenden zurückzukehren, zurück zum wahren Glauben, der von der Seite seiner Mutter auf ihn gekommen ist.

Wenn ich das tue, wird sie für mich beten. Vor allem wird sie darum beten, daß ich die NYU verlasse, die bekanntlich eine Brutstätte des Kommunismus ist, an der ich in großer Gefahr bin, meine unsterbliche Seele zu verlieren, und was hülfe es dem Menschen, wenn er die ganze Welt gewönne, und nähme doch Schaden an seiner Seele? Es müsse doch bei Gott in Fordham oder St. John's einen Platz für mich geben, Universitäten, die nicht solche Brutstätten des atheistischen Kommunismus seien wie die NYU. Ich täte gut daran, die NYU zu verlassen, bevor Senator McCarthy sie sich vorknöpft, Gott segne und beschütze ihn. Ist es nicht so, Schwester Beatrice?

Die andere Nonne nickt nur, weil sie so beschäftigt ist, daß sie selten etwas sagt. Während Schwester Mary Thomas versucht, meine Seele vor dem atheistischen Kommunismus zu retten, badet Schwester Beatrice Mrs. Klein oder wäscht Michael, was von ihm übrig ist. Manchmal, wenn Schwester Beatrice die Tür zu Michaels Zimmer aufmacht, kann einem schon auf dem Flur schlecht werden von dem Geruch, aber das hält sie nicht davon ab, zu ihm hineinzugehen. Sie wäscht ihn trotzdem und wechselt seine Bettwäsche, und dabei hört man sie Kirchenlieder summen. Wenn Mrs. Klein zuviel getrunken hat und zu quengeln anfängt, weil sie nicht baden will, nimmt Schwester Beatrice sie in die Arme, summt ihre Kirchenlieder und streichelt die kleinen braunen Haarbüschel auf Mrs. Kleins Kopf, bis sie wie ein Kind in ihren Armen liegt. Dann wird Schwester Mary Thomas ungehalten und sagt zu Mrs. Klein, Sie haben kein Recht, uns derart die Zeit zu stehlen. Wir haben auch noch andere arme Seelen zu betreuen, Katholiken, Mrs. Klein, Katholiken.

Ich bin auch Katholikin, wimmert Mrs. Klein. Ich bin auch Katholikin.

Darüber ließe sich streiten, Mrs. Klein.

Und wenn Mrs. Klein zu schluchzen anfängt, zieht Schwester Beatrice sie noch enger an sich, drückt ihr die flache Hand auf den Scheitel und summt mit einem feinen, gen Himmel gerichteten Lächeln ihre Lieder. Schwester Mary Thomas droht mir mit dem Finger und sagt, hüten Sie sich davor, sich außerhalb des wahren Glaubens zu verehelichen. Sie sehen ja, wohin das führt.

27

Ich habe einen Brief bekommen, ich soll mich bei meinem Studienberater in der englischen Abteilung, Mr. Max Bogart, melden. Er sagt, meine Noten sind unbefriedigend, B minus in Geschichte des Bildungswesens in Amerika und C in Einführung in die Literatur. Ich müsse in meinem Probejahr einen Durchschnitt von B erreichen, wenn ich weiterstudieren möchte. Schließlich, sagt er, hat die Leiterin des Zulassungsbüros Ihnen einen Gefallen getan, als sie Sie ohne High-School-Zeugnis zum Studium zuließ, und jetzt enttäuschen Sie sie so.

Ich muß arbeiten.

Was soll das heißen, Sie müssen arbeiten? Jeder muß arbeiten.

Ich muß in der Nacht und manchmal auch tagsüber arbeiten, am Hafen, in Lagerhäusern.

Er sagt, ich muß mich entscheiden, entweder Arbeit oder Studium. Er will noch mal ein Auge zudrücken und mir eine weitere

Probezeit zugestehen. Nächsten Juni will er dann aber mindestens einen Durchschnitt von einem glatten B bei mir sehen.

Ich hätte nie gedacht, daß das College nur aus Zahlen und Buchstaben und Notendurchschnitten besteht und daß die einem Probezeiten aufbrummen. Ich dachte, ich käme an einen Ort, wo mich ebenso gelehrte wie warmherzige Männer und Frauen freundlich unterrichten und, wenn ich etwas nicht verstehe, eine Pause machen und es mir geduldig erklären. Ich wußte nicht, daß ich mit Dutzenden, manchmal über hundert anderen Studenten einen Kurs nach dem anderen würde besuchen müssen, in denen die Professoren dozieren, ohne einen auch nur anzusehen. Manche Professoren schauen aus dem Fenster oder an die Decke, andere stekken die Nase in ihre Notizen und lesen von Papier ab, das alt und vergilbt ist und schon langsam zerbröselt. Wer Fragen stellt, wird mit einer Handbewegung abgewimmelt. Dabei setzen sich in englischen Romanen die Studenten in Oxford und Cambridge immer in den Räumen des Professors zusammen, trinken Sherry und diskutieren über Sophokles. Ich würde auch gern über Sophokles diskutieren, aber dazu müßte ich ihn erst lesen, und dafür bleibt nach der Nachtarbeit bei Merchants Refrigerating keine Zeit.

Wenn ich über Sophokles diskutieren und mir schwermütige Gedanken über den Existentialismus und Camus' Selbstmordproblem machen soll, muß ich Merchants Refrigerating aufgeben. Ohne die Nachtarbeit könnte ich in der Cafeteria sitzen und über Pierre oder Im Kampf mit der Sphinx und Schuld und Sühne oder Shakespeare im allgemeinen reden. In der Cafeteria sind Mädchen mit Namen wie Rachel und Naomi, und das sind die, vor denen mich Mrs. Klein gewarnt hat, jüdische Mädchen, die sehr sinnlich sind. Ich hätte gern den Mut, sie anzusprechen, denn sie sind wahrscheinlich wie die protestantischen Mädchen, voller Verzweiflung über die allgemeine Leere, ohne jeden Sinn für Sünde und aufgeschlossen für Sinnlichkeiten jeder Art.

*

Im Frühjahr 1954 bin ich Vollzeitstudent an der NYU und arbeite nur noch nebenbei, auf den Docks oder in Lagerhäusern oder wenn die Zeitarbeitagentur mir eine Aushilfsstelle vermittelt. Die erste ist in einer Hutfabrik an der Seventh Avenue. Der Besitzer, Mr. Meyer, sagt, die Arbeit ist kinderleicht. Ich brauche nur die Damenhüte nehmen, alle in gedeckten Farben, die Federn in verschiedene Farbtöpfe tauchen, sie trocknen lassen, die Farbe auf den Hut abstimmen und die Feder am Hut befestigen. Kinderleicht, oder? Tja, das denkst du, sagt Mr. Meyer, aber als ich mal ein paar von meinen puertoricanischen Hilfskräften probeweise dafür eingeteilt habe, sind Farbkombinationen dabei rausgekommen, von denen man blind wurde. Diese PRs denken, das Leben ist eine einzige Osterprozession, aber das ist es nicht. Man braucht Geschmack, um eine Feder einem Hut anzupassen, Geschmack, mein Freund. Die kleinen jüdischen Damen in Brooklyn wollen zum Passahfest ja schließlich nicht die Osterprozession auf dem Kopf herumtragen, verstehst du?

Er sagt zu mir, ich sehe ziemlich intelligent aus, Collegestudent, stimmt's? So eine leichte Arbeit dürfte kein Problem für mich sein und wenn doch, dann dürfte ich gar nicht aufs College gehen. Er ist die nächsten Tage nicht da, ich werde also auf mich gestellt sein, abgesehen von den Puertoricanerinnen an den Nähmaschinen und Zuschneidetischen. Ja, sagt er, die PR-Damen werden sich schon um dich kümmern, ha, ha.

Ich möchte ihn noch fragen, welche Farben zusammenpassen und welche nicht, aber da ist er schon weg. Ich tauche Federn in Töpfe, und wenn ich sie an den Hüten anbringe, fangen die puertoricanischen Mädchen und Frauen an zu kichern und zu lachen. Ich mache einen Schwung fertig, und sie legen die Hüte in die Regale an der Wand und bringen mir einen neuen Schwung. Die ganze Zeit versuchen sie, sich das Lachen zu verbeißen, aber es gelingt ihnen nicht, und ich kann nichts dagegen tun, daß ich rot werde. Ich versuche, Abwechslung in die Farbzusammenstellungen zu bringen, indem ich die Federn in mehrere Töpfe tauche, so daß sich ein

Regenbogeneffekt ergibt. Eine der Federn verwende ich als Pinsel und male damit Punkte, Streifen, Sonnenuntergänge, zunehmende und abnehmende Monde, wellige Flüsse mit schwänzelnden Fischen und nistende Vögel auf die anderen Federn, und die Frauen biegen sich so vor Lachen, daß sie nicht mehr weiternähen können. Ich wollte, ich könnte mit ihnen reden und sie fragen, was ich falsch mache. Ich möchte ihnen sagen, es wurde mir nicht an der Wiege gesungen, daß ich mal Federn an Hüte würde stecken müssen, ich bin ein Collegestudent, der in Deutschland Hunde dressiert und im New Yorker Hafen gearbeitet hat.

Nach drei Tagen kommt Mr. Meyer wieder, und als er die Hüte sieht, bleibt er wie vom Donner gerührt stehen. Er schaut die Frauen an, und die schütteln die Köpfe, wie um zu sagen, es ist schon eine verrückte Welt. Er fragt, was hast du dir denn dabei gedacht? Ich weiß nicht, was ich darauf antworten soll. Er sagt, Allmächtiger, bist du etwa Puertoricaner oder so was?

Nein, Sir.

Ire, stimmt's? Ja, das ist es. Vielleicht bist du ja farbenblind. Danach hab ich dich gar nicht gefragt. Hab ich dich nach deiner Farbenblindheit gefragt?

Nein, Sir.

Wenn du nicht farbenblind bist, dann weiß ich nicht, wie du diese Kombinationen erklären willst. Dagegen sind die Puertoricaner ja geradezu eintönig, das kann ich dir sagen. Eintönig. Wahrscheinlich ist das was typisch Irisches, kein Gefühl für Farbe, keine Kunst, Herrgott noch mal. Oder kennst du irische Maler? Nenn mir einen.

Ich weiß keinen.

Aber du hast schon mal was von van Gogh gehört, oder? Rembrandt? Picasso?

Ja.

Siehst du, das meine ich. Ihr Iren seid nette Leute, tolle Sänger, John McCormack. Tolle Polizisten, Politiker, Priester. Jede Menge Priester in Irland, aber keine Maler. Oder hast du schon mal ein irisches Gemälde an der Wand gesehen? Einen Murphy, einen Reilly, einen Rooney? Nein, Junge. Ich glaube, es liegt daran, daß ihr bloß eine einzige Farbe kennt, Grün. Stimmt's? Ich geb dir einen guten Rat, laß die Finger von allem, was mit Farben zu tun hat. Geh zur Polizei oder in die Politik, freu dich über deinen Lohnscheck und mach dir ein schönes Leben. Nichts für ungut.

Bei der Zeitarbeitagentur schütteln sie den Kopf. Sie hätten gedacht, das ist die ideale Arbeit für mich, ich gehe doch aufs College, nicht wahr? Was ist denn so schwer daran, Federn an Hüte zu stecken? Mr. Meyer hat sie angerufen und gesagt, schickt mir bloß keine irischen Studenten mehr. Die sind farbenblind. Schickt mir irgendeinen Trottel, der Farben unterscheiden kann und mir meine Hüte nicht versaut.

Sie sagen, ja, wenn ich tippen könnte, dann hätten sie alle möglichen Stellen für mich. Ich sage, ich kann tippen, ich hab's bei der Army gelernt und bin richtig gut.

Sie schicken mich in Büros überall in Manhattan. Von neun bis fünf sitze ich an Schreibtischen und tippe Listen, Rechnungen, Adressen auf Umschläge, Frachtbriefe. Abteilungsleiter sagen mir einmal, was ich tun soll, und reden dann nur noch mit mir, wenn ich etwas falsch mache. Die anderen Büroangestellten ignorieren mich, weil ich nur eine Aushilfe und morgen vielleicht schon nicht mehr da bin. Ich bin Luft für sie. Ich könnte an meinem Schreibtisch sterben, und sie würden über mich hinweg darüber reden, was sie gestern abend im Fernsehen gesehen haben und daß sie am Freitag nachmittag möglichst früh abhauen und nach Jersey ans Meer fahren wollen. Sie lassen sich Kaffee und Gebäck bringen und fragen mich nicht, ob ich auch manchmal esse und trinke. Immer wenn etwas Ungewöhnliches geschieht, ist das ein Vorwand für eine Feier. Es gibt Geschenke für Leute, die befördert werden, schwanger werden, sich verloben oder heiraten, und dann stehen sie in der Stunde vor Feierabend alle am anderen Ende des Büros herum, trinken Wein und essen Cracker mit Käse. Frauen kommen mit ihren neuen Babys vorbei, und alle anderen Frauen rennen hin und kitzeln sie und sagen, ist sie nicht süß? Sie hat deine Augen, Miranda, eindeutig deine Augen. Die Männer sagen etwas wie, hallo, Miranda. Siehst gut aus. Hübsches Kind. Mehr können sie nicht sagen, weil Männer wegen eines Babys nicht gleich aus dem Häuschen geraten dürfen. Mich laden sie zu den Feiern nicht ein, und ich komme mir komisch vor, wie ich auf meiner Schreibmaschine herumhacke, während alle anderen sich amüsieren. Wenn ein Vorgesetzter eine kleine Rede hält und ich an meiner Maschine sitze, ruft er quer durchs Büro, Entschuldigung, Sie da hinten, können Sie mal kurz mit dem Krach aufhören, ja? Man versteht ja seine eigenen Gedanken nicht.

Ich weiß nicht, wie die Tag für Tag, jahrein, jahraus in diesen Büros arbeiten können. Ich muß ständig auf die Uhr schauen, und manchmal denke ich, ich stehe einfach auf und gehe, wie seinerzeit bei der Versicherungsgesellschaft Blue Cross. Den Leuten im Büro macht es anscheinend nichts aus. Sie gehen an den Wasserkühler, sie gehen auf die Toilette, sie gehen von Schreibtisch zu Schreibtisch und schwatzen, telefonieren von einem Schreibtisch zum anderen, bewundern gegenseitig ihre Kleider, ihre Frisuren, ihr Make-up, und vor allem bewundern sie es, wenn jemand Diät macht und ein paar Kilo abnimmt. Sagt jemand einer Frau, daß sie abgenommen hat, dann lächelt sie nach einer Stunde immer noch und streicht sich mit den Händen über die Hüften. Die Büroleute prahlen mit ihren Kindern, ihren Frauen, ihren Männern und träumen von ihrem zweiwöchigen Urlaub.

Ich werde zu einer Import-Export-Firma an der Fourth Avenue geschickt. Man legt mir einen Stapel Schriftstücke hin, die irgendwas mit der Einfuhr von japanischen Puppen zu tun haben. Ich soll das von einem Blatt aufs andere übertragen. Auf der Bürouhr ist es neun Uhr dreißig. Ich schaue zum Fenster hinaus. Die Sonne scheint. Ein Mann und eine Frau küssen sich vor einem Coffee Shop auf der anderen Straßenseite. Auf der Bürouhr ist es neun Uhr dreiunddreißig. Der Mann und die Frau verabschieden sich und gehen in entgegengesetzten Richtungen davon. Sie drehen sich um. Sie rennen aufeinander zu und küssen sich noch einmal. Auf der Bürouhr ist es neun Uhr sechsunddreißig. Ich nehme meine Jacke von der Stuhllehne und ziehe sie an. Der Bürochef steht in der Tür von seinem Kabäuschen und fragt, he, was ist denn los? Ich antworte nicht. Vor dem Aufzug warten Leute, aber ich gehe zur Treppe und renne die sieben Stockwerke runter, so schnell ich kann. Das küssende Paar ist verschwunden, und das ist schade. Ich hätte die beiden so gern noch einmal gesehen. Ich hoffe, sie müssen nicht in Büros, wo sie Listen mit japanischen Puppen abtippen oder allen verkünden, daß sie verlobt sind, damit der Bürochef ihnen eine Stunde mit Wein und Käse und Crackern genehmigt.

*

Mein Bruder Malachy ist jetzt bei der Air Force und schickt meiner Mutter jeden Monat einen Teil seines Solds, so daß es ihr ganz gut geht in Limerick. Sie hat das Haus mit dem Garten davor und dahinter, wo sie Blumen pflanzen und Zwiebeln anbauen kann, wenn sie will. Sie hat genug Geld für Kleider und Bingo und Ausflüge ans Meer bei Kilkee. Alphie ist bei den Christlichen Brüdern in der Schule, wo er eine höhere Bildung bekommt, so daß er später mal die besten Berufsaussichten hat. In dem komfortablen neuen Haus mit den neuen Betten, Laken, Decken und Kopfkissen braucht er sich nicht mehr die ganze Nacht mit den Flöhen abzuplagen, es gibt ja DDT, und er braucht auch nicht jeden Morgen Feuer im Herd zu machen, weil sie einen Gasherd haben. Er kann jeden Tag ein Ei essen, wenn er will, und braucht nicht mal drüber nachzudenken so wie wir damals. Er hat was Anständiges zum Anziehen und ordentliche Schuhe und braucht auch bei schlechtem Wetter nicht zu frieren.

Es wird Zeit für mich, Michael zu schreiben, damit er nach New York kommt und mal was von der Welt sieht. Als er ankommt, ist er so mager, daß ich sofort mit ihm hinausgehen und ihn mit Hamburgern und Apfelkuchen füttern möchte. Er wohnt eine Zeitlang mit mir bei Mrs. Klein und übernimmt verschiedene Gelegenheitsarbeiten, aber er läuft Gefahr, zur Army eingezogen zu werden, und meint, besser, er geht freiwillig zur Air Force, die Uniform hat so ein schönes Blau, das vermutlich anziehender auf Mädchen wirkt als das Kackegelb von der Army. Wenn Malachy aus der Air Force entlassen wird, kann Michael die monatlichen Zahlungen übernehmen, mit denen meine Mutter noch mal drei Jahre gut über die Runden kommt, so daß ich nur für mich selbst sorgen muß, bis ich meinen Abschluß an der NYU mache.

28

Als sie in die Psychologie-Vorlesung geschlendert kommt, fällt sogar dem Professor die Kinnlade runter, und er zerbricht das Stück Kreide, das er gerade in der Hand hat. Er sagt, entschuldigen Sie, Miss, und sie schenkt ihm ein solches Lächeln, daß er nicht anders kann, als zurückzulächeln. Entschuldigen Sie, Miss, sagt er, aber wir sitzen in alphabetischer Reihenfolge, ich müßte Ihren Namen wissen.

Alberta Small, sagt sie, und er zeigt auf eine Reihe hinter mir, und es würde uns nichts ausmachen, wenn sie den ganzen Tag braucht, um zu ihrem Platz zu gelangen, weil wir uns nicht satt sehen können an ihrem blonden Haar, den blauen Augen, dem sinnlichen Mund, einem Busen, der ein Anlaß zur Sünde ist, und einer Figur, die so ein Pulsieren in der Körpermitte auslöst. Ein paar Reihen hinter mir sagt sie leise, tut mir leid, und ein Rascheln und Flattern hebt an, wo die Studenten ihretwegen aufstehen müssen.

Ich wäre gern einer von denen, die aufstehen müssen, und hätte gern, daß sie mich streift, mich berührt.

Als die Vorlesung zu Ende ist, warte ich, um sie im Mittelgang vorbeizulassen, damit ich sie kommen und gehen sehe mit dieser

Figur, die man sonst nur in Filmen sieht. Sie geht vorbei und lächelt mir kurz zu, und ich frage mich, warum ist Gott so gnädig, daß er mir ein kleines Lächeln von der liebreizendsten Studentin an der ganzen NYU gewährt, so blond und blauäugig, daß sie einem Stamm skandinavischer Schönheiten entsprossen sein muß? Ich wollte, ich könnte zu ihr sagen, hi, hast du Lust, mit mir auf eine Tasse Kaffee und ein gegrilltes Käse-Sandwich zu gehen und über den Existentialismus zu diskutieren? Aber ich weiß, das wird nie geschehen, vor allem als ich sehe, wer vor der Tür auf sie wartet, ein Student so groß wie ein Bär, der eine Jacke mit dem Aufdruck New York University Football trägt.

In der nächsten Psychologie-Vorlesung fragt mich der Professor nach Jung und dem kollektiven Unbewußten, und in dem Moment, wo ich den Mund aufmache, weiß ich, daß alle mich anstarren, als wollten sie sagen, wer ist denn der mit dem fürchterlichen irischen Akzent? Der Professor sagt, irre ich mich, oder höre ich da einen irischen Akzent heraus?, und ich muß es zugeben. Er sagt, die katholische Kirche steht der Psychoanalyse traditionell feindselig gegenüber. Stimmt's, Mr. McCourt? Das hört sich an wie ein Vorwurf. Warum bringt er die katholische Kirche aufs Tapet, bloß weil ich versucht habe, seine Frage nach dem kollektiven Unbewußten zu beantworten, und soll ich jetzt vielleicht die Kirche verteidigen?

Ich weiß nicht, Professor.

Es hat keinen Zweck, ihm zu erzählen, daß nur ein Redemptoristenpriester in Limerick Sonntag morgens von der Kanzel herab Freud und Jung geschmäht und versichert hat, sie würden im tiefsten Loch der Hölle landen, alle beide. Ich weiß, wenn ich vor versammelter Mannschaft etwas sage, hört mir keiner zu. Sie hören nur meinen Akzent, und manchmal wünsche ich mir, ich könnte mir in den Hals greifen und meinen Akzent mit Stumpf und Stiel ausreißen. Sogar wenn ich versuche, wie ein Amerikaner zu reden, sehen mich alle argwöhnisch an und sagen, irre ich mich, oder höre ich da einen irischen Akzent heraus?

Am Ende der Vorlesung warte ich wieder, um die Blonde vorbeizulassen, aber sie bleibt stehen, die blauen Augen lächeln mich an, und sie sagt, hi, und mein Herz beginnt wie wild zu pochen. Sie sagt, ich heiße Mike.

Mike?

Na ja, mein richtiger Name ist Alberta, aber alle nennen mich Mike.

Draußen steht kein Footballspieler, und sie sagt, sie hat jetzt zwei Freistunden, und ob ich Lust hätte, mit ihr im Rocky's was zu trinken.

Meine nächste Vorlesung beginnt in zehn Minuten, aber ich werde den Teufel tun und mir die Chance entgehen lassen, mit diesem Mädchen zusammenzusein, das alle anstarren, diesem Mädchen, das sich von allen Menschen auf der Welt ausgerechnet mich für ihr Hi ausgesucht hat. Wir müssen rasch zum Rocky's gehen, damit wir nicht Bob, dem Footballspieler, in die Arme laufen. Er könnte sich womöglich aufregen, wenn er erfährt, daß sie mit einem anderen Jungen was trinkt.

Ich frage mich, warum sie alle männlichen Wesen Junge nennt. Ich bin dreiundzwanzig.

Sie sagt, sie ist sozusagen mit Bob verlobt, sie gehen fest, und ich weiß nicht, was sie damit meint. Sie sagt, ein Mädchen, das fest geht, hat versprochen, sich zu verloben, und daß eine fest geht, sieht man daran, daß sie den High-School-Abschlußring von ihrem Freund an einer Kette um den Hals trägt. Natürlich frage ich sie, warum sie dann Bobs Ring nicht trägt. Sie sagt, er hat ihr ein goldenes Kettchen mit ihrem Namen drauf geschenkt, das sie ums Fußgelenk tragen soll, um zu zeigen, daß sie in festen Händen ist, aber sie trägt es nicht, weil das die puertoricanischen Mädchen machen, und die sind so ordinär. So ein Kettchen kriegt man unmittelbar vor dem Verlobungsring, und lieber wartet sie auf den, heißen Dank.

Sie sagt, sie ist aus Rhode Island. Sie ist dort von ihrem siebten Lebensjahr an von der Großmutter väterlicherseits großgezogen worden. Ihre Mutter war erst sechzehn, als sie auf die Welt gekommen ist, und ihr Vater zwanzig, also kann man sich denken, was da gelaufen ist. Sie mußten heiraten. Als der Krieg ausbrach und er eingezogen wurde und nach Seattle kam, war es aus mit der Ehe. Obwohl Mike Protestantin ist, hat sie ihren Abschluß an einer katholischen Klosterschule in Fall River, Massachusetts, gemacht, und sie lächelt bei der Erinnerung an ihren letzten Schulsommer, als sie fast jeden Abend mit einem anderen Jungen ausgegangen ist. Sie hat gut lächeln, aber ich koche vor Wut und Neid und würde am liebsten alle Jungen umbringen, die mit ihr Popcorn gegessen und sie wahrscheinlich im Autokino geküßt haben. Jetzt lebt sie bei ihrem Vater und ihrer Stiefmutter oben am Riverside Drive, und ihre Oma ist vorläufig auch noch da, bis sie sich eingelebt und an die Großstadt gewöhnt hat. Sie sagt mir völlig ungeniert, daß ihr mein irischer Akzent gefällt, und es hat ihr sogar Spaß gemacht, mir im Kurs auf den Hinterkopf zu schauen, weil mein Haar so schön schwarz und lockig ist. Ich werde rot, und obwohl es im Rocky's so schummrig ist, sieht sie es und findet es süß. *Cute.*

Ich muß mich erst noch daran gewöhnen, was die hier in New York unter *cute* verstehen. Wenn in Irland jemand *cute* ist, dann ist er berechnend und hinterlistig.

Ich bin im Rocky's und finde es himmlisch, Bier zu trinken mit diesem Mädchen, das glatt von der Filmleinwand herabgestiegen sein könnte, eine zweite Virginia Mayo. Ich weiß, daß mich jeder Mann und jeder Junge im Rocky's beneidet und daß es auf der Straße genauso sein wird, alle werden sich nach uns umdrehen und sich fragen, wer ich wohl sein mag, daß ich mit dem hübschesten Mädchen an der NYU und in ganz Manhattan zusammen bin.

Nach zwei Stunden muß sie in ihre nächste Vorlesung. Ich würde ihr gern die Bücher tragen, so wie sie das in den Filmen machen, aber sie sagt, nein, bleib besser noch ein bißchen hier, sonst laufen wir womöglich Bob in die Arme, und der wäre gar nicht erbaut, sie mit einem wie mir zu sehen. Sie lacht und erinnert mich daran, wie groß und stark er ist, danke für das Bier, dann bis nächste Woche in der Vorlesung, und weg ist sie.

Ihr Glas steht noch auf dem Tisch, mit rosa Flecken von ihrem

Lippenstift. Ich halte es mir an den Mund, um ihren Geschmack zu kosten, und träume davon, eines Tages ihre Lippen zu küssen. Ich drücke ihr Glas an meine Wange und stelle mir vor, wie sie den Footballspieler küßt, und schon sind dunkle Wolken in meinem Kopf. Warum geht sie mit mir ins Rocky's, wenn sie mit ihm sozusagen verlobt ist? Ist das so in Amerika? Wenn man jemanden liebt, muß man ihm allzeit treu sein. Liebt man ihn nicht, kann man mit einem anderen ins Rocky's Biertrinken gehen. Wenn sie mit mir ins Rocky's geht, liebt sie ihn also nicht, und jetzt geht's mir wieder besser.

Liegt es daran, daß sie mich bedauert mit meinem irischen Akzent und den roten Augen? Spürt sie irgendwie, daß ich mich schwertue, mit Mädchen zu reden, außer sie sprechen mich zuerst an? In ganz Amerika gibt es Männer, die einfach auf ein Mädchen zugehen und hi sagen. Ich könnte das nie. Mir würde es schon blöd vorkommen, auch nur hi zu sagen, weil ich nicht damit aufgewachsen bin. Ich müßte hallo sagen oder irgend etwas Erwachsenes. Selbst wenn sie mich ansprechen, weiß ich nie, was ich sagen soll. Sie sollen nicht merken, daß ich nie auf die High School gegangen bin, und sie sollen nicht merken, daß ich in einem irischen Slum großgeworden bin. Ich schäme mich meiner Vergangenheit so sehr, daß mir nichts anderes übrigbleibt, als sie zu verleugnen.

*

Der Dozent in Englisch, Mr. Calitri, möchte, daß wir einen Aufsatz über einen einzelnen Gegenstand aus unserer Kindheit schreiben, einen Gegenstand, der uns wichtig war, etwas Häusliches, wenn möglich.

Es gibt keinen einzigen Gegenstand in meiner Kindheit, von dem irgendwer etwas wissen sollte. Ich möchte nicht, daß Mr. Calitri oder irgendeiner meiner Kommilitonen von dem Gemeinschaftsklo erfährt, das wir uns mit all den vielen Familien in der Roden Lane teilen mußten. Ich könnte irgend etwas erfinden, aber mir fällt nichts ein, was so ähnlich wäre wie die Sachen, von denen die anderen Studenten erzählen, das Familienauto, Dads alter Baseballhandschuh, der Schlitten, mit dem sie soviel Spaß hatten, der alte Eisschrank oder der Küchentisch, an dem sie immer ihre Hausaufgaben gemacht haben. Das einzige, was mir einfällt, ist das Bett, das ich mit meinen drei Brüdern geteilt habe, und obwohl ich mich schäme, muß ich einfach darüber schreiben. Wenn ich etwas erfinde, etwas Nettes, Anständiges, und nicht über das Bett schreibe, werde ich hinterher Qualen leiden. Außerdem ist Mr. Calitri der einzige, der den Aufsatz liest, es kann mir also nichts passieren.

Das Bett

Als ich in Limerick ein kleiner Junge war, mußte meine Mutter zur Gesellschaft vom hl. Vincent de Paul gehen, um zu sehen, ob sie ein Bett kriegen konnte für mich und meine Brüder Malachy, Michael und Alphie, der noch kaum laufen konnte. Der Mann bei der Gesellschaft vom hl. Vincent de Paul sagte, er könne ihr einen Gutschein geben, mit dem müsse sie dann nach Irishtown gehen, in ein Geschäft, das gebrauchte Betten verkauft. Meine Mutter fragte ihn, ob sie nicht ein neues Bett bekommen könne, denn man wisse ja nie, was man sich mit einem alten alles einhandle. Alle möglichen Krankheiten, zum Beispiel.

Der Mann sagte, arme Leute dürfen nicht wählerisch sein, und meine Mutter solle sich nicht so anstellen.

Aber sie ließ nicht locker. Sie fragte, ob es nicht wenigstens möglich sei herauszufinden, ob irgendwer in dem Bett gestorben ist. Das sei doch bestimmt nicht zuviel verlangt. Sie möchte nicht in der Nacht in ihrem eigenen Bett liegen und denken müssen, daß ihre vier kleinen Söhne auf einer Matratze schlafen, auf der jemand gestorben ist, womöglich jemand, der das Fieber oder die Schwindsucht hatte.

Der Mann vom hl. Vincent de Paul sagte, gute Frau, wenn Sie

dieses Bett nicht wollen, dann geben Sie mir den Gutschein zurück, und ich gebe ihn jemandem, der sich nicht so anstellt.

Mam sagte, ah, nein, und sie ging nach Hause, um Alphies Kinderwagen zu holen, für den Transport der Matratze, des Sprungfederrahmens und des Bettgestells. Der Mann in dem Laden in Irishtown wollte ihr eine Matratze aufdrängen, aus der Haare herausquollen und die über und über voller Kleckse und Flecken war, aber meine Mutter sagte, in so einem Bett würde sie nicht mal eine Kuh schlafen lassen, ob er nicht da hinten in der Ecke noch eine andere Matratze hätte. Der Mann brummte, meinetwegen, meinetwegen, Herrgott noch mal, die Fürsorgefälle werden auch immer anspruchsvoller, und er blieb hinter seinem Ladentisch stehen und sah zu, wie wir die Matratze hinausschleiften.

Dreimal mußten wir mit dem Kinderwagen durch die Straßen von Limerick hin- und zurückfahren, mit der Matratze und den verschiedenen Teilen der eisernen Bettstatt, dem Kopfteil, dem Fußteil, den Füßen und dem Sprungfederrahmen. Meine Mutter sagte, sie schäme sich dafür, wie wir lebten, sie würde das lieber bei Nacht erledigen. Der Mann sagte, es tue ihm leid, daß sie solche Schwierigkeiten habe, aber er werde um Punkt sechs schließen und hätte auch dann nicht länger auf, wenn die Heilige Familie ein Bett abholen käme.

Der Kinderwagen ließ sich nur schwer schieben, weil er ein störrisches Rad hatte, das immer woandershin wollte, und noch schwerer wurde es dadurch, daß Alphie unter der Matratze begraben war und nach seiner Mutter brüllte.

Mein Vater war zu Hause, schleifte die Matratze die Treppe hinauf, und er half uns, den Sprungfederrahmen und das Bettgestell zusammenzusetzen. Natürlich hatte er uns nicht dabei geholfen, den Kinderwagen die zwei Meilen von Irishtown nach Hause zu schieben, weil er sich des Spektakels geschämt hätte. Er war aus Nordirland, und die müssen da eine andere Methode gehabt haben, ein Bett nach Hause zu transportieren.

Wir mußten alte Mäntel auf das Bett legen, weil die Gesellschaft vom hl. Vincent de Paul uns keinen Gutschein für Laken und Dekken gegeben hatte. Meine Mutter machte Feuer, und als wir alle um das Bett herumsaßen und Tee tranken, sagte sie, wenigstens muß jetzt keiner mehr auf dem Boden schlafen, und ist Gott nicht gütig?

*

In der nächsten Woche setzt sich Mr. Calitri auf die Kante seines Pults auf dem Podium. Er nimmt unsere Aufsätze aus seiner Tasche und sagt, alles in allem gar nicht übel, nur ein paar sind ein bißchen zu sentimental. Aber einer ist dabei, den ich vorlesen möchte, falls der Autor nichts dagegen hat, Das Bett.

Er schaut zu mir her und zieht die Augenbrauen hoch, wie um zu sagen, Sie haben doch nichts dagegen? Ich weiß nicht, was ich sagen soll, obwohl ich ihm am liebsten sagen würde, nein, nein, bitte verraten sie nicht aller Welt, wo ich herkomme, aber die Hitze steigt mir schon ins Gesicht, und ich kann nur die Schultern zucken, so als wäre es mir gleichgültig.

Er liest Das Bett vor. Ich spüre, wie der ganze Kurs zu mir herschaut, und ich schäme mich. Zum Glück ist Mike Small nicht in diesem Kurs. Sie würde mich keines Blickes mehr würdigen. Aber es sind Mädchen in dem Kurs, und die denken wahrscheinlich, sie müssen jetzt von mir abrücken. Ich möchte ihnen sagen, ich hab mir alles nur ausgedacht, aber Mr. Calitri spricht jetzt darüber, sagt, daß er den Aufsatz mit A benotet hat, sagt, mein Stil sei direkt und mein Stoff reich. Er lacht bei dem Wort reich. Sie wissen schon, wie ich es meine, sagt er. Zu mir sagt er, ich solle fortfahren, meine reiche Vergangenheit zu erkunden, und er lächelt wieder. Ich weiß nicht, wovon er redet. Ich bereue es, daß ich über dieses Bett geschrieben habe, und ich fürchte, alle werden mich bedauern und mich wie einen Fürsorgefall behandeln. Wenn ich das nächste Mal einen Aufsatz schreiben muß, bringe ich meine Familie in einem komfortablen Haus in einem Vorort unter und mache aus meinem Vater einen Postbeamten mit Pensionsberechtigung.

Als die Stunde vorbei ist, nicken die Studenten mir lächelnd zu, und ich frage mich, ob sie schon angefangen haben, mich zu bedauern.

*

Mike Small kam aus einer anderen Welt, sie und ihr Footballspieler. Sie mochten ja aus verschiedenen Gegenden Amerikas stammen, aber sie waren Teenager, und das war überall dasselbe. Samstag abends hatten sie Verabredungen, zu denen der Junge das Mädchen zu Hause abholen mußte, und natürlich erwartete sie ihn nie an der Haustür, denn damit hätte sie zuviel Interesse gezeigt, und das hätte sich herumgesprochen, und sie hätte ihr Leben lang am Samstagabend allein zu Hause gesessen. Der Junge mußte dann im Wohnzimmer warten, bei dem schweigenden Vater, der immer mißbilligend wirkte hinter seiner Zeitung, weil er noch genau wußte, was er selbst früher bei Verabredungen gemacht hatte, und sich fragte, was seinem Töchterchen wohl widerfahren würde. Die Mutter machte dafür um so mehr Wirbel, wollte wissen, welchen Film sie sich ansehen und wann sie wiederkommen würden, denn ihre Tochter sei ein anständiges Mädchen und brauche ihren Schlaf, um sich ihren rosigen Teint zu erhalten für den Kirchgang morgen früh. Im Kino hielten sie Händchen, und wenn er Glück hatte, bekam er vielleicht einen Kuß und berührte aus Versehen ihre Brust. Wenn das passierte, bedachte sie ihn mit einem strengen Blick, und das bedeutete, daß der Körper für die Flitterwochen aufgehoben wird. Nach dem Kino aßen sie in der Milchbar Hamburger und tranken Milch-Shakes mit all den anderen Schülern, den Jungen mit Bürstenschnitt und den Mädchen in Röcken und Söckchen. Sie sangen zur Musikbox mit, und Frankie brachte die Mädchen zum Kreischen. Wenn das Mädchen den Jungen mochte, bekam er vielleicht einen langen Kuß vor der Haustür und durfte ihr einmal kurz die Zunge in den Mund schieben, aber wenn er versuchte, die Zunge drinzulassen, wich sie zurück und sagte, gute Nacht, danke für den schönen Abend, und auch das war eine Erinnerung daran, daß der Körper für die Flitterwochen aufgehoben wurde.

Manche Mädchen durfte man anfassen und befummeln und küssen, aber kurz vor Ultimo war dann Schluß, und das waren die Neunzigprozenter. Die Neunzigprozenter konnten sich noch Hoffnungen machen, aber die, die bis Ultimo gingen, hatten einen so schlechten Ruf, daß keiner in der Stadt sie heiraten wollte, und die haben dann irgendwann ihre Sachen gepackt und sind nach New York gegangen, wo alle alles machen.

Das hatte ich im Kino gesehen und in der Army von den GIs gehört, die aus allen Teilen des Landes kamen. Wenn man ein Auto hatte und das Mädchen bereit war, in ein Autokino zu fahren, wußte man, daß sie sich mehr erwartete als Popcorn und das, was auf der Leinwand passierte. Dann war es ein Fehler, sich mit einem Kuß zu begnügen. Den konnte man auch in einem normalen Kino kriegen. Im Autokino konntest du ihr die Zunge in den Mund schieben und die Hand auf die Brust legen, und wenn sie dich an den Nippel ließ, Mann, dann gehörte sie dir. Der Nippel war wie ein Schlüssel, der die Beine aufschloß, und wenn man nicht zu viert im Auto war, ging's ab auf die Rückbank, und der blöde Film konnte einem gestohlen bleiben.

Die GIs sagten, es gab verrückte Abende, wo du selber erfolgreich warst, dein Freund auf dem Rücksitz aber Schwierigkeiten hatte, weil sein Mädchen stocksteif dasaß und sich den Film anschaute, oder es konnte auch umgekehrt sein, daß dein Freund erfolgreich war und du so frustriert warst, daß du in der Hose fast explodiert wärst. Manchmal war dein Kumpel mit seinem Mädchen fertig, und die ist bereit, es auch mit dir zu treiben, und das ist wie im Himmel, Mann, weil du nicht nur eine Nummer schieben kannst, sondern auch weil die, die nichts von dir wissen wollte, stocksteif dasitzt und so tut, als ob sie sich den Film anschaut, in Wirklichkeit aber horcht, was sich auf der Rückbank tut, und manchmal hält sie es nicht mehr aus und klettert auf dich drauf, und du bist unversehens gleich mit zwei Bräuten zugange. Mannomann.

Die Männer in der Army sagten, vor denen, die bis Ultimo gehen, hat man später keine Achtung, und vor den Neunzigprozentern nur ein bißchen. Natürlich hat man die größte Hochachtung vor dem Mädchen, das nein gesagt und stocksteif dagesessen und sich den Film angeschaut hat. So ein Mädchen war rein, kein Mängelexemplar, eine, die man sich als Mutter seiner Kinder wünscht. Wenn man eine heiratet, die schon mit Männern rumgemacht hat, weiß man doch nie, ob man der Vater seiner eigenen Kinder ist.

Ich weiß, wenn Mike Small jemals in ein Autokino gefahren ist, dann war sie diejenige, die stocksteif dagesessen und sich den Film angeschaut hat. Alles andere wäre eine zu schmerzliche Vorstellung, vor allem wenn schon der Gedanke kaum auszuhalten ist, daß sie sich von dem Footballspieler an der Haustür abküssen läßt, während drin der Vater wartet.

*

Die Nonnen erzählen mir, Mrs. Klein trinkt sich um den Verstand und vernachlässigt den armen Michael, was von ihm übrig ist. Sie bringen die beiden wohin, wo man sich um sie kümmert, in katholische Heime, nur von Michael sagt man besser niemandem etwas, sonst erheben womöglich jüdische Organisationen Anspruch auf ihn. Schwester Mary Thomas hat nichts gegen Juden, aber eine kostbare Seele wie die von Michael will sie nicht verlieren.

*

Einer von Mary O'Briens Pensionsgästen ist nach Irland zurück, um sich auf den fünf Morgen seines Vaters niederzulassen und ein Mädchen aus der Nachbarschaft zu heiraten. Für achtzehn Dollar die Woche kann ich sein Bett haben und mich zum Frühstück aus dem Kühlschrank bedienen. Die anderen irischen Pensionsgäste arbeiten auf den Docks und in den Lagerhäusern und bringen Dosenobst und ganze Flaschen Rum oder Whiskey mit, aus Kisten, die versehentlich runterfallen, wenn die Ladung eines Schiffs gelöscht wird. Mary meint, es grenzt an ein Wunder, daß man nur zu sagen braucht, man hätte gern etwas Bestimmtes, und schon fällt am nächsten Tag eine ganze Kiste davon ganz zufällig auf den Kai. Sonntag morgens machen wir uns manchmal nicht die Mühe, uns was zum Frühstück zu kochen, weil wir in der Küche sitzen und zufrieden sind mit Ananasscheiben in dickem Sirup und Rum zum Runterspülen. Mary erinnert uns an die Messe, aber wir sind wunschlos glücklich mit unserer Ananas und unserem Rum, und schon bald fordert Timmy Coyne uns auf, ein Lied mit ihm zu singen, obwohl es Sonntagmorgen ist. Er arbeitet bei Merchants Refrigerating und bringt am Freitagabend oft ein großes Stück Rindfleisch mit. Er ist der einzige, der Wert darauf legt, zur Messe zu gehen, aber hinterher ist er gleich wieder da, weil die Ananasscheiben und der Rum ja nicht ewig vorhalten.

Frankie und Danny Lennon sind Zwillinge, Irisch-Amerikaner. Frankie wohnt woanders, Danny ist einer von Marys Pensionsgästen. Ihr Vater, John, lebt auf der Straße, er strolcht mit einer Flasche Wein in einer braunen Papiertüte herum und kriegt eine Dusche, ein Sandwich und ein paar Drinks dafür, daß er in Marys Wohnung saubermacht. Seine Söhne lachen und singen, O mein Papa war eine wunderbare Clown.

Frankie und Danny besuchen Kurse am City College, das eines der besten Colleges im Lande ist und außerdem kostenlos. Sie studieren Rechnungswesen, sind aber immer ganz begeistert von ihren Kursen in Literatur. Frankie erzählt, daß er in der U-Bahn ein Mädchen gesehen hat, die Joyces Ein Portrait des Künstlers als junger Mann las, und daß er sich unbedingt neben sie setzen und über Joyce diskutieren wollte. Von der 34th bis zur 181st Street ist er immer wieder aufgestanden und zu ihr hingegangen, hat sich aber nicht getraut, sie anzusprechen, und jedesmal war dann sein Platz besetzt. Als der Zug in den Bahnhof 181st Street einfuhr, hat er sich endlich zu ihr hinuntergebeugt und tolles Buch, nicht? gesagt, aber sie ist zurückgeprallt und hat einen spitzen Schrei ausgestoßen. Er wollte Entschuldigung, Entschuldigung zu ihr sagen, aber da sind schon die Türen zugegangen, er hat auf dem Bahnsteig gestanden und die Leute im Zug haben ihm böse Blicke zugeworfen.

Sie lieben Jazz und sind wie zwei verrückte Professoren, wenn sie im Wohnzimmer Platten auflegen, rhythmisch mit den Fingern schnippen und mir alles über die großen Musiker auf dieser Benny-Goodman-Platte erzählen, Gene Krupa, Harry James, Lionel Hampton und Benny selbst. Sie sagen, das war das tollste Jazzkonzert aller Zeiten und das erste Mal, daß ein Schwarzer in der Carnegie Hall auf die Bühne durfte. Da, hör dir das an, hör dir Lionel Hampton an, dieses samtige Gleiten, und hör dir den an, und jetzt kommt Benny, hör doch, und jetzt Harry, nur ein paar Töne, die dir sagen, paß auf, ich fliege, ich fliege, und Krupa, bap-bap-bap-du-bap-di-bap, die Hände, die Beine sind in Bewegung, sing, sing, sing, und jetzt die ganze verdammte Band, Wahnsinn, Mann, Wahnsinn, und das Publikum, hör dir das Publikum an, die sind außer Rand und Band, Mann, total außer Rand und Band.

Sie legen Count Basie auf, zeigen mit dem Finger und lachen, wenn Count die einzelnen Töne spielt, und wenn sie Duke Ellington spielen, tanzen sie im ganzen Wohnzimmer herum, schnippen mit den Fingern und bleiben stehen, um mir zu sagen, hör doch, hör dir das an, und ich höre zu, weil ich noch nie so zugehört habe und Sachen höre, die ich noch nie gehört habe, und ich muß mit den Lennons lachen, wenn die Musiker Passagen aus bekannten Melodien nehmen und sie auf den Kopf stellen, sie von innen nach außen kehren und dann wieder richtig herum drehen, wie um zu sagen, schau, wir haben uns deine kleine Melodie mal kurz ausgeborgt und sie auf unsere Art gespielt, aber keine Sorge, hier hast du sie wieder, und jetzt summ sie, Kumpel, sing die Melodie, Mann.

Die Iren beklagen sich, für sie ist das bloß Krach. Paddy Arthur McGovern sagt, ihr seid doch gar keine Iren, mit dem Zeug. Könnt ihr nicht mal ein paar irische Lieder auf dem Apparat spielen? Oder wie wär's mit ein paar irischen Tänzen?

Die Lennons lachen bloß und sagen, ihr Vater hat schon vor langer Zeit die Sümpfe hinter sich gelassen. Danny sagt, das ist Amerika, Leute. Das ist die Musik. Aber Paddy Arthur nimmt Duke Ellington vom Plattenteller und legt Frank Lee's Tara Ceilidhe Band auf, und wir sitzen im Wohnzimmer, klopfen leise mit den Füßen und hören mit unbewegter Miene zu. Die Lennons lachen und gehen.

29

Schwester Mary Thomas hat irgendwie meine neue Adresse herausbekommen und mir ein Kärtchen geschickt, um mir mitzuteilen, es wäre nett, wenn ich mal rüberkommen und mich von Mrs. Klein und Michael, was von ihm übrig ist, verabschieden und die beiden Bücher abholen könnte, die ich unter meinem Bett vergessen habe. Vor dem Haus steht ein Krankenwagen, und oben sagt Schwester Mary Thomas zu Mrs. Klein, sie muß sich ihre Perücke aufsetzen und nein, sie kann keinen Rabbi haben, dort, wo sie hinkommt, gibt es keine Rabbis, und sie soll lieber niederknien, ein Gesätz vom Rosenkranz beten und um Vergebung bitten, und am Ende des Flurs säuselt Schwester Beatrice Michael, was von ihm übrig ist, etwas vor und sagt ihm, ein hellerer Tag bricht an, dort, wo er hinkommt, wird es Vögel und Blumen und Bäume und einen auferstandenen Herrn geben. Schwester Mary Thomas ruft durch den Flur, Schwester, du vergeudest deine Zeit, er versteht kein Wort von dem, was du sagst. Aber Schwester Beatrice widerspricht, das macht nichts, Schwester, er ist ein Kind des Herrn, ein jüdisches Kind des Herrn, Schwester.

Er ist kein Jude, Schwester.

Ist das wichtig, Schwester? Ist das wichtig?

Es ist wichtig, Schwester, und ich rate dir, deinen Beichtvater zu konsultieren.

Ja, Schwester, das will ich tun. Und Schwester Beatrice fährt fort mit ihren fröhlichen Worten und Liedern für Michael, was von ihm übrig ist, der vielleicht Jude ist und vielleicht auch nicht.

Schwester Mary Thomas sagt, oh, fast hätte ich Ihre Bücher vergessen. Sie liegen unterm Bett.

Sie reicht mir die Bücher und reibt die Hände aneinander, wie um sie zu säubern. Wissen Sie denn nicht, fragt sie mich, daß Anatole France auf dem Index der katholischen Kirche steht und D. H. Lawrence ein zutiefst entsittlichter Engländer war, der jetzt in der Hölle schmort, möge der Herr uns beistehen? Wenn Sie dergleichen an der New York University lesen, fürchte ich um Ihre Seele und werde eine Kerze für Sie anzünden.

Nein, Schwester, ich lese Die Insel der Pinguine für mich und Liebende Frauen für einen meiner Kurse.

Sie verdreht die Augen himmelwärts. Oh, dieser Hochmut der Jugend. Mich dauert Ihre arme Mutter.

In der Tür stehen zwei weißbekittelte Männer mit einer Trage, und sie gehen durch den Flur zu Michael, was von ihm übrig ist. Mrs. Klein sieht sie und ruft, Rabbi, Rabbi, stehen Sie mir bei in der Stunde meiner Not, und Schwester Mary Thomas stößt sie wieder in ihren Sessel. Sie kommen durch den Flur zurück, die Männer in Weiß, mit Michael, was von ihm übrig ist, auf der Trage und Schwester Beatrice, die ihm den Kopf streichelt, der wie ein Totenkopf aussieht. *Alannah, alannah,* sagt sie mit ihrem irischen Akzent, es ist ja nichts mehr von dir übrig, aber du wirst jetzt den Himmel sehen und die Wolken. Sie fährt mit ihm im Aufzug hinunter, und ich würde auch gern gehen, um Schwester Mary Thomas und ihren Bemerkungen über meinen Seelenzustand und die schrecklichen Bücher, die ich lese, zu entkommen, aber ich muß mich noch von Mrs. Klein verabschieden, die fertig angezogen mit Perücke und Hut dasitzt. Sie nimmt meine Hand, du kümmerst dich doch um Michael, was von ihm übrig ist, ja, Eddie?

Eddie. Ich verspüre einen gräßlichen Schmerz in der Herzgegend, wegen Eddie und der Erinnerung an Rappaport und die Wäsche in

Dachau, und ich frage mich, ob ich auf der Welt jemals etwas anderes kennen werde als Dunkelheit. Werde ich jemals kennenlernen, was Schwester Beatrice Michael, was von ihm übrig ist, versprochen hat, Vögel, Blumen, Bäume und einen auferstandenen Herrn?

*

Was ich in der Army gelernt habe, kommt mir an der NYU zugute. Nie die Hand heben, nie deinen Namen sagen, dich nie freiwillig melden. Studenten, frisch von der High School, gerade mal achtzehn Jahre alt, heben regelmäßig die Hand und sagen dem Kurs und dem Professor, was sie denken. Wenn Professoren mich direkt ansehen und eine Frage stellen, kann ich nie ausreden, weil sie immer sagen, irre ich mich, oder höre ich da einen irischen Akzent heraus? Von da an habe ich keine Ruhe mehr. Immer wenn ein irischer Schriftsteller oder überhaupt irgendwas Irisches zur Sprache kommt, drehen sich alle zu mir um, als ob ich die oberste Autorität wäre. Sogar die Professoren denken anscheinend, ich weiß alles über irische Literatur und Geschichte. Wenn sie irgend etwas über Joyce oder Yeats äußern, sehen sie mich an, als ob ich der Experte wäre, als sollte ich nicken und bestätigen, was sie sagen. Ich nicke immer, etwas anderes bleibt mir ja nicht übrig. Sollte ich jemals zweifelnd oder verneinend den Kopf schütteln, würden die Professoren mit ihren Fragen weiterbohren und mich in meiner Unwissenheit vor allen bloßstellen, vor allem vor den Mädchen.

Beim Katholizismus dasselbe Lied. Wenn ich eine Frage beantworte, hören sie meinen Akzent, und der bedeutet, daß ich Katholik bin und daher bereit, die Mutter Kirche bis zum letzten Blutstropfen zu verteidigen. Manche Professoren triezen mich gerne damit, daß sie sich lustig machen über die Jungfräuliche Geburt, die Heilige Dreifaltigkeit, das Zölibat des heiligen Joseph, die Inquisition, das priesterhörige irische Volk. Wenn sie so reden, weiß ich nicht, was ich sagen soll, weil sie die Macht haben, mir schlechte Noten zu geben und meinen Durchschnitt kaputtzumachen, und dann könnte ich nicht mehr den amerikanischen Traum verwirklichen, was mich womöglich zu Albert Camus treiben würde und dem täglichen Entschluß, nicht Selbstmord zu begehen. Ich fürchte die Professoren wegen ihrer Überlegenheit und weil es in ihrer Macht steht, mich als Idioten hinzustellen vor den anderen Studenten, vor allem vor den Mädchen.

Ich möchte in diesen Kursen aufstehen und aller Welt verkünden, daß ich zu beschäftigt bin, um Ire oder Katholik oder sonstwas zu sein, daß ich Tag und Nacht für meinen Lebensunterhalt arbeite, Bücher für mein Studium zu lesen versuche und in der Bibliothek einschlafe, daß ich versuche, Seminararbeiten mit Fußnoten und Bibliographien auf einer Schreibmaschine zu schreiben, die mir die Buchstaben a und j vorenthält, so daß ich ganze Abschnitte noch mal tippen muß, weil man einfach nicht ohne a und j auskommt, daß ich in der U-Bahn immer wieder einnicke und bis zur Endstation fahre, wo ich dann in der peinlichen Lage bin, fremde Leute fragen zu müssen, wo ich bin, weil ich noch nicht einmal weiß, in welchem Stadtteil ich mich befinde.

Ohne meine roten Augen und meinen irischen Akzent könnte ich einfach nur Amerikaner sein und müßte mich nicht mit Professoren herumschlagen, die mir mit Yeats und Joyce und der Renaissance der irischen Literatur zusetzen und damit, wie gescheit und geistreich die Iren sind und was für ein schönes grünes Land sie haben, wenn auch priesterhörig und arm und mit einer Bevölkerung, die wegen puritanischer Unterdrückung der Sexualität jederzeit vom Antlitz der Erde verschwinden kann, was sagen Sie dazu, Mr. McCourt?

Ich glaube, Sie haben recht, Professor.

Oh, er glaubt, ich habe recht. Und Sie, Mr. Katz, was sagen Sie dazu?

Sie haben sicher recht, Professor. Ich kenne nicht allzu viele Iren.

Meine Damen und Herren, bitte nehmen Sie zur Kenntnis, was Mr. McCourt und Mr. Katz gerade gesagt haben. Hier trifft das Keltische auf das Hebräische, und beide sind bereit, sich zu arrangieren und Kompromisse zu schließen. Ist es nicht so, Mr. McCourt, Mr. Katz?

Wir nicken, und mir fällt ein, daß meine Mutter immer gesagt hat, ein Nicken ist dasselbe, wie wenn man einem blinden Gaul zuzwinkert. Ich würde das gern dem Professor sagen, aber ich kann es nicht riskieren, ihn zu kränken, bei der Macht, die er hat, mich vom amerikanischen Traum fernzuhalten und mich vor den anderen lächerlich zu machen, vor allem vor den Mädchen.

*

Im Herbstsemester gibt Professorin Middlebrook Montag und Mittwoch vormittags Die Literatur Englands. Sie steigt auf das kleine Podium, setzt sich, legt das schwere Lehrbuch auf das Pult, liest daraus vor, kommentiert und schaut nur gelegentlich auf, um eine Frage zu stellen. Sie beginnt mit Beowulf und endet mit John Milton, der, so sagt sie, ein Gigant ist, zur Zeit zwar ein wenig in Ungnade, doch sein Tag wird kommen, sein Tag wird kommen. Die Studenten lesen Zeitung, lösen Kreuzworträtsel, stecken einander Zettel zu, lernen für andere Fächer. Nach meinen Nachtschichten in wechselnden Branchen kann ich mich kaum wach halten, und als sie mir eine Frage stellt, stößt mich Brian McPhillips mit dem Ellbogen an, flüstert mir die Frage zu und sagt mir die Antwort ein, und ich wiederhole sie stotternd. Manchmal murmelt sie etwas in ihr Lehrbuch, und dann weiß ich, daß ich Ärger bekomme, und der Ärger nimmt am Semesterende Gestalt an in Form eines C.

Bei meinem ewigen Zuspätkommen, meinem Nichterscheinen und meinem Einschlafen im Unterricht ist ein C nur gerecht, und ich möchte der Professorin sagen, was für ein schlechtes Gewissen ich habe und daß ich es ihr auch nicht verdenken könnte, wenn sie mich durchfallen ließe. Ich möchte ihr erklären, ich sei zwar kein Musterstudent, aber sie müßte mich mal mit dem Lehrbuch zur Literatur Englands sehen, wie begeistert ich es lese, in der NYU-Bibliothek, in der U-Bahn, sogar in der Mittagspause auf einem Kai oder einer Laderampe. Sie sollte erfahren, daß ich wahrscheinlich der einzige Student auf der Welt bin, der je wegen eines Buches Streit mit den Männern auf einer Laderampe bekommen hat. Die Arbeiter ziehen mich auf, he, schaut euch unseren Collegeheini an. Bist dir wohl zu gut, um mit uns zu reden, was? Und als ich ihnen einmal klarmachen will, wie seltsam das Angelsächsische ist, sagen sie, mir hätten sie wohl ins Hirn geschissen, das ist doch überhaupt kein Englisch, du hältst uns wohl für völlig verblödet, du Pfeife? Bloß weil sie nie auf dem College gewesen sind, haben sie gesagt, lassen sie sich noch lange nicht für blöd verkaufen von so einem mickrigen kleinen Scheißer, der frisch vom Schiff aus Irland runter ist und ihnen einreden will, das wär Englisch, wo doch jeder sieht, daß auf der ganzen verdammten Seite kein einziges englisches Wort steht.

Von da an reden sie nicht mehr mit mir, und der Rampenchef läßt mich drinnen den Lastenaufzug bedienen, damit die Männer mir keine Streiche mehr spielen und zum Beispiel Lasten fallen lassen, daß es mir fast die Arme auskugelt, oder so tun, als wollten sie mich mit dem Gabelstapler an die Wand quetschen.

Ich möchte der Professorin gern sagen, was mir die Schriftsteller und Dichter in dem Lehrbuch bedeuten, daß ich mir oft überlege, mit welchem von ihnen ich gern mal in einer Kneipe in Greenwich Village ein Bier trinken würde, und daß Chaucer sie alle überragt. Ihm würde ich jederzeit ein Bier spendieren und mir seine Geschichten über die Pilger von Canterbury anhören. Ich möchte der Professorin gern sagen, wie sehr ich die Predigten von John Donne liebe und daß ich auch ihm einen ausgeben würde, obwohl der ja protestantischer Priester und nicht gerade bekannt dafür war, daß er gern in Tavernen beim Bier gesessen hätte.

Aber das muß ich alles für mich behalten, weil es in jedem Kurs gefährlich ist, die Hand zu heben und zu sagen, wie sehr man etwas liebt. Dann schaut einen der Professor oder die Professorin mit einem mitleidigen Lächeln an, und die anderen sehen das, und das mitleidige Lächeln läuft durch den ganzen Raum, bis man sich ganz blöd vorkommt und spürt, wie man rot wird, und sich vornimmt, im College nie wieder etwas zu lieben, oder wenn doch, es jedenfalls für sich zu behalten. Zu Brian McPhillips, der neben mir sitzt, kann ich das sagen, aber der auf dem Platz vor mir dreht sich um und sagt, na, da sind wir wohl ein bißchen paranoid?

Paranoid. Noch ein Wort, das ich nachschlagen muß, weil es jeder an der NYU gebraucht. So wie dieser Student mich ansieht und dabei die überhebliche linke Augenbraue bis zum Anschlag hochzieht, kann ich mir denken, daß er mich für schwachsinnig hält, und es hat keinen Zweck, ihm zu antworten, solange ich nicht weiß, was dieses Wort bedeutet. Brian McPhillips weiß bestimmt, was das Wort bedeutet, aber der unterhält sich gerade angeregt mit Joyce Timpanelli, die links neben ihm sitzt. Die beiden schauen sich ständig in die Augen und lächeln, also ist da was im Busch, und ich kann sie nicht mit dem Wort paranoid belästigen. Ich sollte immer ein Wörterbuch dabeihaben, und wenn mir jemand ein komisches Wort an den Kopf wirft, könnte ich es auf der Stelle nachschlagen und so schlau antworten, daß die überhebliche Augenbraue gleich wieder runterklappt.

Oder ich könnte es mit dem Schweigen probieren, das ich in der Army gelernt habe, und meiner Wege gehen, was überhaupt das beste ist, weil Leute, die andere Leute mit komischen Wörtern quälen, es nicht leiden können, wenn man seiner Wege geht.

*

Andy Peters sitzt in Einführung in die Philosophie neben mir und erzählt mir, es gibt Arbeit in einer Bank, der Manufacturer's Trust Company unten an der Broad Street. Die suchen Leute für die Bearbeitung von Anträgen auf Privatdarlehen, und ich könnte mir eine Schicht aussuchen, entweder von vier bis Mitternacht oder von Mitternacht bis acht Uhr früh. Er sagt, und was das Beste dran ist, man kann gehen, wenn man mit seiner Arbeit fertig ist, da sitzt keiner die vollen acht Stunden ab.

Ich muß eine Prüfung in Maschineschreiben ablegen, kein Problem für einen, den die Army von seinem Hund weggezerrt und zum Kompanieschreiber gemacht hat. Die Bank sagt, okay, ich kann die Schicht von vier bis Mitternacht nehmen, so daß ich am Vormittag in meine Kurse gehen und in der Nacht schlafen kann. Mittwochs und freitags habe ich keine Vorlesungen und kann in den Lagerhäusern und auf den Docks was für meinen Körper tun und mir etwas dazuverdienen für die Zeit, wenn mein Bruder Michael aus der Air Force entlassen wird und seine Unterstützungszahlung für meine Mutter ausläuft. Ich kann das Mittwochs- und Freitagsgeld auf ein Extrakonto legen, und wenn es soweit ist, braucht sie nicht wegen Essen oder Schuhen zur Gesellschaft vom hl. Vincent de Paul zu rennen.

Es sind sieben Frauen und vier Männer in meiner Schicht bei der Bank, und wir brauchen nichts anderes zu machen, als Stapel von Anträgen auf Privatdarlehen zu nehmen und den Antragstellern schriftlich mitzuteilen, daß ihr Antrag angenommen oder abgelehnt wurde. Andy Peters sagt mir in einer Kaffeepause, wenn ich mal einen Antrag von einem Freund sehe, der abgelehnt wurde, kann ich ihn auf Annahme ändern. Die Darlehensbearbeiter, die bei Tage tätig sind, verwenden ein Kürzel, und er wird mir zeigen, wie man es ändert.

Nacht für Nacht bearbeiten wir Hunderte von Darlehensanträgen. Die Leute wollen Darlehen für neue Babys, Urlaub, Autos, Möbel, Umschuldung, Krankenhauskosten, Beerdigungen, Wohnungsrenovierungen. Manchmal sind Briefe dabei, und wenn wir einen guten sehen, hören wir alle zu tippen auf und lesen ihn laut vor. Bei manchen Briefen müssen die Frauen weinen, und die Männer kämpfen mit den Tränen. Babys sterben, da hat man Unkosten, und ob die Bank nicht helfen kann. Ein Familienvater ist auf und davon, und die Antragstellerin weiß nicht, was sie machen, an wen sie sich wenden soll. Sie hat ihr Leben lang nie eine Arbeit gehabt, wie denn auch mit drei Kindern, und sie braucht dreihundert Dollar als Überbrückung, bis sie Arbeit und einen billigen Babysitter gefunden hat.

Ein Mann verspricht, wenn die Bank ihm fünfhundert Dollar

leiht, kann sie ihm für den Rest seines Lebens jeden Monat einen halben Liter Blut abzapfen, und das ist ein gutes Geschäft, schreibt er, weil er eine seltene Blutgruppe hat, über die er vorerst noch keine Angaben machen will, aber wenn die Bank ihm hilft, bekommt sie Blut, das Gold wert ist, die beste Sicherheit, die es gibt.

Der mit dem seltenen Blut geht leer aus, und Andy beläßt es dabei, aber er ändert das Kürzel bei der verzweifelten Mutter von drei Kindern, die kein Darlehen bekommen soll, weil sie keine Sicherheiten zu bieten hat. Andy sagt, ich versteh nicht, wie die Darlehen an Leute verteilen können, die zwei Wochen an dem verdammten Jersey-Strand im Sand liegen wollen, und dann eine Frau mit drei Kindern abweisen, die auf dem letzten Loch pfeift. Hier, mein Freund, beginnt die Revolution.

Er ändert jeden Abend ein paar Anträge, um zu beweisen, wie blöd eine Bank sein kann. Er sagt, er kann sich schon vorstellen, wie das abläuft, wenn diese Arschlöcher von Sachbearbeitern bei Tage die Anträge durchgehen. Wohnt in Harlem? Neger? Nix da. Puertoricaner? Mucho nix da. Er sagt mir, es gibt Dutzende von Puertoricanern in New York, die denken, sie hätten ihr Darlehen gekriegt, weil sie so kreditwürdig sind, aber in Wirklichkeit war es Andy Peters, dem sie leid getan haben. Er sagt, in PR-Vierteln ist es der reinste Volkssport, am Wochenende auf der Straße das Auto zu polieren. Die fahren vielleicht nie weg, aber poliert muß werden, alte Knacker sitzen vorm Haus auf der Treppe, schauen beim Polieren zu und trinken ihre Cerveza, die sie sich in Literflaschen aus der Bodega holen, im Radio plärrt Tito Puente, und die alten Knacker schauen den Mädchen nach, die ihre Wippärschchen auf dem Bürgersteig spazierenführen. Mann, das ist Leben, Mann, das ist Leben, was willst du mehr?

Andy redet die ganze Zeit von den Puertoricanern. Er sagt, das sind die einzigen, die sich drauf verstehen, in dieser gottverdammten Stinkstiefelstadt zu leben, und es ist eine Tragödie, daß statt der gottverdammten Holländer und der gottverdammten Tommies nicht die Spanier den Hudson hinaufgesegelt sind. Dann hätten wir die Siesta, Mann, und wir hätten Farben. Und keinen Mann im grauen Flanell. Wenn es nach ihm ginge, würde er jedem Puertoricaner ein Darlehen geben, der sich ein Auto kaufen will, dann würden sie in der ganzen Stadt ihre Autos polieren, ihr Bier aus Flaschen in braunen Papiertüten trinken, Tito hören und mit den Mädchen flirten, die ihre Wippärschchen auf dem Bürgersteig spazierenführen, Mädchen in so durchsichtigen Bauernblusen und mit Jesusmedaillons, die sich tief in den Ausschnitt schmiegen, wär das nicht eine Stadt, in der man's aushalten könnte?

Die Mädels im Büro lachen über Andys Tiraden, aber sie sagen auch, er soll aufhören, weil sie mit ihrer Arbeit fertig werden wollen und dann nichts wie raus hier. Sie haben Kinder zu Hause und Männer, die auf sie warten.

Einmal, als wir früher Schluß machen und noch auf ein Bier gehen, erzählt er mir, warum er mit einunddreißig an der NYU Philosophie studiert. Er ist im Krieg gewesen, nicht in Korea, im Weltkrieg in Europa, aber jetzt muß er in dieser gottverdammten Bank Nachtschicht machen, weil er unehrenhaft entlassen worden ist, im Frühjahr fünfundvierzig, kurz vor Kriegsende, schöner Mist, oder?

Er wollte bloß scheißen, nichts weiter, hat einen gemütlichen Schiß hingelegt in einem Straßengraben in Frankreich, hatte sich auch schon abgewischt und wollte sich gerade die Hose zuknöpfen, da kommt doch ausgerechnet in dem Moment so ein gottverdammter Lieutenant mit einem Sergeant daher, und der Lieutenant hat nichts Besseres zu tun, als sich vor ihm aufzupflanzen und ihn zu bezichtigen, er hätte widernatürlichen Umgang mit einem Schaf gehabt, das ein paar Meter weiter auf der Wiese steht. Andy gibt zu, daß der Lieutenant nicht ganz ohne Grund zu dieser irrigen Schlußfolgerung gelangte, weil Andy, bevor er sich die Hose wieder hochzog, einen Ständer hatte, der bei besagtem Hosenhochziehen hinderlich war, und obwohl er alles, was nach Offizier aussah, nicht ausstehen konnte, dachte er, eine Erklärung könne nicht schaden.

Also, Lieutenant, ob ich nun das Schaf da gerammelt hab oder nicht, der springende Punkt ist doch Ihr eigenartiges Interesse an mir und meiner Beziehung zu dem Schaf. Wir sind im Krieg, Lieutenant. Ich schlag mich in die Büsche, um in einen französischen Graben zu scheißen, und da steht ein Schaf genau auf Augenhöhe, und ich bin neunzehn und hab seit meinem Abschlußball an der High School keine Nummer mehr geschoben, und ein Schaf, noch dazu ein französisches, ist durchaus eine Versuchung, und wenn Sie meinen, ich hätte Lust gehabt, das Schaf zu vernaschen, dann haben Sie verdammt recht, Lieutenant, die hatte ich, aber ich hab's nicht getan. Sie und der Sergeant haben mir ja einen Strich durch mein Schäferstündchen gemacht. Ich denk, der Lieutenant wird lachen, aber statt dessen nennt er mich einen gottverdammten Lügner, mir steht das Schaf ja förmlich ins Gesicht geschrieben, zu den Augen kommt es mir raus. Sicher, geträumt hab ich schon davon, aber es ist nicht passiert, und die Unterstellungen von dem Kerl waren derart unfair, daß ich ihn ein bißchen geschubst hab, nicht mal geschlagen, nur geschubst, und im nächsten Moment, du ahnst es nicht, hab ich ihre ganze Artillerie vor der Nase, Pistolen, Karabiner, M1s, und eh du bis drei zählen kannst, steh ich vor einem Kriegsgericht, wo ein versoffener Captain mich verteidigt, der mir vorher unter vier Augen gesagt hat, ich wär ein widerwärtiger Schafeficker und es täte ihm leid, daß er nicht auf der anderen Seite stehen und die Anklage vertreten kann, weil sein Vater Baske ist und in Montana lebt, wo sie ihre Schafe in Ehren halten, und ich weiß bis heute nicht, ob ich sechs Monate Bau gekriegt hab, weil ich mich an einem Offizier vergriffen oder weil ich ein Schaf gebumst hab. Das Ende vom Lied war jedenfalls, daß sie mich unehrenhaft entlassen haben, und wenn dir so was passiert, kannst du genausogut an der NYU Philosophie studieren.

30

Wegen Mr. Calitri kritzle ich Erinnerungen an Limerick in Hefte. Ich lege Listen von Straßen, Lehrern, Priestern, Nachbarn, Freunden, Läden an.

Ich habe das sichere Gefühl, daß mich die Leute in Mr. Calitris Kurs seit der Bettgeschichte mit anderen Augen sehen. Die Mädchen versichern sich wahrscheinlich gegenseitig, sie würden nie mit einem ausgehen, der jahrelang in einem Bett geschlafen hat, in dem womöglich schon einer gestorben war. Dann erzählt mir Mike Small, sie hätte von meinem Aufsatz gehört, und der hätte so viele Leute in meinem Kurs gerührt, Jungen und Mädchen. Ich wollte ihr eigentlich nicht sagen, wo ich herkomme, aber jetzt will sie den Aufsatz lesen, und hinterher hat sie Tränen in den Augen und sagt, oh, das konnte ich ja nicht ahnen. Oh, das muß ja furchtbar gewesen sein. Es erinnert sie an Dickens, obwohl ich nicht einsehe, wieso, weil bei Dickens immer alles gut ausgeht.

Natürlich sage ich das Mike Small nicht, weil sie sonst vielleicht denkt, ich will mit ihr streiten. Sie könnte auf dem Absatz kehrtmachen und stracks zu Bob zurückgehen, dem Footballspieler.

Jetzt sollen wir bei Mr. Calitri einen Familienaufsatz schreiben, in dem Zwietracht, ein trauriger Moment oder ein Schicksalsschlag vorkommt, und obwohl ich eigentlich nicht in die Vergangenheit gehen will, gibt es etwas, das meiner Mutter passiert ist und das einfach beschrieben werden muß.

Die Parzelle

Als der Krieg ausbrach und in Irland die Lebensmittel rationiert wurden, bot die Stadtverwaltung armen Familien Parzellen auf Äckern außerhalb von Limerick an. Jede Familie konnte den sechzehnten Teil eines Tagwerks bekommen, den Boden umpflügen und anbauen, was sie wollte.

Mein Vater bewarb sich um eine Parzelle in Rosbrien, und die Stadtverwaltung lieh ihm einen Spaten und eine Heugabel für die Arbeit. Mein Bruder Malachy und ich mußten mit, um ihm zu helfen. Als mein Bruder Michael den Spaten sah, fing er an zu weinen und wollte auch mit, aber er war erst vier und wäre uns nur im Weg gewesen. Mein Vater sagte zu ihm, psst, wenn wir aus Rosbrien zurückkommen, bringen wir dir Beeren mit.

Ich fragte meinen Vater, ob ich den Spaten tragen darf, aber das tat mir schon bald leid, weil Rosbrien meilenweit außerhalb von Limerick war. Malachy hatte zunächst die Gabel getragen, aber mein Vater nahm sie ihm weg, weil er so damit herumwedelte, daß er den Leuten fast die Augen ausgestochen hätte. Malachy weinte, bis mein Vater ihm versprach, er würde ihn den Spaten ganz allein nach Hause tragen lassen. Mein Bruder vergaß die Gabel, als er einen Hund sah, der dann eine ganze Weile mit uns mitlief und Stöckchen apportierte, bis er vor Erschöpfung Schaum vorm Maul hatte, sich auf die Straße legte und mit dem Stock im Maul zu uns hochschaute, so daß wir ihn zurücklassen mußten.

Als mein Vater die Parzelle sah, schüttelte er den Kopf. Steine, sagte er, nichts als Steine und Steinchen. Den ganzen Tag haben wir nichts anderes getan, als einen Haufen an dem Mäuerchen längs der Straße aufzuschichten. Mein Vater nahm immer wieder den Spaten, um Steine auszugraben, und obwohl ich erst neun war, fiel mir auf, daß zwei Männer auf benachbarten Parzellen sich unterhielten und ihn ansahen und leise in sich hineinlachten. Ich fragte meinen Vater, warum, und er mußte selbst ein bißchen lachen und sagte, der Mann aus Limerick kriegt die dunkle Erde und der Mann aus dem Norden den steinigen Acker.

Wir arbeiteten, bis es dunkel wurde, und wir waren so schwach vor Hunger, daß wir keinen Stein mehr hochheben konnten. Es machte uns überhaupt nichts aus, daß er jetzt die Gabel und den Spaten trug, und wir wären froh gewesen, wenn er uns auch noch getragen hätte. Er sagte, wir seien große Jungen, gute Arbeiter, und unsere Mutter würde stolz auf uns sein, wir würden Tee und geröstetes Brot bekommen, und er marschierte mit langen Schritten vor uns her, bis er auf halbem Weg nach Hause plötzlich stehenblieb. Euer Bruder Michael, sagte er. Wir haben ihm Beeren versprochen. Wir müssen die Straße zurück zu den Sträuchern.

Malachy und ich jammerten, wir seien müde und könnten keinen Schritt mehr gehen, bis mein Vater uns sagte, wir sollten heimgehen, er würde die Beeren allein pflücken. Ich fragte ihn, warum er die Beeren nicht morgen pflücken könne, und er sagte, er habe Michael die Beeren für heute abend versprochen, nicht für morgen, und schon ist er losgezogen mit dem Spaten und der Gabel auf der Schulter.

Als Michael uns sah, fing er an zu quengeln, Beeren, Beeren. Er hörte wieder auf, als wir ihm sagten, Dad ist draußen in Rosbrien und pflückt deine Beeren, also hör auf zu flennen, wir wollen jetzt unser geröstetes Brot und unseren Tee.

Wir hätten zu zweit einen ganzen Laib verdrücken können, aber meine Mutter sagte, laßt eurem Vater noch was übrig. Sie schüttelte den Kopf. So was Närrisches, den weiten Weg noch mal zurückgehen bloß wegen den Beeren. Dann sah sie Michael an, der an der Tür stand und auf die Gasse hinausschaute, ob mein Vater schon käme, und schüttelte ein bißchen langsamer den Kopf.

Bald sah Michael meinen Vater kommen, und schon rannte er die Gasse entlang und rief, Dad, Dad, hast du die Beeren? Wir hörten Dad, gleich, Michael, gleich.

Er stellte den Spaten und die Gabel in eine Ecke und leerte seine Jackentaschen auf den Tisch. Er hatte Beeren gebracht, die großen saftigen schwarzen Beeren, die an den Seiten und an der Spitze der Sträucher wachsen, wo Kinder nicht hinkommen, Beeren, die er im dunklen Rosbrien gepflückt hatte. Mir lief das Wasser im Mund zusammen, ich fragte meine Mutter, ob ich auch eine haben könnte, und sie sagte, frag Michael, sie gehören ihm.

Ich brauchte ihn nicht zu fragen. Er gab mir die größte Beere, die saftigste, und er gab Malachy auch eine. Er bot auch meiner Mutter und meinem Vater welche an, aber sie sagten, nein, danke, die sind für dich. Er bot Malachy und mir noch eine Beere an, und wir nahmen sie. Ich dachte, wenn ich solche Beeren hätte, würde ich sie alle für mich behalten, aber Michael war anders, und vielleicht wußte er es nur nicht besser, weil er erst vier war.

Von da an gingen wir jeden Tag außer sonntags zu der Parzelle, säuberten sie von großen und kleinen Steinen, bis wir auf Erde stießen, und halfen meinem Vater Kartoffeln stecken und Karotten und Kohl anpflanzen. Manchmal ließen wir ihn allein, gingen die Straße entlang, suchten Beeren und aßen so viele, daß wir die Lauferei kriegten.

Mein Vater sagte, wir würden im Handumdrehen unsere Ernte ausgraben können, aber er würde dann nicht mehr da sein. In Limerick gebe es keine Arbeit, aber die Engländer suchten Arbeitskräfte für ihre Kriegsfabriken. Er könne sich zwar nur schwer vorstellen, daß er für die Engländer arbeiten solle, nach allem, was sie uns angetan hätten, aber das Geld sei schon verlockend, und da die Amerikaner ja auch in den Krieg eingetreten seien, sei es bestimmt eine gute Sache.

Er fuhr mit Hunderten von Männern und Frauen nach England. Die meisten schickten Geld nach Hause, aber er ließ alles in den Pubs von Coventry und vergaß, daß er eine Familie hatte. Meine Mutter mußte sich bei ihrer eigenen Mutter Geld borgen und in Kathleen O'Connells Lebensmittelladen anschreiben lassen. Sie mußte um Lebensmittel betteln, bei der Gesellschaft vom hl. Vincent de Paul oder wo sie sonst etwas ergattern konnte. Sie meinte, es wäre eine große Erleichterung für uns und wir wären gerettet, wenn es erst mal so weit wäre, daß wir unsere Kartoffeln, unsere Karotten und unsere schönen Kohlköpfe ernten könnten. Dann würden wir uns alle satt essen, und wenn Gott uns gnädig sei, würde er uns vielleicht sogar ein schönes Stück Schinken schicken, das sei doch nicht zuviel verlangt, wenn man in Limerick lebe, der Schinkenhauptstadt von ganz Irland.

Der Tag kam, und sie setzte das neue Baby, Alphie, in den Kinderwagen. Von Mr. Hannon nebenan borgte sie sich einen Kohlensack. Den machen wir voll, sagte sie. Ich trug die Gabel und Malachy den Spaten, damit er den Leuten nicht mit den Zinken die Augen ausstach. Meine Mutter sagte, wedel nicht so mit dem Ding, sonst kriegst du eine Tachtel.

Eins aufs Maul.

Als wir in Rosbrien ankamen, waren andere Frauen auf ihren Parzellen eifrig beim Hacken und Graben. Wenn man einen Mann sah, war es ein alter Tatterich, untauglich für die Arbeit in England. Meine Mutter grüßte über das Mäuerchen die eine oder andere Frau, und als die nicht zurückgrüßten, sagte sie, die müssen alle vom vielen Bücken taub geworden sein.

Sie ließ Alphie außerhalb des Mäuerchens im Kinderwagen und sagte Michael, er solle auf das Baby aufpassen und nicht Beeren suchen gehen. Malachy und ich sprangen über die Mauer, aber sie mußte sich draufsetzen, die Beine hinüberschwingen und auf der anderen Seite heruntersteigen. Sie blieb eine Minute sitzen und sagte, es gibt nichts Besseres auf der Welt als neue Kartoffeln mit Butter und Salz. Dafür würde ich meine Augen hergeben.

Wir hoben den Spaten und die Gabel auf und gingen zu unserer Parzelle, aber bei dem, was wir dort fanden, hätten wir genausogut zu Hause bleiben können. Die Erde war frisch umgegraben, und weiße Würmer krochen in den Löchern herum, wo die Kartoffeln und Karotten und Kohlköpfe gewesen waren.

Meine Mutter fragte mich, ist das auch die richtige Parzelle?

Ja.

Sie schritt sie der Länge nach ab, hin und zurück. Die anderen Frauen bückten sich geschäftig über ihre Beete und klaubten allerlei aus der Erde. Ich sah meiner Mutter an, daß sie etwas zu ihnen sagen wollte, aber ich sah auch, daß sie wußte, es hatte keinen Zweck. Ich wollte den Spaten und die Gabel aufheben, aber sie fuhr mich an, laß sie liegen, die brauchen wir jetzt auch nicht mehr, wo alles futsch ist. Ich wollte etwas sagen, aber sie war so bleich, daß ich Angst hatte, sie würde mich schlagen, und ich brachte mich über das Mäuerchen in Sicherheit.

Sie stieg auch über die Mauer, setzte sich, schwang die Beine, und blieb wieder sitzen, bis Michael fragte, Mam, kann ich Beeren suchen gehen?

Meinetwegen, sagte sie. Das ist jetzt auch schon egal.

*

Wenn diese Geschichte Mr. Calitri gefällt, läßt er sie mich vielleicht vor den Studenten vorlesen, und dann werden sie die Augen verdrehen und sagen, schon wieder Elend. Sicher, die Mädchen haben mich wegen des Bettes bedauert, aber irgendwann muß Schluß sein. Wenn ich weiter über meine unglückliche Kindheit schreibe, werden sie sagen, aufhören, aufhören, das Leben ist schwer genug, wir haben unsere eigenen Sorgen. Also werde ich ab sofort Geschichten darüber schreiben, wie meine Familie in einen Vorort von Limerick gezogen ist, wo alle satt sind und sauber, weil sie mindestens einmal die Woche ein Bad nehmen können.

31

Paddy Arthur McGovern warnt mich, wenn ich mir weiter diese laute Jazzmusik anhöre, wird es mir gehen wie den Lennon-Brüdern, ich werde total amerikanisch werden und völlig vergessen, daß ich Ire bin, und was dann? Es hätte keinen Zweck, ihm zu sagen, wie begeistert die beiden von James Joyce sind. Er würde sagen, ach was, James Joyce, meine Fresse. Ich bin in der Grafschaft Cavan aufgewachsen, und dort hat nie jemand was von ihm gehört, und wenn du nicht aufpaßt, rennst du eines Tages nach Harlem und tanzt Jitterbug mit Negermädchen.

Er geht am Samstag abend zu einer irischen Tanzerei, und wenn ich noch einen Funken Verstand habe, komme ich mit. Er tanzt grundsätzlich nur mit irischen Mädchen, weil wenn man mit Amerikanerinnen tanzt, weiß man nie, was einem blüht.

Im Jaeger House an der Lexington Avenue spielt Mickey Carton mit seiner Band, und Ruthie Morissey singt A Mother's Love is a Blessing. An der Decke rotiert eine große Spiegelkugel, die den Tanzsaal mit Silberflecken sprenkelt. Paddy Arthur ist kaum zur Tür rein, als er auch schon mit dem ersten Mädchen, das er auffordert, über die Tanzfläche schwebt. Er hat keine Schwierigkeiten, Mädchen dazu zu kriegen, daß sie mit ihm tanzen, und warum auch, er ist über einsachtzig, hat schwarzes, lockiges Haar, dichte schwarze Augenbrauen, blaue Augen, ein Grübchen im Kinn und eine lässige Art, die Hand auszustrecken, so nach dem Motto, na komm, Mädel, so daß das Mädchen nicht im Traum auf die Idee kommen würde, nein zu diesem Bild von einem Mann zu sagen, und wenn sie auf der Tanzfläche sind, führt er sie souverän, ganz gleich, um was für einen Tanz es sich handelt, Walzer, Foxtrott, Lindy, Twostep, fast ohne sie anzuschauen, und wenn er sie zu ihrem Platz zurückbringt, wird sie von jedem der kichernden Mädchen auf den Stühlen an der Wand beneidet.

Er kommt an die Bar, wo ich ein Bier trinke, damit der Mut, der da vielleicht drin ist, auf mich übergeht. Er will wissen, warum ich mich nicht zum Tanzen aufraffe. Wozu kommst du überhaupt her, wenn du dann doch nicht mit den tollen Bräuten da an der Wand tanzt?

Er hat recht. Die tollen Bräute, die an der Wand aufgereiht sitzen, sind wie die Mädchen in Cruise's Hotel in Limerick, nur daß sie Kleider anhaben, wie man sie in Irland nie zu sehen bekommt, Seide und Taft und Stoffe, die ich nicht kenne, rosa, rotbraun, hellblau, hier bestickt, dort mit Spitzenschleifchen verziert, schulterfreie Kleider, die vorn so steif sind, daß das Kleid, wenn das Mädchen sich zur Seite dreht, bleibt, wo es ist. Das Haar ist mit Nadeln und Kämmen festgesteckt, damit es nicht offen auf die Schultern fällt. Sie sitzen da mit den Händen und eleganten Täschchen im

Schoß, und sie lächeln nur, wenn sie miteinander reden. Manche bleiben einen Tanz nach dem anderen sitzen, unbeachtet von den Männern, bis sie sich gezwungen sehen, mit einem anderen Mädchen zu tanzen. Sie stampfen übers Parkett, und wenn der Tanz aus ist, gehen sie an die Bar und verlangen Limonade oder Orangensaft, die Getränke von Mädchenpaaren.

Ich kann Paddy nicht sagen, daß ich lieber bleibe, wo ich bin, an der Bar, wo mir nichts passieren kann. Ich kann ihm nicht sagen, daß mir jedesmal, wenn ich tanzen gehe, schlecht wird, daß ich, auch wenn ein Mädchen mich auffordern würde, nicht wüßte, was ich mit ihr reden soll. Einen Walzer würde ich noch hinkriegen, wumpapa, wumpapa, aber ich werde nie wie die Männer auf der Tanzfläche sein, die den Mädchen ins Ohr flüstern und sie so zum Lachen bringen, daß sie eine volle Minute lang kaum noch tanzen können. Buck hat in Deutschland immer gesagt, wenn man ein Mädchen zum Lachen bringen kann, ist man schon halb ihr Bein rauf.

Paddy tanzt wieder, kommt an die Bar zurück mit einem Mädchen namens Maura und sagt mir, sie hat eine Freundin, Dolores, die schüchtern ist, weil sie Irisch-Amerikanerin ist, und ob ich nicht mit ihr tanzen möchte, wo ich doch auch hier geboren bin, und wir würden gut zueinander passen, weil sie keine Ahnung von irischen Tänzen hat und ich mir ständig diese Jazzmusik anhöre.

Maura schaut zu Paddy auf und lächelt. Er lächelt auf sie runter und zwinkert mir zu. Sie sagt, entschuldige, ich will mal nachsehen, was Dolores macht, und als sie weg ist, flüstert Paddy mir zu, daß er mit ihr nach Hause gehen wird. Sie ist Oberkellnerin in Schrafft's Restaurant, hat eine eigene Wohnung und spart, um nach Irland zurückzugehen, und heute ist seine Glücksnacht. Er sagt, sei nett zu Dolores, man kann nie wissen, und zwinkert noch mal. Ich glaub, ich finde heut noch ins Loch, sagt er.

Ins Loch finden. Das würde ich natürlich auch gern, aber ich würde es nicht so ausdrücken. Ich halte mich lieber an Mikey Molloy in Limerick, der es die Aufregung genannt hat. Wenn einer wie

Paddy ist und die irischen Frauen ihm reihenweise in den Schoß fallen, kann er sie wahrscheinlich nicht mehr auseinanderhalten, und sie werden alle zu einem einzigen Loch, bis er das Mädchen kennenlernt, das er mag, und die macht ihm dann klar, daß sie nicht auf der Welt ist, um sich zu seinem Vergnügen auf den Rücken zu legen. Von Mike Small könnte ich nie so denken, ja nicht mal von Dolores, die schüchtern und errötend dasteht, genau so, wie ich selbst mich fühle. Paddy stößt mich an und zischt mir aus dem Mundwinkel zu, Mann Gottes, jetzt forder sie endlich auf.

Ich bringe nur ein Brummeln zustande, und zu meinem Glück spielt Mickey Carton einen Walzer, und Ruthie singt There's One Fair County in Ireland, der einzige Tanz, bei dem ich mich vielleicht nicht unmöglich mache. Dolores lächelt mich an und wird rot, und ich werde auch rot, und so drehen wir uns alle beide errötend auf dem Parkett, und die kleinen Silberflecken tanzen uns übers Gesicht. Wenn ich stolpere, stolpert sie mit, aber so, daß ein Tanzschritt draus wird, und nach einer Weile halte ich mich für Fred Astaire und sie für Ginger Rogers und schwenke sie souverän herum, fest überzeugt, daß die Mädchen an der Wand mich bewundern und es nicht erwarten können, mit mir zu tanzen.

Der Walzer ist zu Ende, und während ich liebend gern von der Tanzfläche gehen würde, aus Angst, Mickey spielt als nächstes einen Lindy oder Jitterbug, bleibt Dolores stehen, als wollte sie fragen, warum tanzen wir nicht weiter, und sie ist so leichtfüßig und berührt mich so leicht, daß ich mir die anderen Paare ansehen kann, wie lässig die sind, und es ist überhaupt nicht schwer mit Dolores, was immer das für ein Tanz sein mag, und ich schiebe und ziehe sie und wirble sie herum wie einen Kreisel, bis ich ganz sicher bin, daß die Mädchen mich alle anschauen und Dolores beneiden, und ich bin so von mir eingenommen, daß ich das Mädchen an der Tür übersehe, die ihre Krücke ein bißchen zu weit vorgeschoben hat, und als ich mit dem Fuß daran hängenbleibe, fliege ich den tollen Bräuten an der Wand auf den Schoß, und die stoßen mich ziemlich unsanft weg und sagen pikiert, manche Leute sollte man nicht auf die Tanzfläche lassen, wenn sie sich beim Trinken nicht bremsen können.

Paddy steht an der Tür, mit Maura im Arm. Er lacht, aber sie lacht nicht. Sie schaut Dolores an, als ob sie ihr leid tut, aber Dolores hilft mir auf die Beine und fragt mich, ob ich mir weh getan habe. Maura kommt herüber, tuschelt mit ihr und wendet sich dann mir zu. Ob ich mich um Dolores kümmere.

Ja, klar.

Sie und Paddy gehen, und Dolores sagt, sie möchte auch gehen. Sie wohnt in Queens, und sie sagt, ich brauche sie nicht bis ganz nach Hause zu bringen, in der Hochbahn passiert ihr schon nichts. Ich kann ihr schlecht sagen, daß ich sie nach Hause bringen möchte, in der Hoffnung, sie bittet mich noch herein und es gibt vielleicht ein bißchen Aufregung. Bestimmt hat sie eine eigene Wohnung, und vielleicht tut ihr das mit der Krücke so leid, daß sie es nicht übers Herz bringt, mich wegzuschicken, und dann dauert es nicht lange, und wir liegen im Bett, warm, nackt und verrückt nacheinander, verpassen die Messe, verstoßen immer wieder gegen das sechste Gebot und scheren uns einen Fiedlerfurz darum.

Wenn die Hochbahn schwankt oder plötzlich bremst, fallen wir aufeinander, und ich rieche ihr Parfüm und spüre ihren Schenkel an meinem. Es ist ein gutes Zeichen, daß sie nicht von mir abrückt, und als sie mich ihre Hand halten läßt, bin ich im siebten Himmel, bis sie anfängt, von Nick zu reden, ihrem Freund in der Navy, da lege ich ihre Hand in ihren Schoß zurück.

Die Frauen dieser Welt sind mir ein Rätsel, Mike Small, die mit mir im Rocky's Bier trinkt und dann zu Bob läuft, und jetzt die hier, die mich in die Hochbahn lockt, damit ich mit ihr bis zur Endstation 179th Street fahre. Paddy Arthur würde da nicht mitspielen. Er hätte sich schon im Tanzsaal davon überzeugt, daß es keinen Nick in der Navy gibt und niemanden bei ihr zu Hause, der seine nachtfüllenden Pläne durchkreuzen könnte. Wenn es irgendwelche Zweifel gäbe, würde er bei der nächsten Haltestelle aussteigen, also warum tue ich das nicht auch? Ich war in Fort Dix Soldat der Woche, ich habe Hunde dressiert, ich gehe aufs College, ich lese Bücher, und was tue ich nach alledem? Ich schleiche mich wie ein Dieb durch die Straßen in der Umgebung der NYU, um Bob, dem Footballspieler, nicht in die Arme zu laufen, und begleite eine Tanzpartnerin nach Hause, die einen anderen heiraten will. Anscheinend hat jeder auf der Welt jemanden, Dolores ihren Nick, Mike Small ihren Bob, und Paddy Arthur ist schon mitten in seiner aufregenden Nacht mit Maura in Manhattan, und was bin ich eigentlich für ein Trottel, daß ich mit ihr bis zur Endstation mitfahre?

Ich bin schon fest entschlossen, bei der nächsten Station auszusteigen und Dolores sausenzulassen, da nimmt sie meine Hand und sagt mir, wie nett ich bin, daß ich ein guter Tänzer bin, zu dumm, das mit der Krücke, wir hätten die ganze Nacht tanzen können, daß sie es mag, wie ich rede, so ein süßer Akzent, man merkt sofort, daß ich gut erzogen bin, es ist so schön, daß ich aufs College gehe, und sie versteht nicht, warum ich mich mit einem wie Paddy Arthur abgebe, der mit Maura nichts Gutes im Schild führt, das sieht doch ein Blinder. Sie drückt meine Hand und sagt mir, wie nett es von mir ist, daß ich sie bis nach Hause begleite, und sie wird mich nie vergessen, und ich spüre ihren Schenkel an meinem, die ganze restliche Strecke bis zur Endstation, und als wir aufstehen, um auszusteigen, muß ich mich vorbeugen, um die Aufregung zu verbergen, die in meiner Hose pulsiert. Ich denke, wir gehen jetzt zu ihr, aber sie stellt sich an eine Bushaltestelle und sagt, sie wohnt noch weiter draußen, in Queen's Village, und ich brauche sie wirklich nicht bis nach Hause zu begleiten, im Bus wird ihr schon nichts passieren. Sie drückt wieder meine Hand, und ich frage mich, ob noch die leiseste Hoffnung besteht, daß das meine Glücksnacht wird und ich es im Bett wild treiben werde wie Paddy Arthur.

Während wir auf den Bus warten, hält sie meine Hand und erzählt mir alles über Nick in der Navy, daß ihr Vater ihn nicht leiden kann, weil er Italiener ist, und ihm hinterm Rücken alle möglichen Schimpfnamen gibt, daß ihre Mutter Nick wirklich mag, es aber nie zugeben würde, aus Angst, ihr Vater könnte betrunken nach Hause kommen und in seiner Rage die Einrichtung zertrümmern, es wär nicht das erste Mal. Die schlimmsten Abende sind die, wenn ihr Bruder Kevin zu Besuch kommt und sich mit ihrem Vater anlegt, man würde es nicht für möglich halten, wie die dann fluchen und sich auf dem Boden wälzen. Kevin ist Linebacker in Fordham und ihrem Vater durchaus gewachsen.

Was ist ein Linebacker?

Du weißt nicht, was ein Linebacker ist?

Nein.

Du bist der erste Junge, dem ich je begegnet bin, der nicht weiß, was ein Linebacker ist.

Junge. Ich bin vierundzwanzig, und sie nennt mich Junge, und ich frage mich, muß man in Amerika vierzig werden, um ein Mann zu sein?

Ich hoffe immer noch, sie ist mit ihrem Vater so über Kreuz, daß sie vielleicht eine eigene Wohnung hat, aber von wegen, sie wohnt noch zu Hause, und meine Träume von einer Nacht der Aufregung zerplatzen. Man sollte meinen, ein Mädchen ihres Alters hätte eine eigene Wohnung, damit sie Leute wie mich, die sie bis zur Endstation begleiten, hineinbitten kann. Von mir aus kann sie mir tausendmal die Hand drücken. Was nützt es, daß einem mitten in der Nacht in einem Bus in Queens die Hand gedrückt wird, wenn am Ziel der Reise nicht ein bißchen Aufregung winkt?

Sie wohnt in einem Haus mit einer Marienfigur und einem rosa Vogel auf dem Rasen im Vorgärtchen. Wir bleiben an dem Eisentürchen stehen, und ich überlege, ob ich sie küssen und sie so weit bringen soll, daß wir uns vielleicht für die Aufregung hinter einen Baum stellen, aber da kommt von drinnen ein Gebrüll, verdammt noch mal, Dolores, schaff deinen Arsch hier rein, was denkst du dir eigentlich, so verdammt spät nach Hause zu kommen, und sag diesem gottverdammten irischen Knallkopf, er soll um sein Leben rennen, und sie sagt, oh, und läuft ins Haus.

Als ich wieder bei Mary O'Brien ankomme, sind alle schon auf und essen Eier mit Speck, und hinterher gibt es Rum und Ananasscheiben in dickem Sirup. Mary pafft ihre Zigarette und lächelt mir mit wissendem Blick zu.

Du siehst aus, als hättest du eine nette Nacht hinter dir.

32

Wenn die regulären Angestellten der Bank am Abend das Feld räumen, kommt Bridey Stokes mit Mop und Eimer und putzt drei Etagen. Sie schleift einen großen Leinwandsack hinter sich her, füllt ihn mit dem Abfall aus den Papierkörben und schleift ihn zum Lastenaufzug, um ihn irgendwo im Keller auszuleeren. Andy Peters sagt ihr, sie braucht eigentlich mehrere Säcke, damit sie nicht dauernd rauf- und runterfahren muß, aber sie sagt, die geben ihr auch nicht einen einzigen Sack extra, so knickrig sind die. Sie könnte sich ja selbst welche kaufen, aber die Nachtarbeit macht sie, um ihren Sohn Patrick zu unterstützen, der an der Fordham University studiert, und nicht, um Leinwandsäcke für die Manufacturer's Trust Company zu kaufen. Abend für Abend wird der Sack auf jeder Etage zweimal voll, das macht sechs Fahrten in den Keller. Andy erklärt ihr, wenn sie sechs Säcke hätte, müßte sie nur einmal mit dem Aufzug fahren und würde so viel Zeit und Kraft sparen, daß sie früher zu Patrick und ihrem Mann heimfahren könnte.

Meinem Mann? Der hat sich vor zehn Jahren zu Tode gesoffen.

Das tut mir leid, sagt Andy.

Mir überhaupt nicht. Der war zu schnell mit den Fäusten bei der Hand, ich hab die Narben heute noch, und Patrick auch. Der hat sich nichts dabei gedacht, den Patrick so durchs Haus zu prügeln, daß der kleine Kerl nicht mal mehr heulen konnte, und den einen Abend ist es so schlimm gewesen, daß ich mit ihm aus dem Haus gegangen bin und den Mann in dem U-Bahnhäuschen gebeten habe, uns reinzulassen, und dann hab ich einen Cop nach der katholischen Fürsorge gefragt, und die haben sich um uns gekümmert und mir die Arbeit hier besorgt, und ich bin dankbar, auch wenn sie mir nur einen Leinwandsack geben.

Andy sagt, sie sei doch keine Sklavin.

Bin ich auch nicht. Ich bin viel besser dran, seit ich diesen Irren los bin. Gott vergebe mir, aber ich bin nicht mal auf seine Beerdigung gegangen.

Sie seufzt und lehnt sich auf den Mopstiel, der ihr bis zum Kinn reicht, so klein ist sie. Sie hat große braune Augen und keine Lippen, und wenn sie lächeln will, ist da nichts, womit sie lächeln könnte. Sie ist so mager, daß Andy und ich, wenn wir in den Coffee Shop gehen, ihr einen Cheeseburger mit Pommes frites und einen Milch-Shake mitbringen, damit sie vielleicht mal ein bißchen Fleisch auf die Rippen kriegt, aber dann merken wir, daß sie das Essen nicht anrührt, sondern es mit nach Hause nimmt, für Patrick, der an der Fordham Rechnungswesen studiert.

Eines Abends kommen wir dazu, wie sie weinend den Aufzug mit sechs prallen Leinwandsäcken belädt. Wir passen auch noch rein, fahren mit nach unten und wollen wissen, ob die Bank auf einmal großzügig geworden ist und Bridey Stokes mit Leinwandsäcken eingedeckt hat.

Nein. Es ist wegen meinem Patrick. Ein Jahr noch, und er hätte seinen Abschluß in Fordham gehabt, aber er hat mir einen Zettel hingelegt, daß er ein Mädchen aus Pittsburgh liebt und mit ihr nach Kalifornien geht, um ein neues Leben anzufangen, und da hab ich mir gesagt, wenn der so mit mir umspringt, dann plage ich mich nicht mehr mit dem einen Sack ab, und bin durch die Straßen von Manhattan gelaufen, bis ich ein Geschäft in der Canal Street gefunden hab, wo's welche gibt, ein chinesischer Laden. Nicht zu glauben, daß Leinwandsäcke in so einer großen Stadt so schwer zu kriegen sind, der Chinese war meine Rettung.

Sie weint noch mehr und wischt sich mit dem Pulloverärmel die Augen. Andy sagt, na, na, Mrs. Stokes.

Bridey, sagt sie. Ich bin jetzt Bridey.

Na gut, Bridey. Aber jetzt gehen wir mal über die Straße, und Sie essen was, damit Sie zu Kräften kommen.

Ach, nein. Ich hab keinen Appetit.

Ziehen Sie Ihre Schürze aus, Bridey. Wir gehen rüber.

Im Coffee Shop sagt sie uns, sie will auch nicht mehr Bridey sein. Ab sofort ist sie Brigid. Bridey ist ein Name für Dienstboten, Brigid klingt doch gleich viel seriöser. Nein, einen Cheeseburger würde sie nie schaffen, aber sie verdrückt ihn dann doch mitsamt den in Ketchup schwimmenden Pommes frites, und während sie mit einem Strohhalm ihren Milch-Shake trinkt, sagt sie uns, sie hat ein gebrochenes Herz. Andy erkundigt sich, warum sie sich so plötzlich entschlossen hat, die Leinwandsäcke zu kaufen. Sie weiß es nicht. Als Patrick sie so einfach verlassen hat, mußte sie daran denken, wie ihr Mann sie immer geschlagen hat, und da ist ein Türchen in ihrem Kopf aufgegangen, mehr kann sie dazu nicht sagen. Die Zeiten des einen Leinwandsacks sind vorbei. Andy sagt, das hat weder Hand noch Fuß. Er hat recht, meint sie, aber das ist jetzt auch egal. Sie ist vor über zwanzig Jahren von Bord der Queen Mary gegangen, ein gesundes Mädchen, das sich auf Amerika gefreut hat, und was ist aus ihr geworden? Eine Vogelscheuche. Na ja, ihre Vogelscheuchenzeit ist auch vorbei, und jetzt hätte sie furchtbar gern noch ein Stück Apfelkuchen, wenn das möglich wäre. Andy sagt, er studiert Rhetorik, Logik und Philosophie, aber das geht über seine Begriffe, und sie sagt, das dauert aber mit dem Apfelkuchen.

*

Bücher wollen gelesen, Seminararbeiten geschrieben sein, aber ich bin so versessen auf Mike Small, daß ich am Bibliotheksfenster stehe und sie beobachte, wie sie über den Washington Square läuft, vom Hauptgebäude der Universität zum Newman Club, wo sie in den Freistunden hingeht, obwohl sie nicht katholisch ist. Wenn ich sie zusammen mit Bob, dem Footballspieler, sehe, wird mir flau, und dann geht mir dieser Song durch den Kopf, I Wonder Who's Kissing Her Now. Dabei weiß ich genau, wer sie jetzt küßt, Mr. Footballspieler persönlich, die ganzen neunzig Kilo Lebendgewicht, er beugt sich vor, um ihr seine Lippen aufzudrücken, und obwohl ich genau weiß, daß ich ihn mögen würde, wenn es keine Mike Small auf der Welt gäbe, denn er ist anständig und gutmütig, suche ich noch immer nach dem Comic-Heft, wo Charles Atlas auf der Rückseite verspricht, daß er mir helfen wird, Muskeln aufzubauen, mit denen ich Bob Sand ins Gesicht kicken kann, wenn ich ihm mal am Strand begegne.

Als der Sommer kommt, zieht er seine Reserveoffiziersuniform an und fährt zu einer Wehrübung nach North Carolina, und so können Mike Small und ich uns ungestört treffen, durch Greenwich Village bummeln, im Monte's an der MacDougal Street essen und im White Horse oder im San Remo ein Bier trinken. Wir fahren mit der Staten-Island-Fähre, und es ist herrlich, Hand in Hand auf dem Deck zu stehen und zuzusehen, wie die Skyline von Manhattan zurückweicht und in den Himmel aufragt, obwohl ich immer wieder an die Menschen denken muß, die wegen ihrer schlimmen Augen oder ihrer kranken Lungen zurückgeschickt wurden, und mir vorstelle, wie es für sie gewesen sein muß in Städten und Dörfern überall in Europa, nachdem sie einmal New York gesehen hatten, die hohen Türme über dem Wasser, wenn in der Abenddämmerung die Lichter funkeln und in der Meerenge die Schlepper tröten und die Schiffe tuten. Haben sie das alles durch die Fenster auf Ellis Island gesehen und gehört? War die Erinnerung daran schmerzlich, und haben sie irgendwann noch einmal versucht, in dieses Land zu kommen, vielleicht an einer Stelle, wo ihnen keine Uniformierten die Augenlider zurückzogen und die Brust abklopften?

Als Mike Small mich fragt, woran denkst du, weiß ich nicht, was ich sagen soll, denn womöglich findet sie mich ein bißchen schrullig, weil ich mir Gedanken über die Menschen mache, die zurückgeschickt worden sind. Wären meine Mutter und mein Vater auch zurückgeschickt worden, dann würde ich jetzt nicht auf diesem Deck stehen, die Lichter Manhattans wie einen glitzernden Traum vor mir.

Außerdem, nur die Amerikaner stellen Fragen wie, woran denkst du gerade oder was machst du beruflich. In den vielen Jahren in Irland hat mich nie jemand so was gefragt, und wenn ich nicht so unsinnig in Mike Small verliebt wäre, würde ich ihr sagen, das geht sie überhaupt nichts an, was ich denke oder womit ich mein Geld verdiene.

Ich will Mike Small nicht zuviel über mein Leben erzählen, wegen der Schande, und ich glaube auch nicht, daß sie es verstehen würde, weil sie doch in einer amerikanischen Kleinstadt aufgewachsen ist, wo jeder alles hatte. Wenn sie allerdings anfängt zu erzählen, wie sie in Rhode Island bei ihrer Großmutter gelebt hat, ziehen Wolken auf. Sie erzählt vom Schwimmen im Sommer, Schlittschuhlaufen im Winter, vom Mitfahren auf Heuwagen, Ausflügen nach Boston, Verabredungen, von Abschlußbällen und von der Redaktion ihres High-School-Jahrbuchs, und ihr Leben klingt wie ein Hollywoodfilm, bis sie auf die Zeit zu sprechen kommt, wo ihr Vater und ihre Mutter sich getrennt und sie zu seiner Mutter nach Tiverton gegeben haben. Sie redet davon, wie sehr sie ihre Mutter vermißt hat und daß sie sich monatelang in den Schlaf geweint hat, und da muß sie wieder weinen. Ich frage mich, wenn ich zu einer Verwandten geschickt worden wäre und dort wie Gott in Frankreich gelebt hätte, hätte ich dann meine Familie vermißt? Kaum vorzustellen, daß ich das ewig gleiche Brot mit Tee jeden Abend vermißt hätte, das von Flöhen wimmelnde, zusammengebrochene Bett, das Klo, auf das sämtliche Familien der ganzen Gasse gehen mußten. Nein, das hätte ich nicht vermißt. Aber vielleicht hätte ich es vermißt, wie es mit meiner Mutter und meinen Brüdern war, die Gespräche am Tisch und die Abende, an denen wir ums Feuer saßen und Welten in den Flammen sahen, kleine Höhlen und Vulkane und alle möglichen Gestalten und Bilder. Das hätte ich vermißt, auch wenn ich bei einer reichen Großmutter gelebt hätte, und Mike Small tut mir leid, weil sie keine Geschwister hatte und kein Feuer, an dem sie sitzen konnte.

Sie erzählt mir, wie aufgeregt sie war an dem Tag, als sie mit der Grundschule fertig war, ihr Vater sollte zur Abschlußfeier kommen, den ganzen weiten Weg von New York, rief aber in letzter Minute an, er müsse zu einem Picknick für die Schlepperbesatzungen, und das treibt ihr schon wieder die Tränen in die Augen. An dem Tag hat ihre Großmutter ihren Vater am Telefon verwünscht, ihm an den Kopf geworfen, er sei ein nichtsnutziger, niederträchtiger Schürzenjäger und er solle sich nie mehr in Tiverton blicken lassen. Wenigstens war ihre Großmutter da. Sie war für alles da, immer. Sie hatte es nicht so mit dem Küssen und Umarmen und Ins-Bett-Bringen, aber sie hielt das Haus sauber, wusch die Wäsche und gab ihr jeden Tag eine gut gefüllte Lunchbox mit.

Mike trocknet ihre Tränen und sagt, man kann nicht alles haben, und ich sage nichts, denke mir aber, wieso soll es nicht möglich sein, daß man alles bekommt oder wenigstens alles gibt? Warum kann man nicht putzen, Wäsche waschen und die Lunchbox füllen und trotzdem küssen, umarmen und ins Bett bringen? Mike kann ich es nicht sagen, weil sie ihre Großmutter dafür bewundert, daß sie so hart ist, aber ich würde lieber hören, daß die Großmutter sie auch umarmt, geküßt und ins Bett gebracht hat.

Weil Bob zu seinem Lehrgang für Reserveoffiziersanwärter gefahren ist, lädt Mike mich zu sich und ihrer Familie ein. Sie wohnt am Riverside Drive nicht weit von der Columbia University, bei ihrem Vater Allen und ihrer Stiefmutter Stella. Ihr Vater ist Schlepperkapitän bei der Dalzell Towing Company im New Yorker Hafen. Ihre Stiefmutter ist schwanger. Ihre Großmutter, Zoe, ist aus Rhode Island gekommen und soll so lange dableiben, bis Mike sich eingelebt und an New York gewöhnt hat.

Mike sagt mir, ihr Vater läßt sich gern mit Käpt'n anreden, und als ich hallo, Käpt'n sage, grunzt er, bis der Schleim in seinem Hals rasselt, und drückt mir die Hand, daß meine Knöchel knacken, damit ich merke, von welchem Schrot und Korn er ist. Stella sagt, hi, Schätzchen, und gibt mir ein Küßchen auf die Wange. Sie sagt mir, sie ist auch aus Irland und freut sich, daß Alberta mit irischen Jungen zusammen ist. Sogar sie sagt Jungen, obwohl sie Irin ist. Großmutter liegt auf der Couch im Wohnzimmer, die Hände unter dem Kopf verschränkt, und als Mike mich ihr vorstellt, zuckt Zoes Haaransatz nach vorne, und sie sagt, na, wie geht's so?

Mir rutscht es raus, hübsch gemütlich haben Sie's da auf der Couch.

Sie wirft mir einen bösen Blick zu, mir ist klar, daß ich was Falsches gesagt habe, und mir wird unbehaglich, als Mike und Stella nach nebenan gehen, um ein Kleid anzuschauen, und mich mitten im Wohnzimmer stehenlassen, während der Käpt'n eine Zigarette raucht und die Daily News liest. Keiner spricht mit mir, und ich verstehe nicht, wie Mike sich einfach absetzen und mich hier bei dem Vater und der Großmutter zurücklassen kann, für die ich Luft bin. In so einer Situation weiß ich nie, was ich sagen soll. Soll ich sagen, und wie gehen die Geschäfte in der Schlepperbranche, oder soll ich zu Oma sagen, toll von Ihnen, daß Sie Mike großgezogen haben?

Meine Mutter in Limerick würde nie wen so mitten im Zimmer stehenlassen. Sie würde sagen, nehmen Sie doch Platz, wir trinken eine schöne Tasse Tee, denn in den Gassen von Limerick ist es verpönt, jemanden wie Luft zu behandeln, und erst recht, ihm keine Tasse Tee anzubieten.

Seltsam, daß ein Mann mit einer guten Stelle wie der Käpt'n und seine Mutter auf der Couch mich nicht fragen, ob ich auch manchmal esse und trinke oder ob ich mich nicht setzen möchte. Ich verstehe nicht, daß Mike mich einfach so stehenlassen kann. Obwohl, wenn ihr das passieren würde, dann würde sie sich einfach hinsetzen und gleich der Mittelpunkt sein, genau wie mein Bruder Malachy.

Was würde passieren, wenn ich mich hinsetze? Würden sie sagen, ach, Sie fühlen sich hier wohl schon so zu Hause, daß Sie unaufgefordert Platz nehmen? Oder würden sie nichts sagen und warten, bis ich weg bin, um dann über mich zu lästern?

Sie werden sowieso über mich lästern und sich gegenseitig bestätigen, daß Bob ein viel netterer Junge ist und ja so gut aussieht in seiner Offiziersuniform, obwohl, vielleicht hätten sie von mir dasselbe gesagt, wenn sie mich in meinen Sommer-Khakis mit den Corporalstreifen gesehen hätten. Aber ich bezweifle es. Wahrscheinlich ist Bob ihnen doch lieber, mit seinem High-School-Diplom, seinen klaren, gesunden Augen, seiner rosigen Zukunft und seinem heiteren Wesen, alles adrett verpackt in einer Offiziersuniform.

Aus den Geschichtsbüchern weiß ich, daß die Iren in Neuengland noch nie beliebt waren, daß es da überall Schilder gab, auf denen stand, Bewerbungen von Iren zwecklos.

Na ja, ich habe ohnehin nicht vor, irgendwen um irgendwas zu bitten, und will gerade auf dem Absatz kehrtmachen und hinausgehen, als Mike durch den Flur gehüpft kommt, blond und lächelnd und bereit zu einem Spaziergang und einem Abendessen im Village. Am liebsten würde ich ihr sagen, ich will nichts mit Leuten zu tun haben, die mich mitten im Zimmer stehenlassen wie bestellt und nicht abgeholt und Schilder gegen Iren aufhängen, aber sie ist so heiter und blauäugig, so sauber und amerikanisch, daß ich genau weiß, wenn sie mir befehlen würde, auf ewig da stehenzubleiben, würde ich wie ein Hund mit dem Schwanz wedeln und gehorchen.

Dann, als wir mit dem Aufzug runterfahren, sagt sie, ich hätte das nicht zu Oma sagen dürfen, Oma ist fünfundsechzig und arbeitet hart, sie kocht und hält die Wohnung sauber und kann es nicht leiden, wenn irgendein Klugscheißer eine Bemerkung macht, bloß weil sie ein Viertelstündchen auf der Couch liegt.

Ich würde am liebsten sagen, ach, deine Oma kann mich mal mit ihrer Kocherei und Putzerei. Sie hat genug zu essen und zu trinken und Kleider und Möbel und fließend warmes und kaltes Wasser und immer genug Geld, also worüber beklagt sie sich? Auf der ganzen Welt gibt es Frauen, die eine große Kinderschar aufziehen und trotzdem nicht dauernd jammern, und deine Oma liegt auf dem Arsch und jammert, weil sie sich um eine Wohnung und ein paar Leute kümmern muß. Die kann mich mal, deine Oma.

Das alles würde ich gern sagen, aber ich muß es runterschlukken, weil Mike Small sonst vielleicht beleidigt wäre und mich nie würde wiedersehen wollen, aber es ist schon ein hartes Los, durchs Leben zu gehen und nie sagen zu dürfen, was einem auf der Zunge liegt. Man hat's nicht leicht mit einem so schönen Mädchen, denn die hat noch nie Schwierigkeiten gehabt, einen anderen zu kriegen, während ich mir wahrscheinlich eine suchen müßte, die nicht so hübsch ist wie sie, eine, der meine schlimmen Augen und meine nicht vorhandene High-School-Bildung nichts ausmachen, wobei ein weniger hübsches Mädchen mir vielleicht wenigstens einen Stuhl und eine Tasse Tee anbieten würde und ich mir bei ihr nicht ständig auf die Zunge beißen müßte. Andy Peters sagt mir andauernd, mit unscheinbaren Mädchen hat man ein viel leichteres Leben, vor allem mit solchen, die nur kleine oder gar keine Titten haben, weil die schon für die kleinste Aufmerksamkeit dankbar sind, und so eine könnte mich sogar um meiner selbst willen lieben, wie es in den Filmen immer heißt. Ich darf gar nicht dran denken, daß Mike Small Titten hat, wo sie doch ihren Körper für die Hochzeitsnacht und die Flitterwochen aufhebt, und es gibt mir einen Stich, wenn ich mir ausmale, wie Bob, der Footballspieler, in der Hochzeitsnacht mit ihr die Aufregung hat.

*

Der Rampenchef vom Lagerhaus Baker and Williams sieht mich in der U-Bahn und sagt mir, ich kann bei ihm den Sommer über Arbeit haben, wenn seine Leute Urlaub machen. Er läßt mich von acht bis Mittag arbeiten, und als ich am zweiten Tag fertig bin, gehe ich rüber zu Port Warehouses, um mal zu sehen, ob ich mit Horace ein Sandwich essen kann. Ich denke oft, er ist der Vater, den ich gern hätte, auch wenn er schwarz ist und ich weiß bin. Wenn ich das zu einem im Lagerhaus sagen würde, dann würden sie mich die Rampe runterlachen. Bestimmt weiß er selber, wie die über die Schwarzen reden, und sicher hört er ab und zu mal von fern das Wort Nigger. Als ich mit ihm auf der Rampe gearbeitet habe, dachte ich oft, wie er es wohl schafft, seine Fäuste bei sich zu behalten. Statt zuzuschlagen, hat er immer nur den Kopf gesenkt und still gelächelt, und ich dachte, vielleicht ist er ein bißchen schwerhörig oder schlicht von Gemüt, aber ich wußte ja, daß er nicht schwerhörig war, und deswegen und wegen der Art, wie er von seinem Sohn sprach, der in Kanada studierte, konnte man sich denken, daß er selber auf die Universität gegangen wäre, wenn er die geringste Chance dazu gehabt hätte.

Er kommt aus einer Imbißstube an der Laight Street, und als er mich sieht, lächelt er, o Mann. Muß geahnt haben, daß du kommst. Ich hab ein meterlanges U-Boot-Sandwich und ein Bier. Wir essen auf dem Pier, okay?

Ich denke, er will die Laight Street zurückgehen, aber er dirigiert mich in eine andere Richtung. Er will nicht, daß die Männer vom Lagerhaus uns sehen. Sie würden ihn den ganzen Nachmittag veräppeln. Sie würden lachen und ihn fragen, wann er denn meine Mutter kennengelernt hat. Da bekomme ich erst recht Lust, ihnen zu trotzen und die Laight Street entlangzugehen. Nein, Mann, sagt er. Spar dir die Gefühle für größere Sachen.

Das ist eine größere Sache, Horace.

Das ist nichts, Mann. Bloß Blödheit.

Wir sollten uns wehren.

Nein, Sohn.

Mein Gott, er nennt mich Sohn.

Nein, Sohn. Hab keine Zeit zum Wehren. Stell mich nicht auf die Stufe mit denen. Such mir selber meine Kämpfe aus. Ich hab einen Sohn auf dem College. Ich hab eine Frau, die ist krank und geht trotzdem am Abend Büros putzen auf der Broad Street. Iß dein Sandwich, Mann.

Es ist Schinken und Käse drauf, mit massenhaft Senf, und wir spülen es runter mit einem Liter Rheingold, das wir abwechselnd aus der Flasche trinken, und auf einmal habe ich das Gefühl, daß ich diese Stunde mit Horace auf dem Pier nie vergessen werde, die Seemöwen, die über uns kreisen und auf Abfälle lauern, die Schiffe, die auf dem Hudson in langer Reihe darauf warten, daß ein Schlepper sie in den Hafen zieht oder sie in die Meerenge hinausschiebt, den Verkehr, der hinter uns und über unseren Köpfen über den West Side Highway braust, das Radio in einem Büro auf dem Pier, in dem Vaughn Monroe Buttons and Bows singt, Horace, der mir noch ein Stück Sandwich anbietet und sagt, ich könnte ein paar Pfund mehr auf den Rippen vertragen, sein erstauntes Gesicht, als ich beinah das Sandwich fallen lasse, es beinah fallen lasse wegen der Schwäche in der Herzgegend und den auf das Sandwich tropfenden Tränen, und ich weiß nicht, warum, ich kann sie weder Horace noch mir selbst erklären, die Macht dieser Traurigkeit, die mir sagt, das kommt nie wieder, dieses Sandwich, dieses Bier auf dem Pier mit Horace, das mich so glücklich macht, daß ich nur weinen kann, weil es so traurig ist, und ich komme mir so albern vor, daß ich am liebsten den Kopf auf seine Schulter legen würde, und er spürt es, denn er rückt näher und legt den Arm um mich, als ob ich sein Sohn wäre, wir beide, schwarz oder weiß oder sonstwas, und es spielt keine Rolle, denn es bleibt nichts übrig, als das Sandwich wegzulegen, so daß augenblicklich eine Möwe herabstößt und es verschlingt, und wir lachen, Horace und ich, und er legt mir das weißeste Taschentuch in die Hand, das ich je gesehen habe, und als ich es ihm zurückgeben will, schüttelt er den Kopf, behalt's, und ich weiß, daß ich dieses Taschentuch behalten werde bis zu meinem letzten Atemzug.

Ich erzähle ihm, was meine Mutter immer gesagt hat, wenn wir geweint haben, aha, bei dir sitzt die Blase gleich hinter den Augen, und er lacht. Er hat jetzt nichts mehr dagegen, daß wir die Laight Street zurückgehen, und die Männer auf der Rampe sagen nichts über ihn und meine Mutter, weil es schwer ist, Leute zu kränken, die lachen und außer Reichweite sind.

33

Manchmal wird sie zu Cocktailpartys eingeladen. Sie nimmt mich mit, und es macht mich konfus, wie die Leute da Nase an Nase stehen und schwatzen und winzige Sachen auf altem Brot und Crackern essen, und keiner singt oder erzählt eine Geschichte, wie es in Limerick üblich ist, und irgendwann schauen sie auf die Uhr und sagen, habt ihr Hunger? Gehen wir was essen? Und schon schwirren sie ab, und das nennt sich dann Party.

Das ist das feine New York, Uptown, und es gefällt mir überhaupt nicht, vor allem als ein Mann im Anzug mit Mike redet, ihr sagt, er sei Anwalt, sie mit einem Blick zu mir fragt, warum sie um Himmels willen mit einem wie mir ausgeht, und sie einlädt, mit ihm essen zu gehen, als könnte sie mir nichts, dir nichts weggehen und mich stehenlassen mit meinem leeren Glas, lauter altbackenem Zeug und keinem, der ein Lied singt. Natürlich sagt sie, nein, danke, aber man sieht ihr an, daß sie geschmeichelt ist, und ich frage mich oft, ob sie nicht lieber mit Mr. Anwalt im Anzug mitgehen als bei mir bleiben würde, dem Mann aus dem Elendsviertel, der nie die High School besucht hat und aus zwei Augen wie Pißlöcher im Schnee in die Welt stiert. Bestimmt würde sie gern einen Mann mit klaren blauen Augen und makellos weißen Zähnen heiraten, der mit ihr zu Cocktailpartys geht und nach Westchester zieht, wo sie dem Country Club beitreten, Golf spielen und Martinis trinken und in der Nacht vom Gin beseligt herumalbern.

Ich weiß schon, was mir am besten gefallen würde, das lockere New York, Downtown, wo Männer mit Bärten und Frauen mit langen Haaren und Glasperlen in Cafés und Bars Gedichte vortragen. Ihre Namen stehen in Zeitungen und Zeitschriften, Kerouac, Ginsberg, Brigid Murnaghan. Wenn sie nicht in Lofts und Mietskasernen wohnen, durchstreifen sie das Land. Sie trinken Wein aus großen Krügen, sie rauchen Marihuana, sie liegen auf Fußböden und stehen auf Jazz. Stehen auf. So reden sie, und sie schnippen mit den Fingern, cool, Mann, cool. Sie sind wie mein Onkel Pa in Limerick, sie scheren sich keinen Fiedlerfurz um irgendwas. Wenn sie auf eine Cocktailparty gehen und eine Krawatte umbinden müßten, würden sie sterben.

Eine Krawatte war der Grund unseres ersten Krachs, bei dem ich zum erstenmal merkte, wie schnell Mike Small aufbrausen konnte. Wir wollten zu einer Cocktailparty, und als ich sie vor ihrer Haustür am Riverside Drive abholte, fragte sie, wo hast du denn deine Krawatte?

Zu Hause.

Aber es ist eine Cocktailparty.

Ich mag keine Krawatten. Im Village trägt man keine Krawatten.

Ist mir doch egal, was man im Village trägt. Es ist eine Cocktailparty, da tragen die Männer alle Krawatten. Du bist jetzt in Amerika. Komm, wir gehen in ein Herrengeschäft am Broadway und kaufen dir eine.

Warum soll ich mir eine Krawatte kaufen, wo ich zu Hause schon eine habe?

Weil ich dich in der Aufmachung nicht zu der Party mitnehme.

Sie ließ mich stehen, ging die 116th Street hinauf zum Broadway, winkte und stieg in ein Taxi, ohne sich auch nur umzuschauen, ob ich nachkomme.

Ich war außer mir vor Wut, fuhr mit dem Zug von der Seventh Avenue nach Washington Heights, verwünschte mich und meine Dickköpfigkeit und befürchtete, sie könnte mich endgültig gegen einen Mr. Anwalt im Anzug eintauschen und den ganzen restlichen Sommer mit ihm zu Cocktailpartys gehen, bis Bob, der Footballspieler, von der Wehrübung zurückkommt. Womöglich würde sie dem Anwalt zuliebe sogar Bob den Laufpaß geben, ihr Studium beenden und nach Westchester oder Long Island ziehen, wo die Männer alle Krawatten tragen und manche sogar für jeden Wochentag eine eigene Krawatte haben und noch ein paar extra für gesellschaftliche Anlässe. Womöglich würde sie Spaß daran haben, piekfein angezogen in den Country Club zu gehen und zu beherzigen, was ihr Vater gesagt hat, nämlich daß eine Dame nicht korrekt gekleidet ist, wenn sie nicht ellbogenlange weiße Handschuhe trägt.

Paddy Arthur kam gerade die Treppe runter, in Schale, aber ohne Krawatte, auf dem Weg zu einer irischen Tanzerei, und ob ich nicht mitgehen will, vielleicht sehe ich ja Dolores wieder, ha, ha.

Ich machte kehrt, ging die Treppe wieder hinunter und sagte ihm, es sei mir piepegal, ob ich Dolores jemals wiedersehe, in diesem Leben oder im nächsten, nach dem, was sie mir angetan hat, mich in den E-Train und ganz bis nach Queen's Village zu locken und mich hoffen zu lassen, der Abend könnte mit ein bißchen Aufregung enden. Bevor wir in den Zug nach Downtown stiegen, gingen Paddy und ich auf ein Bier in eine Bar am Broadway, und Paddy sagte, Allmächtiger, was ist denn mit dir los? Ist dir eine Laus über die Leber gelaufen oder was?

Als ich ihm von Mike Small und der Krawatte erzählte, zeigte er nicht das geringste Verständnis. Er sagte, geschieht dir recht, was läßt du dich auch mit den Scheißprotestanten ein, und was meine arme Mutter daheim in Limerick wohl dazu sagen würde.

Ist mir egal, was meine Mutter sagen würde. Ich bin verrückt nach Mike Small.

Er verlangte einen Whiskey und sagte, ich sollte auch einen trinken, um mich zu entspannen, mich zu beruhigen, einen klaren Kopf zu bekommen, und als ich zwei Whiskeys intus hatte, sagte ich ihm, ich möchte in Greenwich Village auf einem Fußboden liegen, Marihuana rauchen und einen Krug Wein mit einem langhaarigen Mädchen trinken, während Charlie Parker auf dem Grammophon uns in den Himmel entschweben läßt und uns dann mit langen süßen Klagetönen sacht wieder herunterholt.

Paddys Blick wurde finster. *Arrah*, Herrgott noch mal, willst du mich verarschen oder was? Weißt du, was dein Problem ist? Protestanten und Neger. Demnächst sind die Juden an der Reihe, dann bist du endgültig im Arsch.

Auf dem Hocker neben Paddy saß ein alter Mann, der Pfeife rauchte, und der sagte, so ist's recht, Sohn, so ist's recht. Sag deinem Freund da, daß man sich an seinesgleichen halten muß. Mein Lebtag hab ich mich an meinesgleichen gehalten, hab Löcher gebuddelt für die Telefongesellschaft, durch und durch irisch, und nie den geringsten Ärger gekriegt, weil ich mich, beim Allmächtigen, an meinesgleichen gehalten hab, und ich hab junge Kerle gesehen, die rübergekommen sind und alle möglichen Frauen geheiratet und ihren Glauben verloren haben, und wenn sie dann eines Tages zu Baseballspielen gehen, ist es aus und vorbei mit ihnen.

Der alte Mann sagte, er hat einen Mann aus seiner Stadt gekannt, der hat fünfundzwanzig Jahre in einem Pub in der Tschechoslowakei gearbeitet, ist heimgekommen, um seßhaft zu werden, und hat kein einziges Wort Tschechoslowakisch im Kopf gehabt, und das bloß, weil er sich an seinesgleichen gehalten hat, die paar Iren, die er dort gefunden hat, die haben alle zusammengehalten, Dank sei Gott und seiner gebenedeiten Mutter. Der alte Mann sagte, er möchte eine Runde ausgeben, zu Ehren der Männer und Frauen aus Irland, die sich an ihresgleichen halten, so daß sie, wenn ein Kind geboren wird, wissen, wer der Vater ist, und das, bei Christus, Gott vergebe mir die Ausdrücke, ist das Wichtigste von allem, daß man weiß, wer der Vater ist.

Wir stießen an und tranken auf alle, die sich an ihresgleichen halten und wissen, wer der Vater ist. Paddy beugte sich zu dem alten Mann, und sie sprachen über die Heimat, also Irland, obwohl der alte Mann sie seit vierzig Jahren nicht mehr gesehen hatte, aber er hoffte, dort in der schönen Stadt Gort begraben zu werden, neben seiner armen alten irischen Mutter und seinem Vater, der seine Schuldigkeit getan hat im Kampf gegen den perfiden sächsischen Tyrannen, und er hob sein Glas und sang,

Gott schütze Irland, sagt der Held,
Gott schütze Irland, sagen alle –
Sterb ich auf dem Blutgerüst,
Oder auf dem Schlachtfeld wüst,
's ist einerlei, wenn ich für Irland falle.

Die beiden versackten immer tiefer im Whiskey, und ich starrte in den Spiegel hinter der Bar und fragte mich, wer jetzt wohl Mike Small küßt, wünschte mir, ich könnte mit ihr durch die Straßen promenieren, so daß alle den Kopf drehen und mich beneiden würden. Wenn Paddy und der alte Mann überhaupt mit mir redeten, dann nur, um mich daran zu erinnern, daß Tausende von Männern und Frauen für Irland gestorben sind, die nicht gerade erbaut davon wären, daß ich mit episkopalischen Verrätern an der gemeinsamen Sache rumlaufe. Paddy drehte mir wieder den Rücken zu, und mir blieb nichts anderes übrig, als mich selbst im Spiegel anzuglotzen und mich zu fragen, in was für einer Welt ich eigentlich lebe. Von Zeit zu Zeit streckte der alte Mann den Kopf an Paddy vorbei, um mich zu ermahnen, halt dich an deinesgleichen, halt dich an deinesgleichen. Da bin ich in New York, im Land der freien Menschen, der Heimat der Tapferen, aber ich soll mich benehmen, als wäre ich immer noch in Limerick, einmal Ire, immer Ire. Ich soll nur mit irischen Mädchen ausgehen, die mir angst machen, weil sie immer im Stand der Gnade sind und zu allem und jedem nein sagen, außer es ist ein irischer Mistbauer, der sich auf einem Hof in Roscommon niederlassen und sieben Kinder, drei Kühe, fünf Schafe und ein Schwein aufziehen will. Wozu bin ich nach Amerika zurückgekehrt, wenn ich mir die traurigen Geschichten von den Leiden Irlands anhören und mit Bauernmädchen tanzen soll, schleppfüßigen Färsen aus Mullingar.

In meinem Kopf ist nur Platz für Mike Small, blond, blauäugig, köstlich, die auf ihre unbeschwerte episkopalische Art durchs Leben segelt, das typisch amerikanische Mädchen, im Kopf süße Erinnerungen an Tiverton, die Kleinstadt in Rhode Island, das Haus, in dem ihre Großmutter sie großgezogen hat, das Mädchenzimmer mit den Gardinchen, sacht bewegt an den Fenstern, die auf den Narragansett River gehen, das Bett ausgestattet mit Laken, Decken und jeder Menge Kissen, das blonde Köpfchen auf dem Kopfkissen voller Träume von Spritztouren, Heuwagenfahrten, Ausflügen nach Boston, Jungen Jungen Jungen und Großmama, die ihr in der Früh ein nahrhaftes echt amerikanisches Frühstück vorsetzt, damit ihr kleines Mädchen sorglos durch den Tag gehen und allen den Kopf verdrehen kann, Jungen, Mädchen, Lehrern und wem sie sonst begegnet, unter anderem mir, besonders mir, während ich jetzt gramgebeugt auf dem Barhocker sitze.

Es war dunkel in meinem Kopf von dem Whiskey, und ich hatte gute Lust, Paddy und dem Alten zu sagen, ich hab die Leiden Irlands satt und kann nicht in zwei Ländern gleichzeitig leben. Statt dessen ließ ich die beiden auf ihren Barhockern sitzen und ging von der 179th Street den Broadway hinunter bis zur 116th Street, in der Hoffnung, lange genug gewartet zu haben, um einen Blick auf Mike Small zu erhaschen, wie sie von ihrem Mr. Anwalt im Anzug heimgebracht wird, einen Blick, den ich mir wünsche und den ich fürchte, bis ein Polizist im Streifenwagen mir zuruft, weitergehen, Kumpel, die Barnard Girls sind alle schon im Bett.

Weitergehen, sagt der Polizist, und ich tu's, weil es keinen Zweck hätte, ihm zu sagen, ich weiß, wer sie jetzt küßt, bestimmt sitzt sie im Kino mit dem Arm des Anwalts um die Schultern, und seine Finger hängen dicht neben ihrer Brust runter, die für die Flitterwochen reserviert ist, vielleicht gibt's sogar einen Kuß oder ein zärtliches Drücken in den Popcornpausen, und ich stehe hier auf dem Broadway, schaue zum Portal der Columbia University auf der anderen Straßenseite hinüber, weiß nicht, wohin ich mich wenden soll, und wünsche mir, ich könnte ein Mädchen aus Kalifornien oder Oklahoma finden, ganz blond und blauäugig wie Mike Small und rundherum glücklich, mit Zähnen, die nie einen Schmerz oder ein Loch gekannt haben, rundherum glücklich, weil sie schon weiß, ihr Leben ist vorgezeichnet, sie wird ihr Studium abschließen und einen netten Jungen heiraten, Junge nennt sie ihn, und sich in Frieden, Bequemlichkeit und Komfort niederlassen, wie meine Mutter immer gesagt hat.

Der Polizist nimmt mich schon wieder aufs Korn und ruft, du sollst weitergehen, Kumpel, und ich versuche, die 116th Street halbwegs mit Anstand zu überqueren, ihm keinen Grund zu geben, mit dem Finger auf mich zu zeigen und zu seinem Kollegen zu sagen, schon wieder einer aus der alten irischen Heimat, bis zum Stehkragen voll mit Whiskey. Sie wissen ja nicht, und es kümmert sie nicht, daß alles nur deswegen ist, weil Mike Small wollte, daß ich eine Krawatte trage, und ich mich geweigert habe.

Die West End Bar war gerammelt voll mit Columbia-Studenten, und ich dachte mir, wenn ich ein Bier trinke, falle ich vielleicht nicht auf und man hält mich für einen von ihnen, die höher rangieren als die NYU-Studenten. Ich dachte, vielleicht gefalle ich ja einer Blonden, die mich Mike Small vergessen läßt, obwohl ich eigentlich nicht glaubte, daß ich sie einfach so abschütteln konnte, und wenn Brigitte Bardot höchstpersönlich zu mir ins Bett gestiegen wäre.

Ich hätte genausogut in der NYU-Cafeteria sein können, so wie diese Columbia-Studenten lauthals über die Sinnlosigkeit des Lebens diskutierten, wie absurd alles ist und daß nur eins zählt, Mann, nämlich Würde und Anstand auch unter Druck. Wenn das Stierhorn auf dich zukommt und dir die Hüfte ritzt, Mann, dann weißt du, das ist der Augenblick der Wahrheit. Lies deinen Hemingway, Mann, lies deinen Sartre, Mann. Die wissen, wo's langgeht.

Wenn ich nicht in Banken, auf Docks, in Lagerhäusern arbeiten müßte, hätte ich Zeit, ein richtiger Student zu sein und die Sinnlosigkeit des Lebens zu beklagen. Ich wollte, mein Vater und meine Mutter hätten ein achtbares Leben geführt und mich aufs College geschickt, dann könnte ich meine Zeit auch in Bars und Cafeterias verbringen und allen erzählen, wie sehr ich Camus bewundere wegen seiner täglichen Einladung zum Selbstmord und Hemingway dafür, daß er das Stierhorn im Bauch riskiert hat. Ich weiß, wenn ich Geld und Zeit hätte, wäre ich in puncto Verzweiflung jedem Studenten in New York überlegen, obwohl ich nie etwas davon meiner Mutter sagen dürfte, denn dann würde sie sagen, *arrah*, um Himmels willen, hast du nicht deine Gesundheit und Schuhe und einen schönen Haarschopf, was willst du noch mehr?

Ich trank mein Bier und fragte mich, was für ein Land das ist, wo die Polizisten einem befehlen, man soll weitergehen, wo Leute einem Taubenscheiße aufs Schinken-Sandwich schmieren, wo ein Mädchen, das sozusagen verlobt ist mit einem Footballspieler, mich auf offener Straße stehenläßt, weil ich keine Krawatte trage, wo eine Nonne Michael, was von ihm übrig ist, kurzerhand tauft, obwohl er im KZ gelitten und es verdient hat, in seinem jüdischen Zustand belassen zu werden, was ja niemandem weh tut, wo Collegestudenten nach Herzenslust essen und trinken und über den Existentialismus und die Sinnlosigkeit von allem klagen und die Polizei dir schon wieder sagt, du sollst weitergehen.

Ich ging den Broadway zurück, an der Columbia vorbei nach Washington Heights und hinüber zur George Washington Bridge, wo ich den Hudson River rauf- und runterschauen konnte. Mein Kopf war voll dunkler Wolken und Geräusche und einem Kommen und Gehen von Limerick und Dachau und Ed Klein, wie Michael, was von ihm übrig ist, ein Stück Abfall, von den GIs gerettet wurde, und meine Mutter kam und ging in meinem Kopf, genau wie Emer aus Mayo und Mike Small aus Rhode Island, und Paddy Arthur lachte und sagte, du wirst nie mit irischen Mädchen tanzen mit diesen Augen wie zwei Pißlöcher im Schnee, und ich schaute den Fluß rauf und runter und tat mir furchtbar leid, bis der Himmel dahinter hell wurde und die aufgehende Sonne von Turm zu Turm strich und Manhattan in Säulen aus Gold verwandelte.

34

Ein paar Tage danach ruft sie mich in Tränen aufgelöst an. Sie sitzt auf der Straße, und ob ich sie an der 116th Street Ecke Broadway abholen kann. Es hat Stunk mit ihrem Vater gegeben, sie hat kein Geld und weiß nicht, was sie tun soll. Sie wartet an der Ecke auf mich, und in der U-Bahn sagt sie mir, daß sie sich angezogen hat in der festen Absicht, mich anzurufen und sich mit mir zu treffen, obwohl ich so stur bin, was Krawatten angeht, aber ihr Vater hat gesagt, nein, sie darf nicht ausgehen, und sie sagte, doch, ich gehe aus, und er gab ihr einen Faustschlag auf den Mund, der, wie ich selber sehen kann, schon anschwillt. Sie ist aus dem Haus gelaufen, und es gibt kein Zurück. Mary O'Brien meint, sie hat Glück. Einer ihrer Pensionsgäste geht nach Irland zurück, um das Nachbarmädchen zu heiraten, und sein Zimmer wird frei.

In gewisser Weise bin ich froh, daß ihr Vater sie geschlagen hat, weil sie zu mir gekommen ist statt zu Bob, und das heißt eindeutig, daß sie mich bevorzugt. Bob ist natürlich nicht gerade glücklich darüber, und nach ein paar Tagen steht er vor der Tür, nennt mich einen schleimigen irischen Sumpfstiefel und sagt, er wird mir den Schädel einschlagen, aber ich nehme meinen Schädel zur Seite, und seine Faust kracht gegen die Wand, und er muß ins Krankenhaus, sich einen Gips machen lassen. Als er rausgeht, droht er noch, wir sehen uns wieder, und ich soll besser meinen Frieden mit meinem Schöpfer machen, aber als ich ihn ein paar Tage später zufällig an der NYU treffe, streckt er mir die gesunde Hand zur Versöhnung hin, und ich sehe ihn nie wieder. Kann sein, er telefoniert hinter meinem Rücken noch mit Mike Small, aber es ist zu spät, und eigentlich dürfte sie gar nicht mehr mit ihm reden, denn sie hat mich bereits in ihr Zimmer und in ihr Bett gelassen und nicht mehr daran gedacht, daß sie ihren Körper für die Hochzeitsnacht und die Flitterwochen aufheben wollte. In der Nacht unserer ersten Aufregung sagt sie mir, daß ich ihr die Unschuld geraubt habe, und ich sollte vielleicht schuldbewußt oder traurig sein, aber ich kann nicht, denn ich weiß, daß ich der erste gewesen bin, der eine, den ein Mädchen nie vergißt, wie sie in der Army immer gesagt haben.

Bei Mary O'Brien können wir nicht bleiben, weil wir der Versuchung, im selben Bett zu sein, nicht widerstehen können und die anderen sich vielsagende Blicke zuwerfen. Paddy Arthur redet überhaupt nicht mehr mit mir, und ich weiß nicht, ob aus Frömmigkeit oder Patriotismus, jedenfalls ist er wütend, weil ich mit einer zusammen bin, die weder Katholikin noch Irin ist.

Der Käpt'n läßt ausrichten, daß er bereit ist, Mike jeden Monat einen bestimmten Betrag zukommen zu lassen, und das heißt, daß sie eine kleine Wohnung in Brooklyn mieten kann. Ich würde gern mit ihr zusammenziehen, aber der Käpt'n und die Großmutter würden das skandalös finden, also miete ich mir eine eigene Kaltwasserwohnung in 46 Downing Street in Greenwich Village. Warum die das Kaltwasserwohnung nennen, weiß ich nicht. Sie hat warmes Wasser, aber keine Heizung, nur einen großen Petroleumofen, der so zu glühen anfängt, daß ich Angst habe, er explodiert. Um mich warm zu halten, bleibt mir nur übrig, mir bei Macy's eine elektrische Heizdecke zu kaufen und sie mit einer langen Schnur anzuschließen, so daß ich damit herumgehen kann. Es gibt eine Badewanne in der Küche und ein Klo auf dem Flur, das ich mit einem alten italienischen Ehepaar teilen muß, das gegenüber wohnt. Der alte Italiener klopft bei mir, um mir zu sagen, daß ich meine eigene Klopapierrolle auf den Halter in der Toilette hängen und die Finger von seiner lassen soll. Er und seine Frau kennzeichnen ihr Klopapier und kommen mir drauf, wenn ich etwas davon nehme, nur daß ich's weiß. Sein Englisch ist schlecht, und als er mir erzählt, was für Scherereien er mit meinen Vormietern hatte, redet er sich so in Rage, daß er mir mit der Faust vor der Nase herumfuchtelt und mich warnt, daß ich Ärger kriege, wenn ich sein Klopapier anrühre, großen Ärger, und dann gibt er mir trotzdem eine Rolle für den Anfang, um ganz sicher zu sein, daß ich seines nicht anrühre. Er sagt, seine Frau ist eine Seele von Mensch, und es war ihre Idee, mir die Rolle zu schenken, sie ist krank und will ihre Ruhe und keinen Ärger. Capisce?

Mike findet eine kleine Wohnung in der Henry Street in Brooklyn Heights. Sie hat ein eigenes Bad und keinen Ärger mit dem Klopapier. Sie sagt, meine Wohnung ist eine Schande, und sie versteht nicht, wie ich so leben kann, keine Heizung, keine Kochgelegenheit, aber dafür Italiener, die mich wegen des Klopapiers anblaffen. Ich tue ihr leid, und ich darf bei ihr übernachten. Sie kocht wunderbar, obwohl sie noch nicht mal wußte, wie man Kaffee macht, als ihr Vater sie aus dem Haus geprügelt hat.

Als die Ferien anfangen, fährt sie heim nach Rhode Island, um von ihrem Zahnarzt den Abszeß untersuchen zu lassen, den die Faust ihres Vaters verursacht hat. Ich belege Sommerkurse an der NYU, lese, lerne, schreibe Seminararbeiten. Ich arbeite in der Bank, die Schicht von Mitternacht bis acht, fahre an zwei Tagen in der Woche den Gabelstapler im Lagerhaus Baker and Williams und träume von Mike Small, die gemütlich bei ihrer Großmutter in Rhode Island sitzt.

Sie ruft mich an, um mir zu sagen, daß ihre Großmutter mir nicht mehr böse ist wegen meiner Bemerkung über ihr bequemes Leben. Oma hat sogar etwas Nettes über mich gesagt.

So? Was?

Sie hat gesagt, du hast so schön lockige schwarze Haare, und das mit meinem Vater tut ihr so leid, daß sie nichts dagegen hätte, wenn du für ein paar Tage herkommst.

Nach dem, was mir in der Bank passiert ist, könnte ich sogar für eine ganze Woche nach Rhode Island fahren. In einem Coffee Shop in der Broad Street, nicht weit von meiner Arbeitsstelle, setzte sich ein Mann zu mir und sagte, er hat mich am Abend zuvor reden hören und sich gedacht, ich bin aus Irland. Stimmt's?

Ja.

Tja, na ja, ich bin auch Ire, so irisch wie Paddys Schwein, Vater aus Carlow, Mutter aus Sligo. Ich hoffe, es macht Ihnen nichts aus, aber jemand hat mir gesagt, wie Sie heißen, und ich hab rausgekriegt, daß Sie Mitglied bei den Teamsters und bei der ILA sind.

Mein ILA-Ausweis ist abgelaufen.

Das macht nichts. Ich bin Gewerkschaftsorganisator, und wir versuchen gerade, diese Scheißbanken zu knacken, Entschuldigung. Sind Sie dabei?

Ja, klar.

Ich meine, Sie sind der einzige in Ihrer Schicht, der schon mal irgendwas mit einer Gewerkschaft zu tun hatte, und wir möchten Sie nur darum bitten, ein paar kleine Anspielungen zu machen. Sie wissen, und die Banken wissen, daß sie beschissene Löhne zahlen. Also, wie gesagt, nur die eine oder andere Anspielung, es brauchen nicht viele und es braucht auch nicht gleich zu sein, ich melde mich dann in ein paar Wochen bei Ihnen. Hier, das geht auf mich.

Der nächste Abend ist Donnerstag, Zahltag, und als wir unsere Schecks entgegennehmen, sagt der Abteilungsleiter, Sie haben den Rest der Nacht frei, McCourt.

Er sagt es so laut, daß alle es hören. Sie haben heute nacht frei, McCourt, und alle anderen Nächte auch, und das können Sie ruhig Ihren Kumpels von der Gewerkschaft sagen. Das hier ist eine Bank, die Scheißgewerkschaften können uns gestohlen bleiben.

Sie sagen nichts, die Stenotypistinnen und Sachbearbeiter. Sie nicken. Andy Peters würde den Mund aufmachen, aber der hat immer noch die Schicht von vier bis zwölf.

Ich nehme meinen Scheck, und während ich auf den Aufzug warte, kommt der Chef aus seinem Büro. McCourt, stimmt's?

Ich nicke.

Sie werden gerade mit dem Studium fertig, stimmt's?

Ja.

Haben Sie schon mal daran gedacht, bei uns zu bleiben? Sie könnten an Bord kommen, und in drei Jahren hätten wir Sie auf einem hübschen fünfstelligen Jahresgehalt. Sie sind doch einer von uns, stimmt's? Ire?

Stimmt.

Ich auch. Vater aus Wicklow, Mutter aus Dublin, und wenn Sie in so einer Bank arbeiten, öffnen sich Ihnen alle Türen, wissen Sie, Ancient Order of Hibernians, Kolumbusritter, was Sie wollen. Wir kümmern uns um unsere Leute. Wenn wir's nicht machen, wer dann?

Aber ich bin gerade entlassen worden.

Entlassen? Reden Sie keinen Quatsch, Mann. Wieso denn entlassen?

Weil ich es zugelassen habe, daß ein Organisator von der Gewerkschaft in einem Coffee Shop mit mir gesprochen hat.

Ist das wahr? Sie haben sich von einem Organisator ansprechen lassen?

So ist es.

Das war verdammt blöd von Ihnen. Schauen Sie, Kumpel, wir sind aus den Bergwerken raus, wir sind aus den Küchen und aus den Gräben raus. Wir brauchen keine Gewerkschaften. Werden die Iren denn nie vernünftig? Ich hab Sie was gefragt. Ich rede mit Ihnen.

Ich sage nichts, auch nicht im Aufzug nach unten. Ich sage nichts, weil ich aus dieser Bank rausgeflogen bin und es sowieso nichts mehr zu sagen gibt. Ich will nicht darüber reden, ob die Iren noch mal vernünftig werden, und ich verstehe nicht, warum jeder, dem ich begegne, mir erzählen muß, aus welchem Teil Irlands sein Vater und seine Mutter stammen.

Der Mann will mit mir streiten, aber den Gefallen tue ich ihm nicht. Besser, ich gehe meiner Wege und lasse ihn in voller Lebensgröße stehen, wie meine Mutter immer gesagt hat. Er ruft mir nach, daß ich ein Arschloch bin, daß ich noch einmal froh sein werde, Gräben buddeln, Bierfässer ausliefern und in einer Bar besoffenen Micks Whiskey einschenken zu dürfen. Er sagt, Herrgott, was ist denn so schlimm daran, daß man sich um seine eigenen Leute kümmert, und das seltsame ist, daß in seiner Stimme etwas wie Traurigkeit mitschwingt, als wäre ich ein Sohn, der ihn schwer enttäuscht hat.

*

Mike Small holt mich in Providence, Rhode Island, vom Zug ab, und wir fahren mit dem Bus nach Tiverton. Unterwegs gehen wir in einen Spirituosenladen und kaufen eine Flasche Pilgrim's Rum, Großmutters Lieblingsgetränk. Zoe, die Großmutter, sagt hi, reicht mir aber weder die Hand, noch hält sie mir die Wange hin. Es ist Abendessenszeit, und es gibt Corned beef mit Kohl und gekochten Kartoffeln, weil das, laut Zoe, Iren gern essen. Sie sagt, ich muß müde sein von der Reise und hätte sicher gern einen Drink. Mike schaut mich an, weil wir beide wissen, daß vor allem Zoe gern einen Drink hätte, Rum mit Cola.

Und was ist mit dir, Oma? Hättest du nicht auch gern einen Drink?

Ach, ich weiß nicht, aber meinetwegen. Machst du die Drinks, Alberta?

Ja.

Gut, aber tu nicht zuviel Cola rein, das Zeug ist Gift für meinen Magen.

Wir sitzen im Wohnzimmer, in dem es dunkel ist, weil das Licht durch Schichten von Jalousien, Stores, Vorhängen ausgesperrt wird. Es gibt in dem Raum weder Bücher noch Zeitschriften oder Zeitungen, und die einzigen beiden Bilder zeigen den Käpt'n in seiner Lieutenant-Uniform und Mike, einen blonden Engel von einem Kind.

Wir nippen an unseren Drinks, und es herrscht Schweigen, weil Mike in der Diele ans Telefon gegangen ist und Zoe und ich uns nichts zu sagen haben. Ich wollte, ich könnte sagen, das ist ein schönes Haus, aber ich bringe es nicht fertig, weil ich die Düsternis in dem Zimmer schrecklich finde, während draußen die Sonne strahlt. Dann ruft Zoe, Alberta, willst du den ganzen Abend an dem blöden Telefon hängen? Du hast einen Gast. Zu mir sagt sie, die spricht mit Charlie Moran. Die beiden waren die ganze Schulzeit über dicke Freunde, und er hört sich verdammt gern reden.

Charlie Moran, aha! Mike läßt mich mit ihrer Großmutter in diesem schummrigen Zimmer sitzen, während sie mit ihrem früheren Freund schwatzt. Die ganzen Wochen in Rhode Island hat sie sich mit Charlie vergnügt, während ich mich in Banken und Lagerhäusern abgeschuftet habe.

Zoe sagt, mach dir ruhig noch einen Drink, Frank. Also möchte sie auch noch einen, und als sie mir sagt, ich soll nicht zuviel Cola reintun, das Zeug ist Gift für ihren Magen, verdopple ich ihre Rumdosis, in der Hoffnung, es haut sie um und ich kann dann mit ihrer Enkelin tun und lassen, was ich will.

Aber nein, der Drink muntert sie richtig auf, und nach ein paar Schlucken sagt sie, ach was, wir essen jetzt, verdammt noch mal, Iren essen doch gerne, und beim Essen sagt sie, schmeckt's dir, Frank?

Ja.

Na also, dann iß auch. Weißt du, was ich immer sage? Ein Essen ist kein Essen ohne Kartoffeln, und dabei bin ich nicht mal Irin. Nein, verdammt noch mal, kein Tropfen irisches Blut, aber ein bißchen schottisches. Meine Mutter war eine MacDonald. Das ist doch schottisch, oder?

Ja.

Nicht irisch?

Nein.

Nach dem Essen sehen wir fern, und sie schläft in ihrem Sessel ein, nachdem sie mir gesagt hat, der Louis Armstrong da auf dem Bildschirm ist häßlich wie die Sünde und kann überhaupt nicht singen. Mike schüttelt den Kopf und sagt, sie soll ins Bett gehen.

Schick du mich nicht ins Bett, verdammt noch mal. Auch wenn du jetzt studierst, bin ich immer noch deine Großmutter, hab ich nicht recht, Bob?

Ich bin nicht Bob.

Nein? Wer bist du dann?

Ich bin Frank.

Ach, der Ire. Na ja, Bob ist ein netter Kerl. Er wird mal Offizier. Was willst du mal werden?

Lehrer.

Lehrer? Tja, dann wirst du nie einen Cadillac fahren. Sie schleppt sich die Treppe hoch ins Bett.

Jetzt, wo Zoe in ihrem Zimmer vor sich hin schnarcht, wird Mike bestimmt in mein Bett kommen, aber nein, sie ist zu nervös. Was, wenn Zoe plötzlich aufwacht und uns erwischt? Dann stehe ich im Handumdrehen auf der Straße und halte den Bus nach Providence an. Es ist die reine Qual, als Mike kommt, um mir einen Gutenachtkuß zu geben, und sogar im Dunkeln weiß ich, daß sie ihren rosa Babydoll-Pyjama trägt. O nein, sie kann nicht bleiben, Oma könnte es hören, und ich sage ihr, mir wäre es auch egal, wenn der liebe Gott persönlich nebenan wäre. Nein, nein, sagt sie und geht aus dem Zimmer, und ich frage mich, was ist das für eine Welt, wo die Leute die Gelegenheit zu einer wilden Liebesnacht einfach ungenutzt verstreichen lassen.

Im Morgengrauen ist Zoe oben und unten mit dem Staubsauger zugange und mosert, hier sieht's ja aus wie in Hogan's Alley. Das Haus ist makellos, weil sie nichts anderes zu tun hat, als es sauberzuhalten, und das mit Hogan's Alley plärrt sie bloß deshalb so laut, weil sie weiß, daß ich weiß, daß das ein berüchtigter irischer Slum in New York war. Sie beklagt sich, daß der Staubsauger nicht mehr so saugt wie früher, obwohl völlig klar ist, daß es nichts aufzusaugen gibt. Sie beklagt sich, daß Alberta zu lange schläft, soll sie vielleicht allein Frühstück für drei Leute machen, für sich, für mich und für Alberta?

Ihre Nachbarin Abbie schaut vorbei, und sie trinken Kaffee und beklagen sich über die Kinder, den Dreck, das Fernsehen, diesen fürchterlich häßlichen Louis Armstrong, der überhaupt nicht singen kann, den Dreck, die Preise für Lebensmittel und Kleider, die Kinder, die verdammten Portugiesen, die in Fall River und den umliegenden Städten alles an sich reißen, dabei war es schon schlimm genug, als die Iren alles unter ihrer Fuchtel hatten, aber die konnten wenigstens Englisch, solange sie nüchtern waren. Und sie beklagen sich über die Friseure, die es von den Lebendigen nehmen und eine anständige Frisur nicht von einem Eselsarsch unterscheiden können.

Aber Zoe, sagte Abbie, was du für Ausdrücke hast.

Ist doch wahr, verdammt noch mal.

Wenn meine Mutter hier wäre, würde sie sich sehr wundern. Sie würde nicht verstehen, warum diese Frauen sich beklagen. Herr im

Himmel, würde sie sagen, die haben doch alles. Sie haben es warm und sauber und können sich satt essen, und trotzdem beklagen sie sich andauernd. Meine Mutter und die Frauen in den Elendsvierteln von Limerick hatten gar nichts und haben sich fast nie beklagt. Sie haben gesagt, es ist Gottes Wille.

Zoe hat alles, beklagt sich aber zur Begleitmusik des Staubsaugers, vielleicht ist es auch ihre Art zu beten, verdammt noch mal.

In Tiverton ist Mike Alberta. Zoe schimpft, sie sieht überhaupt nicht ein, warum das Mädchen sich so einen gottverdammten Namen wie Mike zulegen muß, wo sie doch schon zwei hat, Agnes Alberta.

Wir schlendern durch Tiverton, und ich stelle mir wieder einmal vor, wie es wäre, hier Lehrer zu sein, verheiratet mit Alberta. Wir hätten eine blitzblanke Küche, in der ich jeden Morgen meinen Kaffee trinken, mein Frühstücksei essen und das Providence Journal lesen würde. Wir hätten ein großes Badezimmer mit reichlich warmem Wasser und dicken, weichen Handtüchern, und ich könnte mich in der Wanne aalen und durch die Gardinen, die sich sacht in der Morgensonne bauschen, auf den Narragansett River hinausschauen. Wir hätten ein Auto für Ausflüge zum Horseneck Beach und nach Block Island, und wir würden die Verwandten von Albertas Mutter auf Nantucket besuchen. Im Lauf der Jahre würde mein Haaransatz zurückweichen und mein Bauch sich vorwölben. Freitag abends würden wir uns Basketballspiele der einheimischen High-School-Mannschaft ansehen, und ich würde jemanden kennenlernen, der im Country Club für mich bürgen würde. Wenn sie mich aufnähmen, müßte ich Golfspielen lernen, und das wäre dann mein sicheres Ende, der erste Nagel zu meinem Sarg. Ein einziger Besuch in Tiverton, und es zieht mich mit Macht nach New York zurück.

35

Im Sommer 1957 schließe ich mein Studium an der NYU ab, und im Herbst bestehe ich das Staatsexamen für den Englischunterricht an der High School.

Die Nachmittagszeitung The World-Telegram and Sun hat eine Schulseite mit Stellenangeboten für Lehrer. Die meisten freien Stellen gibt es an Berufsschulen, aber Freunde haben mich bereits gewarnt, laß bloß die Finger von diesen Berufsschulen. Die Schüler dort sind wahre Monster. Die kauen dich zu Brei und spucken dich aus. Denk an den Film Saat der Gewalt, in dem ein Lehrer sagt, die Berufsschulen sind die Mülltonnen des Schulsystems und die Lehrer nur dazu da, auf den Deckeln zu sitzen. Schau dir den Film an, und du läufst schreiend davon.

Ich bewerbe mich um eine Anstellung als Englischlehrer an der Samuel-Gompers-Berufsschule in der Bronx, aber der Studienleiter meint, ich sehe zu jung aus, die Kinder würden mir die Hölle heiß machen. Er sagt, sein Vater war aus Donegal und seine Mutter aus Kilkenny, und er würde mir gern helfen. Wir sollten uns um unsere Leute kümmern, aber ihm sind die Hände gebunden. Sein Schulterzucken und seine nach oben gedrehten Handflächen sprechen eine ganz andere Sprache. Immerhin, er erhebt sich mühsam von seinem Sessel, legt mir den Arm um die Schultern und bringt mich hinaus, und dabei sagt er, ich sollte es ruhig später noch mal an der Samuel Gompers versuchen, vielleicht wäre ich ja in ein, zwei Jahren etwas fülliger und hätte bis dahin auch meinen naiven Gesichtsausdruck abgelegt, er wird mich jedenfalls im Hinterkopf behalten. Wenn ich mir allerdings einen Bart wachsen lasse, kann ich mir die Mühe sparen. Er kann Bärte nicht ausstehen, er will keine gottverdammten Beatniks in seiner Abteilung. Einstweilen, meint er, könnte ich es ja bei den katholischen High Schools probieren, die zwar nicht so gut zahlen, wo ich aber unter meinesgleichen wäre, ein netter irischer Junge sollte sich immer an seine Leute halten.

Der Studienleiter der Grady-Berufsschule in Brooklyn sagt, er würde mir ja wirklich gern weiterhelfen, aber wissen Sie, mit dem Akzent, den Sie haben, kriegen Sie Scherereien mit den Kindern, die finden das womöglich komisch, und Unterrichten ist schwierig genug, wenn man einwandfrei spricht, und doppelt schwierig, wenn man einen Akzent hat. Er möchte wissen, ob ich denn im Lehramtsexamen den Sprechtest bestanden hätte, und als ich ihm sage, daß ich mein Zeugnis nur unter der Bedingung bekommen habe, daß ich Sprechunterricht nehme, sagt er, ja, vielleicht kommen Sie noch mal wieder, wenn Sie nicht mehr wie Paddy-frisch-vom-Schiff-runter klingen, ha, ha, ha. Er meint, bis dahin sollte ich mich an meine eigenen Leute halten, er ist selber Ire, na ja, Dreiviertel-Ire, und bei anderen Leuten weiß man nie.

Ich treffe mich mit Andy Peters auf ein Bier und erzähle ihm, daß ich keine Lehrerstelle kriege, ehe ich nicht fülliger werde und älter aussehe und wie ein Amerikaner rede, und er sagt, Scheiße. Vergiß den Lehrerberuf. Geh doch in die Wirtschaft. Spezialisier dich auf was. Radkappen. Misch den Markt auf. Such dir einen Job in einer Autowerkstatt und sieh zu, daß du alles über Radkappen erfährst. Die Kunden kommen in die Werkstatt, und sobald das Wort Radkappen fällt, sehen alle dich an. Und bei einer Radkappenkrise, verstehst du, wenn eine Radkappe abgeht, durch die Luft segelt und eine unbescholtene Hausfrau köpft, fragen dich sämtliche Fernsehsender nach deiner Expertenmeinung. Und dann machst du dich selbständig. Radkappenhaus McCourt. In- und ausländische Radkappen neu und gebraucht. Antike Radkappen für den anspruchsvollen Sammler.

Ob er das ernst meint.

Vielleicht nicht gerade mit Radkappen. Er sagt, schau dir doch an, was die in der akademischen Welt treiben. Du sicherst dir einen halben Morgen menschliches Wissen, Chaucers phallische Bilder in Das Weib von Bath oder Swifts Vorliebe für Scheiße, und du ziehst einen Zaun drum herum. Schmückst den Zaun mit Fußnoten und Bibliographien. Stellst ein Schild auf, Zutritt verboten, bei Zuwiderhandlung Verlust des Lehrstuhls. Ich selbst bin jetzt ein fahrender Ritter auf der Suche nach einem mongolischen Philosophen. Ich hatte gedacht, ich könnte mir den Markt für einen irischen Philosophen unter den Nagel reißen, aber der einzige, den ich gefunden habe, war Berkeley, und in den haben andere schon ihre Fänge geschlagen. Ein einziger irischer Philosoph, du lieber Gott. Ein einziger. Denkt ihr Iren eigentlich nie über Gott und die Welt nach? Also bleiben mir nur die Mongolen oder die Chinesen, und wahrscheinlich muß ich Mongolisch oder Chinesisch lernen oder was die da sprechen, aber wenn ich ihn finde, gehört er mir. Wann hast du auf einer von diesen East-Side-Cocktailpartys, die du so schätzt, zum letztenmal jemand von einem mongolischen Philosophen sprechen hören? Ich werde meinen Doktor machen und in obskuren wissenschaftlichen Zeitschriften ein paar Artikel über meinen Mongolen veröffentlichen. Ich werde auf Philologenkongressen gelehrte Vorträge vor betrunkenen Orientalisten halten und auf die zahllosen Angebote der Elite-Universitäten warten. Ich lege mir ein Tweedsakko, eine Pfeife und ein arrogantes Auftreten zu, und die Ehefrauen meiner Kollegen werden sich mir an den Hals werfen, mich anflehen, erotische mongolische Verse zu rezitieren, auf englisch, die im Arsch eines Yaks oder eines Pandabären für den Bronx Zoo ins Land geschmuggelt wurden. Und ich sag dir noch was, ein guter Rat, für den Fall, daß du vorhast zu promovieren. Wenn du dich für ein Seminar einschreibst, informier dich, worüber der Professor seine Dissertation geschrieben hat, und gib ihm genau das zurück. Wenn der Typ auf Tennysons Wassermetaphorik spezialisiert ist, ertränk ihn darin. Wenn er auf Berkeley spezialisiert ist, mach ihm vor, wie einhändiges Klatschen klingt, während gleichzeitig im Wald ein Baum umstürzt. Was meinst du, wie ich die beschissenen Philosophiekurse an der NYU überstanden habe? Wenn der Typ Katholik ist, gebe ich ihm Thomas von Aquin. Jude? Ich gebe ihm Maimonides. Agnostiker? Man weiß nie, was man einem Agnostiker erzählen soll. Man weiß nicht, wie man bei ihm dran ist, obwohl man es immer mit Papa Nietzsche probieren kann. Den alten Knaben kann man in jede gewünschte Richtung biegen.

Andy sagt, Bird sei der größte Amerikaner gewesen, der je gelebt hat, er steht auf einer Stufe mit Abraham Lincoln und Max Kiss, dem Erfinder des Abführmittels Ex-Lax. Bird hätte auf jeden Fall den Nobelpreis und einen Sitz im britischen Oberhaus bekommen müssen.

Wer ist Bird?

Um Himmels willen, McCourt, ich mach mir Sorgen um dich. Du sagst mir, du liebst Jazz, und hast noch nie was von Bird gehört? Charlie Parker, Mann. Mozart. Hörst du? Kapierst du? Mozart, um Himmels willen. Das ist Charlie Parker.

Was hat Charlie Parker mit Stellen für Lehrer oder Radkappen oder Maimonides oder sonstwas zu tun?

Siehst du, McCourt, das ist dein Problem, du suchst immer nach dem tieferen Sinn, du gehst der Logik auf den Leim. Deswegen haben die Iren keine Philosophen. Bloß haufenweise Kneipentheologen und Scheißhausjuristen. Bleib locker, Mann. Donnerstag abend hör ich früher auf, dann fahren wir in die 52nd Street auf ein bißchen Musik. Okay?

Wir ziehen von Club zu Club, bis wir in einen kommen, wo eine Schwarze in einem weißen Kleid ins Mikrofon krächzt und sich daran festhält, als stünde sie auf einem schlingernden Schiff. Andy flüstert, das ist Billie, und es ist eine Schande, die dürften nicht zulassen, daß sie sich da oben zum Gespött macht.

Er marschiert zur Bühne und will ihr die Hand reichen, um ihr herunterzuhelfen, aber sie beschimpft ihn und schlägt nach ihm, bis sie stolpert und von der Bühne fällt. Jemand anderer steigt von seinem Barhocker und führt sie hinaus, und an den klaren Tönen zwischen ihren Krächzern habe ich erkannt, daß es Billie Holiday war, die Stimme, die ich im AFN gehört habe, als ich ein Junge in Limerick war, eine reine Stimme, die mir sagte, I Cant't Give You Anything But Love, Baby.

Andy sagt, das kommt davon.

Was soll das heißen, das kommt davon?

Es heißt, es kommt davon, basta. Mein Gott, soll ich ein Buch schreiben?

Woher kennst du Billie Holiday?

Ich liebe Billie Holiday, seit ich ein Kind war. Ich komme immer wieder mal in die 52nd Street, um sie wenigstens kurz zu sehen. Ich würde ihr den Mantel halten. Ich würde ihre Kloschüssel putzen. Ich würde ihr ein Bad einlaufen lassen. Ich würde den Boden küssen, über den sie schreitet. Ich hab ihr erzählt, daß ich unehrenhaft entlassen wurde, weil ich ein französisches Schaf nicht gefickt hab, und sie hat gemeint, da sollte man einen Song draus machen. Ich weiß ja nicht, was Gott mit mir im nächsten Leben vorhat, aber ich gehe jedenfalls nirgendwohin, wo ich nicht bis in alle Ewigkeit zwischen Billie und Bird sitzen kann.

*

Mitte März 1958 ist wieder mal eine Anzeige in der Zeitung, eine Stelle für einen Englischlehrer an der McKee-Berufs- und Technikerschule auf Staten Island. Die stellvertretende Direktorin, Miss Seested, sieht sich mein Diplom an und geht mit mir zum Direktor, Mr. Moses Sorola, der sich nicht von seinem Stuhl hinter dem Schreibtisch erhebt, sondern mich durch die Rauchwolken aus seiner Nase und der Zigarette, die er in der Hand hält, mit zusammengekniffenen Augen ansieht. Er sagt, es ist ein Notfall. Die Lehrerin, deren Stelle ich übernehmen würde, Miss Mudd, hat aus heiterem Himmel beschlossen, mitten im Halbjahr in Pension zu gehen. Er sagt, solche Lehrkräfte sind rücksichtslos und machen einem Direktor das Leben schwer. Er hat nicht genug Englischstunden für mich, daher muß ich jeden Tag drei Klassen in Sozialkunde unterrichten und zwei in Englisch.

Aber ich habe keine Ahnung von Sozialkunde.

Er pafft und blinzelt und sagt, halb so wild, und geht mit mir ins Büro des Studienleiters Acting, der mir sagt, daß ich in drei Klassen Wirtschafts- und Rechtslehre unterrichten werde, und hier ist das Lehrbuch, Du und deine Welt. Mr. Sorola lächelt durch den Rauch und sagt, Du und deine Welt. Das dürfte so ziemlich alles abdecken.

Ich sage ihm, ich verstehe aber nichts von Wirtschaft und von Recht, aber er sagt, Sie brauchen den Schülern nur ein paar Seiten voraus zu sein, dann wird alles, was Sie ihnen erzählen, neu für sie sein. Sagen Sie ihnen, daß wir das Jahr neunzehnhundertachtundfünzig schreiben, sagen Sie ihnen ihre Namen, sagen Sie ihnen, daß sie auf Staten Island leben, und sie werden überrascht sein und dankbar für die Information. Am Ende des Schuljahrs wird ihnen sogar Ihr Name neu sein. Vergessen Sie Ihre Literaturvorlesungen am College. Wir haben hier kein hohes IQ-Niveau.

Er bringt mich zu Miss Mudd, der Lehrerin, die ich ersetzen soll. Als er die Tür zum Klassenzimmer aufmacht, lehnen Jungen und Mädchen sich aus den Fenstern und rufen anderen quer über den Schulhof etwas zu. Miss Mudd sitzt an ihrem Pult, liest Reiseprospekte und ignoriert den Papierflieger, der über ihren Kopf flitzt.

Miss Mudd ist praktisch schon in Pension.

Mr. Sorola geht hinaus, und sie sagt, das stimmt, junger Mann. Ich kann es kaum erwarten, hier rauszukommen. Welchen Tag haben wir heute? Mittwoch? Freitag ist mein letzter Tag hier, und ich heiße Sie willkommen in dieser Klapsmühle. Zweiunddreißig Jahre war ich hier, und wen kümmert's? Die Kinder? Die Eltern? Das kümmert die einen Scheißdreck, junger Mann, pardon für meine Ausdrucksweise. Wir unterrichten ihre Bälger, und sie bezahlen uns wie Tellerwäscher. In welchem Jahr hab ich angefangen? Neunzehnhundertsechsundzwanzig. Calvin Coolidge war neu im Amt. Und ich war neu im Amt. Ich hab unter ihm gearbeitet, unter dem Depressionspräsidenten Hoover, unter Roosevelt und Truman und Eisenhower. Schauen Sie zum Fenster raus. Von hier aus haben Sie einen schönen Blick über den New Yorker Hafen. Wenn die lieben Kleinen Sie am Montag morgen nicht schon zum Wahnsinn treiben, werden Sie ein großes Schiff vorbeifahren sehen, und das werde ich sein, die da winkend an Deck steht, mein

Sohn, winkend und lächelnd, weil es zwei Dinge gibt, die ich, das walte Gott, nie mehr sehen will, nämlich Staten Island und Kinder. Monster sind das, Monster. Schauen Sie sich die Bagage an. Mit Schimpansen im Bronx Zoo hätten Sie's leichter. Wie war das? Neunzehnhundertachtundfünfzig. Wie hab ich mich so lange halten können? Dazu müßte man eigentlich Joe Louis sein. Also viel Glück, junger Mann. Sie werden's brauchen.

36

Bevor ich mich von Mr. Sorola verabschiede, meint er, ich soll am nächsten Tag Miss Mudd bei ihren fünf Unterrichtsstunden zuschauen, dann würde ich etwas über die Technik lernen. Er sagt, Unterrichten besteht zur Hälfte aus Technik, und ich weiß nicht, wovon er redet. Ich weiß nicht, was ich von dem Lächeln hinter dem Zigarettenqualm halten soll, und frage mich, ob er scherzt. Er schiebt mir einen getippten Stundenplan hin, drei Stunden WR, Wirtschafts- und Rechtslehre, und zwei Stunden E4, Englisch im vierten Halbjahr. Oben auf der Karte steht, Stammklasse, PRA, und unten, Aufsicht, Schülerkantine, fünfte Stunde. Was das alles bedeutet, frage ich lieber nicht, sonst denkt Mr. Sorola, ich habe keine Ahnung, und überlegt sich das mit meiner Anstellung noch mal.

Als ich den Hügel hinunter zur Fähre gehe, ruft eine Jungenstimme, Mr. McCourt, Mr. McCourt, sind Sie Mr. McCourt?

Ja.

Mr. Sorola möchte Sie noch mal sprechen.

Ich folge dem Schüler den Hügel hinauf, und ich kann mir schon denken, warum Mr. Sorola mich noch einmal sprechen will. Er hat es sich anders überlegt. Er hat jemanden mit Erfahrung gefunden, jemanden, der weiß, was Technik ist, jemanden, der weiß, was eine Stammklasse ist. Ich kriege die Stelle nicht, ich muß weitersuchen.

Mr. Sorola erwartet mich am Schultor, eine Zigarette im Mundwinkel. Er legt mir die Hand auf die Schulter und sagt, ich habe gute Neuigkeiten für Sie. Die Stelle wird eher frei, als wir dachten. Miss Mudd war anscheinend so von Ihnen beeindruckt, daß sie beschlossen hat, schon heute aufzuhören. Genauer gesagt, sie ist schon weg, durch die Hintertür, und dabei ist gerade erst Mittag. Wir wollten Sie deshalb fragen, ob Sie schon morgen anfangen können, dann brauchen Sie nicht bis Montag zu warten.

Aber ich …

Ja, ich weiß. Sie sind nicht vorbereitet. Halb so wild. Wir geben Ihnen was, womit Sie die Kinder beschäftigen können, bis Sie den Dreh raus haben, und ich schaue ab und zu mal rein, damit die Ihnen nicht auf der Nase rumtanzen.

Er sagt, das ist für mich die Gelegenheit, sofort anzufangen und meine Karriere zu beginnen, ich bin jung, ich werde die Kinder mögen, sie werden mich mögen, und die Lehrkräfte der McKee High School sind ein netter Haufen und werden mir jederzeit helfen und mich unterstützen.

Natürlich sage ich, ja, ich komme morgen. Es ist nicht gerade meine Traumstelle, aber ich muß zufrieden sein, weil ich nichts anderes kriege. Ich sitze auf der Staten-Island-Fähre und denke an die Lehreranwerber der Vorort-High-Schools, die mir an der NYU gesagt haben, ich sei offensichtlich ein intelligenter und engagierter junger Mann, aber mein Akzent wäre wirklich ein Problem. Sicher, er sei ganz reizend, zugegeben, er erinnere sie an diesen netten Barry Fitzgerald in Weg zum Glück, aber aber aber. An ihren Schulen würden hohe Ansprüche an die Aussprache gestellt, und es sei unmöglich, in meinem Fall eine Ausnahme zu machen, weil ein solcher Akzent ansteckend sei, und was würden die Eltern sagen, wenn ihre Kinder heimkommen und reden wie Barry Fitzgerald oder Maureen O'Hara?

Ich hätte gern an einer von ihren Schulen in den Vororten unterrichtet, Long Island, Westchester, wo die Jungen und Mädchen gescheit, fröhlich, zuvorkommend und aufmerksam sind und mit gezücktem Füller dasitzen, während ich über Beowulf, die Canterbury-Geschichten, die höfischen Dichter und die Metaphysiker referiere. Sie würden mich bewundern, und wenn sie erst einmal meine Kurse absolviert hätten, würden ihre Eltern mich sicher zum Dinner in den besten Häusern einladen. Junge Mütter würden zu mir kommen, um mit mir über ihre Kinder zu sprechen, und wer weiß, was sich alles ergeben konnte, wenn die Ehemänner abwesend waren, diese Männer in grauen Flanellanzügen, und ich die Vororte auf der Suche nach einsamen Hausfrauen durchstreifen würde.

Die Vororte kann ich mir abschminken. Ich habe ein Buch auf dem Schoß, das mich durch meinen ersten Unterrichtstag bringen wird, Du und deine Welt, und ich blättere es durch, eine kurzgefaßte Wirtschaftsgeschichte der Vereinigten Staaten, Abschnitte über die amerikanische Regierung, das Bankwesen, wie man die Börsenseiten liest, wie man ein Sparkonto eröffnet, wie man ein Haushaltsbuch führt, wie man sich Darlehen und Hypotheken beschafft.

Am Ende jedes Kapitels stehen Sachfragen und Stichpunkte für die Diskussion. Was führte zum Börsenkrach von 1929? Wie läßt sich eine Wiederholung vermeiden? Wenn du sparen und Zinsen für dein Geld bekommen möchtest, würdest du es a) in einem Einmachglas aufbewahren, b) in japanischen Aktien anlegen, c) unter die Matratze legen oder d) auf ein Sparkonto einzahlen?

Es werden Ratschläge für richtiges Verhalten gegeben, ergänzt durch Randbemerkungen, die ein früherer Schüler mit Bleistift hineingekritzelt hat. Berufe den Familienrat ein und sprich mit deinen Eltern über die Familienfinanzen. Zeige ihnen anhand dessen, was du aus diesem Buch gelernt hast, wie sie ihre Buchführung verbessern können. (Randbemerkung, aber wunder dich nicht, wenn sie dir dann eine kleben.) Unternimm mit deinen Klassenkameraden eine Fahrt zur New Yorker Börse. (Die freuen sich über den schulfreien Tag.) Denke dir ein Produkt aus, das deine Kommune vielleicht benötigt, und gründe eine kleine Firma, die es liefert. (Wie wär's mit Spanischer Fliege?) Schreibe an die Zentralbank und sage den Leuten, was du von ihnen hältst. (Sag ihnen, sie sollen was für uns übriglassen.) Führe Interviews mit mehreren Personen, die sich noch an den Börsenkrach von 1929 erinnern, und schreibe einen Bericht von tausend Wörtern. (Frag sie, warum sie nicht Selbstmord begangen haben.) Schreibe eine Kurzgeschichte, in der du einem Zehnjährigen das Prinzip der Golddeckung erklärst. (Damit er besser einschlafen kann.) Schreibe einen Bericht darüber, was der Bau der Brooklyn Bridge gekostet hat und was er heute kosten würde. Mache genaue Angaben. (Sonst kannst du was erleben.)

Die Fähre kommt an Ellis Island und der Freiheitsstatue vorbei, und ich bin derart mit Wirtschafts- und Rechtslehre beschäftigt, daß ich nicht einmal an die Millionen denke, die hier gelandet sind, und an diejenigen, die wegen ihrer schlimmen Augen und ihrer schwachen Brust zurückgeschickt wurden. Ich weiß nicht, wie ich mich vor diese amerikanischen Teenager hinstellen, ihnen etwas über die Gewaltenteilung erzählen und ihnen die Vorteile des Sparens predigen soll, wo ich selbst bei allen möglichen Leuten in der Kreide stehe. Und weil die Fähre gerade anlegt, denke ich mir angesichts dessen, was mir morgen bevorsteht, ich könnte mir doch ein paar Bierchen im Bean Pot genehmigen, und nach diesen paar Bierchen denke ich, ich könnte doch mit der Bahn zur White Horse Tavern in Greenwich Village fahren und ein bißchen mit Pat und Tom Clancy plaudern und zuhören, wie sie im Hinterzimmer singen. Als ich Mike anrufe, um ihr die frohe Botschaft von meiner neuen Stelle zu verkünden, will sie wissen, wo ich bin, und hält mir eine Standpauke, was mir einfällt, mich am Vorabend des wichtigsten Tages in meinem Leben in der Stadt rumzutreiben und mich zu betrinken, ich soll schleunigst meinen Arsch nach Hause schaffen, wenn ich noch ein Fünkchen Verstand habe. Manchmal redet sie wie ihre Großmutter, die einem ständig sagt, was man mit seinem Arsch anfangen soll. Schaff deinen Arsch hier rein. Schwing deinen Arsch aus dem Bett.

Mike hat ja recht, aber sie hat die High School gemacht und wird wissen, was sie zu ihren Schülern sagen muß, wenn sie als Lehrerin anfängt, während ich zwar einen Collegeabschluß habe, aber trotzdem nicht weiß, was ich zu Miss Mudds Schülern sagen soll. Soll ich Robert Donat in Goodbye, Mr. Chips sein oder Glenn Ford in Saat der Gewalt? Soll ich ins Klassenzimmer stolzieren wie James Cagney oder reinstürmen wie ein irischer Schulmeister mit Rohrstock, Riemen und Gebrüll? Wenn ein Schüler einen Papierflieger über meinen Kopf sausen läßt, soll ich ihn mir dann vorknöpfen und zu ihm sagen, mach das noch mal, Junge, und es gibt Saures? Was soll ich mit denen machen, die aus dem Fenster schauen und anderen quer über den Schulhof etwas zurufen? Wenn sie wie ein paar von den Schülern in Saat der Gewalt sind, dann sind sie harte Burschen und werden nicht auf mich hören, und die übrige Klasse wird mich verachten.

Im Hinterzimmer des White Horse hört Paddy Clancy auf zu singen und sagt, nicht für viel Geld möchte er in meiner Haut stecken. Jeder weiß doch, wie es hierzulande an den High Schools zugeht, da herrscht das Gesetz des Dschungels. Mit meinem Collegeabschluß könnte ich doch auch Anwalt oder Geschäftsmann oder so was werden und ein bißchen Geld verdienen. Er kennt im Village ein paar, die Lehrer sind, und die warten alle nur auf eine Gelegenheit, den Bettel hinzuschmeißen.

Er hat ja recht. Alle haben recht, und mir ist von dem vielen Bier so schwummrig im Kopf, daß mir alles egal ist. Ich fahre nach Hause und falle angezogen aufs Bett, aber obwohl ich von dem langen Tag und dem Bier ganz erschlagen bin, kann ich nicht einschlafen. Immer wieder stehe ich auf, lese ein paar Seiten in Du und deine Welt, teste mich mit Sachfragen, überlege, was ich über die Börse sagen soll, über die Unterschiede zwischen Aktien und Rentenpapieren, die Gewaltenteilung, die Rezession in dem einen und die Depression in dem anderen Jahr, also kann ich genausogut rausgehen und mich mit Kaffee abfüllen, damit ich den Rest des Tages überstehe.

Im Morgengrauen sitze ich in einem Coffee Shop in der Hudson Street, zusammen mit Schauerleuten, Lastwagenfahrern, Lagerarbeitern, Kontrolleuren. Warum kann ich eigentlich nicht leben wie die? Die reißen ihre acht Stunden am Tag runter, lesen die Daily News, verfolgen die Baseballspiele, trinken ein paar Bierchen, gehen heim zu ihren Frauen, ziehen ihre Kinder groß. Sie verdienen mehr als ein Lehrer und brauchen sich nicht um Du und deine Welt und um sexbesessene Teenager zu kümmern, die mit der Schule nichts am Hut haben. Arbeiter können nach zwanzig Jahren in Rente gehen, in Florida in der Sonne sitzen und aufs Mittag- und Abendessen warten. Ich könnte die McKee-Berufsschule anrufen und denen sagen, vergessen Sie's, ich will ein leichteres Leben haben. Ich könnte Mr. Sorola sagen, daß das Lagerhaus Baker and Williams einen Kontrolleur sucht, eine Stelle, die ich mit meinem Collegeabschluß ohne weiteres bekommen würde, und dann bräuchte ich für den Rest meines Lebens nur noch mit Listen an einem Klemmbrett auf der Rampe zu stehen und zu kontrollieren, was raus- und reingeht.

Dann denke ich daran, was Mike Small sagen würde, wenn ich ihr sage, ich fahre heute nicht zur McKee High School, ich nehme eine Stelle als Kontrolleur bei Baker and Williams an. Sie würde einen Tobsuchtsanfall kriegen. Sie würde sagen, die ganze Büffelei am College, bloß um so ein lausiger Kontrolleur auf den Docks zu werden? Womöglich würde sie mich sogar rausschmeißen und in die Arme von Bob, dem Footballspieler, zurückkehren, und dann wäre ich mutterseelenallein auf der Welt, müßte wieder zu irischen Tanzereien gehen und Mädchen nach Hause begleiten, die ihren Körper für die Hochzeitsnacht aufheben.

Ich schäme mich, in diesem Zustand meinen ersten Unterrichtstag anzutreten, verkatert von der White Horse Tavern, flatterig von sieben Tassen Kaffee heute morgen, die Augen wie zwei Pißlöcher im Schnee, im Gesicht einen schwarzen Zweitagebart, die Zunge pelzig vom versäumten Zähneputzen, mit Herzklopfen vor lauter Müdigkeit und Angst vor Horden amerikanischer Halbwüchsiger. Ich bereue es, daß ich aus Limerick weggegangen bin. Ich könnte immer noch dort sein, mit einer pensionsberechtigten Stelle bei der Post als Briefträger, allseits geachtet, verheiratet mit einem Mädchen namens Maura, zwei Kinder großziehen, jeden Samstag meine Sünden beichten, jeden Sonntag im Stand der Gnade sein, eine Säule des Gemeinwesens, eine Ehre für meine Mutter, und irgendwann im Schoß von Mutter Kirche sterben, betrauert von einer großen Schar von Freunden und Verwandten.

Ein Schauermann an einem Tisch in der Imbißstube erzählt seinem Freund, daß sein Sohn im Juni seinen Abschluß an der St. John's University macht, daß er sich die ganzen Jahre den Arsch aufgerissen hat, um den Jungen aufs College schicken zu können, und daß er der glücklichste Mensch auf der Welt ist, weil sein Sohn es ihm auch dankt. Am Tag der Abschlußfeier wird er sich selber auf die Schulter klopfen, weil er einen Krieg überlebt und einen Sohn aufs College geschickt hat, einen Sohn, der Lehrer werden will. Seine Mutter ist sehr stolz auf ihn, weil sie selbst immer Lehrerin werden wollte, aber nie die Möglichkeit hatte, und jetzt hat es immerhin der Sohn geschafft. Am Tag der Abschlußfeier werden sie die stolzesten Eltern auf der Welt sein, und das ist doch das einzige, was zählt, oder?

Wenn dieser Schauermann und Horace bei Port Warehouses wüßten, was ich mir so überlege, würden sie die Welt nicht mehr verstehen. Sie würden sagen, ich sollte meinem Schicksal danken, daß ich einen Collegeabschluß habe und Lehrer werden kann.

*

Die Schulsekretärin sagt mir, ich soll zu Miss Seested gehen, die mir sagt, ich soll zu Mr. Sorola gehen, der mir sagt, gehen Sie zum Studienleiter, der mir sagt, ich muß mich bei der Schulsekretärin anmelden, von der ich meine Stechkarte bekomme, und warum die mich überhaupt erst zu ihm geschickt hätten.

Die Schulsekretärin sagt, ach, schon zurück, und zeigt mir, wie ich die Stechkarte in die Stechuhr stecken muß und wo meine beiden Schlitze für Anwesend und Abwesend sind. Sie sagt, wenn ich aus irgendeinem Grund das Gebäude verlasse, und sei es während der Mittagspause, muß ich mich bei ihr ab- und wieder anmelden, weil man nie weiß, wann man gebraucht wird, wann ein Notfall eintritt, man kann die Lehrer nicht einfach so kommen und gehen lassen, rein und raus, ganz nach Belieben. Sie schickt mich noch mal zu Miss Seested, die mich überrascht ansieht. Ah, da sind Sie ja wieder, sagt sie und gibt mir ein rotes Buch, die Anwesenheitslisten für meine Klassen. Sie sagt, Sie wissen ja, was Sie da eintragen müssen, und ich tue so, als wüßte ich es, aus Angst, sie hält mich für blöd. Sie schickt mich zur Schulsekretärin zurück, von der ich meine Stammzimmer-Anwesenheitsliste bekomme, und ich muß auch die Sekretärin anlügen und sagen, ich wüßte, was ich da eintragen muß. Sie sagt, wenn Sie irgendwelche Probleme haben, fragen Sie die Schüler, die kennen sich besser aus als die Lehrer.

Ich zittere von meinem Kater und dem Kaffee und aus Angst vor dem, was mir bevorsteht, fünf Stunden Unterricht, einmal Stammzimmerdienst, einmal Aufsicht, ich wollte, ich wäre auf der Fähre nach Manhattan, wo ich in einer Bank an einem Schreibtisch sitzen und über Darlehensanträge entscheiden könnte.

Auf dem Gang rempeln mich Schüler an. Sie schubsen und drängeln und lachen. Merken die nicht, daß ich ein Lehrer bin? Sehen sie nicht die Klassenbücher und Du und deine Welt unter meinem Arm? Die Lehrer in Limerick würden ein solches Treiben niemals dulden. Sie würden mit dem Stock in der Hand die Gänge auf und ab patrouillieren und jedem, der nicht anständig geht, eins über die Hinterbeine ziehen, damit er weiß, was sich gehört.

Was soll ich mit dieser Klasse machen, der ersten meiner gesamten Lehrerlaufbahn, Schülern im Fach Wirtschafts- und Rechtslehre, die einander mit Kreide, Radiergummis und Mortadella-Sandwiches bewerfen? Wenn ich reinkomme und meine Bücher auf das Pult lege, hören sie sicher mit der Werferei auf. Aber von wegen. Sie tun so, als wäre ich gar nicht da, und ich weiß nicht, was ich machen soll, bis die Worte aus meinem Mund kommen, die ersten Worte, die ich je als Lehrer von mir gebe, hört auf, mit Sandwiches herumzuwerfen. Sie schauen mich erstaunt an, wie um zu sagen, wer ist denn der da vorne?

Die Glocke läutet, die Stunde beginnt, und die Schüler setzen sich auf ihre Plätze. Sie tuscheln, sie schauen mich an, lachen, tuscheln wieder, und ich bereue es, jemals Staten Island betreten zu haben. Sie drehen die Köpfe und sehen auf die Tafel an der Längswand, auf die jemand mit großen, ungelenken Buchstaben geschrieben hat, Miss Mudd is weg, die alte Schrekschraube is in Pangsion gegang, und als sie merken, daß ich auch hinschaue, tuscheln und lachen sie wieder. Ich schlage Du und deine Welt auf, als wollte ich mit dem Unterricht beginnen, aber ein Mädchen hebt die Hand.

Ja?

Herr Lehrer, wollen Sie nicht die Anwesenheit überprüfen?

Ach ja, doch, natürlich.

Das ist meine Aufgabe, Herr Lehrer.

Als sie hüftenschwenkend auf mein Pult zusteuert, pfeifen die Jungen durch die Zähne und sagen, hast du für den Rest meines Lebens schon was vor, Daniela? Sie kommt um mein Pult herum und wendet sich der Klasse zu, und als sie sich vorbeugt, um die Anwesenheitsliste aufzuschlagen, kann jeder sehen, daß ihre Bluse zu eng ist, und schon geht das Gepfeife wieder los.

Sie lächelt, weil sie schon weiß, was wir an der NYU aus den Psychologiebüchern gelernt haben, nämlich daß ein fünfzehnjähriges Mädchen einem gleichaltrigen Jungen um Jahre voraus ist, und es ist ihr egal, wenn sie sie mit Pfiffen überschütten. Sie flüstert mir zu, daß sie schon mit einem aus der letzten Klasse ausgeht, einem Footballspieler an der Curtis High School, wo nur intelligente Jungs sind, nicht solche Schmiergrubenaffen, wie sie hier rumhocken. Die Jungen wissen das auch, und das ist der Grund, warum sie sich ans Herz fassen und einen Ohnmachtsanfall simulieren, als sie ihre Namen von den Karten abliest. Sie läßt sich Zeit, und ich muß wie ein Trottel danebenstehen und warten. Ich weiß, daß sie mit den Jungen spielt, und ich frage mich, ob sie auch mit mir spielt, mir zeigen will, daß sie die Klasse im Griff hat mit ihrer wohlgefüllten Bluse und Zeit schindet, damit ich nicht mit meiner Wirtschafts- und Rechtslehre anfangen kann. Wenn einer am Tag zuvor gefehlt hat, verlangt sie eine Entschuldigung der Eltern, und wenn der Betreffende keine hat, tadelt sie ihn und schreibt ein N auf seine Karte. Sie erinnert ihre Mitschüler, daß man bei fünf N einen Verweis bekommen kann, und fragt mich, das stimmt doch, Herr Lehrer?

Ich weiß es nicht. Ich nicke. Ich werde rot.

Ein anderes Mädchen ruft, hey, Herr Lehrer, Sie sind süß, und ich erröte noch stärker. Die Jungen brüllen vor Lachen und schlagen mit der flachen Hand aufs Pult, und die Mädchen lächeln einander zu. Zu der, die mich süß genannt hat, sagen sie, du spinnst, Yvonne, und sie verteidigt sich, aber es stimmt doch, er ist wirklich süß, und ich frage mich, ob meine Gesichtsröte jemals wieder weggehen wird, ob ich jemals in der Lage sein werde, hier zu stehen und über Wirtschafts- und Rechtslehre zu sprechen, oder ob ich Daniela und Yvonne auf Gedeih und Verderb ausgeliefert bin.

Daniela sagt, sie ist mit der Anwesenheitsliste fertig, und jetzt braucht sie den Paß, weil sie austreten muß. Sie nimmt ein Stück Holz aus einer Schublade und wippt hinaus, wobei sofort wieder ein Pfeifkonzert anhebt und ein Junge einem anderen zuruft, Joey, steh auf, laß mal sehen, wie sehr du sie liebst, zeig mal, wie du stehst, Joey, und Joey kriegt eine derart rote Birne, daß eine Welle von Kichern und Gelächter durch den Raum läuft.

Die Stunde ist schon halb vorbei, und ich habe noch kein Wort über Wirtschafts- und Rechtslehre gesagt. Ich spiele den Lehrer, den Schulmeister. Ich nehme Du und deine Welt in die Hand und sage ihnen, okay, schlagt euer Buch auf, und zwar bei Kapitel, äh, bis zu welchem Kapitel seid ihr gekommen?

Wir sind zu keinem Kapitel nicht gekommen.

Du meinst, ihr seid zu keinem Kapitel gekommen. Ohne nicht.

Nein, ich mein, wir sind zu keinem Kapitel nicht gekommen. Miss Mudd hat uns überhaupt nichts beigebogen.

Miss Mudd hat euch nichts beigebracht.

He, Herr Lehrer, warum wiederholen Sie alles, was ich sage? Beigebogen, beigebracht. Miss Mudd hat nie so an uns rumgemekkert. Miss Mudd war nett.

Die anderen nicken und murmeln, ja, Miss Mudd war nett, und ich habe das Gefühl, ich werde an ihr gemessen, obwohl die Schüler sie in die vorzeitige Pensionierung getrieben haben.

Eine Hand geht hoch.

Ja?

Herr Lehrer, sind Sie ein Schotte oder so was?

Nein. Ire.

Ach ja? Irisch wie der Whiskey, hm? Sind Sie am Paddy's Day auch hier?

Ja, ich bin auch am St. Patrick's Day hier.

Wollen Sie sich nicht beim Umzug betrinken und kotzen wie die anderen Iren alle?

Ich sagte, ich werde hier sein. So, und jetzt schlagt eure Bücher auf.

Eine Hand.

Welche Bücher, Herr Lehrer?

Dieses Buch, Du und deine Welt.

Wir haben kein solches Buch nicht, Herr Lehrer.

Wir haben kein solches Buch.

Da, Sie wiederholen schon wieder alles, was wir sagen.

Wir müssen richtiges Englisch sprechen.

Herr Lehrer, das ist keine Englischstunde nicht. Das ist Wirschafts- und Rexlehre. Wir sollen hier was übers Geld und so lernen, und Sie sagen uns gar nichts übers Geld.

Daniela kommt zurück, als gerade wieder eine Hand hochgeht. Herr Lehrer, wie heißen Sie? Daniela legt den Paß in die Schublade zurück und sagt zur Klasse gewandt, er heißt McCoy. Hab ich gerade auf dem Klo gehört. Und er ist nicht verheiratet.

Ich schreibe meinen Namen in Großbuchstaben an die Tafel, Mr. McCourt.

Ein Mädchen in der hintersten Reihe ruft, Mister, haben Sie eine Freundin?

Wieder lachen sie. Wieder werde ich rot. Sie stoßen sich an. Die Mädchen sagen, ist er nicht süß, und ich flüchte mich in Du und deine Welt.

Schlagt eure Bücher auf. Kapitel eins. Wir fangen vorne an. Eine kurzgefaßte Geschichte der Vereinigten Staaten von Amerika.

Mr. McCoy?

McCourt, McCourt.

Ach ja, okay, wir kennen den ganzen Quatsch mit dem Kolumbus und so. Das haben wir in Geschichte bei Mr. Bogard. Der wird sauer auf Sie, wenn Sie hier Geschichte durchnehmen, weil er wird nämlich dafür bezahlt, uns Geschichte zu lernen, und das ist nicht Ihr Bier.

Ich muß den Stoff durchnehmen, der in dem Buch steht.

Miss Mudd hat uns nicht gelernt, was in dem Buch steht. Da hat sie einen Dreck drauf gegeben, Entschuldigung, Mr. McCoy.

McCourt.

Ja.

Als es läutet und alle hinausstürmen, kommt Daniela zu mir und sagt, ich soll mir nichts draus machen, hören Sie nicht auf die, die sind alle blöd. Sie selber ist im kaufmännischen Zweig und will Anwaltsgehilfin werden, und wer weiß, vielleicht ist sie eines Tages selbst Anwältin, und sie wird sich um die Anwesenheitsliste und alles kümmern. Sie sagt, lassen Sie sich von niemand verscheißern, Mr. McCoy, Entschuldigung.

Die nächste Klasse besteht aus fündunddreißig Mädchen, alle in Weiß, vom Hals bis zum Saum durchgeknöpft. Fast alle haben dieselbe Bienenkorbfrisur. Sie nehmen keine Notiz von mir. Sie stellen kleine Schachteln vor sich aufs Pult und schauen in kleine Spiegel. Sie zupfen sich die Augenbrauen aus, betupfen sich die Wangen mit Puderquasten, legen Lippenstift auf und reiben die Lippen gegeneinander, sie feilen sich die Nägel und pusten den Nagelstaub weg. Ich schlage die Anwesenheitsliste auf und fange an, die Namen aufzurufen, und da sind sie überrascht. Ach, sind Sie eine Aushilfe? Wo ist Miss Mudd?

Sie ist in Pension gegangen.

Ach, dann sind Sie unser neuer Lehrer?

Ja.

Ich frage sie, in welcher Werkstatt sie sind, was sie hier lernen.

Kosmetologie.

Was ist das?

Schönheitspflege. Und wie heißen Sie, Herr Lehrer?

Ich zeige auf meinen Namen an der Tafel. Mr. McCourt.

Aha. Yvonne hat gesagt, Sie wären süß.

Ich lasse es ihr durchgehen. Wenn ich hier jeden Grammatikfehler korrigiere, komme ich nie zur Wirtschafts- und Rechtslehre. Schlimmer noch, wenn von mir verlangt wird, die Grammatikregeln zu erklären, kommt über kurz oder lang unweigerlich heraus, daß ich auch nicht ganz sattelfest bin. Ab sofort falle ich auf keine Ablenkungsmanöver mehr rein. Ich werde mit Kapitel eins von Du und deine Welt anfangen, Eine kurzgefaßte Geschichte der Vereinigten Staaten. Ich hetze im Schnellverfahren von Kolumbus über die Pilgerväter zum Unabhängigkeitskrieg, dem Krieg von 1812, dem Sezessionskrieg, und da geht in den hinteren Reihen eine Hand hoch.

Ja?

Mr. McCourt, warum erzählen Sie uns diesen Kram?

Ich erzähle euch das, weil ihr nichts von Wirtschafts- und Rechtslehre begreift, wenn ihr keine Ahnung von der Geschichte eures Landes habt.

Mr. McCourt, das ist hier ein Englischkurs. Wie find ich denn das, Sie sind der Lehrer und wissen nicht mal, in welchem Kurs Sie sind.

Sie zupfen sich die Augenbrauen aus, sie feilen sich die Nägel, sie schütteln ihre Bienenkörbe, sie bedauern mich. Sie sagen mir, meine Frisur ist furchtbar, und jeder sieht, daß ich noch nie im Leben bei der Maniküre war.

Kommen Sie doch mal im Schönheitssalon vorbei, dann polieren wir Sie ein bißchen auf.

Sie lächeln und stoßen sich an, mein Gesicht glüht schon wieder, und sie finden das ebenfalls süß. Ach, guck einer an. Er ist schüchtern.

Ich muß durchgreifen. Ich bin der Lehrer. Schließlich war ich mal Corporal in der United States Army. Ich habe Soldaten Befehle erteilt, und wenn sie sie nicht ausführten, hatte ich sie am Wickel, weil sie vorsätzlich gegen die militärischen Vorschriften verstießen und somit vor ein Kriegsgericht gestellt werden konnten. Ich werde diesen Mädchen einfach Befehle erteilen.

Legt alles weg und schlagt eure Bücher auf.

Was für Bücher?

Na, eure Englischbücher.

Das einzige, was wir haben, ist Die Wegbereiter, und das ist das langweiligste Buch von der Welt. Die ganze Klasse skandiert, ja, ja, ja, lang-wei-lig, lang-wei-lig.

Sie erzählen mir, es handelt von einer Familie aus Europa draußen in der Prärie, und alle sind schwermütig und reden von Selbstmord, und keine in der Klasse kann das Buch zu Ende lesen, weil man davon selber selbstmordsüchtig werden kann. Ob sie nicht einen netten Liebesroman lesen können, in dem keine solchen trübsinnigen Europäer in der Prärie vorkommen. Oder Filme anschauen. Sie könnten sich James Dean anschauen, o Gott, James Dean, nicht zu fassen, daß der tot ist, den könnten sie sich anschauen und über den könnten sie reden. Ach, James Dean, den könnten sie sich bis in alle Ewigkeit anschauen.

Als die Schönheitspflegemädchen gegangen sind, habe ich Stammzimmerdienst, acht Minuten, in denen ich Verwaltungsarbeit für dreiunddreißig Schüler aus der Druckerwerkstatt erledigen muß. Sie strömen herein, lauter Jungen, und sie sind hilfsbereit. Sie sagen mir, was zu tun ist, und ich soll mir keine Sorgen machen. Ich muß die Anwesenheit überprüfen, Miss Seested eine Liste der Schüler schicken, die fehlen, Entschuldigungen einsammeln, die angeblich von Eltern und Ärzten geschrieben wurden, die Schülerkarten für Bus, Zug, Fähre ausgeben. Ein Junge bringt den Inhalt von Miss Mudds Brieffach im Lehrerzimmer. Es sind Mitteilungen und Briefe von verschiedenen Stellen innerhalb und außerhalb der Schule, Aufforderungen an notorische Schwänzer, sich zur Beratung einzufinden, Anforderungen von Listen und Formularen und zweite und dritte Mahnungen. Miss Mudd hat offenbar seit Wochen nicht mehr nach ihrer Post gesehen, und mir wird der Kopf schwer von dem Gedanken an die Arbeit, die sie mir vererbt hat.

Die Jungen sagen mir, ich brauche die Anwesenheit nicht jeden Tag zu kontrollieren, aber da ich schon mal angefangen habe, kann ich nicht mittendrin aufhören. Die meisten sind Italiener, und beim Aufrufen der Namen komme ich mir vor wie in einer Opera buffa: Adinolfi, Buscaglia, Cacciamani, DiFazio, Esposito, Gagliardo, Miceli.

Man erwartet von mir, daß ich beim gemeinsamen Aufsagen des Treuegelöbnisses und beim Singen der Nationalhymne mit gutem Beispiel vorangehe. Ich kenne die Texte kaum, aber das macht nichts. Die Jungen erheben sich, legen die Hand aufs Herz und rezitieren ihre eigene Version des Gelöbnisses, Ich gelobe Treue zur Flagge von Staten Island, zu One-night-stands, einem Mädchen unter mir, unsichtbar für alle, mit Liebe und Küssen nur für mich allein.

Als sie die Nationalhymne singen, brummen manche You Ain't Nothin But a Hounddog dazwischen.

Der Studienleiter hat mir eine Mitteilung geschickt, ich soll in der nächsten Unterrichtsstunde, der dritten, meiner Vorbereitungsstunde, in der ich meinen Unterricht planen müßte, in sein Büro kommen. Er sagt mir, ich sollte für jede Klasse einen Unterrichtsplan haben, dafür gibt es ein Formular, ich soll dafür sorgen, daß alle Schüler ihre Hefte sauber und ordentlich führen, ich soll dafür sorgen, daß ihre Schulbücher eingebunden sind, und, falls nicht, Minuspunkte verteilen, ich soll überprüfen, ob die Fenster vorschriftsmäßig sechs Zoll von oben geöffnet sind, ich soll am Ende jeder Unterrichtsstunde einen Schüler dafür einteilen, die Abfälle aufzusammeln, ich soll an der Tür stehen, um die Klassen beim Hereinkommen und Hinausgehen zu grüßen, ich soll Titel und Thema jeder Stunde in gut leserlichen Großbuchstaben an die Tafel schreiben, ich darf nie Fragen stellen, die mit ja oder nein beantwortet werden können, ich darf keinen unnötigen Lärm im Klassenzimmer dulden, ich soll dafür sorgen, daß alle Schüler auf ihrem Platz bleiben, außer sie melden sich, weil sie austreten müssen, ich soll darauf bestehen, daß die Jungen die Mütze abnehmen, und ich soll klarstellen, daß niemand sprechen darf, ohne sich gemeldet zu haben. Ich soll dafür sorgen, daß alle Schüler bis zum Ende der Unterrichtsstunde dableiben, sie dürfen noch nicht aus dem Klassenzimmer, wenn die Warnglocke läutet, die, zu meiner Information, immer fünf Minuten vor Ende der Stunde läutet. Wenn meine Schüler vor Ende der Stunde auf dem Gang angetroffen werden, muß ich mich vor dem Direktor persönlich verantworten. Noch Fragen?

Der Studienleiter sagt, in zwei Wochen sind Zwischenprüfungen, und ich soll mich im Unterricht auf den Stoff konzentrieren, der in der Prüfung drankommt. In den Englischkursen sollten die Schüler die Rechtschreibe- und Vokabellisten beherrschen, von denen sie je hundert in ihren Heften haben müssen, falls nicht, gibt es Punktabzug, und sie müssen darauf vorbereitet sein, Aufsätze über zwei Romane zu schreiben. In Wirtschafts- und Rechtslehre sollten die Schüler Du und deine Welt mindestens zur Hälfte durchgearbeitet haben.

Die Glocke läutet zur fünften Stunde, Aufsicht, Schülerkantine. Der Studienleiter beruhigt mich, das ist weiter nicht schwierig, Jake Homer wird auch oben sein, der Lehrer, den die Schüler am meisten fürchten.

Ich steige die Treppe zur Kantine hinauf. Der Kopf tut mir weh, mein Mund ist ausgetrocknet, und ich wollte, ich könnte mit Miss Mudd zu fernen Gestaden aufbrechen. Statt dessen werde ich schon auf der Treppe von Schülern geschubst und angerempelt und von einem Lehrer aufgehalten, der meinen Berechtigungsschein sehen will. Er ist kurz und breit, und sein kahler Kopf sitzt direkt auf den Schultern, ohne Hals. Er starrt mich durch dicke Brillengläser an und schiebt kampflustig das Kinn vor. Ich sage ihm, ich sei ein Mitglied des Lehrkörpers, aber er glaubt mir nicht. Er will meinen Stundenplan sehen. Oh, sagt er, tut mir leid. Sie sind McCourt. Ich bin Jake Homer. Wir haben heute zusammen Kantinenaufsicht. Ich folge ihm treppauf und den Gang entlang zur Schülerkantine. An der Essensausgabe stehen zwei Schlangen, getrennt nach Jungen und Mädchen. Jake sagt mir, das sei eines der großen Probleme, die Jungen und die Mädchen voneinander fernzuhalten. Er sagt, in dem Alter sind sie Tiere, vor allem die Jungen, aber sie können nichts dafür. Das ist die Natur. Wenn es nach ihm ginge, würde er die Mädchen überhaupt in eine eigene Kantine schicken. Die Jungen produzieren sich immer und geben an, und wenn zwei dasselbe Mädchen mögen, kommt es unweigerlich zu einer Rauferei. Er sagt, greifen Sie bei einer Rauferei nicht sofort ein. Die kleinen Rabauken sollen ruhig erst mal eine Weile aufeinander eindreschen, ihr Mütchen kühlen. Bei warmem Wetter ist es am schlimmsten, Mai, Juni, dann ziehen die Mädchen ihre Sweater aus, und die Jungen kriegen den Tittenkoller. Die Mädchen wissen genau, was sie tun, und die Jungen sind wie hechelnde Schoßhunde. Unsere Aufgabe ist es, sie voneinander fernzuhalten, und wenn ein Junge in den Mädchenbereich will, muß er hier rüberkommen und eine Genehmigung einholen. Andernfalls hätten wir im Nu zweihundert Halbwüchsige, die es am hellichten Tag miteinander treiben. Außerdem müssen wir Rundgänge durch die Kantine machen und dafür sorgen, daß die Schüler ihre Tabletts und ihre Abfälle in die Küche bringen und die Tische samt Umgebung sauber zurücklassen.

Jake fragt, ob ich in der Army war, und als ich bejahe, sagt er, ich wette, Sie haben sich nicht träumen lassen, daß Sie sich mit solchem ekelhaften Kleinkram befassen müssen, als Sie sich entschieden haben, Lehrer zu werden. Ich wette, Sie haben nicht gewußt, daß Sie Kantinenaufseher, Abfallkontrolleur, Psychologe und Babysitter sein würden. Na? Es ist symptomatisch dafür, was hierzulande Lehrer gelten, daß man Stunden seines Lebens damit zubringen muß, zuzuschauen, wie diese Kinder fressen wie die Schweine, und ihnen hinterher zu sagen, daß sie ihren Dreck wegräumen sollen. Ärzte und Anwälte laufen auch nicht rum und sagen den Leuten, daß sie ihren Dreck wegräumen sollen. In Europa braucht sich kein Lehrer mit solchem Mist abzugeben. Da drüben wird ein Lehrer an der höheren Schule wie ein Professor behandelt.

Ein Junge, der sein Tablett zur Küche trägt, merkt nicht, daß ein Eiscremepapier von seinem Tablett gefallen ist. Als er zu seinem Tisch zurückgeht, ruft Jake ihn herüber.

He, Kleiner, heb das Papier da auf.

Der Junge reagiert trotzig. Das ist nicht von mir.

Danach hab ich dich nicht gefragt. Ich hab gesagt, heb's auf.

Ich muß das nicht aufheben. Ich kenne meine Rechte.

Komm mal her, Kleiner. Ich sag dir, was deine Rechte sind.

Es ist plötzlich still in der Kantine. Vor aller Augen packt Jake die Haut an der linken Schulter des Jungen und verdreht sie im Uhrzeigersinn. Junge, sagt er, du hast fünf Rechte. Nummer eins, du hältst die Klappe. Nummer zwei, du tust, was man dir sagt. Die anderen drei zählen nicht.

Der Junge bemüht sich, keine Miene zu verziehen, sich nichts anmerken zu lassen, aber Jake dreht unbarmherzig weiter, bis dem Jungen die Knie einknicken und er schreit, schon gut, schon gut, Mr. Homer, schon gut. Ich heb das Papier auf.

Jake läßt ihn los. Okay, Kleiner. Ich sehe, du bist ein kluger Junge.

Der Junge schlurft an seinen Platz zurück. Er schämt sich, aber ich weiß, daß er sich nicht zu schämen braucht. Wenn ein Schulmeister an Leamy's National School in Limerick einen Jungen so malträtiert hat, sind wir immer gegen den Lehrer gewesen, und ich spüre, daß es hier nicht anders ist, so wie die Schüler, Jungen wie Mädchen, zu Jake und mir herüberstarren. Ich frage mich, ob ich jemals so streng wie ein irischer Schulmeister oder so knallhart wie Jake Homer sein werde. Die Psychologiedozenten an der NYU haben uns nie gesagt, wie man sich in solchen Fällen verhält, und das liegt daran, daß Universitätsprofessoren nie Schüler in Schulkantinen beaufsichtigen mußten. Und was wird sein, wenn Jake einmal nicht da ist und ich der einzige Lehrer hier bin und versuchen muß, zweihundert Schüler im Zaum zu halten? Wenn ich einem Mädchen sage, sie soll ein Stück Papier aufheben, und sie weigert sich, kann ich ihr natürlich nicht die Haut über dem Schulterblatt verdrehen, bis ihr die Knie zittern. Nein, ich muß warten, bis ich so alt und knallhart bin wie Jake, obwohl bestimmt nicht mal er einem Mädchen die Haut über dem Schulterblatt verdrehen würde. Zu den Mädchen ist er höflicher, er sagt meine Liebe zu ihnen und fragt, ob sie nicht dazu beitragen möchten, den Raum sauberzuhalten. Dann sagen sie, klar, Mr. Homer, und er watschelt schmunzelnd davon.

Er steht neben mir bei der Küche und sagt, Sie müssen auf die kleinen Scheißer runtersausen wie eine Tonne Ziegelsteine. Dann sagt er zu einem Jungen, der vor uns steht, ja, mein Junge?

Mr. Homer, ich wollte Ihnen den Dollar zurückgeben, den ich Ihnen schulde.

Wie bitte?

Letzten Monat mal, da hab ich kein Essensgeld gehabt, und Sie haben mir einen Dollar geliehen.

Vergiß es, mein Junge. Kauf dir ein Eis davon.

Aber, Mr. Homer …

Schon gut, mein Junge. Kauf dir was Leckeres.

Danke, Mr. Homer.

Okay, Junge.

Zu mir sagt er, ein netter Junge. Sie würden es nicht glauben, wie schwer er's hat, und trotzdem kommt er in die Schule. Sein Vater ist in Italien von Mussolini-Anhängern fast zu Tode gefoltert worden. Großer Gott, Sie machen sich keinen Begriff, was die durchmachen, die Familien dieser Kinder, und dabei leben wir im reichsten Land der Welt. Sie können sich glücklich schätzen, McCourt. Darf ich Sie Frank nennen?

Natürlich, gern, Mr. Homer.

Nennen Sie mich Jake.

Okay, Jake.

Ich habe Mittagspause, und er bringt mich in die Lehrerkantine auf der obersten Etage. Mr. Sorola sieht mich und stellt mich den anderen Lehrern und Lehrerinnen vor, Mr. Rowantree, Druck, Mr. Kriegsman, Gesundheitserziehung, Mr. Gordon, Metallbearbeitung, Miss Gilfinane, Kunsterziehung, Mr. Garber, Sprecherziehung, Mr. Bogard, Sozialkunde, Mr. Maratea, Sozialkunde.

Ich nehme mein Tablett mit Sandwich und Kaffee und setze mich an einen freien Tisch, aber Mr. Bogard kommt herüber, stellt sich als Bob vor und lädt mich ein, an den Tisch zu kommen, an dem er und die anderen Lehrer sitzen. Ich würde lieber für mich bleiben, weil ich nicht weiß, was ich sagen soll, und ich brauche sicher nur den Mund aufzumachen, und die anderen werden sagen, ach, Sie sind Ire, und dann muß ich erklären, wie es mich hierher verschlagen hat. Es ist nicht so schlimm, wie wenn man schwarz ist. Einen Akzent kann man jederzeit ändern, aber seine Hautfarbe kann man nie ändern, und es geht einem bestimmt auf die Nerven, wenn man schwarz ist und die Leute denken, sie müssen über Angelegenheiten der Schwarzen reden, bloß weil einer mit dieser Hautfarbe da ist. Einen Akzent kann man sich abgewöhnen, und dann sagen einem die Leute nicht mehr, daß ihre Eltern aus Irland eingewandert sind, aber wenn man schwarz ist, gibt es kein Entrinnen.

Ich kann aber zu Mr. Bogard schlecht nein sagen, wo er sich schon die Mühe gemacht hat, an meinen Tisch zu kommen, und als ich mich mit meinem Kaffee und dem Sandwich niedergelassen habe, stellen sich die Lehrer noch einmal vor, diesmal mit den Vornamen. Jack Kriegsman sagt, Ihr erster Tag, stimmt's? Sind Sie auch sicher, daß Sie das machen wollen?

Einige von den Lehrern lachen und schütteln den Kopf, als wollten sie sagen, es tut ihnen leid, daß sie das jemals angefangen haben. Bob Bogard lacht nicht. Er beugt sich über den Tisch und sagt, wenn es irgendeinen Beruf gibt, der wichtiger ist als Unterrichten, dann wüßte ich gern, welcher das sein sollte. Darauf weiß offensichtlich niemand eine Antwort, und schließlich fragt mich Stanley Garber, welches Fach ich gebe.

Englisch. Na ja, genauer gesagt muß ich in drei Klassen Wirtschafts- und Rechtslehre unterrichten, und Miss Gilfinane sagt, oh, Sie sind Ire. Wie schön, den Akzent hier zu hören.

Sie erzählt mir von ihrer Herkunft und will wissen, wo ich herkomme, wann ich gekommen bin, ob ich jemals wieder zurückgehen werde und warum die Katholiken und Protestanten in der alten Heimat sich ständig bekämpfen. Jack Kriegsman meint, die sind schlimmer als die Juden und die Araber, aber Stanley Garber widerspricht. Stanley sagt, die Iren auf beiden Seiten haben zumindest eins gemeinsam, ihr Christentum, Juden und Araber dagegen sind so verschieden wie Tag und Nacht. Jack sagt, Blödsinn, und Stanley wird sarkastisch, das war ja eine überaus intelligente Bemerkung.

Als die Glocke läutet, begleiten mich Bob Bogard und Stanley Garber nach unten, und Bob sagt mir, er kennt die Situation in Miss Mudds Klassen, die Kinder sind nach ein paar Wochen ohne Unterricht verwildert, und wenn er helfen kann, soll ich es ihn wissen lassen. Ich sage, ich brauche allerdings Hilfe. Ich wüßte gern, was zum Teufel ich mit den Wirtschafts- und Rechtslehre-Klassen machen soll, die in zwei Wochen ihre Zwischenprüfung ablegen müssen und noch keinen Blick in das Buch geworfen haben. Wie soll ich ohne jede Grundlage Zeugnisnoten verteilen?

Stanley sagt, immer mit der Ruhe. An dieser Schule entbehren sowieso viele Noten jeglicher Grundlage. Hier gibt es Kinder, die im Lesen auf dem Stand der dritten Klasse sind, und da können Sie nichts dafür. Die sollten in der Grundschule sitzen, aber dort kann man sie nicht behalten, weil sie einsachtzig groß sind, zu groß für die Schulmöbel, und eine Zumutung für die Lehrer. Sie werden schon sehen.

Er und Bob Bogard schauen sich meinen Stundenplan an und schütteln den Kopf. Drei Stunden am Ende des Tages, das ist der schlimmste Stundenplan, den man kriegen kann, einfach unmöglich für einen neuen Lehrer. Die Schüler haben dann das Mittagessen hinter sich, sind mit Eiweiß und Zucker vollgepumpt und wollen raus und sich austoben. Sex. Das ist das einzige Thema, sagt Stanley. Sex, Sex, Sex. Aber so geht's eben, wenn man mitten im Halbjahr für die Miss Mudds dieser Welt einspringen muß.

Viel Glück, sagt Stanley.

Lassen Sie es mich wissen, wenn Sie Hilfe brauchen, sagt Bob.

In der sechsten, siebten und achten Stunde versuche ich, gegen das Eiweiß, den Zucker und den Sex Sex Sex anzukommen, aber ich werde durch einen Hagel von Fragen und Einwänden zum Schweigen gebracht. Wo ist Miss Mudd? Ist sie abgekratzt? Durchgebrannt? Ha, ha, ha. Sind Sie unser neuer Lehrer? Bleiben Sie uns jetzt bis in alle Ewigkeit? Haben Sie eine Freundin, Herr Lehrer? Nein, wir haben Du und deine Welt nicht. Blödes Buch. Warum können wir nicht über Filme sprechen? In der fünften Klasse hatte ich eine Lehrerin, die ständig über Filme geredet hat, die haben sie rausgeworfen. Eine tolle Lehrerin. Herr Lehrer, vergessen Sie nicht, die Anwesenheit zu überprüfen. Miss Mudd hat das immer gemacht.

Miss Mudd brauchte die Anwesenheit gar nicht zu überprüfen, weil es in jeder Klasse eine Aufseherin gibt, die das erledigt. Die Klassenaufseherin ist im allgemeinen ein schüchternes Mädchen mit sauberem Heft und ordentlicher Handschrift. Dafür, daß sie die Anwesenheit überprüft, bekommt sie Extrapunkte für Fleiß, und das beeindruckt die Arbeitgeber, wenn sie sich in Manhattan nach einer Arbeit umsieht.

Die Englischschüler im zweiten Jahr brechen bei der Nachricht, daß Miss Mudd für immer weg ist, in lauten Jubel aus. Sie war gemein. Sie hat von ihnen verlangt, daß sie dieses langweilige Buch lesen, Die Wegbereiter, und hat gesagt, wenn sie damit fertig sind, müssen sie Silas Marner lesen, und Louis am Fenster, der jede Menge Bücher liest, hat allseits verkündet, es ist ein Buch über einen alten Lustmolch in England und ein kleines Mädchen, also die Art Buch, die wir in Amerika nicht lesen sollten.

Miss Mudd hat gesagt, sie würden Silas Marner lesen müssen, weil die Zwischenprüfung bevorsteht und sie einen Aufsatz schreiben müssen, in dem sie es mit Die Wegbereiter vergleichen, und die Schüler in der achten Stunde, Englisch im zweiten Schuljahr, möchten wissen, wie die eigentlich auf den Gedanken gekommen ist, man könnte ein Buch über Trauerklöße in der Prärie mit einem Buch über einen alten Lustmolch in England vergleichen.

Schon wieder allgemeiner Jubel. Sie sagen mir, wir wollen keine doofen Bücher nicht lesen.

Ihr meint, ihr wollt keine doofen Bücher lesen.

Was?

Ach, nichts. Die Warnglocke läutet, und sie sammeln ihre Mäntel und Taschen ein, um hinauszustürmen. Ich muß schreien, hinsetzen. Das war erst die Warnglocke.

Sie schauen mich überrascht an. Was ist denn, Herr Lehrer?

Ihr dürft noch nicht gehen, wenn die Warnglocke läutet.

Miss Mudd hat uns immer gehen lassen.

Ich bin nicht Miss Mudd.

Miss Mudd war nett. Sie hat uns gehen lassen. Warum sind Sie so gemein?

Ich kann sie nicht zurückhalten, sie sind schon draußen. Auf dem Gang steht Mr. Sorola und sagt mir, meine Schüler dürfen beim Ertönen der Warnglocke das Klassenzimmer noch nicht verlassen.

Ich weiß, Mr. Sorola. Ich konnte sie nicht aufhalten.

Tja, Mr. McCourt, ab morgen dann bitte ein bißchen mehr Disziplin, ja?

Ja, Mr. Sorola.

Meint der das ernst, oder will er mich auf den Arm nehmen?

37

Alte italienische Schuhputzer gehen auf der Staten-Island-Fähre regelmäßig ihrem Gewerbe nach. Ich habe eine schwere Nacht und einen schweren Tag hinter mir, warum sollte ich also nicht einen Dollar plus einen Vierteldollar Trinkgeld für einmal Schuheputzen anlegen, auch wenn dieser alte Italiener den Kopf schüttelt und in seinem gebrochenen Englisch meint, ich solle mir bei seinem Bruder in der Delancey Street ein neues Paar Schuhe kaufen, und mir einen Sonderpreis verspricht, falls ich Alfonso von der Fähre erwähne.

Als er fertig ist, schüttelt er den Kopf und sagt, er berechnet mir nur fünfzig Cent, weil das die schlimmsten Schuhe sind, die er seit Jahren gesehen hat, die Schuhe eines Landstreichers, Schuhe, wie man sie keinem Toten anziehen würde, und ich solle doch in die Delancey Street gehen und nicht vergessen, seinem Bruder zu sagen, wer mich geschickt hat. Ich sage ihm, daß ich kein Geld für neue Schuhe habe, ich hätte gerade erst auf einer neuen Arbeitsstelle angefangen, und er sagt, okay, okay, das macht dann einen Dollar. Er sagt, Sie Lehrer, richtig? Und ich sage, woher wissen Sie das? Lehrer immer trage die lausige Schuh.

Ich gebe ihm den Dollar und das Trinkgeld, und er geht davon, schüttelt den Kopf und ruft, Schuhputz, Schuhputz.

Es ist ein schöner Märztag, und es ist angenehm, auf dem Deck im Freien zu sitzen und die Touristen mit ihren Fotoapparaten zu beobachten, die ganz begeistert sind von der Freiheitsstatue, dem langen Finger des Hudson River vor uns und der langsam näher rückenden Skyline von Manhattan. Das Wasser kräuselt sich in vielen kleinen, kabbeligen Wellen, und in den Wind, der durch die Meerenge streicht, mischt sich ein warmes Frühlingslüftchen. Es ist einfach herrlich, und ich würde für mein Leben gern dort oben auf der Brücke stehen und diese alte Fähre hin und her steuern, hin und her zwischen den Schleppern und Leichtern und Frachtern und Ozeanriesen, deren hohe Kielwellen an das Autodeck der Fähre platschen.

Das wäre ein schönes Leben, einfacher, als jeden Tag Dutzenden von High-School-Schülern gegenüberzutreten und sich mit ihren Beschwerden und Einwänden auseinanderzusetzen oder ihrer Art, keine Notiz von mir zu nehmen, als wäre ich ein Möbelstück. Eine Erinnerung taucht in meinem Kopf auf, an einen Vormittag an der NYU, an ein Gesicht, das fragt, da sind wir wohl ein bißchen paranoid?

Paranoid. Ich schlug es nach. Wenn ich vor einer Klasse stehe und ein Kind flüstert einem anderen etwas zu und die beiden lachen, denke ich dann, daß sie über mich lachen? Werden sie später in der Kantine meinen Akzent nachmachen und Witze über meine roten Augen reißen? Ich weiß, daß sie das tun, weil wir es an Leamy's National School genauso gemacht haben, und wenn mir das zu schaffen macht, kann ich genausogut mein Leben in der Darlehensabteilung der Manufacturer's Trust Company verbringen.

Werde ich das mein Leben lang machen? Mit der U-Bahn und dann mit der Fähre nach Staten Island fahren, den Hügel zur McKee-Berufs- und Technikerschule hinaufgehen, meine Stechkarte abstempeln, ein Bündel Papiere aus meinem Brieffach ziehen, meinen Schülern Stunde für Stunde, Tag für Tag sagen, setzt euch bitte, schlagt eure Hefte auf, nehmt eure Federhalter, du hast kein Papier? hier hast du Papier, du hast keinen Federhalter? borg dir einen, schreibt den Text von der Tafel ab, du kannst sie von dort aus nicht sehen? Joey, würdest du bitte mit Brian Platz tauschen? komm schon, Joey, sei kein, nein, Joey, ich sage nicht, daß du ein Idiot bist, ich habe dich nur gebeten, mit Brian Platz zu tauschen, der eine Brille braucht, du brauchst keine Brille, Brian? tja, warum ausgerechnet du, frag nicht, Joey, räum einfach deinen Platz, ja? Freddie, leg das Sandwich weg, das ist kein Speisesaal hier, es ist mir egal, ob du Hunger hast, nein, du kannst nicht auf die Toilette gehen und das Sandwich dort essen, es ist nicht gestattet, auf der Toilette Sandwiches zu essen, was ist, Maria? dir ist schlecht, du mußt zur Schulschwester? okay, hier hast du den Paß, Diane, würdest du bitte Maria zur Schulschwester bringen und mir sagen, was die Schwester gesagt hat, ja, ja, ich weiß, daß die dir nicht sagen, was ihr fehlt, ich will nur wissen, ob sie noch mal zurückkommt heute, was ist denn, Albert, ist dir auch schlecht? nein, dir ist nicht schlecht, Albert, du bleibst schön da sitzen und machst deine Arbeit, du mußt zur Schulschwester, Albert? ist dir wirklich schlecht? du hast Durchfall? na schön, hier, hier ist der Paß für das Jungenklo, aber bleib nicht die ganze Stunde weg, die übrigen schreiben den Text von der Tafel ab, ihr müßt eine Klausur schreiben, das wißt ihr doch, oder? es gibt eine Klausur, was ist, Sebastian, du hast keine Tinte mehr? warum sagst du das nicht gleich? ja, sicher, du sagst es jetzt, aber du hättest es schon vor zehn Minuten sagen können, ach, du wolltest nicht stören wegen der vielen Kranken? das ist nett von dir, Sebastian, kann jemand Sebastian einen Füller borgen? was soll das, Joey? Sebastian ist ein was? ein was? du solltest solche Ausdrücke nicht gebrauchen, Joey, Sebastian, setz dich hin, keine Tätlichkeiten im Klassenzimmer, was ist denn, Ann? du mußt weg? wohin denn, Ann? ah, du hast deine Tage? du hast recht, Joey, das bräuchte sie nicht an die große Glocke zu hängen, ja, Daniela? du möchtest Ann zur Toilette bringen? warum? ach, sie spricht nicht genug gut, äh, spricht nicht gut genug Englisch, aber was hat das damit zu tun, daß sie ihre? wie war das, Joey? du findest, die Mädchen sollten nicht solche Reden führen, ruhig, Daniela, ganz ruhig, du mußt nicht gleich ausfallend werden, wie war das, Joey?

du bist religiös und findest, die Leute sollten nicht solche Reden führen, okay, ganz ruhig, Daniela, ich weiß, du setzt dich für Ann ein, die auf die Toilette muß, ach, ins Bad, also geh schon, bring sie hin, und alle anderen schreiben den Text an der Tafel ab, aha, du kannst ihn auch nicht lesen? du willst näher ran? okay, komm, da ist ein freier Platz, aber wo hast du dein Heft? aha, im Bus liegengelassen, na schön, du brauchst ein Blatt Papier, hier bitte, du brauchst einen Füller? hier bitte, du mußt auf die Toilette gehen? na schön, dann geh geh geh auf die Toilette, iß ein Sandwich, häng da mit deinen Freunden rum, großer Gott.

Mr. McCoy.

McCourt.

Sie sollten nicht so fluchen. Sie sollten den Namen von unserm Herrn nicht so mißbrauchen.

*

Sie sagen, oh, Mr. McCourt, Sie sollten sich frei nehmen morgen, Paddy's Day. Mann, Sie sind doch Ire. Sie sollten bei dem Umzug mitmachen.

Wenn ich mir frei nähme und den ganzen Tag im Bett bliebe, wäre ihnen das genauso recht. Aushilfen für abwesende Lehrer kümmern sich kaum um die Anwesenheitsliste, und die Schüler schwänzen einfach. Ach, kommen Sie, Mr. McCourt, Sie brauchen einen Feiertag mit Ihren irischen Freunden. Ich meine, wenn Sie daheim in Irland wären, würden Sie doch auch nicht in die Schule kommen, oder?

Allgemeines Stöhnen, als ich an dem Tag doch erscheine. Ach, Scheiße, Mann, Entschuldigung, Sie sind mir ein schöner Ire. He, Herr Lehrer, vielleicht gehen Sie heute abend mit all den Iren aus, und vielleicht kommen Sie dann morgen nicht?

Ich werde auch morgen hiersein.

Sie bringen mir lauter grüne Sachen, eine eingesprühte Kartoffel, einen grünen Bagel, eine Flasche Heineken, weil sie grün ist, einen Kohlkopf mit Löchern für Augen, Nase, Mund, mit einer grünen Zipfelmütze, die sie im Kunstraum gebastelt haben. Der Kohl heißt Kevin und hat eine Freundin, eine Aubergine namens Maureen. Eine zwei mal zwei Fuß große Glückwunschkarte ist dabei, sie wünschen mir einen frohen St. Paddy's Day mit einer Collage aus grünen Papierschnitzeln, Kleeblättern, Eichenholzknütteln, Whiskeyflaschen, einer Zeichnung von grünem Corned beef, St. Patrick, der anstelle eines Krummstabes ein Glas grünes Bier in der Hand hält und sagt, Faith an' Begorrah, ein großer Tag für die Iren, und einer Zeichnung von mir mit einem Luftballon, auf dem steht, küß mich, ich bin Ire. Die Karte ist von Dutzenden von Schülern aus meinen fünf Klassen unterschrieben und mit glücklichen Gesichtern in Form von Kleeblättern verziert.

In den Klassen geht es hoch her. Hey, Mr. McCourt, wieso tragen Sie nichts Grünes? Weil er nicht muß, Blödmann, er ist Ire. Mr. McCourt, warum gehen Sie nicht zu dem Umzug? Weil er gerade erst hier angefangen hat. Mann Gottes, er ist doch erst eine Woche da.

Mr. Sorola öffnet die Tür. Alles in Ordnung, Mr. McCourt?

Ja, doch.

Er tritt an mein Pult, schaut sich die Karte an, lächelt. Die mögen Sie richtig, was? Wie lange sind Sie hier? Eine Woche?

Fast.

Nun ja, das ist ja sehr hübsch, aber vielleicht versuchen Sie doch noch, ein bißchen zu arbeiten. Er geht zur Tür, gefolgt von einem Sprechchor, frohen Paddy's Day, Mr. Sorola, aber er geht hinaus, ohne sich umzudrehen. Als jemand in einer hinteren Reihe sagt, Mr. Sorola ist ein blöder Itaker, kommt es zu einem Handgemenge, das erst aufhört, als ich ihnen androhe, sie eine Klausur über den Stoff von Du und deine Welt schreiben zu lassen. Dann sagt jemand, Sorola ist gar kein Italiener nicht, er ist Finne.

Finne? Was ist denn das?

Aus Finnland, Blödmann, da wo's immer dunkel ist.

Der sieht gar nicht aus wie ein Finne.

Aha, und wie sieht ein Finne aus, du Klugscheißer?

Weiß ich nicht, aber so nicht. Er könnte ein Sizilianer sein.

Der ist kein Sizilianer nicht. Der ist ein Finne, darauf wette ich einen Dollar. Wer wettet dagegen?

Keiner nimmt die Herausforderung an, und ich sage, also gut, schlagt eure Hefte auf.

Sie sind pikiert. Unsere Hefte aufschlagen? Heute ist Paddy's Day, und Sie sagen uns, wir sollen unsere Hefte aufschlagen, wo wir Ihnen die Karte geschenkt haben und alles?

Ich weiß. Danke für die Karte, aber heute ist ein normaler Schultag, die Prüfungen stehen vor der Tür, und wir müssen mit Du und deine Welt weiterkommen.

Ein Ächzen läuft durch den Raum, und das Grün ist aus dem Tag verschwunden. Ach, Mr. McCourt, wenn Sie wüßten, wie wir dieses Buch hassen.

Ach, Mr. McCourt, können Sie uns nicht was über Irland erzählen oder so?

Mr. McCourt, erzählen Sie uns von Ihrer Freundin. Sie haben bestimmt eine nette Freundin. Sie sind richtig süß. Meine Mutter ist geschieden. Sie möchte Sie kennenlernen.

Mr. McCourt, ich hab eine Schwester in Ihrem Alter. Sie hat eine tolle Stelle bei einer Bank. Sie mag diese alte Musik. Bing Crosby und so.

Mr. McCourt, im Fernsehen hab ich diesen irischen Film gesehen, Sieger, da verdrischt John Wayne seine Frau, wie heißt sie noch, ist das in Irland so üblich, daß man seine Frau verdrischt?

Die würden alles tun, um sich Du und deine Welt zu ersparen. Mr. McCourt, haben Sie Schweine in der Küche gehalten?

Wir hatten keine Küche.

Na gut, aber wenn Sie keine Küche hatten, wie haben Sie dann gekocht?

Wir hatten eine Feuerstelle, wo wir Wasser für Tee heiß gemacht haben, und wir haben Brot gegessen.

Sie können nicht glauben, daß wir keinen elektrischen Strom hatten, und wollen wissen, wie wir dann unsere Lebensmittel gekühlt hätten. Der, der nach den Schweinen in der Küche gefragt hat, sagt, einen Kühlschrank hat doch jeder, bis ein anderer sagt, das stimmt nicht, seine Mutter ist in Sizilien aufgewachsen und hatte keinen Kühlschrank, und wenn der mit den Schweinen in der Küche ihm nicht glaubt, dann müßten sie sich nach der Schule in einer dunklen Gasse treffen, und nur einer von beiden würde wieder rauskommen. Ein paar Mädchen sagen, sie sollen es gut sein lassen, und ein Mädchen meint, es tue ihr so leid, daß ich in solchen Verhältnissen aufwachsen mußte, und wenn sie die Zeit zurückdrehen könnte, würde sie mich nach Hause mitnehmen, und ich dürfte ein Bad nehmen, so lange ich will, und dann dürfte ich den ganzen Kühlschrank leer essen, alles aufessen, was drin ist. Die Mädchen nicken, und die Jungen schweigen, und ich bin froh, daß es läutet, so daß ich mit meinen komischen Gefühlen auf die Lehrertoilette fliehen kann.

Allmählich durchschaue ich die raffinierten Verzögerungstaktiken der Schüler, wie sie jede Gelegenheit nutzen, der Tagesarbeit aus dem Weg zu gehen. Sie schmeicheln und heucheln, legen die Hand aufs Herz und erklären, sie seien absolut scharf drauf, alles über Irland und die Iren zu erfahren, sie hätten mich schon vor Tagen darum gebeten, wollten aber den St. Patrick's Day abwarten, weil sie wußten, ich würde meine Tradition und meine Religion und alles feiern und ihnen von der irischen Musik erzählen, und ist das wahr, daß Irland das ganze Jahr über grün ist und die Mädchen so süße Himmelfahrtsnäschen haben und die Männer immer nur trinken trinken trinken, ist das wahr, Mr. McCourt?

Überall im Klassenzimmer sind leise Drohungen und Versprechungen zu hören. Ich seil mich nachher ab. Ich fahr zu dem Umzug in die Stadt. Die ganzen Katholenschulen haben heute schulfrei. Ich bin auch katholisch. Warum soll ich nicht auch schulfrei haben? Scheiß drauf. Wenn diese Stunde um ist, seht ihr meinen Arsch auf der Fähre. Kommst du mit, Joey?

Nö. Meine Mutter bringt mich um. Ich bin kein Ire.

Na und? Ich doch auch nicht.

Die Iren wollen nur Iren in ihrem Umzug.

Quatsch, die haben sogar Neger dabei, und wenn sie sogar Neger haben, warum soll ich dann hier rumsitzen, ich bin ein italienischer Katholik.

Die wollen das nicht.

Mir egal. Die Iren wären gar nicht hier, wenn Kolumbus nicht Amerika entdeckt hätte, und der war Italiener.

Mein Onkel hat gesagt, er war Jude.

Ach, leck mich doch, Joey.

Unruhe kommt auf, und man hört anfeuernde Rufe, gib's ihm, gib's ihm, hau ihm eine rein, Joey, schlag zu, denn eine Rauferei ist auch eine Möglichkeit, Zeit zu vertrödeln und den Lehrer vom Unterrichten abzuhalten.

Es wird Zeit, daß der Lehrer eingreift. Schluß jetzt, Schluß jetzt, schlagt eure Hefte auf, und es ertönt Wehklagen, Hefte, Hefte, Mr. McCourt, warum tun Sie uns das an? Wir wollen kein Du und deine Welt am Paddy's Day. Die Mutter meiner Mutter war Irin, da wär doch ein bißchen Rücksicht angebracht. Warum erzählen Sie uns denn nicht von der Schule in Irland, warum nicht?

Na schön.

Ich bin ein neuer Lehrer, ich habe die erste Schlacht verloren, und an allem ist bloß St. Patrick schuld. Für den Rest des Tages erzähle ich in dieser und allen meinen anderen Klassen von der Schule in Irland, von den Paukern mit ihren Stöcken, Riemen, Rohrstöcken, daß wir alles auswendig lernen und aufsagen mußten, daß die Pauker uns umgebracht hätten, wenn wir jemals in ihren Klassenzimmern eine Prügelei angefangen hätten, daß wir keine Fragen stellen und nicht diskutieren durften, daß wir mit vierzehn von der Schule abgegangen und Botenjungen oder arbeitslos geworden sind.

Ich erzähle ihnen von Irland, weil mir nichts anderes übrigbleibt. Meine Schüler haben das Kommando übernommen, und ich kann nichts dagegen tun. Ich könnte ihnen mit Du und deine Welt und mit Silas Marner drohen und mir einreden, daß ich alles im Griff habe, daß ich Unterricht halte, aber dann würde bloß einer nach dem anderen einen Paß für die Toilette, die Schulschwester, den Vertrauenslehrer verlangen, und kann ich bitte freihaben, um meine Tante zu besuchen, die wohnt in Manhattan und stirbt an Krebs? Wenn ich heute darauf bestünde, den Lehrplan einzuhalten, würde ich Selbstgespräche führen, und mein Instinkt sagt mir, daß eine Gruppe erfahrener Schüler in einem amerikanischen Klassenzimmer einen unerfahrenen Lehrer jederzeit kleinkriegt.

Und die High School, Mr. McCourt?

Hab ich nicht besucht.

Das merkt man, sagt Sebastian, und ich denke mir, warte nur, dich krieg ich noch, du kleine Ratte.

Die anderen sagen, halt die Klappe, Sebastian.

Mr. McCourt, hatten die keine High Schools nicht in Irland?

Sie hatten Dutzende von High Schools, aber Kinder von meiner Schule waren da nicht gern gesehen.

Mann, würde ich gern in einem Land leben, wo man nicht auf die High School gehen muß.

*

In der Lehrerkantine gibt es zwei weltanschauliche Richtungen. Die alten Hasen sagen einem, Sie sind noch jung, Sie sind neu hier, aber lassen Sie sich von diesen Halbstarken nicht auf der Nase rumtanzen. Zeigen Sie ihnen, wer der Boss im Klassenzimmer ist, und denken Sie daran, Sie sind der Boss. Kontrolle ist das Zauberwort beim Unterrichten. Keine Kontrolle, kein Unterricht. Sie haben die Befugnis, sie bestehen oder durchfallen zu lassen, und die wissen verdammt gut, wenn sie durchfallen, ist in der Gesellschaft kein Platz für sie. Dann müssen sie Straßen kehren und Teller waschen, und sie haben es sich selbst zuzuschreiben, die kleinen Scheißer. Lassen Sie sich nicht auf der Nase rumtanzen. Sie sind der Boss, der Mann mit dem Rotstift.

Die meisten alten Hasen sind Überlebende des Zweiten Weltkriegs. Sie reden nicht davon, außer andeutungsweise von Monte Cassino, der Ardennenoffensive, japanischen Kriegsgefangenenlagern oder davon, wie man mit einem Panzer in eine deutsche Stadt gefahren ist und nach der Familie seiner Mutter gesucht hat. Wenn man das alles mitgemacht hat, läßt man sich von diesen Kindern nicht mehr auf der Nase rumtanzen. Man hat gekämpft, damit die jeden Tag in der Schule auf ihren Ärschen sitzen und die Schulspeisung bekommen, über die sie sich ständig beklagen, und das ist mehr, als die eigenen Eltern je hatten.

Jüngere Lehrer sind sich da nicht so sicher. Sie haben an der Uni Pädagogische Psychologie und Erziehungsphilosophie gehört, sie haben John Dewey gelesen, und sie sagen mir, diese Kinder sind auch Menschen, und wir müssen ihre legitimen Bedürfnisse erfüllen.

Ich weiß nicht, was ein legitimes Bedürfnis ist, und frage auch nicht, aus Angst, meine Unwissenheit zu verraten. Die jüngeren Lehrer schütteln über die älteren den Kopf. Sie sagen, der Krieg ist aus, diese Kinder sind nicht der Feind. Es sind unsere Kinder, verdammt noch mal.

Ein älterer Lehrer sagt, legitime Bedürfnisse, meine Fresse. Springen Sie mal aus einem Flugzeug auf einen Acker voller Krauts, dann wissen Sie, was ein legitimes Bedürfnis ist. Und dieser John Dewey, der kann mich auch mal. Genau wie all die anderen gottverdammten Professoren, die über den Unterricht an der High School salbadern und ein High-School-Kind nicht mal erkennen würden, wenn es auf sie zukommt und ihnen ans Bein pinkelt.

Stanley Garber sagt, das stimmt. Jeden Tag legen wir unsere Rüstung an und ziehen in die Schlacht. Alle lachen, weil Stanley den einfachsten Job an der Schule hat, er gibt Sprecherziehung, kein Papierkrieg, keine Bücher, was weiß der schon vom In-die-Schlacht-Ziehen? Er sitzt an seinem Pult, fragt seine kleinen Klassen, worüber sie heute reden möchten, und braucht nur ihre Aussprache zu verbessern. Er sagt mir, eigentlich ist ihnen schon nicht mehr zu helfen, wenn sie auf die High School kommen. Das hier ist nicht My Fair Lady, und er ist kein Professor Higgins. An Tagen, wo er nicht in Stimmung ist oder die Schüler nicht reden wollen, schickt er sie zum Teufel, geht in die Kantine und diskutiert über den beklagenswerten Zustand des amerikanischen Bildungswesens.

Mr. Sorola lächelt Stanley durch seinen Zigarettenrauch hindurch an. Na, Mr. Garber, wie fühlt man sich, wenn man im Ruhestand ist?

Stanley lächelt zurück. Das müßten Sie eigentlich am besten wissen, Mr. Sorola. Sie sind doch schon seit Jahren im Ruhestand.

Wir würden alle gern lachen, aber bei Vorgesetzten weiß man nie.

*

Als ich meinen Schülern sage, sie sollen ihre Bücher in den Unterricht mitbringen, behaupten sie, Miss Mudd hat uns nie keine Bücher nicht gegeben. Die Klassen, die Wirtschafts- und Rechtslehre haben, sagen, wir wissen nichts von Du und deine Welt, und die Englischklassen sagen, sie hätten Die Wegbereiter oder Silas Marner noch nie gesehen. Der Studienleiter sagt, natürlich haben die Bücher, sie mußten ja Empfangsbestätigungen unterschreiben, als sie sie bekommen haben. Schauen Sie mal in Miss Mudds Pult nach, Entschuldigung, in Ihrem Pult, da werden Sie sie finden.

Es sind keine Empfangsbestätigungen in dem Pult, nur Reiseprospekte, Kreuzworträtselhefte, ein Sortiment von Formularen, Anweisungen, Briefe, die Miss Mudd geschrieben und nie abgeschickt hat, ein paar Briefe an sie von ehemaligen Schülern, eine Bach-Biographie auf deutsch, eine Balzac-Biographie auf französisch, und alle meine Schüler schauen mich unschuldig an, als ich frage, hat Miss Mudd keine Bücher ausgegeben und habt ihr keine Empfangsbestätigungen unterschrieben? Sie schauen einander an und schütteln die Köpfe. Hast du ein Buch bekommen? Ich kann mich nicht erinnern. Miss Mudd hat überhaupt nie nix getan.

Ich weiß, daß sie lügen, weil es in jeder Klasse zwei oder drei gibt, die doch Bücher haben, und ich weiß, daß sie die Bücher auf dem normalen Weg bekommen haben. Der Lehrer gibt sie aus. Der Lehrer bekommt die Empfangsbestätigungen. Ich will die Schüler, die Bücher haben, nicht in Verlegenheit bringen, indem ich sie frage, wo sie sie herhaben. Ich kann sie nicht auffordern, ihre Klassenkameraden als Lügner bloßzustellen.

Der Studienleiter hält mich auf dem Gang an. Na, was ist nun mit den Büchern? Als ich ihm sage, daß ich die Schüler, die Bücher haben, nicht in Verlegenheit bringen kann, sagt er, Blödsinn, und in meiner nächsten Stunde platzt er einfach herein. Also gut, alle, die Bücher haben, heben die Hand.

Eine Hand geht hoch.

Also gut, woher hast du das Buch?

Äh, das hab ich, äh, von Miss Mudd.

Und du hast eine Empfangsbestätigung unterschrieben?

Äh, ja.

Wie heißt du?

Julio.

Und als du dieses Buch bekommen hast, hat da der Rest der Klasse auch Bücher bekommen?

Mir klopft das Herz bis zum Hals, und ich bin wütend, denn auch wenn ich ein neuer Lehrer bin, ist das immer noch meine Klasse, und keiner sollte hier einfach so reinplatzen und einen meiner Schüler in Verlegenheit bringen, und ich muß um Himmels willen irgendwas sagen. Ich muß mich zwischen diesen Jungen und den Studienleiter stellen.

Ich sage dem Studienleiter, ich hätte Julio schon danach gefragt. Er habe in der Stunde gefehlt und das Buch nach dem Unterricht von Miss Mudd bekommen.

Ach ja? Stimmt das, Julio?

Ja.

Und ihr anderen alle? Wann habt ihr eure Bücher bekommen?

Schweigen. Sie wissen, daß ich gelogen habe, und Julio weiß, daß ich gelogen habe, und der Studienleiter hat bestimmt den Verdacht, daß ich gelogen habe, aber er weiß nicht, was er machen soll. Er sagt, der Sache gehen wir auf den Grund, und geht hinaus.

Die Sache spricht sich von Klasse zu Klasse herum, und am nächsten Tag liegt auf jedem Pult ein Buch, Du und deine Welt oder Silas Marner, und als der Studienleiter mit Mr. Sorola wiederkommt, bleibt ihm die Spucke weg. Mr. Sorola zeigt sein feines Lächeln. Wir sind also wieder im Geschäft, Mr. McCourt, hm?

An diesem einen Tag, an dem die Schüler und ihr Lehrer gemeinsam Front gegen den Feind machen, gegen den Studienleiter, gegen den Direktor, liegt auf jedem Pult ein Buch, aber kaum sind die Eindringlinge wieder weg, ist es aus mit den Flitterwochen, und es erhebt sich lautstarkes Gezeter über diese Bücher, wie langweilig sie sind, wie schwer, und warum sie die jeden Tag in die Schule mitbringen sollen. Die Englischschüler sagen, gut, der Silas Marner ist ja ein dünnes Buch, aber wenn sie Die Wegbereiter mitbringen sollen, brauchen sie ein ausgiebiges Frühstück, weil der Schmöker so dick ist und langweilig noch dazu. Müssen wir es jeden Tag mitbringen? Können wir es nicht in unserem Schließfach lassen?

Wenn ihr es hierlaßt, wie wollt ihr es dann lesen?

Warum können wir's denn nicht in der Klasse lesen? Alle anderen Lehrer sagen, okay, Henry, du liest Seite neunzehn, okay, Nancy, du liest Seite zwanzig, und so wird das ganze Buch durchgelesen, und wenn die anderen lesen, können wir den Kopf senken und ein Nickerchen machen. Ha, ha, ha, war nur Spaß, Mr. McCourt.

38

In Manhattan betreibt mein Bruder Malachy mit zwei Partnern eine Bar. Er spielt Theater bei den Irish Players, tritt im Radio und im Fernsehen auf und steht öfter in der Zeitung. Das trägt mir Ruhm an der McKee-Berufs- und Technikerschule ein. Jetzt kennen meine Studenten meinen Namen und sagen nicht mehr Mr. McCoy zu mir.

Hey, Mr. McCourt, ich hab Ihren Bruder im Fernsehen gesehen. Ein irrer Typ.

Mr. McCourt, meine Mutter hat Ihren Bruder im Fernsehen gesehen.

Mr. McCourt, wieso kommen Sie nicht im Fernsehen? Wieso sind Sie bloß Lehrer?

Mr. McCourt, Sie haben doch auch einen irischen Akzent. Warum sind Sie nicht so witzig wie Ihr Bruder?

Mr. McCourt, Sie könnten auch ins Fernsehen. Sie könnten in einem Liebesfilm mit Miss Mudd auftreten, da könnten Sie ihr auf einem Schiff die Hand halten und die Runzeln küssen.

Lehrer, die sich in die Stadt wagen, nach Manhattan, erzählen mir, daß sie Malachy auf der Bühne gesehen haben.

Sehr komisch, Ihr Bruder. Wir haben hinterher kurz mit ihm gesprochen und ihm gesagt, daß wir an derselben Schule unterrichten wie Sie, und er war sehr nett, aber der trinkt vielleicht was weg, Mannomann.

*

Mein Bruder Michael ist mit der Air Force fertig und steht mit Malachy hinter der Bar. Wenn Gäste ihnen unbedingt einen Drink spendieren wollen, können sie nicht gut nein sagen. Da heißt es prost, ex, sláinte und skål. Und auch wenn die Bar schließt, brauchen sie noch nicht nach Hause zu gehen. Es gibt Lokale, die länger aufhaben, und dort können sie weitertrinken und Geschichten austauschen mit Polizeiinspektoren und Dämchen aus den feinsten Bordellen der Upper East Side. Zum Frühstück können sie ins Rubin's an der Central Park South, wo so viele Berühmtheiten verkehren, daß man sich schier den Hals verrenkt.

Malachy war berühmt für sein Kommt rein, Mädels, zum Teufel mit den alten Fürzen an der Third Avenue. Den alten Barbesitzern war eine Frau ohne Begleitung grundsätzlich suspekt. Die konnte nichts Gutes im Schild führen und durfte deshalb nicht an den Tresen. Setz sie in die dunkelste Ecke und gib ihr nicht mehr als zwei Drinks, und sobald auch nur etwas Ähnliches wie ein Mann in ihre Nähe kommt, fliegt sie hochkant raus, basta.

Als Malachy seine Bar eröffnet hatte, sprach es sich herum, daß bei ihm tatsächlich Mädchen aus dem Barbizon, dem Haus für junge Frauen, auf den Barhockern saßen, und bald liefen die Männer in Scharen von P. J. Clarke's, Toots Shor's und El Marocco zu Malachy über, gefolgt von einem Troß von Klatschkolumnisten, die darauf aus waren, über Prominentensichtungen und Malachys jüngste Eskapaden zu berichten. Da gab es Playboys mit ihren Damen, Pioniere des Jet-Sets, und Alleinerbinnen, deren Reichtum so alt war, daß seine Wurzeln bis in die dunklen Tiefen südafrikanischer Diamantminen hinabreichten. Malachy und Michael wurden zu Partys in Wohnungen in Manhattan eingeladen, die so riesig waren, daß noch Tage danach Gäste aus vergessenen Räumen gestolpert kamen. Es gab Nacktbadepartys in den Hamptons und Partys in Connecticut, wo reiche Männer reiche Frauen ritten, die ihrerseits Vollblutpferde ritten.

Präsident Eisenhower unterbricht ab und zu sein Golfspiel, um das eine oder andere Gesetz zu unterzeichnen und uns vor dem industriell-militärischen Block zu warnen, und Richard Nixon liegt auf der Lauer, während Malachy und Michael Drinks mixen und dafür sorgen, daß alle lachen und mehr Drinks verlangen, noch mehr Drinks, Malachy, noch mehr Geschichten, Michael, ihr beiden seid eine Wucht.

Unterdessen trinkt meine Mutter Angela McCourt Tee in ihrer gemütlichen Küche in Limerick, hört von ihren Besuchern Geschichten über das schöne Leben in New York, sieht Zeitungsausschnitte über Malachy in der Jack Paar Show und hat sonst nichts zu tun, als ihren Tee zu trinken, das Haus und sich selbst in Ordnung und hübsch warm zu halten und sich um Alphie zu kümmern, der jetzt aus der Schule ist und eine Arbeit sucht, ganz gleich welche, und wäre es nicht wunderbar, wenn sie und Alphie einen kleinen Ausflug nach New York machen könnten, weil sie seit Ewigkeiten nicht mehr da war und ihre Söhne Frank, Michael und Malachy dort sind und es ihnen doch allen so gut geht.

*

Meine Kaltwasserwohnung in der Downing Street ist ungemütlich, und ich kann nichts dagegen tun, wegen meines mageren Lehrergehalts und der paar Dollar, die ich meiner Mutter schicke, bis mein Bruder Alphie eine Arbeit hat. Als ich eingezogen bin, habe ich bei dem kleinen buckligen Italiener in der Bleecker Street Petroleum für meinen gußeisernen Ofen gekauft. Er sagte, Sie brauke nura eine biske ina di Ofe, aber ich muß zuviel hineingetan haben, denn der Ofen verwandelte sich in meiner Küche in ein großes rotes Tier, und da ich nicht wußte, wie ich ihn kleiner oder ganz abstellen konnte, floh ich aus der Wohnung und ging in die White Horse Tavern, wo ich den ganzen Nachmittag saß und dem Krachen der Explosion und dem Heulen und Hupen der Feuerwehrautos entgegenbibberte. Wenn es soweit war, mußte ich mich entscheiden, soll ich zu der rauchenden Ruine von 46 Downing Street zurückkehren, wo man gerade die verkohlten Leichen heraustragen würde, und mich den Brandinspektoren und der Polizei stellen oder Alberta in Brooklyn anrufen, ihr sagen, daß das Haus, in dem ich wohne, in Schutt und Asche liegt und all mein Hab und Gut verbrannt ist, und sie fragen, ob sie sich dazu durchringen kann, mich ein paar Tage bei sich aufzunehmen, bis ich eine neue Kaltwasserwohnung gefunden habe.

Es gab keine Explosion, kein Feuer, und ich war so erleichtert, daß ich mir ein Bad gönnen wollte, ein Stündchen in der

Wanne, ein bißchen Frieden, Bequemlichkeit und Komfort, wie meine Mutter gesagt hätte.

Es ist gar nicht schlecht, sich in einer Kaltwasserwohnung in der Badewanne zu aalen, nur der Kopf ist ein Problem. Die Wohnung ist so kalt, daß der Kopf, wenn man lange genug in der Wanne bleibt, allmählich zu Eis erstarrt, und man weiß nicht, was man mit ihm machen soll. Taucht man samt Kopf unter, leidet man, wenn man wieder auftaucht, weil das Wasser auf dem Kopf gefriert und man vom Kinn aufwärts zittert und niest.

Außerdem kann man in einer Kaltwasserwohnung nicht gemütlich in der Badewanne lesen. Der im warmen Wasser liegende Körper wird zwar rosa und schrumplig, aber die Hände, die das Buch halten, laufen violett an. Wenn es ein schmales Bändchen ist, kann man zwar mit der Hand abwechseln, also das Buch mit der einen halten und die andere ins warme Wasser tauchen. Das könnte die Lösung für das Leseproblem sein, nur daß die Hand, die aus dem Wasser kommt, naß ist und das Buch aufzuweichen droht, und man kann ja nicht alle fünf Minuten nach dem Handtuch greifen, denn das Handtuch soll nach dem Bad warm und trocken sein.

Ich dachte, das Kopfproblem wäre dadurch zu lösen, daß ich eine wollene Skimütze aufsetze, und das Handproblem mit einem Paar billiger Handschuhe, aber dann kamen mir Bedenken, denn wenn ich etwa an einem Herzanfall sterben sollte, würden sich die Leute von der Ambulanz fragen, was ich mit Skimütze und Handschuhen in der Badewanne gemacht habe, und natürlich würden sie das der Daily News stecken, und ich würde zum Gespött der McKee-Berufs- und Technikerschule und der Stammgäste diverser Bars werden.

Ich kaufte mir die Mütze und die Handschuhe trotzdem, und am Tag der ausgebliebenen Explosion ließ ich heißes Wasser in die Badewanne laufen. Ich beschloß, mir etwas Gutes zu tun, auf das Lesen zu verzichten und möglichst oft unterzutauchen, um meinen Kopf vor der Vereisung zu bewahren. Ich stellte im Radio die passende Musik für einen Mann ein, der gerade einen nervenzerfetzenden Nachmittag mit einem gefährlichen Ofen überlebt hat, stöpselte meine elektrische Heizdecke ein und hängte sie über einen Stuhl neben der Wanne, denn wenn ich aus dem Wasser stieg, wollte ich mich rasch mit dem rosa Handtuch abtrocknen, das Alberta mir geschenkt hatte, mich in die Heizdecke einwickeln, Mütze und Handschuhe anziehen, mich gemütlich aufs Bett legen, zusehen, wie die Schneeflocken vor meinem Fenster tanzen, Gott danken, daß der Ofen sich von allein abgekühlt hat, und mich mit Anna Karenina in den Schlaf lesen.

Der Mieter unter mir ist Bradford Rush, und er ist in die Wohnung eingezogen, nachdem ich ihm in der Mitternachtsschicht bei der Manufacturer's Trust Company gesagt hatte, daß sie leersteht. Wenn ihn in der Bank jemand Brad nannte, schnauzte er immer Bradford, Bradford, ich heiße Bradford, und war so giftig, daß keiner mehr mit ihm reden wollte, und wenn wir zum Frühstück gingen oder zum Mittagessen oder wie immer wir es um drei Uhr früh nannten, wurde er nie gefragt, ob er mitgehen wollte. Einmal lud ihn dann eine Frau, die gekündigt hatte, weil sie heiraten wollte, ein, mit uns einen trinken zu gehen, und nach drei Drinks erzählte er uns, er sei aus Colorado, habe sein Examen in Yale gemacht und lebe jetzt in New York, um über den Selbstmord seiner Mutter hinwegzukommen, die Knochenkrebs gehabt und sechs Monate lang nur geschrien habe. Die Frau, die gekündigt hatte, um zu heiraten, brach bei dieser Geschichte in Tränen aus, und wir verstanden nicht, warum zum Teufel Bradford eine solche Wolke über unsere kleine Gesellschaft hängen mußte. Das fragte ich ihn dann noch in derselben Nacht auf der Fahrt zur Downing Street, aber statt zu antworten, lächelte er nur schwach, und ich hielt es für möglich, daß er nicht ganz richtig im Kopf war. Ich verstand auch nicht, warum er Bürohilfsarbeiten in einer Bank machte, wo er doch an einer Elite-Universität studiert hatte und an der Wall Street unter seinesgleichen hätte sein können.

Später fragte ich mich oft, warum er nicht einfach nein sagte, als bei mir die Krise ausbrach, an jenem bitterkalten Februartag, als mir der Strom gesperrt wurde, weil ich die Rechnung nicht bezahlt hatte. Ich kam nach Hause, wollte mir den Frieden, die Bequemlichkeit und den Komfort eines warmen Wannenbads in der Küche gönnen, hängte die Heizdecke über den Stuhl und schaltete das Radio ein. Es kam kein Ton heraus. Es kam keine Wärme aus der Heizdecke und kein Licht aus der Lampe.

Das Wasser lief dampfend in die Wanne, und ich war nackt. Jetzt mußte ich Mütze, Handschuhe und Socken anziehen, mich in die kalte Heizdecke wickeln und das E-Werk verfluchen, das mir den Strom abgedreht hatte. Es war noch hell draußen, aber ich wußte, daß ich nicht in diesem Zustand bleiben konnte.

Bradford. Der würde mir sicher einen kleinen Gefallen tun.

Ich klopfte an seine Tür, und er machte auf. Das übliche unfreundliche Gesicht. Ja?

Bradford, ich hab ein kleines Problem bei mir oben.

Wieso hast du dich denn in die Heizdecke gewickelt?

Deswegen will ich ja mit dir reden. Die haben mir den Strom gesperrt, ich hab keine Heizung außer dieser Decke und wollte dich fragen, wenn ich eine lange Verlängerungsschnur aus dem Fenster hänge, könntest du sie dann in deine Wohnung ziehen und einstecken, dann hätte ich wieder Strom, bis ich meine Rechnung bezahlen kann, und das wird sehr bald sein, versprochen.

Ich sah ihm an, daß er nicht wollte, aber er nickte knapp und zog die Verlängerungsschnur zu sich rein, als ich sie runterließ. Ich klopfte dreimal auf den Fußboden, was danke heißen sollte, aber es kam keine Antwort. Wenn ich ihm von da an auf der Treppe begegnete, nickte er kaum noch, und ich wußte, daß er ständig an die Verlängerungsschnur dachte. Der Elektriklehrer an der McKee sagte mir, ein solches Arrangement würde höchstens ein paar Cent pro Tag kosten, und er verstehe nicht, warum da jemand etwas dagegen haben sollte. Er meinte, ich könnte diesem Geizkragen ja ein paar Dollar für die unzumutbaren Unannehmlichkeiten anbieten, die ihm dadurch entstehen, daß er mein Kabel bei sich in die Dose stecken muß, aber solche Menschen seien ohnehin unglücklich, und es gehe gar nicht ums Geld. Es gehe darum, daß sie nicht nein sagen können und dieses Nein sich in ihren Eingeweiden in Säure verwandelt und ihr Leben zerstört.

Ich fand, daß der Elektriklehrer übertrieb, aber dann merkte ich, daß Bradford immer feindseliger wurde. Früher hatte er ein bißchen gelächelt oder genickt und etwas gebrummelt. Jetzt ging er wortlos an mir vorbei, und ich machte mir Sorgen, weil ich das Geld für die Stromrechnungen immer noch nicht hatte und nicht wußte, wie lange unser Arrangement noch halten würde. Aus lauter Nervosität schaltete ich immer das Radio ein, um sicherzugehen, daß ich ein Bad nehmen konnte und die Decke sich aufheizte.

Mein Kabel blieb zwei Monate in Bradfords Steckdose, aber in einer bitterkalten Nacht Ende April kam es zu einem Akt der Heimtücke. Ich schaltete das Radio ein, legte meine elektrische Heizdecke zum Anwärmen auf einen Stuhl und Handtuch, Mütze und Handschuhe auf die Decke, damit sie auch warm wurden, ließ die Wanne vollaufen, seifte mich ein, lehnte mich zurück und hörte die Symphonie fantastique von Hector Berlioz, und mitten im zweiten Satz, als ich mich vor Begeisterung fast mitsamt der Wanne in die Luft erhebe, hört alles auf, das Radio geht aus, das Licht geht aus, und ich weiß, daß die Heizdecke auf dem Stuhl erkalten wird.

Da wußte ich, was er getan hatte, dieser Bradford, er hatte einem Mann in einer Wanne mit warmem Wasser in einer Kaltwasserwohnung den Stecker rausgezogen. So etwas hätte ich ihm oder sonstwem nie und nimmer antun können. Vielleicht jemandem mit Zentralheizung, aber nie dem Mieter einer Kaltwasserwohnung, niemals.

Ich beugte mich über den Wannenrand und klopfte auf den Fußboden, in der Hoffnung, daß es sich nur um einen Irrtum handelte, daß er so anständig sein würde, mich wieder einzustöpseln, aber nein, kein Mucks von ihm, kein Radio, kein Licht. Das Wasser war noch warm, also konnte ich drin liegenbleiben und über die Niedertracht der Menschheit nachgrübeln, darüber, wie ein Yale-Absolvent es fertigbringt, vorsätzlich ein Stromkabel zu packen, es aus der Dose zu reißen und mich in der Wohnung über ihm dem Tod durch Erfrieren preiszugeben. Ein einziger solcher Akt der Heimtücke, und man läßt alle Hoffnung fahren und sinnt auf Rache.

Ich wollte aber keine Rache. Ich wollte elektrischen Strom und mußte einen anderen Weg finden, Bradford zur Vernunft zu bringen. Ich hatte einen Löffel, und ich hatte eine lange Schnur, und wenn ich den Löffel an die Schnur band, konnte ich das Fenster aufmachen und den Löffel runterbaumeln lassen, so daß er an Bradfords Fenster klopfte, und vielleicht begriff er, daß ich da oben am anderen Ende der Schnur war und um die Gabe des elektrischen Stroms klopfte und klopfte. Vielleicht würde er ja den Beleidigten spielen und meinen Löffel ignorieren, aber er hatte mir einmal gesagt, daß ein tropfender Wasserhahn ihn die ganze Nacht wach halten kann, und wenn es sein mußte, würde ich mit meinem Löffel an sein Fenster klopfen, bis er es nicht mehr aushielt. Er konnte natürlich die Treppe heraufkommen, an meine Tür hämmern und mir sagen, ich soll aufhören, aber ich wußte, daß er nie so direkt sein würde, also saß er in der Falle. Er tat mir ja leid, es tat mir leid, daß seine Mutter sechs Monate geschrien hatte wegen ihrem Knochenkrebs, und eines Tages würde ich das alles wiedergutmachen, aber das hier war eine Krise, ich brauchte mein Radio, mein Licht, meine elektrische Heizdecke, sonst mußte ich Alberta um ein Nachtquartier bitten, und wenn sie mich nach dem Grund fragte, konnte ich ihr unmöglich erzählen, daß ich schon seit so vielen Wochen bei Bradford in der Dose steckte, denn dann würde sie sich in einen Zustand rechtschaffener Entrüstung, neuenglische Spielart, hineinsteigern und mir sagen, ich sollte lieber meine Rechnungen bezahlen und nicht in bitterkalten Nächten mit Löffeln an anderer Leute Fenster klopfen, schon gar nicht an die Fenster von Leuten, deren Mütter schreiend an Knochenkrebs gestorben sind. Dann würde ich ihr sagen, daß kein Zusammenhang zwischen meinem Löffel und Bradfords toter Mutter besteht, und das würde zu weiteren Unstimmigkeiten und einem ausgewachsenen Streit führen, und ich würde hinausstürmen müssen, zurück in meine kalte, finstere Wohnung.

Es war Freitag abend, sein freier Abend in der Bank, er konnte mir also nicht dadurch entkommen, daß er zur Arbeit ging. Ich stellte mir vor, daß er mit dem Kabel in der Hand unten stand und überlegte, was er mit dem Löffel an seinem Fenster tun sollte. Er hätte ausgehen können, aber wohin? Wer würde schon mit ihm in einer Bar ein Bier trinken und sich anhören wollen, wie seine sterbende Mutter geschrien hatte? Außerdem hätte er wahrscheinlich allen erzählt, daß der in der Wohnung über ihm ihn mit einem Löffel am Fenster terrorisiert, und dann wäre jeder in der Bar von ihm abgerückt.

Ich klopfte ein paar Stunden lang immer wieder, und auf einmal wurde es hell, und aus dem Radio kam Musik. Die Symphonie fantastique war längst zu Ende, das war ärgerlich, aber ich stellte die Heizdecke auf die höchste Stufe, setzte die Mütze auf, zog die Handschuhe an und legte mich wieder mit Anna Karenina ins Bett, konnte aber nicht lesen, weil es dunkel in meinem Kopf war wegen Bradford und seiner armen Mutter in Colorado. Wenn meine Mutter in Limerick an Knochenkrebs sterben und jemand in der Wohnung über mir mich mit einem Löffel am Fenster terrorisieren würde, dann würde ich hinaufgehen und ihn umbringen. Ich hatte jetzt solche Gewissensbisse, daß ich mir überlegte, ob ich bei Bradford klopfen und ihm sagen soll, tut mir leid wegen dem Löffel und deiner armen Mutter, und du kannst den Stecker rausziehen, aber ich hatte es so warm und gemütlich im Bett, daß ich einschlief.

In der nächsten Woche kam ich gerade dazu, wie er seine Siebensachen in einen Transporter einlud. Ich fragte ihn, ob ich behilflich sein könne, aber er sagte nur, Scheißkerl. Er zog aus, ließ mich aber eingesteckt, und ich hatte noch wochenlang Strom, bis das Kabel durchschmorte, weil ich einen elektrischen Heizlüfter damit angeschlossen hatte, und da mußte ich zur Beneficial Finance Company gehen und ein Darlehen aufnehmen, um meine Stromrechnungen bezahlen zu können, damit ich nicht erfriere.

39

Die alten Hasen in der Lehrerkantine sagen, das Klassenzimmer ist ein Schlachtfeld und die Lehrer sind Krieger, die Licht in die Köpfe dieser verdammten Kinder bringen, die nichts lernen wollen, die nur einfach auf ihrem Arsch sitzen und über Filme und Autos und Sex reden wollen und darüber, was sie am Samstag abend vorhaben. So ist das hierzulande. Wir haben kostenlose Schulbildung, aber keiner will sie haben. Ganz anders als in Europa, wo man noch Respekt vor den Lehrern hat. Die Eltern unserer Schüler kümmern sich um nichts, weil sie selbst nie auf die High School gegangen sind. Sie waren vollauf damit beschäftigt, mit der Depression fertig zu werden und Kriege zu führen, den Zweiten Weltkrieg und den Koreakrieg. Dann sind da diese Bürokraten, denen das Schulehalten noch nie Freude gemacht hat, all diese gottverdammten Direktoren und stellvertretenden Direktoren und Vorsitzenden, die so schnell aus den Klassenzimmern gerannt sind, wie ihre kurzen Beine sie tragen konnten, und ihren Lebenszweck jetzt darin sehen, den Lehrer im Klassenzimmer zu schikanieren.

*

Bob Bogard steht vor der Stechuhr. Ach, Mr. McCourt, haben Sie Lust, auf ein Süppchen mitzukommen?

Ein Süppchen?

Er lächelt schwach, und ich weiß, daß er etwas anderes meint. Ja, Mr. McCourt, ein Süppchen.

Wir gehen ein Stück die Straße runter in die Meurot Bar.

Ein Süppchen, Mr. McCourt. Und wie wär's mit einem Bier?

Wir machen es uns auf unseren Barhockern bequem und trinken ein Bier nach dem anderen. Es ist Freitag, und nach und nach kommen auch noch andere Lehrer, und das Gespräch dreht sich um Kinder Kinder Kinder und die Schule, und mir wird klar, daß es an jeder Schule zwei Welten gibt, die Welt des Klassenlehrers und die Welt des Verwaltungsfachmanns und Inspektors, daß diese beiden

Welten für immer miteinander auf Kriegsfuß stehen und daß immer, wenn etwas schiefgeht, der Lehrer der Sündenbock ist.

Bob Bogard sagt zu mir, machen Sie sich keine Gedanken wegen Du und deine Welt und der Zwischenprüfung. Tun Sie einfach so, als wäre alles in Butter. Teilen Sie die Prüfungsaufgaben aus, schauen Sie zu, wie die Kinder alles hinschreiben, was sie nicht wissen, sammeln Sie die Blätter ein, verwahren Sie sie in einem Schrank, geben Sie den Kindern ausreichende Noten, es ist ja nicht ihre Schuld, daß Miss Mudd sie vernachlässigt hat, die Eltern werden zufrieden sein, und der Studienleiter und der Direktor bleiben mir von der Pelle.

Ich sollte die Meurot Bar verlassen und die Fähre nach Manhattan nehmen, wo ich mit Alberta zum Abendessen verabredet bin, aber man stellt mir ein Bier nach dem anderen hin, und es fällt schwer, zu solcher Großzügigkeit nein zu sagen, und als ich von meinem Barhocker steige und Alberta anrufe, schreit sie mich an, daß ich ein ganz ordinärer irischer Säufer bin und sie zum letztenmal auf mich gewartet hat, sie hat endgültig die Nase voll von mir, und es gibt massenweise Männer, die gern mit ihr ausgehen würden, tschüs.

Kein Bier der Welt vermag mein Elend zu lindern. Ich mühe mich mit fünf Klassen pro Tag ab, ich lebe in einer Wohnung, die in Albertas Augen eine Bruchbude ist, und jetzt laufe ich auch noch Gefahr, sie wegen meiner stundenlangen Trinkerei im Meurot zu verlieren. Ich sage Bob, ich muß gehen, es ist schon fast Mitternacht, wir sitzen seit fast neun Stunden auf den Barhockern, und in meinem Kopf flattern dunkle Wolken. Er sagt, eins noch, und dann essen wir was. Sie können nicht auf die Fähre, ohne was gegessen zu haben. Er sagt, es ist wichtig, daß man ein Essen zu sich nimmt, das allen unangenehmen Gefühlen am Morgen vorbeugt, und das Essen, das er im St. George Diner bestellt, ist Fisch mit Spiegeleiern, Bratkartoffeln, Toast und Kaffee. Er sagt, die Kombination von Fisch und Eiern kann Wunder wirken, wenn man den halben Tag und die ganze Nacht Bier getrunken hat.

Ich bin auf der Fähre, wo der alte italienische Schuhputzer wieder auf der Jagd nach Kunden ist und mir sagt, meine Schuhe sähen schlimmer aus denn je. Es hat keinen Zweck, ihm zu erklären, daß ich mir seine Dienste nicht mal zum halben Preis leisten kann, den er mir bietet, wenn ich mir neue Schuhe bei seinem Bruder in der Delancey Street kaufe.

Nein, ich habe kein Geld für Schuhe. Ich habe kein Geld fürs Schuheputzen.

Ah, professore, professore, ich putze Sie gratis. Sie fühlen besser, wenn Schuhe glänze. Und gehn Sie zu meine Bruder, neue Schuhe kaufe.

Er setzt sich auf seine Kiste, zieht meinen Fuß auf seinen Schoß und schaut zu mir hoch. Ich rieche birra, professore. Lehrer kommte spät eim, eh? Schreckliche Schuhe, schreckliche Schuhe, aber ich putze. Er tupft die Schuhcreme darauf, fährt einmal mit der Bürste darüber, zieht das Poliertuch über die Kappe, tippt mir ans Knie, zum Zeichen, daß er fertig ist, legt seine Sachen in die Kiste zurück und steht auf. Er wartet auf die Frage, aber ich stelle sie nicht, weil er sie sowieso kennt, und was ist mit dem anderen Schuh?

Er zuckt die Achseln. Sie gehe zu meine Bruder, und ich putze andere Schuh.

Wenn ich mir bei Ihrem Bruder neue Schuhe kaufe, brauchen Sie diesen nicht mehr zu putzen.

Er zuckt wieder mit den Achseln. Sie sind der professore. Sie schlau, eh, viele Grips? Sie mache Unterricht und denke nach über Putze und Nichtputze.

Und er watschelt summend davon und ruft schlafenden Passagieren Schuhputz, Schuhputz zu.

Ich bin Lehrer mit einem akademischen Abschluß, und dieser alte Italiener, der kaum Englisch kann, verschaukelt mich und schickt mich an Land mit einem geputzten Schuh und einem, der von Regen, Schnee und Schmutz gezeichnet ist. Würde ich ihn mir schnappen und verlangen, daß er den anderen Schuh auch putzt, würde er womöglich losschreien und die Besatzung zu Hilfe rufen, und wie könnte ich denen erklären, daß er mir einen kostenlosen Schuhputz angeboten, den einen Schuh geputzt und mir dann diesen Streich gespielt hat? Inzwischen bin ich wieder nüchtern genug, um zu wissen, daß man einen alten Italiener nicht zwingen kann, einen dreckigen Schuh zu putzen, und daß es blöd von mir war, ihm überhaupt einen Fuß zu überlassen. Wenn ich mich bei den Besatzungsmitgliedern beschwere, sagt er ihnen womöglich, ich hätte eine Bierfahne, und dann würden sie bloß lachen und weggehen.

Er watschelt die Gänge auf und ab. Ständig sagt er Schuhputz zu den Passagieren, und ich hätte gute Lust, ihn mitsamt seiner Kiste zu packen und über Bord zu schmeißen. Statt dessen sage ich ihm, als ich die Fähre verlasse, ich werde nie Schuhe bei Ihrem Bruder in der Delancey Street kaufen.

Er zuckt die Achseln. Abe gar keine Bruder in Delancey. Schuhputz, Schuhputz.

Als ich dem Schuhputzer sagte, ich hätte kein Geld, habe ich nicht gelogen. Ich habe nicht einmal die fünfzehn Cent für die U-Bahn. Alles, was ich hatte, ist für das Bier draufgegangen, und als wir in den St. George Diner gegangen sind, habe ich Bob Bogard gebeten, meinen Fisch mit Spiegeleiern zu bezahlen, ich würde es ihm nächste Woche zurückgeben, und im übrigen kann es mir nicht schaden, zu Fuß nach Hause zu gehen, den Broadway entlang, vorbei an der Trinity Church und der St. Paul's Church, wo Robert Emmets Bruder Thomas begraben ist, vorbei an der City Hall, die Houston Street hinauf und rüber zu meiner Kaltwasserwohnung in der Downing Street.

Es ist zwei Uhr früh, wenig Leute, ab und zu ein Auto. Die Broad Street, wo ich bei der Manufacturer's Trust Company gearbeitet habe, liegt zu meiner Rechten, und ich frage mich, was aus Andy Peters und Brigid vormals Bridey geworden ist. Im Gehen schaue ich auf die achteinhalb Jahre zurück, seit ich in New York angekommen bin, die Tage im Biltmore Hotel, die Army, die NYU, die

Jobs in den Lagerhäusern, auf den Docks, in Banken. Ich denke an Emer und Tom Clifford und frage mich, was aus Rappaport und den Männern geworden ist, die ich in der Army gekannt habe. Ich hätte mir nie träumen lassen, daß es mir gelingen würde, einen Collegeabschluß zu machen und Lehrer zu werden, und jetzt frage ich mich, ob ich die Berufsschule überleben werde. Die Bürogebäude, an denen ich vorbeikomme, sind dunkel, aber ich weiß, daß darin tagsüber Leute an Schreibtischen sitzen, die Börsenkurse verfolgen und Millionen machen. Sie tragen Anzug und Krawatte, schleppen Aktenkoffer mit sich herum, gehen in der Mittagspause essen und reden über Geld Geld Geld. Sie wohnen in Connecticut mit ihren langbeinigen episkopalischen Ehefrauen, die sich wahrscheinlich früher mal in der Lounge vom Biltmore Hotel geräkelt haben, wo ich ihren Dreck wegmachen mußte, und sie trinken vor dem Abendessen einen Martini. Sie spielen Golf im Country Club und haben Affären, und keinen kümmert's.

Ich könnte das auch machen. Ich könnte mit Stanley Garber zusammensein, um meinen Akzent loszuwerden, obwohl er mir schon gesagt hat, daß ich schön dumm wäre, wenn ich das täte. Er meint, der irische Akzent ist bezaubernd, öffnet Türen, erinnert die Leute an Barry Fitzgerald. Als ich einwende, ich will die Leute gar nicht an Barry Fitzgerald erinnern, sagt er, wär's dir vielleicht lieber, du hättest einen jüdischen Akzent und würdest die Leute an Molly Goldberg erinnern? Ich frage ihn, wer Molly Goldberg ist, und er sagt, wenn du nicht weißt, wer Molly Goldberg ist, ist jedes weitere Wort zwecklos.

Warum kann ich nicht ein lustiges, sorgloses Leben führen wie meine Brüder Malachy und Michael, die in ihrer Bar in Manhattan schönen Frauen Drinks servieren und mit Leuten herumblödeln, die an Elite-Unis waren? Dann würde ich mehr verdienen als die viertausendfünfhundert Dollar im Jahr, die ein regulärer Aushilfslehrer kriegt. Ich würde dicke Trinkgelder einstreichen, könnte essen, soviel ich will, mich nachts mit episkopalischen Erbinnen im Bett tummeln und sie mit Gedichtzeilen und geistreichen Bemerkungen blenden. Ich würde lange schlafen, in einem romantischen Restaurant zu Mittag essen und durch die Straßen von Manhattan spazieren, ich würde keine Formulare ausfüllen und keine Aufsätze korrigieren müssen, die Bücher, die ich lesen würde, wären rein zu meinem Vergnügen, und ich würde mich nie mit mürrischen High-School-Teenagern abgeben müssen.

Aber was würde ich Horace sagen, wenn ich ihn jemals wiedersehen sollte? Würde ich es über mich bringen, ihm zu sagen, daß ich aufs College gegangen und ein paar Wochen lang Lehrer gewesen bin, dann aber, weil es so aufreibend war, Barkeeper wurde, um bessere Leute an der Upper East Side kennenzulernen? Ich weiß, er würde den Kopf schütteln und Gott danken, daß ich nicht sein Sohn bin.

Und ich denke an den Schauermann im Coffee Shop, der sich jahrelang abgerackert hat, damit sein Sohn auf die St. John's University gehen und Lehrer werden konnte. Was würde ich dem sagen?

Wenn ich Alberta sage, daß ich den Lehrerberuf für die aufregende Welt der Bars aufgeben will, wird sie mir bestimmt weglaufen und einen Anwalt oder einen Footballspieler heiraten.

Also werde ich den Lehrerberuf nicht an den Nagel hängen, nicht Horace, dem Schauermann oder Alberta zuliebe, sondern weil ich weiß, wie ich nach einer Nacht, in der ich Drinks serviert und Gäste unterhalten hätte, vor mir selbst dastehen würde. Ich würde mir vorwerfen, daß ich den Weg des geringsten Widerstands gegangen bin, und zwar nur deshalb, weil ich nicht gegen Jungen und Mädchen angekommen bin, die nichts von Du und deine Welt und Die Wegbereiter wissen wollten.

*

Sie wollen nicht lesen, und sie wollen nicht schreiben. Sie sagen, ach, Mr. McCourt, bei den Englischlehrern sollen wir über solchen Kram wie unsere Sommerferien oder unsere Lebensgeschichte schreiben. Das ist doch stinklangweilig. Seit der ersten Klasse müssen wir jedes Jahr unsere Lebensgeschichte aufschreiben, und die Lehrer machen nur einen Haken dran und sagen, sehr nett.

In den Englischstunden bibbern sie schon der Zwischenprüfung mit ihren Multiple-choice-Fragen über Rechtschreibung, Vokabular, Grammatik und Lektüreverständnis entgegen. Als ich die Prüfungsaufgaben in Wirtschafts- und Rechtslehre verteile, wird gemurrt. Es fallen harsche Worte gegen Miss Mudd, ihr Schiff soll an einer Klippe zerschellen, und aus ihr selbst soll Fischfutter werden. Ich sage ihnen, tut euer Bestes, dann lasse ich auch Gnade walten bei den Zeugnisnoten, aber trotzdem schlagen mir Kälte und Ablehnung entgegen, als hätte ich sie verraten, weil ich ihnen diese Prüfung aufzwinge.

Miss Mudd rettet mich. Während meine Schüler die Zwischenprüfung schreiben, erkunde ich die Spinde an der Rückwand des Klassenzimmers und stelle fest, daß sie mit alten Grammatikbüchern, Zeitungen und vielen hundert Seiten unkorrigierter Schüleraufsätze bis zurück ins Jahr 1942 vollgestopft sind. Ich will schon alles in den Müll schmeißen, doch dann fange ich an, die alten Aufsätze zu lesen. Die Jungen damals waren ganz wild darauf, in den Krieg zu ziehen und den Tod ihrer Brüder, Freunde und Nachbarn zu rächen. Einer schreibt, ich werde fünf Japse umbringen für jeden, den sie aus meiner Nachbarschaft umgebracht haben. Ein anderer schrieb, ich will nicht in die Army, wenn sie mir sagen, bring Italiener um, weil ich selbst Italiener bin. Ich könnte ja meine eigenen Vettern umbringen, und ich werde nicht kämpfen, wenn sie mich nicht Deutsche oder Japse umbringen lassen. Am liebsten würde ich Deutsche umbringen, weil ich nicht in den Pazifik will, wo es überall Dschungel gibt mit Moskitos und Schlangen und solchem Viehzeug.

Die Mädchen wollten warten. Wenn Joey heimkommt, heiraten wir und ziehen nach Jersey, damit wir von seiner verrückten Mutter wegkommen.

Ich staple die zerkrümelnden Papierberge auf meinem Pult und fange an, sie meinen Schülern vorzulesen. Sie setzen sich auf. Sie hören bekannte Namen. Hey, das war mein Vater. Er ist in Afrika verwundet worden. Hey, das war mein Onkel Sal, der in Guam gefallen ist.

Es gibt Tränen, während ich die Aufsätze vorlese. Jungen laufen auf die Toilette und kommen mit geröteten Augen zurück, Mädchen weinen ungeniert und trösten sich gegenseitig.

Dutzende von Familien aus Staten Island und Brooklyn kommen in diesen Aufsätzen vor, deren Papier so mürb ist, daß wir fürchten, es wird zerbröseln. Wir wollen sie erhalten, und das geht nur, wenn sie von Hand abgeschrieben werden, es liegen noch Hunderte davon in den Spinden.

Niemand protestiert. Wir retten die unmittelbare Vergangenheit noch existierender Familien. Jeder hat einen Füller, und den ganzen Rest des Schuljahrs hindurch, von April bis Ende Juni, entziffern und kopieren sie. Die Tränen fließen weiter, und es kommt zu jähen Ausbrüchen. Das ist mein Vater, da war er fünfzehn. Das ist meine Tante, die ist gestorben, als sie ein Kind gekriegt hat.

Auf einmal interessieren sie sich für Aufsätze mit dem Titel Mein Leben, und ich möchte ihnen sagen, seht ihr, was ihr über eure Väter und Onkel und Tanten erfahren könnt? Wollt ihr nicht auch über euer Leben schreiben, für die nächste Generation?

Aber ich lasse es bleiben. Ich will keine Unruhe stiften in einem Klassenzimmer, in dem es so still ist, daß Mr. Sorola nachschauen kommt. Er geht auf und ab, sieht sich an, was die Schüler machen, und sagt nichts. Ich glaube, er genießt die Stille.

Im Juni lasse ich alle bestehen, aus lauter Dankbarkeit dafür, daß ich meine ersten Monate als Lehrer an einer Berufsschule überlebt habe, obwohl ich mich frage, was ich ohne die zerkrümelnden Aufsätze getan hätte.

Womöglich hätte ich Unterricht halten müssen.

40

Da ich schon vor langer Zeit meinen Schlüssel verloren habe, ist meine Wohnung immer offen, aber das macht nichts, weil es bei mir ohnehin nichts zu stehlen gibt. Fremde tauchen auf, Walter Anderson, ein alternder Public-Relations-Mann, Gordon Patterson, ein Schauspieler in spe, Bill Galetly, ein Mann auf der Suche nach der Wahrheit. Es sind obdachlose Bargäste, die Malachy in seiner Großherzigkeit zu mir schickt.

Walter fängt an, mich zu beklauen. Adieu, Walter.

Gordon raucht im Bett und verursacht einen Zimmerbrand, aber schlimmer ist, daß seine Freundin sich in Malachys Bar bei mir darüber beklagt, wie unbequem Gordon es bei mir hat und wie feindselig ich zu ihm bin. Auch er muß gehen.

Die Schule ist aus, und ich muß wieder arbeiten, Tag für Tag, auf den Docks und Lagerhausrampen. Jeden Morgen tanze ich an, um für Männer einzuspringen, die in Urlaub sind, die sich krankgemeldet haben, oder auch wenn plötzlich viel Arbeit anfällt, die mit der regulären Belegschaft nicht zu bewältigen ist. Wenn es keine Arbeit gibt, bummle ich durch die Hafengegend und durch Greenwich Village. Ich kann mich auch bis zur Fourth Avenue vorarbeiten, um in einem Buchladen nach dem anderen zu stöbern und von dem Tag zu träumen, an dem ich hierherkommen und mir alle Bücher kaufen werde, die ich haben will. Vorerst kann ich mir nur billige Taschenbücher leisten, aber ich mache mich trotzdem zufrieden auf den Heimweg mit meinem Päckchen, F. Scott Fitzgeralds Diesseits des Paradieses, D. H. Lawrences Söhne und Liebhaber, Ernest Hemingways Fiesta, Hermann Hesses Siddharta, Lesestoff für ein Wochenende. Ich werde mir auf meiner elektrischen Kochplatte eine Dose Bohnen warm machen, Teewasser aufsetzen und in dem Licht aus der Wohnung unter mir lesen. Anfangen werde ich mit Hemingway, weil ich den Film mit Errol Flynn und Tyrone Power gesehen habe, wo sich alle in Paris und Pamplona ein herrliches Leben machen, wo alle trinken, zu Stierkämpfen gehen und sich verlieben, obwohl zwischen Jake Barnes und Brett Ashley eine gewisse Traurigkeit herrscht, wegen seines Mankos. So möchte ich auch leben, unbeschwert durch die Welt zigeunern, obwohl ich andererseits nicht in Jakes Haut stecken möchte.

Ich trage meine Bücher nach Hause, und dort finde ich Bill Galetly vor. Nach Walter und Gordon ist mein Bedarf an Eindringlingen gedeckt, aber Bill läßt sich nicht so leicht vertreiben, und nach einer Weile finde ich mich damit ab, daß er bleibt. Er hat sich bereits eingenistet, als Malachy vorbeikommt und mir erzählt, sein Freund Bill habe der Welt ade gesagt und seine Stelle als Direktor in einer Werbeagentur aufgegeben, sich von seiner Frau scheiden lassen, seine Kleider, Bücher, Platten verkauft und brauche jetzt für kurze Zeit ein Dach über dem Kopf, es mache mir doch sicher nichts aus.

Bill steht nackt auf einer Badezimmerwaage vor einem hohen, an die Wand gelehnten Spiegel. Auf dem Boden flackern zwei Kerzen. Er schaut vom Spiegel zur Waage, wieder zurück und wieder zurück. Er schüttelt den Kopf und wendet sich mir zu. Zuviel, sagt er. Dies allzu feste Fleisch. Er zeigt auf seinen Körper, ein Sortiment von Knochen, gekrönt von einem glatten schwarzen Haarschopf und einem buschigen schwarzen, graumelierten Bart. Seine Augen sind blau, aufgerissen, starr. Du bist Frank, hm? Er steigt von der Waage, dreht sich mit dem Rücken zum Spiegel, betrachtet sich über die Schulter und sagt zu sich selbst, du bist fett und kurz von Atem, Bill.

Er fragt mich, ob ich je Hamlet gelesen habe, und vertraut mir an, daß er ihn dreißigmal gelesen hat.

Und ich habe Finnegans Wake gelesen, soweit man Finnegans Wake überhaupt lesen kann. Ich habe sieben Jahre mit dem verdammten Buch zugebracht, und das ist der Grund, warum ich hier bin. Tja, da schaust du. Lies Hamlet dreißigmal, und du fängst an, Selbstgespräche zu führen. Lies sieben Jahre lang Finnegans Wake, und du würdest am liebsten den Kopf ins Wasser stecken. Finnegans Wake muß man laut singen. Kann sein, daß du sieben Jahre dafür brauchst, aber das ist etwas, was du deinen Enkeln erzählen kannst. Die werden zu dir aufblicken. Was hast du denn da, Bohnen?

Möchtest du was abhaben? Ich mache sie hier auf dem Kocher warm.

Nein, danke. Keine Bohnen für mich. Du hast deine Bohnen, und ich verkünde dir die Botschaft, während du ißt. Ich versuche, den Körper auf das absolut Notwendige zu reduzieren. An mir ist zuviel Welt. Weißt du, was ich meine? Zuviel Fleisch.

Das sehe ich nicht so.

Da haben wir's. Durch Gebet, Fasten und Meditation werde ich auf unter hundert Pfund kommen, diese nichtswürdigen drei Ziffern. Ich möchte unbedingt auf neunundneunzig kommen. Möchte. Hab ich möchte gesagt? Ich sollte nicht möchte sagen. Ich sollte nicht sollte sagen. Mache ich dich konfus? Ach, iß deine Bohnen. Ich versuche, mein Ich zu eliminieren, aber dieses Handeln ist das Ich selbst. Alles Handeln ist Ich. Kannst du mir folgen? Ich bin nicht meiner Gesundheit wegen mit Spiegel und Waage hier.

Aus dem Zimmer nebenan bringt er zwei Bücher und sagt, alle meine Fragen werden bei Platon und im Evangelium des heiligen Johannes beantwortet werden. Entschuldige mich, ich muß mal meine Blase umstülpen.

Er nimmt den Schlüssel und geht nackt zur Toilette auf dem Hausflur. Er kommt zurück und stellt sich auf die Waage, um festzustellen, wieviel leichter er durch das Blasenumstülpen geworden ist. Ein Viertelpfund, sagt er und stößt einen Seufzer der Erleichterung aus. Er kauert sich auf den Boden, dreht sich zum Spiegel, so daß er wieder von den zwei Kerzen flankiert ist, mit Platon zu seiner Linken und dem heiligen Johannes zu seiner Rechten. Er mustert sich im Spiegel und spricht zu mir. Nur zu. Iß deine Bohnen. Bücher. Du hast da doch welche, hm?

Ich esse meine Bohnen, und als ich ihm die Buchtitel nenne, schüttelt er den Kopf. O nein, nein. Hesse, meinetwegen. Die anderen kannst du vergessen. Alles westliches Ich. Alles westlicher Schrott. Mit Hemingway würde ich mir nicht mal den Arsch wischen. Aber das sollte ich nicht sagen. Arrogant. Ich-Kram. Ich nehme es zurück. Nein, Moment. Ich hab's gesagt. Ich lasse es stehen. Es ist passiert. Ich habe Hamlet gelesen. Ich habe Finnegans Wake gelesen. Und jetzt sitze ich hier auf einem Fußboden in Greenwich Village mit Platon, Johannes und einem Mann, der Bohnen ißt. Wie reimst du dir das zusammen?

Ich weiß nicht.

Manchmal verzweifle ich, und weißt du, warum?

Nein, warum?

Ich verzweifle, weil ich es mit Platon und Johannes womöglich zu weit treibe und schließlich doch ein Haar in ihrer Suppe finde. Ich könnte im Nirgendwo landen. Verstehst du?

Nein.

Hast du jemals Platon gelesen?

Ja.

Das Johannesevangelium?

In der Messe wird andauernd aus den Evangelien gelesen.

Das ist nicht dasselbe. Du mußt dich hinsetzen und den heiligen Johannes lesen, ihn in Händen halten. Anders geht's nicht. Johannes ist eine Enzyklopädie. Er hat mein Leben verändert. Versprich mir, daß du Johannes lesen wirst und nicht diesen gottverdammten Mist, den du in der Tüte da mitgebracht hast. Tut mir leid, schon wieder das Ich.

Er kichert in den Spiegel, tätschelt sich dort, wo sein Bauch sein sollte, und schaukelt von Buch zu Buch, um Verse von Johannes und Absätze von Platon zu lesen, quietscht vor Vergnügen, iek, iek, ach, der Grieche und der Jude, der Grieche und der Jude.

Er spricht wieder zu mir. Ich nehm's zurück, sagt er. Es gibt kein Nirgendwo bei diesen Knaben. Kein Nirgendwo. Die Gestalt, die Höhle, der Schatten, das Kreuz. Mein Gott, ich brauch eine Banane. Er holt eine halbe Banane hinter dem Spiegel hervor, bespricht sie und ißt sie auf. Er schlägt die Beine unter und legt die Handrücken auf seine Knie, Lotosstellung. Als ich hinter ihm vorbeigehe, um meine Bohnendose in den Abfall zu werfen, sehe ich, daß er auf seine Nasenspitze schielt. Ich sage ihm gute Nacht, aber er reagiert nicht, und ich weiß, daß ich für ihn nicht mehr existiere, also genausogut ins Bett gehen und lesen kann. Ich werde Hesse lesen, um die Stimmung nicht kaputtzumachen.

41

Alberta spricht vom Heiraten. Sie möchte seßhaft werden, einen Ehemann haben, am Wochenende in Antiquitätenläden stöbern, Abendessen machen, eines Tages eine schöne Wohnung haben, Mutter werden.

Aber ich bin noch nicht soweit. Ich sehe, wie sich Malachy und Michael in Manhattan ein lustiges Leben machen. Ich sehe die Clancy Brothers, die im Hinterzimmer der White Horse Tavern singen, im Cherry Lane Theater auftreten, ihre Songs aufnehmen lassen, entdeckt werden und dann in schicke Clubs gehen, wo schöne Frauen sie zu Partys einladen. Ich sehe die Beatniks in Cafés überall im Village, die mit Jazzmusik im Hintergrund aus ihren Werken lesen. Allesamt freie Menschen, nur ich nicht.

Sie trinken. Sie rauchen Hasch. Die Frauen sind willig.

Alberta übernimmt die Rhode-Island-Gewohnheiten ihrer Großmutter. Jeden Samstag macht man Kaffee, raucht eine Zigarette, steckt sich mit rosa Lockenwicklern die Haare auf, geht in den Supermarkt, macht einen Großeinkauf, bestückt den Kühlschrank, bringt die schmutzige Wäsche in den Waschsalon und wartet, bis sie sauber ist und zusammengelegt werden kann, geht zur chemischen Reinigung mit Sachen, die in meinen Augen noch einwandfrei sauber sind, und wenn ich protestiere, sagt sie einfach, was verstehst denn du von chemischer Reinigung? Man putzt das Haus, ob es nötig ist oder nicht, genehmigt sich einen Drink, bereitet ein üppiges Mahl, geht ins Kino.

Am Sonntagmorgen schläft man lange, nimmt ein üppiges Mittagessen zu sich, liest die Zeitung, schaut auf der Atlantic Avenue nach Antiquitäten, kommt heim, bereitet die Schulstunden für die nächste Woche vor, korrigiert Arbeiten, macht ein üppiges Abendessen, genehmigt sich einen Drink, korrigiert noch ein paar Arbeiten, trinkt Tee, raucht eine Zigarette, geht ins Bett.

Sie nimmt den Lehrerberuf ernster als ich, bereitet ihren Unterricht sorgfältig vor, korrigiert die Arbeiten gewissenhaft. Ihre Schüler sind gebildeter als meine, und sie bringt sie sogar dazu, über Literatur zu reden. Wenn ich Bücher, Lyrik, Theaterstücke erwähne, stöhnen meine Schüler und quengeln nach dem Klopaß.

Der Supermarkt deprimiert mich, weil ich nicht jeden Abend so viel essen will. Ich werde müde davon. Ich will in der Stadt herumstreunen, in Cafés Kaffee und in Bars Bier trinken. Ich will nicht mein Leben lang jedes Wochenende Zoes alten Trott durchziehen.

Alberta belehrt mich, daß alles seine Ordnung haben muß, daß ich erwachsen werden und einen eigenen Hausstand gründen muß, sonst werde ich wie mein Vater, ein rastloser Irrer, der sich zu Tode trinkt.

In dem anschließenden Streit sage ich ihr, ich weiß, daß mein Vater zuviel getrunken und uns verlassen hat, aber er ist mein Vater, nicht ihrer, und sie wird nie verstehen, wie es war, wenn er nicht getrunken hat, wenn ich am Morgen mit ihm am Feuer saß und zuhörte, wie er von Irlands ruhmreicher Vergangenheit und Irlands großem Elend erzählte. Sie hat nie solche Morgenstunden erlebt, weil ihr Vater sie zu Zoe gegeben hat, als sie sieben war, und ich frage mich, wie sie da jemals drüber wegkommen soll. Wie kann sie jemals ihrer Mutter und ihrem Vater verzeihen, daß sie sie einfach bei der Großmutter abgestellt haben?

Der Streit ist so schlimm, daß ich ausziehe und in meine Wohnung im Village zurückkehre, bereit, mich ins wilde Leben eines Bohemiens zu stürzen. Dann höre ich, daß sie einen anderen hat, und plötzlich begehre ich sie wieder, bin völlig verzweifelt, bin verrückt nach ihr. Ich denke nur noch an ihre Vorzüge, ihre Schönheit und ihren Schwung und daran, wie schön unsere eingefahrenen Wochenenden gewesen sind. Wenn sie mich noch haben will, werde ich der perfekte Ehemann sein. Ich werde mit Gutscheinen in den Supermarkt gehen, den Abwasch machen, jeden Tag der Woche die ganze Wohnung durchsaugen, jeden Abend das Gemüse für das große Essen schnippeln. Ich werde eine Krawatte tragen, meine Schuhe putzen, mich in einen Protestanten verwandeln.

Alles.

Das wilde Leben von Michael und Malachy in Manhattan reizt mich kein bißchen mehr, sowenig wie die ungewaschenen Beatniks im Village mit ihrem müßigen Leben. Ich will Alberta frisch und strahlend und fraulich, durch und durch Wärme und Geborgenheit. Wir werden heiraten, jawohl, und wir werden zusammen alt werden.

Sie ist bereit, sich mit mir in Louis' Bar am Sheridan Square zu treffen, und als sie zur Tür hereinkommt, ist sie schöner denn je. Die Barkeeper hören mit dem Einschenken auf, um sie anzuschauen. Köpfe drehen sich. Sie trägt den leuchtendblauen Mantel mit dem hellgrauen Pelzkragen, den ihr Vater ihr vor Jahren als Friedensangebot gekauft hat, nachdem er sie ins Gesicht geschlagen hatte. Über dem Kragen trägt sie ein lavendelblaues seidenes Halstuch, und ich weiß, ich werde diese Farbe nie wieder sehen, ohne an diesen Augenblick, an dieses Halstuch, zu denken. Ich weiß, sie wird sich auf den Hocker neben mir setzen und mir sagen, es war ein großer Fehler, wir sind füreinander geschaffen, und ich soll jetzt in ihre Wohnung mitkommen, sie wird Abendessen machen und wir werden glücklich und zufrieden leben bis ans Ende unserer Tage.

Ja, sie hätte gern einen Martini, und nein, sie geht nicht mit in meine Wohnung, und nein, ich komme auch nicht in ihre Wohnung mit, weil es nämlich aus ist. Sie hat die Nase voll von mir und meinen Brüdern, von der Uptown-Szene und der Village-Szene, und sie will ihr eigenes Leben führen. Jeden Tag unterrichten ist schwer genug, auch ohne den Streß mit mir und mein Gejammer, daß ich dies, das oder jenes tun möchte, auch ohne meine Art, mich vor jeder Verantwortung zu drücken. Zuviel Genörgel, sagt sie. Zeit, erwachsen zu werden. Sie sagt, ich bin achtundzwanzig, benehme mich aber immer noch wie ein Halbwüchsiger, und wenn ich unbedingt mein Leben in Bars vertrödeln will wie meine Brüder, dann ist das meine Sache, aber sie will damit nichts zu tun haben.

Je länger sie redet, desto wütender wird sie. Ich darf ihre Hand nicht halten, ihr nicht mal ein Küßchen auf die Wange geben, und nein, sie will keinen Martini mehr.

Wie kann sie so mit mir reden, wo mir hier auf dem Barhocker langsam das Herz bricht? Es ist ihr egal, daß ich der erste Mann in ihrem Leben war, der erste, mit dem sie ins Bett gegangen ist, der eine, den eine Frau nie vergißt. Das alles ist nicht mehr wichtig, weil sie jemanden gefunden hat, der gereift ist, der sie liebt, der alles für sie tun würde.

Ich würde auch alles für dich tun.

Sie sagt, zu spät. Du hast deine Chance gehabt.

Mein Herz hämmert, ich habe einen stechenden Schmerz in der Brust, und in meinem Kopf versammeln sich alle dunklen Wolken dieser Welt. Am liebsten würde ich hier in Louis' Bar in mein Bier heulen, aber dann würden die anderen zu tuscheln anfangen, aha, wieder mal ein Pärchen, das sich in den Haaren liegt, und man würde uns auffordern, das Lokal zu verlassen, oder zumindest mich. Alberta würden sie sicher gern dabehalten, eine Zierde des Lokals. Ich habe keine Lust, draußen auf der Straße zu stehen, wo all diese glücklichen Pärchen zum Abendessen, ins Kino oder auf ein Häppchen gehen, bevor sie splitternackt ins Bett steigen, und mein Gott, womöglich hat sie das auch vor für heute abend, wenn ich allein in meiner Kaltwasserwohnung sitze und niemanden habe, mit dem ich reden kann, außer Bill Galetly.

Ich verlege mich aufs Bitten. Ich beschwöre meine unglückliche Kindheit, brutale Schulmeister, die Tyrannei der Kirche, meinen

Vater, der das Bier über die Babys gestellt hat, meine gebrochene Mutter, die seufzend am Feuer saß, meine feuerroten Augen, meine im Mund zerbröckelnden Zähne, den Dreck in meiner Wohnung, Bill Galetly, der mich mit Menschen in platonischen Höhlen und dem Evangelium nach Johannes peinigt, meine schweren Tage an der McKee-Berufs- und Technikerschule, ältere Lehrer, die mir sagen, ziehen Sie den kleinen Scheißern die Hammelbeine lang, und jüngere, die erklären, unsere Schüler seien richtige Menschen, wir müßten sie nur motivieren.

Ich bekniee sie, wenigstens noch einen Martini zu trinken. Vielleicht besänftigt er sie so weit, daß sie in meine Wohnung mitkommt, wo ich dann zu Bill sage, geh dir ein bißchen die Beine vertreten, Bill, wir wollen für uns sein. Wir wollen bei Kerzenschein dasitzen und unsere Zukunft planen, am Samstag Einkaufen, Staubsaugen, Putzen, am Sonntag Stöbern nach Antiquitäten, Unterrichtsvorbereitung und ein paar Stunden Getümmel im Bett.

Nein, nein, sie will keinen Martini mehr. Sie trifft sich mit ihrem Neuen, und sie muß jetzt los.

O Gott, nein. Du stößt mir das Messer ins Herz.

Hör auf mit dem Gejammer. Ich hab genug gehört von dir und deiner unglücklichen Kindheit. Du bist nicht der einzige. Mich haben sie bei meiner Großmutter abgestellt, als ich sieben war. Und, beklage ich mich? Ich beiße die Zähne zusammen und mache weiter.

Aber du hattest fließend warmes und kaltes Wasser, dicke Handtücher, Seife, saubere Bettwäsche, zwei klare blaue Augen und makellose Zähne, und deine Großmutter hat dir jeden Tag die Lunchbox bis obenhin gefüllt.

Sie klettert vom Barhocker, läßt sich in den Mantel helfen, bindet sich das lavendelblaue Tuch um den Hals. Sie muß los.

Gütiger Gott. Ich könnte winseln wie ein getretener Hund. Mein Bauch ist kalt, und es gibt nichts auf der Welt als dunkle Wolken und mittendrin Alberta, ganz blond, blauäugig und lavendelumschlungen, bereit, mich unwiderruflich zu verlassen wegen ihres

Neuen, und das ist schlimmer als eine Tür, die einem vor der Nase zugeschlagen wird, schlimmer noch als der Tod.

Dann küßt sie mich auf die Wange. Gute Nacht, sagt sie. Sie sagt nicht Lebwohl. Heißt das, daß sie noch ein Türchen offenläßt? Wenn sie ein für allemal mit mir Schluß machen wollte, würde sie doch bestimmt Lebwohl sagen.

Wie auch immer. Sie ist weg. Zur Tür raus. Die Treppe hinauf, wobei jeder Mann in der Bar ihr nachgesehen hat. Das ist der Weltuntergang. Ich könnte genausogut tot sein. Ich könnte genausogut in den Hudson River springen, dann würde mein Leichnam an Ellis Island und der Freiheitsstatue vorbeischwimmen, über den Atlantik und den Shannon hinauf, wo ich wenigstens bei meinen Leuten wäre und keine Rhode-Island-Protestanten mich abweisen würden.

Der Barkeeper ist so um die fünfzig, und ich würde ihn gern fragen, ob er jemals so gelitten hat, wie ich jetzt leide, und was er dagegen unternommen hat. Gibt es ein Heilmittel? Vielleicht könnte er mir sogar sagen, was es zu bedeuten hat, wenn eine Frau, die einen für immer verläßt, gute Nacht statt Lebwohl sagt.

Aber dieser Mann hat einen großen kahlen Schädel und buschige schwarze Augenbrauen, und ich habe das Gefühl, er hat seine eigenen Sorgen. Mir bleibt nichts anderes übrig, als vom Barhocker zu klettern und zu gehen. Ich könnte nach Uptown fahren und mich an Malachys und Michaels aufregendem Leben beteiligen, aber statt dessen gehe ich heim in die Downing Street und hoffe nur, vorbeikommende glückliche Pärchen werden das unkontrollierte Gewimmer eines Mannes nicht hören, dessen Leben zu Ende ist.

Bill Galetly ist da mit seinen Kerzen, seinem Platon und seinem Evangelium nach Johannes, und ich wollte, ich hätte meine Wohnung für mich, um die Nacht ungeniert in mein Kissen heulen zu können, aber er sitzt auf dem Fußboden, starrt sein Spiegelbild an und kneift sich in das bißchen Fleisch, das er an seinem Bauch noch findet. Er schaut auf und sagt, ich sehe schwer beladen aus.

Wie meinst du das?

Die Last des Ichs. Sie drückt dich nieder. Denk dran, das Reich Gottes ist in dir selbst.

Ich will weder Gott noch sein Reich. Ich will Alberta. Sie hat mir den Laufpaß gegeben. Ich geh ins Bett.

Schlechte Zeit, um ins Bett zu gehen. Sich hinlegen bedeutet sich hinlegen.

Es irritiert mich, mir solche Selbstverständlichkeiten anhören zu müssen, und ich sage, natürlich bedeutet es das. Was soll der Quatsch?

Sich hinlegen heißt der Schwerkraft in einem Augenblick nachgeben, in dem du spiralförmig zur vollkommenen Form aufsteigen könntest.

Kein Bedarf. Ich leg mich hin.

Okay. Okay.

Ich bin erst ein paar Minuten im Bett, als er sich auf den Rand setzt und mir vom Wahnsinn und der Leere der Werbebranche erzählt. Jede Menge Geld, und alle mit Magengeschwüren behaftet. Immer nur das Ich. Nichts Reines. Er sagt mir, ich bin Lehrer und könnte viele Menschenleben retten, wenn ich Platon und den heiligen Johannes studieren würde, aber zuerst müßte ich mein eigenes Leben retten.

Bin nicht in Stimmung.

Nicht in Stimmung, dein eigenes Leben zu retten?

Nein, kein Bedarf.

Ja, ja, so geht's, wenn man abgewiesen wird. Du nimmst es persönlich.

Natürlich nehm ich's persönlich. Wie soll ich's denn sonst nehmen?

Sieh's doch mal von ihrer Warte. Sie weist nicht dich ab, sie akzeptiert sich selbst.

Er läuft ständig im Kreis, und der Alberta-Schmerz ist so gewaltig, daß ich weg muß. Ich sage, ich gehe aus.

Ach was, du brauchst nicht auszugehen. Setz dich mit einer

Kerze hinter dir auf den Boden. Schau die Wand an. Schatten. Hast du Hunger?

Nein.

Moment. Er bringt eine Banane aus der Küche. Iß sie. Die Banane wird dir guttun.

Ich will keine Banane.

Sie beruhigt dich. Da ist viel Kalium drin.

Ich will keine Banane.

Das bildest du dir bloß ein. Hör auf deinen Körper.

Er folgt mir auf den Gang hinaus und predigt noch immer Bananen. Er ist nackt, aber er folgt mir die Treppe hinunter, drei Etagen, und durch den Flur, der zur Haustür führt. Er redet weiter über Bananen, das Ich und Sokrates, der kreuzfidel unter einem Baum in Athen saß, und als wir an der Haustür angelangt sind, stellt er sich auf den Treppenabsatz und winkt mit der Banane, während Kinder, die Himmel und Hölle spielen, johlen und schreien und mit Fingern auf ihn zeigen und Frauen mit Busen und Ellbogen auf Fensterkissen ihn auf italienisch ankreischen.

*

Malachy ist nicht in seiner Bar. Er ist zu Hause, und er ist glücklich mit seiner Frau Linda, plant mit ihr zusammen das Leben des Babys, das unterwegs ist. Michael hat heute abend frei. Am Tresen und an den Tischen sitzen Frauen, aber alle sind in männlicher Begleitung. Der Barkeeper sagt, ach, Sie sind Malachys Bruder, und will kein Geld für meine Drinks. Er stellt mich den Paaren am Tresen vor, das ist Malachys Bruder.

Ach, wirklich? Wir wußten gar nicht, daß er noch einen Bruder hat. Doch, doch, wir kennen Ihren Bruder Michael. Und wie heißen Sie?

Frank.

Und was machen Sie?

Ich bin Lehrer.

Nanu. Kein Barbesitzer?

Nein.

Sie lachen. Und wann werden Sie Barbesitzer?

Wenn meine Brüder Lehrer werden.

Das sage ich zwar, aber durch den Kopf geht mir etwas ganz anderes. Ich würde ihnen gern sagen, daß sie arrogante Idioten sind, daß ich Leute wie sie aus der Lobby des Biltmore Hotel kenne, daß sie wahrscheinlich schon mal Zigarettenasche auf den Boden geschnippt haben, die ich dann aufkehren mußte, und durch mich hindurchgesehen haben, wie man eben durch Leute hindurchsieht, die irgendwo saubermachen müssen. Ich möchte ihnen sagen, sie können mich mal, und wenn ich ein paar Drinks mehr intus hätte, würde ich es auch tun, aber ich weiß, daß ich in Gegenwart überlegener Menschen tief drinnen immer noch an meiner Stirnlocke zupfe und verlegen mit den Füßen scharre, daß sie über alles lachen würden, was ich sage, weil sie merken, was ich im Innersten bin, und wenn sie es nicht merken, ist es ihnen zumindest egal. Würde ich tot vom Barhocker fallen, dann würden sie sich an einen Tisch setzen, um Unannehmlichkeiten zu entgehen, und hinterher aller Welt erzählen, wie sie mit einem besoffenen irischen Schullehrer aneinandergeraten sind.

Aber das alles spielt sowieso keine Rolle mehr. Alberta sitzt bestimmt mit ihrem Neuen in einem romantischen italienischen Restaurant, und die beiden lächeln sich an, über den Schein der Kerze hinweg, die in einer Chiantiflasche steckt. Er sagt ihr, was es Gutes auf der Karte gibt, und wenn sie bestellt haben, sprechen sie darüber, was sie morgen machen werden, vielleicht auch heute abend, und wenn ich daran denke, steigt mir die Blase hinter die Augen.

Malachys Bar ist in der 63rd Street, Ecke Third Avenue, fünf Straßen von meinem ersten möblierten Zimmer in der 68th Street entfernt. Statt gleich nach Hause zu gehen, kann ich mich noch auf Mrs. Austins Vortreppe setzen und auf den Inhalt meiner zehn Jahre in New York zurückblicken, auf den Ärger, den ich bekam, als ich mir im Kino an der 68th Straße mit meiner Zitronenbaisertorte und meiner Flasche Ginger-ale den Hamlet ansehen wollte.

Mrs. Austins Haus ist weg. An seiner Stelle steht ein großes neues Gebäude, ein Findelhaus, und es treibt mir die Tränen in die Augen, daß da meine erste Zeit in der Stadt einfach abgerissen wurde. Wenigstens das Kino ist noch da, und es liegt wohl an dem vielen Bier, daß ich den ganzen Körper mit ausgebreiteten Armen gegen die Kinowand presse, bis endlich ein Kopf aus dem Fenster eines Polizeiautos ruft, hey, Kumpel, was soll das denn werden?

Was, wenn ich ihm von Hamlet und der Torte erzähle, von Mrs. Austin und der Nacht des Glöggs, daß ihr Haus weg ist und damit auch mein möbliertes Zimmer und daß die Frau meines Lebens einen anderen hat, und ist es strafbar, Officer, ein Kino voll trauriger und glücklicher Erinnerungen zu küssen, wenn das der einzige Trost ist, der einem bleibt, Officer?

Natürlich werde ich nichts dergleichen zu einem New Yorker Cop oder sonstwem sagen. Ich sage nur, schon gut, Officer, und er sagt, ich soll weitergehen, der Lieblingsspruch der städtischen Polizei.

Ich gehe weiter, und auf der ganzen Third Avenue kommt Musik aus den Türen irischer Pubs, zusammen mit den Gerüchen von Bier und Whiskey und Fetzen von Gesprächen und Gelächter.

Was du nicht sagst, Sean.

Arrah, warum sollen wir uns nicht besaufen, wo wir eh schon besoffen sind.

Herr im Himmel, ich kann's gar nicht erwarten, nach Cavan zurückzukommen, da gibt's wenigstens ein anständiges Bier.

Willst du denn irgendwann zurück, Kevin?

Ja, aber erst, wenn sie eine Brücke bauen.

Sie lachen, und im Musikautomaten quetscht Mickey Carton sein Akkordeon, während Ruthie Morrisseys Stimme sich majestätisch über den ganzen nächtlichen Lärm erhebt, It's my old Irish home, far across the foam, und ich bin versucht, hineinzugehen, auf einen Barhocker zu klettern und dem Barkeeper zu sagen, schenk mir einen Tropfen von dem Whiskey da ein, Brian, oder lieber gleich zwei, weil auf einem Bein steht sich's schlecht, sei so gut.

Und wäre das nicht besser, als bei Mrs. Austin auf der Treppe vor dem Haus zu hocken oder die Mauern des Kinos in der 68th Street zu küssen, und wäre ich dann nicht unter meinen Leuten?

Meine Leute. Die Iren.

Ich könnte irisch trinken, irisch essen, irisch tanzen, irisch lesen. Meine Mutter hat uns oft genug gewarnt, heiratet euresgleichen, und jetzt raten mir alte Knaben, halt dich an deinesgleichen. Wenn ich auf sie gehört hätte, wäre ich nicht von einer Episkopalen aus Rhode Island abgewiesen worden, die einmal gesagt hat, was würdest du eigentlich mit dir anfangen, wenn du kein Ire wärst? Als sie das sagte, wäre ich am liebsten auf der Stelle aufgestanden und gegangen, nur waren wir mitten in dem Abendessen, das sie gemacht hatte, gefülltes Huhn mit einer Schüssel neuer Kartoffeln, in gesalzener Butter und Petersilie geschwenkt, und eine Flasche Bordeaux, der mir solche Wonneschauer über den Rücken laufen ließ, daß ich noch ganz andere Sticheleien gegen mich und die Iren im allgemeinen hingenommen hätte.

Ich wäre gern Ire, wenn es Zeit für ein Lied oder ein Gedicht ist. Ich wäre gern Amerikaner, wenn ich unterrichte. Ich wäre gern Irisch-Amerikaner oder Amerikanisch-Ire, aber ich weiß, daß ich nicht zweierlei zugleich sein kann, obwohl Scott Fitzgerald ja gesagt hat, Intelligenz sei die Fähigkeit, zwei einander widersprechende Gedanken gleichzeitig im Kopf zu haben.

Ich weiß nicht, was ich gern wäre, aber was spielt das noch für eine Rolle, wenn Alberta mit ihrem Neuen in Brooklyn ist?

Dann sehe ich in einem Schaufenster mein trauriges Gesicht und muß lachen, weil mir einfällt, wie meine Mutter es genannt hätte, Trauerflunsch.

Auf der 57th Street gehe ich in westlicher Richtung zur Fifth Avenue, um einen Hauch von Amerika zu spüren, seinem Reichtum, der Welt der Leute, die im Palmenhof des Biltmore Hotel sitzen, Leute, die nicht mit ethnischen Bindestrichen durchs Leben gehen müssen. Man könnte sie mitten in der Nacht aufwecken und sie fragen, was sie sind, und sie würden sagen, müde.

Ich wende den Trauerflunsch auf der Fifth Avenue nach Süden, und plötzlich ist da der Traum, den ich die ganzen Jahre in Irland hatte, die Avenue fast ausgestorben zu dieser frühen Stunde, bis auf die Doppeldeckerbusse, von denen einer nach Norden, der andere nach Süden fährt, Juweliere, Buchhandlungen, Damenboutiquen mit Schaufensterpuppen, die für Ostern aufgeputzt sind, überall Hasen und Eier in den Schaufenstern und keine Spur vom auferstandenen Jesus, weit vorn das Empire State Building, und ich bin doch gesund, oder? wenn auch ein bißchen schwach in der Augen- und Zahnabteilung, ich habe einen Collegeabschluß und eine Stelle als Lehrer, und ist das nicht das Land der unbegrenzten Möglichkeiten, wo man alles tun kann, was man will, vorausgesetzt, man hört auf zu jammern und kriegt den Arsch hoch, das Leben ist nun mal kein Honigschlecken, Kumpel.

Wenn doch nur Alberta zur Vernunft kommen und mich zurücknehmen würde.

Die Fifth Avenue führt mir vor Augen, wie unwissend ich bin. Da sind die Schaufensterpuppen in ihren Osterkleidern, und wenn eine von ihnen zum Leben erwachen und mich fragen würde, aus welchem Stoff ihr Kleid ist, hätte ich keinen blassen Schimmer. Jute würde ich sofort erkennen, wegen der Kohlensäcke, die ich in Limerick geschleppt und bei miserablem Wetter als Umhang benutzt habe, wenn sie leer waren. Auch Tweed würde ich vielleicht erkennen, wegen der Mäntel, die die Leute im Winter wie im Sommer trugen, doch ich müßte der Schaufensterpuppe gestehen, daß ich Seide nicht von Baumwolle unterscheiden kann. Ich könnte nie auf ein Kleid deuten und sagen, das ist Satin oder das ist Wolle, und vollends aufgeschmissen wäre ich, wenn man von mir verlangen würde, Damast oder Brokat zu erkennen. Ich weiß, daß Romanautoren gern andeuten, wie wohlhabend ihre Figuren sind, indem sie auf den Damastvorhängen herumreiten, obwohl ich nicht weiß, ob irgend jemand solches Material trägt, es sei denn, es kommen schlechte Zeiten, und die Romanfiguren rücken dem Damast mit der Schere zu Leibe. Ich weiß, daß man kaum einen Südstaatenroman findet, in dem sich nicht eine weiße Pflanzerfamilie auf der Veranda räkelt, Bourbon oder Limonade schlürft und den Schwarzen zuhört, die Swing Low, Sweet Chariot singen, während die Damen sich fächeln, weil ihnen warm ist in ihren Krinolinen.

Unten in Greenwich Village kaufe ich Hemden und Socken bei sogenannten Herrenausstattern, und ich habe keine Ahnung, aus was für Material sie sind, obwohl manche mir sagen, heutzutage muß man aufpassen, was man auf dem Leib trägt, denn womöglich hat man eine Allergie und bekommt einen Ausschlag. In Limerick habe ich mich nie um so was gekümmert, aber hier lauern sogar beim Hemden- und Sockenkauf Gefahren.

Die Sachen in den Schaufenstern haben Namen, die ich nicht kenne, und mir ist unbegreiflich, wie ich so alt werden und dabei so unwissend bleiben konnte. Es gibt Blumenläden an der Avenue, und das einzige in ihren Schaufenstern, was ich erkenne, sind Geranien. Rechtschaffene Leute in Limerick waren ganz wild auf Geranien, und wenn ich Telegramme zustellte, hingen oft Schilder an der Haustür, Bitte Fenster hochschieben und Post unter die Geranientöpfe legen. Es ist seltsam, vor einem Blumenladen in der Fifth Avenue zu stehen und daran zu denken, daß meine Arbeit als Telegrammbote mich zu einem Experten für Geranien gemacht hat und daß sie mir jetzt gar nicht gefallen. Sie haben mich nie so begeistert wie die anderen Blumen in den Gärten mit ihren Farben und ihrem Duft und ihrem traurigen Ende im Herbst. Geranien duften nicht, sie leben ewig, und von ihrem Geruch wird einem schlecht, aber bestimmt gibt es drüben an der Park Avenue Leute, die mich beiseite nehmen und eine Stunde lang auf mich einreden würden, um mich von der Herrlichkeit der Geranie zu überzeugen, und ich müßte ihnen wohl oder übel zustimmen, weil überall, wo ich hinkomme, die Leute in allem besser Bescheid wissen als ich und man wahrscheinlich nicht reich sein und in der Park Avenue wohnen kann, wenn man sich mit Geranien und dem Züchten von Pflanzen allgemein nicht bestens auskennt.

*

An der ganzen Avenue gibt es Feinkostgeschäfte, und wenn ich jemals in einen solchen Laden gehen wollte, müßte ich wen mitnehmen, der in guten Verhältnissen aufgewachsen ist und pâté de foie gras von Kartoffelbrei unterscheiden kann. Diese Läden haben allesamt einen Französischtick, und ich weiß wirklich nicht, was die sich dabei denken. Warum können sie nicht Kartoffeln statt pommes sagen? Oder zahlen die Leute freiwillig mehr für etwas französisch Gedrucktes?

Völlig sinnlos ist es, in die Schaufenster von Antiquitätengeschäften zu schauen. Die sagen einem nie den Preis von einem Möbelstück, außer man fragt danach, und sie stellen nie ein Schild an einen Stuhl, um einen darüber aufzuklären, was das für ein Stuhl ist und woher er stammt. Auf die meisten dieser Stühle würde man sich sowieso nicht setzen wollen. Sie sind so eckig und steif, daß man Rückenschmerzen kriegen und im Krankenhaus landen würde. Es gibt auch kleine Tischchen mit geschwungenen Beinen, die so spindelig sind, daß sie unter dem Gewicht eines vollen Bierkruges zusammenbrechen und einen unschätzbaren Teppich verderben würden, aus Persien oder sonstwoher, wo Menschen zum Vergnügen reicher Amerikaner schuften. Es gibt auch filigrane Spiegel, und man fragt sich, wie es wäre, wenn man am Morgen sein Gesicht in einem Spiegel sieht, auf dessen Rahmen sich kleine Amoretten und Mägdelein tummeln, und wo würde man in diesem Wirrwarr hinschauen? Würde ich auf das gelbe Zeug schauen, das mir aus den Augen quillt, oder würde ich den Reizen einer von Amors Pfeil getroffenen Maid erliegen?

*

Als weit unten in Greenwich Village der Morgen graut, ist die Fifth Avenue fast menschenleer, bis auf Leute, die zur St. Patrick's Cathedral pilgern, um ihre Seele zu retten, überwiegend alte Frauen, die offenbar mehr Angst haben als die alten Männer, die grummelnd neben ihnen herschlurfen, oder vielleicht liegt es auch daran, daß alte Frauen länger leben und es deshalb mehr von ihnen gibt. Als der Priester die Kommunion spendet, leeren sich die Bankreihen, und ich beneide die Leute, die durch die Gänge zurückkommen, mit der Oblate im Mund und dem frommen Blick, der jedem sagt, daß sie im Stand der Gnade sind. Sie können jetzt heimgehen und ein herzhaftes Frühstück zu sich nehmen, und wenn sie tot umfallen, während sie sich an Wurst und Eiern gütlich tun, kommen sie direkt in den Himmel. Ich möchte auch meinen Frieden mit Gott machen, aber meine Sünden sind so furchtbar, daß jeder Priester mich aus dem Beichtstuhl jagen würde, und wieder einmal wird mir bewußt, daß ich nur dann auf Erlösung hoffen kann, wenn ich einen Unfall habe und noch die paar Minuten am Leben bleibe, um ein Bußgebet zu sprechen, das mir die Himmelspforten öffnet.

Trotzdem, es ist tröstlich, in der Stille einer Frühmesse in der Kirche zu sitzen, vor allem wenn ich mich umschauen und alles, was ich sehe, benennen kann, das Gestühl, die Kreuzwegstationen, die Kanzel, den Tabernakel mit der Monstranz, in der die Hostie gezeigt wird, den Kelch, das Ciborium, die Meßkännchen für Wein und Wasser auf der rechten Altarseite, die Patene. Ich verstehe nichts von Schmuck und von Schnittblumen, aber ich kann die priesterlichen Gewänder aufzählen, das Achseltuch, die Albe, das Zingulum, die Manipel, die Stola, die Kasel, und ich weiß, daß der Priester da oben, der jetzt die violette Kasel der Fastenzeit trägt, die weiße anlegen wird, wenn am Ostersonntag Christus auferstanden ist und die Amerikaner ihren Kindern Schokoladenhasen und gelbe Eier schenken.

Nach den vielen Sonntagvormittagen in Limerick kann ich so mühelos wie ein Meßdiener vom Introitus übergehen zum Ite, missa est, gehet hin in Frieden, dem Stichwort für die durstigen Männer Irlands, sich von den Knien zu erheben und in die Pubs zu strömen zum sonntäglichen Frühschoppen, dem Heilmittel für die Leiden der vergangenen Nacht.

Ich kann die Teile der Messe und der Priestergewänder und die Teile eines Gewehrs benennen wie Henry Reed in seinem Gedicht, aber was nützt mir das alles, wenn ich in der Welt vorankomme, auf einem Stuhl an einer Tafel sitze und erlesene Speisen vorgesetzt bekomme und dabei noch nicht einmal Hammel von Ente unterscheiden kann?

Es ist jetzt taghell auf der Fifth Avenue, und außer mir sitzt niemand auf der Treppe zwischen den beiden großen Löwen der Bibliothek an der 42nd Street, wo Tim Costello mich vor fast zehn Jahren hingeschickt hat, damit ich Die Lebensbeschreibungen der englischen Dichter lese. Kleine Vögel unterschiedlicher Größe und Farbe schwirren von Baum zu Baum und verkünden, daß es bald Frühling wird, aber ihre Namen kenne ich auch nicht. Ich kann eine Taube von einem Spatzen unterscheiden, aber das ist auch schon alles, abgesehen von der Möwe.

Wenn meine Schüler an der McKee-Berufsschule in meinen Kopf schauen könnten, würden sie sich fragen, wie ich es geschafft habe, Lehrer zu werden. Sie wissen bereits, daß ich nie auf die High School gegangen bin, und sie würden sagen, jetzt reicht's. Da stellt der sich hin und will uns Vokabeln beibringen, und dabei kennt er noch nicht mal die Namen der Vögel auf den Bäumen.

In ein paar Stunden macht die Bibliothek auf, und dann könnte ich mich in den Großen Lesesaal setzen und mir dicke bebilderte Bücher ansehen, aus denen ich die Namen der Dinge erfahren würde, aber es ist noch früh am Morgen und ein weiter Weg zur Downing Street, zu Bill Galetly, der mit untergeschlagenen Beinen dasitzt und sein Spiegelbild betrachtet, zu Platon und dem Evangelium nach Johannes.

Er liegt längelang auf dem Rücken, nackt und schnarchend, neben seinem Kopf eine blakende Kerze und überall Bananenschalen. Es ist kalt in der Wohnung, aber als ich eine Decke über ihn breite, setzt er sich auf und stößt sie weg. Tut mir leid wegen der Bananen, Frank, aber ich hab heute morgen eine kleine Feier veranstaltet. Großer Durchbruch. Hier.

Er zeigt auf einen Abschnitt im Johannesevangelium. Lies das, sagt er. Nur zu, lies.

Und ich lese, Der Geist ist es, der da lebendig macht; das Fleisch ist kein nütze. Die Worte, die ich rede, die sind Geist und sind Leben.

Bill starrt mich an. Na?

Was?

Kapiert? Klingelt's?

Ich weiß nicht. Ich müßte es ein paarmal lesen, und es ist fast neun. Ich war die ganze Nacht auf.

Ich hab drei Tage gefastet, um da reinzukommen. Man muß in die Sachen eindringen. Wie beim Sex. Aber ich bin noch nicht fertig. Ich suche nach der parallelen Welt bei Platon. Wahrscheinlich muß ich nach Mexiko gehen.

Warum nach Mexiko?

Da gibt's phantastischen Shit.

Shit?

Du weißt schon. Eine Art Chemikalie, die dem Suchenden hilft.

Ach ja. Ich geh erst mal ins Bett.

Ich würde dir ja gern eine Banane anbieten, aber du weißt ja, die Feier.

Ich schlafe ein paar Stunden an diesem Sonntagvormittag, und als ich aufwache, ist er weg und hat nur die Bananenschalen dagelassen.

42

Alberta ist zurückgekommen. Sie ruft mich an und will sich mit mir um der alten Zeiten willen im Rocky's treffen. Sie trägt einen hellen Frühjahrsmantel mit dem lavendelblauen Halstuch, das sie umhatte, als sie mir gute Nacht statt Lebwohl gesagt hat. Sie muß dieses Treffen die ganze Zeit im Sinn gehabt haben.

Alle Männer im Rocky's starren sie an, und ihre Begleiterinnen werfen ihnen böse Blicke zu, sie sollen aufhören, eine andere anzuglotzen, und sich wieder ihnen zuwenden.

Sie schlüpft aus dem Mantel und setzt sich mit ihrem lavendelblauen Halstuch, und ich habe solches Herzklopfen, daß ich kaum ein Wort herausbringe. Sie nimmt einen Martini mit Zitronenschale, und ich verlange ein Bier. Sie sagt, es war ein Riesenfehler, sich mit einem anderen einzulassen, aber er war ein reifer Mann und bereit, einen Hausstand zu gründen, ich dagegen hätte mich die ganze Zeit wie ein Junggeselle aufgeführt, mit meiner Bruchbude im Village. Sie hat aber in kürzester Zeit gemerkt, daß sie nur mich liebt, und wir hätten zwar Differenzen, könnten sie aber durchaus bereinigen, vor allem, wenn wir zusammenziehen und heiraten.

Bei dem Wort heiraten spüre ich einen neuen Schmerz in der Brust. Womöglich werde ich nie das freizügige Leben führen können, das ich überall in New York sehe, das Leben, das man früher in Paris geführt hat, wo man im Café saß, Wein trank, Romane schrieb, mit den Frauen anderer Männer und mit schönen reichen Amerikanerinnen schlief, die auf Fleischeslust erpicht waren.

Wenn ich irgend etwas davon Alberta gegenüber erwähne, wird sie sagen, wann wirst du endlich erwachsen? Du bist achtundzwanzig und kein gottverdammter Beatnik mehr.

Natürlich wird mitten in unserer Versöhnung keiner von uns so was sagen, vor allem deshalb nicht, weil ich das nagende Gefühl habe, daß sie recht hat und ich genau so ein haltloser Mensch werden könnte wie mein Vater. Obwohl ich schon seit einem Jahr Lehrer bin, beneide ich immer noch Leute, die in Coffee Shops und Pubs sitzen und zu Partys gehen, wo Künstler und Fotomodelle sind und in der Ecke eine Jazzcombo cool und verhalten swingt.

Es wäre sinnlos, ihr von meinen Freiheitsträumen zu erzählen. Sie würde sagen, du bist Lehrer geworden. Als du vom Schiff runter bist, hättest du dir nicht träumen lassen, daß du es mal so weit bringen würdest. Also mach weiter.

In Rhode Island hatten wir uns einmal über irgend etwas gestritten, und Zoe, die Großmutter, hatte gesagt, ihr seid beide nett, aber nicht, wenn ihr zusammen seid.

Sie will nicht in meine Kaltwasserwohnung mitkommen, in diese Bruchbude, und sie will mich auch nicht zu sich mitnehmen, weil ihr Vater vorübergehend bei ihr wohnt, er hat Krach mit seiner Frau Stella. Sie legt ihre Hand auf meine, und wir schauen uns tief in die Augen, bis ihr die Tränen kommen und ich mich schäme, wegen der Röte und der Schmiere, die sie bestimmt sieht.

Auf dem Weg zur U-Bahn sagt sie mir, wenn das Schuljahr in ein paar Wochen zu Ende ist, fährt sie für eine Zeitlang zu ihrer Großmutter nach Rhode Island, um über ihr Leben nachzudenken. Sie weiß, daß eine Frage in der Luft hängt. Werde ich eingeladen? Die Antwort lautet, nein, ich bin zur Zeit bei der Großmutter nicht gern gesehen. Sie gibt mir ein Gutenachtküßchen, sagt, sie ruft mich bald an, und als sie in der U-Bahn verschwunden ist, gehe ich durch den Washington Square Park, hin und her gerissen zwischen ihr und meinen Träumen von einem Leben in Freiheit. Ich passe nicht in das Leben, das sie sich vorstellt, sauber, durchorganisiert, gutbürgerlich, ich werde sie verlieren und nie wieder eine wie sie finden. Mir haben sich die Frauen nie an den Hals geworfen, weder in Irland noch in Deutschland oder den USA. Ich könnte der Welt nie von den Wochenenden in München erzählen, wo ich mich mit den ordinärsten Huren von ganz Deutschland eingelassen habe, oder von der Zeit, als ich vierzehneinhalb war und mich in Limerick mit einem sterbenden Mädchen auf einem grünen Sofa verlustiert habe. Ich habe nichts als dunkle Geheimnisse und tiefe Scham, und es ist ein Wunder, daß Alberta sich überhaupt mit mir abgibt. Wenn ich noch einen Funken von Glauben an irgend etwas in mir hätte, könnte ich zur Beichte gehen, aber wo ist der Priester, der sich meine Sünden anhören könnte, ohne angewidert die Hände über dem Kopf zusammenzuschlagen und mich zum Bischof oder in einen Teil des Vatikans zu schicken, der für die Verdammten reserviert ist.

*

Der Mann bei der Beneficial Finance Company sagt, höre ich da einen irischen Akzent heraus? Er sagt mir, wo seine Mutter und sein Vater in Irland zu Hause waren und daß er gern mal zu Besuch rüberfahren würde, obwohl das nicht so einfach ist mit sechs Kindern, ha, ha. Seine Mutter stammt aus einer Familie mit neunzehn Kindern. Würden Sie das für möglich halten? sagt er. Neunzehn Kinder. Sicher, sieben sind gestorben, aber trotzdem. So war das in der alten Zeit in der alten Heimat. Die haben sich vermehrt wie die Karnickel.

Aber zurück zu Ihrem Antrag. Sie hätten gern ein Darlehen in Höhe von dreihundertfünfzig Dollar für einen Besuch in der alten Heimat, ja? Sie haben Ihre Mutter wie lange nicht gesehen, sechs Jahre? Der Mann gratuliert mir zu meinem Wunsch, meine Mutter wiederzusehen. Allzu viele Leute vergessen heutzutage ihre Mutter. Aber die Iren nicht. Nein, wir nicht. Wir vergessen unsere Mutter nie. Der Ire, der seine Mutter vergißt, ist kein Ire und sollte mit Schimpf und Schande davongejagt werden, verdammt noch mal, Entschuldigung, Mr. McCourt. Ich sehe hier, Sie sind Lehrer, und ich bewundere Sie dafür. Sicher ein hartes Brot, große Klassen, kleines Gehalt. Tja, ich sehe ja an Ihrem Antrag, wie klein Ihr Gehalt ist. Ich weiß nicht, wie Sie davon überhaupt leben können und das, so leid es mir tut, ist das Problem. Das ist der Haken an diesem Antrag, das kleine Gehalt und das Fehlen jeglicher Sicherheiten, wenn Sie wissen, was ich meine. In der Hauptverwaltung werden sie die Köpfe schütteln über diesen Antrag, aber ich werde ihn trotzdem befürworten, weil zwei Dinge für Sie sprechen, Sie sind ein Ire, der seine Mutter in der alten Heimat wiedersehen möchte, und Sie sind Lehrer und rackern sich ab in einer Berufsschule, also wie gesagt, ich werde mich für Sie verwenden.

Ich sage ihm, daß ich mir im Juli in den Lagerhäusern was dazuverdiene, als Urlaubsvertretung, aber das spielt für die Beneficial Finance Company keine Rolle, wenn keine Dauerstellung nachgewiesen wird. Der Mann rät mir, nicht anzugeben, daß ich meiner Mutter Geld schicke. Die würden in der Hauptverwaltung die

Köpfe schütteln, wenn es irgend etwas gäbe, was meine monatliche Tilgung gefährden könnte.

Der Mann wünscht mir alles Gute. Er sagt, es ist ihm eine Freude, Geschäfte mit seinesgleichen zu machen.

*

Der Rampenchef bei Baker and Williams ist verwundert. Mein Gott, da sind Sie ja wieder. Ich dachte, Sie wären Lehrer geworden oder irgend so was.

Bin ich auch.

Was wollen Sie dann noch hier?

Lehrer werden nicht gerade fürstlich entlohnt.

Sie hätten sich ins Lagerhaus stellen oder einen Gabelstapler fahren sollen oder so was, dann würden Sie jetzt anständig verdienen, statt sich mit gottverdammten Gören herumzuschlagen, denen eh alles egal ist.

Dann fragt er, waren Sie nicht oft mit diesem Paddy McGovern zusammen?

Paddy Arthur?

Genau. Paddy Arthur. Es gibt so viele Paddy McGoverns, daß sie sich andere Namen zulegen müssen. Haben Sie gehört, was mit dem passiert ist?

Nein.

Der verdammte Idiot steht auf dem A-Train-Bahnsteig an der 125th Street, ja? Was zum Teufel hatte der in Harlem verloren? Hat sich wohl nach schwarzen Leckerbissen umgesehen. Jedenfalls wird's ihm langweilig, wie alle anderen auf dem Bahnsteig rumzustehen, und er beschließt, unten auf dem Gleis auf den Zug zu warten. Auf dem gottverdammten Gleis, ohne die Stromschiene zu berühren. Die Stromschiene kann einen auf der Stelle umbringen. Steckt sich eine Zigarette an und steht da mit diesem blöden Grinsen im Gesicht, bis der A-Train kommt und ihn von allen Sorgen erlöst. Hab ich jedenfalls gehört. Was war eigentlich los mit dem verdammten Idioten?

Bestimmt hat er getrunken.

Na klar hat er getrunken. Die gottverdammten Iren trinken doch immer, aber ich hab noch nie von einem Iren gehört, der auf dem Gleis auf den Zug gewartet hat. Ihr Freund, der Paddy, hat immer gesagt, er will zurück. Er spart genug Geld und lebt dann wieder in der alten Heimat. Was ist passiert? Wissen Sie, was ich denke?

Was denken Sie?

Manche Leute sollten bleiben, wo sie sind. Dieses Land kann einen in den Wahnsinn treiben. Es treibt sogar Leute in den Wahnsinn, die hier geboren sind. Wie kommt's, daß Sie noch nicht wahnsinnig sind? Aber vielleicht sind Sie's ja, hm?

Nicht, daß ich wüßte.

Hören Sie zu, Junge. Ich bin Italiener und Grieche, und wir haben auch unsere Probleme, aber mein Rat an einen jungen Iren ist, laß die Finger von der Sauferei, dann brauchst du nicht auf dem Gleis auf den Zug warten. Kapiert?

Ja.

*

Beim Mittagessen sehe ich eine Gestalt aus der Vergangenheit, die in der Küche der Imbißstube Teller wäscht, Andy Peters. Er sieht mich und sagt, bleib hier, probier den Hackbraten mit Kartoffelbrei, ich komm dann gleich zu dir. Er setzt sich neben mich auf einen Hocker und fragt, wie mir die Soße schmeckt.

Gut.

Tja, die hab ich gemacht. Das ist mein Gesellenstück. Ich bin hier eigentlich der Tellerwäscher, aber der Koch ist ein Säufer und läßt mich die Soße und die Salate machen, obwohl Salate hier nicht besonders gefragt sind. Die Jungs von den Docks und den Lagerhäusern sagen, sie wollen den Kühen das Grünzeug nicht wegfressen. Ich bin hierhergekommen, um Teller zu waschen und nachzudenken, mit der Scheiß-NYU bin ich fertig. Ich muß einen klaren Kopf kriegen. Am liebsten hätte ich eine Arbeit, wo ich staubsaugen könnte. Ich bin von Hotel zu Hotel gegangen und hab ihnen angeboten, staubzusaugen, aber immer kommt das Formular, immer die beschissene Überprüfung meiner Vergangenheit, die zutage fördert, daß ich unehrenhaft entlassen wurde, weil ich mich nicht mit einem Schaf vereinigt habe, und aus ist es mit dem Staubsaugen. Du scheißt in einen französischen Straßengraben, und dein Leben ist ruiniert, bis du auf den genialen Einfall kommst, dich auf unterstem Niveau wieder ins amerikanische Leben einzugliedern, als Tellerwäscher, und du solltest mal sehen, wie fix ich bin. Ich bin der reinste Turbo-Tellerwäscher. Die gucken nur so vor Verwunderung, und eh du bis drei zählen kannst, bin ich Salatkoch. Wie? Ich lerne, schaue zu in einer Uptown-Küche, werde zum Salatkoch befördert, zum stellvertretenden zweiten Koch, und eh du bis drei zählen kannst, bin ich bei den Soßen. Soßen, verdammt noch mal, weil die Soße angeblich das A und O der berühmten französischen Küche ist und die Amerikaner alle auf den Schwindel reinfallen. Also paß auf, wie ich das schaukle, Frankieboy, achte auf meinen Namen in den Zeitungen, André Pierre, in korrekter französischer Aussprache, mit bis zum Haaransatz hochgezogenen Augenbrauen, der Soßenspezialist schlechthin, ein Zauberer mit Topf, Pfanne und Schneebesen, der in allen Talkshows im Fernsehen parliert, wo es scheißegal ist, ob ich sämtliche Schafe in Frankreich und den angrenzenden Fürstentümern gepimpert habe oder nicht. In den feinsten Restaurants werden die Gäste Entzückensschreie ausstoßen, Kompliment an den Koch, mich, und sie werden mich an ihren Tisch bitten, damit sie mich mit meiner weißen Mütze und meiner weißen Schürze belobhudeln können, und natürlich erwähne ich dann ganz nebenbei, daß ich an der NYU fast den Doktor gemacht hätte, und die Park-Avenue-Gattinnen werden mich als Berater für Soßen und sonstiges zu sich ins Haus bitten, und während die Gatten in Saudi-Arabien sind, um Erdöl einzukaufen, bohre ich bei ihren Frauen nach Gold.

Zwischendurch nimmt er sich die Zeit, mich zu fragen, was ich mit meinem Leben anfange.

Ich bin Lehrer.

Das hatte ich befürchtet. Wolltest du nicht eigentlich Schriftsteller werden?

Ja.

Und?

Von irgendwas muß ich leben.

Du tappst in die Falle. Ich flehe dich an, tapp nicht in die Falle. Ich wäre beinah selbst reingetappt.

Von irgendwas muß ich leben.

Du wirst nie schreiben, solange du Lehrer bist. Den Schulunterricht hat der Teufel gesehen. Erinnerst du dich an Voltaire? Bestelle deinen Garten.

Ich erinnere mich.

Und an Carlyle? Verdien Geld und vergiß das Universum.

Ich verdiene mir meinen Lebensunterhalt.

Du stirbst.

Eine Woche danach ist er nicht mehr in der Imbißstube, und keiner weiß, wo er geblieben ist.

*

Mit dem Darlehen von der Beneficial Finance Company und dem Lohn aus den Lagerhäusern kann ich ein paar Wochen in Limerick verbringen, und mich überkommt das altbekannte Gefühl, als die Maschine tiefergeht und an der Shannonmündung entlang auf den Flughafen zuhält. Der Fluß glitzert silbrig, und die sanft gewellten Wiesen und Felder sind dunkelgrün schattiert, außer dort, wo die Sonne scheint und das Land smaragdgrün färbt. Gut, daß ich einen Fensterplatz habe, für den Fall, daß Tränen kommen.

Meine Mutter ist am Flugplatz, mit Alphie und einem Taxi, und der Morgen liegt frisch und taufeucht auf der Straße nach Limerick. Sie erzählt mir von Malachys Besuch mit seiner Frau Linda, und was für eine wilde Party sie hatten. Malachy war auf eine Wiese gegangen und auf einem Pferd heimgeritten, das er ins Haus bringen wollte, bis sie ihm mit vereinten Kräften klargemacht hatten, daß ein Pferd nicht ins Haus gehört. Es gab viel zu trinken an dem Abend, nicht nur normale Sachen, sondern auch schwarzgebrannten Whiskey, den irgend jemand bei einem Mann auf dem Land gekauft hatte, und ein Glück, daß die Polizei sich nicht blikken ließ, denn der Besitz von schwarzgebranntem Whiskey ist ein schweres Vergehen, für das man im Gefängnis von Limerick landen kann. Malachy hatte gesagt, sie und Alphie könnten vielleicht zu Weihnachten nach New York zu Besuch kommen, wäre das nicht großartig, dann wären wir alle wieder zusammen.

Leute kommen auf der Straße auf mich zu und sagen mir, ich sehe großartig aus, ich werde einem Yankee immer ähnlicher. Alice Ergan meint, Frankie McCourt ist keine Stunde gealtert, keine Stunde. Hab ich nicht recht, Frankie?

Ich weiß nicht, Alice.

Du hast überhaupt keinen amerikanischen Akzent.

Die Freunde, die ich in Limerick hatte, sind weg, tot oder ausgewandert, und ich weiß nichts mit mir anzufangen. Ich könnte den ganzen Tag im Haus meiner Mutter lesen, aber schließlich bin ich nicht den weiten Weg von New York gekommen, um auf meinem Arsch zu sitzen und zu lesen. Ich könnte den ganzen Abend in Pubs sitzen und trinken, aber das hätte ich auch in New York tun können.

Ich gehe von einem Ende der Stadt zum anderen und hinaus aufs Land, wo mein Vater endlos herumgewandert ist. Die Leute sind höflich, aber sie arbeiten und haben ihre Familien, und ich bin ein Besucher, ein zurückgekehrter Yankee.

Bist das du, Frankie McCourt?

Ich bin's.

Wann bist du gekommen?

Letzte Woche.

Und wann fährst du zurück?

Nächste Woche.

Großartig. Bestimmt ist deine arme Mutter froh, dich wiederzuhaben, und hoffentlich bleibt das Wetter schön.

Sie sagen, sicher ist dir aufgefallen, was sich alles verändert hat in Limerick.

O ja. Mehr Autos, weniger Rotzglocken und aufgeschundene Knie. Keine barfüßigen Kinder. Keine Frauen mit Umschlagtuch.

Großer Gott, Frankie McCourt, was dir für komische Sachen auffallen.

Sie beobachten mich, wollen sehen, ob ich mich aufspiele, dann würden sie mich zurechtstutzen, aber ich wüßte nicht, vor wem ich mich aufspielen soll. Wenn ich ihnen sage, daß ich Lehrer bin, sind sie enttäuscht.

Bloß Lehrer? Herr im Himmel, Frankie McCourt, wir haben gedacht, du bist längst Millionär. Neulich war doch dein Bruder Malachy hier mit seiner schicken Frau, das reinste Fotomodell, und er ist doch Schauspieler und so.

Das Flugzeug steigt der Abendsonne entgegen, die den Shannon mit Gold überglänzt, und einerseits bin ich froh, nach New York zurückzukommen, andererseits weiß ich kaum noch, wo ich eigentlich hingehöre.

43

Malachys Bar geht so gut, daß er meiner Mutter und meinem Bruder Alphie die Überfahrt auf der Sylvania bezahlt, die am 21. Dezember 1959 in New York einläuft.

Als sie aus dem Zollschuppen kommen, flappt ein Stück abgerissenes Leder an Mams rechtem Schuh, so daß man die kleine Zehe von dem Fuß sieht, der immer geschwollen war. Hört das nie auf? Sind wir die Familie der kaputten Schuhe? Wir umarmen uns, und Alphie lächelt mit kaputten, geschwärzten Zähnen.

Kaputte Schuhe und schlechte Zähne. Soll das unser Familienwappen sein?

Mam schaut an mir vorbei auf die Straße. Wo ist Malachy?

Ich weiß nicht. Er muß jeden Moment hier sein.

Sie sagt, ich sehe gut aus und es hat mir nichts geschadet, daß ich ein ein bißchen zugenommen habe, aber ich sollte etwas für meine Augen tun, die sind so rot. Das ärgert mich, denn wenn ich auch nur an meine Augen denke oder jemand sie erwähnt, spüre ich, wie sie rot anlaufen, und das sieht sie natürlich.

Weißt du, sagt sie, du bist ein bißchen zu alt für schlimme Augen.

Am liebsten würde ich sie anfahren, daß ich neunundzwanzig bin und nicht weiß, welches das richtige Alter für schlimme Augen ist, und muß sie unbedingt davon anfangen, kaum daß sie in New York angekommen ist? Aber da kommt Malachy mit seiner Frau Linda im Taxi. Noch mehr lachende Gesichter und Umarmungen. Malachy bleibt bei dem Taxi, während wir die Koffer holen.

Im Taxi sagt Mam, Herr im Himmel, seht euch die vielen Autos an. Die Straßen sind ja völlig verstopft. Ich sage, im Moment ist es gar nicht so schlimm. Vor einer Stunde war Stoßzeit, da war noch mehr Verkehr. Sie sagt, sie glaubt nicht, daß es noch schlimmer sein kann. Ich sage, ganz früh am Morgen ist es noch schlimmer, und sie sagt, das ist doch nicht möglich, es kann doch nicht noch schlimmer sein, die Autos kommen ja so schon kaum vorwärts.

Ich fasse mich in Geduld und spreche langsam. Aber wenn ich's dir doch sage, Mam, so ist das mit dem Verkehr in New York. Ich lebe hier.

Malachy sagt, ach, ist doch egal, es ist ein wunderschöner Morgen. Und sie sagt, ich hab auch mal hier gelebt, falls ihr das vergessen habt.

Nein, nein, sage ich. Aber es ist fünfundzwanzig Jahre her, und du hast in Brooklyn gewohnt, nicht in Manhattan.

Na und, New York ist New York.

Sie läßt nicht locker, und ich auch nicht, obwohl ich uns kleinkariert finde und mich frage, warum wir streiten, statt die Ankunft meiner Mutter und meines Bruders in der Stadt zu feiern, von der wir alle unser Leben lang geträumt haben. Warum meckert sie an meinen Augen herum, und warum muß ich ihr wegen des Verkehrs widersprechen?

Linda will die Gemüter beruhigen. Tja, wie Malachy schon sagt, ein schöner Tag heute.

Mama nickt widerwillig. Stimmt.

Und was für Wetter war, als ihr daheim losgefahren seid, Mam?

Ein widerwilliges Wort, Regen.

Aha, in Irland regnet es immer, stimmt's, Mam?

Nein, stimmt nicht, und sie verschränkt die Arme und schaut stur geradeaus in den Verkehr, der vor einer Stunde noch viel dichter war.

In der Wohnung macht Linda Frühstück, während Mam das neue Baby hätschelt, Siobhan, sie summt ihr leise was vor, so wie sie uns sieben immer vorgesummt hat. Linda sagt, Mam, möchtest du Tee oder Kaffee?

Tee, bitte.

Als das Frühstück fertig ist, legt Mam das Baby hin, kommt an den Tisch und möchte wissen, was da in ihrer Tasse rumschwimmt. Linda sagt ihr, das ist ein Teebeutel, und Mam rümpft die Nase. Nein, so was trinke ich nicht. Das ist doch überhaupt kein richtiger Tee.

Malachys Gesicht verhärtet sich, und er sagt mit zusammengebissenen Zähnen, das ist der Tee, den's bei uns gibt. Wir machen ihn so. Ein Pfund Lyon's Tea und eine Teekanne können wir dir leider nicht bieten.

Na gut, dann trink ich eben nichts. Ich esse bloß mein Ei. Was ist denn das für ein Land, wo man nicht mal eine anständige Tasse Tee kriegt.

Malachy ist drauf und dran, etwas zu sagen, aber das Baby schreit, und er steht auf und nimmt es aus der Wiege, während Linda um Mam herumscharwenzelt, lächelnd bemüht, es ihr recht zu machen. Wir können doch eine Teekanne kaufen, Mam, und auch offenen Tee, oder, Malachy?

Aber er läuft mit dem wimmernden Baby an der Schulter im Wohnzimmer auf und ab, und man sieht ihm an, daß er in der Teebeutelfrage nicht nachgeben wird, jedenfalls nicht heute morgen.

Wie jeder, der schon einmal eine anständige Tasse Tee in Irland getrunken hat, verabscheut er Teebeutel, aber er hat eine Amerikanerin zur Frau, die nichts anderes kennt als Teebeutel, er hat ein Baby und alles mögliche im Kopf und wenig Geduld mit dieser Mutter, die an ihrem ersten Tag in den Vereinigten Staaten von Amerika die Nase über Teebeutel rümpft, und er weiß nicht, wie er nach all den Kosten und Mühen ihr pingeliges Getue in dieser kleinen Wohnung die nächsten drei Wochen ertragen soll.

Mama stößt sich vom Tisch ab. Klo? fragt sie Linda. Wo ist das Klo?

Was?

Das Klo. Das WC.

Linda schaut Malachy an. Die Toilette, sagt er. Das Badezimmer.

Ah, sagt Linda. Da drüben.

Während Mam im Badezimmer ist, sagt Alphie zu Linda, so schlecht sei der Beuteltee nun auch wieder nicht. Wenn man den Teebeutel nicht in der Tasse schwimmen sähe, wäre schon alles in Ordnung, und Linda lächelt wieder. Sie sagt zu ihm, deswegen servieren die Chinesen keine großen Fleischstücke. Sie wollen das Tier nicht sehen, das sie essen. Wenn sie ein Huhn zubereiten, zerhakken sie es in kleine Stückchen und vermengen sie mit anderen Sachen, so daß man kaum merkt, daß es Huhn ist. Deswegen kriegt man in einem chinesischen Restaurant auch nie ein Hühnerbein oder eine Hähnchenbrust.

Ist das wahr? fragt Alphie.

Das Baby greint immer noch an Malachys Schulter, aber am Tisch ist alles friedlich, während Alphie und Linda über Teebeutel und die Delikatesse der chinesischen Küche diskutieren. Dann kommt Mam aus dem Badezimmer und sagt zu Malachy, die Kleine hat Luft im Magen, sonst gar nichts. Komm, ich nehm sie.

Malachy gibt ihr Siobhan, setzt sich an den Tisch und trinkt seinen Tee. Mam geht hin und her, das Stück Leder flappt an ihrem kaputten Schuh, und ich weiß, ich werde mit ihr in ein Schuhgeschäft an der Third Avenue gehen müssen. Sie tätschelt das Baby, man hört ein lautes Bäuerchen, und wir müssen alle lachen. Sie legt das Baby in die Wiege zurück und beugt sich darüber. Ei, ei, ei, da, da, da, und das Baby gluckst. Sie setzt sich wieder an den Tisch, legt die Hände in den Schoß und sagt, ich würde meine Augen hergeben für eine schöne Tasse Tee, und Linda sagt, sie geht noch heute los und kauft eine Teekanne und offenen Tee, in Ordnung, Malachy?

Er sagt, in Ordnung, weil er im Grunde seines Herzens weiß, daß es nichts Besseres gibt als Tee, der in einer Kanne gemacht wird, die man vorher mit wild brodelndem Wasser ausspült, und dann nimmt man einen gehäuften Teelöffel für jede Tasse, gießt das wild brodelnde Wasser drüber und hält die Kanne mit einem Teewärmer warm, während der Tee exakt sechs Minuten zieht.

Malachy weiß, daß Mam den Tee immer so zubereitet, und gibt in der Teebeutelfrage nach. Er weiß auch, daß sie hinsichtlich der Bäuerchen von Babys den feineren Instinkt und überlegene Methoden hat, und es ist ein fairer Tausch, eine anständige Tasse Tee für sie und Erleichterung für das Baby Siobhan.

*

Zum erstenmal seit zehn Jahren sind wir wieder alle beisammen, Mama und ihre vier Söhne. Malachy hat seine Frau Linda und seine Tochter Siobhan, die erste einer neuen Generation. Michael hat eine Freundin, Jan, und Alphie wird auch bald eine finden. Ich habe mich mit Alberta ausgesöhnt und lebe mit ihr zusammen in Brooklyn.

Malachy ist die Seele jeder Party in New York, keine Party fängt ohne ihn an. Wenn er nicht erscheint, gibt's Unruhe und Wehklagen. Wo bleibt denn Malachy? Wo bleibt Ihr Bruder? Und wenn er hereinrauscht, sind alle glücklich. Er singt und trinkt und hält sein Glas hin und singt wieder, bis er zur nächsten Party davoneilt.

Mam liebt dieses Leben, sie findet es aufregend. Sie liebt es, in Malachys Bar einen Highball zu trinken und als Malachys Mutter vorgestellt zu werden. Ihre Augen funkeln, ihre Wangen glühen, und sie blendet die Welt mit ihren blitzenden falschen Zähnen. Sie geht mit Malachy zu den Partys, den Saufgelagen, wie sie sie nennt, sonnt sich in ihrer Mutterrolle und versucht Malachys Lieder mitzusingen, bis ihr mit ersten Anzeichen eines Emphysems die Luft wegbleibt. Nach all den Jahren, in denen sie in Limerick am Feuer gesessen und sich gesorgt hat, wo der nächste Laib Brot herkommen soll, hat sie jetzt eine schöne Zeit, und ist es nicht ein rundherum tolles Land? Ach, vielleicht bleibt sie noch ein bißchen länger. Wozu denn mitten im Winter nach Limerick zurückkehren, wo sie nichts zu tun hat, als am Feuer zu sitzen und ihre armen Schienbeine zu wärmen? Sie fährt erst zurück, wenn es wärmer wird, vielleicht zu Ostern, und Alphie kann sich ja hier eine Arbeit suchen, damit sie über die Runden kommen.

Malachy muß ihr sagen, wenn sie auch nur kurze Zeit in New York bleiben will, kann sie nicht bei ihm in der kleinen Wohnung bleiben, mit Linda und dem Baby, das gerade erst vier Monate alt ist.

Sie ruft mich bei Alberta an und sagt, ich bin gekränkt, jawohl, und wie. Vier Söhne in New York, und keiner hat einen Platz, wo ich mein müdes Haupt betten kann.

Aber wir haben alle nur kleine Wohnungen, Mam. Kein Platz.

Na ja, da fragt man sich schon, was ihr alle mit dem Geld macht, das ihr verdient. Das hättet ihr mir früher sagen sollen, bevor ihr mich von meinem gemütlichen Kamin weggezerrt habt.

Keiner hat dich weggezerrt. Hast du nicht immer wieder selber gesagt, du möchtest zu Weihnachten rüberkommen, und hat Malachy dir nicht die Überfahrt bezahlt?

Ich bin gekommen, weil ich mein erstes Enkelkind sehen wollte. Aber keine Sorge, ich zahl Malachy alles zurück, und wenn ich auf den Knien rumrutschen und Fußböden schrubben muß. Wenn ich vorher gewußt hätte, wie man mich hier behandelt, wäre ich in Limerick geblieben, wo ich eine schöne Gans für mich allein und ein Dach über dem Kopf gehabt hätte.

Alberta flüstert mir zu, ich soll Mam und Alphie für Samstag abend zum Essen einladen. Stille am anderen Ende der Leitung, dann ein Schniefen.

Tja, ich weiß noch nicht, ob ich Samstag abend kann. Malachy hat gesagt, es gibt vielleicht eine Party.

Na gut. Wir haben dich zum Abendessen eingeladen, aber wenn du schon wieder mit Malachy auf eine Party gehen willst, dann geh.

Du brauchst gar nicht so hochnäsig tun. Es ist furchtbar weit nach Brooklyn. Ich weiß es, ich hab da mal gewohnt.

Es ist nicht mal eine halbe Stunde.

Sie flüstert Alphie etwas zu, und er nimmt den Hörer. Francis? Wir kommen.

Als ich die Tür aufmache, trägt sie mit der Januarkälte auch ihre eigene Kälte herein. Sie quittiert Albertas Existenz mit einem Nikken und bittet mich um Feuer für ihre Zigarette. Alberta bietet ihr eine Zigarette an, aber sie lehnt ab, nein, danke, sie hat ihre eigenen, diese amerikanischen Zigaretten schmecken sowieso fast nach gar nichts. Alberta fragt sie, ob sie was trinken möchte, und sie möchte einen Highball. Alphie möchte ein Bier, und Mam sagt, aha, fängst du jetzt auch schon an?

Ich sage, ist doch nur ein Bier.

So fängt's immer an. Nur ein Bier, und im nächsten Moment grölt ihr und singt und weckt das Kind auf.

Hier gibt's kein Kind.

Aber bei Malachy gibt's eins, und die grölen und singen auch.

Alberta ruft uns zum Essen, es gibt Thunfischauflauf und grünen Salat. Mam läßt sich Zeit. Sie muß ihre Zigarette zu Ende rauchen, und überhaupt, wozu die Hetzerei?

Alberta meint, das Essen schmeckt am besten, solange es richtig heiß ist.

Mam sagt, sie kann heißes Essen nicht ausstehen, es verbrennt einem den Gaumen.

Ich sage zu ihr, jetzt mach um Himmels willen deine Zigarette aus und komm zu Tisch.

Sie kommt mit ihrem waidwunden Blick. Sie rückt ihren Stuhl

ran und schiebt den Salat weg. Der Kopfsalat hier schmeckt ihr nicht. Ich muß mich zusammenreißen. Ich frage sie, was zum Teufel der Unterschied ist zwischen Kopfsalat hier und Kopfsalat in Irland. Sie sagt, da ist ein großer Unterschied, hier schmeckt der Kopfsalat einfach nach nichts.

Alberta sagt, macht doch nichts. Kopfsalat ist nicht jedermanns Sache.

Mam beäugt mißtrauisch ihren Teller, schiebt mit der Gabel Nudeln und Thunfisch beiseite und pickt sich die Erbsen heraus. Sie sagt, sie liebt Erbsen, obwohl sie hier nicht so gut sind wie daheim in Limerick. Alberta fragt, ob sie noch mehr Erbsen möchte.

Nein, danke.

Dann stochert sie in den Nudeln nach Thunfischbrocken.

Ich frage sie, magst du die Nudeln nicht?

Was?

Die Nudeln. Schmecken sie dir nicht?

Ich kenn die nicht, aber ich hab nicht viel dafür übrig.

Ich würde mich am liebsten vorbeugen und ihr ins Gesicht sagen, daß sie sich wie eine Wilde benimmt, daß Alberta sich den Kopf zerbrochen hat, was sie ihr kochen könnte, und jetzt sitzt sie nur da und rümpft die Nase, als ob ihr jemand etwas getan hätte, und wenn ihr unser Essen nicht schmeckt, kann sie ihren blöden Mantel anziehen und nach Manhattan zurückfahren und auf die Party gehen, die sie verpaßt hat, und ich werde sie nie wieder mit einer Einladung zum Essen behelligen.

Das alles möchte ich ihr sagen, doch Alberta stiftet Frieden. Aber das macht doch nichts. Vielleicht ist Mam müde von all den Aufregungen in New York, und nachher, bei Kuchen und Tee, werden wir uns alle beruhigen.

Mam sagt nein, danke zum Kuchen, sie bringt keinen Bissen mehr runter, hätte aber gern eine Tasse Tee. Doch als sie den Teebeutel in ihrer Tasse sieht, sagt sie prompt wieder, das ist kein richtiger Tee.

Ich sage, wir haben nur den, sie kriegt keinen anderen, aber ich behalte für mich, daß ich ihr am liebsten den Teebeutel mitten zwischen die Augen klatschen würde.

Erst hat sie den Kuchen abgelehnt, aber jetzt schaufelt sie ihn rein, verschlingt ihn, fast ohne zu kauen, und zum Schluß pickt sie auch noch die Krümel von ihrem Teller auf und ißt sie, die Frau, die keinen Kuchen wollte.

Sie schaut ihre Teetasse an. Na ja, wenn wir nur solchen Tee haben, wird sie ihn wohl trinken müssen. Mit dem Löffel hebt sie den Teebeutel heraus und drückt ihn, bis das Wasser braun wird, und dann will sie wissen, warum eine Zitronenscheibe auf ihrer Untertasse liegt.

Alberta sagt, manche Leute trinken den Tee mit Zitrone.

Mam sagt, das hat sie ja noch nie gehört, das ist ja ekelhaft.

Alberta nimmt die Zitronenscheibe weg, und Mam sagt, sie hätte gern Milch und Zucker, wenn es nicht zuviel Mühe macht. Sie bittet um Feuer für ihre Zigarette und raucht sie, trinkt aber nur die Hälfte von ihrem Tee, um uns zu zeigen, daß er ihr nicht schmeckt.

Alberta fragt, ob sie und Alphie in das Kino um die Ecke gehen möchten, aber Mam sagt, nein, sie müssen zurück nach Manhattan, es ist schon spät.

Alberta sagt, so spät ist es doch gar nicht, und Mam sagt, spät genug.

Ich gehe mit meiner Mutter und Alphie die Henry Street hinauf und hinüber zur U-Bahnstation Borough Hall. Es ist ein klarer Januarabend, und an der ganzen Straße leuchten und blinken in den Schaufenstern noch überall Weihnachtslichter. Alphie äußert sich anerkennend darüber, wie elegant die Häuser hier sind, und bedankt sich für das Essen. Mam sagt, sie versteht nicht, wieso man das Essen nicht in einen tiefen Teller ohne Unterteller tun kann. So was findet sie affig.

Als der Zug einfährt, schüttle ich Alphie die Hand. Ich beuge mich vor, um meiner Mutter einen Kuß zu geben, und will ihr einen Zwanzigdollarschein zustecken, aber sie weicht zurück und setzt sich mit dem Rücken zu mir in den Zug. Ich mache mich auf den Heimweg, und der Schein ist wieder in meiner Tasche.

44

Acht Jahre lang bin ich mit der Staten-Island-Fähre gefahren. Ich nahm den RR-Train von Brooklyn zur Whitehall Street in Manhattan, ging zur Anlegestelle, steckte mein Fünfcentstück in den Schlitz am Drehkreuz, kaufte mir eine Tasse Kaffee und einen Doughnut ohne Zucker und wartete auf einer Bank mit einer Zeitung, die voll war mit den Katastrophen des Vortages.

*

Mr. Jones gab Musikunterricht an der McKee-Berufsschule, doch wenn man ihn auf der Fähre sah, hätte man ihn für einen Universitätsprofessor oder den Chef einer Anwaltskanzlei gehalten, und das, obwohl er ein Neger war, aus dem einmal ein Schwarzer und, noch später, ein Afroamerikaner werden sollte. Er trug jeden Tag einen anderen dreiteiligen Anzug mit dazu passendem Hut. Er trug Hemden mit goldenen Kragennadeln. Auch seine Uhr und seine Ringe waren aus Gold und fein gearbeitet. Die alten italienischen Schuhputzer mochten ihn, weil er täglich ihre Dienste in Anspruch nahm und großzügige Trinkgelder gab, und putzten seine Schuhe blitzblank. Jeden Morgen las er die Times, mit Lederhandschuhen, die von unterhalb des Handgelenks bis über die Knöchel reichten, also die Finger freiließen. Er lächelte, wenn er mir von den Konzerten und Opern erzählte, in denen er am Abend zuvor gewesen war, oder von Sommerreisen nach Europa, vor allem nach Mailand und Salzburg. Er legte mir die Hand auf den Arm und sagte, ich darf auf keinen Fall sterben, ohne wenigstens einmal in der Mailänder Scala gesessen zu haben. Ein anderer Lehrer scherzte eines Morgens, die Schüler an der McKee seien wohl von seiner Kleidung sehr beeindruckt, von all dieser Eleganz, nicht wahr, und Mr. Jones sagte, meine Kleidung paßt zu dem, was ich bin. Der Lehrer schüttelte den Kopf, und Mr. Jones widmete sich wieder seiner Times. Auf der Rückfahrt mit der Fähre am Abend desselben Tages sagte der andere Lehrer zu mir, Mr. Jones sieht sich anscheinend gar nicht als Neger, er ruft den schwarzen Kindern zu, sie sollen nicht so durch die Korridore tanzen. Die schwarzen Kinder wissen nicht, was sie von Mr. Jones und seiner Eleganz halten sollen. Sie wissen nur, daß Mr. Jones, ganz gleich, welche Musik sie mögen, immer da oben steht und über Mozart spricht, seine Musik auf dem Plattenspieler spielt oder Passagen am Klavier erläutert, und bei der Weihnachtsfeier stellt er seine Jungen und Mädchen auf die Bühne, und sie singen wie die Engel.

Jeden Morgen fuhr ich auf der Fähre an der Freiheitsstatue und Ellis Island vorbei und dachte daran, wie meine Mutter und mein Vater in dieses Land gekommen waren. Waren sie bei der Einfahrt genauso aufgeregt gewesen wie ich an jenem sonnigen Oktobermorgen? Lehrer, die zur McKee und anderen Schulen auf Staten Island unterwegs waren, saßen auf der Fähre und schauten zur Statue und zur Insel hinüber. Sicher dachten auch sie daran, wie ihre Eltern oder Großeltern hier angekommen waren, und vielleicht dachten sie auch an die vielen Hundert, die zurückgeschickt wurden. Es muß sie genauso traurig gestimmt haben wie mich, Ellis Island zu sehen, das vernachlässigt wurde und langsam verkam, und diese seitlich im seichten Wasser festgemachte alte Fähre, die Fähre, auf der die Einwanderer von Ellis Island zur Insel Manhattan fuhren, und wenn sie genau hinschauten, sahen sie dort Geister, die sich nach der Landung sehnten.

*

Mam hatte mit Alphie eine Wohnung auf der West Side bezogen. Dann suchte sich Alphie was Eigenes in der Bronx, und Mam zog in die Flatbush Avenue, nicht weit von der Grand Army Plaza in

Brooklyn. Das Haus war unansehnlich, aber sie war froh, eine Bleibe zu haben, wo sie niemandem Rechenschaft schuldete. Sie konnte zum Bingo gehen, sooft sie wollte, und sie war zufrieden, danke der Nachfrage.

*

In meinen ersten Jahren an der McKee-Berufsschule belegte ich am Brooklyn College Vorlesungen, um meinen Magister in Englisch zu machen. Ich begann mit Sommerkursen, und während des Schuljahrs besuchte ich Lehrveranstaltungen am Nachmittag und am Abend. Ich fuhr mit der Fähre von Staten Island nach Manhattan, ging zu Fuß zur U-Bahnstation Bowling Green und fuhr bis zur Endstation der Flatbush-Linie, von wo aus ich es nicht mehr weit zum Brooklyn College hatte. Auf der Fähre und in der U-Bahn konnte ich mich fürs Studium vorbereiten oder die Arbeiten meiner Schüler an der McKee korrigieren.

Von meinen Schülern verlangte ich ordentliche, saubere, lesbare Arbeiten, aber sie gaben ab, was sie in Bussen oder Zügen, im Werkunterricht, wenn der Lehrer nicht herschaute, oder in der Cafeteria hingeschmiert hatten. Die Arbeiten waren mit Kaffee-, Coca-Cola-, Eiscreme-, Ketchup- und Niesflecken übersät und dort, wo Mädchen sich damit die geschminkten Lippen abgetupft hatten, üppig verziert. Manchmal ärgerte ich mich derart über diese Schlamperei, daß ich einen ganzen Schwung Arbeiten über den Rand der Fähre warf und mit Genugtuung zusah, wie sie im Wasser versanken und ein Sargassomeer des Analphabetentums bildeten.

Wenn sie mich dann nach ihren Arbeiten fragten, sagte ich ihnen, sie seien so schlecht gewesen, daß ich, wenn ich sie nicht kassiert hätte, jedem von ihnen eine Null hätte geben müssen, und ob ihnen das lieber gewesen wäre als gar nichts?

Sie waren sich nicht sicher, und wenn ich es mir überlegte, war ich mir auch nicht ganz sicher. Null oder gar nichts? Wir diskutierten ein halbes Schuljahr darüber und kamen zu dem Schluß, daß gar nichts besser sei als eine Null im Zeugnis, weil man gar nichts durch nichts, Null jedoch, wenn man mit Algebra oder so etwas arbeitet, durchaus teilen kann, weil eine Null etwas ist und gar nichts eben gar nichts, und dagegen konnte keiner was einwenden. Außerdem, wenn die Eltern eine Null im Zeugnis sehen, erschrekken sie, jedenfalls diejenigen, denen nicht alles egal ist, aber wenn sie nichts sehen, wissen sie nicht, was sie denken sollen, und es ist besser, wenn die Eltern nicht wissen, was sie denken sollen, als wenn sie eine Null sehen und einem eine Kopfnuß verpassen.

Nach meinen Kursen am Brooklyn College stieg ich manchmal an der Bergen Street aus, um meine Mutter zu besuchen. Wenn sie wußte, daß ich kam, machte sie mit Backpulver gebackenes Brot, das so warm und köstlich war, daß es genauso schnell auf der Zunge zerging wie die Butter, mit der es dick bestrichen war. Sie brühte Tee in der Teekanne auf und machte sich nach wie vor lustig über die Teebeutel. Ich sagte ihr, Teebeutel seien einfach praktisch für vielbeschäftigte Leute, und sie sagte, niemand ist so beschäftigt, daß er nicht die Zeit hat, sich eine anständige Tasse Tee zu machen, und wenn man doch so beschäftigt ist, dann hat man auch keine anständige Tasse Tee verdient, weil worum geht's denn im Grunde genommen? Sind wir auf der Welt, um beschäftigt zu sein oder um bei einer anständigen Tasse Tee einen Schwatz zu halten?

*

Mein Bruder Michael heiratete in Malachys Wohnung an der West 93rd Street Donna aus Kalifornien. Mam kaufte sich für die Feier extra ein neues Kleid, aber man sah ihr an, daß sie das Verfahren mißbilligte. Da heiratete ihr liebreizender Sohn Michael, und man sah keine Spur von einem Priester, nur einen protestantischen Geistlichen im Wohnzimmer, der auch Lebensmittelhändler oder ein Polizist hätte sein können, der sich in seiner dienstfreien Zeit mit Kragen und Krawatte rausgeputzt hatte. Malachy hatte zwei Dutzend Klappstühle gemietet, und als wir unsere Plätze einnahmen, fiel mir auf, daß Mam fehlte. Sie stand in der Küche und rauchte eine Zigarette. Ich sagte ihr, die Trauung fange gleich an, und sie sagte, sie habe ihre Zigarette noch nicht zu Ende geraucht. Um Himmels willen, Mam, dein Sohn heiratet. Sie sagte, das sei sein Problem, sie müsse ihre Zigarette zu Ende rauchen, und als ich ihr sagte, sie lasse alle anderen warten, verhärtete sich ihr Gesicht, ihre Nase ging nach oben, und sie drückte die Zigarette im Aschenbecher aus und ging betont gemächlich ins Wohnzimmer. Unterwegs flüsterte sie, sie müsse ins Bad, aber ich zischte, das müsse sie sich jetzt verdammt noch mal verkneifen. Sie setzte sich auf ihren Stuhl und starrte über den Kopf des protestantischen Geistlichen hinweg. Egal, was gesagt wurde, egal, wie rührend und nett die Zeremonie war, sie wollte nichts damit zu tun haben, blieb unerbittlich, und als Braut und Bräutigam geküßt und umarmt wurden, blieb Mam mit ihrer Handtasche auf dem Schoß sitzen und sah stur geradeaus, damit alle wußten, daß sie nichts sah, vor allem nicht, wie ihr liebreizender Sohn Michael in die Fänge von Protestanten und ihren Geistlichen geriet.

*

Einmal, als ich Mam in der Flatbush Avenue besuchte und mit ihr Tee trank, sagte sie, es sei schon eigenartig, daß sie nach so vielen Jahren in diesen Teil der Welt zurückgekommen sei, in eine Stadt, in der sie fünf Kinder geboren hatte, obwohl drei davon sterben mußten, das kleine Mädchen hier in Brooklyn, die Zwillingsjungen in Irland. Vielleicht war es zuviel für sie, an dieses kleine Mädchen zu denken, das nach einundzwanzig Tagen gestorben war, gar nicht weit von hier. Sie wußte, wenn man die Flatbush Avenue bis zur Kreuzung mit der Atlantic Avenue hinunterging, konnte man immer noch die Bars sehen, in denen mein Vater sich ausgetobt, seinen Lohn vertrunken, seine Kinder vergessen hatte. Nein, darüber würde sie auch nicht sprechen. Als ich sie nach ihrer Zeit in Brooklyn fragte, warf sie mir ein paar Brocken hin und verstummte dann. Wozu soll das gut sein? Was vorbei ist, ist vorbei, und es ist gefährlich, zurückzuschauen.

Sie muß Alpträume gehabt haben, allein in dieser Wohnung.

45

Stanley sitzt öfter in der Lehrerkantine als sonst jemand. Wenn er mich sieht, setzt er sich zu mir, trinkt Kaffee, raucht Zigaretten und hält Monologe über Gott und die Welt.

Wie die meisten Lehrer hat er fünf Klassen, aber seine Sprechtherapieschüler fehlen oft, weil es ihnen peinlich ist, daß sie stottern oder sich mit ihrer Gaumenspalte nicht verständlich machen können. Stanley hält ihnen aufbauende Vorträge, aber obwohl er ihnen immer wieder sagt, daß sie genausoviel wert sind wie jeder andere, glauben sie ihm nicht. Einige von ihnen sind in meinen normalen Englischkursen, und in ihren Aufsätzen schreiben sie, Mr. Garber hat gut reden, er ist ja ein netter Kerl und so, aber er hat keine Ahnung, wie es ist, zu einem Mädchen hinzugehen und es zum Tanzen aufzufordern, wenn man das erste Wort nicht rausbringt. Ach ja, schön und gut, daß Mr. Garber sich bemüht, ihnen ihr Stottern durch Singen abzugewöhnen, aber was nützt einem das, wenn man zum Tanzen geht?

*

Im Sommer 1961 wollte Alberta in der Grace Episcopal Church in Brooklyn Heights heiraten. Ich weigerte mich. Ich sagte ihr, ich wolle lieber in der City Hall heiraten als in einem faden Abklatsch der Einen Heiligen Römisch-Katholischen und Apostolischen Kirche. Die Episkopalen verstand ich nicht. Warum hörten die nicht mit dem verdammten Quatsch auf? Wenn sie schon Heiligenfiguren und Kruzifixe und Weihwasser und sogar die Beichte haben, warum rufen sie dann nicht in Rom an und sagen, sie wollen in den Schoß der katholischen Kirche zurückkehren?

Alberta sagte, schon gut, schon gut, und wir gingen ins Municipal Building in Manhattan. Obwohl es nicht Vorschrift war, hatten wir Brian McPhillips als Trauzeugen und seine Frau Joyce als Brautjungfer dabei. Unsere Zeremonie verzögerte sich, weil die beiden, die vor uns dran waren, sich stritten. Sie sagte zu ihm, willst du mich vielleicht mit dem grünen Regenschirm am Arm heiraten? Er sagte, das sei sein Regenschirm und er denke nicht dran, ihn hier draußen stehenzulassen, damit er geklaut wird. Sie nickte zu uns her und sagte, die Leute hier werden dir deinen verdammten grünen Schirm bestimmt nicht klauen, entschuldige den Ausdruck an unserem Hochzeitstag. Er sagte, er wolle niemanden verdächtigen, aber er hätte verdammt noch mal einen Haufen Geld für den Schirm hingelegt, bei einem Typ in der Chambers Street, der sie klaut und dann verkauft, und er denke nicht daran, ihn aus der Hand zu geben, für niemanden. Sie sagte, na schön, dann heirate deinen gottverdammten Regenschirm, nahm ihre Handtasche und strebte zur Tür. Er sagte, wenn sie jetzt rausgehe, sei Schluß, und sie wandte sich uns vier und der Frau hinter dem Schreibtisch und dem Standesbeamten zu, der aus der kleinen Hochzeitskapelle kam, und sagte, Schluß? Was redest du da, Mann? Wir sind jetzt seit drei Jahren zusammen, und du willst mir sagen, es ist Schluß? Du hast mir nicht zu sagen, daß Schluß ist. Wenn hier einer was sagt, dann bin ich das, und ich sag dir, dieser Regenschirm kommt mir nicht auf meine Hochzeit, und wenn du dich stur stellst, dann gibt's da einen gewissen Jemand in South Carolina, eine gewisse Exfrau, die zu gern wüßte, wo du steckst, und ich würde es ihr nur allzugern mitteilen, wenn du weißt, was ich meine, ein gewisser Jemand, der gern Unterhalt für sich selbst und Alimente fürs Kind hätte. Du kannst dir's aussuchen, Byron, entweder mit mir, aber ohne Regenschirm in dem kleinen Kabuff da mit dem Mann drin, oder ab mit dir nach South Carolina, wo du dann mit deinem Regenschirm vor dem Richter stehst, der dir sagt, Zahlemann und Söhne, Byron, Sie müssen Ihre Frau und Ihr Kind unterstützen.

Der Standesbeamte an der Tür der Hochzeitskapelle wollte wissen, ob sie soweit seien. Byron fragte mich, ob ich derjenige sei, der heiratet, und ob es mir was ausmachen würde, seinen Regenschirm zu halten, er sehe ja, daß es mir genauso geht wie ihm, daß ich auch nirgendwo anders hin kann als in das kleine Kabuff da. Das Ende der Straße, Mann, das ist das Ende der Straße. Ich wünschte ihm viel

Glück, aber er schüttelte den Kopf und sagte, verdammt, warum lassen wir uns alle so kleinkriegen?

In ein paar Minuten kamen sie wieder heraus, um die Papiere zu unterschreiben, die Braut strahlend, Byron verbiestert. Wir wünschten ihnen alle noch einmal viel Glück und folgten dem Standesbeamten in das Zimmer. Er lächelte und fragte, find wir alle verfammelt?

Brian sah mich an und zog die Augenbrauen hoch.

Der Standesbeamte sagte, wollen Fie die hier anwefende Alberta Fmall lieben, achten …?, und ich mußte mir mühsam das Lachen verbeißen. Wie sollte ich diese Trauung überstehen, vollzogen von einem Mann mit einem so starken Lispeln? Ich mußte an etwas anderes denken, um mich wieder in den Griff zu kriegen. Genau, das war's. Der Regenschirm unter meinem Arm. O Gott, gleich zerreißt's mich. Ich schwankte zwischen dem Regenschirm und dem Lispeln und durfte nicht lachen. Alberta bringt mich um, wenn ich bei unserer eigenen Hochzeit lache. Man darf Freudentränen weinen, aber auf keinen Fall lachen, und dabei bin ich völlig geschafft von diesem Lispler, der dief und jenef erzählt, ich, der erste Mann in New York, der sich mit einem grünen Regenschirm unterm Arm trauen läßt, ein feierlicher Gedanke, der mich vom Lachen abhält, und dann war die Zeremonie vorbei und der Ring an Albertas Finger, Braut und Bräutigam küßten sich und wurden von Brian und Joyce beglückwünscht, bis die Tür aufging und Byron vor mir stand. Mann, hast du meinen Schirm? Das hast du für mich getan? Ihn hier mit reingenommen? Sollen wir einen trinken gehen? Feiern?

Alberta half mir mit einem fast unmerklichen Kopfschütteln.

Ich sagte zu Byron, es tue mir leid, aber wir müßten zu Freunden, die uns zu Ehren eine Party geben.

Hast du ein Glück, Mann, ihr habt Freunde. Ich und Selma gehen jetzt auf ein Sandwich und dann ins Kino. Ist mir aber egal. Im Kino ist sie wenigstens still, ha, ha, ha. Danke, daß du auf meinen Regenschirm aufgepaßt hast.

Byron und Selma gingen, und ich schüttete mich aus vor Lachen. Alberta versuchte, wenigstens halbwegs den Ernst des Anlasses zu wahren, kapitulierte aber, als sie sah, daß auch Brian und Joyce lachten. Ich wollte ihnen erzählen, daß mich der grüne Regenschirm davor bewahrt hatte, über das Lispeln zu lachen, aber je mehr ich es versuchte, desto lauter mußte ich lachen, und wir hielten uns aneinander fest, als wir mit dem Aufzug runterfuhren, und wischten uns draußen in der Augustsonne die Tränen aus den Augen.

Wir gingen das kurze Stück bis zu Diamond Dan O'Rourke's Saloon zu Fuß und trafen uns dort mit Frank Schwake und seiner Frau Jean und mit Jim Collins und seiner neuen Frau Sheila Malone. Später stand eine Party draußen in Queens bei Brian und Joyce auf dem Programm, die Alberta und mich in ihrem Volkswagen mitnehmen wollten.

Schwake spendierte mir einen Drink. Collins und Brian ebenfalls. Der Barkeeper schmiß eine Runde, und ich spendierte ihm einen Drink und gab ihm ein dickes Trinkgeld. Er lachte und meinte, ich sollte jeden Tag heiraten. Ich spendierte Schwake und Collins und Brian einen Drink, und sie wollten sich alle drei revanchieren. Joyce flüsterte Brian etwas zu, und ich konnte mir denken, daß sie wegen der Trinkerei besorgt war. Alberta empfahl mir, ich solle mich ein bißchen zurückhalten. Sie wisse ja, daß es mein Hochzeitstag sei, aber es sei noch früh am Tage und ich solle doch etwas Respekt haben vor ihr und den Gästen nachher beim Empfang. Ich antwortete, wir seien kaum fünf Minuten verheiratet, und schon kommandiere sie mich herum. Natürlich hätte ich Respekt vor ihr und den Gästen. Ich hätte immer nur Respekt gehabt und sei es leid, Respekt zu haben. Ich sagte ihr, sie solle sich bremsen, und die Spannung zwischen uns wurde so explosiv, daß Collins und Brian eingriffen. Brian sagte, das sei seine Aufgabe, dafür seien Trauzeugen schließlich da. Collins sagte, er kenne mich schon länger als Brian, aber Brian sagte, nein, stimmt nicht, ich bin mit ihm aufs College gegangen. Collins sagte, das habe er nicht gewußt.

McCourt, wieso hast du mir nie gesagt, daß du mit McPhillips auf dem College warst? Ich sagte, ich hätte es nie für nötig gehalten, überall herumzuposaunen, mit wem ich auf dem College war, und aus irgendeinem Grund mußten wir alle darüber lachen. Der Barkeeper sagte, es sei schön, Leute zu sehen, die an ihrem Hochzeitstag so glücklich sind, und wir lachten noch mehr, weil wir an Lispler und grüne Regenschirme denken mußten und daran, daß Alberta mir gesagt hatte, ich solle Respekt vor ihr und den Gästen haben. Natürlich hatte ich Respekt vor ihr am Tag unserer Hochzeit, jedenfalls bis ich auf die Toilette ging und mir einfiel, daß sie mich einem anderen zuliebe abgewiesen hatte, und ich war drauf und dran, rauszugehen und sie zur Rede zu stellen, als ich auf dem glitschigen Boden der Toilette in Diamond Dan O'Rourke's Saloon ausrutschte und mir den Kopf so hart an dem großen Urinal anschlug, daß ich Kopfschmerzen bekam, die mich die Abweisung vergessen ließen. Alberta wollte wissen, warum meine Jacke hinten feucht sei, und als ich sagte, auf der Männertoilette regnet es herein, glaubte sie mir nicht. Du bist hingefallen, stimmt's? Nein, bin ich nicht. Es hat reingeregnet. Sie wollte mir das einfach nicht glauben, sagte, ich hätte zuviel getrunken, und das machte mich so wütend, daß ich am liebsten abgehauen wäre, um mit einer Ballerina in einem Loft in Greenwich Village zu leben, bis Brian sagte, ach, komm schon, sei nicht blöd, es ist doch auch Albertas Hochzeitstag.

Bevor wir nach Queens fuhren, mußten wir bei Schrafft's in der West 57th Street die Hochzeitstorte abholen. Joyce sagte, sie fahre, weil Brian und ich im Diamond Dan's zu ausgiebig gefeiert hätten, während sie und Alberta sich das für die Party am Abend aufgespart hätten. Sie hielt gegenüber von Schrafft's und sagte nein, als Brian sich erbot, die Torte zu holen, aber er blieb stur und schlängelte sich durch den Verkehr. Joyce schüttelte den Kopf und sagte, der bringt's fertig und läßt sich überfahren. Alberta forderte mich auf, ihm zu helfen, aber Joyce schüttelte wieder den Kopf und sagte, das würde alles nur noch schlimmer machen. Brian kam mit einer großen Tortenschachtel auf den Armen aus dem Geschäft und schlängelte sich wieder durch den Verkehr, bis ihn an der Mittellinie ein Taxi leicht streifte und er die Schachtel fallen ließ. Joyce ließ den Kopf aufs Lenkrad sinken. O Gott, sagte sie, und ich sagte, ich gehe jetzt meinem Trauzeugen Brian helfen. Nein, nein, sagte Alberta, ich gehe. Ich widersprach, das ist Männersache, ich dulde nicht, daß sie bei diesen wahnsinnigen Taxis auf der 57th Street ihr Leben aufs Spiel setzt, und ich ging hinüber, um Brian zu helfen, der auf allen vieren die zerquetschte Torte beschützte, während der Verkehr rechts und links an ihm vorbeiraste. Ich kniete mich neben ihn und riß einen Kartonstreifen von der Schachtel ab, und wir schoben die Torte in die Schachtel zurück, wobei hier und da ein Stückchen abfiel. Die kleinen Figuren von Braut und Bräutigam sahen traurig aus, wir wischten sie ab und stellten sie wieder auf die Torte, aber nicht oben, weil wir nicht mehr wußten, wo oben war, sondern irgendwo mittendrin, wo wir sie sicherheitshalber in die Tortenmasse drückten. Joyce und Alberta riefen uns aus dem Auto zu, wir sollten von der Straße weg, bevor die Polizei kam oder wir totgefahren wurden, und außerdem sind wir sowieso das Warten leid, also macht schnell. Als wir ins Auto stiegen, sagte Joyce zu Brian, gib die Torte nach hinten, Alberta soll auf sie aufpassen, aber er lehnte trotzig ab und sagte, nein, nach dem ganzen Ärger gibt er die Torte nicht mehr her, bis wir in der Wohnung sind, und das tat er auch, obwohl er Sahnekleckse und kleine grüne und gelbe Verzierungen auf dem Schoß und überhaupt auf dem ganzen Anzug hatte.

Die Frauen zeigten uns auf der restlichen Fahrt die kalte Schulter, unterhielten sich nur miteinander und machten Bemerkungen über die Iren, daß man ihnen nicht mal so etwas Simples zutrauen könne, wie eine Hochzeitstorte über die Straße zu tragen, daß diese Iren sich partout nicht mit einem oder zwei Drinks vor der Feier begnügen können, o nein, die müssen palavern und sich gegenseitig freihalten, bis sie in einem solchen Zustand sind, daß man sie nicht mal mehr zum Milchholen schicken kann.

Sieh ihn dir an, sagte Joyce, und ich sah, daß Brian mit dem Kinn auf der Brust eingenickt war, während die Frauen ihr Lamento über die Iren im allgemeinen und diesen Tag im besonderen fortsetzten und Alberta sagte, alle haben mich gewarnt, daß die Iren toll zum Ausgehen sind, aber nichts zum Heiraten. Ich hätte natürlich meine Rasse verteidigt und ihr gesagt, daß ihre Yankeevorfahren keinen Grund hätten, stolz zu sein, so wie sie die Iren behandelt haben, mit diesen Schildern überall, Bewerbungen von Iren zwecklos, nur war ich viel zu erschöpft von der Mühsal der Heiratszeremonie, bei der mich ein lispelnder Mann getraut hatte, während ich Byrons grünen Regenschirm hielt, und von meiner Verantwortung als Bräutigam und Gastgeber im Diamond Dan O'Rourke's. Wenn mich die Müdigkeit nicht übermannt hätte, dann hätte ich sie daran erinnert, daß ihre Vorfahren am laufenden Band Frauen als Hexen aufgehängt hatten, daß sie allesamt eine dreckige Phantasie hatten und jedesmal entsetzt die Augen verdrehten, wenn von Sex die Rede war, gleichzeitig aber ein wohliges Prickeln zwischen den Beinen hatten, wenn sie im Gericht puritanischen Jungfern zuhörten, die behaupteten, der Teufel erscheine ihnen in mannigfacher Gestalt und verlustiere sich mit ihnen im Wald, und sie seien ihm derart hörig geworden, daß sie alle Keuschheit hätten fahrenlassen. Ich hätte Alberta gesagt, daß die Iren nie so gewütet haben. In der gesamten Geschichte Irlands wurde nur eine einzige Frau als Hexe gehängt, und die war wahrscheinlich Engländerin und hatte es verdient. Und zum guten Schluß hätte ich ihr noch gesagt, daß die erste Hexe, die in Neuengland gehängt wurde, Irin war, und ihr das bloß angetan wurde, weil sie ihre Gebete auf lateinisch sprach und kein Ende finden konnte.

Statt das alles zu sagen, schlief ich ein und wurde erst wieder wach, als Alberta mich rüttelte und sagte, wir sind da. Joyce bestand darauf, Brian die Torte abzunehmen. Womöglich würde er auf der Treppe stolpern und die Torte vollends zermanschen, aber sie hoffe immer noch, sie rekonstruieren zu können, damit wir wenigstens etwas halbwegs Tortenähnliches hätten und die Leute singen könnten, Die Braut schneidet die Torte an.

Die Gäste kamen, es wurde gegessen, getrunken und getanzt, und zwischen allen Paaren, ob verheiratet oder unverheiratet, kam es zu Mißverständnissen. Frank Schwake redete nicht mit seiner Frau Jean. Jim Collins stritt in einer Ecke mit seiner Frau Sheila. Zwischen Alberta und mir herrschte immer noch eine gewisse Kühle, ebenso zwischen Brian und Joyce. Die anderen Paare ließen sich anstecken, und überall in der Wohnung entstanden kleine Spannungsgebiete. Der Abend wäre vollends verdorben gewesen, wenn wir nicht gemeinsam Front gegen einen äußeren Feind gemacht hätten.

Einer von Albertas Freunden, ein Deutscher namens Dietrich, fuhr mit seinem Volkswagen los, um den zur Neige gehenden Biervorrat aufzufüllen, und als er zurückkam, geriet er mit dem Besitzer eines Buicks aneinander, den er beim Einparken gerammt hatte. Irgend jemand erzählte mir, daß es draußen Stunk gab, und ich als Bräutigam hatte die Pflicht, Frieden zu stiften. Der Buickmensch war ein Hüne und fuchtelte Albertas Freund mit der Faust vor der Nase herum. Als ich dazwischenging, holte er zu einem gewaltigen Schwinger aus. Er streifte meinen Hinterkopf und traf Dietrich aufs Auge, und wir fielen alle drei hin. Wir rauften ein bißchen miteinander, und keiner war besonders zimperlich, bis Schwake, Collins und McPhillips uns trennten und der Buickmensch drohte, Dietrich den Kopf abzureißen. Als wir den Deutschen ins Haus zerrten, merkte ich, daß meine Hose am Knie zerrissen war und das Knie blutete. Auch die Knöchel meiner rechten Hand bluteten, ich hatte sie mir auf dem Pflaster aufgescheuert.

Oben fing Alberta an zu weinen und sagte, ich verderbe ihr den ganzen Abend. Mein Blut geriet ein bißchen in Wallung, und ich sagte ihr, ich hätte nur versucht, Frieden zu stiften, und es sei nicht meine Schuld, daß mich dieser Pavian von nebenan niedergeschlagen habe. Außerdem hätte ich ihrem deutschen Freund geholfen, und dafür sollte sie mir dankbar sein.

Der Streit wäre weitergegangen, wenn Joyce nicht dazwischengefunkt und alle zum Anschneiden der Torte an den Tisch gerufen hätte. Als sie das Tuch abnahm, lachte Brian und gab ihr einen Kuß, weil sie eine so geniale Künstlerin war und man der Torte überhaupt nicht mehr ansah, daß sie vor kurzem von der Straße gekratzt worden war. Das kleine Brautpaar war fest verankert, nur der Kopf des Bräutigams wackelte und fiel ab, und ich sagte zu Joyce, Schwank steht der Bräutigam, solang das Haupt noch auf die Schultern drückt. Die Braut schnitt die Torte an, der Bräutigam schnitt die Torte an, und Alberta schien besänftigt, obwohl man keine richtigen Scheiben schneiden konnte und die Torte in Klumpen serviert werden mußte.

Joyce verkündete, sie mache jetzt Kaffee, und Alberta sagte, das wäre schön, aber Brian meinte, wir sollten erst noch einmal die Gläser füllen und einen Toast auf die Neuvermählten ausbringen, und ich stimmte ihm zu, aber Alberta wurde so wütend, daß sie sich den Trauring vom Finger riß und ihn aus dem Fenster warf, doch plötzlich fiel ihr ein, daß es der Ehering ihrer Großmutter von kurz nach der Jahrhundertwende war, und jetzt war er zum Fenster raus, und was sie denn tun solle, ich sei an allem schuld, und es sei ein großer Fehler gewesen, mich zu heiraten. Brian sagte, wir müßten den Ring suchen gehen. Wir hatten keine Taschenlampe, behalfen uns aber mit Zündhölzern und Feuerzeugen, während wir auf dem Rasen unter Brians Fenster herumkrochen, bis Dietrich rief, er habe den Ring, und alle ihm verziehen, daß er die Szene mit dem Buickmann heraufbeschworen hatte. Alberta weigerte sich, den Ring wieder an den Finger zu stecken. Sie werde ihn in ihrer Handtasche lassen, bis sie sich dieser Ehe sicher sei. Sie und ich nahmen zusammen mit Jim Collins und Sheila ein Taxi. Sie wollten uns vor unserer Wohnung in Brooklyn absetzen und dann nach Manhattan weiterfahren. Sheila sprach nicht mit Jim, und Alberta sprach nicht mit mir, aber als wir in die State Street einbogen, packte ich sie und sagte, ich werde heute nacht diese Ehe vollziehen.

Sie sagte, ach was, vollziehen, meine Fresse, und ich sagte, das reicht.

Das Taxi hielt, und ich kletterte vom Rücksitz, wo ich mit Sheila und Alberta gesessen hatte. Jim stieg vorne aus und kam zu mir herüber. Er wollte mir nur gute Nacht sagen und wieder einsteigen, aber Alberta zog die Tür zu, und das Taxi fuhr davon.

Allmächtiger, sagte Collins, das ist doch verdammt noch mal deine Hochzeitsnacht, McCourt. Wo ist deine Braut? Und wo ist meine?

Wir stiegen die Treppe hinauf, fanden im Kühlschrank einen Sechserpack Schlitz-Bier, setzten uns auf die Couch, nur wir beide, und sahen im Fernsehen zu, wie John Wayne Indianer vom Pferd schoß.

46

Im Sommer 1963 rief Mam an und sagte, sie habe einen Brief von meinem Vater bekommen. Er schrieb, er sei ein anderer Mensch geworden, habe seit drei Jahren nichts mehr getrunken und arbeite jetzt als Koch in einem Kloster.

Ich sagte, wenn mein Vater Klosterkoch ist, müssen die Mönche auf Dauerfasten sein.

Sie lachte nicht, und das bedeutete, daß sie beunruhigt war. Sie las mir die Stelle aus dem Brief vor, wo er schrieb, er komme mit einem Drei-Wochen-Rückfahrticket auf der Queen Mary und freue sich auf den Tag, an dem wir alle wieder beisammen sein würden, und er und sie würden das Bett und das Grab teilen, denn sie wisse so gut wie er, was Gott zusammengefügt hat, das soll der Mensch nicht scheiden.

Sie klang unschlüssig. Was sollte sie tun? Malachy hatte schon zu ihr gesagt, warum nicht? Sie wollte wissen, wie ich darüber denke. Ich gab die Frage zurück. Wie denkst du darüber? Immerhin war das der Mann, der ihr in New York und Limerick das Leben zur Hölle gemacht hatte, und jetzt wollte er auf einmal wieder bei ihr vor Anker gehen, in einem sicheren Hafen in Brooklyn.

Ich weiß nicht, was ich machen soll, sagte sie.

Sie wußte nicht, was sie machen sollte, weil sie einsam war in diesem finsteren Loch an der Flatbush Avenue, und sie war das beste Beispiel für das irische Sprichwort, Streit ist besser als Einsamkeit. Entweder konnte sie jetzt, mit fünfundfünfzig, diesen Mann zurücknehmen, oder es stand ihr jahrelange Einsamkeit bevor. Ich schlug vor, wir sollten uns im Junior's Restaurant zum Kaffee treffen.

Sie war vor mir da und paffte keuchend an einer starken amerikanischen Zigarette. Nein, sie will keinen Tee. Die Amerikaner können einen Menschen in den Weltraum schießen, aber sie können keine anständige Tasse Tee machen, sie möchte Kaffee und diesen leckeren Käsekuchen. Sie zog an der Zigarette, trank den Kaffee und sagte, sie weiß bei Gott nicht, was sie tun soll. Die ganze Familie zerfällt, Malachy lebt von seiner Frau Linda und den zwei kleinen Kindern getrennt, Michael ist mit seiner Frau Donna und ihrem gemeinsamen Kind nach Kalifornien abgedampft, Alphie in der Bronx untergetaucht. Sie sagte, sie kann sich in Brooklyn ein schönes Leben machen mit Bingo und den gelegentlichen Zusammenkünften der Limerick Ladies' Association in Manhattan, und warum soll sie sich von dem Mann aus Belfast dieses Leben durcheinanderbringen lassen.

Ich trank meinen Kaffee, aß meinen Strudel und wußte genau, sie würde nie zugeben, daß sie einsam war, obwohl sie vielleicht dachte, was soll's, abgesehen von der Trinkerei wäre er als Mann gar nicht unrecht, wirklich nicht.

Ich sagte es ihr. Na ja, sagte sie, er könnte mir Gesellschaft leisten, wenn er nicht trinkt, wenn er wirklich ein neuer Mensch ist. Wir könnten im Prospect Park spazierengehen, und er könnte mich vom Bingo abholen.

Na gut. Schreib ihm, er soll für die drei Wochen kommen, dann sehen wir mal, ob er ein neuer Mensch ist.

Auf dem Rückweg zu ihrer Wohnung blieb sie oft stehen und preßte die Hand auf die Brust. Mein Herz, sagte sie, es rast wie verrückt.

Das müssen die Zigaretten sein.

Ach, ich weiß nicht.

Dann ist es die Aufregung über den Brief.

Ach, ich weiß nicht. Ich weiß es einfach nicht.

Vor ihrer Haustür küßte ich sie auf ihre kalte Wange und sah zu, wie sie die Treppe hinaufkeuchte. Mein Vater hatte sie um Jahre altern lassen.

Als Mam und Malachy den neuen Menschen am Pier abholten, war er so betrunken, daß man ihm von Bord helfen mußte. Der Zahlmeister sagte ihnen, er habe im Suff derart randaliert, daß sie ihn einsperren mußten.

Ich war an dem Tag unterwegs, und als ich zurückkam, nahm ich die U-Bahn, um ihn in Mams Wohnung zu begrüßen, aber er war mit Malachy zu einer Versammlung der Anonymen Alkoholiker gegangen. Wir warteten ab und tranken Tee. Sie sagte wieder, sie weiß bei Gott nicht, was sie tun soll. Er ist noch genauso aufs Trinken versessen wie früher, das ganze Gerede vom neuen Menschen ist eine Lüge, und sie ist heilfroh, daß er ein Rückfahrticket hat. Trotzdem, die Dunkelheit in ihren Augen verriet mir, daß sie sich Hoffnungen auf ein normales Familienleben gemacht hatte, sie mit ihrem Mann an der Seite und mit Söhnen und Enkelkindern, die aus ganz New York zu Besuch kommen würden.

Sie kamen von der Versammlung zurück. Malachy groß, mit rotem Bart und nüchtern wegen seiner Probleme, mein Vater älter und kleiner. Malachy ließ sich Tee einschenken. Mein Vater sagte, *och*, nein, und legte sich mit unterm Kopf verschränkten Händen auf die Couch. Malachy ließ seinen Tee stehen, ging zu ihm hinüber und redete auf ihn ein. Du mußt zugeben, daß du Alkoholiker bist. Das ist der erste Schritt.

Dad schüttelte den Kopf.

Warum schüttelst du den Kopf? Du bist Alkoholiker, und du mußt es zugeben.

Och, nein. Ich bin kein Alkoholiker wie die anderen auf der Versammlung. Ich trinke kein Petroleum.

Malachy hob die Hände und setzte sich wieder zu seinem Tee an den Tisch. Wir wußten nicht, was wir miteinander reden sollten in Gegenwart dieses Mannes auf der Couch, dieses Ehemannes und Vaters. Ich hatte meine Erinnerungen an ihn, an die Morgenstunden am Feuer in Limerick, seine Geschichten und Lieder, seine Reinlichkeit, seinen Ordnungssinn, wie er uns bei den Hausaufgaben geholfen und immer darauf geachtet hatte, daß wir gehorsam waren und unsere religiösen Pflichten erfüllten, und dann wurde wieder alles zerstört durch seinen Zahltagswahn, wenn er das ganze Geld im Pub ließ, wo er jeden Schnorrer freihielt, während meine Mutter verzweifelt am Feuer saß, weil sie am nächsten Tag wieder betteln gehen mußte.

An den folgenden Tagen wurde mir klar, falls es so etwas wie die Stimme des Blutes gab, würde ich mich auf die Seite meines Vaters schlagen. Die Leute aus der Familie meiner Mutter hatten in Limerick oft gesagt, ich hätte die sonderbare Art meines Vaters und einen starken nördlichen Einschlag in meinem Charakter. Vielleicht hatten sie recht, denn immer, wenn ich in Belfast war, fühlte ich mich zu Hause.

In der Nacht vor seiner Rückfahrt fragte er, ob wir Lust hätten, einen Spaziergang zu machen. Mam und Malachy sagten, nein, sie seien müde. Sie hatten mehr Zeit mit ihm verbracht als ich und waren seiner Faxen sicher überdrüssig. Ich sagte ja, weil er mein Vater und ich ein neunjähriger Dreiunddreißigjähriger war.

Er setzte sich die Mütze auf, und wir gingen die Flatbush Avenue hinunter. *Och,* sagte er, ist das ein warmer Abend.

Ja.

Sehr warm, sagte er. Wenn man nichts dagegen tut, dörrt man an einem solchen Abend völlig aus.

Vor uns war die Long Island Railroad Station, umgeben von lauter Bars für die durstigen Pendler. Ich fragte ihn, ob er sich noch an die Bars erinnere.

Och, sagte er, warum sollte ich mich an die erinnern?

Weil du in denen getrunken hast, und wir haben dich suchen müssen.

Och, na ja, vielleicht hab ich in der einen oder anderen gearbeitet, wenn die Zeiten schlecht waren, für Brot und Fleisch, das sie mir für euch Kinder mitgegeben haben.

Er machte wieder eine Bemerkung über die Hitze, und es würde uns doch nicht schaden, uns in einem dieser Lokale eine Abkühlung zu verschaffen.

Ich dachte, du trinkst nicht mehr.

Stimmt, ich hab aufgehört.

Und auf dem Schiff? Die haben dich runtertragen müssen.

Och, das war die Seekrankheit. Wir trinken hier einen Schluck zum Abkühlen.

Wir tranken unser Bier, und er sagte, meine Mutter sei eine wunderbare Frau und ich solle gut zur ihr sein, Malachy sei ein prächtiger großer Bursche, obwohl man ihn mit dem roten Bart kaum wiedererkenne und woher er den habe, es tue ihm leid, daß ich eine Protestantin geheiratet hätte, aber sie könne ja immer noch übertreten, so ein nettes Mädchen, und er sei froh, daß ich Lehrer geworden sei wie alle seine Schwestern im Norden, und ob es uns was schaden würde, noch ein Bier zu trinken?

Nein, es würde uns nichts schaden, keines der Biere schadete uns, die wir die Flatbush Avenue rauf und runter tranken, und als wir wieder vor dem Haus meiner Mutter angekommen waren, verabschiedete ich mich schon vor der Tür von ihm, weil ich die Mienen von Mam und Malachy nicht sehen wollte, die mir vorwerfen würden, ich hätte meinen Vater zum Trinken verführt oder anders herum. Er wollte sich noch bis zur Grand Army Plaza weitertrinken, aber mein schlechtes Gewissen befahl mir, nein zu sagen. Er sollte ja am nächsten Tag mit der Queen Mary zurückfahren, obwohl er immer noch hoffte, meine Mutter würde sagen, ach, bleib doch hier. Irgendwie werden wir uns schon vertragen.

Ich sagte, das wäre schön, und er sagte, dann wären wir wieder alle beisammen, und es würde bessergehen als früher, weil er ein neuer Mensch sei. Wir gaben uns die Hand, und ich ging.

Am nächsten Morgen rief mich Mam an und sagte, er ist total verrückt geworden, sag ich dir, total.

Warum, was macht er denn?

Du hast ihn sturzbetrunken bei mir abgeliefert.

Er war nicht betrunken. Er hat nur ein paar Bier getrunken.

Er war voll bis obenhin, und ich war allein, Malachy war schon wieder nach Manhattan zurück. Eine Flasche Whiskey hat er gehabt, dein Vater, die hatte er vom Schiff mitgebracht, und ich mußte die Polizei holen, und jetzt ist er weg, mit Sack und Pack, in See gegangen auf der Queen Mary, ich hab nämlich Cunard angerufen, und die haben mir gesagt, o ja, den hätten sie an Bord und sie würden ein strenges Auge auf ihn haben wegen dem Wahn, mit dem er an Bord gekommen sei.

Was hat er denn gemacht?

Sie wollte es mir nicht sagen, und es war auch nicht nötig, denn es war nicht schwer zu erraten. Wahrscheinlich hatte er versucht, sie ins Bett zu kriegen, und das gehörte nicht zu ihrem Traum. Vorsichtig deutete sie an, wenn ich nicht stundenlang mit ihm durch die Kneipen gezogen wäre, hätte er sich anständig aufgeführt und wäre jetzt nicht auf der Queen Mary unterwegs, hinaus auf den Atlantik. Ich sagte, seine Trinkerei sei nicht meine Schuld, aber sie war unerbittlich. Gestern abend, das war der Gipfel, sagte sie, und du hast da auch die Finger drin gehabt.

47

Für Lehrer sind Freitage herrlich. Man verläßt die Schule mit einer Tasche voller Arbeiten, die man korrigieren, und Bücher, die man lesen muß. Dieses Wochenende wird man bestimmt all die unkorrigierten, unbenoteten Arbeiten schaffen. Man will es ja nicht soweit kommen lassen, daß sie sich in Spinden stapeln wie bei Miss Mudd, so daß sich in einigen Jahrzehnten ein junger Lehrer auf sie stürzt, um seine Klassen zu beschäftigen. Man nimmt die Arbeit mit nach Hause, schenkt sich ein Glas Wein ein, legt Duke Ellington, Sonny Rollins und Hector Berlioz auf den Plattenwechsler und macht sich daran, hundertfünfzig Schüleraufsätze zu lesen. Man weiß, daß es manchen egal ist, was man mit diesen Arbeiten anstellt, solange man ihnen halbwegs gute Noten gibt, damit sie versetzt werden und in ihren Werkstätten mit dem wahren Leben weitermachen können. Andere halten sich für Schriftsteller und wollen ihre Aufsätze korrigiert und gut benotet zurückbekommen. Die Klassen-Romeos hätten gern, daß man ihre Arbeiten kommentiert und vorliest, damit sie sich in den bewundernden Blicken der Mädchen sonnen können. Diejenigen, denen es egal ist, interessieren sich manchmal für dieselben Mädchen, und dann fliegen verbale Drohungen zwischen den Pulten hin und her, weil diejenigen, denen es egal ist, schwach im schriftlichen Ausdruck sind. Wenn ein Junge gut schreibt, darf man ihn nicht zu sehr loben, weil ihn dann leicht ein Unfall auf der Treppe ereilt. Diejenigen, denen es egal ist, hassen Streber.

Man hat vor, mit seiner Tasche direkt nach Hause zu fahren, doch dann stellt man fest, daß der Freitagnachmittag eine gute Zeit für Bier und Lehrererleuchtung ist. Ab und zu sagt einer der Lehrer vielleicht, er muß nach Hause zu seiner Frau, bis er dann Bob Bogard trifft, der an der Stechuhr steht und uns erinnert, daß man nie den zweiten Schritt vor dem ersten tun soll, daß die Meurot Bar gleich um die Ecke ist, praktisch nebenan, und was kann ein Bier schon schaden, ein einziges? Bob ist unverheiratet und ahnt vielleicht nicht, welche Gefahren einem Mann drohen, der es nicht bei dem einen Bier bewenden läßt, einem Mann, der sich dem Zorn seiner Ehefrau aussetzt, weil sie ein schönes freitägliches Fischgericht zubereitet hat und jetzt in der Küche sitzt und zusieht, wie das Fett gerinnt.

Wir stehen in der Meurot Bar am Tresen und bestellen unser Bier. Die übliche Fachsimpelei unter Lehrern. Bei der Erwähnung einer gutaussehenden Kollegin oder gar einer gut entwickelten Schülerin verdrehen wir die Augen. Als heutige High-School-Schüler würden wir ganz anders reagieren. Wenn die Rede auf störrische Jungen kommt, werden wir knallhart. Noch ein Wort von diesem unausstehlichen Kerl, und er bettelt darum, die Schule wechseln zu dürfen. Einig sind wir uns in unserer Ablehnung der Obrigkeit, all dieser Leute, die aus ihren Büros geschlichen kommen, um uns zu kontrollieren und zu beobachten und uns zu sagen, was wir zu tun und wie wir es zu tun haben, Leute, die selbst sowenig Zeit wie möglich in Klassenzimmern verbracht haben und vom Unterrichten soviel verstehen wie die Kuh vom Harfenspiel.

Manchmal findet sich auch ein junger Lehrer ein, frisch vom College, gerade erst zum Lehramt befähigt. Er hat das Geleier der Universitätsprofessoren und das Gequassel in den College-Cafeterias noch im Ohr, und wenn er über Camus und Sartre diskutieren und den Vorrang der Existenz vor der Essenz oder umgekehrt beweisen will, muß er sich in der Meurot Bar mit seinem Spiegelbild unterhalten.

Keiner von uns hat den Großen Amerikanischen Weg eingeschlagen, Grundschule, High School, College und Lehramt mit zweiundzwanzig. Bob Bogard war in Deutschland an der Front und wurde wahrscheinlich verwundet. Er redet nicht darüber. Claude Campbell hat in der Navy gedient, ein Collegestudium in Tennessee absolviert und mit siebenundzwanzig einen Roman veröffentlicht, er gibt Englisch, hat mit seiner zweiten Frau sechs Kinder, hat am Brooklyn College seinen Magister gemacht, mit einer Arbeit über Ideengeschichtliche Betrachtungen zum amerikanischen Roman, und macht im Haus alles selbst, Elektroinstallation, Klempnerei, Tischlerarbeiten. Wenn ich ihn ansehe, muß ich an Goldsmiths Zeilen über den Dorfschulmeister denken, Und immer weiter starrten sie: Wie kann denn so was sein? Wie paßt in diesen kleinen Kopf so großes Wissen rein? Dabei ist Claude noch nicht mal so alt wie Christus, als er gekreuzigt wurde, dreiunddreißig.

Wenn Stanley Garber auf eine Cola vorbeischaut, sagt er uns, daß er oft das Gefühl hat, einen Fehler gemacht zu haben, weil er nicht als Lehrer ans College gegangen ist, wo man durchs Leben wandelt, sich einbildet, man scheißt Windbeutel, und leidet, wenn man mehr als drei Stunden pro Woche unterrichten muß. Er sagt, er hätte jederzeit eine Blabla-Dissertation über den bilabialen Frikativ in der mittleren Periode von Thomas Chatterton schreiben können, der mit siebzehn gestorben ist, weil solcher Mist an den Colleges debattiert wird, während wir anderen an vorderster Front stehen, Aug in Auge mit Schülern, die den Verstand zwischen den Beinen haben, und Vorgesetzten, die kein Licht haben, das sie unter den Scheffel stellen könnten.

Heute abend hängt in Brooklyn der Haussegen schief. Ich soll mit Alberta zum Essen ausgehen, in ein arabisches Restaurant, das Near East. Den Wein bringt man selber mit. Aber es ist sechs vorbei und geht auf sieben, und wenn ich jetzt anrufe, fängt sie an zu zetern, daß sie schon seit Stunden wartet, daß ich weiter nichts bin als ein irischer Säufer, genau wie mein Vater, und daß ich von ihr aus für den Rest meines Lebens auf Staten Island bleiben kann, leb wohl.

Also rufe ich nicht an. Besser so. Wozu zweimal streiten, einmal jetzt am Telefon, das zweite Mal, wenn ich heimkomme. Es ist leichter, am Tresen zu sitzen, wo es heimelig ist und wichtige Dinge besprochen werden.

Wir sind uns darüber einig, daß Lehrer von drei Seiten unter Beschuß stehen, nämlich von Eltern, Schülern und Vorgesetzten, und daß man entweder diplomatisch vorgehen oder ihnen sagen muß, sie können einem den Buckel runterrutschen. Lehrer sind die einzigen Akademiker, für die alle fünfundvierzig Minuten eine neue Runde im Ring eingeläutet wird. Also gut, setzen. Ja, du bist gemeint, setz dich. Schlagt eure Hefte auf, ganz recht, eure Hefte, spreche ich vielleicht eine Fremdsprache, Kind? Ich soll dich nicht Kind nennen? Setz dich trotzdem. Die Zeugnisse stehen vor der Tür, und ich hab's in der Hand, euch der Sozialhilfe auszuliefern. Na schön, schick deinen Vater her, schick deine Mutter her, schick deine ganze verdammte Sippschaft her. Du hast keinen Füller, Pete? Okay, hier hast du einen. Füller ade! Nein, Phyllis, du kannst den Klopaß nicht haben, und wenn du hundertmal deine Tage hast. In Wirklichkeit willst du dich nämlich mit Eddie treffen und mit ihm im Kellergeschoß verschwinden, wo mit einem geübten Abwärtsstreifen deines Höschens und einem raschen Aufwärtsstoß von Eddies forschem Glied die Weichen für deine Zukunft gestellt werden könnten, für ein kleines neunmonatiges Abenteuer, das damit enden würde, daß du Eddie anquakst, er soll dich gefälligst heiraten, und mit der Schrotflinte auf seine Weichteile zielst, und dann kann er seine Träume begraben. Davor bewahre ich dich, Phyllis, dich und Eddie, schon gut, ihr braucht mir nicht zu danken.

Solches Kneipengerede ist natürlich nie im Klassenzimmer zu hören, es sei denn, ein Lehrer läuft völlig aus dem Ruder. Man weiß, daß man einer menstruierenden Phyllis den Klopaß auf keinen Fall verweigern darf, denn damit würde man riskieren, vors höchste Gericht des Landes gezerrt zu werden, wo die schwarzen Roben, lauter Männer, einen dafür geißeln würden, daß man Phyllis und damit die zukünftigen Mütter Amerikas erniedrigt hat.

Am Tresen wird auch über die Musterlehrer geredet, und wir sind uns einig in unserer Abneigung gegen sie und die Art, wie in ihren Klassen von Glocke zu Glocke alles wie am Schnürchen läuft. In diesen Klassen gibt es Aufseher für jede Tätigkeit, jeden Teil der Unterrichtsstunde. Gleich zu Beginn geht ein Aufseher nach vorne und schreibt Nummer und Gegenstand der Stunde an die Tafel, Lektion Nr. 32, Strategien für den Umgang mit dem nachklappenden Partizip. Musterlehrer sind bekannt für Strategien, das neue Lieblingswort der Schulbehörde.

Der Musterlehrer hat Regeln für das Führen der Hefte, und es gibt Heft-Aufseher, die durch die Klasse gehen und prüfen, ob die vorgeschriebene Form eingehalten wird, oben auf der Seite der Name des Schülers, die Klasse, die Bezeichnung des Kurses und das Datum, den Monat ausgeschrieben, nicht in Ziffern, er muß ausgeschrieben sein, damit die Schüler das Ausschreiben üben, denn es gibt einfach zu viele Menschen auf dieser Welt, Büroangestellte und andere, die zu faul sind, die Monate auszuschreiben. Die Seitenränder müssen die vorgeschriebene Breite haben und dürfen nicht bekritzelt sein. Wenn das Heft sich nicht an die Regeln hält, trägt der Aufseher Minuspunkte auf der Karte des Schülers ein, und wenn dann die Zeugnisse geschrieben werden, wird kein Pardon gegeben, und es herrscht Heulen und Zähneklappern.

Hausaufgaben-Aufseher sammeln die Schularbeiten ein und teilen sie wieder aus, Anwesenheits-Aufseher verwalten die kleinen Kärtchen im Klassenbuch und sammeln Entschuldigungen für Fehlen und Zuspätkommen ein. Wenn keine schriftliche Entschuldigung vorliegt, wird ebenfalls kein Pardon gegeben, und auch dann herrscht Heulen und Zähneklappern.

Manche Schüler sind dafür bekannt, daß sie Entschuldigungen von Eltern und ärztliche Atteste perfekt fälschen können, und sie tun es im Austausch gegen kleine Gefälligkeiten in der Schulkantine oder in entlegeneren Kellerbereichen.

Aufseher, die mit Tafelschwämmen in den Keller gehen, um die Kreide auszuklopfen, müssen vorher geloben, daß sie diese wichtige Funktion nicht dazu mißbrauchen werden, heimlich zu rauchen oder sich mit dem Mädchen oder Jungen ihrer Wahl zu treffen. Der Direktor moniert ohnehin schon das rege Kommen und Gehen im Keller und möchte wissen, was sich da eigentlich abspielt.

Es gibt Aufseher, die Bücher austeilen und die Empfangsbestätigungen einsammeln, Aufseher, die für den Klopaß und die An- und

Abmeldung zuständig sind, Aufseher, die alles im Raum alphabetisch ordnen, Aufseher, die im heroischen Kampf gegen den Abfall den Mülleimer durchs Klassenzimmer tragen, Aufseher, die das Klassenzimmer so bunt und freundlich dekorieren, daß der Direktor es Besuchern aus Japan und Liechtenstein zeigt.

Der Musterlehrer ist der Aufseher der Aufseher, kann aber die Last seiner Verantwortung verringern, indem er Aufseher ernennt, die die anderen Aufseher beaufsichtigen, oder er kann Konflikt-Aufseher ernennen, die als Schlichter fungieren, wenn Aufseher andere Aufseher beschuldigen, daß sie sich in ihren Zuständigkeitsbereich einmischen. Der Konflikt-Aufseher hat die gefährlichste Aufgabe im Hinblick darauf, was auf der Treppe oder auf der Straße so alles passieren kann.

Ein Schüler, der dabei erwischt wird, daß er einen Aufseher zu bestechen versucht, wird unverzüglich dem Direktor gemeldet. Der trägt dann in die Akte des Schülers eine Bemerkung ein, die einen Schatten auf seinen Ruf wirft, als Warnung an andere, daß ein solcher Makel ein Hindernis für eine Karriere als Metallarbeiter, Klempner, Automechaniker und so weiter sein kann.

Stanley Garber lästert, bei diesem ganzen Heckmeck bleibt nur wenig Zeit für den Unterricht, aber was soll's, die Schüler sitzen auf ihren Plätzen, lückenlos beaufsichtigt und lammfromm, und das gefällt dem Lehrer, dem Studienleiter, dem Direktor und seinen Konrektoren, dem Schulrat, der Schulbehörde, dem Bürgermeister, dem Gouverneur, dem Präsidenten und dem lieben Gott.

Sagt Stanley.

*

Wenn ein Universitätsprofessor den Jahrmarkt der Eitelkeit oder irgend etwas anderes bespricht, lauschen die Studenten mit aufgeschlagenen Heften und gezückten Füllern. Wer den Roman nicht mag, behält es für sich, aus Angst, er bekommt sonst eine schlechtere Note.

Als ich den Jahrmarkt der Eitelkeit an meine Anfangsklasse an der McKee-Berufs- und Technikerschule verteilte, ging ein Stöhnen durch die Reihen. Warum müssen wir diesen Stuß lesen? Ich erzählte ihnen, es handle von zwei jungen Frauen, Becky und Amelia, und ihren Abenteuern mit Männern, aber meine Schüler sagten, es sei in diesem alten Englisch geschrieben, das könne doch kein Mensch mehr lesen. Vier Mädchen lasen es und sagten, es sei schön und sollte verfilmt werden. Die Jungen gähnten ostentativ und meinten, Englischlehrer sind doch alle gleich. Dauernd wollen sie dich dazu bringen, daß du dieses alte Zeug liest, und was hilft dir das, wenn du ein Auto oder eine kaputte Klimaanlage richten sollst, hm?

Ich konnte ihnen mit Sitzenbleiben drohen. Wenn sie sich weigern, das Buch zu lesen, werden sie die Prüfung nicht bestehen und ihren Abschluß nicht schaffen, und jeder weiß doch, daß Mädchen nicht mit Jungen gehen, die keinen High-School-Abschluß haben.

Drei Wochen lang mühten wir uns mit dem Jahrmarkt der Eitelkeit ab. Jeden Tag versuchte ich, sie zu ermuntern und zu motivieren, sie in eine Diskussion darüber zu verwickeln, wie es ist, seinen Weg zu finden, wenn man eine junge Frau des neunzehnten Jahrhunderts ist, aber es interessierte sie nicht. Einer schrieb an die Tafel, Becky Sharp soll der Schlahg treffn.

Dann gingen wir, wie im Lehrplan vorgesehen, zu Der scharlachrote Buchstabe weiter. Das würde einfacher sein. Ich würde über die Hexenjagden in Neuengland sprechen, die Verdächtigungen, die Hysterie, die Hinrichtungen. Ich würde über Deutschland in den dreißiger Jahren unseres Jahrhunderts sprechen, darüber, wie man ein ganzes Volk einer Gehirnwäsche unterzogen hatte.

Nicht so meine Schüler. Sie würden sich nie eine Gehirnwäsche gefallen lassen. Nein, Sir, mit so was würden die hier nicht durchkommen. So was könnten die mit uns nicht machen.

Ich sang ihnen vor, Winston schmeckt so gut wie … und sie vollendeten den Satz.

Ich sang, Mein Bier ist Rheingold, das herbe Bier … und sie beendeten den Werbespruch.

Ich rezitierte, Du fragst dich gerade, wo der Gilb geblieben ist, da … und sie wußten, wie es weiterging.

Ich fragte sie, ob sie noch mehr wüßten, und es hagelte Slogans aus Funk und Fernsehen, Beweis für die Macht der Werbung. Als ich ihnen sagte, das sei auch Gehirnwäsche, waren sie pikiert. Nein, nein, das hat doch mit Gehirnwäsche nichts zu tun. Sie können selbständig denken, niemand kann ihnen einreden, was sie tun sollen. Sie stritten ab, daß ihnen irgendwer eingeredet hätte, welche Zigarette sie rauchen, welches Bier sie trinken, welche Zahnpasta sie benutzen sollen, obwohl sie immerhin zugaben, daß man im Supermarkt die Marke kauft, die man gerade im Kopf hat. Nein, Zigaretten der Marke Rübe würde man nie kaufen.

Ja, sicher, sie hätten von Senator McCarthy und so gehört, aber sie seien zu jung, und ihre Eltern sagten, er sei der richtige für den Kampf gegen den Kommunismus gewesen.

Jeden Tag bemühte ich mich aufs neue, Zusammenhänge zwischen Hitler, McCarthy und den Hexenjagden in Neuengland herzustellen, um sie auf den Scharlachroten Buchstaben vorzubereiten. Von Eltern kamen erboste Anrufe. Was erzählt dieser Mensch unseren Kindern über Senator McCarthy? Pfeifen Sie ihn zurück. Senator McCarthy war ein guter Mann, er hat sich für sein Land eingesetzt. Bordschütze Joe. Er hat die Kommunisten rausgeworfen.

Mr. Sorola sagte, er wolle sich ja nicht einmischen, aber ich möchte ihm doch bitte sagen, was ich eigentlich unterrichte, Englisch oder Geschichte. Ich erzählte ihm von meinen Schwierigkeiten, die Kinder zum Lesen zu animieren. Er sagte, ich solle nichts auf ihr Gerede geben. Sagen Sie ihnen einfach, ihr lest jetzt den Scharlachroten Buchstaben, ob ihr wollt oder nicht, ihr seid hier nämlich an einer High School, und wir machen das hier so, punktum, und wenn dir das nicht paßt, Kleiner, dann mußt du die Klasse eben wiederholen.

Sie jammerten, als ich das Buch verteilte. Schon wieder so muffiges Zeug. Wir haben gedacht, Sie sind ein netter Kerl, Mr. McCourt. Wir haben gedacht, Sie sind anders.

Ich sagte ihnen, in dem Buch gehe es um eine junge Frau in Boston, die in Schwierigkeiten kommt, weil sie ein Kind von einem Mann kriegt, der nicht ihr Ehemann ist, ich könne ihnen aber nicht sagen, wer der Mann ist, weil ich ihnen die Spannung nicht verderben wolle. Sie sagten, es sei ihnen egal, wer der Vater ist. Ein Junge sagte, du weißt sowieso nie, wer dein Vater ist, weil nämlich ein Freund von ihm dahintergekommen ist, daß sein Vater gar nicht sein Vater ist, daß sein richtiger Vater in Korea gefallen ist, aber er ist mit dem angeblichen Vater aufgewachsen, und der ist schwer in Ordnung, also kann ihm diese Frau in Boston scheißegal sein.

Die meisten stimmten ihm zu, wollten aber auf keinen Fall selbst eines Morgens aufwachen und feststellen, daß ihr Vater gar nicht ihr richtiger Vater ist. Manche wünschten sich einen anderen Vater, ihr eigener sei so fies, daß er sie zwingt, in die Schule zu gehen und so doofe Bücher zu lesen.

Aber das ist nicht die Geschichte vom Scharlachroten Buchstaben, sagte ich.

Ach, Mr. McCourt, müssen wir denn über den alten Kram reden? Dieser Hawthorne kann doch nicht mal so schreiben, daß wir es verstehen, und Sie predigen uns immer, schreibt einfach, schreibt einfach. Warum können wir nicht die Daily News lesen? Die haben gute Leute. Die schreiben einfach.

Dann fiel mir ein, daß ich pleite war, und das führte zum Fänger im Roggen, zu den fünf großen Dramen Shakespeares und zu einem Wendepunkt in meiner Lehrerlaufbahn. Ich hatte noch achtundvierzig Cent, um mit Fähre und U-Bahn nach Hause zu fahren, kein Geld fürs Mittagessen, nicht mal für eine Tasse Kaffee auf der Fähre, und auf einmal rutschte es mir raus, wenn sie ein gutes Buch lesen wollten, in dem keine hochgestochenen Wörter und langen Sätze vorkommen und das von einem Jungen in ihrem Alter handelt, der auf die ganze Welt sauer ist, dann würde ich es ihnen besorgen, aber sie müßten es kaufen, für einen Dollar fünfundzwanzig pro Stück, die sie aber abstottern könnten, erste Rate sofort, also wenn ihr fünf oder zehn Cent oder mehr habt, bringt es her, und ich schreibe Namen und Betrag auf ein Blatt Papier und bestelle die Bücher noch heute bei der Coleman Book Company in Yonkers. Nie würden sie dahinterkommen, meine Schüler, daß ich dann die Tasche voll Kleingeld fürs Mittagessen und vielleicht ein Bierchen im Meurot nebenan hätte, denn sagen würde ich es ihnen nicht, es hätte sie schockiert.

Kleingeld wurde nach vorn gebracht, und als ich die Buchhandlung anrief, sparte ich einen Fünfer, indem ich das Telefon des Konrektors benutzte, obwohl es verboten war, die Schüler zum Kauf von Büchern zu animieren, während sich in den Büchermagazinen die Exemplare von Silas Marner und den Wegbereitern stapelten.

Der Fänger im Roggen wurde zwei Tage später geliefert, und ich verteilte die Bücher, ob sie nun bezahlt waren oder nicht. Einige Schüler gaben überhaupt nichts, andere weniger als ihre Schuldigkeit, aber mit dem eingesammelten Geld kam ich bis zum Zahltag über die Runden, und dann würde ich die Rechnung bezahlen.

Als ich die Bücher verteilte, entdeckte jemand auf der ersten Seite das Wort Scheiß, und da wurde es schlagartig still im Raum. Dieses Wort war in keinem der Bücher im Englisch-Büchermagazin zu finden. Alle fingen zu lesen an. Die Mädchen kicherten hinter vorgehaltener Hand, die Jungen bekamen rote Ohren. Als es läutete, blieb der übliche Sturm auf die Tür aus. Ich mußte sie bitten hinauszugehen, die andere Klasse werde gleich da sein.

Die anrückende Klasse wunderte sich über die abziehende Klasse, sie waren neugierig, warum die alle die Nase in diesem Buch hatten, und wenn das ein gutes Buch sei, warum durften sie es dann nicht auch lesen? Ich erinnerte sie daran, daß sie schon weiter seien als die hinausgehenden Schüler. Schon, aber warum können wir nicht auch dieses dünne Buch lesen statt Große Erwartungen? Ich sagte ihnen, das könnten sie schon, aber sie würden es sich kaufen müssen, und sie sagten, sie würden jeden Preis dafür zahlen, Große Erwartungen nicht lesen zu müssen, jeden.

Tags darauf kam Mr. Sorola mit seiner Assistentin, Miss Seested, in meinen Unterricht. Sie gingen von Pult zu Pult, schnappten sich die Exemplare von Der Fänger im Roggen und stopften sie in zwei Einkaufstüten. Wenn die Bücher nicht auf dem Pult lagen, verlangten sie von den Schülern, sie aus ihren Taschen zu nehmen. Sie zählten die Bücher, die sie in den Tüten hatten, verglichen die Anzahl mit der Zahl der anwesenden Schüler und drohten den vier Schülern, die ihr Exemplar nicht abgeliefert hatten, sie würden großen Ärger bekommen. Also, die vier, die ihr Buch noch haben, mal die Hand heben. Niemand meldete sich, und im Hinausgehen sagte mir Mr. Sorola, ich solle sofort nach der Stunde zu ihm kommen, keine Minute später.

Mr. McCourt, kriegen Sie jetzt Ärger?

Mr. McCourt, das ist das einzige Buch, das ich je gelesen hab, und jetzt hat der's mir weggenommen.

Sie beklagten den Verlust ihrer Bücher und sagten mir, wenn mir irgendwas zustoßen sollte, würden sie streiken, und das würde der Schule eine Lehre sein. Sie stießen sich augenzwinkernd an wegen des Streiks, und sie wußten, daß ich wußte, es würde nur wieder ein Vorwand dafür sein, die Schule zu schwänzen, und keineswegs aus Sorge um mich geschehen.

Mr. Sorola saß an seinem Schreibtisch und las den Fänger im Roggen, paffte seine Zigarette und ließ mich warten, blätterte um, schüttelte den Kopf und legte das Buch weg.

Mr. McCourt, dieses Buch steht nicht auf dem Lehrplan.

Ich weiß, Mr. Sorola.

Aber was Sie nicht wissen, ich habe siebzehn Anrufe von Eltern bekommen, und raten Sie mal, warum?

Sie haben was gegen das Buch?

Exakt, Mr. McCourt. In dem Buch gibt es eine Szene, wo der Junge mit einer Prostituierten in einem Hotelzimmer ist.

Ja, aber es passiert nichts.

Die Eltern sehen das anders. Wollen Sie behaupten, der ist in dem Zimmer, um Arien zu singen? Die Eltern wollen nicht, daß ihre Kinder solchen Schund lesen.

Er empfahl mir, vorsichtig zu sein, um meine zufriedenstellende

Jahresbeurteilung nicht zu gefährden, das möchten wir doch alle nicht, oder? Er müsse eine Notiz über diese Unterredung in meine Personalakte legen. Wenn ich mir weiter nichts zuschulden kommen ließe, könnte er die Notiz wieder entfernen.

*

Mr. McCourt, was lesen wir als nächstes?

Der scharlachrote Buchstabe. Das haben wir tonnenweise im Büchermagazin.

Sie machten lange Gesichter. Ach, Mist! Die aus den anderen Klassen sagen alle, das ist auch wieder dieses alte Zeug.

Na gut, scherzte ich. Dann lesen wir Shakespeare.

Ihre Gesichter wurden noch länger, und der Raum hallte wider von ihrem Stöhnen und Zischen. Mr. McCourt, meine Schwester ist ein Jahr aufs College gegangen und hat aufgehört, weil sie diesen Shakespeare nicht lesen konnte, und dabei kann sie sogar Italienisch und so.

Ich sagte es noch einmal, Shakespeare. Angst ging im Klassenzimmer um, und ich fühlte mich an den Rand eines Abgrunds gedrängt, während in meinem Kopf die Frage auftauchte, wie kannst du von Salinger zu Shakespeare übergehen?

Ich sagte den Schülern, es wird entweder Shakespeare oder Der scharlachrote Buchstabe, Könige und Liebespaare oder eine Frau, die in Boston ein Kind kriegt. Wenn wir Shakespeare lesen, lesen wir die Dramen mit verteilten Rollen. Wenn wir Der scharlachrote Buchstabe lesen, sitzen wir hier und diskutieren über die tiefere Bedeutung, und ihr müßt die große Prüfung schreiben, die beim Direktor bereitliegt.

O nein, nicht die tiefere Bedeutung. Englischlehrer haben's immer mit der tieferen Bedeutung.

Also gut. Dann bleibt nur Shakespeare, keine tiefere Bedeutung und Prüfungen nur über das, was ihr euch aussucht. Also, schreibt auf dieses Blatt euren Namen und den Betrag, den ihr zahlen wollt, und dann beschaffen wir uns das Buch.

Sie brachten ihre Fünf- und Zehncentstücke. Sie stöhnten, als sie das Buch durchblätterten, Fünf große Dramen von Shakespeare. Mann, ich kann dieses alte Englisch nicht lesen.

*

Was in dieser Klasse geschah, beruhte nicht auf Talent, Verstand oder sorgfältiger Planung meinerseits. Ich hätte zu gern meine Klassen so fest im Griff gehabt wie andere Lehrer, hätte ihnen auch gern die klassische englische und amerikanische Literatur aufgezwungen. Aber ich habe versagt. Ich gab nach und ging den Weg des geringsten Widerstandes mit dem Fänger im Roggen, und als der kassiert wurde, wich ich aus und kam tänzelnd zu Shakespeare. Wir würden die Dramen lesen und uns amüsieren, warum nicht? War er nicht der Beste?

Meine Schüler stöhnten trotzdem, bis einer ausrief, Scheiße, Mann, Entschuldigung, Mr. McCourt, aber da ist doch dieser Typ, der sagt Mitbürger! Freunde! Römer, hört mich an.

Wo? Wo? Sie wollten die Seitenzahl wissen, und im Nu deklamierten Jungen überall im Raum die Rede des Antonius, breiteten die Arme aus und lachten.

Ein anderer entdeckte Hamlets Sein-oder-Nichtsein-Monolog, und bald war der Raum voller tobender Hamlets.

Die Mädchen meldeten sich. Mr. McCourt, die Jungs haben diese tollen Reden, und für uns gibt es nichts.

Ach, Mädchen, Mädchen, wie wär's mit Julia, Lady Macbeth, Ophelia, Gertrud?

Wir brachten zwei Tage damit zu, geeignete Passagen aus den fünf Dramen herauszusuchen, Romeo und Julia, Julius Cäsar, Macbeth, Hamlet, Heinrich IV., Erster Teil.

Meine Schüler führten, und ich folgte, weil mir nichts anderes übrigblieb. Auf den Gängen und in der Schülerkantine waren Bemerkungen gefallen.

Hey, iss'n das?

Ein Buch, Mann.

Ach ja? Was für'n Buch?

Shakespeare. Wir lesen Shakespeare.

Shakespeare? Scheiße, Mann, ihr lest doch kein Shakespeare nich.

Als die Mädchen Romeo und Julia mit verteilten Rollen lesen wollten, gähnten die Jungen und gaben sich geschlagen. Lauter so rührseliger Kitsch, bis zu der Kampfszene, in der Mercutio stilvoll stirbt und aller Welt seine Wunde beschreibt.

Nein, nicht so tief wie ein Brunnen, noch so weit wie eine Kirchtüre. Aber es reicht eben hin.

Sein oder Nichtsein war die Stelle, die alle auswendig lernten, aber wenn sie sie aufsagten, mußte ich sie erinnern, daß es sich um eine Meditation über den Selbstmord und nicht um einen Aufruf zum Kampf handelte.

Ach, echt?

Ja.

Die Mädchen wollten wissen, warum alle so auf Ophelia herumhacken, vor allem Laertes, Polonius und Hamlet. Warum wehrt die sich nicht? Sie hätten auch Schwestern, die mit Scheißtypen verheiratet seien, Entschuldigung, aber man sollte nicht glauben, wie die sich auf die Hinterbeine stellen.

Eine Hand ging hoch. Warum ist Ophelia nicht nach Amerika abgehauen?

Eine andere Hand. Weil es in der alten Zeit noch kein Amerika gegeben hat. Mußte erst noch entdeckt werden.

Wass'n das für'n Quatsch? Amerika hat's schon immer gegeben. Wo sollen denn sonst die Indianer gelebt haben?

Ich meinte, sie würden es wohl nachschlagen müssen, und die beiden Streithände kamen überein, am nächsten Tag in die Bibliothek zu gehen und dann zu berichten.

Eine Hand, es hat zu Shakespeares Zeit schon ein Amerika gegeben, und sie hätte hinfahren können.

Die andere Hand, es hat zu Shakespeares Zeit ein Amerika gegeben, aber keins zu Ophelias Zeit, und sie hätte nicht hinfahren können. Wenn sie in Shakespeares Zeit gefahren wäre, hätte Ophelia nichts als Indianer angetroffen und hätte es im Tipi, so haben die ihre Häuser genannt, ziemlich unbequem gehabt.

Wir gingen weiter zu Heinrich IV., Erster Teil, und die Jungen wollten alle Prinz Heinrich, Percy oder Falstaff sein. Die Mädchen monierten wieder, daß es nichts für sie gebe, bis auf Julia, Ophelia, Lady Macbeth und Königin Gertrud, und was ist aus denen geworden? Hatte Shakespeare was gegen Frauen? Mußte er alles umbringen, was einen Rock anhatte?

Die Jungen sagten, so ist es nun mal, und die Mädchen gifteten zurück, wir hätten doch lieber den Scharlachroten Buchstaben lesen sollen, denn eine von ihnen hätte ihn gelesen und den anderen erzählt, daß Hester Prynne dieses süße Baby bekommen hat, Pearl, und daß der Vater ein Fiesling war, der elend zugrunde gegangen ist, und daß Hester sich an der ganzen Stadt Boston gerächt hat, und das ist doch was ganz anderes als die arme Ophelia, die einen Sprung in der Schüssel hat, einen Fluß runterschwimmt, Selbstgespräche führt und mit Blumen um sich wirft, oder vielleicht nicht?

Mr. Sorola kam mit der neuen Studienleiterin, Mrs. Popp, in meinen Unterricht. Sie lächelten und hatten nichts einzuwenden, obwohl Shakespeare nicht auf dem Lehrplan stand, aber im nächsten Halbjahr nahm Mrs. Popp mir die Klasse weg. Ich legte Beschwerde ein und bekam eine Anhörung beim Schulrat. Ich sagte, das sei meine Klasse, ich hätte sie dazu gebracht, Shakespeare zu lesen, und wolle im nächsten Halbjahr damit weitermachen. Der Schulrat entschied gegen mich, mit der Begründung, meine Anwesenheitslisten seien lückenhaft und unordentlich geführt.

Meine Shakespeare-Schüler konnten sich wahrscheinlich glücklich schätzen, die Studienleiterin höchstpersönlich als Lehrerin zu bekommen. Sie war bestimmt ordentlicher als ich und verstand sich besser darauf, die tiefere Bedeutung herauszuarbeiten.

48

Paddy Clancy wohnte bei mir in Brooklyn Heights um die Ecke. Er kam vorbei, um mich zu fragen, ob ich zur Eröffnung des Lion's Head mitkommen wolle, einer neuen Bar im Village.

Natürlich ging ich gern mit, blieb, bis die Bar um vier Uhr morgens schloß, und versäumte am nächsten Tag die Arbeit. Der Barkeeper, Al Koblin, hielt mich zunächst für einen der singenden Clancy Brothers und verlangte nichts für meine Drinks, bis er dahinterkam, daß ich nur Frank McCourt war, ein Lehrer. Von da an mußte ich meine Drinks bezahlen, aber das war mir egal, weil das Lion's Head zu meinem zweiten Wohnzimmer wurde, ein Ort, wo ich mich so wohl fühlte wie in keiner der Uptown-Bars.

Reporter aus dem alten Büro der Village Voice kamen vorbei und zogen Journalisten von überall her an. Schon bald war die Wand gegenüber dem Tresen mit den gerahmten Buchumschlägen von Schriftstellern dekoriert, die zu Stammgästen wurden.

Das war die Wand, die ich begehrte, die Wand, die mich bis in meine Träume verfolgte, weil ich dort eines Tages den gerahmten Schutzumschlag eines Buches von mir sehen wollte. In der ganzen Bar sprachen Schriftsteller, Dichter, Journalisten und Dramatiker über ihre Arbeit, ihr Leben, ihre Aufträge, ihre Reisen. Männer und Frauen tranken noch schnell etwas, während sie darauf warteten, von Autos zu Flugzeugen gebracht zu werden, mit denen sie nach Vietnam, Belfast oder Nicaragua fliegen würden. Neue Bücher erschienen, von Pete Hamill, Joe Flaherty, Joel Oppenheimer, Dennis Smith, und wurden an die Wand gehängt, während ich im Dunstkreis der Arrivierten lebte, derer, die wußten, was es mit der Magie des gedruckten Wortes auf sich hatte. Im Lion's Head mußte man sich schwarz auf weiß bewähren oder den Mund halten. Für Lehrer war hier kein Platz, und ich betrachtete immer wieder voller Neid die Wand.

*

Mam zog in eine kleine Wohnung gegenüber von Malachy an der Upper West Side von Manhattan. Jetzt konnte sie Malachy, seine neue Frau Diana, beider Söhne Conor und Cormac, meinen Bruder Alphie, dessen Frau Lynn und Alison, die Tochter der beiden, öfter sehen.

Sie hätte uns alle besuchen können, sooft sie wollte, und als ich sie einmal fragte, warum sie es nicht tue, brauste sie auf, ich will keinem was schuldig sein. Ich ärgerte mich immer, wenn ich sie anrief, mich erkundigte, was sie gerade machte, und sie dann sagte, nichts. Wenn ich ihr vorschlug, doch mal aus dem Haus zu gehen und ein Stadtteilzentrum oder einen Seniorentreff zu besuchen, sagte sie immer nur, *arrah*, um der Liebe Christi willen, geh mir bloß damit weg. Wenn Alberta sie zum Essen einlud, kam sie grundsätzlich zu spät und beklagte sich über die lange Fahrt von ihrer Wohnung in Manhattan bis zu unserem Haus in Brooklyn. Ich hätte ihr gern gesagt, sie brauche überhaupt nicht zu kommen, wenn es ihr eine solche Last sei, ein Essen sei sowieso das letzte, was sie brauche, sie werde immer dicker, aber ich hielt meine Zunge im Zaum, um dicke Luft bei Tisch zu vermeiden. Im Gegensatz zum ersten Mal, als sie bei uns zum Essen eingeladen war, schob sie jetzt nicht mehr die Nudeln beiseite, sondern schlang alles runter, was sie auf dem Teller hatte, aber wenn man ihr eine zweite Portion anbot, lehnte sie geziert ab, als hätte sie den Appetit eines Spatzen, und klaubte dann die Krümel vom Tisch. Wenn ich ihr sagte, sie brauche keine Krümel zu essen, es sei noch was da, entgegnete sie, ich soll sie in Ruhe lassen und nicht noch unausstehlicher werden, als ich ohnehin schon bin. Wenn ich ihr sagte, sie wäre besser dran, wenn sie in Irland geblieben wäre, schnaubte sie, was soll das heißen, besser dran?

Na ja, da würdest du nicht den halben Tag im Bett bleiben und fast ins Radio hineinkriechen, um dir alle diese schwachsinnigen Sendungen anzuhören.

Ich höre Malachy im Radio, was hast du dagegen einzuwenden?

Du hörst dir alles an. Du tust nichts.

Darauf wurde sie blaß, bekam ihre spitze Nase und klaubte unsichtbare Krümel auf, und manchmal wurden sogar ihre Augen ein bißchen feucht. Dann plagten mich Gewissensbisse, und ich lud sie ein, über Nacht dazubleiben, um sich die lange U-Bahnfahrt nach Manhatten zu ersparen.

Nein, danke, ich schlafe lieber in meinem eigenen Bett, mit Verlaub.

Aha, wahrscheinlich graust dir vor unserer Bettwäsche, vor den vielen Krankheiten der fremden Menschen im Waschsalon.

Sie sagte, jetzt spricht der Suff aus dir. Wo ist mein Mantel?

Alberta wollte dann immer vermitteln, indem sie die Einladung wiederholte und Mam versicherte, sie brauche keine Angst zu haben, wir hätten auch neue Bettwäsche.

Es ist überhaupt nicht wegen der Bettwäsche, ich will einfach nur nach Hause. Wenn sie sah, daß ich mir den Mantel anzog, sagte sie, mich braucht keiner zur U-Bahn bringen. Ich finde den Weg schon allein.

Du gehst mir nicht allein durch diese Straßen.

Ich gehe immer allein durch die Straßen.

Es war ein langer, schweigsamer Weg die Court Street hinauf bis zur U-Bahnstation Borough Hall. Ich hätte gern etwas gesagt. Ich hätte gern meinen Ärger und meine Wut überwunden und ihr die einfache Frage gestellt, wie geht's dir, Mam?

Ich brachte es nicht fertig.

Vor der U-Bahnstation sagte sie dann, ich bräuchte nicht extra das Fahrgeld zu bezahlen, nur um mit ihr durchs Drehkreuz zu gehen. Auf dem Bahnsteig würde ihr schon nichts passieren, da seien immer Leute. Sie sei das gewöhnt.

Ich ging trotzdem mit rein, weil ich dachte, vielleicht reden wir noch, aber als der Zug einfuhr, ließ ich sie einsteigen, ohne auch nur zu versuchen, ihr einen Kuß zu geben, und dann sah ich zu, wie sie zu einem freien Platz stolperte, während der Zug anfuhr.

Unten an der Court Street Ecke Atlantic Avenue fiel mir etwas ein, was sie vor Monaten zu mir gesagt hatte, als wir am Tisch gesessen und auf das Thanksgiving-Essen gewartet hatten. Ist es nicht erstaunlich, sagte sie, was aus den Leuten manchmal wird?

Wie meinst du das?

Na ja, ich hab in meiner Wohnung gesessen und mich einsam gefühlt, also bin ich raus und hab mich auf dem kleinen Grünstreifen in der Mitte vom Broadway auf eine Bank gesetzt, und da ist eine Frau mit Massen von Plastiktüten dahergekommen, eine Obdachlose, eine Stadtstreicherin, ganz zerlumpt und verdreckt, und hat in der Mülltonne rumgewühlt, bis sie eine Zeitung gefunden hat. Sie hat sich neben mich gesetzt und drin gelesen, und nach einer Weile hat sie mich gefragt, ob ich ihr meine Brille borgen würde, weil ihre Augen so schlecht sind, daß sie nur die Schlagzeilen lesen kann, und mir ist aufgefallen, daß sie einen irischen Akzent hat, also hab ich sie gefragt, wo sie herkommt, und sie hat gesagt, aus Donegal, vor langer Zeit, und ob es nicht herrlich ist, auf einer Bank mitten auf dem Broadway zu sitzen, wo die Leute sich kümmern und einen fragen, wo man herkommt. Sie hat gefragt, ob ich ein paar Cent für eine Suppe erübrigen könnte, und ich hab ihr statt dessen angeboten, mit ihr in den Associated-Supermarkt zu gehen, da könnten wir uns was kaufen und uns ein richtiges Essen machen. O nein, das kann sie nicht machen, hat sie gesagt, aber ich hab gesagt, das hätte ich sowieso vor. Sie wollte nicht mit reinkommen. Sie hat gesagt, da drin sind Leute wie sie unerwünscht. Ich hab Brot und Butter und Speck und Eier gekauft, und bei mir zu Hause hab ich ihr gesagt, sie kann sich duschen, und hinterher war sie ganz begeistert, obwohl ich mit ihren Kleidern und den Tüten, die sie dabeihatte, nicht viel machen konnte. Wir haben gegessen und ferngesehen, aber dann ist sie schläfrig geworden, und ich hab ihr gesagt, sie kann sich aufs Bett legen, aber das wollte sie nicht. Das Bett ist weiß Gott groß genug für vier Leute, aber sie hat sich auf den Fußboden gelegt, mit einer Einkaufstüte unter dem Kopf, und als ich am Morgen aufgewacht bin, war sie weg, und sie hat mir gefehlt.

Es lag bestimmt nicht an dem Wein, den wir zum Abendessen

getrunken hatten, daß mich furchtbare Reue packte. Es war der Gedanke, daß meine Mutter so einsam war, daß sie sich auf eine Bank auf der Straße setzen mußte, so einsam, daß sie die Gesellschaft einer obdachlosen Stadtstreunerin vermißte. Sogar in der schlechten Zeit in Limerick hatte sie immer eine offene Hand und eine offene Tür gehabt, und warum konnte ich nicht auch so zu ihr sein?

49

Neun Wochenstunden Unterricht am New York Community College in Brooklyn waren leichter als fünfundzwanzig Stunden pro Woche an der McKee-Berufs- und Technikerschule. Die Klassen waren kleiner, die Studenten älter, und es gab keines der Probleme, mit denen sich ein High-School-Lehrer herumschlagen muß, keinen Klopaß, kein Gestöhne über Hausaufgaben, keinen Papierkrieg, angezettelt von Bürokraten, die nichts anderes zu tun haben, als immer neue Formulare zu entwerfen. Mein kärgliches Gehalt konnte ich dadurch aufbessern, daß ich an der Washington Irving Evening High School unterrichtete oder an der Seward Park oder der Stuyvesant High School aushalf.

Der Leiter der englischen Abteilung am Community College fragte mich, ob ich Lust hätte, eine Klasse von Halbakademikerinnen zu unterrichten. Ich sagte ja, obwohl ich keinen Schimmer hatte, was eine Halbakademikerin ist.

Nach der ersten Stunde wußte ich es. Vor mir saßen sechsunddreißig Frauen, Afroamerikanerinnen und ein paar aus Lateinamerika, im Alter zwischen Anfang Zwanzig und Ende Fünfzig, Hilfslehrerinnen an Grundschulen, die jetzt mit staatlicher Förderung am College studierten. In zwei Jahren würden sie eine vorläufige Prüfung ablegen und vielleicht ihre Ausbildung fortsetzen, um irgendwann einmal reguläre Lehrerinnen zu werden.

An diesem Abend kam ich kaum zum Unterrichten. Nachdem ich die Frauen gebeten hatte, bis zur nächsten Stunde einen kurzen autobiographischen Aufsatz zu schreiben, packten sie ihre Bücher zusammen und gingen im Gänsemarsch hinaus, verschüchtert und noch unsicher, was sie von sich selbst und voneinander halten sollten und von mir. Ich hatte die weißeste Haut von allen.

Beim nächsten Mal war die Stimmung noch dieselbe, abgesehen von einer Frau, die den Kopf auf die Arme gelegt hatte und schluchzte. Ich fragte sie, was denn sei. Sie hob den Kopf, die Tränen liefen ihr übers Gesicht.

Ich hab meine Bücher verloren.

Na ja, sagte ich, dann bekommen Sie eben neue. Gehen Sie einfach ins Sekretariat der englischen Abteilung und sagen Sie, was passiert ist.

Heißt das, ich werd nicht vom College geflogen?

Nein, Sie werden nicht, äh, Sie fliegen nicht vom College.

Ich hätte ihr gern den Kopf getätschelt, aber ich wußte nicht, wie man den Kopf einer Frau mittleren Alters tätschelt, die ihre Bücher verloren hat. Sie lächelte, wir lächelten alle. Jetzt konnten wir anfangen. Ich bat um die Aufsätze und sagte, daß ich ein paar davon vorlesen würde, ohne jedoch ihre richtigen Namen zu nennen.

Die Aufsätze waren ungelenk, unsicher. Beim Vorlesen schrieb ich einige der häufiger falsch geschriebenen Wörter an die Tafel, schlug Veränderungen im Aufbau vor, wies auf Grammatikfehler hin. Es war öde und trocken, bis ich den Damen vorschlug, sie sollten einfach und klar schreiben. Im nächsten Aufsatz dürften sie schreiben, was sie wollten. Sie waren verwundert. Was wir wollen? Aber wir haben nichts, worüber wir schreiben können. Wir erleben keine Abenteuer.

Sie hatten nichts, worüber sie schreiben konnten, nur die Spannungen in ihrem Leben, die rings um sie ausbrechenden Sommerunruhen, die Morde, plötzlich verschwundene Ehemänner, von Drogen zerstörte Kinder, ihre alltägliche Belastung durch Hausarbeit, Beruf, Schule, Kindererziehung.

Sie liebten die verschlungenen Wege der Sprache. In einer Diskussion über Jugendkriminalität rief Mrs. Williams, von mein Kindern wird keins nich kein Youngster.

Wie bitte?

Na, Sie wissen schon, diese Youngsters. Sie hielt eine Zeitung hoch, mit der Schlagzeile Youngster erschlägt Mutter.

Aha, sagte ich, und Mrs. Williams fuhr fort, diese Youngsters laufen in der Gegend rum und erschlagen Leute. Ermorden sie sogar. Wenn eins von mein Kindern heimkommt und sich wie'n Youngster aufführt, dann kriegt's ein Tritt in sein Sie wissen schon was.

Die Jüngste in der Klasse, Nicole, drehte den Spieß um. Sie saß hinten in der Ecke und machte den Mund nicht auf, bis ich an alle die Frage richtete, ob sie einen Aufsatz über ihre Mutter schreiben möchten. Da meldete sie sich. Und was ist mit Ihrer Mutter, Mr. McCourt?

Die Fragen kamen wie Geschosse. Lebt sie noch? Wie viele Kinder hat sie geboren? Wo ist Ihr Vater? Sind die Kinder alle vom selben Mann? Wo wohnt sie? Mit wem lebt sie zusammen? Sie lebt allein? Ihre Mutter lebt allein, obwohl sie vier Söhne hat? Wieso?

Sie runzelten die Stirn. Sie schauten vorwurfsvoll. Die arme Frau hat vier Söhne und muß allein leben. Jeder sollte sich um seine Mutter kümmern. Aber was wissen schon Männer? Einem Mann wird man nie begreiflich machen, was es heißt, Mutter zu sein, und ohne seine Mütter wäre Amerika längst untergegangen.

Im April wurde Martin Luther King ermordet, und für eine Woche fiel der Unterricht aus. Als wir uns wiedersahen, wollte ich eigentlich um Vergebung für meine Rasse bitten. Statt dessen fragte ich nach den Aufsätzen, die ich ihnen aufgegeben hatte. Mrs. Williams war indigniert. Also wissen Sie, Mr. McCourt, wenn wer ihr Haus anzünden will, sitzen Sie dann rum und schreiben irgendwelche Aufsätze?

Im Juni wurde Bobby Kennedy ermordet. Meine sechsunddreißig Damen fragten sich, wohin das noch führen solle, waren sich aber einig, daß Bildung der einzige Weg in eine vernünftigere Welt sei. Wenn sie über ihre Kinder sprachen, hellten sich ihre Mienen auf, und sie erzählten sich gegenseitig, daß sie jetzt, wo sie am College studierten, streng darauf achteten, daß ihre Kinder ihre Hausaufgaben machten.

Am letzten Unterrichtsabend im Juni fand die Abschlußprüfung statt. Ich schaute auf die dunklen, übers Papier gebeugten Köpfe, die Mütter von zweihundertundzwölf Kindern, und ich wußte, ich würde keine von ihnen durchfallen lassen, egal, was sie auf ihre Blätter schrieben.

Sie waren fertig. Sie hatten alle abgegeben, aber keine ging hinaus. Ich fragte sie, ob sie noch eine Stunde in diesem Raum hätten. Mrs. Williams stand auf und hüstelte. Ach, Mr. McCourt, ich muß sagen, ich meine, wir müssen sagen, es war wunderschön, aufs College zu gehen und so viel über die englische Sprache und alles zu lernen, und wir haben Ihnen hier diese Kleinigkeit besorgt und hoffen, es gefällt Ihnen und so.

Sie setzte sich schluchzend, und ich dachte, dieser Kurs beginnt und endet mit Tränen.

Das Geschenk wurde vorgereicht, eine Flasche Aftershave in einer prächtigen rot-schwarzen Schachtel. Als ich daran schnupperte, hätte es mich fast umgehauen, aber ich roch noch einmal genußvoll daran und sagte den Damen, ich würde die Flasche mein Leben lang behalten, als Erinnerung an sie, an diese Klasse, an ihre Youngsters.

*

Anstatt nach dem Unterricht heimzugehen, fuhr ich mit der U-Bahn zur West 96th Street in Manhattan und rief von einer Telefonzelle aus meine Mutter an.

Hast du Lust, einen Happen essen zu gehen?

Ich weiß nicht. Wo bist du?

Nur ein paar Straßen weg von dir.

Warum?

Ich war zufällig in der Gegend.

Hast du Malachy besucht?

Nein. Ich will dich besuchen.

Mich? Warum willst du mich besuchen?

Meine Güte, du bist meine Mutter und so, und ich wollte bloß mit dir essen gehen. Worauf hast du Appetit?

Sie war unschlüssig. Na ja, besonders gern mag ich ja diese Riesengarnelen, die's beim Chinesen gibt.

In Ordnung. Essen wir Riesengarnelen.

Aber ich weiß nicht, ob die mir heute nicht zu schwer sind. Ich glaube, ich würde doch lieber beim Griechen einen Salat essen.

Na gut. Dann treffen wir uns dort.

Sie kam nach Luft schnappend in das Restaurant, und als ich sie auf die Wange küßte, schmeckte ich das Salz von ihrem Schweiß. Sie sagte, sie müsse erst mal eine Minute still dasitzen, bevor sie auch nur an Essen denken könne, und wenn sie nicht mit dem Rauchen aufgehört hätte, wäre sie jetzt schon tot.

Sie bestellte sich einen Feta-Salat, und als ich sie fragte, ob sie den gut finde, sagte sie, dafür könnte sie sterben.

Du magst den Käse?

Was für Käse?

Den Schafskäse.

Was für Schafskäse?

Das weiße Zeug. Das ist Schafskäse.

Glaub ich nicht.

Doch.

Also wenn ich gewußt hätte, daß das Schafskäse ist, hätte ich ihn nie angerührt, weil daheim in Limerick ist draußen auf dem Land mal ein Schaf auf mich losgegangen, und ich würde nie was essen, was schon mal auf mich losgegangen ist.

Bloß gut, daß noch nie eine Riesengarnele auf dich losgegangen ist.

50

Im Jahr 1971 kam meine Tochter Maggie im Unity Hospital im Bedford-Stuyvesant-Bezirk von Brooklyn zur Welt. Eine Verwechslung war nicht zu befürchten, denn sie war anscheinend das einzige weiße Baby auf der Station.

Alberta wollte eine natürliche Geburt, aber die Ärzte und Schwestern am Unity Hospital hatten kein Verständnis für die Launen von Mittelschichtfrauen. Sie hatten keine Zeit für Albertas Atemübungen und gaben ihr eine Betäubungsspritze, um die Geburt zu beschleunigen. Die Wehen verlangsamten sich aber so, daß der ungeduldige Arzt Maggies Kopf mit einer Zange aus dem Schoß ihrer Mutter riß und ich ihm am liebsten einen Kinnhaken verpaßt hätte wegen der platten Stellen, die dadurch an ihren Schläfen entstanden.

Die Schwester ging mit dem Kind in eine Ecke, um es zu säubern und zu waschen, und als sie fertig war, gab sie mir zu verstehen, daß ich meine Tochter jetzt ansehen könne, mit ihrem erstaunten roten Gesichtchen und ihren schwarzen Füßchen.

Ihre Fußsohlen waren schwarz.

Um Gottes willen, was haben die meinem Kind da für ein Geburtsmal verpaßt? Zu der Schwester konnte ich nichts sagen, denn sie war eine Schwarze und es hätte sie womöglich gekränkt, daß ich die schwarzen Füße meiner Tochter nicht hübsch fand. Ich stellte mir vor, wie mein Kind als junge Frau am Strand liegt, schön anzusehen in ihrem Badeanzug, dabei aber Socken tragen muß, um den Schönheitsfehler zu verbergen.

Die Schwester fragte mich, ob das Baby gestillt werden sollte. Nein. Alberta hatte gesagt, sie würde keine Zeit dafür haben, wenn sie wieder zu arbeiten anfing, und der Arzt tat etwas, um den Milchfluß zu unterbinden. Sie wollten wissen, wie das Kind heißen sollte, und Alberta hatte mit Michaela geliebäugelt, war aber noch benommen und hilflos und sagte der Schwester, Margaret Ann, nach meinen zwei Großmüttern und meiner Schwester, die mit einundzwanzig Tagen hier in Brooklyn gestorben war.

Alberta wurde in ihr Zimmer zurückgefahren, und ich rief Malachy an, um ihm die frohe Botschaft zu verkünden, daß mir eine Tochter geboren worden sei, daß sie aber schwarze Füße habe. Er lachte mir ins Ohr und sagte, ich sei ein Esel, die Schwester habe wahrscheinlich Fußabdrücke anstelle von Fingerabdrücken genommen. Wir trafen uns alle im Lion's Head, wo mir jeder einen Drink spendierte, so daß ich am Schluß sturzbetrunken war, so betrunken, daß Malachy mich in einem Taxi nach Hause brachte, in dem mir derart schlecht wurde, daß ich den ganzen Broadway entlang kotzen mußte und der Fahrer mich anschrie, das koste mich aber fündundzwanzig Dollar für die Reinigung des Taxis, eine unverschämte Forderung, mit der er sich um sein Trinkgeld brachte, und als er drohte, die Polizei zu holen, sagte Malachy, und was willst du denen erzählen? Willst du ihnen erzählen, daß du ein Zickzackfahrer bist, der von einer Seite des Broadway zur anderen schlingert, so daß den Fahrgästen schlecht wird, willst du ihnen das erzählen? Der Taxifahrer wurde so wütend, daß er aussteigen und sich mit Malachy anlegen wollte, besann sich aber, als er meinen Bruder sah, der, mit mir im Arm, groß und rotbärtig auf dem Gehsteig stand und ihn höflich fragte, ob er noch etwas sagen wolle, bevor er vor seinen Schöpfer trete. Der Taxifahrer machte unflätige Bemerkungen über uns und die Iren im allgemeinen und überfuhr mit hochgerecktem Mittelfinger eine rote Ampel.

Malachy brachte mir Aspirin und Vitamintabletten und meinte, morgen früh wäre ich wieder frisch wie der Regen, und ich fragte mich, was das bedeuten sollte, frisch wie der Regen, obwohl diese Frage in meinem Kopf von Maggie und den Zangenabdrücken an ihren Schläfen verdrängt wurde, und ich wäre am liebsten aus dem Bett gesprungen, um diesen verdammten Arzt aufzustöbern, der nicht zugelassen hatte, daß meine Tochter zu einer ihr genehmen Zeit auf die Welt kam, aber meine Beine gehorchten mir nicht, und ich schlief ein.

Malachy hatte recht gehabt. Am Morgen hatte ich keinen Kater, sondern staunte nur darüber, daß nun ein kleines Kind in Brooklyn meinen Namen trug und ich ein Leben lang zusehen konnte, wie es heranwuchs, und als ich Alberta anrief, konnte ich kaum sprechen, mein Hals war wie zugeschnürt, und sie lachte und zitierte meine Mutter, bei dir sitzt die Blase gleich hinter den Augen.

*

Im selben Jahr kauften Alberta und ich das Brownstone-Haus, in dem wir bis dahin eine Mietwohnung im Hochparterre gehabt hatten. Wir konnten es uns nur leisten, weil unsere Freunde Bobby und Mary Ann Baron uns Geld liehen und weil Virgil Frank gestorben war und uns achttausend Dollar hinterlassen hatte.

Als wir in Brooklyn Heights, 30 Clinton Street, wohnten, wohnte Virgil zwei Stockwerke unter uns. Er war über siebzig, hatte volles, zurückgekämmtes weißes Haar, eine markante Nase, noch die eigenen Zähne und kaum eine Faser Fleisch auf den Knochen. Ich besuchte ihn regelmäßig, weil eine Stunde mit ihm besser war als Kino, Fernsehen und die meisten Bücher.

Seine Wohnung bestand aus einem Zimmer mit Kochnische und einem Badezimmer. Er schlief auf einer Pritsche an der Wand, und dahinter waren ein Schreibtisch und ein Fenster mit eingebauter Klimaanlage. Gegenüber dem Bett stand ein Regal voller Bücher über Blumen, Bäume und Vögel. Den Vögeln, sagte er, würde er sich widmen, sobald er sich ein Fernglas gekauft hätte. Beim Kauf eines Fernglases muß man aufpassen. Geschäfte gibt's ja genug, aber wie soll man das Ding ausprobieren? Die Verkäufer sagen, o ja, das ist ein gutes Glas, mit starker Vergrößerung, aber weiß man, ob es stimmt? Die lassen es einen nicht mit hinausnehmen und damit die Fulton Street auf- und abschauen, weil man ja mit dem Fernglas davonrennen könnte, und das ist blöd. Wie zum Teufel soll man mit siebzig davonrennen? Einstweilen wäre er schon froh, wenn er durchs Fenster Vögel beobachten könnte, aber alles, was man aus seiner Wohnung sieht, sind Tauben, die auf seiner Klimaanlage rammeln, und das kotzt ihn an.

Er sieht ihnen zu, o ja, er sieht ihnen zu, schlägt mit einer Fliegenklatsche ans Fenster, schreit sie an, haut ab da, ihr Scheißtauben. Rammelt doch auf einer anderen Klimaanlage. Er sagt, das sind die Ratten der Luft, die tun nichts als fressen und rammeln, und wenn sie sich ausgerammelt haben, lassen sie was auf die Klimaanlage fallen, einen Klacks nach dem anderen, wie die Kacke von den Voigeln, ich mein, den Vögeln, verdammt noch mal, ich rede schon wieder Brooklynisch, und das ist gar nicht gut, wenn man Wasserkühler verkauft, also wie diese Vogelkacke in Südamerika, wo ganze Berge davon bedeckt sind, wie heißt das Zeug noch? Guano, ja, der ist gut für Pflanzen, aber nicht für Klimaanlagen.

Außer den Naturbüchern hatte er noch eine dreibändige Ausgabe der Summa theologica von Thomas von Aquin, und als ich einmal einen der Bände aufschlug, sagte er, ich wußte gar nicht, daß du dich für das Zeug interessierst. Möchtest du dir nicht lieber die Vogelbücher anschauen? Ich sagte ihm, Vogelbücher kriegt man überall, aber seine Summa sei eine seltene Ausgabe, und er meinte, ich könne sie haben, ich müsse allerdings warten, bis er tot sei. Aber keine Sorge, Frank, ich erwähne es in meinem Testament.

Er versprach mir auch, mir seine Krawattensammlung zu hinterlassen, die mir jedesmal ins Auge sprang, wenn er die Schranktür aufmachte, die knalligsten, buntesten Krawatten, die ich je gesehen hatte.

Die gefallen dir, hm? Manche von denen stammen noch aus den Zwanzigern, einige sind aus den dreißiger und vierziger Jahren. Damals haben es die Männer noch verstanden, sich anzuziehen. Die waren nicht so spießig wie der Mann im grauen Flanell, der sich vor jedem kleinen Farbtupfer fürchtet. Ich hab immer gesagt, bei Krawatten und Hüten darf man nicht knausern, weil man gut aussehen muß, wenn man Wasserkühler verkauft, was ich fünfundvierzig Jahre lang gemacht hab. Ich bin in ein Büro gegangen und hab gesagt, wie bitte? Wollen Sie mir sagen, Sie trinken noch Leitungswasser aus diesen alten Tassen und Gläsern? Wissen Sie denn nicht, wie ungesund das ist?

Und Virgil stellte sich zwischen Bett und Bücherregal, wiegte sich hin und her wie ein Prediger und gab sein Verkaufsgespräch für Wasserkühler zum besten.

Jawohl, Sir, ich verkaufe Wasserkühler, und ich möchte Ihnen sagen, mit Wasser können Sie fünferlei machen. Sie können es reinigen, Sie können es verunreinigen, Sie können es heißmachen, Sie können es kühlen und, ha, ha, Sie können es verkaufen. Ich brauche Ihnen nicht zu sagen, Herr Abteilungsleiter, weil Sie's schon wissen, daß Sie es auch trinken und darin schwimmen können, obwohl Wasser zum Schwimmen im durchschnittlichen amerikanischen Büro weniger gefragt ist. Ich möchte Ihnen sagen, meine Firma hat eine vergleichende Untersuchung durchgeführt über Büros, in denen unser Wasser getrunken wird, und Büros, in denen unser Wasser nicht getrunken wird, und, ja, ganz recht, Herr Abteilungsleiter, ganz recht, die Leute, die unser Wasser trinken, sind gesünder und leistungsfähiger. Unser Wasser vertreibt die Grippe und fördert die Verdauung. Wir behaupten keineswegs, nein, wir behaupten durchaus nicht, Herr Abteilungsleiter, daß unser Wasser allein verantwortlich ist für die hohe Leistungsfähigkeit und den großen Wohlstand Amerikas, aber wir behaupten sehr wohl, daß unseren Untersuchungen zufolge Firmen ohne unser Wasser gerade so über die Runden kommen und sich verzweifelt fragen, was der Grund ist. Ein Exemplar unserer Untersuchung geht Ihnen zu, wenn Sie den Jahresvertrag unterzeichnen. Wir analysieren ohne Aufpreis Ihre Belegschaft und schätzen danach den Wasserverbrauch. Ich sehe mit Freuden, daß Sie keine Klimaanlage haben, denn dadurch erhöht sich der Trinkwasserbedarf Ihrer hervorragenden Belegschaft. Wir wissen auch, Herr Abteilungsleiter, daß unsere Wasserkühler Menschen zusammenbringen. Probleme werden bei einem Pappbecher Wasser bereinigt. Blicke treffen sich. Romanzen bahnen sich an. Alle sind glücklich, alle kommen gern ins Büro, Tag für Tag. Die Leistung steigt. Reklamationen kennen wir nicht. Unterschreiben Sie hier. Eine Ausfertigung für Sie, eine für mich, und wir sind handelseinig.

Ein Klopfen an der Tür unterbrach ihn.

Wer ist da?

Eine schwache alte Stimme. Virgil, ich bin's, Harry.

Ich kann jetzt nicht mit dir sprechen, Harry. Ich hab den Arzt hier, er untersucht mich, ich bin nackt.

Na gut, Virgil. Ich komm dann später wieder.

Morgen, Harry, morgen.

Okay, Virgil.

Er sagte mir, das sei Harry Ball gewesen, fündundachtzig Jahre alt, mit einer Stimme wie Spinnweben, und er treibt Virgil mit seinen Parkproblemen zum Wahnsinn. Er hat so einen Riesenschlitten, einen Hudson, davon bauen sie jetzt gar keinen nicht mehr, was ist richtig, keinen mehr oder keinen nicht mehr? Du bist der Lehrer. Ich weiß es nicht. Ich bin nicht über die siebte Klasse rausgekommen. Bin aus dem Waisenhaus der Schwestern des heiligen Joseph ausgerissen, obwohl ich denen in meinem Testament Geld hinterlasse. Also, Harry hat diesen Wagen, aber er fährt nie damit weg. Er sagt, eines Tages wird er damit nach Florida fahren, zu seiner Schwester, aber er fährt nirgendwohin damit, weil dieser Wagen so alt ist, daß er's nicht mal über die Brooklyn Bridge schaffen würde, aber dieser gottverdammte Hudson ist sein ganzer Lebensinhalt. Er fährt ihn immer von der einen Straßenseite auf die andere, hin und her, hin und her. Manchmal nimmt er den kleinen Aluminiumklappstuhl mit, setzt sich neben sein Auto und wartet, bis am nächsten Tag ein Parkplatz frei wird. Oder er läuft in der Nachbarschaft rum und sucht einen Platz, und wenn er einen sieht, ist er ganz begeistert und rennt Hals über Kopf zu seinem Wagen, um ihn zu dem neuen Parkplatz zu fahren, aber der ist inzwischen besetzt, ebenso der, auf dem er vorher gestanden hat, und dann fährt er parkplatzlos herum und verwünscht die Stadtverwaltung. Einmal bin ich mit ihm mitgefahren, da hätte er fast einen Rabbi und zwei alte Frauen umgekarrt, und ich hab gesagt, um Himmels willen, Harry, laß mich aussteigen, aber er wollte nicht, da bin ich an der ersten roten Ampel rausgesprungen, und er hat mir nachgeschrien, ich wär so ein Typ wie der, der die Lichtzeichen gegeben hat, damit die Japse Pearl Harbor finden, bis ich ihm gesagt habe, daß er ein dummer Hund ist, weil er nicht weiß, daß Pearl Harbor am hellichten Tag bombardiert worden ist, und er hat dagesessen und mir widersprochen, während die Ampel auf Grün gesprungen ist und die Leute hinter ihm gehupt und geschrien haben, wen interessiert denn dein beschissenes Pearl Harbor, Kumpel, fahr deinen gottverdammten Hudson da weg. Er könnte den Wagen für fünfundachtzig Dollar im Monat in einer Garage einstellen, aber das ist mehr, als er Miete zahlt, und das wird man nicht erleben, daß Harry Ball auch nur einen Penny vergeudet. Ich bin ja auch sparsam, zugegeben, aber neben dem würde Scrooge wie ein Vergeuder dastehen. Ist das das richtige Wort, Vergeuder? Ich bin in der siebten Klasse aus dem Waisenhaus ausgerissen.

Er bat mich, mit ihm in einen Eisenwarenladen an der Court Street zu gehen, weil er sich für sein neu eingerichtetes Telefon eine Eieruhr kaufen wolle.

Eine Eieruhr?

Ja, das ist so eine Art Stundenglas mit Sand drin, der drei Minuten läuft, und so mag ich meine weichen Eier, und wenn ich das Telefon benutze, weiß ich, wann drei Minuten um sind, denn danach berechnen die von der Telefongesellschaft ihre Gebühren, diese Strolche. Ich stell mir die Eieruhr auf den Tisch und leg beim letzten Sandkörnchen auf.

Auf der Court Street fragte ich ihn, ob er Lust auf ein Bier und ein Sandwich in der Blarney Rose habe. Er ging nie in Lokale und war entsetzt über die Bier- und Whiskeypreise. Neunzig Cent für ein winziges Gläschen Whiskey? Nie und nimmer!

Wir gingen in eine Spirituosenhandlung, er bestellte mehrere Kisten irischen Whiskey und sagte dem Verkäufer, den trinke sein Freund Frank gerne, und mehrere Kisten Wein, Wodka und Bourbon, weil er das selber gern trinke. Er sagte dem Mann, die blöde Steuer zahl ich aber nicht. Ich hab dir einen Großauftrag erteilt, und obendrein soll ich auch noch den Staat unterstützen. Nein, mein Lieber. Die zahlst du selber.

Der Mann war einverstanden und versprach, die fünfundzwanzig Kisten zu liefern.

Tags darauf rief Virgil mich an. Seine Stimme war ziemlich zittrig, aber er sagte, ich hab die Eieruhr laufen, ich muß also schnell reden. Kannst du mal runterkommen? Ich brauche ein bißchen Hilfe. Die Tür ist offen. Er saß im Bademantel in seinem Sessel. Ich hab letzte Nacht kein Auge zugetan. Hab nicht ins Bett können.

Er konnte nicht ins Bett, weil der Spirituosenmann die fünfundzwanzig Kisten so aufgestapelt hatte, daß Virgil nicht drübersteigen konnte. Er sagte, er habe unbedingt den irischen Whiskey und den Wein probieren müssen, und das sei ein bißchen hinderlich gewesen, als der Zeitpunkt zum Klettern gekommen war. Er sagte, er brauche einen Teller Suppe, irgendwas im Magen, damit ihm nicht schlecht wird. Als ich eine Dose aufmachte und die Suppe mit der gleichen Menge Wasser in einen Topf schüttete, fragte er mich, ob ich die Anleitung auf der Dose gelesen hätte.

Nein.

Woher weißt du dann, wie das geht?

Das sagt einem der gesunde Menschenverstand, Virgil.

Der gesunde Menschenverstand, meine Fresse.

Er war eindeutig verkatert. Hör mir zu, Frank McCourt. Weißt du, warum du nie auf einen grünen Zweig kommen wirst?

Warum?

Du hältst dich nie an die Anleitung auf der Packung. Das ist der Grund, warum ich Geld auf der Bank habe und du nicht einmal einen Topf hast, in den du pissen kannst. Ich hab mich immer an die Anleitung auf der Packung gehalten.

Abermals ein Klopfen an der Tür. Was ist denn? rief Virgil.

Voigel, ich bin's, Pete.

Pete wer? Pete wer? Kann ich vielleicht durch die Tür sehen?

Pete Buglioso. Ich hab was für dich, Voigel.

Sprich nicht Brooklynisch mit mir, Pete. Ich heiße Virgil, nicht Voigel. Das war ein Dichter, Pete. Das solltest du wissen als Italiener.

Da weiß ich nix von, Voigel. Ich hab was für dich, Voigel.

Ich brauch nichts, Pete. Komm nächstes Jahr wieder.

Aber das kannst du bestimmt brauchen, Voigel. Kost dich bloß ein paar Dollars.

Was ist es?

Kann ich dir durch die Tür nicht sagen, Voigel.

Virgil raffte sich aus dem Sessel hoch und stolperte zu der Eieruhr auf dem Schreibtisch. Na schön, Pete, von mir aus. Du kannst für drei Minuten reinkommen. Ich stell meine Eieruhr.

Er sagt zu mir, mach die Tür auf, und zu Pete sagt er, die Eieruhr läuft, und obwohl schon Sandkörnchen durchgefallen sind, hat Pete noch drei Minuten, also fang an, Pete, fang an und fasse dich kurz.

Schon gut, Voigel, schon gut, aber wie zum Teufel soll ich reden, wenn du die ganze Zeit redest? Du redest mehr als sonstwer.

Du verschwendest deine Zeit, Pete. Du redest dich um Kopf und Kragen. Schau auf die Eieruhr. Schau dir den Sand an. Der Sand der Zeit, Pete, der Sand der Zeit.

Was machst du denn mit den vielen Kisten, Voigel? Hast du einen Lastwagen ausgeraubt oder so was?

Die Eieruhr, Pete, die Eieruhr.

Also gut, Voigel, was ich hier habe, wirst du wohl aufhören, auf diese gottverdammte Eieruhr zu starren, Voigel, und mir zuhören, was ich hier habe, das sind Rezeptblöcke von einem Doktor in der Clinton Street.

Rezeptblöcke. Du hast schon wieder bei den Ärzten eingebrochen, Pete.

Nee, kein Bruch. Ich kenne eine Sprechstundenhilfe. Die mag mich.

Die muß blind und taubstumm sein. Ich brauch keine Rezeptblöcke.

Komm schon, Voigel. Man weiß nie. Vielleicht bist du mal krank oder verkatert und brauchst was.

Blödsinn, Pete. Deine Zeit ist um. Ich hab zu tun.

Aber …

Raus, Pete, raus. Ich kann die Eieruhr nicht stoppen, wenn sie mal läuft, und ich will keine Rezeptblöcke.

Er schubste Pete zur Tür hinaus und schrie ihm nach, du bringst mich noch in den Knast, und da wirst du auch selber landen, wenn du immer geklaute Rezeptblöcke verkaufst.

Er ließ sich wieder in seinen Sessel sacken und sagte, er könne die Suppe ja probieren, obwohl ich mich nicht an die Anleitung auf der Dose gehalten hätte. Er brauche sie, um seinen Magen zu beruhigen, aber wenn sie nicht gut sei, würde er einen Schluck Wein trinken, der würde genausogut wirken. Er kostete von der Suppe und sagte, ja, sie ist okay, er wird sie essen und den Wein trotzdem trinken. Als ich den Korken rausgezogen hatte, fuhr er mich an, den Wein noch nicht eingießen, der muß erst atmen, ob ich das nicht weiß, und wenn nein, dann darf ich auch nicht Schule halten. Er schlürfte seinen Wein, und dann fiel ihm ein, daß er die Klimaanlagenfirma wegen seines Problems mit den Tauben anrufen mußte. Ich sagte ihm, er solle sitzen bleiben, und brachte ihm das Telefon und die Nummer der Firma, aber er wollte auch die Eieruhr, damit er denen sagen konnte, sie hätten genau drei Minuten, um ihm die Auskunft zu geben, die er brauche.

Hallo, hören Sie? Ich hab die Eieruhr laufen, Sie haben also drei Minuten, um mir zu sagen, wie ich diese gottverdammten Tauben, Entschuldigung, Miss, wie ich diese Tauben daran hindern kann, es auf dem äußeren Teil von meiner Klimaanlage miteinander zu treiben. Die bringen mich noch um den Verstand mit ihrem Guuguu-guu den ganzen Tag und scheißen das ganze Fenster zu. Das können Sie mir jetzt nicht sagen? Sie müssen es erst nachschlagen? Was müssen Sie nachschlagen? Auf meiner Klimaanlage rammeln Tauben, und Sie müssen nachschlagen? Tut mir leid, Eieruhr abgelaufen, das waren die drei Minuten. Adieu.

Er gab mir das Telefon zurück. Und ich sag dir noch was, sagte er. Da ist nur dieser gottverdammte Harry Ball dran schuld, daß die Tauben mir auf die Klimaanlage scheißen. Der sitzt auf seinem gottverdammten Aluminiumklappstuhl, wenn er nach einem neuen

Parkplatz Ausschau hält, und füttert die Tauben des ganzen Viertels. Ich hab ihm mal gesagt, er soll damit aufhören, das sind die Ratten der Luft, aber da ist er so sauer geworden, daß er wochenlang nicht mit mir geredet hat, und das war mir gerade recht. Diese alten Knacker füttern die Tauben, weil sie keine Frauen mehr haben. Oder keine Frauen nicht mehr haben? Ich weiß es nicht. Ich bin aus dem Waisenhaus ausgerissen, aber ich fütter keine Tauben.

Eines Abends klopfte er an unsere Tür, und als ich aufmachte, stand er da in seinem verschlissenen Bademantel, in der Hand ein paar Blätter Papier und betrunken. Es war sein Testament, und ich sollte einen Teil davon lesen. Nein, er wolle keinen Kaffee, den vertrage er nicht, aber ein Bier würde er trinken.

Also, du hast mir geholfen, und Alberta hat mich zum Essen eingeladen, und niemand lädt alte Knacker zum Essen ein, und deshalb hinterlasse ich dir viertausend Dollar und Alberta auch viertausend, und ich vermache dir meinen Thomas von Aquin und meine Krawatten. Hier steht's geschrieben im Testament, ich hinterlasse Frank McCourt meine Sammlung von Krawatten, die er bewundert und die alles andere als trist sind.

*

Nachdem wir in die Warren Street gezogen waren, verloren wir Virgil eine Zeitlang aus den Augen, aber dann wollte ich ihn als Paten bei Maggies Taufe. Statt dessen bekam ich Besuch von einem Anwalt, der mir mitteilte, daß Virgil Frank gestorben war, und uns über die Bestimmungen seines Testaments aufklärte, die uns betrafen. Allerdings, sagte der Anwalt, habe Mr. Frank es sich anders überlegt, was die Summa Theologica und die Krawatten anbelangt. Sie bekommen also nur das Geld. Nehmen Sie die Erbschaft an?

O ja, aber warum hat er das Testament geändert?

Er hat gehört, daß Sie eine Reise nach Irland gemacht haben, und war verstimmt, weil Sie damit zum Goldabfluß beigetragen hätten.

Was soll das heißen?

Laut Mr. Frank hat Präsident Johnson vor einigen Jahren gesagt, daß Amerikaner, die ins Ausland reisen, Gold aus dem Land abziehen und die Wirtschaft schwächen, und das ist der Grund, weshalb Sie die Krawatten, die alles andere als trist sind, und die drei Bände Thomas von Aquin nicht erben. Okay?

Ja, sicher.

Nun, da wir einen Teil der Anzahlung hatten, suchten wir in der Umgebung nach einem Haus. Unsere Vermieterin, Hortensia Odones, hörte, daß wir uns umsahen, und eines Tages kletterte sie die Feuerleiter hinten am Haus rauf, und ich erschrak, als ich ihren Kopf mit der riesigen Lockenperücke vor dem Küchenfenster auftauchen sah.

Frankie, Frankie, mach das Fenster auf. Es ist kalt hier draußen. Laß mich rein.

Ich streckte den Arm aus, um ihr zu helfen, aber sie schrie, Vorsicht, meine Haare, Vorsicht, meine Haare, und ich mußte sie mühsam in die Küche hieven, während sie ihre Perücke festhielt.

Uff, sagte sie, uff. Frankie, hast du Rum im Haus?

Nein, Hortensia, nur Wein und irischen Whiskey.

Gib mir einen Whiskey, Frankie. Mir friert der Arsch ab.

Hier, Hortensia. Sag mal, warum bist du nicht die Treppe raufgekommen?

Weil's da unten finster ist, darum, und ich kann's mir nicht leisten, das Licht Tag und Nacht brennen zu lassen, aber auf der Feuerleiter ist es immer hell genug, Tag und Nacht.

Aha.

Was hör ich da? Du und Alberta, ihr sucht ein Haus? Wollt ihr nicht das hier kaufen?

Wieviel?

Fünfzigtausend.

Fünfzigtausend?

Ja. Ist das zuviel?

Nein, nein. Das geht in Ordnung.

An dem Tag, als wir den Kaufvertrag unterschrieben, tranken wir Rum mit ihr, und sie sagte, wie traurig sie sei, dieses Haus verlassen zu müssen, nach all den Jahren, die sie hier gewohnt hat, nicht mit ihrem Mann, Odones, sondern mit ihrem Freund Louis Weber, der berühmt dafür war, daß er das Zahlenlotto in dem Viertel hier kontrolliert hat, und er war zwar Puertoricaner, hatte aber vor niemandem Angst, nicht mal vor der Cosa Nostra, die ständig versucht hat, ihm das Revier streitig zu machen, bis Louis einfach ins Haus des Dons unten in Carroll Gardens reinmarschiert ist und was soll der Scheiß? gesagt hat, Entschuldigung, und der Don hat Louis dafür bewundert, daß er sich das traut, und seine Gorillas zurückgepfiffen, laßt den Louis in Frieden, Jungs, und du weißt, Frankie, daß sich sonst keiner mit den Italienern in Carroll Gardens anlegt. Da unten siehst du keine Farbigen oder PRs, bestimmt nicht, und wenn doch, dann ist es bloß einer, der da zufällig durchgeht.

Die Mafia ließ Louis also in Ruhe, aber Hortensia sagte, bei denen weiß man nie, und immer wenn sie und Louis mit dem Auto unterwegs waren, hatten sie zwei Pistolen dabei, seine und ihre, und er sagte ihr, falls mal einer mit bösen Absichten kommt und ihn außer Gefecht setzt, soll sie ins Lenkrad greifen und es Richtung Gehsteig herumreißen, damit sie mit einem Fußgänger zusammenstoßen statt mit einem anderen Auto, und die Versicherung würde sich dann schon um alles kümmern, aber für den Fall, daß sie doch Schwierigkeiten machen sollte, gebe er ihr die Telefonnummern von ein paar Typen, PRs, die gottverdammte Mafia sei schließlich nicht der einzige Verein in der Stadt, und die Jungs würden es dann den Versicherungen zeigen, diesen raffgierigen Schweinen, Entschuldigung, Alberta. Ist noch ein bißchen Rum da, Frankie?

Der arme Louis, sagte sie, der Kefauver-Ausschuß ist ihm auf die Pelle gerückt, aber er ist im Bett gestorben, und ich fahr nie mehr mit dem Auto weg, aber er hat mir einen Revolver hinterlassen, ich hab ihn unten, möchtest du mal meinen Revolver sehen, Frankie, nein? Na gut, ich hab ihn jedenfalls, und jeder, der unaufgefordert in meine Wohnung kommt, kriegt eins verpaßt, Frankie, genau zwischen die Augen, peng, bum, weg ist er.

Die Nachbarn nickten lächelnd und sagten, da hätten wir eine Goldgrube gekauft, jeder wisse, daß Louis Geld vergraben hat im Keller unseres neuen Hauses, in dem Hortensia immer noch wohnte, oder über unseren Köpfen in der nachträglich eingezogenen Decke im Wohnzimmer. Wir müßten bloß diese Decke runterreißen und würden bis zu den Achseln in Hundertdollarscheinen stehen.

Als Hortensia auszog, rissen wir den Keller auf, um ein neues Abflußrohr einzubauen. Kein verbuddeltes Geld. Wir rissen die Decken herunter, legten Ziegel und Balken frei. Wir klopften Wände ab, und jemand schlug uns vor, einen Wünschelrutengänger zu engagieren.

Wir fanden eine alte Puppe mit Haarbüscheln, ohne Augen, ohne Arme, nur noch ein Bein. Wir hoben sie für unsere zweijährige Tochter Maggie auf, die sie Das Biest nannte und sie mehr liebte als all ihre anderen Puppen.

Hortensia zog in eine kleine Parterrewohnung in der Court Street und blieb dort, bis sie starb oder nach Puerto Rico zurückging. Ich wünschte mir oft, ich hätte mehr Zeit mit ihr und einer Flasche Rum verbracht oder sie mit Virgil Frank bekannt gemacht, dann hätten wir Rum und irischen Whiskey trinken und über Louis Weber und den Goldabfluß reden können oder darüber, wie man mit einer Eieruhr seine Telefonkosten senkt.

51

Wir schreiben das Jahr 1969, und ich springe an der Stuyvesant High School für Joe Curran ein, der alkoholbedingt für ein paar Wochen aus dem Verkehr gezogen ist. Seine Schüler wollen wissen, ob ich Griechisch kann, und sind enttäuscht, als ich verneine. Mr. Curran sitzt natürlich oft an seinem Pult und liest lange Passagen aus der Odyssee vor oder rezitiert sie sogar auswendig, ja, klar, auf griechisch, und er erinnert seine Schüler täglich daran, daß er Absolvent der Boston Latin School und des Boston College ist, und sagt, wer kein Griechisch oder Latein kann, darf sich nicht für gebildet halten und nie für sich in Anspruch nehmen, ein Gentleman zu sein. Ja, sicher, das hier mag die Stuyvesant High School sein, sagt Mr. Curran, und vielleicht seid ihr ja die klügsten Kinder von hier bis zu den Vorbergen der Rocky Mountains, die Köpfe vollgestopft mit Naturwissenschaften und Mathematik, aber alles, was ihr im Leben braucht, sind euer Homer, euer Sophokles, euer Platon, euer Aristoteles, euer Aristophanes für die heiteren Stunden, euer Vergil für die Dunkelheiten, euer Horaz, damit ihr dem Weltlichen entfliehen könnt, und euer Juvenal, wenn euch die ganze Welt ankotzt. Das Großartige, Jungs, das Großartige, das war Griechenland, und die Pracht, das war Rom.

Es waren aber nicht die Griechen oder die Römer, die es seinen Schülern angetan hatten, es waren die vierzig Minuten, in denen Joe schwadronierte oder deklamierte, während sie tagträumten, die Hausaufgaben für andere Fächer machten, vor sich hin kritzelten, mitgebrachte Sandwiches kauten, ihre Initialen in Pulte schnitzten, an denen womöglich schon James Cagney, Thelonius Monk und einige Nobelpreisträger gesessen hatten. Oder sie träumten von den neun Mädchen, die gerade aufgenommen worden waren, zum erstenmal in der Geschichte der Schule. Die neun Vestalinnen nannte Joe sie, und prompt kamen Elternbeschwerden, solche anzüglichen Bemerkungen seien inopportun.

Inopportun, meine Fresse, sagte Joe. Warum können die nicht einfaches Englisch sprechen? Warum können sie nicht ein einfaches Wort wie unerwünscht gebrauchen?

Seine Schüler sagten, ja, das ist schon was, diese Mädchen auf dem Gang zu sehen, neun Mädchen, fast dreitausend Jungen, aber was ist mit den Jungen in der Schule, immerhin fünfzig Prozent, verdammt noch mal, die diese Mädchen nicht haben wollen? Die müssen doch von der Hüfte abwärts tot sein, oder vielleicht nicht?

Dann kam man ins Grübeln über Mr. Curran persönlich, wie er da oben saß und auf Englisch umschaltete, um über die Ilias und die Freundschaft zwischen Achilles und Patroklos zu reden, er konnte stundenlang über diese beiden alten Griechen reden, wie Achilles so wütend auf Hektor war, weil der den Patroklos getötet hatte, daß er Hektor tötete und den Leichnam hinter seinem Streitwagen herschleifte, um zu zeigen, wie sehr er seinen toten Freund geliebt hatte, eine Liebe, die ihren Namen nicht zu nennen wagte.

Aber, Jungs, o Jungs, gibt es denn einen süßeren Moment in der gesamten Weltliteratur als den Moment, in dem Hektor den Helm abnimmt, um sein verängstigtes Kind zu beruhigen? Oh, wenn doch nur all unsere Väter den Helm abnehmen wollten. Und wenn Joe in sein graues Taschentuch heulte oder Wörter wie pissen gebrauchte, wußte man, er ist in der Mittagspause mal rasch raus, um in der Gashouse Bar um die Ecke einen zu zwitschern. Wenn er zurückkam, war er manchmal derart begeistert von den Gedanken, die ihm auf dem Barhocker gekommen waren, daß er Gott dankte, weil er ihn zum Lehrberuf geführt hatte, und so konnte er die Griechen für ein Weilchen vergessen, um das Lob des großen Alexander Pope und seiner Ode auf die Einsamkeit zu singen.

Beglückt der Mann, der ohne Sorgen
Die heimatliche Luft genießt,
Auf eignem Boden ein paar Morgen
Als Gut umschließt.

Und denkt daran, Jungs und Mädchen, sind Mädchen hier? Jeder, der ein Mädchen ist, die Hand heben. Keine Mädchen? Denkt daran, Jungs, Pope war Horaz verpflichtet, und Horaz war Homer verpflichtet, und Homer war Gott weiß wem verpflichtet. Versprecht ihr mir beim Haupt eurer Mutter, immer daran zu denken? Wenn ihr an Popes Verpflichtung gegenüber Horaz denkt, werdet ihr wissen, daß niemand als fertiger Mensch dem Haupt seines Vaters entspringt. Werdet ihr dran denken?

Ja, Mr. Curran.

Was soll ich Joes Schülern erzählen, die sich beklagen, daß sie die Odyssee und das ganze alte Zeugs lesen müssen? Wen interessiert's schon, was im alten Griechenland oder in Troja gewesen ist, wo auf Schritt und Tritt Männer gestorben sind wegen dieser blöden Helena? Wen interessiert's? Die Jungen in der Klasse sagen, das könnte ihnen nicht passieren, daß sie sich auf Leben oder Tod bekriegen wegen einem Mädel, das sie nicht mag. Ja, Romeo und Julia, das könnten sie noch verstehen, weil Eltern sich oft furchtbar anstellen, wenn man mit einer geht, die eine andere Konfession hat, und die West Side Story und die Gangs könnten sie auch verstehen, aber es sei doch nicht zu fassen, daß erwachsene Männer von zu Hause weggehen, so wie Odysseus Penelope und Telemach verlassen hat, losgezogen ist und sich um diese dumme Tussi geprügelt hat, die ständig mit fremden Männern mitgegangen ist. Sie müssen zugeben, daß Odysseus cool war, so wie er versucht hat, sich vor dem Wehrdienst zu drücken, hat einfach einen auf verrückt gemacht, und es gefällt ihnen, wie Achilles ihn übertölpelt hat, weil Achilles nicht annähernd so gerissen war wie Odysseus, aber das glaubt doch kein Mensch, daß er zwanzig Jahre weg war, gekämpft und sich herumgetrieben und von Penelope erwartet hat, daß sie bloß rumsitzt und spinnt und den Freiern sagt, sie sollen sich verziehen. Die Mädchen in der Klasse sagen, sie glauben das schon, ja, wirklich, daß Frauen ewig treu sein können, weil so sind Frauen nun mal, und ein Mädchen zitiert, was sie in einem Gedicht von Byron gelesen hat, Des Mannes Lieb ist nicht des Mannes Leben, jedoch dem Weib ist sie die ganze Welt. Die Jungen johlen und pfeifen, aber die Mädchen klatschen und halten ihnen vor, was in allen Psychologiebüchern steht, daß Jungen in der geistigen Entwicklung drei Jahre hinter gleichaltrigen Mädchen zurück sind, daß aber ein paar von ihnen hier in der Klasse mindestens sechs Jahre zurück sein müssen, und sie sollten lieber die Klappe halten. Die Jungen geben sich sarkastisch, ziehen die Augenbrauen hoch und sagen einer zum anderen, hach, schnupper mal an mir, ich bin ja so entwickelt, aber die Mädchen sehen sich gegenseitig an, zucken die Achseln, werfen das Haar zurück und fragen mich hochmütig, ob ich nicht bitte mit dem Stoff weitermachen könne.

Stoff? Wovon reden die? Was denn für ein Stoff? Alles, woran ich mich erinnern kann, ist das übliche High-School-Gejammer, warum müssen wir dies lesen und warum müssen wir jenes lesen, und meine unausgesprochene gereizte Reaktion ist, ihr müßt das lesen, verdammt noch mal, weil es auf dem Lehrplan steht und weil ich euch sage, daß ihr es lesen müßt, ich bin der Lehrer, und wenn ihr nicht mit dem Gejammer und Gemecker aufhört, kriegt ihr im Zeugnis eine Englischnote, neben der eine Null wie ein Geschenk des Himmels aussieht, denn ich stehe hier und höre euch zu und sehe euch an, die Privilegierten, die Auserwählten, die Verhätschelten, ihr müßt nichts tun als zur Schule gehen, hier herumhängen, ein bißchen büffeln, aufs College gehen, irgendwas machen, womit sich Geld scheffeln läßt, in die fetten Vierziger hineinwachsen und immer noch jammern und meckern, während es Millionen auf der Welt gibt, die sich Finger und Zehen dafür abhacken ließen, daß sie auf euren Plätzen sitzen dürften, gut angezogen, wohlgenährt, die Welt am Wickel.

Das würde ich ihnen gern sagen, werde es aber nie tun, weil man mir dann inopportune Sprache vorwerfen und ich einen Joe-Curran-Anfall kriegen würde. Nein, so kann ich nicht reden, denn ich muß mich erst noch zurechtfinden an dieser Schule, die turmhoch über der McKee-Berufs- und Technikerschule steht.

*

Im Frühjahr 1972 bietet mir der Leiter der Englischen Abteilung, Roger Goodman, eine Dauerstellung an der Stuyvesant High School an. Ich werde täglich fünf Stunden Unterricht und einmal Aufsicht haben, also wieder einmal in der Schülerkantine nach dem Rechten sehen und aufpassen, daß niemand Eiscremepapiere oder Hotdog-Stückchen auf den Boden fallen läßt, obwohl Jungen und

Mädchen hier zusammensitzen dürfen und Verliebtheit den Appetit verdirbt.

Ich werde eine kleine Stammklasse haben, die ersten neun Mädchen, die schon im letzten Jahr sind und bald den Abschluß machen werden. Die Mädchen sind nett. Sie versorgen mich mit allem Nötigen, Kaffee, Bagels, Zeitungen. Sie sind kritisch. Sie sagen, ich sollte etwas mit meiner Frisur machen, mir Koteletten wachsen lassen, wir schreiben das Jahr 1972, und ich sollte mit der Zeit gehen, cool sein, und etwas mit meiner Kleidung machen. Sie sagen, ich laufe herum wie ein alter Mann, ich hätte zwar schon ein paar graue Haare, aber so alt bräuchte ich auch wieder nicht auszusehen. Sie sagen, ich wirke verspannt, und eine von ihnen massiert mir Hals und Schultern. Entspannen Sie sich, sagt sie, entspannen Sie sich, wir beißen nicht, und sie lachen so, wie Frauen lachen, wenn sie ein Geheimnis miteinander haben und man denkt, es betrifft einen selbst.

Ich werde an fünf Tagen in der Woche jeweils fünf Klassen unterrichten, und das bedeutet, daß ich mir die Namen von hundertfünfundsiebzig Schülern merken muß, dazu nächstes Jahr noch eine große Stammklasse, noch mal fünfunddreißig, und ich werde besonders vorsichtig mit den chinesischen und koreanischen Schülern sein müssen, die gern sarkastisch werden und sagen, ist schon in Ordnung, wenn Sie unsere Namen nicht kennen, Mr. McCourt, wir sehen alle gleich aus. Vielleicht lachen sie auch und sagen, ja, und ihr Weißen seht auch alle gleich aus.

Ich weiß das alles aus meiner Zeit als Aushilfslehrer, aber jetzt sehe ich zu, wie meine Schüler, meine eigenen Schüler, am ersten Februar 1972, dem Fest der heiligen Brigid, in mein Klassenzimmer strömen, und ich bete zu dir, Brigid, weil es Jugendliche sind, die ich nun fünf Monate lang fünf Tage in der Woche sehen werde, und ich nicht weiß, ob ich dem gewachsen bin. Die Zeiten ändern sich, und man sieht sofort, daß diese Stuyvesant-Kids Welten und Jahre entfernt sind von denen, die ich anfangs an der McKee hatte. Seit damals haben wir Kriege und Attentate erlebt, die beiden

Kennedys, Martin Luther King, Medger Evers. Die Jungen an der McKee trugen kurzes Haar oder pomadisierte Entenschwanzfrisuren. Die Mädchen hatten Blusen und Röcke an und Dauerwellen so steif wie ein Helm. An der Stuyvesant tragen die Jungen das Haar so lang, daß die Leute auf der Straße lästern, die kann man ja kaum noch von den Mädchen unterscheiden, ha, ha. Sie tragen Knüpfbatikhemden, Jeans und Sandalen, und niemand käme auf den Gedanken, daß sie gutsituierten New Yorker Familien entstammen. Die Mädchen an der Stuyvesant lassen Haar und Brüste hängen, machen die Jungen verrückt vor Verlangen und schneiden ihre Jeans an den Knien auf, wegen des schicken Arme-Leute-Looks, weil sie nämlich die Nase voll haben von dem ganzen Mittelklasse-Scheiß.

O ja, sie sind cooler als die McKee-Schüler, weil sie wissen, daß ihnen alles in die Wiege gelegt wurde. In acht Monaten sind sie auf Colleges und Universitäten überall im Land, Yale, Stanford, MIT, Williams, Harvard, die Herren und Damen der Erde, und hier in meinem Klassenzimmer sitzen sie, wo sie wollen, schwatzen, ignorieren mich, drehen mir den Rücken zu, einem weiteren Lehrer, der ihnen den Weg zum Abschluß und in die Welt hinaus verstellt. Manche starren mich an, als wollten sie sagen, wer ist denn der Typ? Sie fläzen und lümmeln sich und schauen aus dem Fenster oder über meinen Kopf hinweg. Jetzt muß ich ihre Aufmerksamkeit gewinnen, und das sage ich auch, entschuldigt, aber darf ich um eure Aufmerksamkeit bitten? Ein paar hören zu reden auf und schauen mich an. Andere finden die Unterbrechung lästig und wenden sich wieder ab.

Meine drei Oberklassen ächzen unter der Last des Lehrbuchs, das sie jeden Tag mitbringen müssen, eine Anthologie der englischen Literatur. Die Schüler der unteren Klassen beklagen sich über das Gewicht ihrer Anthologie der amerikanischen Literatur. Die Bücher sind reich illustriert, aufwendig gestaltet, um herauszufordern, zu motivieren, zu erleuchten, zu unterhalten, und sie sind teuer. Ich sage meinen Schülern, daß das Tragen von Schulbüchern den Oberkörper kräftigt, und hoffe, der Inhalt wird irgendwie in ihre Köpfe steigen.

Sie sehen mich finster an. Wer ist der Typ?

Es gibt Unterrichtshandbücher, die so detailliert und umfassend sind, daß ich mir nie den Kopf zu zerbrechen brauche. Sie sind mit so vielen Quizfragen, Tests und Prüfungen vollgepackt, daß ich meine Schüler ständig im Zustand nervlicher Anspannung halten kann. Es gibt Hunderte von Multiple-choice-Fragen, Richtig-oder-falsch-Fragen, leeren Kästchen, die auszufüllen sind, Aufforderungen zum Vergleichen von Spalte A mit Spalte B, gebieterischen Fragen, in denen der Schüler aufgefordert wird zu erklären, warum Hamlet gemein zu seiner Mutter war, was Keats mit negativer Fähigkeit gemeint und was Melville mit seinem Kapitel über die Farbe Weiß bei Walen bezweckt hat.

Ich bin bereit, Jungen und Mädchen, zum Marsch durch die Kapitel, von Hawthorne bis Hemingway, von Beowulf bis Virginia Woolf. Heute abend lest ihr die Seiten, die ich euch aufgebe. Morgen diskutieren wir darüber. Es kann auch ein Quiz geben. Vielleicht aber auch nicht. Ihr könnt euch auf nichts verlassen. Nur der Lehrer weiß es. Am Dienstag schreiben wir einen Test. Am dritten Dienstag, von heute an gerechnet, gibt es eine Prüfung, eine große Prüfung, und ja, allerdings, die zählt. Eure Zeugnisnote steht und fällt mit dieser Prüfung. Wie, ihr habt auch Prüfungen in Physik und Infinitesimalrechnung? Tut mir leid, euch Umstände zu machen. Das hier ist Englisch, die Königin des Lehrplans.

Was ihr nicht wissen könnt, Jungen und Mädchen, ich bin mit Unterrichtshandbüchern zur amerikanischen und englischen Literatur gerüstet. Ich habe sie bei mir, hier in meiner Tasche, all die Fragen, bei denen ihr euch am Köpfchen kratzen, am Bleistift kauen, den Tag der Zeugnisverteilung fürchten lernen und mich vermutlich hassen werdet, weil ich derjenige bin, der euch die Elite-Universität vermiesen kann. Ich bin derjenige, der sich in der Lobby des Biltmore Hotel herumgedrückt und für eure Väter und Mütter saubergemacht hat.

Das hier ist die Stuyvesant, die beste High School der Stadt, manche sagen sogar, des Landes, nicht wahr? Ihr habt es so gewollt. Ihr hättet ja auch dort, wo ihr wohnt, in die nächste High School gehen können, dort wärt ihr die Kings und Queens gewesen, die Nummer eins, die Klassenbesten. Hier seid ihr nichts Besonderes und müßt euch abstrampeln, um die kostbare Durchschnittsnote zu ergattern, die euch den Weg an die Elite-Universität ebnet. Das ist euer Gott, die Durchschnittsnote, hab ich recht? Man sollte unten im Keller der Schule ein Heiligtum mit einem Altar errichten. Auf dem Altar sollte eine große rote blinkende Neon-Neun angebracht werden, blink blink blink, die heilige Anfangsziffer, die ihr unbedingt bei jeder eurer Noten sehen wollt, und dort solltet ihr Andacht halten und beten. O Gott, schick mir lauter A und Neunziger.

Mr. McCourt, wieso haben Sie mir im Zeugnis nur dreiundneunzig Punkte gegeben?

Ich war milde gestimmt.

Aber ich hab alles gemacht, alle Arbeiten abgeliefert, die Sie uns aufgegeben haben.

Du hast zwei Arbeiten zu spät abgeliefert. Das macht pro Arbeit zwei Punkte weniger.

Aber wieso gleich zwei Punkte, Mr. McCourt?

Schluß der Debatte. Das ist deine Note.

Ah, Mr. McCourt, warum sind Sie so gemein?

Das ist alles, was mir noch bleibt.

*

Ich hielt mich an die Unterrichtshandbücher. Ich stellte meinen Klassen die vorgefertigten Fragen. Ich überraschte sie mit Quizfragen und Tests und vernichtete sie mit den schwerfälligen, umständlichen Prüfungen, die sich die Collegeprofessoren ausdenken, von denen die High-School-Lehrbücher stammen.

Meine Studenten sperrten sich und mogelten und mochten mich nicht, und ich mochte sie nicht, weil sie mich nicht mochten. Ich kam hinter ihre betrügerischen Spielchen. Ach ja, der beiläufige Blick auf die Blätter der Nachbarn. Ach ja, ein diskretes Morse-Hüsteln für die Freundin und ihr liebes Lächeln, während sie die richtige Multiple-choice-Antwort ankreuzt. Wenn sie hinter dir sitzt, spreizt du die Finger am Hinterkopf, dreimal fünf Finger wäre zum Beispiel Frage 15, ein Zeigefinger, der an der Schläfe kratzt, bedeutet Antwort A, und die anderen Finger stellen andere Antworten dar. Überall im Klassenzimmer wird gehüstelt, überall gibt es Bewegung, und wenn ich einen beim Unterschleif erwische, zische ich ihm ins Ohr, er soll das lieber lassen, oder seine Arbeit landet zerrissen im Papierkorb, und sein Leben ist ruiniert. Ich bin der Herr des Klassenzimmers, ein Mann, der selber nie betrügen würde, o nein, nicht mal, wenn die richtigen Antworten in grünen Lettern auf den Mond projiziert würden.

Jeden Tag unterrichte ich mit einem Knoten im Bauch, lauere hinter meinem Pult, spiele das Lehrerspiel mit der Kreide, dem Radiergummi, der roten Tinte, den Unterrichtshandbüchern, der Macht des Quiz, des Tests, der Prüfung, ich rufe deinen Vater an, ich rufe deine Mutter an, ich melde dich beim Gouverneur, ich rechne dir deine Durchschnittsnote so in den Keller, daß du froh sein kannst, wenn dich ein städtisches College in Mississippi nimmt. Waffen der Drohung und der Kontrolle.

Ein Schüler im dritten Jahr, Jonathan, schlägt die Stirn auf sein Pult und jammert, warum? Warum? Warum müssen wir uns mit diesem Scheiß abplagen? Wir gehen jetzt seit dem Kindergarten zur Schule, dreizehn Jahre, und warum müssen wir unbedingt wissen, welche Farbe die Schuhe hatten, die Mrs. Dalloway auf ihrer bescheuerten Party getragen hat, und was sollen wir damit anfangen, daß Shakespeare den tauben Himmel mit seinen vergeblichen Schreien belästigt, wie kann man denn den Himmel belästigen, und seit wann ist er taub?

Rebellisches Murren im ganzen Raum, und ich bin wie gelähmt. Sie sagen ja, ja zu Jonathan, der aufhört, mit der Stirn auf Holz zu klopfen, und fragt, Mr. McCourt, haben Sie das Zeug auch auf der

High School gehabt? Erneut ein vielstimmiges Ja, Ja, und ich weiß nicht, was ich sagen soll. Soll ich ihnen die Wahrheit sagen, daß ich nie eine High School betreten habe, bis ich an einer als Lehrer anfing, oder soll ich ihnen ein Lügenmärchen über eine strenge höhere Schulbildung bei den Christlichen Brüdern in Limerick auftischen?

Gerettet, oder verdammt, werde ich von einem anderen Schüler, der ausruft, Mr. McCourt, meine Cousine ist auf die McKee auf Staten Island gegangen, und sie hat gesagt, Sie hätten damals gesagt, Sie wären nie auf eine High School gegangen, aber alle hätten gesagt, Sie wären als Lehrer trotzdem ganz in Ordnung gewesen, weil Sie Geschichten erzählt und geredet und sie nie mit diesen ganzen Tests genervt haben.

Lauter lächelnde Gesichter. Der Lehrer ist kompromittiert. Der Lehrer war nicht mal auf der High School, und seht euch an, was er mit uns macht, treibt uns zum Wahnsinn mit seinen Tests und seinen Quizfragen. Ich bin für immer gebrandmarkt als der Lehrer, der nicht mal auf der High School war.

Wie ist das eigentlich, Mr. McCourt, ich dachte, man braucht eine Zulassung, wenn man Lehrer an einer städtischen Schule werden will.

Das stimmt.

Und muß man dazu nicht studiert haben?

Doch.

Aber auf der High School braucht man nicht gewesen sein?

Gewesen zu sein, zu sein, zu sein, zu, zu, zu.

Ja, meinetwegen. Okay. Muß man nicht auf der High School gewesen sein, um am College studieren zu dürfen?

Doch, eigentlich schon.

Angehender Anwalt nimmt Lehrer ins Kreuzverhör, trägt den Sieg davon, und es spricht sich herum zu meinen anderen Klassen. Wow, Mr. McCourt, Sie waren nie auf der High School und sind trotzdem Lehrer an der Stuyvesant? Cool, Mann.

Und ich werfe alles in den Papierkorb, meine Unterrichtshandbücher, meine Quizfragen, meine Tests, meine Prüfungen, meine Der-Lehrer-weiß-alles-Attitüde.

Ich bin nackt und muß neu anfangen, weiß aber nicht mal so recht, wo.

*

In den sechziger und frühen siebziger Jahren des zwanzigsten Jahrhunderts forderten Schüler und Studenten auf Buttons und Stirnbändern Gleichberechtigung für Frauen, Schwarze, amerikanische Ureinwohner und alle unterdrückten Minderheiten, die Beendigung des Vietnamkrieges, die Rettung der Regenwälder und überhaupt des ganzen Planeten. Schwarze und kraushaarige Weiße trugen Afrofrisuren, und die Dashiki und das Knüpfbatikhemd waren der letzte Schrei. Collegestudenten boykottierten die Vorlesungen, veranstalteten Teach-ins, randalierten überall, drückten sich vor dem Wehrdienst, flohen nach Kanada oder nach Skandinavien. High-School-Schüler hatten die Fernsehbilder vom Krieg noch frisch im Kopf, wenn sie in die Schule kamen, auf Reisfeldern in Stücke gerissene Männer, schwebende Hubschrauber, verängstigte Vietkongsoldaten, die aus ihren unterirdischen Gängen gebombt worden waren, die Hände hinterm Kopf verschränkt, für den Moment froh darüber, daß sie nicht wieder hineingebombt wurden, dazu die Bilder des Zorns von zu Hause, Protestmärsche, Demonstrationen, verdammt noch mal, nein, wir gehen nicht, Sit-ins, Studenten, die unter den Salven der Nationalgarde fielen, Schwarze, die vor Bull Connors Hunden davonliefen, burn baby burn, black is beautiful, trau keinem über dreißig, ich habe einen Traum und, zuallerletzt, euer Präsident ist kein Schurke.

Auf der Straße und in der U-Bahn traf ich ab und zu ehemalige Schüler von der McKee High School, die mir von den Jungen erzählten, die nach Vietnam gegangen waren, Helden, als sie loszogen, heimgekehrt in Leichensäcken. Bob Bogard rief mich an, um mich über die Beerdigung eines Jungen zu informieren, den wir beide im Unterricht gehabt hatten, aber ich ging nicht hin, weil ich wußte, daß man auf Staten Island stolz sein würde auf dieses Blutopfer. Die Jungen von Staten Island endeten öfter in Leichensäcken, als man sich das an der Stuyvesant überhaupt vorstellen konnte. Automechaniker und Klempner mußten kämpfen, während Collegestudenten zornig die Faust ballten, auf den Feldern von Woodstock herumbumsten und Sit-ins veranstalteten.

An der Schule trug ich keine Buttons, schlug mich auf keine Seite. Es gab genügend Geschrei ringsherum, und mir waren meine fünf Klassen schon Minenfeld genug.

Mr. McCourt, warum kann unser Unterricht nicht relevant sein?

Relevant? In welcher Hinsicht?

Na ja, Sie wissen schon, schauen Sie sich doch an, wie's auf der Welt zugeht. Was alles passiert.

Irgend etwas passiert immer, und wir könnten vier Jahre hier in diesem Klassenzimmer sitzen, uns über Schlagzeilen die Köpfe heiß reden und allmählich den Verstand verlieren.

Mr. McCourt, tun Ihnen denn die Kinder nicht leid, die in Vietnam mit Napalm verbrannt werden?

Doch, und mir tun auch die Kinder in Korea und China leid, in Auschwitz und Armenien, und die Kinder, die in Irland auf den Lanzen von Cromwells Kriegern aufgespießt wurden. Ich erzählte ihnen, was ich aus meinem Aushilfeunterricht am New York Technical College in Brooklyn gelernt hatte, von meiner Klasse von dreiundzwanzig Frauen, die überwiegend von den Inseln stammten, und von meinen fünf Männern. Da war der Fünfundfünzigjährige, der einen Collegeabschluß anstrebte, um nach Puerto Rico zurückkehren und in den Jahren, die ihm noch blieben, Kindern helfen zu können. Da war der junge Grieche, der Englisch studierte, um eine Doktorarbeit über die englische Renaissanceliteratur zu schreiben. Da waren die drei jungen Afroamerikaner in meiner Klasse, und als einer von ihnen, Ray, sich beklagte, nachdem er auf einem U-Bahnsteig von der Polizei schikaniert worden war, nur weil er schwarz war, geriet er bei den Frauen von den Inseln an die falschen. Sie sagten, würde er zu Hause bleiben und lernen, dann würde er auch nicht in Schwierigkeiten kommen, und von ihren Kindern dürfe keins mit einer solchen Geschichte zu Hause antanzen. Dem würden sie den Schädel einschlagen. Ray sagte nichts mehr. Frauen von den Inseln widerspricht man nicht.

Denise, jetzt Ende Zwanzig, kam oft zu spät zum Unterricht, und ich drohte ihr an, sie durchfallen zu lassen, bis sie einen autobiographischen Aufsatz schrieb, den ich sie vorzulesen bat.

Ach nein, das könne sie nicht. Sie müßte sich schämen, wenn alle erfahren würden, daß sie zwei Kinder hat, deren Vater sie verlassen hat, um nach Monserrat zurückzukehren, und daß er keinen Penny schickt. Ich könne den Aufsatz aber vorlesen, wenn ich den anderen nicht sagte, wer ihn geschrieben hat.

Sie hatte einen Tag in ihrem Leben geschildert. Sie stand immer früh auf, um Jane Fondas Videogymnastik zu machen und dabei Jesus für das Geschenk eines neuen Tages zu danken. Dann duschte sie, weckte ihre Kinder, das Achtjährige und das Sechsjährige, und brachte sie in die Schule, und dann war es höchste Zeit für ihre Vorlesungen am College. Am Nachmittag hastete sie direkt zu ihrer Arbeit in einer Bank in Brooklyn und von dort zu ihrer Mutter. Ihre Mutter hatte dann schon die Kinder von der Schule abgeholt, und ohne sie wäre Denise wirklich aufgeschmissen gewesen, dabei hatte ihre Mutter diese schreckliche Krankheit, bei der die Finger sich knotig verkrümmen und deren Namen Denise nicht einmal schreiben konnte. Wenn sie mit den Kindern nach Hause gegangen war, sie ins Bett gebracht und ihre Kleidung für den nächsten Tag hergerichtet hatte, betete Denise an ihrem Bett, schaute zu dem Kreuz auf, dankte Jesus abermals für den wundervollen Tag und versuchte einzuschlafen, mit dem Bild seiner Leiden in ihren Träumen.

Die Frauen von den Inseln fanden die Geschichte wunderbar, sahen einander an und fragten sich, wer sie geschrieben hatte, und als Ray sagte, er glaube nicht an Jesus, sagten sie, halt den Mund, was verstehst du denn schon davon, wo du die ganze Zeit auf

U-Bahnsteigen herumlungerst. Sie arbeiten, kümmern sich um ihre Familien und gehen aufs College, und sie leben in einem wundervollen Land, in dem man tun kann, was man will, selbst wenn man schwarz ist wie die Nacht, und wenn ihm das nicht paßt, kann er ja nach Afrika zurückgehen, falls er da hinfindet und nicht wieder von der Polizei schikaniert wird.

Ich sagte den Frauen, sie seien Heldinnen. Ich sagte auch dem Puertoricaner, er sei ein Held, und ich sagte Ray, falls er jemals erwachsen würde, könne auch er ein Held sein. Sie schauten mich verwundert an. Sie glaubten mir nicht, und man konnte sich vorstellen, was ihnen durch den Kopf ging, nämlich daß sie nur taten, was sie tun mußten, sich weiterbilden, und warum nannte dieser Lehrer sie deshalb Helden?

Meine Stuyvesant-Schüler waren unzufrieden. Warum erzählte ich ihnen Geschichten über Frauen von den Inseln und Puertoricaner und Griechen, während die Welt zum Teufel geht?

Weil die Frauen von den Inseln an Bildung glauben. Ihr könnt demonstrieren und die Fäuste schütteln, eure Einberufungsbefehle verbrennen und mit euren Körpern den Verkehr blockieren, aber was wißt ihr denn letztlich? Für die Damen von den Inseln ist nur eins relevant, Bildung. Das ist alles, was sie wissen. Das ist alles, was ich weiß. Das ist alles, was ich wissen muß.

*

Trotzdem, in meinem Kopf herrschten Konfusion und Dunkelheit, und ich mußte entweder herausfinden, was ich da im Klassenzimmer eigentlich machte, oder die Stelle aufgeben. Wenn ich vor diesen fünf Klassen stehen mußte, konnte ich nicht zulassen, daß die Tage sich in Routine verläpperten, High-School-Grammatik, Orthographie, Wortschatz, Suchen nach der tieferen Bedeutung von Gedichten, Literatur, die häppchenweise verabreicht wurde, für die Multiple-choice-Tests, die folgen würden, damit die Universitäten die Besten und Intelligentesten bekämen. Ich mußte es schaffen, daß mir das Unterrichten Freude machte, und das konnte ich nur dadurch erreichen, daß ich von vorne anfing, das unterrichtete, was ich liebte, und mich einen Teufel um den Lehrplan scherte.

*

In dem Jahr, in dem Maggie geboren wurde, sagte ich zu Alberta, was meine Mutter immer sagte, daß ein Kind mit sechs Wochen seinen Gesichtssinn bekommt, und wenn das stimmt, sollten wir mit ihr nach Irland fahren, damit sie als erstes Bild einen düsteren irischen Himmel, einen durchziehenden Schauer und die hervorbrechende Sonne zu sehen bekäme.

Paddy und Mary Clancy luden uns auf ihren Hof in Carrick on Suir ein, aber in den Zeitungen stand, Belfast stehe in Flammen, eine Alptraumstadt, und ich wollte unbedingt meinen Vater wiedersehen. Ich fuhr mit Paddy Clancy und Kevin Sullivan in den Norden, und am Abend unserer Ankunft gingen wir durch die Straßen des katholischen Teils von Belfast. Die Frauen waren auf der Straße und trommelten mit Mülltonnendeckeln aufs Pflaster, um ihre Männer vor herannahenden Army-Patrouillen zu warnen. Sie beäugten uns mißtrauisch, bis sie Paddy von den berühmten Clancy Brothers erkannten und uns anstandslos passieren ließen.

Am nächsten Tag blieben Paddy und Kevin im Hotel, während ich zu meinem Onkel Gerard ging, der mich zu meinem Vater in Andersonstown fahren wollte. Als mein Vater an die Tür kam, nickte er Onkel Gerard zu und sah durch mich hindurch. Mein Onkel sagte, das ist dein Sohn.

Mein Vater sagte, ist das der kleine Malachy?

Nein. Ich bin dein Sohn Frank.

Onkel Gerard sagte, es ist schon traurig, wenn einen der eigene Vater nicht mehr erkennt.

Mein eigener Vater sagte, kommt rein. Setzt euch. Wollt ihr eine Tasse Tee?

Er bot uns Tee an, machte aber keine Anstalten, ihn in seiner kleinen Küche aufzubrühen, bis eine Frau von nebenan kam und ihn machte. Onkel Gerard flüsterte, sieh dir das an. Er rührt keinen Finger. Hat er nicht nötig, so wie die Frauen von Andersonstown ihn vorn und hinten bedienen. Sie locken ihn täglich mit Suppe und leckeren Sachen.

Mein Vater rauchte seine Pfeife, rührte aber seinen Tee nicht an. Statt dessen erkundigte er sich angelegentlich nach meiner Mutter und meinen drei Brüdern. *Och,* dein Bruder Alphie war da und hat mich besucht. Stiller Junge, dein Bruder Alphie. *Och, aye.* Stiller Junge. Und euch geht's allen gut in Amerika? Und ihr erfüllt auch eure religiösen Pflichten? *Och,* seid gut zu eurer Mutter und erfüllt eure religiösen Pflichten.

Ich mußte fast lachen. Mein Gott, er und mir predigen? Ich hätte ihn am liebsten gefragt, Dad, hast du dein Gedächtnis verloren?

Aber es hatte ja keinen Zweck. Besser, ich überließ meinen Vater seinen Dämonen, obwohl man an dem geruhsamen Umgang mit seiner Pfeife und seiner Tasse Tee sah, daß die Dämonen es nicht wagten, seine Schwelle zu überschreiten. Onkel Gerard sagte, wir sollten wieder gehen, bevor die Dunkelheit über Belfast hereinbricht, und ich überlegte, wie ich mich von meinem Vater verabschieden sollte. Ihm die Hand geben? Ihn umarmen?

Ich gab ihm die Hand, weil wir noch nie mehr gemacht hatten, außer das eine Mal, als ich mit Typhus im Krankenhaus lag und er mich auf die Stirn küßte. Jetzt läßt er meine Hand los und ermahnt mich noch einmal, ein guter Junge zu sein, meiner Mutter zu gehorchen und an die Macht des täglichen Rosenkranzes zu denken.

Als wir wieder bei ihm zu Hause waren, sagte ich zu meinem Onkel, ich würde gern mal durch den protestantischen Bezirk gehen, auf der Shankill Road. Er schüttelte den Kopf. Ein stiller Mann. Warum nicht, wollte ich wissen.

Weil die das merken.

Was merken sie?

Daß du Katholik bist.

Und wieso merken sie's?

Och, sie merken's einfach.

Seine Frau stimmte ihm zu. Sie sagte, die merken's eben.

Soll das heißen, ihr könntet einen Protestanten erkennen, wenn er hier die Straße langkäme?

Ja, könnten wir.

Wie?

Mein Onkel schmunzelte. *Och*, Übung macht den Meister.

Während wir noch eine Tasse tranken, fielen auf der Leeson Street Schüsse. Eine Frau schrie, und als ich ans Fenster trat, sagte Onkel Gerard, *och*, nimm den Kopf vom Fenster. Die kleinste Bewegung, und die Soldaten halten drauf, so nervös sind die.

Die Frau schrie wieder, und ich mußte einfach die Tür aufmachen. Sie hatte ein Kind auf den Armen, ein zweites klammerte sich an ihren Rock, und ein Soldat stieß sie mit schräg gehaltenem Gewehr zurück. Sie flehte ihn an, sie über die Straße gehen zu lassen zu ihren anderen Kindern. Ich dachte, ich könnte helfen, indem ich das an ihrem Rock hängende Kind rübertrug, aber als ich hinging, um das Mädchen hochzuheben, rannte die Frau an dem Soldaten vorbei und über die Straße. Der Soldat fuhr herum und hielt mir den Gewehrlauf an die Stirn. Verzieh dich ins Haus, Paddy, sonst pust ich dir deinen blöden Schädel weg.

Mein Onkel und seine Frau Lottie sagten, das sei dumm von mir gewesen und hätte niemandem geholfen. Sie sagten, ob man nun Katholik oder Protestant ist, in Belfast hätten sie ihre eigene Art, die Dinge zu regeln, die Außenseiter nie verstehen würden.

Trotzdem, als ich in einem katholischen Taxi zum Hotel zurückfuhr, träumte ich davon, mit einem rächenden Flammenwerfer durch Belfast zu stürmen. Ich würde ihn auf diesen Scheißkerl mit dem roten Barett richten und ihn zu Asche verbrennen. Ich würde den Briten die achthundert Jahre Tyrannei heimzahlen. Bei Gott, wenn ich ein Maschinengewehr hätte, ich würde hier mal ordentlich aufräumen, jawohl. Ich wollte schon Roddy McCorley opfert sich auf der Brücke von Toome singen, da fiel mir ein, daß es das Lied meines Vaters war, und ich entschied mich statt dessen für ein geruhsames Bierchen mit Paddy und Kevin an der Bar unseres Belfaster Hotels, und vor dem Schlafengehen würde ich Alberta anrufen, damit sie Maggie den Hörer ans Ohr hielt und das Glucksen meiner Tochter mich in meine Träume begleiten würde.

*

Mam kam mit dem Flugzeug rüber, als wir die Wohnung in Dublin gemietet hatten. Alberta ging auf der Grafton Street einkaufen, und Mam und ich spazierten mit Maggie im Kinderwagen zum Stephen's Green. Wir saßen am Wasser und warfen den Enten und Spatzen Brotbröckchen hin. Mam sagte, es ist wunderbar Ende August hier in diesem Park in Dublin, wenn der Herbst schon in der Luft liegt und ab und zu ein Blatt vorbeischwimmt und das Licht auf dem See sich langsam verändert. Wir sahen Kindern zu, die sich auf dem Rasen balgten, und Mam sagte, es wäre wunderbar, ein paar Jahre hierzubleiben und Maggie mit irischem Akzent aufwachsen zu sehen, nicht daß sie was gegen den amerikanischen Akzent hätte, aber es sei doch das reine Vergnügen, den Kindern hier zuzuhören, und sie sehe es förmlich vor sich, wie Maggie aufwächst und hier auf dem Rasen spielt.

Als ich sagte, ja, das wäre wunderbar, überlief mich ein Schauder, und sie sagte, jemand ist über dein Grab gegangen. Wir sahen den Kindern beim Spielen zu und betrachteten das Licht auf dem Wasser, und Mam sagte, du willst doch gar nicht zurück, oder?

Zurück wohin?

Nach New York.

Woher willst du das wissen?

Ich brauche nicht den Deckel hochzuheben, um zu wissen, was im Topf ist.

Der Portier im Shelbourne Hotel meinte, es mache überhaupt keine Mühe, auf Maggies Kinderwagen draußen am Geländer aufzupassen, während wir in der Lounge saßen, ein Sherry für Mam, ein Bier für mich, eine Flasche Milch für Maggie auf Mams Schoß. Zwei Frauen am Nebentisch sagten, Maggie sei ein süßes Kind, so ein wonniges Schnuckelchen, einfach entzückend, und fanden, sie sei Mam wie aus dem Gesicht geschnitten.

Ah, nein, sagte Mam, ich bin bloß die Großmutter.

Die Frauen tranken Sherry wie meine Mutter, aber die drei Männer zischten ein Bier nach dem anderen, und an ihren Tweedmützen, ihren roten Gesichtern und den großen roten Händen sah man, daß es Bauern waren. Einer, der eine dunkelgrüne Mütze aufhatte, rief meiner Mutter zu, die Kleine ist ja wirklich süß, Missus, aber Sie sind auch nicht ohne.

Mam lachte und rief zurück, ja, ja, Sie sind auch gar nicht übel.

Bei Gott, Missus, wenn ich ein bißchen älter wär, tät ich mit Ihnen durchbrennen.

Na ja, sagte Mam, wenn Sie ein bißchen jünger wären, würde ich mitmachen.

In der ganzen Lounge lachten die Leute, und Mam warf den Kopf in den Nacken und lachte auch, und der Glanz in ihren Augen verriet, daß sie sich köstlich amüsierte. Sie lachte, bis Maggie zu greinen anfing, und Mam sagte, das Kind muß frisch gewickelt werden, wir müssen gehen. Der Mann mit der dunkelgrünen Mütze verlegte sich aufs Flehen. *Yerra*, bitte gehen Sie nicht, Missus. Ihre Zukunft bin ich. Ich bin ein reicher Witwer mit Haus und Hof und Ackerland.

Geld ist nicht alles, sagte Mam.

Aber ich hab einen Traktor, Missus. Wir könnten zu zweit drauf fahren, wär das nichts?

Klingt verlockend, sagte Mam, aber ich bin noch verheiratet. Wenn ich irgendwann den Witwenschleier nehmen muß, erfahren Sie's als erster.

Soll mir recht sein, Missus. Meins ist das dritte Haus links, wenn Sie an die Südwestküste von Irland kommen, eine herrliche Gegend namens Kerry.

Hab davon gehört, sagte Mam. Ist berühmt für ihre Schafe.

Und ihre kräftigen Widder, Missus.

Sie müssen immer das letzte Wort haben, was?

Kommen Sie mit mir nach Kerry, Missus, und wir wandern über die Hügel, ohne ein Wort zu reden.

Alberta war schon zu Hause und machte Lammeintopf, und als Kevin Sullivan mit Ben Kiely, dem Schriftsteller, hereinschneite, war genug für alle da, und wir tranken Wein und sangen, weil es auf der ganzen Welt kein Lied gibt, das Ben nicht kennt. Mam erzählte die Geschichte von dem Geplänkel im Shelbourne Hotel. Allmächtiger, sagte sie, der Mann hatte was, und hätten wir nicht Maggie saubermachen und frisch wickeln müssen, wär ich schon auf dem Weg nach Kerry.

*

In den siebziger Jahren war Mam in den Sechzigern. Das Emphysem, das vom jahrzehntelangen Rauchen kam, machte sie so kurzatmig, daß sie sich kaum noch aus dem Haus wagte, und je mehr sie daheimhockte, desto schwerer wurde sie. Eine Zeitlang kam sie am Wochenende nach Brooklyn, um auf Maggie aufzupassen, aber das hörte auf, als sie die U-Bahntreppen nicht mehr schaffte. Ich warf ihr vor, sie wolle ihre Enkeltochter nicht mehr sehen.

Natürlich will ich sie sehen, aber ich kann mich kaum noch bewegen.

Warum nimmst du nicht ab?

Für eine ältere Frau ist es schwer, leichter zu werden, und warum sollte ich auch?

Willst du nicht ab und zu auch mal was anderes machen, als immer nur in deinen vier Wänden hocken und aus dem Fenster schauen?

Ich hab doch mein Leben gehabt, und was hat's genützt? Ich will nur noch meine Ruhe.

Sie hatte schreckliche Anfälle von Atemnot, und als sie bei Michael in San Francisco zu Besuch war, mußte er sie eines Tages ganz schnell ins Krankenhaus bringen. Wir warfen ihr vor, sie verderbe uns alles, weil sie immer ausgerechnet an Feiertagen, zu Weihnachten, an Silvester, zu Ostern krank werde. Sie zuckte lachend die Achseln und sagte, ach, ihr Armen.

Egal, wie schlecht es um ihre Gesundheit stand, egal, wie kurzatmig sie war, den Berg zur Broadway Bingo Hall stieg sie nach wie vor hinauf, bis sie eines Abends stürzte und sich das Hüftgelenk brach. Nach der Operation kam sie in eine Reha-Klinik auf dem Land, und anschließend verbrachte sie den Sommer mit mir in einem Bungalow in Breezy Point an der Spitze der Rockaway-Halbinsel. Morgens schlief sie lange, und wenn sie aufgewacht war, hockte sie zusammengesunken auf der Bettkante und starrte durchs Fenster auf eine Wand. Nach einer Weile schleppte sie sich dann zum Frühstück in die Küche, und wenn ich sie anblaffte, sie esse zuviel Butterbrot und würde irgendwann dick wie eine Tonne sein, blaffte sie zurück, um der Liebe Christi willen, laß mich in Frieden. Butterbrot ist der einzige Trost, den ich noch habe.

52

Wenn Henry Wozniak Kreatives Schreiben und Englisch und Amerikanische Literatur unterrichtete, trug er jeden Tag ein Hemd, eine Krawatte und ein Sportsakko. Er war Vertrauenslehrer für die Literaturzeitschrift der Stuyvesant High School, Caliper, und für die Schülermitverwaltung, und er war in der Gewerkschaft aktiv, der United Federation of Teachers.

Auf einmal war er ein anderer Mensch. Am ersten Schultag im September 1973 donnerte er auf einer Harley Davidson die 15th Street entlang und parkte die Maschine außerhalb des Schulgeländes. Schüler sagten, hi, Mr. Wozniak, obwohl sie ihn kaum wiedererkannten mit seinem kahlgeschorenen Kopf, dem Ohrring, der schwarzen Lederjacke, dem schwarzen, kragenlosen Hemd und den abgetragenen Jeans, die so eng waren, daß der breite Gürtel mit der großen Schließe überflüssig war, mit dem Schlüsselbund, der an diesem Gürtel baumelte, und den hochhackigen schwarzen Lederstiefeln.

Er sagte auch hi zu den Studenten, blieb aber nicht lächelnd stehen wie früher, als es ihm nichts ausgemacht hatte, daß die Studenten ihn The Woz nannten. Jetzt war er reserviert zu ihnen und zu seinen Kollegen an der Stechuhr. Vom Leiter der Englischen Abteilung, Roger Goodman, verlangte er reguläre Englischklassen, er wäre sogar mit ersten und zweiten Klassen zufrieden und würde die Schüler in Grammatik, Rechtschreibung und Wortschatz drillen. Dem Direktor eröffnete er, er wolle sich von allen nichtschulischen Aufgaben entbinden lassen.

*

Wegen Henry wurde ich Lehrer für Kreatives Schreiben. Sie können das, sagte Roger Goodman, und spendierte mir zur Stärkung ein Bier und einen Hamburger in der Gashouse Bar um die Ecke. Damit kommen Sie schon zurecht, sagte er. Schließlich hätte ich doch Artikel für die Village Voice und andere Blätter geschrieben und hätte sowieso vor, noch mehr zu schreiben, nicht wahr?

Na gut, Roger, aber was zum Teufel ist eigentlich Kreatives Schreiben, und wie unterrichtet man es?

Fragen Sie Henry, sagte Roger, der hat's ja bisher gemacht.

Ich fand Henry in der Bibliothek und fragte ihn, wie man Kreatives Schreiben unterrichtet.

Disneyland, sagte er.

Wie bitte?

Machen Sie einen Ausflug nach Disneyland. Das sollte jeder Lehrer tun.

Warum?

Es ist ein erhebendes Erlebnis. Unterdessen sollten Sie sich einen kleinen Kinderreim einprägen und ihn zu Ihrem Mantra machen.

> Liesel schlummert süß im Gras,
> Fort sind alle Gänschen.
> Am Abend sind sie wieder da
> Und wackeln mit den Schwänzchen.

Mehr bekam ich aus Henry nicht heraus, und bis auf ein gelegentliches Hi auf dem Schulkorridor sprachen wir nie wieder miteinander.

*

Ich schreibe meinen Namen an die Tafel und denke an Mr. Sorolas Bemerkung, Unterrichten besteht zur Hälfte aus Technik, und wenn das stimmt, welche Technik muß ich dann anwenden? Es handelt sich um ein Wahlfach, die Schüler kommen also freiwillig, und wenn ich sie bitte, etwas zu schreiben, dürfte es eigentlich kein Gejammer geben.

Ich muß mir Spielraum verschaffen. Ich schreibe an die Tafel, Scheiterhaufen, zweihundert Wörter, jetzt gleich.

Was? Scheiterhaufen? Was soll denn das für ein Thema sein? Was ist überhaupt ein Scheiterhaufen?

Ihr wißt doch, was Holzscheite sind, oder? Und ihr wißt, was ein Haufen ist. Ihr habt Bilder von Frauen in Indien gesehen, die auf den Scheiterhaufen ihres Mannes gestiegen sind, oder? Eine Witwe, die diese freiwillige Selbstverbrennung auf sich nimmt, heißt Sati. Ein neues Wort für eure Vokabelhefte.

Ein Mädchen ruft, das ist ja widerlich, richtig widerlich.

Was?

Frauen, die sich verbrennen lassen, bloß weil ihr Mann tot ist. Das ist echt ätzend.

Aber sie glauben daran. Vielleicht zeigen sie damit ihre Liebe.

Wie kann eine Frau ihre Liebe zeigen, wenn der Mann tot ist? Haben diese Frauen überhaupt keine Selbstachtung?

Natürlich haben sie Selbstachtung, und sie zeigen sie dadurch, daß sie sich verbrennen.

Mr. Wozniak würde nie von uns verlangen, über solches Zeug zu schreiben.

Mr. Wozniak ist aber nicht hier, also schreibt eure zweihundert Wörter.

Sie schreiben und geben ihr Gekritzel ab, und ich weiß, daß ich auf dem falschen Fuß angefangen habe, aber ich weiß auch, daß ich immer auf die Sati zurückgreifen kann, wenn ich eine lebhafte Diskussion in der Klasse haben möchte.

*

Samstag morgens schaut meine Tochter Maggie zusammen mit Claire Ficarra, ihrer Freundin aus der Nachbarschaft, im Fernsehen Zeichentrickfilme an. Die beiden kichern, kreischen, umarmen sich, hüpfen auf und ab, während ich naserümpfend in der Küche sitze und Zeitung lese. Aus ihrem Geplapper und dem Lärm im Fernseher höre ich Fetzen einer durch und durch amerikanischen Samstagmorgen-Mythologie heraus, Namen, die sich allwöchentlich wiederholen, Roadrunner, Woody Woodpecker, Donald Duck, die Partridge Family, Bugs Bunny, die Brady Bunch, Heckel and Jeckel. Der Gedanke, daß es eine Mythologie ist, läßt mich mein Naserümpfen vergessen, und ich nehme meinen Kaffee und setze mich zu den Mädchen vor den Fernseher.

Oh, Dad, schaust du mit uns Fernsehen?

Ja.

Wow, Maggie, sagt Claire, dein Dad ist aber cool.

Ich setze mich zu ihnen, weil sie mir geholfen haben, zwei völlig disparate Charaktere zusammenzuspannen, Bugs Bunny und Odysseus.

Maggie hatte gesagt, Bugs Bunny ist so gemein zu Elmer Fudd, und Claire hatte gesagt, genau, Bugs ist nett und lustig und schlau, aber warum ist er so gemein zu Elmer?

Als ich am Montag wieder vor meinen Klassen stand, verkündete ich meine große Entdeckung, die Gemeinsamkeiten zwischen Bugs Bunny und Odysseus, daß beide hinterhältig, romantisch, gerissen, charmant sind, daß Odysseus der erste Wehrdienstverweigerer war, während Bugs offenbar nie seinem Land gedient oder überhaupt etwas für andere getan hat, sondern allen nur üble Streiche spielt. Der Hauptunterschied zwischen den beiden ist, daß Bugs einfach von einer Bosheit in die nächste stolpert, während

Odysseus ein Ziel hatte, nämlich nach Hause zurückzukehren, zu Penelope und Telemach.

Was hat mich dann bloß veranlaßt, diese einfache Frage zu stellen, die einen Aufruhr in der Klasse hervorrief, was habt ihr als Kinder am Samstagmorgen gesehen?

Eine Eruption von Mickey Mouse, Flotsam and Jetsam, Tom and Jerry, Mighty Mouse, Crusader Rabbit, Hunden, Katzen, Mäusen, Affen, Vögeln, Ameisen, Riesen.

Halt. Halt.

Ich warf ihnen Kreidestückchen zu. Hier, du und du und du, geht an die Tafel. Schreibt die Namen der Serien auf. Teilt sie in Kategorien ein. Darüber werden sich Gelehrte in tausend Jahren den Kopf zerbrechen. Das ist eure Mythologie. Bugs Bunny. Donald Duck.

Alle Tafeln waren mit den Listen bedeckt, aber sie hatten noch längst nicht alles hingeschrieben, was sie wußten. Sie hätten auch noch den Fußboden und die Decke vollschreiben und auf den Flur hinaus weiterschreiben können, fünfunddreißig Schüler in jeder Klasse, die den Bodensatz zahlloser Samstagvormittagssendungen aufrührten. Durch den Höllenlärm schrie ich, gab es in diesen Serien auch Musik?

Eine neue Eruption. Songs, Summen, stimmungsvolle Musik, Erinnerungen an Lieblingsszenen und -episoden. Sie hätten bis über das Ende der Stunde hinaus und weiter bis in die Nacht hinein singen, skandieren und schauspielern können. Von der Tafel schrieben sie die Listen in ihre Hefte ab, und sie fragten nicht, warum, sie beklagten sich nicht. Sie sagten zueinander und zu mir, sie könnten es nicht fassen, daß sie in ihrem Leben schon so viel ferngesehen hatten. Stunden und Aberstunden. Wow. Ich fragte sie, wie viele Stunden? Sie sagten, Tage, Monate, vielleicht Jahre. Noch mal wow. Wenn man sechzehn wurde, hatte man wahrscheinlich drei Jahre seines Lebens vor dem Fernseher verbracht.

53

Bevor Maggie geboren wurde, träumte ich davon, ein Kodak-Daddy zu sein. Ich würde eine Kamera haben und ein Album mit Bildern von allen wichtigen Ereignissen zusammenstellen, Maggie nach ihrer Geburt, Maggie am ersten Tag im Kindergarten, Maggie beim Abschluß des Kindergartens, der Grundschule, der High School und, vor allem, des Collegestudiums.

Das College sollte keine ausufernde städtische Anlage sein wie NYU, Fordham oder Columbia. Nein, meine liebreizende Tochter sollte vier Jahre an einem dieser idyllischen neuenglischen Colleges verbringen, die so erlesen sind, daß sie die Elite-Universitäten vulgär finden. Sie würde blond und braungebrannt sein und mit einem episkopalischen Lacrossestar, Sproß einer Bostoner Patrizierfamilie, über den Rasen spazieren. Der junge Mann würde Doug heißen. Er würde blaue Augen, kräftige Schultern und einen offenen, geraden Blick haben. Er würde mich mit Sir anreden und mir in seiner rechtschaffen männlichen Art bei der Begrüßung die Hand zerquetschen. Er und Maggie würden in der rechtschaffen gemauerten episkopalischen Kirche auf dem Campus heiraten, in einem Konfettiregen unter einem Spalier aus Lacrosseschlägern, denn feine Leute spielen Lacrosse.

Und ich würde dabeisein, als stolzer Kodak-Dad, und auf mein erstes Enkelkind warten, halb irisch-katholisch, halb episkopalischer Bostoner Bürgeradel. Es würde eine Taufe geben und eine Gartenparty, und ich würde alles mit meiner Kodak festhalten, weiße Zelte, alle in Pastellfarben, Frauen mit Hut, Maggie mit Kind, Komfort, Klasse, Geborgenheit.

Davon träumte ich, wenn ich ihr das Fläschchen gab, ihre Windeln wechselte, sie in der Küchenspüle badete, ihr Babyglucksen auf Band aufnahm. Die ersten drei Jahre setzte ich sie in ein Körbchen und fuhr mit ihr auf dem Fahrrad durch Brooklyn Heights. Als sie zu krabbeln anfing, ging ich mit ihr auf den Spielplatz, und während sie den Sand und die anderen Kinder entdeckte, belauschte ich die Mütter ringsum. Sie unterhielten sich über Kinder und Ehemänner, darüber, daß sie es kaum erwarten konnten, mit ihrer Laufbahn in der richtigen Welt weiterzumachen. Sie senkten die Stimme und erzählten einander flüsternd von ihren Affären, und ich überlegte, ob ich einen Versuch wagen sollte. Nein. Sie waren sowieso schon mißtrauisch. Wer war der Typ, der hier an einem Sommervormittag bei den Müttern herumsaß, während richtige Männer in der Arbeit waren?

Sie wußten nicht, daß ich der Unterschicht entstammte und meine Tochter und meine Frau dazu benutzte, mich in ihre Welt einzuschleichen. Sie machten sich Sorgen über den Kindergarten und die Vorschule, und ich erfuhr, daß man Kinder immer beschäftigen muß. Gegen ein paar wilde Minuten im Sandkasten war nichts einzuwenden, aber eigentlich sollte das Spiel immer strukturiert und überwacht sein. Man kann gar nicht genug Struktur haben. Wenn ein Kind aggressiv ist, muß man sich Sorgen machen. Ist es still? Ebenfalls Grund zur Sorge. Das ist alles antisoziales Verhalten. Die Kinder müssen lernen, sich anzupassen, sonst …

Ich wollte Maggie auf eine öffentliche Grundschule schicken oder wenigstens auf die katholische Schule ein paar Ecken weiter, aber Alberta bestand auf einem efeubewachsenen Gemäuer, das früher mal eine episkopalische Mädchenschule gewesen war, und ich hatte nicht den Nerv, mich deswegen mit ihr anzulegen. Es war bestimmt eine der angeseheneren Schulen, und wir würden bessere Leute kennenlernen.

So war es auch. Die Schülereltern waren Börsenmakler, Anlageberater, Ingenieure, Erben alter Vermögen, Professoren, Geburtshelfer. Es gab Partys, auf denen sie fragten, und was machen Sie? Wenn ich dann sagte, ich sei Lehrer, wandten sie sich ab. Da half es auch nichts, daß wir eine Hypothek auf ein Brownstone-Haus in Cobble Hill hatten, mit anderen luxussanierenden Paaren mithielten und unsere Ziegel, unsere Balken und uns selbst freilegten.

Ich war überfordert. Ich verstand mich nicht darauf, Ehemann, Vater, Hausbesitzer mit zwei Mietparteien und amtlich bestätigtes

Mitglied der Mittelklasse zu sein. Ich wußte nicht, wie ich mich verhalten und mich kleiden sollte, wie man auf Partys über das Börsengeschehen plaudert, wie man Squash oder Golf spielt, wie man einen Testosteron-Händedruck hinkriegt und dem Mann mit einem, Freut mich, Sie kennenzulernen, Sir, in die Augen schaut.

Alberta sagte immer wieder, sie wolle hübsche Sachen haben, und ich wußte nie, was sie damit meinte. Oder es war mir egal. Sie wollte an der Atlantic Avenue nach Antiquitäten stöbern, und ich wollte mich mit Sam Colton in seinem Buchladen an der Montague Street unterhalten oder in der Blarney Rose mit Yonk Kling ein Bier trinken. Alberta sprach von Queen-Anne-Tischen, Regency-Anrichten, viktorianischen Wasserkannen, und ich scherte mich keinen Fiedlerfurz darum. Ihre Freundinnen sprachen über guten Geschmack und fielen gemeinsam über mich her, wenn ich sagte, guter Geschmack greift um sich, wenn die Phantasie stirbt. Die Luft war gesättigt von gutem Geschmack, und ich erstickte fast.

Die Ehe war inzwischen eine einzige Abfolge von Streitereien, und Maggie steckte mittendrin. Nach der Schule mußte sie die tägliche Routine einhalten, die von einer Yankee-Großmutter in Rhode Island auf sie gekommen war. Zieh dich um, trink Milch, iß Kekse, mach deine Hausaufgaben, vorher darfst du nicht raus. Das gehört sich so. Deine Mutter hat's auch immer so gemacht. Dann kannst du mit Claire spielen, bis zum Abendessen, und dann mußt du zwischen Eltern sitzen, die nur deinetwegen höflich miteinander umgehen.

Die Morgenstunden entschädigten für die Nächte. Als Maggie zu krabbeln, zu laufen, zu reden anfing, kam sie noch ganz traumbefangen in die Küche und erzählte in Traumsprache von einem Flug mit Claire über unser Viertel und einer Landung auf der Straße vor unserem Haus. Im April bestaunte sie den Magnolienbaum, der vor dem Küchenfenster blühte, und wollte wissen, warum wir diese Farbe nicht immer haben könnten. Warum vertreiben die grünen Blätter das schöne Rosa? Ich sagte ihr, alle Farben brauchen ihre Zeit auf der Erde, und damit war sie anscheinend zufrieden.

Die Morgenstunden mit Maggie waren so golden oder rosa oder grün wie die Morgenstunden mit meinem Vater in Limerick. Bis er fortging, hatte ich ihn für mich. Bis alles in die Brüche ging, hatte ich Maggie.

An den Wochentagen brachte ich sie zur Schule und fuhr dann mit der Bahn zu meinem Unterricht an der Stuyvesant High School. Meine Teenager-Studenten rangen mit den Hormonen oder schlugen sich mit Familienproblemen, Scheidungen, Sorgerechtsprozessen, Geld, Drogen, dem Tod des Glaubens herum. Ich hatte das vollkommene kleine Mädchen und würde nie solche Probleme bekommen.

Ich bekam sie, und Maggie ebenso. Die Ehe zerbröckelte. In einem Elendsviertel aufgewachsene irische Katholiken haben nichts gemein mit netten Mädchen aus Neuengland, die Gardinchen an den Schlafzimmerfenstern hatten, weiße, bis zu den Ellbogen reichende Handschuhe trugen und mit netten Jungen auf Abschlußbälle gingen, die bei französischen Nonnen Benimmunterricht bekamen und immer wieder hörten, Mädchen, eure Tugend ist wie eine Vase. Ist sie einmal zerbrochen, kann man sie vielleicht kitten, aber der Sprung wird immer vorhanden sein. In einem Elendsviertel aufgewachsene irische Katholiken hätten sich vielleicht daran erinnert, was ihre Väter gesagt hatten, einem vollen Bauch ist alles Poesie.

Die alten Iren hatten es mir gesagt, und meine Mutter hatte es mir eingeschärft, halt dich an deinesgleichen. Heirate eine von uns. Der Teufel, den man kennt, ist besser als der Teufel, den man nicht kennt.

Als Maggie fünf war, zog ich zu einem Freund, aber es blieb nicht dabei. Mir fehlten die Morgenstunden mit meiner Tochter. Ich wollte wieder vor dem Feuer auf dem Boden sitzen, ihr Geschichten erzählen, mit ihr Sergeant Pepper's Lonely Hearts Club Band hören. Es mußte nach so vielen Jahren doch möglich sein, an dieser Ehe zu arbeiten, eine Krawatte zu tragen, Maggie zu Geburtstagsfeiern in ganz Brooklyn Heights zu begleiten, charmant mit Ehefrauen zu plaudern, Squash zu spielen, Interesse an Antiquitäten zu heucheln.

Ich brachte Maggie zur Schule. Ich trug ihre Schultasche, sie trug ihre Barbie-Lunchbox. Als sie ungefähr acht war, verkündete sie, weißt du, Dad, ich möchte lieber mit meinen Freundinnen zur Schule gehen. Natürlich löste sie sich allmählich, wurde selbständig, rettete sich. Sie muß gemerkt haben, daß ihre Familie kaputtging, daß ihr Vater schon bald für immer fortgehen würde, so wie sein Vater vor langer Zeit fortgegangen war, und eine Woche vor ihrem achten Geburtstag war es dann soweit. Ich ging endgültig.

54

Wenn ich die gerahmten Buchumschläge an der Wand der Lion's Head Bar anschaue, packt mich der Neid. Werde ich irgendwann auch da hängen? Die Schriftsteller reisen durchs Land, signieren ihre Bücher, treten in Talkshows im Fernsehen auf. Partys und Frauen und Liebe allenthalben. Die Leute hören ihnen zu. Kein Mensch hört Lehrern zu. Die werden nur bemitleidet wegen ihrer traurigen Gehälter.

Aber es gibt starke Tage in Zimmer 205 an der Stuyvesant High School, wenn die Diskussion über ein Gedicht die Tür zu einem strahlenden weißen Licht aufstößt und plötzlich jeder das Gedicht versteht und das Verstehen versteht, und wenn das Licht verblaßt, lächeln wir einander zu wie heimgekehrte Reisende.

Meine Schüler wissen es nicht, aber dieses Klassenzimmer ist mein Refugium, manchmal meine Stärke, der Schauplatz meiner verspäteten Kindheit. Wir tauchen ein in die kommentierten Ausgaben von Mutter Gans und Alice im Wunderland, und als meine

Schüler ihre ersten Kinderbücher mitbringen, kommt es zu Freudenausbrüchen. Du hast das auch gelesen? Wow.

Ein Wow in einem Klassenzimmer bedeutet, daß sich was tut.

Von Quizfragen und Tests ist keine Rede mehr, und wenn den Bürokraten zuliebe Noten gegeben werden müssen, na gut, dann stufen sich die Schüler eben selbst ein. Wir wissen, was sich in Rotkäppchen abspielt, daß man, wenn man nicht auf dem Weg bleibt, wie Mutter es einem eingeschärft hat, dem großen bösen Wolf begegnet und in Schwierigkeiten gerät, Mann, echte Schwierigkeiten, und wie kommt's überhaupt, daß sich alle über Gewalt im Fernsehen aufregen und keiner ein Wort über die Bösartigkeit des Vaters und der Stiefmutter in Hänsel und Gretel verliert?

Aus einer der hinteren Reihen der zornige Ruf eines Jungen, Väter sind doch Arschlöcher.

Und die ganze Stunde tobt eine hitzige Debatte über Humpty Dumpty.

> Humpty Dumpty saß auf der Wand.
> Humpty Dumpty fiel in den Sand.
> Da kamen des Königs Reiter geritten,
> Doch Humpty konnten sie nicht mehr kitten.

Also, frage ich, was passiert in diesem Ammenreim? Die Hände gehen hoch. Na ja, also, dieses Ei fällt von der Wand runter, und wenn man Biologie oder Physik hat, weiß man, daß man ein zerbrochenes Ei nicht mehr kitten kann. Ich mein, das sagt einem doch der gesunde Menschenverstand.

Wer sagt, daß es ein Ei ist? frage ich.

Natürlich ist es ein Ei. Das weiß doch jeder.

Wo steht, daß es ein Ei ist?

Sie überlegen. Sie suchen den Text nach einem Ei ab, nach irgendeiner Erwähnung, irgendeinem Hinweis auf ein Ei. Sie wollen sich nicht geschlagen geben.

Weitere Meldungen, weitere unwirsche Plädoyers für das Ei. Ihr

Leben lang kennen sie diesen Reim, und niemand hat je bezweifelt, daß Humpty Dumpty ein Ei ist. Sie sind zufrieden mit der Vorstellung von einem Ei, und warum müssen Lehrer immer daherkommen und mit ihrem ewigen Analysieren alles kaputtmachen?

Ich mache nichts kaputt. Ich möchte nur wissen, woher ihr die Vorstellung habt, daß Humpty ein Ei ist.

Weil er, Mr. McCourt, auf allen Bildern ein Ei ist, und der Typ, der das erste Bild gezeichnet hat, muß den Typ gekannt haben, der das Gedicht geschrieben hat, sonst hätte er nie im Leben ein Ei gezeichnet.

Na gut. Wenn ihr mit der Vorstellung von einem Ei zufrieden seid, dann lassen wir's dabei, aber ich weiß, daß die künftigen Anwälte unter euch niemals ein Ei akzeptieren werden, wenn nicht das geringste Indiz dafür vorliegt.

Solange keine Noten drohen, beschäftigen sie sich gern mit der Kindheit, und als ich vorschlage, jeder solle sich seine eigenen Kinderbücher schreiben, beklagen sie sich nicht, leisten keinen Widerstand.

O ja, ja, super Idee.

Sie sollen ihre Bücher selbst schreiben, illustrieren und binden, Originalwerke, und die fertigen Resultate in eine Grundschule nicht weit von hier in der First Avenue bringen, wo sie dann von berufenen Kritikern gelesen und bewertet werden sollen, denen, die solche Bücher lesen würden, den Dritt- und Viertkläßlern.

O ja, ja, die Kleinen, das wird lustig.

An einem bitterkalten Januartag kommen die Kleinen mit ihrer Lehrerin in die Stuyvesant. Ah, nein, schaut sie euch an. Sind sie nicht süß? Schaut mal, ihre Mäntelchen und Ohrenschützer und Fäustlinge und die bunten Stiefelchen und ihre verfrorenen kleinen Gesichter. Einfach süß.

Die Bücher sind auf einem langen Tisch ausgelegt, Bücher aller Größen und Formen, ein Anblick von seltener Farbenpracht. Meine Schüler stehen auf und überlassen ihre Plätze den kleinen Kritikern, die sich auf die Pulte setzen und ihre kurzen Beine baumeln lassen. Einer nach dem anderen gehen sie an den Tisch, um die Bücher hochzuhalten, die sie gelesen haben, und ihren Kommentar abzugeben. Ich habe meine Schüler gewarnt, daß diese kleinen Kinder schlechte Lügner sind, und im Moment haben sie nichts im Kopf als die Wahrheit. Sie lesen ihre Beurteilungen, bei deren Formulierung ihre Lehrerin ihnen geholfen hat, von Blättern ab.

Das Buch, das ich gelesen habe, ist Petey und die Weltraumspinne. Das Buch ist okay, bis auf den Anfang, die Mitte und den Schluß.

Der Autor, ein hochgewachsener Stuyvesant-Schüler im ersten Jahr, lächelt lahm und schaut an die Decke. Seine Freundin umarmt ihn.

Der nächste Kritiker. Das Buch, das ich gelesen habe, hat den Titel Drüben, und es hat mir nicht gefallen, weil ich finde, daß man nicht über den Krieg schreiben sollte und über Menschen, die sich gegenseitig ins Gesicht schießen und sich vor Angst in die Hosen machen. Über solche Dinge sollte man nicht schreiben, wenn man auch über schöne Dinge wie Blumen und Eierkuchen schreiben kann.

Der kleine Kritiker erhält frenetischen Beifall von seinen Klassenkameraden, während die Stuyvesant-Autoren eisiges Schweigen bewahren. Der Autor von Drüben schaut über den Kopf seines Kritikers hinweg.

Die Lehrerin hat ihre Schüler gebeten, die Frage zu beantworten, würdest du das Buch für dich selbst oder für jemand anderen kaufen?

Nein, ich würde das Buch nicht für mich und auch für niemand anderen kaufen. Ich habe das Buch schon. Es ist von Dr. Seuss.

Der Kritiker und seine Klassenkameraden lachen, ihre Lehrerin ermahnt sie, aber sie können nicht aufhören, und der Plagiator, der auf dem Fensterbrett sitzt, wird rot und weiß nicht, wo er hinschauen soll. Er ist ein schlimmer Junge, er hat was Falsches getan, er hat den Kleinen Munition für ihr Gejohle gegeben, aber ich würde ihn gern trösten, weil ich weiß, warum er das gemacht hat, er konnte gar nicht in der Stimmung sein, ein Kinderbuch zu schreiben, weil seine Eltern sich in den Weihnachtsferien getrennt haben und er in ihren erbitterten Streit um das Sorgerecht hineingezogen wurde, er weiß nicht, was er tun soll, wenn Mutter und Vater ihn in entgegengesetzte Richtungen zerren, am liebsten würde er zu seinem Großvater nach Israel fahren, er konnte in diesem Schlamassel also seine Englischaufgabe nur dadurch erledigen, daß er ein paar Seiten zusammenheftete, auf denen er eine Geschichte von Dr. Seuss abgeschrieben hatte, und sie mit Strichmännchen illustrierte, es ist bestimmt der Tiefpunkt seines bisherigen Lebens. Wie soll man die Erniedrigung verkraften, wenn man von so einem altklugen Drittkläßler, der sich lachend feiern läßt, auf frischer Tat ertappt wird? Er schaut quer durchs Zimmer zu mir herüber, und ich schüttle den Kopf und hoffe, er versteht, daß ich ihn verstehe. Ich müßte eigentlich zu ihm hingehen, ihm den Arm um die Schultern legen, ihn trösten, aber ich halte mich zurück, weil die Drittkläßler und meine eigenen Schüler nicht denken sollen, daß ich ein Plagiat für entschuldbar halte. Im Augenblick muß ich auf dem hohen moralischen Roß sitzen und ihn leiden lassen.

Die Kleinen ziehen ihre Wintersachen an und gehen, und in meinem Klassenzimmer ist es still. Ein Stuyvesant-Autor, der ebenfalls verrissen wurde, sagt, hoffentlich verlaufen sich diese verdammten Bälger im Schnee. Ein anderer hochgewachsener Schüler im ersten Jahr, Alex Newman, sagt, er kann sich nicht beklagen, weil sein Buch gelobt wurde, aber was diese Kinder mit ein paar von den anderen Autoren gemacht haben, ist eine Schande. Er sagt, ein paar von den Kindern sind geborene Attentäter, und alle stimmen ihm zu.

*

Aber jetzt sind sie aufnahmebereit für die amerikanische Literatur, bereit für die Tiraden in Edwards' Sünder in den Händen eines zornigen Gottes. Alle zusammen sagen wir Vachel Lindsay, Robert Service und T. S. Eliot auf, Autoren, die beide Seiten des Atlantiks für sich vereinnahmen können. Wir erzählen Witze, weil jeder Witz eine Kurzgeschichte mit einer Zündschnur und einer Explosion ist. Wir kehren in die Vergangenheit zurück, um nach Spielen und Gassenhauern zu suchen, nach Miss Lucy und dem Ringelreihen, und hereinschauende Lehrerkollegen fragen sich, was in diesem Klassenzimmer wohl vor sich geht.

Sagen Sie, Mr. McCourt, inwieweit bereiten Sie unsere Kinder damit aufs College und auf die Anforderungen der Gesellschaft vor?

55

Auf dem Nachttisch in der Wohnung meiner Mutter standen Fläschchen mit Pillen, Tabletten, Kapseln, Tropfen, nehmen Sie dies für das und das für jenes, dreimal am Tag, wenn nicht sogar viermal, aber nicht, wenn Sie Auto fahren oder schwere Maschinen bedienen müssen, einzunehmen vor, zu oder nach den Mahlzeiten, gleichzeitiger Genuß von Alkohol oder anderen Aufputschmitteln ist zu vermeiden, und achten Sie darauf, daß Sie Ihre Medikamente nicht durcheinanderbringen, was Mam natürlich tat, sie verwechselte die Emphysempillen mit den Pillen gegen die Schmerzen in ihrem operierten Hüftgelenk und den Schlaftabletten oder den Muntermachern oder dem Cortison, das sie aufschwemmte und ihr Haare am Kinn wachsen ließ, so daß sie nie ohne ihren kleinen blauen Plastik-Rasierapparat aus dem Haus ging, für den Fall, daß sie längere Zeit weg war und ihr dann an allen möglichen Stellen Haare sprossen und sie sich zu Tode schämen mußte, denn das würde sie, ja, sich zu Tode schämen.

Die Stadt stellte ihr eine Pflegerin zur Verfügung, die sie badete, für sie kochte und mit ihr spazierenging, wenn sie dazu in der Lage war. Wenn sie nicht dazu in der Lage war, sah sie fern, und die Pflegerin schaute sich mit ihr die Sendungen an, obwohl sie später angab, Mam verbringe viel Zeit damit, auf einen Punkt an der Wand zu starren oder aus dem Fenster zu schauen und wehmütig an die Zeit zu denken, als ihr Enkel Conor sie besuchte und sie sich unterhielten, während er sich an das Eisengitter hängte, mit dem ihre Fenster gesichert waren.

Die städtische Pflegerin ordnete die Pillen und schärfte Mam ein, sie müsse sie am Abend in einer bestimmten Reihenfolge einnehmen, aber Mam vergaß es immer wieder und wurde schließlich so konfus, daß keiner mehr wissen konnte, was sie alles geschluckt hatte, und sie wieder einmal mit dem Krankenwagen ins Lenox Hill Hospital gefahren werden mußte, wo sie inzwischen Stammkundin war.

Als sie das letzte Mal dort war, rief ich sie von der Schule aus an und fragte sie, wie es ihr gehe.

Ach, weiß nicht.

Was soll das heißen, weiß nicht?

Ich hab die Nase voll, die stecken Sachen in mich rein und ziehen Sachen aus mir raus.

Dann flüsterte sie, könntest du mir einen Gefallen tun, wenn du mich besuchen kommst?

Ja, natürlich. Was denn?

Du darfst aber keinem was davon sagen.

Versprochen. Was ist es?

Könntest du mir einen blauen Plastik-Rasierapparat mitbringen?

Einen Plastik-Rasierapparat. Wozu denn das?

Ist doch egal. Kannst du ihn nicht einfach mitbringen und nicht dauernd Fragen stellen?

Ihre Stimme brach, und sie fing an zu schluchzen.

Schon gut, ich bring ihn mit. Bist du noch dran?

Sie schluchzte so sehr, daß sie kaum noch sprechen konnte. Und wenn du raufkommst, gib den Rasierapparat der Schwester und komm erst rein, wenn sie's dir sagt.

Ich wartete, während die Schwester ihr den Rasierapparat ins Zimmer brachte und sie vor der Welt abschirmte. Als sie herauskam, sagte sie leise, sie rasiert sich. Es ist das Cortison. Es ist ihr peinlich.

In Ordnung, sagte Mam, du kannst jetzt reinkommen, und stell mir keine Fragen mehr, obwohl du ja nicht einmal getan hast, worum ich dich gebeten hab.

Wie meinst du das?

Ich wollte einen blauen Apparat, und du hast mir einen weißen gebracht.

Und was ist der Unterschied?

Da ist ein großer Unterschied, aber davon verstehst du nichts. Ich sage kein Wort mehr darüber.

Du siehst gut aus.

Mir geht's aber nicht gut. Ich hab die Nase voll, hab ich dir schon gesagt. Ich will nur noch sterben.

Ach, hör doch auf. Bis Weihnachten bist du wieder draußen. Du wirst tanzen gehen.

Ich werde nicht tanzen gehen. Schau, in diesem Land laufen überall Frauen rum, die Abtreibungen machen lassen noch und noch, und ich kann nicht mal sterben.

Was um Himmels willen ist der Zusammenhang zwischen dir und Frauen, die abtreiben lassen?

Ihre Augen füllten sich mit Tränen. Hier liege ich in diesem Bett und sterbe oder auch nicht, und da kommst du und peinigst mich mit Theologie.

Mein Bruder Michael kam herein, er hatte den weiten Weg von San Francisco auf sich genommen. Er strich um ihr Bett. Er gab ihr einen Kuß und massierte ihr Schultern und Füße. Das wird dich entspannen, sagte er.

Ich bin entspannt, sagte sie. Wenn ich noch entspannter wäre, wär ich tot, wär das nicht eine Erleichterung?

Michael schaute sie an und dann mich und sah sich dann im Zimmer um, und seine Augen waren wäßrig. Mam sagte zu ihm, er gehöre nach San Francisco, zu Frau und Kindern.

Ich flieg morgen zurück.

Na, die weite Reise hat sich ja wohl kaum gelohnt, hm?

Ich wollte dich sehen.

Sie nickte ein, und wir gingen in eine Bar an der Lexington Avenue, auf ein paar Drinks mit Alphie und Malachys Sohn, dem jungen Malachy. Wir sprachen nicht über Mam. Wir hörten dem jungen Malachy zu, der zwanzig war und nichts mit seinem Leben anzufangen wußte. Ich sagte ihm, da seine Mutter Jüdin sei, könne er doch nach Israel gehen und in die Armee eintreten. Er sagte, er sei kein Jude, aber ich widersprach und sagte, er habe das Recht auf Heimkehr. Ich sagte ihm, wenn er zum israelischen Konsulat gehen und denen sagen würde, er wolle in die israelische Armee eintreten, wäre das für die ein Publicity-Coup. Stell dir vor, der junge Malachy McCourt, einer mit so einem Namen, tritt in die israelische Armee ein. Er würde in jeder New Yorker Zeitung auf die Titelseite kommen.

Nein, er habe keine Lust, sich von den verrückten Arabern den Arsch wegschießen zu lassen. Michael sagte, er würde gar nicht an die Front kommen, sondern im Hinterland bleiben, wo sie ihn für Propagandazwecke einsetzen konnten, und all die exotischen israelischen Mädchen würden sich ihm an den Hals werfen.

Er blieb bei seinem Nein, und ich sagte, es sei Zeitverschwendung, ihm Drinks zu spendieren, wo er nicht mal so was Einfaches tun wolle, wie in die israelische Armee einzutreten und Karriere zu machen. Ich sagte, wenn ich eine jüdische Mutter hätte, ginge ich lieber heute als morgen nach Jerusalem.

Am Abend besuchte ich noch einmal Mam im Krankenhaus. Am Fuß ihres Bettes stand ein Mann. Er war kahl, hatte einen grauen Bart und trug einen grauen Dreiteiler. Er klimperte mit dem Kleingeld in seiner Hosentasche und sagte zu meiner Mutter, wissen Sie, Mrs. McCourt, Sie haben jedes Recht, wütend darüber zu sein, daß

Sie krank sind, und Sie haben auch das Recht, das zum Ausdruck zu bringen.

Er wandte sich mir zu. Ich bin ihr Psychiater.

Ich bin nicht wütend, sagte Mam. Ich will bloß sterben, und die lassen mich nicht.

Sie wandte sich an mich. Schickst du ihn weg?

Bitte gehen Sie, Doktor.

Entschuldigen Sie mal, ich bin ihr Arzt.

Gehen Sie.

Er ging, und Mam klagte, daß man sie mit Priestern und Psychiatern peinige, und sie sei zwar eine Sünderin, aber sie habe schon hundertmal Buße getan, sie sei dazu geboren, Buße zu tun. Ich hätte furchtbar gern was im Mund, sagte sie, etwas Herbes, Saures wie Limonade.

Ich brachte ihr eine mit Konzentrat gefüllte Zitrone aus Plastik und goß den Saft zusammen mit etwas Wasser in ein Glas. Sie kostete es. Ich bitte dich um Limonade, und du gibst mir Wasser.

Nein, das ist Limonade.

Sie hat wieder Tränen in den Augen. Um eine Kleinigkeit bitte ich dich, eine winzige Kleinigkeit, und du bist nicht dazu imstande. Wäre es zuviel verlangt, wenn ich dich bitte, meine Füße zu verrücken? Sie liegen schon den ganzen Tag an derselben Stelle.

Ich würde sie gern fragen, warum sie ihre Füße nicht selbst verrückt, aber das gäbe nur neue Tränen, also verrücke ich sie.

Na, wie ist es?

Wie ist was?

Deine Füße.

Was soll mit meinen Füßen sein?

Ich hab sie verrückt.

Tatsächlich? Also, ich hab nichts gemerkt. Du bringst mir keine Limonade. Du verrückst meine Füße nicht. Du besorgst mir nicht den richtigen blauen Plastik-Rasierapparat. Mein Gott, wozu hat man vier Söhne, wenn man nicht mal seine Füße verrückt bekommt?

Also schön. Schau her. Ich verrücke deine Füße.

Schauen? Wie soll ich denn schauen? Es ist viel zu schwierig für mich, den Kopf vom Kissen zu heben und meine Füße anzuschauen. Hast du mich jetzt genug gepeinigt?

Kann ich sonst noch was für dich tun?

Das ist der reinste Backofen hier. Könntest du das Fenster aufmachen?

Aber es ist eiskalt draußen.

Wieder Tränen. Ich krieg keine Limonade, ich …

Also gut, von mir aus. Ich mache das Fenster auf, und ein Schwall kalter Luft kommt von der 77th Street herein und läßt den Schweiß auf ihrer Stirn gefrieren. Sie hat die Augen geschlossen, und als ich ihr einen Kuß gebe, schmecke ich kein Salz.

Soll ich noch eine Zeitlang dableiben oder gar die ganze Nacht? Die Schwestern hätten anscheinend nichts dagegen. Ich könnte den Stuhl zurückschieben, den Kopf an die Wand lehnen und dösen. Nein. Ich kann genausogut heimfahren. Maggie singt morgen im Chor in der Plymouth Church, und ich will nicht mit roten Augen dasitzen und einnicken.

Auf der ganzen Rückfahrt nach Brooklyn habe ich das Gefühl, ich sollte ins Krankenhaus zurück, aber ein Freund veranstaltet eine Party zur Eröffnung seiner Bar, der Clark Street Station. Von drinnen hört man Musik und fröhliches Stimmengewirr. Ich stehe draußen. Ich kann nicht reingehen.

Als Malachy um drei Uhr früh anruft, braucht er nichts zu sagen. Ich kann nichts anderes tun, als mir eine Tasse Tee zu machen, so wie Mam es bei besonderen Anlässen immer getan hat, in einem Dunkel dunkler als Dunkelheit im Bett zu sitzen und daran zu denken, daß sie sie inzwischen an einen kälteren Ort verlegt haben, diesen grauen Erdenleib, der sieben Kinder in die Welt getragen hat. Ich trinke meinen heißen Tee zum Trost, denn da sind Gefühle, mit denen ich nicht gerechnet habe. Ich hatte gedacht, ich würde den Gram des erwachsenen Mannes erfahren, die erlesene tiefe Trauer, das elegische Gefühl, das dem Anlaß gerecht würde. Ich hatte nicht geahnt, daß ich mich wie ein betrogenes Kind fühlen würde.

Ich sitze im Bett, die Knie an die Brust hochgezogen, und es kommen Tränen, aber sie steigen mir nicht in die Augen, sondern platschen statt dessen wie ein kleiner See um mein Herz.

Ausnahmsweise einmal sitzt meine Blase nicht hinter meinen Augen, Mam. Warum nicht?

*

Hier sitze ich und schaue zu meiner hübschen zehnjährigen Tochter Maggie in ihrem weißen Kleid hinauf, wie sie im Chor protestantische Kirchenlieder singt, in der Plymouth Church of the Brethren, dabei sollte ich in der Messe sein und für das Seelenheil meiner Mutter beten, Angela McCourt, Mutter von sieben Kindern, gläubige Christin, Sünderin, obwohl ich, wenn ich ihre dreiundsiebzig Jahre auf dieser Erde betrachte, nicht glauben kann, daß der Allmächtige auf seinem Thron auch nur im Traum daran denken könnte, sie den Flammen zu überantworten. Ein solcher Gott wäre es nicht wert, daß man ihn grüßt. Ihr Leben war Fegefeuer genug, und bestimmt ist sie jetzt an dem besseren Ort, mit ihren drei Kindern Margaret, Oliver und Eugene.

Nach dem Gottesdienst sage ich Maggie, daß ihre Großmutter gestorben ist, und sie wundert sich, daß meine Augen trocken bleiben. Weißt du, Dad, es ist schon in Ordnung, wenn du weinst.

Mein Bruder Michael ist nach San Francisco zurückgeflogen, und ich treffe mich mit Malachy und Alphie zum Frühstück an der West 72nd Street, nicht weit vom Bestattungsinstitut Walter B. Cooke. Als Malachy sich ein herzhaftes Mahl bestellt, sagt Alphie, ich versteh nicht, wie du so viel essen kannst, wo deine Mutter tot ist, und Malachy sagt, ich muß doch meinen Kummer stärken, oder?

Im Bestattungsinstitut treffen wir uns mit Diana und Lynn, Malachys und Alphies Frauen. Wir sitzen im Halbkreis vor dem Schreibtisch des Bestattungsberaters. Er trägt einen goldenen Ring, eine goldene Uhr, eine goldene Krawattennadel, eine goldene Brille. Er schreibt mit einem goldenen Füllfederhalter und läßt sein trostreiches goldenes Lächeln erstrahlen. Er legt ein großes Buch auf den Schreibtisch und sagt, der erste Sarg sei eine sehr elegante Ausführung und koste knapp zehntausend Dollar, wirklich sehr gediegen. Damit halten wir uns nicht auf. Wir lassen ihn weiterblättern, bis er zur letzten Ausführung kommt, einem Sarg für weniger als dreitausend. Malachy erkundigt sich, was wäre denn der absolut niedrigste Preis?

Ja, also, was soll es denn sein, Beerdigung oder Feuerbestattung?

Feuerbestattung.

Bevor er antwortet, versuche ich, die Stimmung etwas aufzulockern, indem ich von dem Gespräch erzähle, das ich vor einer Woche mit Mam hatte.

Was soll mit dir geschehen, wenn du von uns gegangen bist?

Ach, am liebsten wär's mir, ihr bringt mich nach Irland zurück und begrabt mich bei meiner Familie in Limerick.

Mam, weißt du, was es kostet, jemanden von deiner Größe nach Irland überführen zu lassen?

Na gut, sagte sie, dann müßt ihr mich eben verkleinern.

Der Bestattungsberater findet das nicht lustig. Er sagt, wir könnten alles zusammen für achtzehnhundert Dollar bekommen, Balsamierung, Aufbahrung, Einäscherung. Malachy fragt, warum wir einen Sarg kaufen sollen, wenn er dann doch bloß verbrannt wird, und der Mann sagt, das ist Vorschrift.

Aha, sagt Malachy, und wenn wir sie einfach in einen Müllsack stecken und zum Abholen vors Haus stellen?

Wir lachen alle, und der Mann muß mal kurz hinausgehen.

Alphie bemerkt, da wandelt ein ungemein salbungsvolles Leben, und als der Mann zurückkommt, schüttelt er innerlich den Kopf über unser Gelächter.

Wir werden handelseinig. Der Leichnam meiner Mutter wird für einen Tag im Sarg aufgebahrt, damit die Kinder sie sehen und sich von ihrer toten Oma verabschieden können. Der Mann fragt, ob wir eine Limousine mieten möchten, um damit zur Einäscherung zu fahren, aber nur Alphie wäre bereit, nach North Bergen in New Jersey zu fahren, und auch er überlegt es sich dann anders.

In Limerick hatte Mam eine Freundin, Mary Patterson, die einmal gesagt hat, weißt du was, Angela?

Ja, was denn, Mary?

Ich hab mich oft gefragt, wie ich aussehen werde, wenn ich gestorben bin, und weißt du, was ich gemacht hab, Angela?

Ja, was denn, Mary?

Ich hab mein braunes Habit vom Dritten Orden des heiligen Franziskus angelegt, und weißt du was, Angela?

Ja, Mary?

Ich hab mich aufs Bett gelegt mit einem Spiegel am Fußende, hab die Hände mit dem Rosenkranz darum gefaltet und die Augen zugemacht, und weißt du, was ich dann gemacht hab, Angela?

Ja, Mary?

Ich hab ein Auge aufgemacht und einen Blick in den Spiegel geworfen, und weißt du was, Angela?

Ja, Mary?

Ich hab ganz friedlich ausgesehen.

Niemand kann behaupten, daß meine Mutter friedlich aussieht in ihrem Sarg. Das ganze Elend ihres Lebens ist in das von den Medikamenten aufgedunsene Gesicht geschrieben, und man sieht einzelne Haarbüschel, die dem Plastik-Rasierapparat entgangen sind.

Maggie kniet neben mir, schaut ihre Oma an, den ersten toten Menschen in ihrem zehnjährigen Leben. Sie hat keine Wörter dafür, keine Religion, kein Gebet, und das ist auch traurig. Sie kann nur ihre Oma anschauen und fragen, wo ist sie jetzt, Dad?

Wenn es einen Himmel gibt, Maggie, dann ist sie dort, und sie ist da bestimmt die Königin.

Gibt es einen Himmel, Dad?

Wenn nicht, Maggie, dann verstehe ich Gott nicht.

Sie versteht mein Gestammel nicht, und ich verstehe es selbst nicht, denn auf einmal quellen die Tränen, und sie sagt mir wieder, es ist schon in Ordnung, daß du weinst, Dad.

*

Wenn einem die Mutter gestorben ist, kann man nicht rumsitzen und traurig dreinschauen, sich an ihre guten Seiten erinnern und das Beileid von Freunden und Nachbarn entgegennehmen. Man muß mit seinen Brüdern Malachy und Alphie und Malachys Söhnen Malachy, Conor und Cormac vor dem Sarg stehen, sich unterhaken, die Lieder singen, die Mutter gern hatte, und die Lieder, die Mutter nicht ausstehen konnte, weil man nur so sicher sein kann, daß sie wirklich tot ist, und wir sangen

Wenn du noch eine Mutter hast
So danke Gott und sei zufrieden,
Nicht vielen auf dem Erdenrund
Ist dieses Glück beschieden.

und

Johnny, ade, bist du erst fern von hier,
Vergiß auf deine Mutter nicht
Zu Hause an der Pier.
Schreib ihr ein Briefchen dann und wann,
Schick ihr, soviel du kannst,
Und denk zu jeder Zeit daran,
Daß du aus Irland stammst.

Die Besucher sehen einander an, und man weiß, was sie denken. Was ist denn das für eine Trauerfeier, wo die Söhne und Enkel am Sarg der armen Frau singen und tanzen? Haben die denn gar keinen Respekt vor ihrer Mutter?

Wir küssen sie, und ich lege ihr einen Shilling auf die Brust, den ich mir vor langer Zeit von ihr geborgt habe, und als wir durch den langen Flur zum Aufzug gehen, blicke ich noch einmal zu ihr zurück, zu meiner grauen Mutter in ihrem billigen Sarg in Grau, der Farbe der Bettler.

56

Im Januar 1985 rief mein Bruder Alphie an und sagte, er habe eine traurige Nachricht von unseren Cousins in Belfast bekommen. Unser Vater, Malachy McCourt, ist heute früh im Royal Victoria Hospital gestorben.

Ich weiß nicht, warum Alphie das Wort traurig gebrauchte. Es paßte nicht dazu, wie ich mich fühlte, und ich mußte an einen Vers von Emily Dickinson denken, Auf großen Schmerz folgt herkömmliches Fühlen.

Das herkömmliche Fühlen war da, aber kein Schmerz.

Mein Vater und meine Mutter sind tot, jetzt bin ich Waise.

Alphie hatte unseren Vater als erwachsener Mann besucht, aus Neugier oder Liebe oder was er sonst für Gründe hatte, einen Vater wiederzusehen, der uns verlassen hatte, als ich zehn und Alphie kaum ein Jahr alt war. Jetzt sagte er mir, er nehme heute abend ein Flugzeug, die Beerdigung sei morgen, und es war etwas in seiner Stimme, das klang wie, kommst du nicht mit?

Es war sanfter als, kommst du mit? Weniger fordernd, denn Alphie kannte die verworrenen Gefühle, seine eigenen genauso wie die seiner Brüder Frank, Malachy und Michael.

Ob ich mitkomme? Warum sollte ich nach Belfast zur Beerdigung eines Mannes fliegen, der zum Arbeiten nach England ging und jeden Penny von seinem Lohn vertrank? Wenn meine Mutter noch am Leben wäre, würde sie zur Beerdigung von einem gehen, der sie in Armut zurückgelassen hat?

Nein, sie würde vielleicht nicht selbst zur Beerdigung gehen, aber sie würde mir sagen, geh hin. Sie würde sagen, ganz egal, was er uns angetan hat, er hatte nun mal diese Schwäche, den Fluch seiner Rasse, und es passiert nur einmal, daß dein Vater stirbt und beerdigt wird. Sie würde sagen, er war nicht der schlechteste Mann auf Erden, und wer sind wir, ihn zu verurteilen, dafür ist Gott da, und aus der Barmherzigkeit ihrer Seele heraus würde sie eine Kerze anzünden und ein Gebet sprechen.

Ich flog zur Beerdigung meines Vaters nach Belfast, in der Hoffnung, dahinterzukommen, warum ich zur Beerdigung meines Vaters nach Belfast flog.

Wir fuhren vom Flughafen durch die unruhigen Straßen von Belfast, Panzerwagen, Militärstreifen, junge Männer, die angehalten, gegen Mauern gestoßen, durchsucht wurden. Meine Cousins sagten, im Moment ist es ruhig, aber eine einzige Bombe irgendwo, im protestantischen oder katholischen Teil, und man denkt, man ist mitten in einem Weltkrieg. Niemand erinnert sich mehr daran, wie es war, ganz normal durch die Straßen zu gehen. Wenn man aus dem Haus geht, um ein Pfund Butter zu kaufen, kann es sein, daß man mit einem Bein weniger oder überhaupt nicht mehr wiederkommt. Als sie das gesagt hatten, war es besser, nicht mehr darüber zu reden. Eines Tages würde es ein Ende haben, und sie würden alle hinausschlendern, um ein Pfund Butter zu kaufen, oder auch einfach nur hinausschlendern.

Mein Cousin Francis MacRory fuhr uns ins Royal Victoria Hospital, wo mein Vater in seinem Sarg aufgebahrt war, und als wir uns der Leichenhalle näherten, wurde mir klar, daß ich der älteste Sohn war, der Hauptleidtragende, und daß all die Cousins mich beobachteten, Cousins, an die ich mich kaum erinnerte, die ich zum Teil nie kennengelernt hatte, McCourts, MacRorys, Foxes. Drei von den noch lebenden Schwestern meines Vaters waren da, Maggie, Eva und Schwester Comgall, die Moya geheißen hatte, bevor sie den Schleier nahm. Tante Vera, die andere Schwester, war zu krank, um aus Oxford anzureisen.

Alphie und ich, der jüngste und der älteste Sohn des Mannes im Sarg, knieten uns auf den Betschemel. Unsere Tanten und die Cousins blickten auf diese zwei Männer, die eine weite Reise zu einem Mysterium unternommen hatten, und fragten sich bestimmt, ob wir überhaupt trauerten.

Wie hätte ich trauern können angesichts meines zusammengeschrumpften Vaters da in dem Sarg, keine Zähne, das Gesicht eingefallen, der Körper in einem piekfeinen schwarzen Anzug mit einer kleinen weißen Seidenfliege, die er verachtet hätte, alles Sachen, die auf einmal die Vorstellung weckten, ich hätte eine Möwe vor mir, und vor unterdrücktem Gelächter schüttelte es mich dermaßen, daß alle Versammelten, einschließlich Alphie, überzeugt gewesen sein müssen, der Gram habe mich übermannt.

Ein Cousin legte mir leicht die Hand auf die Schulter, und ich wollte danke sagen, aber ich wußte, wenn ich die Hände vom Gesicht genommen hätte, wäre ich in so haltloses Gelächter ausgebrochen, daß alle schockiert gewesen wären und man mich für alle Zeiten mit Schimpf und Schande aus dem Clan ausgestoßen hätte. Alphie bekreuzigte sich und stand auf. Ich riß mich zusammen, trocknete meine Lachtränen, bekreuzigte mich, stand auf und stellte mich den traurigen Blicken in der kleinen Leichenhalle.

Draußen im nächtlichen Belfast gab es Tränen bei den Umarmungen meiner gebrechlichen alten Tanten. Oh, Francis, Francis, Alphie, Alphie, er hat euch Jungen so geliebt, o ja, das hat er, ständig hat er von euch geredet.

So, hat er das, Tante Eva und Tante Maggie und Tante Schwester Comgall, aber er hat in drei Ländern auch oft das Glas auf uns erhoben. Nicht, daß wir in einem solchen Moment jammern und klagen wollen, immerhin ist das eine Beerdigung, und wenn ich mich in Gegenwart meines Vaters, der Möwe im Sarg, zusammenreißen konnte, kann ich gewiß auch vor meinen liebenswerten drei Tanten und den vielen Cousins ein wenig Würde bewahren.

Ein Durcheinander entstand, als sich alle zur Abfahrt bereitmachten, aber ich mußte noch einmal zu meinem Vater zurück, um ihm zu sagen, wenn ich nicht wegen der Möwe in mich hineingelacht hätte, wäre mir womöglich das Herz gebrochen vor der sich auftürmenden Vergangenheit, den Bildern von dem Tag, an dem er uns verließ, mit großen Hoffnungen auf Geld, das schon bald aus England kommen würde, den Erinnerungen an meine Mutter, wie sie am Feuer saß und auf das Geld wartete, das nie kam, und zur Gesellschaft vom heiligen Vincent de Paul betteln gehen mußte, Erinnerungen an meine Brüder, wie sie fragten, ob sie noch eine Scheibe geröstetes Brot bekommen könnten. Das alles war dein Werk, Dad, und auch wenn wir, deine Söhne, uns da rausgearbeitet haben, unsere Mutter hast du zu einem Leben im Unglück verdammt.

Ich konnte nur wieder an seinem Sarg niederknien und an die Morgenstunden in Limerick denken, wenn das Feuer glomm und er leise sprach, aus Angst, meine Mutter und meine Brüder aufzuwecken, mir von Irlands Leiden und den großen Taten der Iren in Amerika erzählte, und diese Morgenstunden sind jetzt Perlen, die sich in drei Ave-Marias dort am Sarg verwandeln.

Wir begruben ihn am nächsten Tag auf einem Hügel mit Blick über Belfast. Der Priester betete, und während er den Sarg mit Weihwasser besprengte, krachten irgendwo in der Stadt Schüsse. Geht das schon wieder los, sagte jemand.

Wir versammelten uns im Haus unserer Cousine Theresa Fox und ihres Mannes Phil. Es wurde über das Tagesgeschehen gesprochen, eine Radiomeldung, nach der drei IRA-Männer versucht hatten, eine Barrikade der britischen Army zu durchbrechen, und von den Soldaten erschossen worden waren. In der nächsten Welt würde mein Vater die Eskorte seiner Träume haben, drei IRA-Männer, und er würde sie um die Art ihres Abgangs beneiden.

Es gab Tee und Sandwiches, und Phil holte eine Flasche Whiskey hervor, um die Geschichten und Lieder in Gang zu bringen, denn etwas anderes gibt es nicht zu tun an dem Tag, an dem man seine Toten begräbt.

*

Im August 1985, dem Sterbejahr meines Vaters, brachten wir die Asche meiner Mutter an ihre letzte Ruhestätte, den Friedhof der Mungret Abbey außerhalb von Limerick. Mein Bruder Malachy war da, mit seiner Frau Diana und seinem Sohn Cormac. Meine vierzehn Jahre alte Tochter Maggie war da, außerdem Nachbarn aus den alten Zeiten in Limerick und Freunde aus New York. Abwechselnd senkten wir die Finger in die Urne aus dem Krematorium in New Jersey, streuten Angelas Asche über die Gräber der Sheehans und Guilfoyles und Griffins und sahen zu, wie der Wind ihren weißen Staub über die grauen Knochenstückchen und die dunkle Erde wirbelte.

Wir beteten ein Ave-Maria, aber das war nicht genug. Wir hatten uns der Kirche entfremdet, aber wir wußten, daß für sie und für uns in dieser alten Klosterkirche Trost und Würde in den Gebeten eines Priesters gelegen hätten, in einem angemessenen Requiem für eine Mutter von sieben Kindern.

Wir aßen zu Mittag in einem Pub an der Straße nach Ballinacurra, und so wie wir da aßen und tranken und lachten, wäre keiner darauf gekommen, daß wir gerade unsere Mutter verstreut hatten, die einst eine große Tänzerin in der Wembley Hall gewesen war und bei allen bekannt dafür, wie sie ein gutes Lied sang, ach, wenn sie nur zu Atem käme.

DANKSAGUNG

Freunde und Familienmitglieder haben gelächelt und mir verschiedentlich Gutes getan: Nan Graham, Susan Moldow und Pat Eisemann bei Scribner; Sarah Mosher, früher bei Scribner; Molly Friedrich, Aaron Priest, Paul Cirone und Lucy Childs von der Aaron Priest Literary Agency; der verstorbene Tommy Butler, Mike Reardon und Nick Brown, Hohepriester des Tresens im Lion's Head; Paul Schiffman, Dichter und Seefahrer, der in derselben Bar bediente, dessen Herz aber der See gehörte; Sheila McKenna, Denis Duggan, Denis Smith, Jack Deacy, Pete Hamill, Bill Flanagan, Brian Brown, Terry Moran, Isiah Sheffer, Pat Mulligan, Gene Secunda, der verstorbene Paddy Clancy, der verstorbene Kevin Sullivan, allesamt Freunde aus dem Lion's Head und dem First Friday Club; meine Brüder natürlich, Alphonsus, Michael, Malachy; und ihre Frauen Lynn, Joan, Diana; Robert und Cathy Frey, die Eltern von Ellen.

Meinen Dank und meine Liebe.

FRANK MCCOURT
DIE ASCHE MEINER MUTTER
Irische Erinnerungen

Deutsch von Harry Rowohlt
1996, 512 Seiten, gebunden

»Natürlich hatte ich eine unglückliche Kindheit: eine glückliche lohnt sich ja kaum.« Damit beginnen Frank McCourts Erinnerungen an seine Jugend, eine Familiengeschichte, die so noch keiner erzählt hat – so, daß uns beim Lachen plötzlich die Tränen kommen und wir am Ende wissen: Wir haben das Schrecklichste und zugleich Schönste gelesen, was je über Irland und die irische Seele geschrieben worden ist. Und jedes Wort davon ist wahr.

»Hier verbinden sich psychische und literarische Bewältigung zu einem Meisterwerk.« *Süddeutsche Zeitung*

»Manchmal geschehen in der Literatur noch Wunder. Ein Geniestreich!« *NDR Bücherjournal*

»Es ist das trauriglustigste Buch auf Erden. Eines, dem man die Liebe erklärt. Es ist ein Buch, das lebt, ein Buch, das keiner vergißt.« *Die Weltwoche*

E. ANNIE PROULX
WEIT DRAUSSEN
Geschichten aus Wyoming

Aus dem Amerikanischen von Oskar Halbsattel
1999, 304 Seiten, gebunden

In ihrem neuen Erzählband porträtiert die Pulitzerpreisträgerin Annie Proulx ihre Wahlheimat Wyoming. Ihre Geschichten über Viehtreiber, Rodeoreiter, über Touristenführerinnen und Barfrauen sind immer auch Geschichten gescheiterter Existenzen, unerfüllter Sehnsüchte, irregeleiteter Liebe. Und sie sind unvergeßlich wie die Bilder der Landschaft, die sie heraufbeschwören.

»Phantastische Geschichten« *Kultur-Weltspiegel*

»Keiner entgeht der scharfzüngigen Ironie der Amerikanerin, die in ihren neuen wunderbaren Erzählungen wieder einmal mit frecher Chuzpe fabuliert.« *Brigitte*

»Annie Proulx malt mit Worten. Unvergleichlich führt die Autorin durch Landschaften, deren rauhe Schönheit sich flüchtigeren Beobachtern leicht verschließen würde.« *Abendzeitung*

ANTÓNIO LOBO ANTUNES
FADO ALEXANDRINO

Aus dem Portugiesischen von Maralde Meyer-Minnemann

Roman, 2002, 800 Seiten, gebunden

Zehn Jahre nach der Nelkenrevolution von 1974 treffen sich fünf Kriegsveteranen zu einem Abendessen mit anschließendem Besäufnis im Rotlichtbezirk Lissabons. Aus den Lebensgeschichten dieser unterschiedlichen Männer erwächst ein kritisches Bild der unmittelbaren, gewalttätigen Vergangenheit Portugals.
Vom einfachen Soldaten aus dem Elendsviertel, der sich mit Geldgeschenken eines alternden Homosexuellen über Wasser hält, über den naiven Revolutionär, dem die Geheimpolizei die Ideale austreibt, bis zum verweichlichten Befehlshaber, dessen Leben nur aus Drückebergerei, Anpassung und Lügen besteht – Lobo Antunes läßt keinen ungeschoren. Mit geradezu wollüstiger, diabolischer Boshaftigkeit beschwört er die von Kriegstraumata, Sexual- und Minderwertigkeitskomplexen beherrschte Welt dieser Antihelden herauf, erzählt von ihren Wünschen und Sehnsüchten, aber auch von ihren Ängsten und Missetaten.

Antonio Lobo Antunes »Schicksalslied« über den portugiesischen Macho und die Wirren der Nelkenrevolution gehört zum besten, was dieser Autor jemals geschrieben hat.

»Einer der bedeutendsten Schriftsteller der Gegenwart.«
Die Welt

LUCHTERHAND

MELVIN JULES BUKIET (HG.)
NEUROTICA

Juden tun es auch
Anthologie

2001, 512 Seiten, gebunden

Die sexuelle Erfahrung eines Volkes in all ihren Facetten – wunderbar, erotisch, neurotisch. Melvin Jules Bukiet, dessen Romane Aufsehen erregt haben, stellt in dieser Anthologie seine liebsten jüdischen Erzähler vor, die alle in irgendeiner Form über Sex schreiben. Diese Kurzgeschichten und Romanauszüge berühmter und noch zu entdeckender Autoren sind bestimmt für Leser jeglichen Glaubens – oder gar keines Glaubens –, die jemals Sex hatten oder haben wollten.
»Insofern als das heftige Verlangen die Beschaffenheit des Menschen und das Kommentieren die Haltung der Juden ist, versucht *Neurotica,* die reiche Vielfalt der sexuellen Erfahrungen eines Volkes in all ihrer herrlichen und fruchtbaren Universalität widerzuspiegeln. Die Sammlung enthält normalen Sex, schwulen Sex, ehelichen und unehelichen Sex, zufriedenen und enttäuschten Sex, schuldigen und unschuldigen Sex, sinnlichen, platonischen und miserablen Sex. Manche von den Geschichten, die Sie gleich lesen werden, sind drastisch, andere durchgeistigt, manche lustig, manche tragisch«, schreibt Melvin Jules Bukiet in seiner Einleitung zu dieser ganz besonderen Anthologie.

LUCHTERHAND

MICHAEL CUNNINGHAM
DIE STUNDEN

Aus dem Amerikanischen von Georg Schmidt
Roman, 2000, 306 Seiten, gebunden

In diesem preisgekrönten literarischen Meisterwerk sind drei ganz verschiedene Frauen verbunden durch Virginia Woolfs Roman *Mrs. Dalloway*: Clarissa Vaughan im New York der Neunziger, die einst von ihrem Jugendfreund den Spitznamen Mrs. Dalloway bekommen hat, Laura Brown, Hausfrau in Los Angeles im Jahre 1949, die *Mrs. Dalloway* liest, Virgina Woolf in Richmond im Jahre 1923, die mit dem ersten Satz von *Mrs. Dalloway* kämpft.

»... der wahre Triumph liegt darin, daß Cunningham wunderbar über Beziehungen, das Leben und den Tod und die Liebe schreibt. Der Roman ist so geschickt aufgebaut, daß es einem am Ende, wenn alle Fäden zusammenlaufen vor Entzücken und Überraschung schier den Atem verschlägt.« Detroit Free Press

LUCHTERHAND

ANNA ENQUIST
DIE VERLETZUNG

Zehn Erzählungen

Aus dem Niederländischen von Hanni Ehlers

2001, 224 Seiten, gebunden

Die auch in Deutschland hoch geschätzte niederländische Autorin Anna Enquist erzählt von Menschen, die Verletzungen erfahren – seien sie seelisch-geistiger oder körperlicher Natur – und sich dadurch verändern. Ihre Geschichten sind brillante Momentaufnahmen aus dem Leben von Kindern, Frauen und Männern, sie spüren die kleinen unmerklichen Brüche ebenso auf wie die großen versteckten Dramen. Es sind Geschichten, die im Innersten berühren.Und wie nebenbei lernt man das Leben in Holland in den letzten 150 Jahren kennen.

»Sie räsoniert nicht, sie erzählt, schlicht und unprätentiös, in atmosphärisch überaus dichten, beinahe filmhaften Szenen…«
Badische Zeitung

LUCHTERHAND

ETGAR KERET
DER BUSFAHRER, DER GOTT SEIN WOLLTE

Erzählungen

Aus dem Hebräischen von Barbara Linner
2001, 800 Seiten, gebunden

Ein Busfahrer entdeckt seine eigentliche Berufung, als ein notorischer Zuspätkommer sich vor ihn hinkniet und ihm einfällt, daß sein ursprünglicher Berufswunsch Gott war …
In Etgar Kerets Geschichten aus Tel Aviv liegen Poesie und Brutalität, Komik und Verzweiflung, alltägliches und Absurdes nah beisammen. Seine Ich-Erzähler sind meist Kinder, Jugendliche oder eben erst erwachsen Gewordene, und sie haben keine Lust, die Last der Vergangenheit zu tragen, für ihr Land zu sterben oder sich in die Gesellschaft einzupassen. Sie haben nur keine andere Welt als die ihre, und die kann einem eben manchmal ganz schön auf den Keks gehen. »Frech und hemmunglos und immer die israelische Gesellschaft im Blick, versetzt Keret die Lakonie eines Raymond Carver mit dem Irrwitz eines Quentin Tarantino zu einem ureigenen, bittergalligen Stoffgebräu.« Spiegel Reporter

»… eine ins Aberwitzige gedrehte Mixtur aus Verzweiflung, Lebenswut und bissiger Ironie.« Elle

LUCHTERHAND

MARCEL MÖRING
MODELLFLIEGEN

Aus dem Niederländischen von Helga van Beuningen
Novelle, 2000, 128 Seiten, gebunden

Mit spielerischer Leichtigkeit, subtil und überzeugend zeichnet Marcel Möring den Übergang von der Kindheit zum Erwachsensein nach. Wie bei seinen großen Romanen ist auch in dieser meisterhaften Novelle sein Thema die Erinnerung – ihre Mechanismen und ihre Kraft –, und er zeigt hier, daß sie nicht nur nostalgische Gefühle wecken kann, sondern auch solche des Glücks.

»Eine prächtige Novelle mit dem Tiefgang eines Romans, der Farbigkeit eines Märchens und der Tragik des Lebens selbst.«
Dagblad de Limburger

»... ein begnadeter Erzähler« Frankfurter Allgemeine Zeitung

LUCHTERHAND

HANNS-JOSEF ORTHEIL
LO UND LU

Roman eines Vaters

2001, 352 Seiten, gebunden

Lotta, das Mädchen, ist acht Jahre, Lukas, der Junge, sechs Jahre alt. Hanns-Josef Ortheil erzählt das Leben der beiden von Anfang an und bis zu Lottas erster Zeit in der Schule. Als Schriftsteller-Vater, der zu Hause arbeitet, ist er ein besonders guten Beobachter und Mitspieler bei den kleinen Geschichten und Begebenheiten, in denen die Kinder die Hauptrolle spielen. Die Mutter ist berufstätitg und geht jeden Morgen aus dem Haus, und die Kinder beziehen den Vater ganz selbstverständlich in ihr Leben mit ein – in ihre eigene, farbige Welt.
Wer bringt diesem Schriftsteller-Vater bei, wie man mit zwei Kleinkindern umgeht? Und wie lernt man die Kunst der Improvisation, die den Alltag leicht, erträglich und sogar spannend macht, wenn man sich auf die Kunst des Improvisierens eingelassen hat? Bevor der Vater überhaupt darüber nachdenken kann, welche Rolle ihm in der größer gewordenen Familie zugedacht ist, haben die Kinder die Regie im Haus übernommen und geben sie auch nicht mehr zurück.
Lo und Lu ist Hanns-Josef Ortheils heiterstes Buch. Schwerelos und mit ansteckender Leichtigkeit erzählt er, wie ein Vater von seinen Kindern an die Hand genommen und zuerst nichtsahnend, dann aber mit großer Freude und wachsendem Staunen zusammen mit ihnen nochmals erwachsen wird.

LUCHTERHAND